(2판)

서문

어음·수표법을 세상에 내놓은지 수년이 흘렀다. 그 이후 어음·수표법이 개정된 바가 없어서 새롭게 기술할 부분이 없었던 이유도 있었지만 필자의 게으름이 더하여 뒤늦게서야 개정판을 내놓게 되었다. 기업의 환경도 변하여, 주식회사 외부감사에 관한 법률에 따른 외부감사대상 주식회사 및 직전 사업연도 말의 자산총액 등이 대통령령으로 정하는 기준에 해당하는 법인사업자는 전자약속어음의 발행을 의무화함으로써 전자어음이 한층 더 중요하게 되었다. 그러나 전자어음도 종이어음의 법리에 근거하므로 종이어음은 여전히 중요하다.

평소 법률용어를 한자로 쓰는 것이 법률에 대한 이해를 빠르게 하고 학습에도 도움이 된다는 생각에서 지금까지 법률용어를 한자로 표기하였으나, 국한문혼용에서 한글전용으로 옮아가는 시대에 학생들에게 한자를 찾아가면서 책의 내용을 이해하라고 요구하는 것은 무리라고 판단되고, 시대의 흐름에 순응하는 것이 도리라고 생각하여 개정판에서는 모든 한자를 한글로 바꾸었고 꼭 필요한 경우에는 괄호안에 한자를 넣는 방식을 취하였다.

또한 유사한 기존의 판례를 상당부분 정리하고 새로운 판례를 추가하여 판례에 대한 접근성을 강화하였다. 나아가 이해하기 난해한 부분을 쉽게 기술하기 위하여 내용의 일부를 수정하였다.

어음·수표책을 읽고 이해하려는 수강자 입장에서 어음·수표의 법리가 그리 만만한 내용이 아니었으며 수강자의 집중과 노력을 요구하는 점에서, 유가증권법의 수강자들의 흥미와 관심을 불러일으킬 필요를 인식하고 가능한 더 편리하고 쉬운 접근을 할 수 있도록 애를 썼다.

이제 2010년대를 마감하고 2020년대로 들어섰다. 지난 수년간 법률분야에서는 탄핵의 회오리 속에서 혼란과 시행착오가 반복되었고, 지금 우리는 정의와 공정이 절실한 시대에 살고 있다. 이러한 때일수록 법률가와 법학도들은 차분하게 자기 영역에서 법치주의가 진일보할 수 있도록 노력을 경주하여야 할 것이다.

법학을 먹고사는 학문 '밥학'이라는 비아냥거림도 있지만, 사람됨의 가치를 회복하고 이 사회의 공정과 실질적 형평을 실현시킬 수 있는 학문이라는 자부심을 가졌으면 한다. 새 학기에 새로운 교재로 만나게 될 학생들의 모습을 떠올리면서 설레는 맘으로 개정판을 내놓는다.

2020. 2.
살피재 연구실에서
최 정 식

서문

어음법과 수표법이 상법으로 분류되어 강의되고 있으나 법률 체계상으로는 독립된 법이다. 어음·수표를 상인과 기업이 주로 이용하지만 사인간의 거래에서도 빈번하게 사용된다. 또 어음·수표는 화폐의 대용 내지는 지급수단으로 실물 경제생활에서 차지하는 비중이 크고, 재산권의 증권화 경향으로 주권·선하증권·사채권 등 여러 유가증권 중에서도 대표적이면서 완전한 유가증권인 어음·수표의 법리가 모든 유가증권 법리의 기초를 이루고 있다.

이러한 이유로 어음·수표법은 사법시험, 공인회계사시험, 법무사시험 등 각종 시험과목으로 채택되고 있고, 금융·증권·보험 등 기업 실무분야에서 차지하는 비중도 크다. 그러나 신용카드, 전자자금이체 등 결제수단이 다양화되고 있고 전자어음법의 시행으로 전자적 형태로 발행·유통되는 약속어음이 점증하고 있어 종이 어음과 수표의 중요성이 약화되고 있는 것도 사실이다. 그럼에도 불구하고 어음·수표법은 유가증권의 법리를 구성하는 중요한 분야임과 동시에 법률적 사고(Legal mind)를 함양하는데 적합한 과목으로서 매력적인 학문임은 틀림없다. 하지만 유가증권법이 정치한 이론과 논리적 사고를 요구하는 까닭으로 약간 난해하다고 생각하는 학생들도 있는 것이 사실이어서 필자도 친근하고 쉽게 접근할 수 있는 방법을 고민하고 모색하여 왔다.

현재 출간된 다른 교수님들의 어음·수표법 책들은 그 내용이 훌륭하고 풍부하여 강의교재로 사용하는데 부족함이 없다. 그럼에도 불구하고 필자의 견해를 밝힐 필요성을 느끼고 일관성 있는 어음·수표법의 체계를 마련하고자 이 책을 저술하기에 이르렀다.

이 책에 관하여 몇 가지 점을 밝혀둔다. 이 책은 저명하신 선배 교수님들의 저서를 검토하면서 그분들의 이론과 견해를 충실하게 반영하되 필자의 견해가 필요한 부분에는 사견을 덧붙였다. 유가증권 분야에서 발생한 다양한 분쟁의 결과물로 상당 분량의 판례가 축적되어 있는데, 이러한 판례를 소개함으로써 유가증권이론이 실무에서 어떻게 적용되는지를 밝히고자 하였다. 따라서 이 책은 어음·수표법을 수강하는 법과대학생, 사법시험 준비생, 법학전문대학원생 그리고 공인회계사, 법무사 등 각종 시험과 금융·증권 분야의 입사 준비생 나아가 기업실무가들이 사용할 것을 염두에 두었다.

우리 어음법의 체계가 환어음을 중심으로 구성되어 있으나 현실 거래에서는 약속어음을 주로 이용하고, 환어음은 무역거래에서 일부 사용되는 정도에 그치고 있어 환어음 중심주의의 법률체계를 비판하는 견해가 있지만, 현행 어음법의 체계를

서문

존중하고 인수·상환청구 등이 환어음에만 있는 점을 고려하여 이 책도 환어음을 중심으로 기술하고 약속어음은 상이한 부분만 약술하였다. 수표도 환어음과 유사하여 수표법 역시 환어음과 다른 부분만 간략히 기술하였으며, 전자어음법은 아직 이론이 많이 축적되지 않아 축약하여 서술하였다. 훌륭하신 선배학자들의 견해와 이론을 충실하게 소개하려고 애를 썼으나 의미 전달이 정확하지 않은 부분이 있을까 염려되지만 양해하여 주시리라 믿으며 부족한 부분은 추후에 보완할 것이다.

필자는 오랫동안 법률가로서 활동하여 오다가 어떤 인연으로 2007년 가을부터 숭실대학교에서 학생들을 가르치기 시작하였다. 선생이 학생에게 지식을 전달하는 일만이 전부는 아니며, 그들과 소통하고 동행할 때 더 유익하고 보람이 있음을 체험하였다. 가르치는 일에 대한 열정과 소명이 필요하다는 것도 느꼈다. 학생들과 호흡을 함께 하면서 그들에게 도움을 주고 싶은 바람이 이 책을 저술하게 된 동기 중 하나이다. 상법의 공부의 양과 질이 만만치 않아 힘들다는 원망 섞인 푸념을 듣기도 하지만, 매학기 종강 때마다 뿌듯해 하는 학생들의 표정과 감사의 말을 전해 들으면 행복감을 느끼곤 한다.

고마운 분들에게 감사를 드리고 싶다.

Thank You, Lord.

필자에게 학문의 길로 안내해주신 연세대학교 법학전문대학원 김성태교수님의 학문에 대한 엄격한 태도와 바른 자세는 저에게 늘 큰 격려와 채찍이 되고 있다. 그리고 필자가 근무하는 숭실대학교의 여러 교수님들의 사랑과 배려가 얼마나 감사한지 모른다. 아울러 필자와 인연을 맺은 사랑하는 학생들에게도 감사의 맘을 전한다.

방학에도 그리고 학기 중에도 늦도록 연구실에 머무르면서 이런 저런 핑계로 가정에 소홀히 하였음에도 원망보다는 이해와 격려를 아끼지 않은 아내와 우리 아이들에게 사랑한다는 말을 전한다. 연로한 어머님께서 주님의 은총과 평안 가운데 건강하시기를 기원하며 평소에 전하지 못한 감사의 말씀을 전해드리고 싶다. 초고를 살펴준 국민권익위원회 전문위원인 김태영군과 최종 원고를 세심하게 살피느라 수고를 아끼지 않은 함택동박사에게 고마움을 전한다. 처음부터 끝까지 원고를 교정해 준 삼영사의 임진숙 과장님과 이 책을 저술하도록 격려해주신 삼영사의 고성익 부사장님께 감사드리며 삼영사의 번창을 기원한다.

2013. 2. 5.
저 자 씀

차 례

제1편 서 론

차 례

제2편 어음법 총론

차 례

차 례

제3편 어음법 각론

차 례

차 례

차 례

제4편 수표법

차 례

차 례

약 어 표

거절	거절증서령
공증	공증인법
대령	대통령령
민	민법
민소	민사소송법
비송	비송사건절차법
상	상법
수	수표법
어	어음법
어규	서울어음소교환규칙
의상	의용상법
자본	자본시장과 금융투자업에 관한 법률
전어	전자어음의 발행 및 유통에 관한 법률
집행	집행관법
형	형법
국사	국제사법
전자거래법	전자문서 및 전자거래 기본법
부수	부정수표단속법

참 고 문 헌

국내문헌

강위두, 어음 수표법, 형설출판사, 1996. 강위두(어)

강위두 · 임재호, 상법강의(하), 형설출판사, 2004. 강위두 · 임재호(하)

고평석 · 김지환, 사례로 배우는 어음수표법, 경남대학교 출판부, 2009. 고평석 · 김지한(어)

김정호, 어음수표법, 법문사, 2010. 김정호(어)

박원선, 새상법(하), 수학사, 1962. 박원선(상하)

서돈각 · 정완용, 제4정 상법강의(하), 법문사, 1996. 서돈각 · 정완용(하)

서정갑, 신어음수표법, 일신사, 1965. 서정갑(어)

서헌제, 사례중심체계 어음 · 수표법, 법문사, 1999. 서헌제(어)

손주찬, 제11정증보판 상법(하), 박영사, 2006. 손주찬(하)

양동석, 유가증권의 법리와 어음 · 수표법, 진원사, 2007. 양동석(어)

양명조, 어음 · 수표법, 법문사, 2009. 양명조(어)

양승규, 어음법 수표법, 삼지원, 1997, 양승규(어)

이기수, 어음수표법, 박영사, 2006. 이기수(어)

이범찬, 개정상법강의, 국민서관, 1984. 이범찬(상)

이철송, 어음수표법(9판), 박영사, 2009. 이철송(어)

정동윤, 어음수표법, 법문사, 2002, 정동윤(어)

정찬형, 어음 · 수표법강의(제7판), 박영사, 2009. 정찬형(어)

정희철, 상법학(하), 1990. 정희철(하)

채이식, 상법강의(하), 박영사, 2003. 채이식(하)

최기원, 어음 · 수표법 제5증보판, 박영사, 2008. 최기원(어)

최준선, 어음 · 수표법, 삼영사, 2009. 최준선(어)

외국문헌

西尾信一, 金融取引法(제2판), 法律文化社, 2004.

上柳克郎 · 北澤正啓 · 鴻 常夫, 新版 手形 · 小切手法, 有斐閣, 2007.

北澤正啓(編), 「商法の爭點」, 1978.

河本一郎, 手形 · 小切手の 實質關係 總合判例 研究叢書 商法(6) 1999.

田邊宏康, 手形小切手法講義(補訂版), 成文堂, 2007.

鈴木竹雄, 前田庸 補訂(新版), 手形法 ·

小切手法, 有斐閣, 平成 19年.

田邊光政, 最新手形小切手法(4訂版), 中央經濟社, 2000.

弥永眞生, リーガルマイド 手形法 · 小切手法(第2版補訂2版), 有斐閣, 平成19年.

Richard E. Speidel & Steven H. Nickles, Negotiable Instruments and Check Collection In a Nutshell(Fourth Edition), West Publishing CO. 1993.

1편

서 론

제1장 유가증권

제1절 유가증권의 의의

1 서

유가증권에는 주권, 화물상환증, 선하증권, 창고증권 및 어음·수표 등이 포함되는데, 그 중 어음·수표가 대표적인 유가증권이다. 따라서 어음·수표를 공부하기 전에 유가증권의 일반에 대하여 살펴보기로 한다.

재산적 가치가 있는 무형의 권리를 증권에 결합시킨 유가증권은 무형의 권리 이전을 용이하게 하는 기능을 수행한다. 현대생활에서 부동산이나 동산을 자유롭게 양도하듯이 눈에 보이지 않는 추상적인 권리도 쉽게 양도할 수 있게 할 필요가 있다. 그렇기 위해서는 추상적 권리를 구체적 권리로 바꾸어 양도를 용이하게 하고, 안전한 유통을 가능하게 하는 법·기술적 제도가 필요한데, 이 제도가 유가증권제도이다.

거래가 가능한 권리로서 물권과 채권이 있다. 부동산이나 동산을 대상으로 하는 물권은 소유권의 객체임을 쉽게 알 수 있기 때문에 양도를 하는데 별 문제가 없으나, 타인에 대한 청구권인 채권은 시각적으로 확인되지 않기 때문에 그 양도방법이 간단하지 않다. 채권양도를 채무자 기타 제3자에게 대항하기 위해서는 일정한 요건을 갖추어야 한다. 민법 제450조는 '지명채권의 양도는 양도인이 채무자에게 통지하거나 채무자가 승낙하지 아니하면 채무자 기타 제3자에게 대항하지 못한다'고 규정하고 있다.

즉, 채권의 양도는 양도인과 양수인 간의 계약에 의하여 가능하지만 채무자에게 대항하려면 양도인의 통지나 채무자의 승낙이 있어야 하고, 채무자 이외의 제3자에게 대항하기 위해서는 확정일자 있는 양도의 통지나 승낙이 필요하다. 그러나 이러한 채권양도방법은 양도를 할 때마다 통지 또는 승낙이 필요하므로 빈번한 채권양도가 행해질 경우에는 그 절차가 복잡하고 많은 시간이 소요되므로 채권의 신속한 이전에 방해가 된다. 또한 진정한 권리자가 아닌 자로부터 채권을 양수받는 자는 채권을 취득할 수 없는바, 항상 양수인 이전의 모든 양도인이 진정한 권리자인지 여부를 확인하여야 한다. 그리고 채무자도 진정한 권리자가 아닌 자에게 변제를 하였다면 다시 진정한 권리자에게 변제를 하여야 한다. 이와 같이 불안정한 채권양도방법 대신에 권리의 유통성을 높이고 양수인의 지위를 보호하기 위한 방안으로서 유가증권제도가 고안되었다.

유가증권에는 지급, 신용, 추심 등 기능을 갖는 어음·수표, 자본시장의 유가증권인 주권과 사채, 화물상환증·선하증권·창고증권 같은 재화유통의 유가증권 등이 있다. 주권과 사채권은 증권결제예탁원의 혼장임치와 증권불소지제도의 채택으로 말미암아 주주가 주권을 양도하거나 이익배당을 받을 때, 주권보관증명서나 예치증만 제시하면 되고, 주권의 소지와 제시를 요구하지 않는다. 그리고 전자어음의 발행 및 유통에 관한 법률의 시행으로 인한 전자자금결제제도와 신용카드 및 은행지로송금 등으로 인하여 어음·수표에 의한 자금송금이나 추심기능이 상당히 축소되어가고 있는 실정이다.[1] 이러한 이유로 어음·수표법의 존재와 의의에 대한 회의론이 있지만, 그럼에도 불구하고 어음·수표는 일반 상거래에서 필수적인 자금결제의 수단으로 사용되므로 현대 경제생활에서 유가증권은 매우 중요한 위치에 있다.

2 유가증권의 개념

1. 유가증권의 관련법률

유가증권이란 용어는 상법(46조, 136조), 형법(214조), 민사소송법(122조, 462조) 등 여러 법에서 법전상의 용어로 사용되고 있지만, 그 통일적 정의규정이 없는 관계로 각 법률마다 각기 상이한 의미로 사용되고 있다. 상법에서는 민법과 중복을 피하여 금전, 물건 또는 유가증권의 지급을 목적으로 하는 유가증권에는 지시채권과 무기명채권에 관한 민법의 통칙규정(민 508조 내지 525조)과 배서의 무조건성에 관한 어음법의 규정(어 제12조 1항, 2항)을 준용한다고 규정하고 있고(상 65조), 화물상환증·선하증권·창고증권·주권·채권에 관하여 상법이 별도로 규정하고 있으

---

1) 최준선(어) 2면.

며, 어음법과 수표법이 독립하여 존재한다. 원래 유가증권이란 용어는 독일어의 Wertpapier에서 기원한 것인데, 영미법에서는 유가증권을 어음 · 수표 · 정부증권을 포함한 유통증권(negotiable instrument)과 선하증권 · 창고증권 등 물건의 거래에 관한 비유통증권(quasi negotiable instrument)으로 분류하고 있고, 미국의 통일상법전(Uniform Commercial Code: UCC)은 어음 · 수표 · 양도성예금증서를 상업증권(commercial paper)으로, 사채는 투자증권으로 분류하고 있다.[2)]

2. 유가증권의 개념에 관한 학설

(1) 개 념

유가증권에 관한 일반적인 개념에 대한 정의규정이 없기 때문에 유가증권의 본질을 연구하여 그 학문상 개념을 정립하고, 이를 기초로 개별법 규정에 대한 체계적인 해석을 할 필요가 있다. 상업증권 대신 유가증권의 개념이 19세기 중반에 거론되어오다가 19세기 말 하인리히 브루너(Heinrich Brunner)가 '유가증권이란 사법상 증권의 소지를 조건으로 그 이용이 가능한 사권을 표창한 증권'이라고 정의하였다.[3)]

그런데 유가증권이라는 학문상 개념은 다음과 같은 두 가지 요소를 포함하고 있다. 첫째로 유가증권은 재산권을 표창하는 증권이다. 즉, 재산권이라는 권리와 증권이라는 용지를 결합시킨 것이다. 무형의 권리를 증권에 구체화하는 것을 '화체(化體, embody)한다'고 하며, 화체된 권리를 증권이 나타내는 것을 증권이 '표창(表彰)한다'고 한다. 무형의 권리와 증권의 결합의 정도는 점유만으로 충분하고 반드시 그 증권의 소유를 요구하지는 않는다.[4)] 둘째로 결합된 권리와 증권의 결합체인 유가증권의 소지가 권리의 발생 · 이전 · 행사에 필요하다. 다만 유가증권의 소지가 권리의 발생 · 이전 · 행사에 어느 정도 필요한가에 관하여는 학설이 대립하고 있는데, 이를 살펴보면 다음과 같다.[5)]

2) 정찬형(어), 7면.
3) 최기원(어), 14면 각주 1).
4) 최준선(어), 1면.
5) 정찬형(어), 3면.

(2) 학 설

1) 제1설

유가증권은 재산적 가치가 있는 사법상의 재산권이 표창된 증권으로서, 그 권리의 발생 · 행사 · 이전의 전부(어음, 수표) 또는 일부(주권, 운송증권, 창고증권)를 위하여 증권의 소지를 필요로 한다고 설명한다(다수설).[6] 이 설은 유가증권의 종류에 따라서 권리와 결합의 정도가 상이하다는 전제하에서 다양한 유가증권의 개념을 포괄하여 설명하므로 유가증권의 특징을 외면적으로 간편하게 이해할 수는 있지만, 통일적인 개념의 정의를 내리지 못하므로 유가증권의 특징을 부각시키지 못한다. 그리고 '전부 또는 일부'라는 선택적 표현을 사용함으로써 권리의 발생에만 필요한 증권이 있을 수 있다는 의미로 이해될 수 있는데, 실제로 권리의 발생에만 증권의 소지가 필요하고 행사나 이전에는 필요하지 아니한 증권은 존재하지 않는다. 주권이나 운송증권은 증권을 발행하기 전부터 증권상 권리가 존재하므로 오직 권리발생을 위해서만 증권의 소지를 필요로 하는 증권이 존재하지 않는다는 점에서 비판을 받는다.

2) 제2설

유가증권은 재산권을 표창하는 증권으로서 그 권리의 이전에 증권의 소지가 필요한 것이라고 설명한다.[7] 유가증권의 특성 중 가장 중요한 권리의 이전에 증권의 소지가 필요하다고 설명함으로써 증권의 유통성을 중시하면서 일원적으로 유가증권의 개념을 파악하려고 한다. 그러나 상속이나 회사합병 같은 포괄승계의 경우에는 권리가 이전될 때 증권을 소지할 필요가 없는바, 이 설은 이를 설명하지 못한다. 이 학설에 따르면 기명사채권이나 배서금지어음은 권리이전 시 증권의 소지가 불필요하기 때문에 유가증권이 아니라고 한다. 하지만 이들도 유가증권에 해당되므로 유가증권의 법리가 적용된다.

3) 제3설

유가증권은 사법상의 권리를 표창하는 증권으로서 권리를 행사할 때 증권의 소지를 필요로 한다고 설명한다. 권리의 행사, 즉 권리를 주장할 때 증권을 소지하여야 하는 것은 모든 유가증권의 공통된 특징이라고 한다.[8]

---

6) 정찬형(어), 6면 ; 손주찬(하), 8면 ; 서헌제(어), 8면.

7) 최기원(어), 16면 ; 서돈각 · 정완용(하), 166면.

그러나 이 학설은 주주가 주권제시 없이 주주권을 행사할 수 있기 때문에 유가증권으로서 기명주권을 설명하기 곤란하다. 이에 대하여 주식회사가 기명주권을 발행한 경우 주주명부를 근거로 하여 권리행사를 하는 것은 사실이지만, 명의개서를 하려면 주권의 제시가 필요하므로 편의상 권리를 행사할 때마다 직접 주권을 제시하지는 않지만, 간접적인 방법으로 주주권 행사에 주권의 제시가 요구되는 것이므로 기명주권을 유가증권으로 보는데 문제가 없다고 반박한다.[9] 이 견해에 의하면 명의개서를 할 때 증권을 소지하므로 이로써 권리행사를 대표하는 것이라고 설명하지만, 명의개서는 사실행위이지 권리의 행사로 볼 수 없고, 명의개서 후 주주권을 행사할 때에도 주권의 소지가 필요하지 않다. 나아가 회사성립 후 또는 신주납입기일 후 6월이 경과하여 주권발행 전 주식을 양수한 자는 주권의 제시 없이 명의개서를 할 수 있는바(상 335조 3항), 이를 설명하지 못한다. 또 이 설에 의하면 예금통장도 유가증권으로 볼 수 있어 면책증권과 유가증권의 구별이 곤란해진다.[10]

4) 제4설

유가증권은 사법상의 권리를 표창하는 증권으로서 권리의 행사 및 이전에 증권의 소지를 필요로 하는 것이라고 설명한다.[11] 권리의 행사와 이전에 증권의 소지를 필요로 하는 점은 어음·수표뿐만 아니라 비설권증권인 화물상환증이나 선하증권 등 대부분의 유가증권에도 해당된다. 상속이나 합병 등 포괄승계의 경우 권리이전에 증권의 소지가 필요 없다는 비판이 있으나, 이는 예외적인 경우이고, 통상의 권리이전에 유가증권의 소지가 필요한 것은 공통된 사항이다. 또 주주권 행사를 위하여 기명주권의 소지가 불필요하다는 비판에 대하여는 명의개서를 하려면 주권의 제시가 필요하고, 주주명부가 있으면 주주의 권리행사상 편의를 도모하기 위해서 주권의 제시를 요구하지 않을 뿐이지 사실상으로는 권리이전시 증권의 소지를 필요로 하는 것과 다름이 없다고 한다.[12]

5) 소 결

생각건대 각 학설마다 허점이 있고, 어느 하나의 학설로는 전체를 아우르는 통

---

8) 최준선(어), 5면.
9) 양동석(어), 4면 ; 최준선(어), 5면.
10) 양명조(어), 48면.
11) 양동석(어), 5면.
12) 최준선(어), 5면.

일적인 유가증권의 개념을 포섭하지 못한다. 유가증권이 완전유가증권인가 불완전유가증권인가에 따라 권리의 발생, 행사와 이전에 증권의 소지가 필요한지 여부가 다르고, 나아가 개별 유가증권의 특성에 의해서도 다르다. 따라서 권리가 발생할 때 증권의 소지가 필요한 설권증권이 있는가 하면, 화물상환증이나 창고증권처럼 증권을 작성하기 이전부터 존재하는 권리를 유가증권에 화체시킨 비설권증권이 있으므로 권리가 발생할 때에 증권의 소지가 반드시 필요하지는 않다. 이처럼 권리의 발생 · 이전 · 행사에 증권의 소지가 모두 필요한 경우도 있고 권리의 이전과 행사에 증권의 소지가 필요한 경우도 있다. 그러므로 유가증권이란 권리의 발생 · 행사 · 이전의 전부 또는 일부를 위하여 증권의 소지를 필요로 한다고 설명하는 제1설이 다양한 유가증권의 개념을 포괄하므로 타당해 보인다.

제2절 유가증권의 종류

1 증권에 화체된 권리의 종류에 따른 분류

1. 채권증권

채권증권은 채권을 표창하는 유가증권으로서 어음과 수표가 대표적인 예이다. 채권증권은 금전지급청구권을 표창하는 어음 · 수표와 같은 금전채권과 물건인도청구권을 표창하는 화물상환증 · 창고증권 · 선하증권과 같은 물품증권으로 나누어진다. 수표나 인수되지 아니한 환어음의 소지인은 어음금 지급을 청구할 권리가 없으므로 권한증권에 해당될 뿐이어서 채권증권이 아니라는 주장이 있으나,[13] 이들도 발행인이나 배서인에 대하여 상환청구권이 있으므로 넓은 의미에서 채권증권으로 볼 수 있다.[14]

---

13) 최기원(어), 30면.

14) 정찬형(어), 34면 ; 양명조(어), 49면 ; 최준선(어), 12면.

2. 물권증권

물권증권은 물권을 표창하는 증권으로서 우리나라에는 물권 자체를 표창하는 증권은 없다. 독일의 저당증권, 토지채무증권 등이 여기에 해당된다.[15] 선하증권 같은 운송증권은 이를 양도하면 물건의 인도청구권이 양도됨과 동시에 물건도 양도된 것과 같은 물권적 효력이 인정되는 「물권적」 증권일 뿐이다. 즉 운송증권이 표창하는 권리는 물권 그 자체가 아니라 물건인도증권 또는 물품증권으로서 채권증권이다.

3. 사원권증권

사원권증권이란 주식회사에서 사원권을 표창하는 유가증권으로서 주권이 그 예이다. 유한회사는 물적회사이지만 사원의 지분에 대하여는 지시식 또는 무기명식 증권을 발행하지 못하는바(상 555조), 유한회사의 지분증서는 유가증권이 아닌 증거증권이므로 지분증서의 양도나 입질은 그 효력이 없다.[16] 주식의 양도에는 주권을 교부하여야 하며(상 336조 1항), 권리의 행사를 위하여는 무기명주권은 회사에 공탁하여야 한다(상 358조).

2 유통방식에 따른 분류

증권상의 권리를 행사하는 자를 정하는 방법에 따른 분류이다.

1. 기명증권(지명증권)

기명증권은 증권에 권리자가 특정되어 있는 증권으로서, 채무자는 특정된 권리자에게 채무이행을 하여야만 면책되는 증권이다. 따라서 기명증권은 배서를 할 수 없거나 금지된 것으로서 유통성이 제한되어 있는 관계로 그 효용성이 크지 않다.

---

15) 토지채무증권은 당사자가 토지채무설정등기를 토지등기소에 신청하면 등기소가 직권으로 토지채무증권을 작성하여 토지소유자에게 교부하고 토지소유자가 이를 토지채무권리자에게 인도하면 토지채무권리자는 등기를 하지 않고 증권에 의해 토지채무를 양도할 수 있게 된다. 저당권을 표창하는 유가증권으로서 토지등기소가 이 증권을 작성해서 토지소유자에게 교부한다(최기원(어), 29면).

16) 최기원(어), 29면 ; 정찬형(어), 35면.

기명증권은 배서나 교부 등의 방법으로 이전할 수 없으며, 민법상 지명채권양도의 방법(민 450조)으로 이전하고, 배서를 전제로 하여 인정되는 선의취득이나 인적항변의 절단규정은 적용되지 않는다. 또 기명증권을 분실하면 제권판결을 받을 수 있는가에 관하여 정당한 권리자의 보호와 거래안전을 위한 제권판결의 특성상 기명증권은 분실을 하더라도 권리자의 보호나 거래안전상 문제가 없으며, 이에 대한 법 규정도 없으므로 제권판결의 대상이 되지 않는다고 본다.[17)]

기명사채(상 479조), 배서가 금지된 어음(어 11조 2항, 77조 1항 1호, 수 14조 2항), 배서가 금지된 화물상환증 · 창고증권 · 선하증권(상 130조 단서, 157조, 820조) 등이 기명증권에 해당된다. 판례는 기명증권에 해당되는 배서금지 약속어음을 양도할 때에 약속어음의 교부(인도)가 필요하다고 한다. 기명증권도 유가증권이므로 권리행사에 증권의 소지(제시)를 요구하고, 그 결과 권리의 이전의 효력이 발생하기 위해서는 증권의 교부가 필요하다.[18)]

대법원 1989. 10. 24. 선고 88다카20744 판결

배서금지의 문언을 기재한 약속어음은 어음법상의 배서의 방법에 의하여서는 양도할 수는 없는 것이나 배서금지어음이라도 양도성 그 자체까지 없어지는 것은 아니므로 어음법 제77조 제2항, 제11조 제2항에 의하여 지명채권의 양도에 관한 방식에 따라서 그리고 그 효력으로써는 이를 양도할 수 있는 것이고 이 경우에는 민법 제450조의 대항요건(통지 또는 승낙)을 구비하는 외에 약속어음을 인도(교부)하여야 하고 지급을 위하여서는 어음을 제시하여야 하며 또 어음금을 지급할 때에는 이를 환수하게 되는 것이므로 증권과 분리시켜 양도하는 불합리한 결과는 생기지 아니한다고 할 것이다.

2. 지시증권

지시증권이란 증권상에 기재된 자 또는 그가 지시하는 자를 권리자로 하는 증권이다. 지시증권에는 당사자가 증권상 지시문구에 의하여 지시증권이 되는 「선택적 지시증권」과 증권에 지시문구가 없어도 법률에 의해 당연히 지시할 수 있는 「법률

17) 최기원(어), 23면 ; 최준선(어), 10면.
18) 정찬형(어), 35-36면.

상 당연한 지시증권」이 있다. 어음 · 수표, 화물상환증 · 선하증권 · 주권 등은 법률상 당연한 지시증권이다. 지시증권의 최종 피배서인은 배서의 연속에 의하여 적법한 권리자로 추정받는다(어 16조 1항 1문, 77조 1항 1호, 수 19조 1문). 지시증권에 피배서인을 지정하지 아니한 백지식 배서가 있으면, 그 소지인은 무기명증권처럼 그 증권을 교부함으로써 제3자에게 양도할 수 있다(어 14조 2항 3호, 수 17조 2항 3호).

3. 무기명증권(소지인출급식 증권)

무기명증권은 증권에 권리자가 기재되어 있지 않고 그 증권의 소지인이 권리를 행사할 수 있는 증권이다. 따라서 소지인이 진정한 권리자가 아니더라도 증권의 소지라는 외관에 의하여 권리자로 추정받는다. 무기명증권은 단순한 교부만으로 양도할 수 있고(민 523조), 증권의 선의취득이 인정되므로(민 524조), 진정한 권리자가 도난 기타의 상실을 하더라도 선의취득자에게 대항할 수 없다. 주권(상 357조), 채권(상 480조), 화물상환증, 창고증권은 무기명식으로 발행할 수 있으나, 어음은 수취인의 기재가 필요적 기재사항이므로(어 1조 6호, 75조 5호), 무기명식으로 발행할 수 없다. 이는 배서에 의하지 않는 어음의 유통을 금지함으로써 어음의 신용을 높이기 위한 것이다.[19]

4. 선택무기명증권

증권상에 특정인을 권리자로 지정함과 동시에 증권의 정당한 소지인도 권리자로 인정하는 유가증권으로서, 지명소지인출급증권 또는 선택소지인출급증권이라고도 한다. 그 효력은 무기명증권과 같으며, 어음에는 인정되지 아니한다.

3 완전유가증권 · 불완전유가증권

증권의 소지가 필요한 정도에 따른 분류로서, 완전유가증권은 권리의 발생 · 이전 · 행사의 모든 경우에 증권의 소지가 필요한 유가증권으로서 어음 · 수표가 이에 해당되고, 불완전유가증권은 권리의 발생 · 이전 · 행사의 일부에만 증권의 소지가

19) 최준선(어), 11면.

필요한 유가증권으로써 주권과 화물상환증이 여기에 해당되는데, 주권은 증권 없이 주주의 권리가 먼저 발생하고 후에 그 주주권을 증권에 화체시킨 것이다.

4 유인증권 · 무인증권

증권상의 권리와 그 원인관계와의 관련 여부에 따른 분류이다. 유인증권이란 증권의 작성에 일정한 원인관계가 필요하고 그 원인관계가 증권에 기재되며 그 원인관계에 의하여 증권의 효력이 영향을 받는 것으로서 요인증권이라고도 하고, 화물상환증 · 선하증권 · 창고증권 · 주권 등이 여기에 해당된다. 따라서 화물을 인도받지 않은 채 발행된 화물상환증은 원인관계가 없으므로 증권으로서 효력이 없다. 무인증권은 증권상의 권리가 그 원인관계와 분리 · 독립되어 원인관계가 증권에 기재되지 않을 뿐만 아니라, 원인관계의 존부나 유 · 무효에 의하여 증권상의 권리에 영향을 주지 않는 것으로서 어음 · 수표가 이에 해당되며, 추상증권이라고도 한다.

대법원 2008. 2. 14. 선고 2006다47585 판결

선하증권은 운송물의 인도청구권을 표창하는 유가증권인바, 이는 운송계약에 기하여 작성되는 유인증권으로 상법은 운송인이 송하인으로부터 실제로 운송물을 수령 또는 선적하고 있는 것을 유효한 선하증권 성립의 전제조건으로 삼고 있으므로 운송물을 수령 또는 선적하지 아니하였는데도 발행된 선하증권은 원인과 요건을 구비하지 못하여 목적물의 흠결이 있는 것으로서 무효라고 봄이 상당하고(대법원 1982. 9. 14. 선고 80다1325 판결 및 대법원 2005. 3. 24. 선고 2003다5535 판결 참조), 이처럼 무효이어서 담보로서의 가치가 없는 선하증권을 담보로서의 가치가 있는 유효한 것으로 기망을 당한 나머지 그 소지인으로부터 수출환어음과 함께 매입한 은행으로서는 운송물을 수령하지 않고 선하증권을 발행함으로써 위와 같은 기망행위에 가담한 운송인에 대하여 달리 특별한 사정이 없는 한 수출환어음의 매입대금액 상당의 손해배상을 청구할 수 있는 것이며, 설사 함께 매입되었던 수출환어음의 지급인이 사후에 이를 인수하였다 하더라도 위 불법행위와 그로 인한 손해의 발생과 사이의 인과관계가 단절된다고 할 수는 없고, 또한 현실적으로 위 수출환어음의 지급이 이루어지지 아니하는 한 위 불법행위로 인한 은행의 손해가 전보되어 소멸하게 되는 것도 아니라고 할 것이다.

5 설권증권 · 비설권증권

증권의 작성에 의하여 비로소 그 증권에 표창되는 권리가 발생하는 유가증권을 설권증권(設權證券)이라고 하는데, 어음 · 수표가 이에 해당된다. 비설권증권(非設權證券)은 증권의 작성에 의하여 권리가 발생하는 것이 아니라, 이미 존재하는 권리를 표창할 뿐이므로 증권의 작성과 권리의 발생은 관계가 없고, 권리의 행사와 이전 또는 그 중 어느 하나를 위하여 사용되는 유가증권으로서 어음 · 수표를 제외한 화물상환증 · 창고증권 · 선하증권 등 대부분의 유가증권이 여기에 해당된다.

6 문언증권 · 비문언증권

문언증권은 증권상의 권리의 내용과 범위가 증권에 기재된 문언에 의해서 정해지는 증권이다. 따라서 증권 취득자는 증권에 기재된 대로 권리를 취득하고 채무자는 증권에 기재된 바에 의하여 책임지는데, 어음 · 수표가 이에 해당된다. 비문언증권은 증권상의 권리의 내용이 증권에 기재된 문언이 아닌 실질관계에 의해 정해지는 증권으로서, 증권에 기재되지 않은 실질적 권리관계에 의하여 증권의 선의취득자에게 대항할 수 있는 효력이 인정된다. 따라서 비문언증권인 기명주권은 선의취득을 하였더라도 명의개서를 하지 않는 한 주주로서 권리를 행사할 수 없고, 주권의 발행시기(상 355조 2항)를 위반하여 발행된 주권은 무효이므로(상 355조 3항), 이러한 주권은 선의취득이 인정되지 아니한다.

제3절 유가증권과 구별되는 증권

1 증거증권

증거증권은 사법상 법률관계의 유무와 내용의 증명을 용이하게 하는 증거법적 기능을 수행하는 증명증서로서, 증권에 권리가 화체된 것이 아니므로 권리자는 증거증권을 소지하지 않더라도 다른 방법으로 권리를 증명하면 권리행사를 할 수 있으며, 채무자는 무권리자인 증거증권의 소지인에게 채무를 이행하더라도 면책되지 않는다. 즉, 증거증권은 실질적인 법률관계의 유무와 무관한 증권으로서 권리자로 하여금 권리의 입증을 용이하게 하는 증거법적 기능을 수행한다.

매매계약서, 차용증서, 운송장, 거절증서 등이 이에 해당되는데 채무자가 진정한 권리자가 아닌, 차용증서의 소지자에게 채무이행을 하더라도 진정한 권리자에 대한 변제책임은 여전히 남는다. 유가증권은 일정한 법률관계를 증명하는 기능을 수행하기 때문에 증거증권의 성질을 갖지만, 반대로 모든 증거증권이 유가증권인 것은 아니며, 유가증권과 증거증권의 구별은 증권과 사권의 결합 여부에 의해 결정된다.[20)]

2 면책증권(자격증권)

면책증권은 채무자가 악의 또는 중대한 과실 없이 증권소지인에게 채무를 이행하면 그 소지인이 진정한 권리자가 아니더라도 채무를 면하게 되는 증권이다. 면책증권은 채무이행의 편의를 위한 것으로서 권리의 존부와는 무관하므로 유가증권과 같은 효력이 인정되지 아니한다. 따라서 면책증권의 소지인이라고 하여 당연히 권리자로 인정되지 아니하며, 증권을 소지하면 채권자로서 추정되지만 실질적인 권리자로 인정되는 것은 아니므로 채무자가 권리입증을 요구하면 증권소지인은 일반원칙에 의하여 실질적 권리를 입증하여야만 한다. 반면에 증권이 없더라도 실질적인 권리자임을 입증하면 권리를 행사할 수 있다. 예금통장, 출고지시서, 음악회에서의 의복보관표 등이 여기에 해당된다.

예금통장을 소지한 자가 예금인출을 청구할 경우에 그 소지인이 진정한 권리자가 아니더라도 예금을 실제로 한 자로서 주민등록증을 소지하고 있는 경우에는 그에게 예금을 지급하면 후에 진정한 권리자가 예금인출을 요구하더라도 은행은 지급할 의무가 없다. 한편 진정한 예금주가 통장을 분실하더라도 권리자임을 증명하면 통장 없이 예금인출을 할 수 있다.

유가증권은 증권에 의하여 권리양도가 예정된 증권이지만 면책증권은 채무자의 채무이행의 편의를 위한 것으로 채권양도와 증권과는 직접적인 관련이 없다. 즉 면책증권은 유통을 전제로 한 증권이 아니므로 증권 자체로서는 권리추정력이 인

---

20) 최준선(어), 6면.

정되지 않으므로 면책증권에 의하여 증명된 채권을 양도하기 위해서는 민법의 지명채권양도(민 450조 이하)의 방식과 효력에 의하여 하여야 할 것이다.[21)]

대법원 1970. 10. 23. 선고 70다1985 판결 (출고지시서)

기록과 원심판결 이유에 의하면 원심이 이 사건 출고지령서(갑제2호증)가 기명소지인출급식 증권이라고 단정하기 어렵고 원인관계에 있어서 대금이 지급되지 않았으니 피고로서는 그 출고를 거부할 수 있다고 판시한 것은 정당하고 논지는 이유 없다. 원심이 든 증거를 보면 출고지시서는 피고 회사가 소외 동양유리사에 대하여 경유 102드럼을 출고하라는 지령서로서 그 지령서를 지참하는 자에게 출고지령서와 교환하여 물품을 인도하는 것으로서 출고지령서의 소지인은 출고지령서와 교환으로 지령서 기재의 물건을 받음으로써 목적을 달성하고 피고회사는 출고지령서와 교환으로 물건을 소지인에게 인도하면 정당한 소지인이 아닐 경우에도 인도책임을 면하는 소위 면책증권으로서의 작용을 하는 것임을 알 수 있으므로 실질관계인 매매계약에 의하여 영향을 받는 유인증권이라고 할 것이며 따라서 출고지령서의 양수인은 증권을 양도받았다는 사실만으로써는 지령서표시 물건의 인도청구권을 취득할 수 없으며 또 지령서의 양도는 그 표시물건의 양도와 같은 효력이 없다고 해석함이 상당하다.

3 금(액)권

금액권은 특정한 재산권을 표창한 것이 아니라 증권 그 자체로서 법률상 특정 목적을 위하여 금전에 갈음하는 효력을 갖는다. 우표 · 수입인지 · 화폐가 이에 해당되는데 증권 그 자체로서 재산적 가치를 보유하며 법적 근거가 있어야만 발행할 수 있다. 따라서 금액권이 물리적으로 멸실되면 그 가치가 소멸되고 제권판결에 의한 권리행사의 권한이 회복되지 않는다. 화폐가 불에 타서 소멸해버리면 화폐의 가치는 사라지고, 설사 화폐의 소멸을 증명하더라도 동일 가치의 화폐의 지급을 한국은행에 요구할 수 없다.

21) 최기원(어), 18면.

제4절 기타 유가증권(유가증권 여부가 문제되는 증권)

1 승차권

철도여객승차권을 유가증권으로 볼 것인가에 대하여, 여객운송청구권을 표창하는 승차권은 유통을 목적으로 하는 권리가 아닌 집단적 운송관계를 처리하기 위한 기술로서 인정된 면책증권이라는 견해가 있다. 이 견해에 의하면 승차권을 소지하지 않고도 진정한 권리자임을 증명하여 권리행사를 할 수 있고, 승차권을 암표로 구입한 자는 지명채권양도의 요건을 갖추지 않는 한 권리행사를 할 수 없다는 문제가 있다.[22)]

증권의 유통성만 강조하게 되면 승차권을 유가증권으로 보기 어려울 것이나 승차권은 양도의 목적이 중요하지 않고, 그 대신 획일적이고 신속하게 수행되어야 할 운송거래에서 필수적인 존재이며, 집단운송관계에서 증권을 소지하여야만 권리행사를 할 수 있다는 점에서 운송채권을 표창하는 유가증권성이 인정된다고 보는 것이 통설이다.[23)] 한편 승차 후에 발행되는 승차권은 운임의 지급을 증명하는 증거증권이라고 볼 수도 있으나 승차 중에 청구가 있으면 언제든지 제시하여야 하고, 회수를 할 때 이를 인도하여야 하므로 유가증권으로 보아야 한다.

그리고 승차 전에 기명식으로 발행되는 승차권은 증거증권이라는 견해가 있지만 양도성이 없다는 점을 제외한 나머지는 무기명식 승차권과 다르지 않으므로 유가증권으로 볼 수 있다.[24)] 승차 전의 무기명식(지시식) 승차권이 개찰 후에는 운송인이 특정인에 대한 운송채무를 부담하므로 승차권은 유가증권성을 상실하고 면책증권으로 변한다는 견해[25)]가 있으나 이때도 여객은 목적지까지 운송을 청구할 수 있고, 승차 중에 요구가 있으면 언제든지 이를 제시하여야 하며 또 목적지에서 회수할 때 이를 인도하여야 하므로 목적지에 도착할 때까지 유가증권성을 유지한다고 본다.[26)]

---

22) 양명조(어), 57면.
23) 정찬형(어), 13면 ; 양명조(어), 57-58면 ; 정동윤(어), 52-53면.
24) 정찬형(어), 13면 ; 정동윤(어), 52-53면.
25) 최기원(어), 19면.
26) 정찬형(어), 13-14면 ; 정동윤(어), 52-53면.

일정한 회수를 반복하여 승차할 수 있는 회수승차권은 운송노선, 운송기간 등이 특정되지 않기 때문에 운임의 선급을 증명하는 표권(증거증권)이라는 견해가 있으나 운용구간 · 운용기간 · 승차등급 등이 대체로 특정되어 있으므로 포괄적인 운송청구권을 표창하고 있고 승차시 이를 제시하여야 한다는 점에서 유가증권으로 보아야 할 것이다.

또 운용구간과 운용기간이 특정되어 있고, 특정된 기간 내에는 회수에 제한 없이 반복 승차가 가능한 정기승차권은 양도를 할 수 없으나, 승차시 이를 제시하여야 하는 포괄적 운송청구권을 표창한 유가증권으로 보는 것이 타당하다.[27]

지하철 1회 승차권은 지하철 운임이 인상되면 추가운임을 지급하여야 하므로 운임의 선급을 증명하는 표권일 뿐 유가증권이 아니라는 과거의 판례[28]가 있다. 항공권이나 외항선 승선권은 기명식으로만 발행되어 양도가 불가능하기 때문에 증거증권이라고 볼 수도 있으나, 권리의 행사에 증권의 제시를 필요로 한다는 점에서 유가증권으로 볼 수 있다.[29]

2 상품권

상품권은 물품을 판매하는 상인인 발행인이 소지인에 대하여 일정한 가액에 상당하는 물품을 인도하거나 용역을 제공한다는 약속을 기재하여 발행한 일람출급의 무기명유가증권이다. 상품권은 발행인이 경영하는 시설에서 상품의 구입 또는 노무제공을 받을 권리를 표창하므로 유가증권에 해당된다.

3 양도성 예금증서(CD)

양도성 예금증서(negotiable certificate of deposit)는 은행이 일정한 금액을 예수하였음을 인정하고 만기에 그 금액을 반환할 것을 약속하는 증권이다. 양도는 증서에 의하여 자유롭게 할 수 있고 만기에 증서와 상환하여 지급을 받는다. 이 증서는 예금채권을 표창하고 있고, 그 권리행사에 증권의 소지를 필요로 하므로

27) 정동윤(어), 53면 ; 정찬형(어), 15면.
28) 대법원 1960. 2. 18. 선고 4291민상906.
29) 최준선(어), 13면 ; 양명조(어), 58-59면.

유가증권으로 볼 수 있고, 그 성질은 지급약속증권으로서 약속어음과 유사하다. 우리나라에서는 무기명식으로만 발행되므로 동 증서의 약관에 기재된 대로 무기명채권 양도의 방법에 의하여 동 증서의 교부만으로 양도할 수 있다.[30)]

제5절 유가증권의 개관

1 유가증권법의 의의

1. 실질적 의의의 유가증권법

우리 현행법에 '유가증권법'이라는 단일법이 존재하지 않으므로, 유가증권법이라 함은 '유가증권에 관한 모든 법 규정'으로 이해하여야 할 것이다. 그러므로 유가증권의 개념에 따라서 유가증권법의 범위가 정해지겠지만 이론상 존재하는 통일된 유가증권에 관한 법을 실질적 의의의 유가증권법으로 볼 수 있을 것이다. 이를 다시 어음법, 수표법, 민법과 상법의 유가증권에 관한 규정을 포함한 유가증권에 관한 사법적·실체적 법률관계를 규제하는 협의의 유가증권법과, 유가증권에 관한 형사처벌규정(형 214조 이하), 공시최고에 의한 제권판결(민소 475조 이하), 어음에 관한 민사강제집행규정(민집 233조 이하) 및 부정수표단속법 등 공법적 규정까지 모두 포함한 광의의 유가증권법으로 나누어 볼 수 있으며, 일반적으로 유가증권법이라고 말할 때에는 협의의 유가증권법을 의미한다.[31)]

2. 형식적 의의의 유가증권법

형식적 의의의 유가증권법은 유가증권에 관한 성문법을 의미하는데, 우리나라는 스위스 채무법이나 미국의 통일상법전과 같은 유가증권을 전체적으로 규율하는 형식적 의의의 유가증권법은 없고, 개별법에 흩어져 있다. 이를 살펴보면 기업뿐 아

30) 정동윤(어), 56면 ; 정찬형(어), 21면.
31) 최기원(어), 56면 ; 정찬형(어), 43면.

니라 일반인도 이용하는 전형적인 유가증권에 관한 어음법과 수표법이 있는데, 어음·수표는 상인이 아닌 비상인도 발행할 수 있고, 비상인간의 거래에서도 사용될 수 있으므로 상법전에 포함시키지 않고 독립된 법으로 존재한다. 그리고 유가증권 중에는 상인만이 발행할 수 있는 화물상환증(상 128-133조), 창고증권(상 156-157조), 선하증권(상 852-861조), 주권(상 355조-360조), 채권(상 478-480조) 등이 있고, 이들 증권은 어음·수표법 규정이 주로 준용된다.

금전, 물건 또는 유가증권의 지급을 목적으로 하는 유가증권으로서 상거래에 수반되어 이용되는 유가증권은 민법의 증권채권에 관한 규정과 어음법의 규정의 일부를 준용하고 있는바(상 65조), 상법 제65조는 상거래에 수반되어 이용되는 협의의 유가증권(지시증권 및 무기명유가증권)에 관한 통칙규정이다. 또 민법에 채권증권인 유가증권을 규율하는 지시채권, 무기명채권 및 선택무기명채권에 관한 규정(민 508-525조)이 있다. 이들 가운데 어음법과 수표법이 가장 중요한 부분을 이루고 있다.

2 유가증권법의 지위

유가증권은 상인만 사용하는 것이 아니라 비상인도 사용하기 때문에, 유가증권법을 상법의 영역으로 흡수시키기 어렵고, 유가증권에 결합된 권리를 민법에 포함시키는 것도 곤란하다. 특히 유가증권에 관한 대표적인 법인 어음·수표법도 어음·수표를 비상인도 사용할 수 있어서 상법으로 분류하기도 어렵다.[32] 한편 민법에 규정된 유가증권에 관한 규정은 어음·수표법과 상법의 규정과 중복되고 민법만 적용되는 채권적 유가증권을 실제로 발행되는 예가 거의 없으므로 구태여 민법에 유가증권에 관한 규정을 둘 필요가 없다는 주장이 있다.

나아가 통일적 유가증권법이 없을 뿐만 아니라 각종 법에 산발적으로 흩어져 있거나 중복되어 있어 법률체계상 혼란스럽고 비효율적이므로 장차 통일적인 형식적 의의의 유가증권법을 제정할 필요가 있다는 주장이 있는바, 이때 상법이나 민법의 한 분야로 규율할 것인가 아니면 독립된 법체계를 선택할 것인가에 대하여는 상법이나 민법에 흡수되기 어려운 사정을 감안해서 독립된 재산법 분야로 발전시키는

32) 어음은 기업 간 거래에 사용되어 주로 상인이 할인을 하고 지급하며, 수표는 지급인이 금융기관이라는 점에서 상법의 특유한 성질이 있기 때문에 어음·수표법이 상법에 속한다는 견해가 있다[최기원(어), 57면].

것이 타당하다는 주장이 있다.[33]

3 유가증권 법정주의

유가증권은 무형의 권리를 증권이라는 용기에 담아서 그 권리의 존재와 범위를 유형화하고, 그 유통성과 피지급성의 확보를 위하여 법의 강력한 보호를 받도록 하는 것으로서, 유가증권법이 강행법적 성질을 갖기 때문에 유가증권의 종류와 그 내용도 사인의 자유로운 의사에 맡겨두면 이를 남용할 소지가 있다. 따라서 우리나라는 증권의 종류와 내용은 법에 의하여 규정되어야 유가증권으로서의 보호를 받을 수 있도록 하는 유가증권법정주의를 채택하고 있다.

유가증권에 화체되는 권리는 재산권으로만 한정하고 신분권은 배제하였으며, 지시증권은 배서에 의하여, 무기명증권은 교부의 방법으로 양도할 수 있도록 하는 등 유가증권의 양도방법을 특정하고 있다. 이러한 유가증권법정주의는 협의의 유가증권(지시채권 및 무기명증권)에만 적용되고, 유가증권에 관한 특별규정이 거의 적용될 여지가 없는 기명증권에는 적용되지 않는다.

제6절 유가증권의 속성

1 요식증권성

유가증권은 법률에 의하여 그 기재방식이 특정되어 있는 요식증권성을 갖는다. 어음과 수표는 특별한 보충규정이 없는 한 법에 규정된 필수적 기재요건이 반드시 기재되어야만 효력을 발생하는 '엄격한(절대적) 요식증권성'의 성질을 갖는다. 이에 비하여 선하증권, 창고증권, 주권은 법이 규정한 기재사항이 본질적인 부분이 아니라면 기재되지 않더라도 증권이 무효가 되지 아니하고, 보충기재가 허용되는 등 요식성이 상당히 완화된 '상대적 요식증권성'의 성질을 갖는다.

33) 정찬형(어), 44-45면.

2 제시증권성

유가증권상의 권리를 행사하기 위해서는 증권을 제시하여야 하는 것(어 38조, 수 28조)을 제시증권성이라고 한다. 따라서 채권자가 증권을 제시하지 않고 채무이행을 청구하면 채무자가 변제하지 않더라도 이행지체가 되지 않는다. 어음·수표, 지시식 또는 무기명식 유가증권(화물상환증·선하증권) 등이 이 성질을 갖으나, 기명주권은 주주명부에 명의개서가 되어 있으면 주주권을 행사할 때 주권의 제시가 필요하지 않으므로 제시증권성이 없다.

3 문언증권성

문언증권성이란 증권상의 권리는 증권에 기재된 문언에 의해서만 결정된다는 의미이다(상 137조, 157조). 따라서 증권에 기재되지 아니한 당사자간 약정 등 실질관계는 채무자가 알 수 없으므로 그에 따른 책임을 지지 않는다. 주권은 비문언증권으로서 권리의 내용이 실질적인 관계에 의하여 결정되며, 실질관계와 다른 내용이 증권에 기재되더라도 그 효력이 없다.

4 상환증권성

상환증권성이라 함은 유가증권의 권리자가 권리를 행사하기 위해서는 증권을 채무자가 변제할 때 상환하여야 한다는 것이다. 따라서 채무자는 증권의 상환이 없는 한 채무를 변제할 필요가 없다. 화물상환증(상 129조), 창고증권(상 157조), 선하증권(상 820조) 등은 상환증권성을 갖고 있으나, 상환을 받지 않고 물품을 인도하는 상관습인 보증도나 공도는 인정된다. 주권은 상환증권성이 없다.

5 면책증권성

증권상 채무자는 악의나 중대한 과실 없이 배서의 연속이 된 증권을 소지한 자에게 채무변제를 하면 비록 그 소지자가 실질적인 권리자가 아니더라도 면책되므로, 나중에 실질적 권리자에게 이중으로 채무변제를 할 필요가 없는 것이 면책증권성이다. 대부분의 유가증권은 면책증권이지만 기명식 선하증권처럼 특정한 채권자가 존재하는 경우에는 면책증권성이 없다.

6 법률상 당연한 지시증권성

증권상에 지시문언의 기재유무에 불구하고, 배서금지의 기재가 없으면 법률상 당연히 지시증권이 되는 '법률상 당연한 지시증권성'이 있다. 지시증권은 유가증권의 특유한 양도방법인 배서에 의하여 양도되고, 배서의 연속에 의하여 적법한 권리자로 추정된다. 어음·수표가 여기에 해당된다.

제2장 어음 · 수표법 서론

제1절 어음 · 수표의 의의

어음과 수표는 일정한 금액의 금전지급청구권을 표창하는 금전채권적 유가증권으로서, 일정한 금액지급을 목적으로 한다. 우리 어음법은 환어음에 대하여 자세하게 규정을 하고 이를 약속어음에 준용하고 있으며, 수표는 수표법에서 규정하고 있다.

1 환어음(bill of exchange, draft)

환어음은 발행인이 제3자인 지급인에 대하여 어음상 권리자인 수취인 또는 그가 지시하는 자에게 일정한 금액(어음금)을 지급기일(만기)에 지급할 것을 무조건으로 위탁하는 유가증권이다. 따라서 환어음의 발행인은 지급인에게 금전지급을 위탁하기 때문에 환어음에는 발행인 · 수취인 · 지급인의 3당사자가 존재한다. 즉, 환어음은 지급위탁증권으로서 수취인이 지급인에 대하여 어음금액의 지급을 청구할 수 있고, 지급인으로 기재된 자는 인수를 하지 않는 한 지급을 거절할 수 있다. 지급인이 인수를 하기 전까지는 주된 어음채무자가 존재하지 아니하며, 지급인이 '인수'라는 어음행위를 한 때에 비로소 주된 어음채무자가 된다.

지급인이 인수거절이나 지급거절을 하는 경우에는 발행인이 최종적으로 소구의무(상환의무)를 부담하므로, 인수가 이루어지기 전의 환어음은 발행인의 신용을 근거로 유통된다. 한편 환어음의 발행인과 지급인 사이에는 이미 채권 · 채무관계가 있거나 만기 전에 자금을 발행인이 지급인에게 송부하는 등 내부적 관계가 존재하는 것을 전제로 환어음이 발행되는데, 이를 발행인과 지급인 간의 '자금관계'라고 한다.

예를 들면, D(지급인)에 대하여 오백만원의 물품대금채권이 있는 A(발행인)가 B(수취인)로부터 오백만원인 오토바이를 구입하면서, 장래의 일정한 날에 D를 지급인으로 기재한 환어음을 발행하여 B에게 교부하는 방법으로 대금지급을 할 수 있다. 이때 B(수취인)는 어음의 만기가 도래하기 전에 제3자에게 어음할인의 방법으로 어음을 현금화할 수 있으며, 만기에 어음소지인(E)이 지급인(D)에게 어음금을 청구할 수 있다.

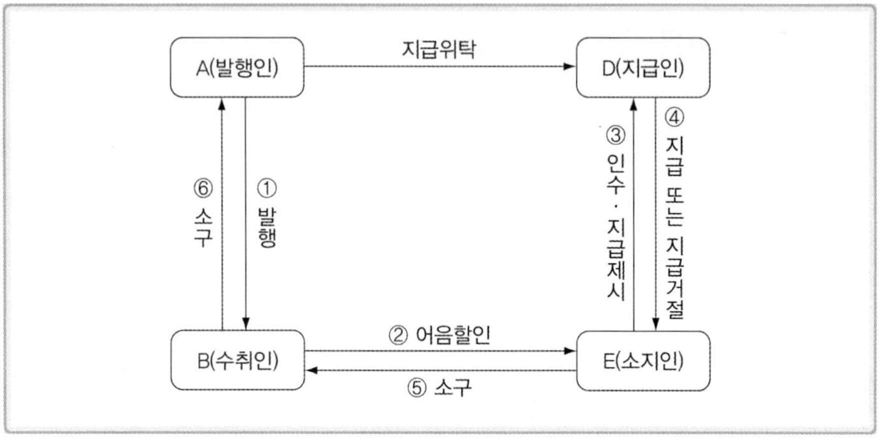

No. ① **환 어 음**

③ B 귀하

금 150,000,000 원

② 위의 금액을 이 환어음과 상환하여 ⑥ A 또는
그 지시인에게 지급하여 주십시오.
거절증서 작성불요

④ 지급기일 2012. 12. 20.
⑤ 지급지 서울특별시
지급장소 국민은행 상도지점

⑦ 발행일 2012. 5. 30.
⑧ 발행지 서울특별시
⑨ 발행인 김 갑돌 ㊞
서울 관악구 봉천동 511

환어음 요건 : ① 환어음표시문자 ② 일정금액의 지급위탁문구 ③ 지급인 ④ 지급기일 ⑤ 지급지 ⑥ 지급받을 자(수취인) ⑦ 발행일 ⑧ 발행지 ⑨ 발행인의 기명날인

2 약속어음(promissory note)

약속어음은 어음 발행인이 지급기일에 어음금액을 어음의 정당한 소지인인 수취인 또는 그가 지시하는 자에게 지급할 것을 무조건적으로 약속하는 증권이다. 즉, 약속어음은 발행인이 수취인 또는 그가 지시하는 자에게 지급을 약속하는 지급약속증권으로서 어음의 기본당사자는 발행인과 수취인이다. 따라서 발행인이 직접 지급을 책임지는 주채무자가 되므로 환어음처럼 별도의 지급인이 필요하지 않으며, 발행인이 환어음의 인수인의 지위를 겸하고 있다. 그리하여 어음의 정당한 소지인은 주채무자인 발행인에게는 어음금지급청구권을, 배서인에게는 소구권을 행사할 수 있다.

현재 국내에서 신용장거래에 수반하여 환어음이 이용되는 경우 외의 거래관계에서 환어음이 이용되는 사례는 드물다. 이에 비하여 약속어음은 매매대금이나 용역대금의 결제수단으로 사용되거나, 금전소비대차 시 차용증서의 대용으로 발행되는 어음대부 등 신용증권기능을 수행하고 있다. 또 약속어음의 수취인은 만기 전에 어음할인의 방법으로 현금화를 할 수 있으므로 신용창조기능을 수행한다. 이처럼 거래계에서 약속어음이 주로 사용되고 있는데, 우리 어음법의 체계는 환어음을 중심으로 규정되어 있고 약속어음은 대부분의 환어음규정을 준용하는 형식을 취하고 있다. 따라서 실거래 현상과 동떨어질 뿐만 아니라 어음법의 연구와 강의에도 번잡함과 불편을 초래하고 있어서, 어음법을 약속어음 위주로 체계를 재편하여야 한다는 견해도 있다.[1)]

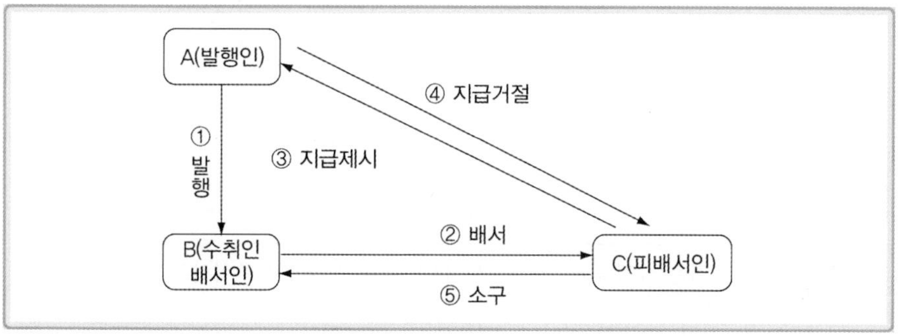

1) 양명조(어), 3-4면.

약속어음 앞면

<table>
<tr><td colspan="2">No. ① 약 속 어 음
⑤ ___K___ 귀하

금 100, 000,000 원
② 위 금액을 _K_ 또는 K의 지시인에게 이 약속어음과
상환하여 지급하겠습니다.</td></tr>
<tr><td>③ 지급기일 2013. 1. 30.
④ 지급지 제주도 서귀포시
지급장소 우리은행 서귀포지점</td><td>⑥ 발행일 2012. 12. 30.
⑦ 발행지 제주도 서구포시
⑧ 발행인 유 귀남 ㊞
제주도 서귀포시 연남동 511</td></tr>
</table>

약속어음요건 : ① 약속어음 표시문자 ② 일정금액의 지급약속문구 ③ 지급기일
④ 지급지 ⑤ 지급받을 자(수취인) ⑥ 발행일 ⑦ 발행지
⑧ 발행인의 기명날인

약속어음 뒷면

<table>
<tr><td>앞면에 적은 금액을 A(피배서인) 또는 그 지시인에게 지급하여 주십시오.
(목적 또는 부기)
거절증서 작성을 면함.
년 월 일
주소
성명 K ㊞ (배서인)</td></tr>
<tr><td>앞면에 적은 금액을 B 또는 그 지시인에게 지급하여 주십시오.
(목적 또는 부기)
거절증서 작성을 면함.
년 월 일
주소
성명 A ㊞</td></tr>
<tr><td>앞면에 적은 금액을 C 또는 그 지시인에게 지급하여 주십시오.
(목적 또는 부기)
거절증서 작성을 면함.
년 월 일
주소
성명 B ㊞</td></tr>
</table>

3 수표(check)

수표는 발행인이 지급인인 은행에 대하여 일정한 금액(수표금액)을 정당한 권리자에게 지급할 것을 무조건적으로 위탁하는 유가증권이다. 수표는 제3자(지급인)에게 지급위탁을 하는 지급위탁증권이어서, 기본당사자가 발행인 · 지급인 · 수취인인 점은 환어음과 동일하지만, 수표는 지급인이 언제나 은행으로 한정되어 있고(수 3조, 59조), 수취인의 기재는 임의적 사항이며(수 5조), 만기가 없어서 항상 일람출급인 점(수 28조)에서 환어음과 다른데, 이는 수표가 신용증권화되는 것을 방지하기 위한 것이다.

수표상에 기재된 발행일자가 도래하기 전에도 지급제시된 날에 수표금이 지급되어야 하므로, 선일자수표도 일람출급성이 유지된다. 한편 수표는 인수제도가 없으므로 주채무자가 존재하지 않으며, 그 대신 지급인이 수표금지급을 보증하는 지급보증제도가 있다. 수표의 지급인이 주채무자가 아니므로 지급을 거절하는 경우에는 소지인은 배서인에게 소구권을 행사할 수 있다. 그리고 지급인이 지급보증을 한 경우에도 소지인은 발행일부터 10일 이내의 지급제시기간 내에 지급제시를 하여야만 지급인이 지급의무를 부담하기 때문에 수표의 지급보증인의 책임은 환어음의 인수인보다 제한적이며, 최종 소구의무자와 같은 지위에 있다.[2)]

또 수표는 수표금액 상당의 자금이 지급인인 은행에 당좌예금으로 예치되어 있어야 하는데, 만일 자금이 부족한 상태에서 발행된 수표가 지급 제시된 경우에 지급은행은 지급거절(부도)을 하게 된다. 그리고 수표발행을 지급은행에 청구하기 위해서는 수표발행인과 지급은행 사이에 '당좌거래약정'이라는 수표계약이 체결되어야 한다. 수표계약 없이 수표를 발행할 경우에는 발행인은 50만원 이하의 과태료 처분(수 67조)과 형사처벌을 받을 수 있다.

경제적인 용도에 비추어 볼 때 환어음은 신용창출기능이 중시되는 반면에 수표는 지급결제수단으로서 현금의 대용으로 사용되는 점에서 차이가 있다. 따라서 환어음을 발행하는 자는 금원이 필요한 자이고 수표를 발행하는 자는 금원을 소유한 자라고 볼 수 있다.

2) 정찬형(어), 52-53면.

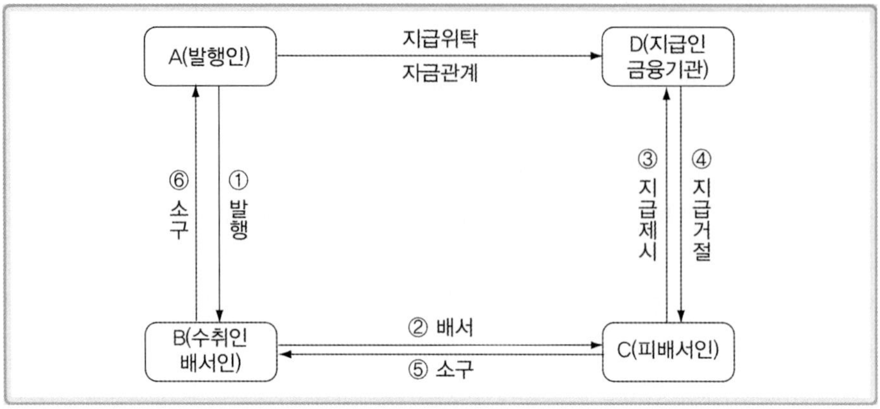

제2절 어음의 흐름

1 환어음

환어음은 발행인이 어음의 수취인이나 그가 지시하는 자에게 지급기간 내에 무조건적으로 어음금을 지급하여 줄 것을 제3자(지급인)에게 위탁하는 금전지급위탁증권이다. 갑이 병에게 냉장고를 500만원에 외상으로 매도하였다. 한편 갑은 을로부터 세탁기를 500만원에 매수하려는데 현금이 없는 상태이다. 이때 갑은 병으로부터 500만원의 채권이 있으므로, 이를 받아서 병에게 지급하는 방법으로 세탁기를 살 수 있다. 그런데 양자의 채권·채무의 변제기가 유사한 경우 이를 하나의 법률관계로 처리할 수 있다. 즉 (갑)은 (병)을 지급인으로 (을)을 수취인으로 하여, 액면금 500만원으로 한 환어음을 발행하여 (을)에게 교부하는 방법으로 세탁기를 살 수 있다. 발행인(갑)은 지급인(병)으로부터 외상대금을 받는 대신에 이를 수취인(을)에게 지급하여 달라고 위탁을 하는 것이다.

한편 지급인(병)은 소지인이 인수제시를 할 때 인수거절을 할 수 있다. 어음채무는 어음행위에 의해서만 부담하는데 환어음을 발행할 때 지급인이 발행에 참여하지 않을 뿐만 아니라 어음행위를 한 사실도 없으므로 처음부터 당연히 어음채무를 부담하는 것은 아니다. 그래서 환어음의 소지인은 지급기일 전에 지급인이 진정한 어음채무를 부담할 의사가 있는지 알아야 할 필요가 있으며, 지급인도 어음채무부담을 할 것인지 여부를 결정해야 할 필요가 있다. 따라서 어음소지인이 인수제시를 할 때 지급인이 인수를 하면 그 때부터 주채무자가 된다.

환어음의 수취인은 제3자에게 배서나 교부 등 어음법적 양도방법에 의하여 어음을 양도할 수 있으며 최종소지인이 만기에 인수인에게 지급제시를 하여 어음금을 지급받으면 어음관계는 종료하고 회수한 어음은 폐기된다. 한편 지급인이 인수거절을 하게 되면 환어음의 주채무자가 없게 되는데, 이때 어음소지인은 담보의무를 부담하는 자기 以前의 배서인과 그 보증인 등 소구의무자에게 소구권보전절차를 밟아서 소구권을 행사할 수 있다. 환어음의 발행인은 주채무자는 아니지만, 최종적으로 소구의무를 부담하므로 환어음은 발행인의 신용에 의하여 유통된다.[3]

2 약속어음

약속어음은 발행인(갑)이 수취인(을) 또는 그가 지시하는 자에게 어음금을 만기에 지급하기로 하는 증권이다. ① 갑이 을로부터 냉장고를 매수하기로 하고 그 대금 5백만원을 2개월 후에 지급하기로 약정하고 냉장고 대금조로, 수취인 을로 한 약속어음을 발행 교부하였다. 을은 만기까지 어음을 소지하고 있다가 갑에게 어음금을 청구하거나 또는 제3자에게 어음할인을 위하여 배서양도를 할 수도 있다. ② 그 후 을은 A로부터 세탁기를 금 500만원에 구입하기로 약정하고 세탁기 대금지급조로 위 약속어음을 A에게 배서 양도하였다. ③ A는 만기에 위 어음을 발행인(갑)에게 지급제시를 하면 발행인이 어음을 회수하면서 500만원을 지급하면 어음관계는 종료하며, 환수된 어음은 폐기된다.

그런데 A가 지급제시기간 내에 발행인에게 지급제시를 하였으나 발행인(갑)이 어음금지급을 거절하게 되면 A는 지급거절증서를 작성하는 등 소구권보전절차를 밟아서, 자기에게 배서 양도한 수취인(을)에게 어음금상환을 청구할 수 있다. 어음소지인이 발행인에게 지급제시기간, 즉 지급을 할 날로부터 그에 이은 제2거래일 내에 지급제시를 하였으나 지급을 거절당하면, 어음소지인은 거절증서작성이 면제되지 않는 한 지급거절증서를 작성하여야 한다. 한편 어음배서인은 반대의 문언이

3) 양명조(어), 17-18면.

없는 한 배서의 담보적 효력에 의하여 자기의 후자의 배서인에게 담보책임을 부담하는 소구의무(상환의무)를 부담한다.

한편 어음소지인(A)이 소구권보전절차를 갖추지 못하면 소구권을 행사할 수 없게 되고 소구의무자인 배서인(을)은 어음상 책임을 부담하지 않는다. 이 경우 소지인(A)은 어음시효(3년)가 경과하지 않았다면 약속어음의 발행인(갑)에게 어음금을 청구할 수 있다. 그 이유는 약속어음의 발행인은 최종적으로 어음채무를 부담할 주채무자이므로 설사 소구권보전절차를 취하지 못하였더라도 발행일부터 3년의 시효기간 내에는 소지인에게 어음금지급채무를 부담한다.

그리고 어음채무가 소구권보전절차의 흠결이나 소멸시효 완성 등으로 소멸한 경우에, 어음소지인은 어음채무를 면제받음으로 인하여 어음채무자가 얻게 되는 이득의 반환을 채무자에게 청구할 수 있다(어 79조). 즉 약속어음발행인(갑)은 3년이라는 소멸시효완성으로 어음상 채무를 면하게 되는 반면, 500만원 상당의 냉장고를 부당하게 얻게 되고, 어음소지인(A)은 동액 상당의 손실을 입게 된다. 따라서 어음소지인은 발행인(갑)에게 이득상환청구권을 행사할 수 있다. 위 사례에서 세탁기를 판매하는 A는 대금조로 받은 어음이 부도가 날 것에 대비하여 보증인을 요구할 수 있는바, 이때 을은 제3자(병)를 어음보증인으로 세울 수 있다.

냉장고의 매매계약이 제품하자 등 사유로 취소되었거나 무효가 되더라도 이미 상품대금지급을 위하여 발행된 약속어음은 유효하므로 계약의 하자를 알지 못하고 어음을 취득한 자는 선의의 취득자로서 어음금을 청구할 수 있다. 이와 같이 어음발행의 원인인 매매계약의 유·무효가 어음관계에 영향을 미치지 않는 것은 어음행위의 무인성 때문이다. 그러나 어음 발행행위는 유효하다고 하더라도 매매계약의 당사자 간에는 계약취소라는 원인관계를 주장하여 어음금지급을 거절할 수 있는데, 이를 계약당사자 간의 인적항변이라고 한다.

그러나 계약당사자가 아닌 제3자가 어음을 취득한 경우에도 계약당사자 간 매매계약의 취소라는 인적항변 때문에 어음금지급을 받을 수 없게 되면 어음은 유통되기 어려울 것이다. 따라서 거래당사자가 아닌 제3자가 채무자를 해할 것을 알면서 어음을 취득하지 않는 한, 어음채무자는 발행인이나 종전소지인에 대한 인적항변으로써 어음소지인에게 대항하지 못하게 함으로써 선의취득자를 보호한다. 이를 인적항변의 절단이라고 한다(어 17조). 따라서 선의의 어음소지인(A)은 발행인(갑)으로부터 어음금을 지급받을 수 있다.

위 사례에서 약속어음 발행인(갑)이 피성년후견인인데 그의 법정대리인의 동의없이 을과 냉장고매매계약을 체결한 경우, 법정대리인이 동의 없음을 이유로 매매계약을 취소하면, 어음소지인(A)은 갑에게 어음금을 청구하지 못하고, 을도 갑에게 어음금을 청구하지 못한다. 그 이유는 민법상 제한능력자의 보호를 위하여 피성년후견인의 어음발행행위는 무효이고, 이는 누구에게나 대항할 수 있는 물적항변이기 때문이다.

그런데 을이 A에게 물품대금조로 어음을 배서 양도한 행위의 효력에 관하여는, 각각의 어음행위는 독립된 것으로서 자기의 어음행위에 의하여 어음채무를 부담하는바, 비록 전자(갑)의 어음행위가 무효나 취소가 되더라도, 그와 상관없이 어음에 배서를 한 자(을)는 자기 의사에 의하여 자기의 후자(A)에 대하여 소구의무를 부담한다. 이를 어음행위독립의 원칙이라고 한다. 위 사례에서 을은 갑의 어음발행행위의 취소와 상관없이, A에게 어음금의 소구의무를 부담하겠다는 의사로 배서양도를 하였는바, 을은 A에게 소구의무를 부담한다.[4)]

제3절 환어음 · 약속어음 · 수표의 비교

1 공통점

환어음 · 약속어음 · 수표는 모두 일정한 금액의 지급을 목적으로 하는 유가증권으로서 지급기능을 수행한다. 또 일정한 금액의 지급을 목적으로 하는 금전채권증권이고, 권리의 발생 · 이전 · 행사에 증권의 소지를 필요로 하는 완전유가증권이다. 나아가 이들은 증권상 권리발생이 그 원인관계의 존부와 무관한 무인증권이며, 증권의 작성에 의하여 권리가 발생하는 설권증권이고, 지시문구의 기재유무에 불구하고 항상 증권상 권리가 배서에 의하여 양도될 수 있는 법률상 당연한 지시증권이며, 법정의 기재사항을 모두 기재하여야만 효력이 발생하는 절대적 요식증권이고, 증권상 권리의 내용이 실질관계와 상관없이 증권 문언에 기재된 대로 효력이 발생하는 문언증권이다.

4) 고평석 · 김지환(어), 27-29면.

또한 이들은 채무자가 변제를 할 때 증권을 반환하여야 하는 상환증권이며, 권리자가 권리를 행사하기 위해서는 채무자에게 증권을 제시하여야 하는 제시증권이고, 채무자가 증권의 형식적 권리를 가진 자에게 변제를 하더라도 그에게 악의 또는 중대한 과실이 없는 한 증권소지인이 실질적으로 무권리자라고 하더라도 책임을 면하는 면책증권이다.

2 차이점

1. 경제적 기능

환어음이 신용기능 · 송금기능 · 추심기능 · 지급기능이 있는 반면에 약속어음은 신용기능 · 추심기능 · 지급기능은 있으나 송금기능은 없다. 수표는 송금기능과 지급기능은 있으나 신용기능과 추심기능은 없다. 어음의 1차적 기능은 신용기능임에 반하여 수표는 지급기능이 주된 기능인데, 수표의 신용증권화를 방지하기 위하여 만기를 두지 않는 등 여러 장치를 두고 있다.

2. 자금관계

환어음은 신용증권이므로 자금관계가 부존재하더라도 어음에 효력을 미치지 아니하고, 지급인이 어음금을 지급한 후에 발행인이 어음금을 보상할 수 있으나(보상관계), 수표는 지급증권으로서 자금관계가 매우 중요하므로, 수표를 발행하기 위해서는 처분할 수 있는 자금이 은행에 예치되어야 하고, 그 자금으로 수표가 발행되므로 발행인은 은행과 당좌예금계약과 수표계약을 체결하여야 한다. 수표의 발행인이 이를 위반한 채 수표를 발행한 경우에는 과태료의 제재(수 67조)와 부정수표단속법위반의 처벌을 받게 된다.

3. 당사자 및 주채무자

환어음은 발행인 · 수취인 · 지급인의 3당사자가 존재하나, 약속어음은 발행인 · 수취인의 2당사자가 존재한다. 수표는 기명식 · 지시식의 경우에는 발행인 · 수취인 · 지급인의 3당사자이지만, 소지인출급식수표는 발행인 · 지급인의 2당사자만이 존재한다.

환어음의 지급인은 인수하기 전에는 주채무자가 아니지만, 인수를 하면 주채무자가 되며, 환어음의 발행인은 주채무자가 아니다. 약속어음의 발행인은 발행 시부터 주채무자이다. 수표는 주채무자가 없는 대신 지급인이 보증을 할 수 있으며, 지급보증인이 최종적인 상환의무자이다. 즉, 수표의 지급보증인은 지급제시기간 내에 지급제시가 되는 것을 조건으로 지급을 담보한다. 실무에서 지급보증인 제도는 거의 활용되지 않고 있으며, 그 대신 금융기관이 지급인으로서 자기앞수표를 발행하는 방법으로 지급을 담보한다.

4. 소구의무자 및 소구방법

소구의무자는 주채무자가 지급을 거절하는 경우 2차로 지급의무를 부담하는 자인데, 환어음의 소구의무자는 발행인과 배서인이나 약속어음의 소구의무자는 배서인이며 발행인은 소구의무자가 아니다. 수표의 소구의무자는 발행인과 배서인 그리고 수표의 지급보증인이다. 한편 소구방법으로서 환어음은 인수거절에 의한 만기 전 소구제도(어 43조 1호)가 있으나, 약속어음은 지급인과 인수제도가 없으므로 인수거절에 의한 소구가 없다. 다만 지급인의 파산, 지급정지 등 지급이 불확실한 사유에 의한 만기 전 소구(어 43조 1호)는 약속어음에도 인정된다(어 77조 1항 4호). 수표는 만기가 없으므로 만기 전 소구제도가 없다.

5. 만기

어음만기의 종류는 일람출급 · 일람후정기출급 · 발행일자후정기출급 · 확정일출급의 4종류가 있다. 환어음의 일람후정기출급어음에서 일람이란 인수제시를 의미하지만, 약속어음은 인수제도가 없으므로 만기를 정하기 위한 제시를 의미한다. 수표에서는 신용증권화를 방지하기 위하여 만기를 두지 않고 지급제시기간만 있으므로, 수표는 일람출급수표만 인정된다(수 28조).

6. 어음행위

발행 · 배서 · 보증 등은 공통되지만, 인수와 참가인수는 환어음에만 인정되고, 약속어음과 수표에는 인정되지 아니하나, 다만 학설상 참가인수도 약속어음에 인정된다고 보는 견해가 있다. 지급보증은 수표만 인정된다.

7. 소구방법

환어음에서 지급거절로 인한 소구의 경우에 공정증서만으로 지급거절을 증명하여야 하는데(어 44조 1항), 수표의 지급거절의 증명은 공정증서 외에도 지급인의 선언 및 어음교환소의 선언에 의한 증명방법도 인정된다(수 39조).

〈환어음 · 약속어음 · 수표의 비교〉

	환어음	약속어음	수표
공통점	– 어음 수표만 갖는 특징 : 완전유가증권, 설권증권, 무인증권, 절대적 요식증권 상환증권, 법률상 당연한 지시증권, 금전채권증권,문언증권, 제시증권		
경제적 기능	추심 · 신용 · 송금 기능	신용 · 추심 기능	지급 · 송금 기능
증권의 형식	지급위탁증권	지급약속증권	지급위탁증권
주채무자	인수인	발행인	주채무자 없음.
당사자	발행인, 수취인, 지급인	발행인, 수취인	발행인, 수취인, 지급인
소구의무자	발행인, 배서인, 보증인	배서인, 보증인	발행인, 배서인, 보증인
어음행위	발행, 배서, 보증, 인수, 참가인수	발행, 배서, 보증	발행, 배서, 보증, 지급보증
만기(지급기일)	일람출급, 일람후 정기출급,발행일후정기출급, 확정일출급 지급제시기간 : 일람출급어음은 발행일부터 1년간, 기타 어음은 지급할 날과 그에 이은 2거래일 내		없다. 지급제시기간은 발행일로부터 10일 이내
시효	주채무자 : 3년 소구의무자 : 1년 재소구의무자 : 6월		지급보증인 : 1년 소구의무자 : 6월 재소구의무자 : 6월
거절증명	거절증서가 유일		거절증서, 지급인의 거절선언, 어음교환소의 거절선언
등본과 복본	모두 인정	등본만 인정	복본만 인정
횡선제도	없다.	없다.	있다.
참가제도	참가인수, 참가지급인정	참가지급만 인정 (다수설)	없다.
무기명식 발행	불인정	불인정	인정

8. 복본 · 등본 · 횡선 제도

환어음은 어음상실을 대비하거나 원격지에서의 지급인의 인수를 얻기 위하여 원본과 대등한 효력을 갖는 다른 어음증권인 복본을 발행할 수 있지만, 약속어음은 인수제도가 없으므로 복본이 인정되지 않는다. 등본은 환어음과 약속어음에서 인정된다. 수표는 등본제도는 없고, 복본은 인정된다. 수표에 인수제도가 없으므로 인수를 위한 복본은 필요 없으나 발행지와 지급지가 서로 다른 국가인 경우에 분실을 방지하기 위하여 복본이 이용되지만, 소지인출급식수표의 경우에는 복본이 인정되지 않는다(수 48조). 지급안전을 위한 횡선제도는 수표에서만 인정된다(수 37조, 38조).

9. 제시기간 및 소멸시효

주채무자인 약속어음의 발행인과 환어음의 인수인에 대한 지급제시기간은 지급되어야 할 날(만기)부터 3년 내이다. 소구권보전을 위한 지급제시기간은 어음의 종류에 따라 다르다. 즉, 일람출급의 환어음과 약속어음의 지급제시기간은 발행일부터 1년이며(어 34조 1항 2호), 일람출급 이외의 경우에는 지급할 날 또는 그날 이후의 제2거래일 내에 지급제시를 하여야 하고(어 38조), 수표는 국내수표는 발행일부터 10일 이내, 지급지의 국과 다른 국에서 발행하는 수표의 경우에는 발행지와 지급지가 동일 주(州)이면 20일 이내, 다른 주이면 70일 이내에 지급제시를 하여야 한다(수 29조). 소멸시효는 환어음과 약속어음의 주채무자는 만기의 날부터 3년, 소구의무자에 대하여는 1년, 재소구의무자에 대하여는 6월, 수표의 소구의무자 및 재소구의무자에 대하여는 지급제시기간 경과 후 6월이고(수 51조), 지급보증인에 대하여는 제시기기간경과 후 1년이다(수 58조).

제4절 어음 · 수표의 경제적 기능

1 지급기능

어음이 주로 신용기능을 수행하는데 비하여 수표는 현금 대용물로서 지급기능을 수행한다. 수표의 용도를 지급기능으로 한정시키기 위하여 수표법은 국내수표의 경우에 지급제시기간을 발행일로부터 10일 이내로 제한하였고, 만기제도가 없다. 그리고 매매 시 고액 현금을 수수할 경우에 분실의 위험을 회피하기 위하여 은행과 당좌계정약정서에 의하여 당좌거래계약과 수표계약을 체결한 후 발행한 당좌수표나 자기앞수표를 매매대금으로 교부하는 방식을 이용한다.

한편 외상매매의 경우에 대금지급기일을 만기, 매매대금을 어음금으로 기재한 약속어음을 발행하여 결제수단으로 사용하면 만기까지 지급을 연기할 수 있으므로 만기까지 금원을 이용할 수 있는 신용창조기능의 효과가 있다. 환어음의 경우에도 한국의 수출상(A)이 미국의 수입상(B)에게 물건을 수출하는 경우, 수입상(B)이 한국의 제3자(T)로부터 지급받을 금원이 있는 경우에 한국의 제3자(T)를 지급인, 수취인을 수출상(A)으로 한 환어음을 발행하여 대금교부조로 A에게 교부하면, A가 지급인(T)으로부터 만기에 어음금을 지급받으면 매매대급의 지급이 종료된다. 이처럼 환어음은 송금기능과 추심기능을 결합하여 지급기능을 수행한다.

2 송금기능

격지자간에 거래에서 어음 · 수표가 현금 운반기능을 대신한 송금기능을 담당하는데, 환어음이 국제거래의 송금수단으로 자주 이용된다. 서울의 수입상(A)이 미국 뉴욕의 수출상(B)에게 무역대금을 송금하는 경우에 A는 거래은행인 서울외환은행에 송금할 금원을 지급하면서 송금을 요청하면, 외환은행은 A를 발행인으로, 환거래가 있는 뉴욕 시티은행에게 무역대금을 송금하고 시티은행을 지급인으로, 수출상(B)을 수취인으로 한 환어음을 발행하여 A에게 건네주면 A는 B에게 송부하고, B는 뉴욕의 시티은행에 환어음을 제시하여 수출대금을 수령할 수 있다. 이러한 송금기능은 오늘날 전자자금이체제도, 은행 지로 등의 이용증가로 인하여 그 기능이 국내거래에서는 거의 상실되어가고 있으나, 국제거래에서는 여전히 중요한 기능을 담당하고 있다.

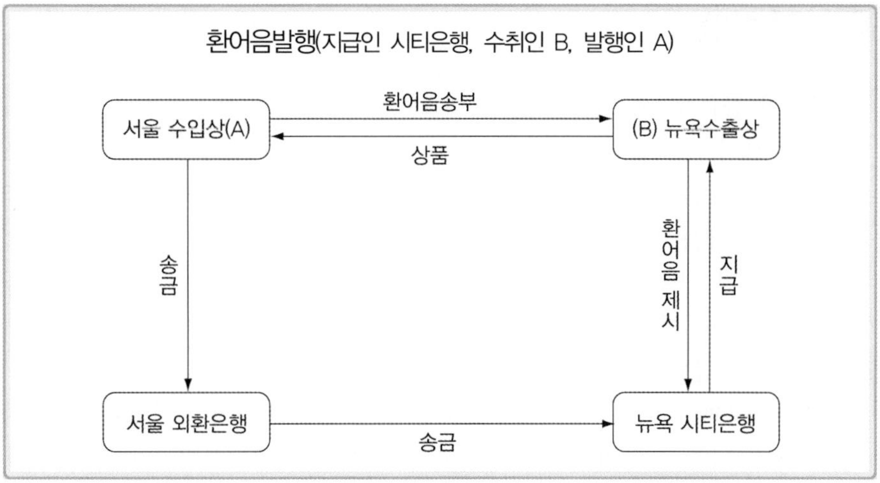

3 신용창조기능

현재 자금이 없더라도 만기를 후일의 날로 지정하여 어음을 발행하면 어음발행인은 물건을 구입하는 등 경제활동을 할 수 있고, 이 어음을 수령한 매도인은 만기 전에 금융기관 또는 제3자로부터 어음할인을 통하여 자금을 마련하는 방법으로 어음이 신용창조기능을 수행한다.

기업이 물품을 구입하고 그 대금지급을 위해서 발행하는 상업어음(진성어음)은 매수인인 기업의 입장에서는 만기까지 현금을 지급하지 않는 효과가 있고 또 만기의 현금을 미리 활용한다는 의미에서 신용을 창조하는 기능을 수행한다. 한편 매도인은 물품대금조로 교부받은 환어음을 제3자에게 만기까지 이자를 공제하고 매도하거나 또는 자기거래은행을 통하여 중간이자를 공제한 금액으로 어음을 할인받게 되면 만기까지 기다리지 않고 상품대금을 지급받는 효과를 누릴 수 있다.

한편 기업이 원인관계 없이 자금융통을 목적으로 발행한 신종기업어음(CP어음)을 금융기관이나 신용이 있는 제3자가 배서나 보증을 하면, 만기 이전에 중간이자를 공제한 금액으로 다른 금융기관에서 할인의 방법으로 현금화할 수 있다. 이처럼 원인관계 없이 발행된 융통어음도 할인의 방법으로 발행인이 신용을 얻게 된다.

4 담보기능

매수인이 금융기관으로부터 자금을 대출받으면서 차용증 대신에 대출금액을 어음금액, 대출기일을 만기로 한 약속어음을 발행하여 금융기관에 교부하면 이 어음은 신용담보기능을 수행하게 되는데, 이러한 대출을 '어음대부(대출)'라고 한다. 금융기관이 자금대출 시 물적담보를 받음과 동시에 어음대부의 방법으로 어음을 교부받는데, 후일 대출금 상환을 거부할 경우에 신속한 방법으로 어음금청구소송을 할 수도 있고, 또 어음공증을 하여 두면 소송을 거치지 않고 집행을 할 수 있으므로 원인채권의 담보목적으로 어음이 이용된다.

나아가 어음과 수표가 지급거절(부도)되어 어음교환소의 규약에 의해서 거래정지 처분을 받게 되면, 발행인은 교환소에 가입한 모든 은행으로부터 1년간 당좌계정 거래를 비롯한 대부거래가 정지되는 등 신용불량자가 되고, 수표가 부도나면 부정수표단속법위반의 처벌을 받으므로 가능한 부도를 막으려고 노력을 하게 된다.

제5절 어음 · 수표 제도의 남용

어음·수표가 기업의 경제적 활동을 하는데 유용한 지급 및 신용수단임은 틀림없지만 다른 한편으로 그 기술적인 특성으로 인하여 남용되는 경우가 많은데 이를 살펴보면 다음과 같다.

1 무인성(추상성)의 남용

어음·수표는 무인성으로 인하여 원인관계가 무효나 취소가 되더라도 직접 당사자가 아닌 제3의 어음소지인은 원인관계에 의한 항변으로 대항을 받지 않으므로 어음상 권리를 보호받을 수 있다. 이러한 특질 때문에 도박채권이나 불법행위를 원인으로 하는 채권의 지급을 위하여 어음을 발행하고, 이러한 사정을 알지 못하는 제3자에게 배서나 교부를 하면, 발행인인 도박채무자는 선의취득자의 지급청구에 응할 수밖에 없게 되므로 위법행위를 용인하는 부당한 결과에 이를 수 있다.

2 요식성의 남용

어음 · 수표가 엄격한 요식증권이므로 필수적 기재사항이 흠결된 경우에는 무효가 되는데, 이러한 내용을 모르는 사람에게 필수적 기재사항이 흠결된 어음 · 수표를 발행하여 교부한 후, 필수적 기재의 흠결을 사유로 지급을 면제받는 방법으로 남용될 소지가 있다.

3 선의취득법리의 남용

어음 · 수표는 그 유통성을 보호하기 위하여 그 소지인을 일반 민사채권자보다 더 강하게 보호한다. 어음 · 수표의 채무자가 발행인이나 종전 소지인 등 직접 상대방에게 대항할 수 있는 매매계약의 무효 등 원인관계에 의한 인적항변사유를 가지고 있더라도, 어음소지인이 그 채무자를 해할 것을 알고 있지 않는 한, 어음채무자는 제3의 어음소지인에게 인적항변사유로써 대항하지 못한다(어 17조). 어음채무자가 어음소지인의 악의를 입증하면 어음금을 지급하지 않을 수 있으나, 실제로 악의를 입증하기가 매우 어렵기 때문에 어음금을 지급할 수밖에 없는 경우가 생긴다. 그 밖에도 백지어음과 수표의 보충권의 남용이나 위조나 변조 및 무권대리 등에서도 항변절단의 남용이 발생한다.

4 신용기능의 남용

어음의 만기까지 현금지급을 연기함으로써 다른 용도로 자금을 사용할 수 있는 신용창조기능을 악용하여, 만기에 자금지급능력이 없는 자들이 공모하여 서로 융통어음을 발행하여 각각 제3자로부터 어음을 할인받아 자금을 조달하게 되면 결국 만기에는 지급불능으로 배서인이나 소지인이 피해를 입는 기승(騎乘)어음이 발행되기도 한다.

판례는 어음발행인들이 자력이 부족한 상태에서 자금 확보를 위하여 각자 융통어음을 발행하여 교환한 경우, 쌍방이 상대방의 부실한 자력상태를 용인하고 또 상대방이 발행한 어음의 지급기일에 결제되지 아니할 때에는 자기 발행어음도 결제하지 않겠다는 약정이 있기 때문에 사기죄가 아니라고 판시하고 있다. 어음 · 수표법상 실존하지 아니한 자를 어음당사자로 기재하여 발행할 수 있는 맹점을 이용하여 허무(虛無)어음을 발행하여 할인의 방법으로 자금융통을 받게 되면 최종소지인은 피해를 보게 된다.

대법원 2002. 4. 23. 선고 2001도6570 판결

어음의 발행인이 그 지급기일에 결제되지 않으리라는 점을 예견하였거나 지급기일에 지급될 수 있다는 확신이 없으면서도 그러한 내용을 상대방에게 고지하지 아니한 채 이를 속여 어음을 발행 · 교부하고 상대방으로부터 그 대가를 교부받았다면 사기죄가 성립하는 것이지만(대법원 1985. 9. 10. 선고 84도2685 판결), 이와 달리 어음의 발행인들이 각자 자력이 부족한 상태에서 자금을 편법으로 확보하기 위하여 서로 동액의 융통어음을 발행하여 교환한 경우에는, 특별한 사정이 없는 한 쌍방은 그 상대방의 부실한 자력상태를 용인함과 동시에, 상대방이 발행한 어음이 지급기일에 결제되지 아니할 때에는 자기가 발행한 어음도 결제하지 않겠다는 약정 하에 서로 어음을 교환하는 것이므로, 자기가 발행한 어음이 그 지급기일에 결제되지 않으리라는 점을 예견하였거나 지급기일에 지급될 수 있다는 확신 없이 상대방으로부터 어음을 교부받았다고 하더라도 사기죄가 성립하는 것은 아니다.

제6절 어음의 분류

1 상업어음 · 융통어음

1. 상업어음

어음발행의 원인관계와 관련하여 분류하는 것으로, 상업어음이란 기업이 물품이나 용역을 구매하고 그 지급수단으로 발행한 약속어음으로서 지급이 비교적 확실하기 때문에 진성어음(진정어음)이라고도 한다.

2. 융통어음

융통어음은 현실적인 상거래 없이 오직 자금융통만을 목적으로 발행하는 어음인데, 협의의 융통어음은 타인이 자금융통의 목적으로 어음을 발행하는 경우만을 의미하는데 비하여, 광의의 융통어음의 개념에는 어음의 발행 외에도 타인이 인수·배서·보증 등의 부속적 어음행위까지를 포함하는데, 타인의 자금융통을 위하여 어음에 인수·배서·보증 등의 행위는 어음 자체를 융통목적으로 발행한 것이 아니므로 통상 융통어음이라 함은 협의의 융통어음만을 의미하는 것으로 이해한다.[5) 융통어음은 타인으로 하여금 제3자로부터 금융을 얻게 할 목적으로 수수되는 어음이기 때문에 기업이 자금을 마련할 목적으로 약속어음을 발행하여 단자회사 등으로부터 자금을 융통하는 신종기업어음은 융통어음과는 그 의미가 다르다.

융통어음은 상거래 없이 발행된 어음이므로 어음의 직접당사자 간에는 융통어음이라는 항변을 할 수 있어서 융통자는 피융통자에게 어음금지급을 거절할 수 있다. 그러나 융통어음이 만기 전에 회수되지 못하였고, 제3취득자가 융통어음임을 알고 있는 악의의 취득자이거나 또는 기한후배서에 의하여 취득하였다고 하더라도 어음채무자(융통자)는 융통어음이라는 항변으로 제3의 어음취득자에게 대항하지 못하기 때문에 그에게 어음금을 지급하여야 한다.

대법원 1995. 9. 15. 선고 94다54856 판결

> 융통어음을 발행한 자는 피융통자에 대하여 어음상의 책임을 부담하지 아니하지만, 그 어음을 양수한 제3자에 대하여는 달리 특별한 사정이 없는 한 선의, 악의를 묻지 아니하고 대가 없이 발행한 융통어음이었다는 항변으로 대항할 수 없다(대법원 1979.10.30. 선고 79다479판결; 동 1994. 5. 10. 선고 93다58721 판결 각 참조).

2 은행 등 거래관계에 의한 분류

1. 대부어음

금융기관 등이 금전을 대부하고 그 지급을 확보하기 위한 방법으로서 차용증서를 대신하여 차용자로부터 받은 어음을 대부어음이라고 한다. 차용자가 발행인이

5) 정찬형(어), 65-66면.

고 대여자를 수취인으로 한 약속어음이 주로 사용된다.

2. 할인어음

어음의 현금화를 위하여 만기 전에 은행이 어음금액에서 만기까지의 중간이자를 공제한 자금을 어음소지인에게 지급한다. 할인한 어음을 다시 할인하는 재할인어음이 있고, 중앙은행이 재할인하는 어음을 '적격어음'이라고 한다. 대부어음은 소비대차에 의한 채무이행의 담보목적으로 발행된 어음인데 비하여, 할인어음은 금전소비대차를 전제로 하지 않고 어음 자체를 매매한다는 점에서 차이가 있다.

3. 담보어음

현재의 채무나 장래에 발생할지도 모르는 채무의 이행을 담보하기 위해 발행된 어음을 담보어음이라고 하며, 보통 배서금지의 기재를 하고 수취인에게 교부하는 방식으로 이루어진다. 이는 어음금지급을 확보하기 위하여 어음상 권리위에 물적담보가 부착된 '담보부어음(선하증권이나 화물상환증이 어음채권의 담보로 부착된 화환어음)'과는 다르다.

4. CP 어음(신종기업어음)

종합금융회사 등 할인기관이 선정한 우량적격업체가 자금을 마련할 목적으로 발행한 어음을 할인기관이 매입하여 일반투자자 등에게 매출하는 어음으로서 약속어음이 이용되며, 상거래 없이 발행된다는 점에서 융통어음과 유사하다. 할인기관이 CP어음을 매입하여 일반투자자에게 매출할 때 무담보배서에 의하여 매출하기 때문에 어음이 부도날 경우에도 할인기관이 책임을 부담하지 않는다. 다만 할인기관이 어음발행기업의 신용을 조사하고 이들 금융기관의 신용을 믿고 유통되므로 할인기관이 적격업체선정을 하는 과정에서 신용조사를 게을리하는 등 고의나 과실이 있으면 불법행위책임을 부담한다.

대법원 2006. 6. 29. 선고 2005다49799 판결

증권회사의 임직원이 고객에게 투자를 권유할 때에는 고객이 합리적인 투자판단과 의사결정을 할 수 있도록 고객을 보호할 의무를 부담하고(대법원 1994. 1. 11. 선고 93다26205 판결 등 참조), 따라서 유가증권의 가치에 중대한 영향을 미치는 중요정보는 고객에게 제공하고 설명할 의무를 부담한다. 이 사건 거래의 대상인 CP에 있어서 발행자의 신용도를 측정하는 지표인 신용등급은 그러한 중요정보에 해당한다 할 것이므로, 이를 설명하지 않거나 잘못 설명한 경우 원칙적으로 고객에 대한 보호의무를 저버린 위법한 행위가 된다. .... 따라서 피고 대우증권이 이 사건 CP의 신용등급을 제대로 고지하지 않았다면, 달리 원고가 이미 그 신용등급을 알고 있었다거나 신용등급을 제대로 고지하였더라도 이 사건 CP를 매수하였으리라는 등의 특별한 사정이 없는 한, 이로써 고객보호의무 위반으로 인한 손해배상책임이 성립한다고 보아야 할 것이다.

5. 표지어음

각 금융기관이 할인하여 보유하고 있는 상업어음과 무역어음(원어음)을 분할 또는 통합하여 금융기관 명의로 새롭게 할인식 또는 지시식으로 발행되는 약속어음으로서, 만기일은 원어음의 잔여 만기일 내에서 30일 이상 180일 이내이어야 한다. 금융기관이 표지어음을 발행하는 이유는 원어음의 할인금리와 표지어음의 발행금리 사이의 금리차익을 얻기 위한 것이며, 자금융통을 목적으로 발행하는 것이므로 융통어음과 유사하고, 중도환매나 만기변경이 인정되지 않으며, 원어음이 부도가 나더라도 표지어음 발행자인 금융기관이 지급의무를 부담하므로 안전성과 유통성이 보장된다.

6. 화환어음(하환어음)[6]

(1) 화환어음이란 어음상의 권리가 운송중인 물건(화물상환증, 선하증권)에 의하여 담보되어 있는 '담보부어음'으로서 환어음이다. 이에 대하여 물적담보가 없는 어음을 무담보어음(clean bill)이라고 한다. 화환어음을 이용함으로써 격지자간 거래에서 매도인이 신속하게 대금을 회수할 수 있도록 도와준다.

---

6) 최준선(어) 41-44면.

(2) 화환어음에는 이용방법에 따라 할인화환어음과 추심화환어음이 있다.

할인화환어음은 i) 수출업자(A)가 수입업자(B)를 지급인으로, 자기 거래은행(K)이나 자기(A)를 수취인으로 하여 매매대금 상당액의 환어음을 발행하고, ii) 수출선적물을 운송인에게 운송위탁을 하면서 자기(A) 또는 수입업자(B)를 수취인으로 하는 선하증권을 교부받아, iii) 자기 거래은행(K)에 어음과 선하증권을 교부한다. 수취인이 자기(A)인 경우에는 어음을 거래은행에 배서양도하고 선하증권은 백지배서를 하며, 수취인이 거래은행(K)이면 어음과 선하증권을 그대로 교부하여 어음할인의 방법으로 대금을 받는다.

iv) 자기거래은행(K)은 화환어음과 선하증권을 수입업자의 거래은행(P)에게 보내고, 수입업자의 거래은행(P)은 수입업자(B)에게 화환어음을 지급제시하여 어음금을 지급받으면서 선하증권을 수입업자(B)에게 교부한다. 수입업자는 운송인에게 선하증권을 제시하고 운송물을 인도받음으로써 거래가 종료된다.

그런데 만일 수입업자(B)가 환어음의 지급을 거절하면 거래은행(P)은 소구권을 행사하여 배서인(K은행)이나 발행인(A)에게 어음할인대금을 회수하거나 아니면 선하증권으로 운송물을 인도받아 처분하여 할인대금을 충당한다. 이처럼 화환어음이 부도가 날 경우에는 담보로 제공된 선하증권을 가지고 어음금을 회수할 수 있다.

화환어음 [발행인(A), 지급인(B), 수취인(A 또는 K)]

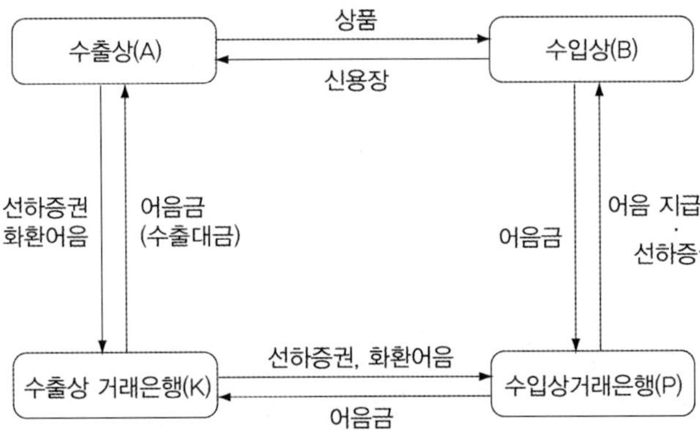

(3) 상업신용장

국제물품거래에서 대금지급수단으로서 화환어음이 이용되는데, 그 담보가 되는 운송증권(선하증권, 화물상환증)은 요인증권으로서 그 지급여부가 원인관계에 의하여 좌우되어 불확실하다. 더욱이 국제거래의 경우에 수입업자의 신용을 확실히 알기 어렵기 때문에 수출업자의 거래은행(K)은 수출업자의 화환어음의 할인의뢰에 쉽게 응하기 곤란하다. 이를 해결하기 위하여 수입업자(B)의 거래은행(P)이 화환어음의 인수와 지급의 책임을 진다는 확약을 하면 걱정없이 할인을 할 수 있게 된다.

이처럼 수입업자의 거래은행이 매매대금상당의 어음금을 지급할 것을 확약하는 문서를 발행하여 수출업자(A)에게 교부하면, 이를 믿고 할인을 할 수 있게 된다. 이 문서를 상업신용장(commercial letter of credit, L/C)라고 한다. 이처럼 국제물품거래에서는 은행의 신용을 이용하는 상업신용장에 의하여 대금을 결제하도록 되어 있다.

7. 무역어음

신용장 등을 받은 수출업자(A)가 필요한 자금을 조달하기 위하여 수출상품을 선적하기 전에 수출대금(신용장 기재금액)의 범위 내에서 인수기관(매입은행, K)을 지급인으로 하여 발행한 자기지시환어음이다. 발행인 겸 수취인인 수출업자는 인수기관으로부터 인수받은 후에, 이를 매입은행에서 어음할인의 방법으로 현금화한다. 무역어음은 발행인의 신청에 의하여 매입은행(K)이 인수함으로써 만기에 지급책임을 지므로 지급이 보장되고, 매입은행은 이를 일반투자자에게 할인하여 자금을 회수한다.

수출업자(A)는 수출상품을 선적한 후에 신용장의 조건에 따라 화환어음을 발행하여 이를 선적서류(선하증권)와 함께 매입은행(K)에 양도하고, 매입은행은 환어음과 선적서류를 수입업자 거래은행인 신용장개설은행(P)에 송부하면, 신용장개설은행은 수입업자(B)로부터 수출대금을 받아서 무역어음의 결제자금을 상환하고 나머지 금원은 수출업자에게 지급한다. 무역어음의 발행금액은 500만원 이상 10만원 단위로 발행되며 만기는 발행일로부터 180일 이내이다.[7]

---

7) 최준선(어) 40-41면.

3 기타 분류

1. 단명어음 · 복명어음

단명어음이란 어음채무자가 1사람인 어음을 말한다. 환어음은 1인이 발행인, 지급인, 인수인의 지위를 겸하고 은행이 수취인인 경우이고, 약속어음은 발행인이 1인이고 수취인은 은행이며 배서인이 없는 어음으로서 담보 없이 자금을 융통할 때 사용된다. 단명어음은 채무자가 한사람이므로 그 책임을 타인에게 전가할 수 없어 신용도가 매우 낮다. 이에 비하여 어음채무자가 복수인 어음을 복명어음이라고 하며, 어음할인 시 주로 이용된다.

2. 위탁어음

발행인이 타인(위탁자)의 계산으로 발행한 어음으로 환어음은 제3자의 계산으로 발행한다.

3. 연기어음

어음의 만기가 도래하였으나 당사자 간의 합의에 의하여 그 지급을 연기하기 위하여 만기를 그 이후로 정하여 발행한 새로운 어음을 연기어음이라고 한다. 이러한 방법으로 어음의 만기를 연기하는 어음을 발행하는 행위를 '어음개서'라고 한다.

제7절 어음법 · 수표법의 개념

1 어음법 · 수표법의 의의

광의의 실질적 의의의 어음법 · 수표법은 어음 · 수표에 관한 사법법규 전체를 의미하는 것으로서, 어음 · 수표에 관한 사법으로서 어음법, 수표법 및 어음 수표관계에 적용될 민법과 상법을 포함하며, 나아가 부정수표단속법, 형법 등 공법을 포함한다. 협의의 실질적 의의의 어음법 · 수표법은 광의의 어음법 · 수표법에서 어음 · 수표에 적용되는 민사어음법 · 수표법(능력 · 표현대리 등), 공법을 제외한 '어음 · 수표관계에 고유한 사법'만을 의미한다.[8]

한편 형식적 의의의 어음법 · 수표법은 어음법과 수표법만을 의미한다. 협의의 실질적 의의의 어음 · 수표법과 형식적 의의의 어음 · 수표법은 대체로 같지만 형식적 의의의 어음 · 수표법은 협의의 실질적 의의의 어음 · 수표법에 관한 규정뿐만 아니라 어음 · 수표의 실질관계에 관한 사항(이득상환청구권 등)도 규정하고 있으며, 반대로 협의의 실질적 의의의 어음 · 수표법에 속하는 거절증서령은 형식적 의의의 어음 · 수표법에 속하지 않는다.[9]

2 어음법 · 수표법의 역사

어음법은 관습법으로서 성립한 것인데 당초의 어음거래를 독점한 것은 환전상이었다. 이들은 상호간에 거래관계를 가지고 있었으며 이로 인하여 정기시장에 각지로부터 환전상이 모여들었기 때문에 각지의 관습법은 대체로 동일한 것이었다. 그러나 그 후 어음은 환전상의 독점에서 벗어나 일반적으로 이용되게 됨에 따라서 각지에 가지각색의 어음법이 제정되어 통일성이 없었다. 그러다가 17세기에 이르러 근대국가의 성립과 아울러 국가적 법전의 제정과 동시에 어음법도 각국 내에서 그 통일을 보게 되었다. 그리하여 제7세기 후반 프랑스, 19세기 중반 독일, 19세기 후반 영국 및 미국이 각국의 어음법을 통일하게 된다.

19세기 후반 이후 어음법은 국제적 통일의 필요성을 절감하고 1910년 및 1912년에 네덜란드정부 주최 하에 헤이그통일 규칙이 성립하게 되었고, 이어서 1930년 제네바의 국제회의에서 어음법통일조약이 성립되었다. 오늘날 영국, 미국을 제외한 여러 나라가 이 조약에 기하여 입법을 하였다.

우리 어음법과 수표법은 1930년 통일어음법과 1931년 통일수표법을 기초로 하여, 1962. 1. 20. 법률 제1001호로 공포된 어음법과 같은 날 공포된 제1002호의 수표법은 1963. 1. 1.부터 시행되었다. 그 후 1995. 12. 6.에 법률 제5009호 및 법률 제5010호로 일부 개정되어 서명제도가 도입되었다. 다시 2010. 3. 31. 어음법과 수표법이 일부 개정되었는데, 내용은 변하지 않고 용어를 정비하는 정도에 그쳤다.

---

8) 최기원(어), 90면.
9) 정찬형(어), 82면.

3 어음법 · 수표법의 지위

1. 어음법 · 수표법과 상법

현행 상법이 어음·수표행위를 절대적 상행위로 규정하고 있지 않으므로 어음법·수표법을 실질적 의의의 상법에 속한다고 볼 수 없다. 어음·수표는 기업만의 전유물이 아니라 일반인이 경제생활에서 널리 사용하는 지급수단 및 신용이용수단이므로 실질적 의의의 상법을 기업에 관한 법으로 정의할 경우, 어음법과 수표법이 상법으로 포용되기 어렵다. 따라서 어음법과 수표법은 상법 이외의 유가증권법으로서 사법체계에서 특수한 지위를 갖는다고 보아야 한다.

어음법과 수표법은 그 형식뿐만 아니라 실질에서도 상법으로부터 독립된 지위에 있다.[10] 어음과 수표는 실질적인 거래의 수단과 객체로서 증권과의 결합을 실현한 권리의 발생, 행사, 이전에 관한 것으로서 일반의 상행위와 다른 성질을 가지고 있으므로, 어음·수표 행위에 일반 상행위에 관한 상행위 총칙의 규정을 적용할 수 없다.

2. 어음법 · 수표법과 민법

어음법, 수표법은 일반법인 민법에 대하여 특별법의 지위에 있다. 어음법·수표법은 어음·수표채권에 관한 법률인 점에서 채권법적 규정을 가지고 있고, 어음·수표라는 증권에 관한 법률인 점에서 물권법적 규정을 가지고 있다. 따라서 어음·수표법은 채권법과 물권법의 원칙을 어음·수표 거래의 특수한 수요에 의하여 보충하고 변경한 것이다. 그러므로 어음법·수표법에 규정이 없는 부분 중 어음·수표채권에 관한 사항은 민법의 채권법의 규정을, 증권에 관해서는 민법의 물권법의 규정을 보충적으로 적용할 수 있다.

---

10) 정찬형(어), 89면 ; 최준선(어), 52면 ; 어음수표법은 주로 상인들이 상거래에서 발행하고 이용 또는 상인에 의해 할인되는 점과 기술적 성질을 감안하여 실질적 의의의 상법의 일부라고 보는 견해가 있다(최기원(어), 91면).

4 어음법 · 수표법의 특성

1. 강행법적 성질

어음 · 수표는 거래당사자 간의 금전지급수단에 그치지 않고 불특정 다수인 간의 유통을 전제로 하는 것이므로 강행법으로 규정하지 아니하면 일반인이 어음 · 수표를 신뢰할 수가 없어 유통성의 확보와 거래의 안전을 해칠 것이다. 따라서 사적거래 영역에서 사적자치에 의한 계약자유의 원칙이 행하여지고 있지만, 어음법 · 수표법은 그 대부분이 채권법적 규정임에도 불구하고 강행법규로 정형화되어 그 형식 · 절차 · 효력이 엄격하게 정해져 있다.

2. 기술적 성질

어음법 · 수표법은 상거래의 필요성에 의해서 합리적 정신을 기초로 창안된 것으로서, 그 목적달성을 위하여 가장 편리하고 합리적인 것으로 구성되어 있다. 따라서 어음 · 수표는 한 나라의 법적감정과 무관하게 오직 그 목적구현을 확실하게 달성하기 위하여 필요한 요소, 즉 윤리성을 배제한 기술적인 성질을 띠고 있다. 물론 도박채권이나 폭리행위 등에 이용되는 문제점이 없지 않지만, 이 경우에도 어음 · 수표 제도 자체보다는 이를 이용하여 달성하려고 하는 목적이 비판받아야 할 것이다.

3. 통일적 성질

어음 · 수표 제도는 기술적인 제도로서 각국의 역사나 풍속 등 고유한 법률제도의 영향을 받지 않고 국제적으로 통일되어 가는 성질을 갖고 있다. 그래서 각국의 어음법 · 수표법은 1930년 제네바어음법과 1931년 제네바수표법을 토대로 각국 법이 제정되었고 우리 법도 대체로 통일법의 내용과 유사하다.

4. 수단적 성질

어음 · 수표는 거래결제의 수단이라는 점에서 수단적 성질이 있다. 즉 어음 · 수표는 매매, 임대차 등에 의하여 발생한 채무를 결제하기 위한 수단으로 이용되므로, 단행법으로 독립된 형식을 갖고 있으며 어음·수표에 관하여 민·상법은 보충적으로 적용된다.

제8절 국제 어음·수표

1 통일 이전(제네바통일어음 수표법 제정 이전)

법의 국제적인 통일을 위한 노력은 일반적으로 상법분야에서 비롯되었으며 특히 어음법에서 통일운동이 먼저 이루어져 케머러(Ernst v. Caemmerer)교수는 어음법을 사법통일의 선도차(先導車)라고 일컬었다.[11] 어음과 수표는 국제적 거래의 지급수단으로 주로 이용되기 때문에 통일된 법률의 존재가 시급하였으나, 각국마다 다른 규율의 체계를 가지고 있기 때문에 어음·수표의 국제적 이용에 많은 불편이 있었다.

어음법의 국제적 통일을 위한 노력은 오래전부터 진행되어 왔는데 당시 통용되던 대표적인 3개의 어음법 체계는 프랑스법계로 대표되는 1807년 프랑스상법전과 독일법계로서 1858년의 보통 독일어음조례 및 영미법계의 1882년 영국환어음법(Bills of Exchange Act)이 중요한 위치를 차지하였다.

프랑스법계의 어음·수표법은 어음관계와 실질관계를 엄격히 구별하지 않는 특징이 있었고, 독일법계의 어음·수표법은 프랑스법계와 달리 양자를 엄격히 구별하였으며, 영미법계의 어음법은 어음과 수표의 기재요건이 완화되어 있고, 배서위조가 있으면 어음 및 수표상의 권리를 선의취득할 수 없고 또 지급인은 이러한 배서위조가 있는 어음을 선의로 지급하여도 원칙적으로 면책되지 않는 등 각각의 특색이 있었다.[12]

그 이후 여러 법체계를 통일하기 위하여 독일법률가대회(1872), 국제법협회(International Law Association, 1876), 국제법연구소(Institut de droit international, 1885), 앤트워프(1885)와 브뤼셀(1888)에서의 국제상사법회의, 위트히(1905)와

11) 최기원(어), 94면.
12) 정찬형(어), 82-83면.

밀라노(1906)에서의 국제상업회의소회의 등에 의하여 다양한 제안들이 나왔고, 세계적인 회의와 협약을 통하여 통일어음법이 만들어짐으로서 점차 어음의 국제적 통일화가 실현되기에 이르렀다.[13] 그 이후에 제네바통일조약으로서 세계의 어음·수표법은 크게 통일조약을 채택한 통일법계와 동조약을 채택하지 않은 영미법계로 나뉘어 현재까지 내려오고 있다.

수표법은 어음법에 비해서 보통법국가들과 대륙법국가들 사이에 상이한 관념의 차이가 존재하여 통일이 용이하지 않았다. 보통법에서는 수표를 은행을 지급인으로 하는 일람출급(一覽出給)어음의 일종으로 보아 순수한 지급증권으로서의 성격을 고려하여 소수의 규정만이 존재할 뿐인데, 이와 달리 19세기 중반에 유럽에서 처음으로 제정된 수표에 관한 법률들은 수표를 어음과는 구별되어야 하는 특별한 유가증권으로서 다루었다. 이는 스위스채무법, 이탈리아민법전, 스페인상법전, 스칸디나비아제국법전, 오스트리아와 독일의 수표법 등으로 유럽의 각 국가별로 존재하여 오다가, 1912년의 헤이그회의에서 수표법의 통일을 위한 결의로 채택되었으나 결과적으로 통일된 법률은 제정되지 못하였다.[14]

2 제네바통일어음법

1. 제네바통일어음법의 성립

1910년에서 1912년에 걸쳐 헤이그에서 개최된 어음법통일회의에서 '통일어음조례'에 관한 협정이 이루어졌지만 17개 유럽국가와 10개의 중남미국가들이 서명하였음에도 불구하고 제1차 세계대전으로 말미암아 비준을 받지 못하였다. 제1차 세계대전 이후 1920년 브뤼셀재정회의(財政會議)의 발의로 국제연맹경제위원회가 어음법의 통일문제를 연구를 맡고 4명의 위원을 임명하여 연구보고하게 하여 그 의견을 참작하고, 국제상업회의소의 결의와 각국의 의향을 좇아 1927년부터 1928년에 걸쳐 제네바통일규칙안이 작성되었다.[15] 그리하여 1930년 5월 13일부터 6월 7일까지 제네바에서 31개국이 참가한 「환어음·약속어음 및 수표에 관한 법률통일을 위한 국제회의」 제1회 회의가 개최되었고, 다음의 3가지 조약이 성립되기에 이르렀다.

13) 최기원(어), 94-95면.
14) 최기원(어), 96-97면.
15) 정찬형(어), 83면.

(1) 환어음과 약속어음에 관하여 통일법을 제정하는 조약(Convention providing a uniform law for bills of exchange and promissory notes)

이 조약에 의해 각 체약국은 이 조약의 제1부속서에 규정된 통일법을 원문으로 또는 자국어로 번역하되 내용상 변경 없이 각국의 영토 내에서 시행할 의무를 지게 되었다. 이 조약에는 조약본문 11개 조문으로 2개의 부속서로 구성되어 있는데, 제1부속서는 통일어음법의 조문이고, 제2부속서는 유보사항에 관한 규정으로서 각국의 고유한 사정에 따라 통일법과 다른 내용의 규정을 둘 수 있는 규정을 둘 수 있는 한계를 정하고 있다.

(2) 환어음과 약속어음에 관하여 법률의 어떠한 저촉을 해결하기 위한 조약(Convention for the settlement of certain conflicts of laws in connection with bills of exchange and promissory notes)

이것은 어음국제사법에 관한 내용으로 국제어음법의 통일을 목적으로 체결됐으며, 20개의 조문으로 구성되어 있다.

(3) 환어음과 약속어음에 관하여 인지법에 관한 조약(Convention on the stamp laws in connection with bills of exchange and promissory notes)

이 조약은 10개의 조문으로 되어 있는데 이는 어음의 효력이 인지의 첨부여하에 따라서 영향을 받지 않는다는 것을 목적으로 한 조약으로, 이 조약으로 인하여 어음법상의 채무의 유효성은 조세법상의 규정을 고려하지 않아도 되게 되었다.[16]

2. 통일어음법의 성질과 체약국

통일어음법은 1927년의 국재연맹 법률가위원회의 권고와 달리, 위 조약을 국가가 비준할 경우에 국내법으로 조약본문을 도입해야 할 국제법적 의무만을 부과하였다. 따라서 제한된 범위에서 유보조항들에 의하여 중요하지 않은 사항이 제한된 범위 내에서 차이를 인정하였다. 이 조약을 비준한 국가는 30개국인데, 그 중 그리스, 영국, 아일랜드, 오스트레일리아 등 국가가 일부조항을 유보하거나 일부조항

16) 정찬형(어), 84면 ; 최기원(어), 95면.

만을 채택하여 비준하였다. 특기할 만한 것은 30개국이 조약을 비준하지는 않았으면서도 그 조약본문을 국내법으로 채용하여 조약을 모범법(Model law)으로 취급한 것이었다. 그래서 이들 국가는 사전에 조약의 탈퇴고지를 하지 않고 법률규정을 변경할 자유를 갖게 되었다.

제네바통일조약은 독일법계에 가깝게 통일되어 영미권의 나라에서는 이 조약을 채택하지 않고 영국은 1882년의 환어음법(Bills of Exchange Act : BEA), 미국은 1952년의 통일상법전(Uniform Commercial Code : UCC)의 제3편(Commercial Paper)이 각각 어음·수표에 관한 법으로 통용되고 있다. 따라서 세계는 통일어음법과 영미법체계의 법체계로 나누어져 있는 이분법체계라고 할 수도 있으나, 그 어디에도 들지 않은 제3국가도 있다.

3 국제어음법

UN은 그 모든 가입국 사이의 협약을 통하여 오직 국제거래에만 통용되고, 통일된 법률규정에 따르는 '국제어음'을 만들기 위한 목적으로 국제상거래위원회(United Nations Commission on International Trade Law; UNCITRAL)를 설치하고, 1972년 국제통일환·약속어음법 초안을, 1981년에 이를 바탕으로 하는 국제 환·약속어음조약 초안을 작성 및 제출하였으며 이 초안은 1984년 7월 뉴욕에서의 UNCITRAL 제17차 회의에서 계속 심의되어 마침내 1988년 12월 9일 국제연합의 제43차 총회에서 국제환어음·약속어음에 관한 협약(U.N. Convention on international Bills of Exchange and International Promissory Note)이 채택되었다. 통일조약과 더불어 「어음에 관한 법저촉해결조약」이 성립되었다.[17)]

4 제네바통일수표법

1. 제네바통일수표법의 성립

1930년 제네바회의는 회기나 비용관계 때문에 수표에 관한 조약이 성립되지 못한 채 해산되었고, 1931년 2월 23일부터 3월 19일까지 제네바에서 개최된 제2회

17) 정찬형(어), 757-758면.

회의에서 어음법통일조약을 모범으로 한 3개의 조약이 성립되었다.

(1) 수표에 관한 통일법을 제정하는 조약

이 조약은 제네바통일어음법에서 체결된 조약과 그 내용이 같은데, 「어음에 관한 통일법을 제정하는 조약」과 같이 2개의 부속서가 포함되어 있고, 그 중 제1은 총 57조에 달하는 통일수표법의 조문으로 이루어져 있으며 제2는 체약국이 각기 다른 규정을 할 수 있도록 총 31조에 달하는 유보조항으로 구성되어 있다.

(2) 수표에 관한 법률저촉해결을 위한 조약

이 조약은 「법률의 일련의 저촉을 해결하기 위한 조약」으로 각 법률이 저촉될 시 이를 해결하기 위한 국제사법에 관련된 내용이다.

(3) 수표의 인지법에 관한 조약

이 조약은 어음조약처럼, 수표에 대한 권리를 행사하였을 때 그 권리의 행사 및 행사로 인한 효과를 인지법에 적용하지 않는다는 것을 규정하는 내용이다.[18]

2. 통일수표법의 성질과 체약국

통일수표법은 17개국이 3조약을 모두 비준하였고, 기타 20개국이 통일어음법처럼 모범법(Model law)으로 다루어 비준 혹은 서명이 없이 각국의 국내법으로 채용하였다. 다만 이 통일수표법은 통일어음법만큼 긍정적인 평가를 받지 못하는데, 그것은 핵심적인 요소들을 다루지 못하여 체약국들 사이에 많은 차이가 있었기 때문이었다.

뿐만 아니라 각 나라마다 문제에 대응하는 입장 차이가 있었고 특히 프랑스는 체약국이지만 21개조의 유보조항에 근거하여 다른 규정을 하였으며, 통일수표법을 1960년대에 비로소 수용한 나라도 상당하다. 우리나라는 1962년 이전에는 통일법에 근거하여 1934년에 시행된 일본의 소절수법(小切手法)이 적용되었거나 의용(依用)된 바 있으나 우리의 수표법은 통일법에 따라서 1962년에 제정된 것이다.[19]

---

18) 최기원(어), 96면.
19) 최기원(어), 97면.

5 국제 수표법

수표도 국제적으로 유통되는 경우에는 어느 법을 적용할 것인가의 문제가 발생하므로, 각국은 법률의 저촉을 해결하기 위하여 과거 의용된 일본의 수형법·소절수법은 국제사법적 성질을 지닌 조문을 두었다. 그런데 우리 수표법은 수표에 관한 실체법만을 규정하고 국제사법적 규정은 분리하여 섭외사법에서 규정하고 있고, 수표의 법적 성질이 환어음과 비슷하므로 섭외사법에서도 어음과 함께 규정한 것이 많다. 다만 수표에 대해서는 지급인의 자격이나 행위의 방식, 지급지법에 의하는 사항 등 어음에 비해 특수한 규정들을 따로 규정해두고 있다.[20]

6 제네바통일법과 영미의 어음·수표법의 차이[21]

1. 총 설

제네바통일조약체계와 영국의 환어음법(Bills of Exchange Act)과 미국의 통일상법전(Uniform Commercial Code) 제3편[22]에 의거하고 있는 보통법국가들의 체계 간의 근본적 차이는 형식 및 권리행사에 있어서의 기한과 요식성의 준수에 관한 제네바법의 엄정성에 있으며 보통법국가들은 법관이 보다 큰 재량을 가짐으로서 상인들의 관습을 탄력적으로 참작할 수 있는 점을 강조하였다. 이러한 차이는 소지인출급식어음의 허용여부나 영미법에서 어음문구를 기재하지 않는 점에서도 나타나지만 이는 배서나 어음의 유통방법으로서 해결할 수 있으며, 가장 중요한 차이를 보이는 점은 선의취득 및 항변제한에 관한 규정이다.

2. 선의취득 및 항변제한에 관한 영미법체계의 규정

제네바통일법에 의하면 어음소지인은 형식적으로 배서의 연속에 의하여 자기의 권리를 증명할 수 있는 때에는 악의 또는 중대한 과실이 없었으면 적법한 소지인

---

20) 최기원(어), 872-873면.

21) 최기원(어), 97-98면 ; 정찬형, 영미어음·수표법, 고려대학교 출판부, 2001. 참조함.

22) Richard E. Speidel & Steven H. Nickles, Negotiable Instruments and Check Collection In a Nutshell(Fourth Edition), West Publishing CO. 1993. pp. 7-14.

으로 추정되며, 동법 제17조에 의하면 소지인이 어음취득시에 채무자를 해할 것을 안 경우가 아니면 그 전자들에 대한 관계에서 갖는 항변은 소지인에 대해서는 절단된다. 보통법의 영역에서는 두 가지 문제가 「정당한 소지인」(holder in due course)라는 단일한 개념에 의하여 처리되고, 소지인이 어음을 유상이며 하자를 알지 못하고 취득하였거나 또는 제3자의 권리에 근거를 두고 취득하였다면 그는 타인의 청구나 항변으로부터 보호된다.

3. 위조된 배서의 취급

제네바통일법에 따르면 어음의 최종소지인이 손해를 부담하여야 하고 영미법에 의하면 위험은 위조된 배서를 신뢰한 취득자와 그에게 지급한 채무자에게 부과된다.

4. 유사점

양대 체계가 많은 차이에도 불구하고 원칙적으로 동일한 요청을 제기하고 있다. 즉 어음은 발행인이 서명한 일정금액을 일정한 시기에 또는 일람시에 지급하겠다는 무조건의 약속을 포함하는 증권이어야 한다는 것이며, 백지부당보충의 문제는 적어도 양대 체계가 선의의 취득자를 합의에 위반한 보충이라는 항변으로부터 보호하고 있는 점, 행위능력의 흠결, 협박이나 강박과 같은 절대적인 항변이 선의취득자에 대하여도 인정되는 점은 동일하다.[23)]

5. 결 론

여전히 세계는 완전히 통일된 어음·수표법 규율체계를 갖추지 못하고 있다. 어음과 수표의 유통범위는 다만 지역에 그치는 것이 아닌 전 세계를 그 범위로 하고 있는 바, 이를 규율하는 어음법과 수표법이 하나의 체계로서 통일을 이루도록 노력이 있어야 한다. 유엔어음협약은 제네바통일어음·수표법이 독일법체계 중심으로 이루어져 영미법계 국가를 포용하지 못하였던 것과는 달리 양 법체계의 동일성을 중심으로 통일법을 완성하도록 하여야 할 것이며, 체약국을 늘리는 것만큼 다

23) 최기원(어), 97-98면.

양하고 많은 유보조항으로 인하여 통일법을 이루고 나서도 현실적으로는 통일이 되지 않은 것과 같은 문제점을 만들어내는 것을 경계하여야 한다.

2편

어음법 총론

제1장 어음행위

제1절 어음행위의 의의

어음행위는 어음이라는 증권상에 행하여지는 법률행위로서 민법상의 법률행위나 상행위와 다르다. 법에 어음행위에 관한 개념규정이 존재하지 않고, 단지 표제로만 사용되는(어 8조) 강학상 용어이다. 어음행위의 의의를 형식적 의의와 실질적 의의로 분리하여 설명하는 견해가 있고, 양면을 통합하여 설명하는 견해가 있다.

1 의 의

1. 형식적 의의

어음행위는 기명날인 또는 서명을 불가결의 요건으로 하는 요식의 증권적 법률행위라고 한다.[1] 이는 모든 어음행위의 공통적 요소를 추출하여 형식적으로 정의한 것이지만, 어음행위와 다른 증권행위를 구별지어 주지 못한다.

2. 실질적 의의

어음행위의 실질적 의의를 긍정하는 견해와 부정하는 견해로 나뉘는데, 긍정하는 견해에 의하면 실질적 어음행위란 어음행위의 결과 어음상 채무를 부담하게 하는 행위[2], 어음상의 채무발생의 원인이 되는 법률행위[3] 등으로 설명한다. 즉, 어음행위의 요소인 의사표시의 실질적 목적에 의하여 어음행위의 결과로서 어음채무를 부담하는 면을 중시한다.

---

1) 정찬형(어), 95-96면 ; 서돈각 정완용(하), 63면.
2) 서정갑(어), 85면.
3) 정동윤(어), 127-128면.

한편 어음상 권리양도를 목적으로 하는 배서나 수취인에게 금전수령권한을 수여할 목적으로 하는 지시행위인 환어음의 발행에서는 채무부담을 직접 목적으로 하지 않는다. 그리고 실질적 의의를 인정하는 견해에 따르면 채무를 부담하지 않는 무담보배서를 어음행위로 설명할 수 없는 등 문제점이 있기 때문에 어음행위의 실질적 의의를 부정하는 견해가 있다.[4] 이에 대하여 실질적 의의를 인정하는 입장에서는, 배서나 환어음의 발행이 채무부담을 직접 목적으로 하지는 않지만 제2차적 효과로서 채무를 부담하는바, 결과적으로 모든 어음행위가 채무의 발생원인이 되므로 부정설은 타당하지 않다고 비판한다.[5]

3. 양면을 분리한 정의

어음·수표행위는 실질적으로는 어음·수표상 법률관계의 구성요건인 법률행위이고, 형식적으로는 증권상에 그 의사내용을 기재하고 표의자가 이에 기명날인 또는 서명함으로써 하는 요식의 서면행위라고 정의한다.[6]

4. 양면을 통합한 정의

형식적·실질적 양면을 통합하여, 어음·수표행위는 기명날인 또는 서명을 요건으로 하는 요식의 서면행위로서, 그 행위의 결과 원칙적으로 어음·수표상의 채무를 부담하게 하는 행위라고 한다.[7]

5. 소 결

어음행위는 의사표시에 의한 채무부담행위도 있고 법률의 규정에 의한 채무부담행위도 있어 통일적인 정의를 내리는 것이 쉽지 않다. 그러나 형식적으로는 기명날인 또는 서명을 불가결의 요건으로 하는 요식의 증권적 법률행위라는 점은 긍정할 수 있고, 다만 실질적으로 채무부담의 발생원인이 되는 법률행위라는 점을 인정할 것인가가 문제된다. 어음·수표행위의 주된 목적이 어음채무를 부담하는 것

4) 양명조(어), 67면 ; 정찬형(어), 96면 ; 최기원(어), 100-101면.
5) 최준선(어), 76면.
6) 손주찬(하), 36면.
7) 강위두(어), 69면 ; 서정갑(어), 85면 ; 정동윤(어), 128면.

이므로 실질적 의의를 인정하는 것이 타당할 것이다. 다만 무담보배서나 추심위임배서 등은 채무를 부담하지 않는데, 이들은 예외적인 규정으로 보면 될 것이다.[8)]

2 어음행위의 종류

약속어음의 어음행위는 발행 · 배서 · 보증 · 참가인수[9)]가 있고, 환어음에는 발행 · 배서 · 보증 · 인수 · 참가인수가 있으며, 수표의 수표행위에는 발행 · 배서 · 보증 · 지급보증이 있다. 이 가운데 발행은 기본어음을 창조하는 행위이므로 기본적 어음행위라고 하고, 그 나머지는 발행을 전제로 하여 이루어지므로 부수적 어음행위라고 한다. 기본적 어음행위가 형식적 요건의 흠결로 무효가 되면 발행을 전제로 이루어진 부속적 어음행위는 모두 무효가 되지만, 기본적 어음행위가 어음행위자의 무능력, 무권한 등 실질적 흠결로 인하여 무효가 되더라도 부속적 어음행위는 유효하다. 참가인수제도는 실무에서 거의 이용되지 않으며, 수표의 지급보증도 자기앞수표의 발행으로 대체되고 있다.

3 어음행위의 성립요건

1. 형식적 요건

어음행위가 유효하게 성립하기 위해서는 그 의사표시가 법정된 방식을 구비하여 증권상에 표시되어야 한다. 기본적 어음행위인 어음의 발행은 증권을 작성하는 행위이고, 부속적 어음행위인 배서, 보증 등은 작성된 어음상에 기재된다. 다만 배서나 보증은 보전(補箋) 또는 등본에도 할 수 있다.

(1) 법정사항의 기재

어음행위는 요식행위이므로 각 어음행위에는 고유한 방식이 규정되어 있다. 그리고 하나의 어음행위가 다른 어음행위를 전제로 하는 경우에 그 고유한 방식 외

---

8) 최준선(어), 76면 ; 양명조(어), 68면.

9) 약속어음은 참가인수에 대한 환어음제도가 준용되지 않으므로(어 77조 1항), 참가인수의 어음행위가 없으나 약속어음도 참가인수가 인정된다는 통설을 따르면, 약속어음에서도 참가인수라는 어음행위가 존재한다고 본다[정찬형(어), 97면 각주 1)].

에 전제가 되는 행위의 방식도 구비하여야 한다. 예를 들면 배서의 방식은 구비하고 있으나 그 전제가 되는 발행의 방식을 구비하지 못하면 배서는 무효이다.

(2) 기명날인 또는 서명

1) 자연인의 기명날인 또는 서명

가. 의의

모든 어음행위의 공통적 요건인 기명날인은 행위자의 명칭을 타이프라이터, 인쇄, 고무인 등으로 기재하고, 행위자의 의사에 의하여 그의 인장을 압날(押捺)하는 것을 말한다. 따라서 기명과 날인 중 어느 하나라도 없으면 무효이다.

서명이란 어음행위자가 자필로 성명을 기재하는 것이다. 어음행위에서 기명날인 또는 서명을 필수적으로 요구하는 취지는 어음행위자로 하여금 어음채무를 부담하게 된다는 사실을 자각시키려는 주관적 이유와 어음행위자의 고유한 필적이나 인영을 어음상에 드러내어 어음취득자로 하여금 어음행위자가 누구인지 알게 함과 동시에 어음위조를 방지하려는 객관적인 이유 때문이다.

나. 방법

기명은 반드시 행위자의 본명과 일치하여야 하는 것은 아니고 상호, 아호, 예명, 통칭 등 거래계에서 자기를 표시하는 명칭이면 무방하다. 기명만 있고 날인이 없는 어음행위는 무효이다. 기명이 없고 날인만 있는 어음행위도 효력이 없지만,[10] 날인이 정당하게 된 경우에는 명칭을 기재하는 행위를 상대방이나 어음소지인에게 대행시킬 의사의 추정이 가능하므로 어음의 정당한 소지인이 보충할 수 있다고 본다.[11]

기명의 명의와 날인의 명의가 다를 경우에, 거래상 동일성이 인정되는 것을 전제로 유효하다는 견해[12]와, 거래상 동일성 인정여부와 상관없이 유효하다는 견해[13]가 대립하는데, 기명날인에서 반드시 기명과 날인이 일치하여야 하는 것이 아니며, 어음행위자의 의사에 의해서 기명과 날인이 된 것으로 충분하고, 인장의 종류·명의·압날의 방법을 불문하므로, 후자의 견해가 타당하다. 이때 기명의 명의와 날인의 명의가 다른 경우에 기명자의 어음행위자로 보아야 할 것이다. 기명이 서명인

10) 대법원 1962. 1. 31. 4294민상 200.
11) 대법원 1980. 3. 11. 79다1999.
12) 손주찬(하), 55면.
13) 정찬형(어), 100면 ; 정동윤(어), 131면.

경우에는 서명 자체로 유효하므로 날인이 없더라도 유효하다.

날인을 할 때 인장 대신 무인(拇印) 또는 지장(指章)이 유효한가에 관하여는 일반인이 형식적인 하자를 판별하기 어렵기 때문에 무효라는 견해가 다수설[14]·판례이지만, 무인이 행위자의 의사를 확실하게 나타내기 때문에 유효하다는 견해[15]도 있다. 실질보다 형식을 중시하는 유통수단인 어음거래에서 무인이나 지장을 무효라고 본다.

대법원 1978. 2. 28. 선고 77다2489 판결

원심은 이 사건 약속어음은 피고의 남편인 소외 유판수가 피고 명의로 기명을 하고, 날인은 서상길이라는 이름의 도장을 찍어서 소외 문인숙에게 교부한 것임이 그판시 증거들에 의하여 인정되므로 이 약속어음은 결국 피고의 날인없는 것이 되어 어음으로서의 요건이 흠결된 것이라고 판단하여 원고의 본소청구는 배척하였다. 그러나 어음법상의 기명날인이라는 것은 기명된 자와 여기에 압날된 인영이 반드시 합치됨을 요구한다고 볼 근거는 없는 것이므로 위 약속어음에 피고 황택임의 기명이 되고 거기에 어떤 인장이 압날되어 있는 이상 그 인영이 서상길로 되어 있어 비록 그 기명과 일치되지 않는다 할지라도 이 약속어음의 문면상으로는 기명과 날인이 있는 것이 되어 외관상 날인이 전여 없는 경우와는 구별이 되어야 할 것이다.

대법원 1962. 11. 1. 선고 62다604 판결

무인 기타 지장은 그 진부를 육안으로는 식별할 수 없고 특수한 기구와 특별한 기능에 의하지 아니하면 식별할 수 없으므로 거래상의 유통을 목적으로 하는 어음에 있어서는 기명날인에는 지장을 포함하지 아니한다고 해석함이 타당하며 따라서 기명과 지장으로한 어음 행위는 형식을 갖추지 못한 무효의 것이므로 신종순 명의의 본건 배서는 이와 같이 무효이다.

서명은 어음행위자가 자신의 의사로 직접 자기의 명칭을 기재하는 자서(自署)를 말한다. 그러므로 성명의 일부가 나타나지 않고 이름이나 아호에서 따온 철자를 수서하더라도 서명으로 인정되지 않으며, 타이프라이터나 스탬프 등에 의한 성명

---

14) 정찬형(어), 100면 ; 최기원(어), 115-116면 ; 이철송(어), 75면.
15) 정희철(하), 64면.

표시도 서명으로 효력이 없다. 즉 서명은 그 자체로서 어음행위자의 성명을 알 수 있어야 하므로 위조를 방지하거나 멋을 내기 위하여 독특한 기호를 사용하는 것은 서명으로 인정되지 않는다.[16)]

1995년 법 개정 이전의 어음·수표법은 외국인을 제외하고(외국인은 '외국인의 서명날인에 관한 법률'에 의하여 서명이 인정됨) 내국인의 자서를 인정하지 않았는데, 국제화 추세에 맞추어 개정법에서는 기명날인과 서명을 모두 사용할 수 있도록 하였다.

2) 법인의 기명날인 또는 서명

법인이 어음행위를 하는 경우에 법인명을 기재한 후 대표기관이 법인을 위하여 행위를 한다는 것을 표시하고 대표기관 자신이 기명날인 또는 서명을 하여야 한다. 법인은 스스로 법률행위를 할 수 없고 그 대표기관에 의해서만 법률행위를 할 수 있으므로, 대표관계를 대리행위에 준하여 표시할 필요성이 있다. 따라서 법인이 표시되지 않은 행위는 법인의 어음행위로 보지 않고, 법인의 명칭만 기재하고 대표관계의 표시 없이 대표기관 자연인의 기명날인을 한 경우에도 법인의 어음행위로 보지 않는다.[17)]

그런데 '회사가 약속어음 발행사실을 소송 중 자백한 바 있고, 이 어음이 회사 대표이사 갑에 의하여 회사 명칭인 "○○회사 갑(甲)"으로 발행인 표시가 되어 발행되고, 지급 장소도 회사로 되어 있는 등의 사실 하에서 약속어음에 대표이사 자격 표시가 없고, 또 갑(甲) 개인 도장이 찍혀 있다 하더라도 이는 갑(甲) 개인이 발행한 것이 아니고, 갑(甲)이 회사의 대표이사 자격에서 발행한 것이라고 인정할 수 있다'고 판시한 사례[18)]가 있지만, 이 경우에도 회사가 어음발행사실을 자백하였기 때문에 회사의 어음행위로 인정하였다는 취지이므로 자연인의 기명날인을 법인의 어음행위로는 볼 수 없다고 본다.

법인의 대표자에 대한 표시방법에 관하여 특별한 규정이 없으므로 어음상 대표자 자신을 위한 행위가 아니고 법인을 위한다는 취지를 인식할 정도의 대표관계의 표시가 있으면 충분하므로 '대표이사' 대신에 '이사'로 기재한 경우에 대표기관의 표시로 적법하다.[19)]

---

16) 양명조(어), 82면.

17) 대법원 1999. 10. 8. 99다30367.

18) 대법원 1979. 3. 13. 79다15.

19) 대법원 1973. 12. 26. 73다1436. 재단법인 우암법인 간사(대법원 1968. 5. 28. 68다480), 해동화재해상보험주식회사 대구영업소장(대법원 1984. 4. 10. 83다카316) 등도 적법한 대표자자격을 표시한 어

또 법인명을 기재하고 법인의 직인을 날인한 것은 대표기관의 기명날인 또는 서명이 없으므로 법인의 어음행위로 볼 수 없을 뿐만 아니라 대표기관도 어음책임을 부담하지 않는다. 그런데 법인의 어음행위의 방식이 잘못되어 그 효력이 없는 경우에 법인이 사용자책임을 부담하는지 여부는 어음상 사용자 명의의 배서가 피용자에 의해 위조된 경우에 민법상 사용자의 불법행위의 요건을 구비한 경우에는 피해자가 사용자책임을 물을 수 있을 것이다.[20)]

대법원 1964. 10. 31. 선고 63다1168 판결

법인의 행위는 대표기관에 의하여서만 실현될 수 있는 것이므로 법인이 어음행위를 함에 있어 이점을 증권상 명확하게 하기 위하여 대표기관이 법인을 위하여 하는 것이라는 취지 즉 대표자격이 있다는 것을 표시하고 그 사람이 기명날인 하여야 한다고 할 것인바 본건 약속어음(갑 제1호증)의 배서난을 보면 소외주식회사 한국국민은행이 원고로부터 배서양도를 받았다가 다시 원고에 배서양도함에 있어 단지 주식회사 국민은행 중부 지점이라고만 기재하여 회사인을 날인하고 그 대표자의 기명날인이 없으므로 이 배서는 무효라 할 것이고 따라서 원고는 본건 약속어음의 정당한 소지인이라고 할 수 없을 것이므로 논지는 이유 있다.

대법원 1994. 10. 11. 선고 94다24626 판결

소외 이석기는 피고 회사의 대표이사로 재직하는 동안에 이 사건 각 수표에 배서함에 있어서 피고 회사의 대표이사의 자격으로 "삼양제지공업주식회사, 이석기"라고만 기재하고, 그 기명 옆에는 "삼양제지공업주식회사 대표이사"라고 조각된 인장을 날인하였다는 것인바, 위와 같은 사실 인정의 토대 위에서 결국 이 사건 각 수표의 피고 회사 명의의 배서는 소외 이석기가 피고 회사를 대표한다는 뜻이 표시되어 있다고 판단한 원심판결은 정당하다(당원 1969. 9. 23. 선고 69다930 판결 참조).

조합이 어음행위를 할 경우에는 조합원 전원의 기명날인이나 서명이 필요하지만, 대표조합원이 대표자격을 표시하고 기명날인 또는 서명을 하여도 효력이 있다고 보는데, 그 이유는 현실적으로 다수의 조합원이 좁은 어음용지에 기명날인을

음행위로 판례는 보고 있다.

20) 대법원 1999. 10. 8. 99다30367.

하기 어렵고, 또 조합원 전원을 대리하여 조합대표가 기명날인하는 것도 쉽지 않기 때문이다. 또 법인격 없는 사단의 경우에도 대표조합원처럼 대표자가 사단의 명칭과 대표자격을 기재하고 기명날인 또는 서명을 하면 된다.

대법원 1970. 8. 31. 선고 70다1360 판결

법인격없는 조합이 어음행위를 하였을 경우에는 그 조합원이 위 어음행위로 인한 권리의 취득 또는 의무의 부담을 하는 것이고 조합자체가 위 어음행위로 인한 권리취득이나 의무부담을 하는 것은 아니다. 조합의 어음행위는 전조합원의 어음상의 서명에 의한 것은 물론 대표조합원이 그 대표자격을 밝히고 조합원 전원을 대리하여 서명하였을 경우에도 유효하다고 하여야 할 것이다. 그리고 조합의 대표조합원이 그 대표자격을 밝히고 어음상의 서명을 하는 경우에는 그 조합의 대표자격을 밝히기만 하면 유효한 것이며 반드시 어음행위의 본인이 되는 전조합원을 구체적으로 표시할 필요는 없다 할 것이다.

대법원 1999. 10. 8. 선고 99다30367 판결

법인의 어음행위는 어음행위의 서면성·문언성에 비추어 법인의 대표자 또는 대리인이 그 법인의 대표자 또는 대리권자임을 어음면상에 표시하고 기명날인하는 대리방식에 의하던가, 법인의 대표자로부터 대리권을 수여받고 직접 법인의 대표자 명의로 서명할 수 있는 권한이 주어져 있는 자의 대행방식에 의하여 이루어져야 할 것이므로, 법인의 대리인이 법인 명의의 배서를 함에 있어 행위자인 대리인의 기명이 누락된 경우에는 그 요건을 갖추지 못한 무효의 배서라고 하여야 한다.

어음상 사용자 명의의 배서가 피용자에 의하여 위조된 경우에 피용자의 배서위조행위로 인하여 손해를 입은 자가 사용자를 상대로 민법 제756조에 의한 손해배상을 청구하는 경우에, 사용자가 부담하게 되는 책임은 어음상의 책임이 아니라 민법상의 불법행위책임으로서 그 책임의 요건과 범위가 어음상의 그것과 일치하는 것이 아니므로, 피용자의 불법행위로 인한 사용자책임을 물음에 있어 피용자에 의하여 위조된 배서가 행위자인 대리인의 기명이 누락되어 어음행위로서의 효력이 없다는 사정만으로 피용자의 불법행위가 외형상 객관적으로 사용자의 사업활동 내지 사무집행행위 또는 그와 관련된 것이 아니라고 할 수는 없고, 그와 같이 배서에 대리인의 기명이 누락되었다고 하여 그것이 외형상 명의자의 배서가 아니고 권한 없는 자에 의하여 이루어졌음이 명백한 경우에 해당하여 피용자의 행위가 사용자나 사용자에 갈음하여 그 사무를 감독하는 자의 사무집행행위에 해당하지 아니함을 피해자 자신이 알았거나 중대한 과실로 알지 못한 경우에 해당한다고 할 수 없다.

3) 기명날인 또는 서명의 대행

기명날인의 대행은 거래계에서 많이 이용되고 있으며, 그 효력이 있다고 본다. 예를 들면 법인의 대표이사가 외국에 장기간 체류하는 경우 대표이사의 위임을 받은 특정이사가 보관받은 인장으로 특정사안에 대하여 대표이사 명의로 기명날인을 할 수 있을 것이다. 대행은 대행자가 본인으로부터 일정한 범위의 대리권한을 위임받고 구체적인 사안에 대하여 대행자가 자기 재량에 의하여 본인명칭을 기재하고 본인의 인장을 날인하는 대리적 대행과, 대행자가 본인으로부터 구체적으로 지시를 받은 사항에 한하여 마치 본인의 수족처럼 본인의 기명날인을 하는 고유한 대행으로 구분되는데, 모두 가능하다고 본다.

서명의 대행은 미국법에서는 자서(自署)를 요구하지 않으므로 가능하고(미국통일상법 §3-403), 일본에서는 서명대행이 자서의 본질에 반하고 기명날인을 인정하는 취지에 어긋나므로 무효라는 견해가 종래의 다수설이었으나, 서명대행을 무효로 보게 되면 대행자의 권한의 유무와 상관없이 어음행위가 무효가 되고, 그 이후에 이루어진 배서나 보증 등 모든 어음행위가 무효가 되어 거래안전에 위협이 되므로, 권리자로부터 수권을 받은 서명대행은 인정해야 한다는 견해가 현재의 다수설이다.[21] 거래안전을 위하여 수권을 받은 서명대행은 기명날인의 대행처럼 그 효력을 인정할 필요가 있다.

대법원 1969. 9. 30. 선고 69다964 판결

어음행위를 함에 있어서 대리의 형식 즉 본인을 위하여 한다는 대리문구를 어음상에 기재하고 대리인이 기명날인을 하는 방식에 의한 어음행위를 한 때에 만일 그 대리인에 있어서 대리권한이 없는 때에는 어음법 제8조에 의하여 그 행위를 한 자에게만 책임이 있으나, 위와 같은 경우에도 표현대리의 요건이 구비된 때에는 그 본인에게 책임이 있다 할 것인바 만일 위와 같은 대리의 방식에 의하지 않고 다른 사람이 직접 본인 명의로 기명날인을 하여 어음행위를 한 경우에 만일 이와 같은 형식의 어음행위가 본인 명의로 어음행위를 할 수 있는 권한에 의하여 이루어진 것이라면 실지로 어음행위를 한 자는 본인의 수족과 같은 기관으로서 또는 소위 서명대리인으로서 한 것이라 할 것이므로 그 어음행위의 효과는 그 본인(어음행위자)에게 직접적으로 미친다 할 것이며 그 어음행위는 유효하다 할 것이나 만일 권한 없이 위와 같은 기관 방식 또는 서명대리의 방식으로서 어음행위를 한

21) 최기원(어), 118면.

> 것이라면 이는 어음의 위조로서 원칙적으로 명의를 위조당한 본인에게는 책임이 없다 할 것이다. 그러나 제3자가 위와 같은 기관방식에 의하여서의 어음행위를 실지로 한 자에게 그와 같은 어음행위를 할 수 있는 권한이 있는 것이라고 믿을 만한 사유가 있고 본인에게 책임을 질만한 사유가 있는 경우에는 거래안전을 위하여 표현대리에 있어서와 같이 본인에게 책임이 있다고 해석하여야 할 것이다.

2. 실질적 요건

어음행위의 실질적 요건에 대하여 어음법이 규정하고 있지 않으나, 어음행위는 법률행위이므로 민법의 법률행위의 규정이 적용되며, 아울러 어음의 특성과 유통성을 고려하여 법률해석을 하여야 한다. 어음행위자는 어음행위의 주체가 될 수 있는 어음권리능력과 스스로 어음행위를 할 수 있는 능력인 어음행위능력이 있어야 하고, 의사표시에 하자가 없어야 한다.

(1) 어음능력

1) 어음권리능력

민법상 권리능력이 있는 자는 당연히 어음권리능력이 있다. 그러므로 자연인은 생존하는 동안에 당연히 권리능력이 있다. 회사의 권리능력이 정관상 목적에 의하여 제한을 받지 않는다는 견해에 따르면 회사의 어음권리능력은 당연히 인정되며, 제한을 받는다는 견해에 의하더라도 회사의 어음행위 자체는 회사의 목적수행을 위하여 필요한 행위이고, 설사 법인의 어음행위의 원인행위가 정관목적의 범위를 벗어나더라도 어음행위의 추상성 때문에 그것이 당사자 간 인적항변사유가 될 수는 있으나, 어음행위 자체의 효력에는 영향을 미치지 않는다.[22]

회사 이외의 법인의 어음권리능력도 정관목적에 의하여 제한받지 않는다는 견해에 의하면, 어음행위는 그의 중성적 성질 때문에 그 자체가 목적범위 외의 행위가 될 수 없으며, 목적범위 외의 행위인지 여부는 그 원인행위에 의하여 결정되는바, 이는 인적항변의 문제로서 어음행위의 효력에는 영향을 주지 못하기 때문이다.[23]

판례는 특별법에 의하여 설립된 비영리법인의 어음행위는 사업범위에 속하지 않으면 무효라는 엄격한 입장을 유지하고 있다. 그래서 군농업협동조합은 중앙회로

---

22) 최기원(어), 120면 ; 정찬형(어), 103면 ; 이철송(어), 85-86면.

23) 정찬형(어), 103면 .

부터의 자금차입만 허용될 뿐이므로, 군농업협동조합이 개인으로부터 자금차입을 위하여 약속어음을 발행한 행위는 농업협동조합의 사업능력범위를 벗어난 행위로서 무효이고,[24] 군농업협동조합의 지점장 명의로 자금을 차입하고 그 지급을 위하여 어음을 발행하는 행위도 무효이며,[25] 군농업협동조합이 타인의 채무지급을 담보하는 의미로 약속어음에 배서를 하거나,[26] 타인의 채무를 보증하기 위하여 약속어음을 발행하는 행위도 무효[27]라고 판시함으로써, 농업협동조합과 거래한 상대방은 뜻밖의 피해를 입게 되고, 거래 안전에도 위협이 되고 있다. 다만 중소기업협동조합은 중소기업협동조합법 소정의 생산, 판매, 구매 등의 사업을 할 수 있으므로, 그에 부수된 구매자금의 선급이나 이를 위한 약속어음의 발행행위는 그 사업능력의 범위 내에 속한다고 판시한 사례가 있다.[28]

권리능력 없는 사단은 법인격이 없기 때문에 어음권리능력이 없다고 보는 견해[29]가 있으나, 권리능력 없는 사단도 부동산 등기능력, 소송능력 등 제한된 범위 내에서 권리능력이 인정되므로, 그 대표자가 사단 명의로 어음행위를 하면 총사원이 총유적으로 어음채무자가 되고 사단의 목적범위 내에서 사단 자체의 권리주체를 인정하는 것이 거래현실에 부합된다.

권리능력이 없는 사단의 어음권리능력을 인정하는 경우, 어음채무자가 누구인가에 관하여는 사단자체의 재산만으로 책임을 부담한다는 사단책임설(판례), 대표자가 어음법 제8조에 의해서 개인적으로 책임을 부담한다는 대표자개인책임설, 법인 아닌 사단의 구성원이 공동으로 어음상 책임을 부담한다는 구성원공동책임설 등이 있다.[30] 판례는 권리능력 없는 사단의 어음권리능력을 인정하고 있으며, 사단이 사단재산으로 책임을 질 뿐이고 구성원은 책임지지 않는다고 한다.

사립학교법에 의하여 설립된 사립학교는 학교법인이 운영하는 사업에 지나지 않고, 학교자체는 권리능력이 없는 단체이므로 사립학교 명의의 어음행위는 무효이

---

24) 대법원 1962. 5. 10. 62다127.
25) 대법원 1963. 1. 17. 62다807.
26) 대법원 1963. 1. 24. 62다833.
27) 대법원 1974. 11. 26. 74다993.
28) 대법원 1981. 1. 13. 80다1049 · 1950.
29) 최기원(어), 122면. 이 경우 사단의 어음권리능력을 부정하면서 어음행위가 사단의 수권에 의해 이루어진 때에는 1차적으로 사단의 재산으로 지급을 하고, 사단재산으로 완제가 부족한 경우에는 2차적으로 구성원이 연대하여 보충적 책임을 진다는 견해(최기원(어), 123면)와 사단구성원이 직접 어음채무를 부담한다는 견해(손주찬(하), 44면)가 있다.
30) 최준선(어), 85면.

고, 대학총장 명의의 어음은 학교법인에게는 효력이 없고, 대학총장 개인의 어음행위로서 효력이 있다고 한다.[31)]

민법상 조합은 법인격이 없으므로 어음상 권리능력이 없고 사단의 실체를 갖추지 못하였으므로 조합원 전원이 권리의무의 주체가 된다. 따라서 조합원 전원이 기명날인 또는 서명을 하는 방식으로 어음행위를 하여야 한다. 그러나 실무상 모든 조합원의 기명날인이나 서명을 기대하기 어렵기 때문에 조합의 대표자가 대표자격을 밝히고 어음상의 서명을 하는 경우가 많으며, 이 경우에 조합원 전원을 밝히지 않아도 조합의 대표자를 통한 어음행위는 유효한 것으로 인정한다. 따라서 조합대표자가 대표자격을 밝히고 조합원 전원을 위하여 한 어음행위의 효력은 전 조합원에게 미치고, 그 결과 전원이 공동으로 책임을 부담한다(조합원합동책임설).[32)]

2) 어음행위능력

가. 어음행위능력

어음행위가 유효하려면 어음행위능력이 있어야 하는바, 의사무능력자의 어음행위는 무효이다. 어음행위의 무능력자의 범위에 관하여 규정이 없지만, 무능력자 보호를 최우선으로 한다는 사법이념에 비추어 볼 때 어음거래에서도 민법상 행위능력의 일반원칙이 적용된다. 심신상실이나 절대적 강박과 같은 상태에서 행한 법률행위는 무효이므로, 이들의 어음행위도 무효이다. 미성년자는 법정대리인의 동의가 없는 한 어음행위를 취소할 수 있다(민 5조). 한정후견인의 동의가 필요한 법률행위를 피한정후견인이 한정후견인의 동의없이 하였을 때에는 그 법률행위를 취소할 수 있다(민 13조 4항).

그러나 미성년자나 피한정후견인이 속임수로써 법정대리인의 동의가 있는 것으로 믿게 한 경우에는 그 행위를 취소할 수 없다(민 17조 2항). 미성년자가 단지 권리만 얻거나 의무만을 면하는 행위는 법정대리인의 동의가 필요하지 않지만(민 5조 1항 단서), 어음행위는 항상 채무를 부담하거나 권리를 처분하는 것을 내용으로 하므로 민법 제5조 1항 단서가 적용될 여지가 없다. 법정대리인이 범위를 정하여 처분을 허락한 재산에 관한 미성년자의 어음행위는 어음행위능력이 있다고 보는 것이 통설이다.[33)] 법정대리인으로부터 영업의 허락을 받았거나 무한책임사원이 될

31) 대법원 1971. 2. 23. 70다2981 ; 동 1975. 10. 23. 75다1222.

32) 최기원(어), 124면 ; 정찬형(어), 105면 ; 최준선(어), 87면 ; 대법원 1991. 11. 22. 91다30705 ; 대법원 1992. 11. 27. 92다30405.

33) 어음행위는 무인적 채무부담행위이므로, 처분이 허락된 재산인지 여부를 판단할 수 없고, 또 민법

것을 허락받은 미성년자는 그 영업 또는 회사의 사원으로서 어음행위능력이 있다(민 8조, 상 7조). 한편 어음행위능력은 어음행위를 한 때 즉, 어음을 제3자에게 교부한 때에 존재하여야 한다. 그리고 어음행위능력에 대한 입증책임은 어음행위능력이 없다고 주장하는 자가 부존재사실을 입증하여야 한다.

나. 어음행위의 취소 또는 추인

제한능력자가 법정대리인의 동의 없이 어음행위를 한 경우에는 법정대리인이 추인할 수 있으나, 추인한 후에는 취소하지 못한다(민 143조 1항). 한편 어음행위가 무효가 되거나 취소되어 소급무효가 된 경우에 어음행위자는 누구에게도 어음상 책임을 지지 않는다. 그리고 행위무능력 상태에서 이루어진 어음행위의 취소는 물적항변사유라고 보는 것이 타당한데, 그 이유는 제한능력자 보호의 가치가 어음의 유통촉진과 거래안전보호보다 우선하기 때문이다. 다만 제한능력자가 속임수로써 자기를 능력자로 믿게 한 경우에는 그 행위를 취소할 수 없다는 규정(민 17조 1항)에 의하여 상당한 정도로 거래안전을 보호할 수 있을 것이다.[34]

그리고 민법상 의사표시의 취소나 추인은 취소할 행위의 직접상대방에 대하여만 할 수 있기 때문에(민 142조), 어음행위의 취소나 추인의 상대방은 어음행위의 직접 상대방만을 의미한다는 견해[35]가 있으나 어음행위에 의하여 직접적으로 불이익을 입는 자는 현재의 어음소지인이고, 어음행위는 어음의 전전유통을 전제로 이루어지기 때문에 취소나 추인의 상대방은 직접 상대방뿐 아니라 현재의 소지인을 비롯한 중간취득자도 포함된다는 통설[36]이 타당하다.

3) 의사표시의 하자

어음행위의 의사표시의 하자에 관하여 어음법상 규정이 없기 때문에 일반 민법의 규정이 적용되지만, 어음행위의 특성인 선의의 제3자 보호 및 유통성보호를 위하여 일부는 수정하여 적용할 필요가 있다.

가. 신의성실 및 권리남용금지(민 2조)

신의성실 및 권리남용금지의 원칙은 사법의 일반원칙으로서 어음행위에도 적용된다. 채권담보를 위하여 배서양도 받은 어음 소지인이 직전배서인으로부터 채권

6조의 미성년자에게 허락된 것은 재산의 물권적 처분권이지 채무부담행위가 아니라는 이유로 미성년자의 어음행위능력을 부정하는 견해가 있다[이철송(어), 88면].

34) 양명조(어), 87-88면.

35) 강위두(어), 84면.

36) 정찬형(어), 108면; 최준선(어), 88면 ; 손주찬(하), 49면 ; 최기원(어), 127면.

변제를 받은 경우에 당연히 어음을 그에게 반환하여야 함에도 반환하지 않은 상태에서, 동 어음으로 발행인에 대하여 어음금을 청구하는 것은 권리남용이므로 발행인은 지급을 거절할 수 있다.

예컨대 '약속어음은 원인관계의 결제수단으로서 배서의 원인관계가 소멸하여 어음소지인에게 어음금의 지급을 구할 경제적 이익이 없는 경우에는 그 어음을 보유할 정당한 권한이 없어졌으므로, 어음소지인은 어음상 권리를 행사할 실질적 이유가 없음에도 불구하고 단지 어음을 보관하고 있음을 이유로 어음금을 청구하는 것은 권리남용으로서 신의성실의 원칙에 어긋난다.[37)]

또 "장래의 채무를 담보하기 위하여 발행된 어음에 발행인을 위하여 어음보증이 되어 있는 약속어음을 수취한 사람은, 어음을 발행한 원인관계상의 채무가 존속하지 않기로 확정된 때에는 특별한 사정이 없는 한 그때부터는 어음발행인에 대해서 뿐만 아니라, 어음보증인에 대해서도 어음상의 권리를 행사할 실질적인 이유가 없어졌다 할 것이므로, 어음이 자기 수중에 있음을 기화로 하여 어음보증인으로부터 어음금을 받으려고 하는 것은 신의성실의 원칙에 비추어 부당한 것으로서 권리의 남용이라 할 것이고, 어음보증인은 수취인에 대하여 어음금의 지급을 거절할 수 있다"고 함으로써,[38)] 어음보증의 원인관계가 소멸하면 어음발행인 및 어음보증인의 채무도 소멸하므로, 어음소지인의 보증인에 대한 어음금청구는 권리남용이라고 하였다.

그러나 "어음행위는 무인행위로서 어음수수의 원인관계로부터 분리하여 다루어져야 하고, 어음은 원인관계와 상관없이 일정한 어음상의 권리를 표창하는 증권이라고 할 것인바, 원심이 그 판시와 같이 이 사건 약속어음은 그 발행의 원인관계가 소멸한 후에 소외 A의 대리인이 그 백지부분을 부당 보충하여 금전지급의 신용이용 기타 실질적 원인관계 없이 원고에게 배서한 것이고, 원고가 이 사건 약속어음을 보유할 정당한 권원이나 실질적 이유가 있다고 인정할 증거도 없다는 이유로 이 사건 약속어음이 빈껍데기에 불과하다고 하여 원고의 이 사건 약속어음청구가 바로 신의성실의 원칙에 어긋나는 것으로서 권리의 남용에 해당한다고 하였음은, 어음배서에 있어서의 무인성의 법리를 오해하였을 뿐만 아니라 어음법에 있어서의 신의성실의 원칙 내지 권리남용의 법리를 오해한 위법이 있다"고 판시하고 있다.[39)]

---

37) 서울지방법원 1996. 7. 9. 95나41276.

38) 대법원 1988. 8. 9. 86다카1858.

어음행위의 무인성만을 앞세워 어음에서의 권리남용이론의 적용을 배제한 이 판례가 타당한지 의문이 있다.[40] 그렇지만 이 판례도 어음행위에 신의성실의 원칙이 적용됨을 전제로 판시하고 있다.

나. 진의 아닌 의사표시(민 107조) 및 통정허위표시(민 108조)

어음행위자가 진의 아님을 알고 어음행위를 하여도 유효하지만, 상대방이 어음행위자의 진의 아님을 알고 있거나 알 수 있었을 때에는 그 어음행위는 무효이다(민 107조). 허위표시도 어음행위에 적용되므로, 상대방과 통정한 허위의 어음행위는 무효이지만(민 108조 1항), 그 무효로써 선의의 제3자에게 대항하지 못한다(민 108조 2항).

대법원 1996. 8. 23. 선고 96다18076 판결

> 동일인에 대한 대출액 한도를 제한한 구 상호신용금고법(1995. 1. 5. 법률 제4867호로 개정되기 전의 것) 제12조의 적용을 회피하기 위하여 실질적인 주채무자가 실제 대출받고자 하는 채무액 중 일부에 대하여 제3자를 형식상의 주채무자로 내세웠고 상호신용금고도 이를 양해하면서 제3자에 대하여는 채무자로서의 책임을 지우지 않을 의도하에 제3자 명의로 대출관계서류 및 약속어음을 작성받았음을 충분히 추단할 수 있는 경우, 제3자는 형식상의 명의만을 빌려 준 자에 불과하고 그 대출계약의 실질적인 당사자는 상호신용금고와 실질적 주채무자이므로, 제3자 명의로 되어 있는 대출약정 및 약속어음 발행은 상호신용금고의 양해하에 그에 따른 채무부담 의사 없이 형식적으로 이루어진 것에 불과하여 통정허위표시에 해당하는 무효의 법률행위라고 판단한 원심판결은 타당하다.

다. 착오, 사기 또는 강박

어음행위의 중요부분에 착오가 있는 때에는 행위자에게 중대한 과실이 없는 한 그 의사표시는 취소할 수 있지만, 그 취소는 선의의 제3자에게 대항하지 못한다(민 109조). 중요부분의 착오란 어음행위인 줄 모르고 기명날인을 하였거나 채무가 존재하는 것으로 오인하고 어음행위를 한 경우 등이다. 사기 또는 강박에 의한 어음행위는 취소할 수 있다(민 110조 1항). 그러나 의사표시의 취소는 선의의 제3자에게 대항하지 못한다(동조 2항).

---

39) 대법원 1984. 1. 24. 82다카1405.

40) 최준선(어), 90면 ; 윤용섭, "권리남용에 관한 판례의 동향", 「민사판례연구」[X], 1988, 322-323면.

사기 또는 강박에 의한 어음행위의 취소는 선의의 제3자에게 대항하지 못하는데, 이때 「선의」라는 의미가 어음법 제10조와 동법 제16조 제2항 단서의 '악의 또는 중과실'이 없는 것을 의미하는 것인지[41] 아니면 어음법 제17조 단서(인적항변의 절단)의 '어음채무자를 해할 것을 알지 못하는' 즉, 해의가 없는 것을 의미하는지에 관하여, 사기로 인한 어음행위라는 항변은 전형적인 인적항변에 해당되므로 어음법 제17조 단서의 해의(害意)가 없는 것을 의미하는 것이라고 보는 것이 타당하고, 판례도 같은 취지이다.

대법원 1997. 5. 16. 선고 96다49513 판결

어음행위에 착오 · 사기 · 강박 등 의사표시의 하자가 있다는 항변은 어음행위 상대방에 대한 인적항변에 불과한 것이므로, 어음채무자는 소지인이 그 채무자를 해할 것을 알고 어음을 취득한 경우가 아닌 한, 소지인이 중대한 과실로 그러한 사실을 몰랐다고 하더라도 종전 소지인에 대한 인적항변으로써 소지인에게 대항할 수 없다고 할 것이다(대법원 1970. 7. 28. 선고 70다1293 판결; 동 1996. 3. 22. 선고 95다56033 판결 등 참조).

흉기에 의한 위협처럼 행동의 자유를 완전히 빼앗긴 상태, 즉 절대적 강박상태에서의 어음행위는 어음행위 자체가 부존재하다고 할 수 있으므로 물적항변사유이지만,[42] 보통의 강박에 의하여 공포심을 느낀 상태(상대적 강박)에서의 어음행위는 인적항변사유이므로 어음채무자가 선의의 어음소지인에 대하여 대항할 수 없다.

라. 반사회질서의 법률행위 및 불공정한 법률행위

선량한 풍속 기타 사회질서에 반하는 법률행위를 무효로 하는 민법 제103조와 현저하게 불공정한 법률행위를 무효로 하는 민법 제104조는 어음행위에 적용되지 않는다고 본다. 어음행위는 무인행위이며 정형적인 행위이므로 어음행위 자체는 무효가 될 수 없으며, 다만 그 원인이 되는 행위는 민법의 규정이 적용될 것이지만 이는 인적항변사유가 될 것이다.[43] 이에 대하여 선량한 풍속 위반이나 폭리행위가 어음 자체까지 연결된 경우에는 어음행위도 무효라는 견해가 있다.[44]

---

41) 정찬형(어), 110-111면.
42) 대법원 1974. 2. 26, 73다1143.
43) 최준선(어), 92면 ; 최기원(어), 132면 ; 손주찬(하), 52면.
44) 정동윤(어), 141면.

4 어음증권의 교부(어음학설)

증권을 발행할 때 증권상 권리가 생기는 설권증권인 어음에서 증권상 권리가 언제, 어떤 행위로 인하여 생기는가와 증권의 교부가 어음행위의 성립요건인가에 관한 이론을 어음이론 내지는 어음학설이라고 한다. 역사적으로 어음채무는 기명날인자(서명자)와 그 상대방 간의 계약에 의하여 성립한다는 교부계약설이 지배적이었으나, 그 후 어음을 작성하고 기명날인자(서명자)가 기명날인(서명)이라는 단독행위를 할 때 어음채무가 성립한다는 창조설이 주장되었고, 근래에는 거래안전을 보호하기 위하여 계약설을 수정한 권리외관설이 유력한 학설이다.

1. 창조설

어음행위는 어음작성자가 불특정 다수인에게 어음채무를 부담하겠다는 의사표시를 하는 것만으로 성립하는 단독행위로서, 어음작성자가 방식을 갖춘 증권에 서명함으로써 성립한다고 한다. 이 설에 의하면 어음이 작성된 후 제3자에게 교부되기 전에 작성자의 의사에 반하여 도난·분실되더라도 어음작성자는 어음상 책임을 부담하여야 한다. 즉 어음을 발행하는 때 어음상 권리가 발생하므로 어음이 교부되지 않고 도난·분실 등에 의하여 유통이 되더라도 어음채무가 성립하기 때문에 선의취득이 가능하다.

최근 일본에서는 수정창조설 또는 2단계설이 주장되는데, 어음행위는 어음의 작성과 교부라는 2단계의 행위로 이루어지며, 어음의 작성은 기명날인자 또는 서명자의 단독행위로 성립하고 어음의 교부는 기명날인자 또는 서명자와 상대방 간의 계약에 의하여 성립하는데, 어음채무는 어음의 작성으로 성립되므로, 교부흠결의 경우에도 어음취득자는 이미 발생한 어음상 권리를 예외적으로 취득할 수 있다고 설명한다.[45]

2. 발행설

창조설을 수정한 발행설에 의하면 어음의 작성과 기명날인자(서명자)의 의사에 의하여 상대방에 대한 점유이전이라는 단독행위에 의하여 어음채무가 발생한다고

45) 정찬형(어), 114면.

한다. 이때 상대방과의 교부계약이 필요하지 않으므로 상대방의 수령의사도 필요하지 않다. 따라서 어음교부 전에 어음을 절취한 자로부터 선의취득한 자는 권리를 취득하지 못하지만 적어도 어음의 점유이탈이 서명자의 의사에 의하여 거래관계상 이루어진 경우, 예컨대 어음행위자가 타인에게 맡긴 어음이 유통된 때에는 어음책임을 부담한다고 한다.[46] 어음교부의 상대방이 특정한 권리자가 아니더라도 어음채무가 발생한다고 한다.

3. 교부계약설

교부계약설은 어음채무도 일반 계약처럼 발행인과 상대방간의 계약에 의하여 효력이 발생한다고 한다. 즉, 어음채무가 성립하기 위해서는 발행인이 작성한 어음이 상대방에게 교부되어야 함과 더불어 그 상대방과의 교부계약이 있어야 한다. 따라서 교부계약이 존재하지 않으면 어음을 절취한 자나 습득자 그 후의 선의취득자에 대하여도 어음작성자가 어음상 책임을 부담하지 않으며, 어음에 기명날인이나 서명을 하였더라도 교부계약이 무효나 취소되면 역시 어음작성자는 어음상 책임을 지지 않는다. 그리고 교부계약이 유효하려면 쌍방의 의사가 합치되어야 하는 바, 어음수령자에게 의사의 흠결이 있으면, 계약은 무효이고 어음은 발행되었다고 볼 수 없다.

이 설에 의하면 어음작성자가 교부계약의 흠결을 알지 못한 선의의 어음취득자에 대하여 어음채무를 부담하지 않으므로 어음의 유통성을 저해하고 거래안전에 해가 된다는 비판을 받는다.[47]

4. 권리외관설

교부계약설이 가지고 있는 이론상 문제점을 보완하기 위하여 발전된 이론이 권리외관설이다. 이 설에 의하면 교부계약설에 의하여 어음채무는 어음의 작성과 교부계약에 의하여 발생하지만, 교부계약이 없더라도 어음작성자가 어음상의 권리가 발생하는 듯한 외관을 창출하였고 그에 대하여 작성자의 귀책사유가 있으면 교부계약이 있는 것과 동일하게 취급하여 그 외관을 신뢰하고 어음을 취득한 제3자를

46) 최기원(어), 135면.
47) 최기원(어), 137면.

보호해야 한다는 이론이다.

어음행위의 성립은 어음작성만으로는 불충분하고 어음의 교부계약이 필요하지만, 교부계약이 없는 경우 교부요건의 흠결을 알지 못한 선의취득자를 보호하지 못하는 교부계약설은 거래의 안전을 해치기 때문에, 이를 수정하여 교부계약의 흠결이 있더라도 어음작성자가 권리외관을 야기한 책임을 부담시킴으로써 선의취득자를 보호하려는 것이다.[48]

5. 판 례

판례는 '어음의 발행이란 약속어음의 작성자가 어음요건을 갖추어 유통시킬 의사로 그 어음에 자기의 이름을 서명 날인하여 상대방에게 교부하는 단독행위'[49]라고 함으로써, 단독행위의 의미를 강조하여 단독행위설에 입각한 발행설을 취하고 있다는 견해[50]와 '공정증서의 작성을 위하여 촉탁을 받아 어음을 접수한 경우에 비록 그 어음발행인이 작성된 어음을 수취인에게 교부하지 않았더라도 그 접수 시에 수취인의 기관으로서 교부받은 것으로 볼 수 있으므로 그 어음은 발행된 것으로 보아야 한다.'고 하는바, 공증인이 수취인의 대리인으로서 어음을 교부받았기 때문에 어음이 발행된 것으로 보아야 한다는 것으로서 교부계약설을 취하고 있다는 주장이 대립한다.[51] '약속어음의 발행이라 함은 어음용지에 어음요건을 기재한 다음 이에 발행인이 기명날인한 후 수취인에게 교부하는 것을 말한다.'[52]는 판례도 교부계약설을 취하고 있다는 견해가 있다.[53]

한편 '어음의 교부흠결의 점에 대하여 어음을 유통시킬 의사로 어음상에 발행인으로 기명날인하여 외관을 갖춘 어음을 작성한 자는 그 어음이 분실 도난에 의하여 그의 의사에 의하지 않고 유통되었더라도, 배서의 연속이 되어 있는 어음을 신뢰하고 취득한 소지인에 대하여 그 소지인이 악의 중과실에 의하여 어음을 취득하였음을 주장입증하지 않는 한 발행인으로서 채무를 부담한다.'[54]는 판례가 권리외

48) 최기원(어), 139면 ; 최준선(어), 94면.
49) 대법원 1989. 10. 24. 88다카24776.
50) 이철송(어), 98면 ; 손주찬(하), 67면.
51) 최준선(어), 96면.
52) 서울민사지판 1981. 12. 22. 81가소4723.
53) 최준선(어), 96면.
54) 대법원 1999. 11. 26. 99다34307.

관설을 취하고 있다는 견해[55]가 있다.

판례가 어음작성자가 어음을 작성하고 '상대방에게 교부하는 행위'라고 설명하고 있기 때문에 교부계약설의 입장을 취하면서, 교부계약이 흠결된 때에는 권리외관설에 의하여 선의취득자를 보호하려는 것이므로, 권리외관설에 의하여 보충된 교부계약설을 취한 것으로 본다.

대법원 1989. 10. 24. 선고 88다카24776 판결

(1) 약속어음의 작성자가 어음요건을 갖추어 유통시킬 의사로 그 어음에 자기의 이름을 서명날인하여 상대방에게 교부하는 단독행위를 발행이라 일컫는 것이므로 일상의 용어에 있어 사람들이 발행이라는 표현을 쓴다 하여도 위에서 본바와 같은 의미로 쓴 것이 아닌 경우에는 어음법상의 발행으로 볼 것이 아니다.
(2) 간이절차에의한민사분쟁사건처리특례법과 공증인법에 의하여 변호사들이나 공증인이 공증인법 제56조의 2 제1항 소정의 공정증서를 작성하기 위하여 같은 법조 제2항 소정의 자로부터 촉탁을 받아 어음을 접수한 경우에는 비록 그 어음발행인이 작성된 어음을 수취인에게 교부하지 않았다 하더라도 그 어음의 수취인과 함께 촉탁했을 때에는 그 접수시에 위에서 본 공증인이 수취인의 기관으로서 교부받은 것으로 보는 것이 옳다.

6. 어음학설에 대한 비판

(1) 창조설은 어음을 작성하는 때 어음채무가 발생한다고 주장하지만, 어음이 작성된 때 어음채권자가 특정되지 않는다. 즉, 어음채권자가 정해지지 않은 상태에서 어음의 작성만으로 어음채무가 성립한다고 볼 수 없다. 또 법률행위에 의한 채무는 계약에 의하여 성립한다는 일반 원칙에 어긋나고, 단독행위의 추인은 그 행위자만 할 수 있으므로 행위무능력자나 무권대리인에 의한 증권발행을 추인하는 것이 불가능하다. 나아가 단독행위인 창조행위 자체가 하자가 있는 경우에는 발행 자체가 취소되어 선의취득자를 보호하기 어렵다는 비판을 받는다.[56]

55) 정찬형(어), 117면 ; 최기원(어), 140면.
56) 최준선(어), 95면.

(2) 발행설은 단독행위를 전제로 하는데, 사법상의 권리발생을 단독행위라고 설명하는 것은 예외적인 경우에 한정되어야 한다. 그리고 증권을 수취인에게 송부하고 도달하기 전에는 채권자가 특정되지 않은 채권이 존재한다는 문제가 있다. 또 증권이 기명날인자(서명자)의 의사에 의하여 점유가 이전되는 단계에서 어음상의 채권·채무가 발생하는 법적근거가 명백하지 않다. 그리고 점유이전 前에 어음을 상실하면 선의취득이 불가능하다. 또한 발행행위의 하자가 있으면 발행행위가 취소되므로 선의취득을 할 수도 없다.

(3) 교부계약설은 어음취득자의 의사흠결이나 상대방이 무능력자인 경우에는 계약의 효력이 발생하지 않는다. 즉 어음행위자와 상대방간의 어음행위는 어느 일방은 의무만 부담하고 다른 일방은 권리만을 취득하는 관계인데, 권리만을 취득하는 상대방에게도 어음수령능력이 있어야 하고 수령의 의사표시가 있어야만 어음채무가 성립한다고 주장하는 교부계약설은 불합리하다. 미성년자는 권리만을 얻거나 의무만을 면제하는 행위를 법정대리인의 동의 없이 할 수 있다. 즉, 행위무능력자인 미성년자도 어음행위를 할 수 있으므로 행위능력을 전제로 하는 교부계약설은 불합리하다는 비판을 받는다.[57] 교부계약이 흠결된 어음은 무효라고 보므로 어음의 유통성이 제한된다는 문제점도 있다.

(4) 소 결

우리 학설은 교부계약설을 취하는 견해,[58] 권리외관설을 취하는 견해,[59] 권리외관론에 의하여 수정된 교부계약설을 주장하는 견해,[60] 권리외관설에 의하여 보충된 발행설을 취하는 견해,[61] 발행설을 취하는 견해[62] 등으로 나뉘고 있다.

외형적으로 어음을 수수하는 당사자 사이에 채무의 변제방법에 관하여 어음으로 지급하기로 한 합의가 존재하고 그 합의에 의하여 어음이 수수되지만, 이 경우 합의는 원인관계의 지급수단에 관한 합의일 뿐이지 어음교부의 합의로 볼 필요는 없다. 또 어음행위자와 그 상대방의 관계에서 한 당사자는 의무만을 취득하고 그 상

57) 최준선(어), 102면.
58) 최준선(어), 102면.
59) 최기원(어), 139면.
60) 김정호(어), 109면 ; 정동윤(어), 121면 ; 이기수(어), 115면.
61) 정찬형(어), 115-116면.
62) 이철송(어), 99-100면.

대방은 권리만 취득하는 관계이므로, 권리만 취득하는 상대방에게 어음수령능력과 수령의 의사표시를 요구하는 교부계약설은 이론상 난점이 있음은 물론이고 거래안전의 보호에 미흡하다.

따라서 발행설에 의하여 어음채무는 어음행위자가 어음을 작성·발행하여 불특정 상대방에게 교부하면 상대방의 수령능력이나 수령의 의사표시여부와 상관없이 어음행위가 성립하고, 교부이전에 어음이 분실되거나 절취당하여 선의로 제3자가 어음을 취득한 경우에는 선의취득자는 권리외관설에 의하여 보호된다고 보므로, 발행설을 원칙으로 하고 권리외관설을 통하여 이를 보충하고 있다고 본다.63)

5 어음행위의 특성

1. 무인성(추상성)

어음행위는 매매나 금전소비대차 등 실질관계의 수단으로 행하여지는 것이 일반적이지만, 이러한 원인관계의 부존재·무효·취소 등이 어음행위의 효력에 영향을 미치지 않는데, 이러한 특성을 어음행위의 무인성 또는 추상성이라고 한다. 즉, 어음행위는 원인관계인 법률행위와는 독립된 별개의 행위이므로 원인행위가 무효·취소가 되더라도 어음행위는 유효하다.

그런데 어음행위의 무인성을 원인관계의 직접 당사자에게 적용시키면 당사자 간에 매매가 취소되었음에도 어음금을 지급해야 하는 부당한 결과가 생긴다. 따라서 직접당사자 또는 어음의 악의취득자에 대하여는 어음채무자는 원인관계의 하자라는 인적항변으로써 어음채무 이행을 거절할 수 있다(어 17조, 77조 1항). 각종 어음행위의 무조건성(어 1조 2호, 어 26조 1항, 어 12조 1항)과 이득상환청구권(어 79조) 등이 어음행위의 무인성에 대한 실정법상 근거이다.

대법원 2007. 9. 20. 선고 2007다36407 판결

어음행위는 무인행위로서 어음수수의 원인관계로부터 분리하여 다루어져야 하고 어음은 원인관계와 상관없이 일정한 어음상의 권리를 표창하는 증권이므로, 어음의 소지인은 소지인이라는 사실만으로 어음상의 권리를 행사할 수 있고 그가 어

63) 정찬형(어), 115-116면.

떠한 실제적 이익을 가지는지 증명하여야 하는 것이 아니다(대법원 1997. 7. 25. 선고 96다52649 판결 ; 동 1998. 5. 22. 96다52205 참조).

2. 요식성과 서면성

어음행위는 요식의 증권적 법률행위이다. 즉, 어음행위는 어음법에 규정된 법정의 형식을 갖추어야 하므로, 만일 그 형식을 갖추지 아니하면 효력이 없다. 한편 어음채무는 어음증권상에 행하여진 의사표시에 의하여 발생하는 설권증권이므로, 어음행위는 증권이라는 서면 위에서 이루어져야 한다.

3. 문언성

어음상 권리와 의무는 오직 어음상에 기재된 내용에 의해서만 확정되어야 하고, 어음에 기재되지 아니한 당사자 간 합의나 약정은 효력이 없다. 만일 어음외 합의나 약정이 어음의 효력에 영향을 미치게 하면 어음취득자는 어음 외의 합의나 약정까지 확인할 의무를 부담하게 되므로, 어음의 유통성은 위축될 것이고 거래안전에도 해가 된다.

어음행위의 문언성은 어음상에 표시된 의사표시의 내용에 관한 것으로서, 기재된 내용이 당사자의 진의와 일치하지 않더라도 표시된 문언에 따라 어음채무를 부담시키는 것을 말한다. 어음행위의 문언성 때문에 법률행위의 대리에서 '대리인이 본인임을 표시하지 아니한 경우에도 상대방이 대리인으로서 법률행위를 한 것을 알았거나 알 수 있었을 때에는 본인에게 그 법률행위의 효력이 귀속한다'고 규정된 민법 제115조는 어음행위에 적용되지 아니하며, 당사자 간의 인적항변사유가 될 뿐이다.

그러므로 어음의 법정사항의 흠결이 있는 경우, 법에 예외적으로 규정된 경우를 제외하고는 법률행위의 전환이나 추인(민 138조, 139조)은 어음행위에는 적용되지 않는다. 이처럼 어음의 형식적 기재사항을 엄격히 준수할 것을 요구하기 때문에 '어음엄정의 원칙'이라고도 한다.

4. 수단성과 협동성

모든 어음행위는 일정한 금액의 지급과 그 지급받을 지위의 유통성의 확보라는 공동목적을 가지고 있다. 어음행위는 이러한 목적을 위한 행위로서 수단성과 협동성의 특성을 갖고 있어서 어음채무자의 합동책임(어 47조 1항)이나 어음단체의 개념이 생긴다. 또 이러한 어음행위의 협동성으로부터 각 당사자자격의 겸병이 인정된다.[64)]

5. 어음행위독립의 원칙

(1) 의 의

어음행위독립의 원칙이란 동일한 어음에 행하여진 각각의 어음행위는 독립하여 그 효력이 발생되고, 그 어음행위의 전제가 되는 다른 어음행위의 실질적 효력의 有無에 의하여 영향을 받지 아니한다는 원칙이다. 일반 사법원칙에 의하면 선행행위가 무효가 되면 후행행위도 무효가 되지만, 어음행위에 있어서는 선행하는 어음행위가 형식적 흠결 이외의 실질적 하자로 무효나 취소가 되더라도 후행의 어음행위는 그로부터 영향을 받지 않고 자신이 행한 어음행위에 의하여 어음채무를 부담한다. 어음행위의 무인성은 어음행위의 원인이 된 실질관계의 하자가 어음행위의 효력에 영향을 미치지 않는다는 것이고, 어음행위독립의 원칙은 '어음행위와 어음행위'의 관계에서 각 어음행위가 독립하여 어음채무가 발생한다는 것이다.

어음이 발행된 후 인수·배서·보증 등 어음행위가 연속적으로 이루어진다. 이때 선행하는 어음행위의 형식적 요건의 하자가 발생한 경우, 예컨대 발행인의 기명날인이 없는 어음은 그 후 배서가 행하여지더라도 발행의 형식적 하자가 있으므로 발행행위 자체가 무효일 뿐만 아니라 그 후에 이루어진 배서도 무효이다. 형식적 요건의 하자가 있는 어음을 취득한 자는 어음상에서 곧바로 그 하자를 확인할 수 있기 때문에 무효로 하더라도 거래안전에 해가 되지 않는다.

하지만 미성년자가 발행한 어음이 배서 양도되어 제3자가 소지하고 있는 경우, 미성년자의 친권자가 어음발행을 취소하면 그 후행행위인 배서의 효력도 무효가 되어 어음소지인이 어음상 권리를 행사할 수 없게 된다면, 미성년자인 줄 모르고 어음을 취득한 제3자는 뜻밖의 피해를 입게 된다. 따라서 어음취득자는 손해를 회피하기 위해서는 자기 이전의 모든 어음행위의 실질적 하자가 있는지를 확인하여

64) 수단성은 일반 법률관계에서도 인정되고 합동성이나 당사자자격의 겸병을 설명하기 위하여 협동성을 전제할 필요가 없으므로, 수단성과 협동성이 어음행위의 특성이라고 볼 수 없다는 견해가 있다(정동윤(어), 164-165면).

야만 하므로 어음거래는 원활하게 이루어지기 어려울 것이다.

그러므로 어음의 유통성보호를 위하여 선행행위가 실질적 하자 때문에 무효·취소가 되더라도, 후행행위는 그로부터 영향을 받지 않고 유효하게 할 필요가 있다. 어음행위독립의 원칙은 어음행위가 다른 후속 어음행위의 전제가 될 때 적용되므로 선행하는 어음행위가 없는 발행에는 적용되지 않고, 발행을 전제로 하는 배서와 主채무자의 어음행위를 전제로 하는 보증에는 적용된다. 어음행위독립의 원칙은 내용상으로는 어음채무부담의 측면에서의 독립성에 관한 것이므로 '어음채무부담독립의 원칙'이라고도 한다.

(2) 근 거

1) 법적 근거

어음행위독립의 원칙에 관한 대표적 규정으로는 어음법 제7조(어음채무의 독립성)와 어음보증은 담보된 채무가 그 방식의 하자가 있는 경우 외에는 어떠한 사유로 인하여 무효가 된 때에도 효력이 있다는 어음법 제32조 제2항이 있다. 어음이 변조된 경우에 어음행위자는 어음행위 당시의 문언에 따라서 책임을 진다는 어음법 제69조는 어음행위독립의 원칙을 규정한 것으로 본다.[65] 이에 대하여 변조 전의 어음행위를 한 자가 변조 전의 원 문언에 따라서 책임을 지는 것과 변조 후의 어음행위를 한 자가 변조된 문언에 따라 책임을 부담하는 것은 그 문언이 자기의 어음행위의 내용이기 때문에, 당연한 것으로 선행행위와 후행행위가 모두 실질적 또는 형식적으로 하자가 없으므로 어음행위독립의 원칙과 무관하다는 견해가 있다.[66]

복본 각통에 인수를 하거나 배서를 한 자가 반환받지 아니한 각통에 대하여 책임을 진다는 어음법 제65조는 어음행위자가 자기의 기명날인이나 서명을 한 이상 어음상 문언에 따라 책임을 부담함으로써 선의의 소지인을 보호하기 위한 것일 뿐, 복본 각통의 어음행위가 선행행위와 후행행위의 논리적 전제관계로 인한 책임이 아니므로, 위 원칙이 적용되지 않는다는 견해[67]와 어음행위독립의 원칙이 적용된다는 견해[68]가 대립한다.

---

65) 정찬형(어), 123면 ; 이철송(어), 60면 ; 최기원(어), 104면.

66) 최준선(어), 108면.

67) 최준선(어), 108면 ; 정찬형(어), 123면(어음행위 독립의 원칙이 한 통의 어음상에 한 수개의 어음행위의 상호간의 관계로만 파악한다면 어음법 제65조는 어음행위독립의 원칙의 실정법상 근거가 아니라고 한다).

68) 최기원(어), 104면.

2) 이론적 근거

가. 법이 인정한 특칙설

특칙설은 어음행위독립의 원칙을 일반 사법원칙의 예외로 보고, 그 표현규정의 성격을 특별규정이라고 한다. 즉, 하나의 법률행위가 다른 법률행위를 전제로 하는 때, 그 전제된 행위가 무효가 되면 그 후속행위도 무효가 되는 사법상의 원칙을 어음행위에 적용하면, 어음의 외관으로부터 알 수 없는 사유로 어음행위가 무효로 되므로 일반인은 어음취득을 망설이게 될 것이다.

이러한 폐단을 막고 어음거래의 안전을 확보하기 위하여 선행행위의 실질적인 사유로 무효가 되더라도, 후속행위의 효력에 영향을 미치지 않도록 예외적으로 특별규정을 둔 것이라고 설명한다. 어음채무부담을 강화하여 어음소지인의 권리를 보장함으로써, 어음의 신용을 높이고 유통성을 확보함으로써 어음거래의 안전을 보장하려는 것이다.[69]

나. 당연법칙설

어음행위는 그 성질상 하나의 어음에 여러 어음행위가 행하여진다고 하더라도 각각의 어음행위는 다른 어음행위와 상관없이 독립적으로 효력을 갖는 것이므로, 어음행위독립의 원칙은 당연하고, 어음행위독립원칙에 관한 규정은 이러한 당연한 법칙을 주의적으로 규정한 것이라고 설명한다.[70] 또 여러 어음행위는 원래 각각의 서면에 한 행위가 물리적으로 한 장의 서면에 합쳐진 것이므로, 그 중 1개의 서면행위가 무효나 취소가 되면 그 행위만 어음관계에서 탈락하고 나머지 어음행위는 영향을 받지 않는 것으로서, 이러한 어음행위의 서면성 · 문언성의 당연한 결과가 어음행위독립의 원칙이라고 설명한다.[71]

다. 절충설

절충설은 어음행위독립의 원칙은 어음행위 가운데 다른 어음행위를 전제로 하지 않는 어음발행에서는 당연한 사리를 규정한 주의적 규정이지만, 다른 선행 어음행위의 유효를 전제로 하는 어음행위인 배서 · 보증 · 인수 · 참가인수 등에서는 법이 인정한 특칙설이라고 한다.[72]

---

69) 이철송(어), 61면 ; 정찬형(어), 124면 ; 최준선(어), 108-109면.

70) 서정갑(어), 89면.

71) 이철송(어), 61면.

72) 서헌제(어), 109면.

라. 소 결

어음상 권리는 발행인에 의하여 창설되고, 그 이후의 수취인, 배서인에게 차례로 선행행위자의 권리가 이전되면서 후행행위의 효력이 선행행위의 효력으로부터 전혀 영향을 받지 않는다고 볼 수는 없다. 만일 당연법칙설처럼 후행행위가 선행행위로부터 영향을 받지 않고 완전히 독립하여 효력이 발생한다고 보면, 선행 어음행위가 형식적인 흠결로 무효인 경우에도 후행 어음행위가 유효하다고 하여야 한다. 그런데 이러한 해석은 부당하므로 당연법칙설은 논리적인 결함이 있다.

어음행위도 법률행위의 일종이므로 사법의 원칙이 적용되어야 하지만, 어음의 거래안전과 유통성보호를 위하여 어음법이 특별히 어음행위독립의 원칙을 규정한 것으로 본다. 절충설에 의하면 어음행위가 다른 선행 어음행위의 존재를 전제로 하지 아니하는 경우에 어음행위독립의 원칙은 당연한 사리를 규정한 것으로 이해하나, 전제되는 선행 어음행위가 없기 때문에 이 원칙의 적용여부를 논의하는 것 자체가 의미가 없다.

(3) 적용범위

1) 적용되지 않는 경우

가. 선행행위의 형식적 하자

어음행위독립의 원칙은 선행행위의 실질적 하자가 후행행위의 효력에 영향을 미치지 않는다는 원칙이므로, 선행행위가 형식적 하자가 있는 경우에는 이 원칙은 적용되지 않는다. 따라서 기명날인이 흠결된 어음에 배서 또는 보증을 하더라도 발행이라는 선행행위가 형식적 하자 때문에 효력이 없으므로 후행행위인 배서나 보증도 효력이 없다.

나. 선행행위가 불필요한 경우

다른 어음행위를 전제로 하지 않는 '발행'에는 이 원칙이 적용되지 않는다. 그러나 약속어음의 발행인은 주채무자로서, 환어음과 수표의 발행인은 최종소구의무자로서, 어음행위독립의 원칙과 상관없이 어음상 채무를 부담한다(어 9조, 수 12조).

인수는 인수행위와 어음의 교부에 의하여 인수의 효력이 발생하고, 모든 어음상 권리자에 대하여 지급의무를 부담하는 것이고, 발행을 전제로 인수의 효력이 생기는 것이 아니므로 이 원칙은 적용되지 않는다는 견해가 있다.[73] 그러나 인수는 발

73) 최기원(어), 106면 ; 손주찬(하), 76면.

행된 어음을 인수하는 것으로서 발행을 전제로 인수가 이루어지고, 비록 인수가 먼저 이루어지고 그 후에 발행이 이루어지는 경우에도 인수에 의하여 부담하는 채무는 발행에 의하여 특정되므로 발행은 인수에 선행하는 어음행위로 보아야 하고, 발행행위의 실질적 하자가 있는 경우에는 인수인은 이 원칙에 의하여 인수된 문언대로 어음책임을 부담한다고 본다.[74]

다. 어음채무의 소멸

어음행위독립의 원칙은 어음행위의 효력 발생에 관한 원칙이므로 유효하게 성립한 어음채무가 소멸하는 때에는 적용되지 않는다. 그러므로 어음채무가 변제나 소멸시효완성 등으로 소멸하게 되면 소구의무도 소멸하는바, 이 원칙이 적용될 여지가 없다.

2) 어음행위독립의 원칙이 적용되는 경우

가. 배서

(가) 적용부정설

어음행위독립의 원칙이 배서에 적용되지 않는다는 적용부정설이 있다. 즉, 배서는 권리이전을 내용으로 하는 어음행위로서 선행된 배서가 무효이면 권리가 이전될 수 없으므로, 그 후의 배서도 무효이고 권리도 이전되지 않는다. 이처럼 후의 배서는 전의 배서의 유효를 전제로 하는 배서의 연속성 때문에 배서는 각기 독립하여 효력을 가질 수 없고, 따라서 어음행위독립의 원칙이 배서에 적용되지 않는다고 한다. 다만 어음의 선의소지인에 대하여는 배서인이 어음채무를 부담하기 때문에 어음행위독립의 원칙이 적용되지 않더라도 어음의 유통성보호에 지장이 없다. 이때 배서인은 어음소지인이 어음상 권리를 선의취득 하였기 때문에 어음상 채무를 부담한다고 설명한다.

(나) 적용긍정설

우리나라의 통설[75]과 판례는 어음행위독립의 원칙이 배서에 적용된다고 한다. 선의취득과 어음행위독립의 원칙은 모두 어음의 유통성을 보호하는 역할을 수행하지만, 선의취득은 권리이전에 관한 특칙이고, 어음행위독립의 원칙은 어음채무부담에 관한 특칙인 점에서 서로 다르다. 즉, 채무부담의 면에서 선행의 배서가 실질적으로 무효인 경우에도 후행의 배서가 무효가 되지 않는 이유는 배서에 어음행위

74) 정찬형(어), 125면 ; 이철송(어), 63면 ; 정동윤(어), 158면.
75) 최준선(어), 113면 ; 정찬형(어), 126-127면 ; 이철송(어), 63-64면.

독립의 원칙이 적용되기 때문이라는 것이다.

(다) 선의취득과 어음행위독립의 원칙의 비교

첫째, 선의취득은 진정한 권리자와 선의취득자와의 권리취득에 관한 것인데 비하여 어음행위독립의 원칙은 개별 어음행위자가 최종 어음취득자의 관계에서 채무를 부담하는가에 관한 것이다. 둘째, 선의취득은 배서에서만 인정되지만 어음행위독립의 원칙은 발행을 제외한 모든 어음행위에 인정된다. 셋째, 선의취득은 배서의 자격수여적 효력과 관련된 권리취득의 문제이지만 어음행위독립의 원칙은 배서의 담보적 효력과 관련된 채무부담의 문제이다.

선의취득은 유효한 어음행위에 의하여 어음상 권리가 성립하는 것을 전제로 하여 그 권리의 귀속이 본래의 권리자로부터 선의취득자로 변동하는 것이므로, 무효인 어음행위를 유효로 하거나 존재하지 아니한 권리를 존재하게 할 수 없다.

따라서 배서인의 채무부담의 근거를 권리취득의 특칙인 선의취득에서 찾는 것은 양 제도의 혼동에서 비롯된 것이다. 판례도 어음의 최종소지인은 그 어음의 최초의 발행행위가 위조되었다고 하더라도, 어음행위독립의 원칙상 그 뒤에 유효하게 배서한 배서인에 대하여는 소구권을 행사할 수 있다고 한다.

대법원 1977.12.13. 선고 77다1753 판결

피고가 소송을 제기함에 있어서 약속어음의 위조사실을 알았거나 몰랐음에 과실이 있었다고 인정할만한 증거가 없을 뿐더러 유통된 어음의 최후소지인이 된 피고는 비록 최초의 발행행위가 위조되었다 하더라도 어음행위독립의 원칙상 그 뒤에 유효하게 배서한 배서인에 대하여는 소구권을 행사할 수 있다.

나. 악의의 취득자

(가) 적용긍정설

선행하는 어음행위가 무효인 것을 알고 어음을 취득하는 악의의 취득자에게 어음행위독립의 원칙이 적용된다는 적용긍정설을 취하더라도, 어음행위독립원칙의 이론적 근거를 당연법칙이냐 예외적인 법칙으로 보느냐에 따라서 달리 설명한다. 당연법칙설에 의하면 개개의 어음행위는 자기의 의사를 어음에 각각 기재하는 법률행위이므로 각 행위자는 자기의 의사가 기재된 문언대로 책임을 질뿐이고, 다른 어음행위의 유·무효에 의하여 영향을 받지 아니하며, 그러하기 때문에 선행행위의 흠을 아는 악의자라고 하더라도 어음행위독립의 원칙에 의하여 배서인은 어음

상 채무를 부담한다고 한다.[76]

예외법칙설에 의하면 어음행위독립의 원칙은 선의취득자의 보호뿐만 아니라, 어음행위의 확실성을 보장하고 어음의 신용을 높이기 위한 제도이기 때문에 취득자의 선·악을 묻지 않고 이 원칙이 적용되므로, 악의의 취득자도 이 원칙의 보호를 받는다고 한다.[77]

(나) 적용부정설

어음행위독립의 원칙은 어음의 유통성 보장을 위한 정책적 산물로서 어음행위독립의 원칙의 근본취지에 비추어 볼 때 악의의 취득자는 이 원칙의 보호를 받아서는 안 된다고 한다.[78] 어음행위독립의 원칙은 어음거래의 안전을 고려한 특례이기 때문에 악의의 취득자는 거래안전의 보호를 받을 대상이 아니라고 한다.

(다) 소 결

어음행위독립의 원칙은 선행하는 어음행위의 실질적 하자에도 불구하고 후행어음행위가 있을 때, 후행 어음행위자에게 어음채무를 부담시키는 것으로, 권리귀속여부에 관한 선의취득과는 다르다. 따라서 어음취득자의 선·악이나 선의취득 여부에 의하여 어음행위자의 채무부담 여부가 변동될 수 없으므로, 악의의 어음취득자에게 이 원칙이 적용된다고 본다. 다만 악의의 어음취득자는 선의취득요건을 갖추지 못하였기 때문에, 설사 어음채무자가 어음행위독립의 원칙에 의하여 어음채무를 부담하더라도, 어음상 권리를 취득하지 못한 무권리자이므로 어음금을 받을 수 없다.

---

76) 서정갑(어), 91면.

77) 정찬형(어), 128-130면 ; 양명조(어), 79면 ; 최준선(어), 111면.

78) 이철송(어), 65면 ; 최기원(어), 110-111면.

제2장 어음행위의 대리

제1절 서 설

어음행위는 재산법적 법률행위이므로 본인뿐만 아니라 그 대리인도 할 수 있는데, 실제로는 대리인에 의하여 행해지는 경우가 더 많다. 어음법은 무권대리인의 책임(어 8조, 77조 2항)과 추심위임배서(어 18조, 77조 1항)에 관한 규정만을 두고 있고, 그 밖의 대리의 방법이나 효력 등은 민법이나 상법 규정이 적용되는데, 어음의 문언성 때문에 어느 정도 수정되어 적용된다.

타인에 의한 어음행위는 타인이 본인을 위한 대리인임을 표시하여 하는 대리의 방식에 의한 어음행위와 타인이 대리관계를 표시하지 않고 본인 명의로 하는 대행의 방식에 의한 어음행위로 나눌 수 있으나, 모두 그 법률효과는 본인에게 귀속된다. 그런데 대리권이 없는 자가 어음행위를 대리하면 무권대리가 되고, 본인의 대행권이 없는 자가 어음행위를 대행한 경우에는 무권대행(어음위조)이 된다.

한편 법인은 어음행위를 법인 스스로는 할 수 없으므로 법인의 대표기관(대표이사 또는 이사)에 의하여 이루어지고, 그 법률효과는 법인에게 귀속되는 방식이 대리관계와 유사하므로 법인의 대표기관에 의한 어음행위는 어음대리의 법규와 이론이 준용된다(민 59조 2항). 어음행위의 대리가 성립하기 위해서는 본인의 표시, 대리인의 표시, 대리인의 기명날인 또는 서명이라는 형식적 요건과 실질적 요건으로서 유효한 의사표시와 대리권이 존재하여야 한다.

1 어음행위대리의 형식적 요건

대리인의 어음행위가 대리행위로서 유효하기 위해서는 어음행위의 대리인이 본인을 위한 것임을 어음 위에 표시하고 기명날인이나 서명을 하여야 한다. 즉, 어음행위의 대리는 (i) 본인의 표시, (ii) 대리관계의 표시, (iii) 대리인의 기명날인 또는 서명이라는 3가지 요소가 어음에 나타나야 한다. 따라서 대리인이 정당한 대리권을 가지고 있더라도 형식적 요건을 갖추지 못하였다면 본인은 어음상 책임을 지지 않고, 대리인이 어음상 책임을 진다.

1. 본인의 표시(절대적 현명주의)

어음행위를 대리할 때에 반드시 본인을 어음에 표시하여야 한다. 우리 민법은 법률행위의 대리에 관하여 현명주의(顯名主義)를 표방하고 있다. 즉, 대리인이 그 권한 내에서 본인을 위한 것임을 표시한 의사표시는 직접 그 본인에 대하여 효력이 생긴다(민 114조 1항). 만일 대리인이 본인을 위한 것임을 표시하지 아니한 때에는 그 의사표시는 자기를 위한 것으로 본다(민 115조 전단). 한편 상법 제48조가 '상행위의 대리인이 본인을 위한 것임을 표시하지 아니하여도 그 행위는 본인에 대하여 효력이 있다'고 규정하는바, 상행위에서 비현명주의를 채택하고 있는데, 그 이유는 반복적으로 행해지는 상거래에서 본인을 표시하는 수고를 덜어주고 또 반복되는 상거래에서 대리권의 존재를 상대방이 어느 정도 알고 있을 것으로 추정하기 때문이다.

그러나 어음행위에는 상법 제48조가 적용되지 않으므로, 반드시 어음에 본인을 표시하여야만 그 효력이 본인에게 미친다(절대적(엄격한) 현명주의). 따라서 '본인의 이름을 표시하지 않고 대리인이 법률행위를 한 경우에, 그 상대방이 대리인으로써 한 것임을 알았거나 알 수 있었을 때에는 그 행위의 효력은 본인에게 미친다'고 규정한 민법 제115조 단서는 어음행위에 적용되지 않는다. 즉, 대리관계를 표시하지 아니한 어음행위는 본인에게 그 효과가 미치지 아니하며 대리인이 어음상 책임을 진다. 다만 대리인은 상대방이 어음행위가 본인을 위한 것임을 알고 있다는 인적항변을 주장하여 어음상 책임을 면할 수 있다.

상법 제48조가 어음행위에 적용되지 않으므로 영업상 대리권을 가진 지배인이 영업주의 영업을 위하여 어음행위를 할 때, 영업주를 어음위에 표시하지 않으면 영업주는 책임을 지지 않고, 지배인이 어음상 책임을 진다. 한편 이 경우 거래상대방이 영업주를 위한 어음행위임을 알고 있으면 지배인은 이를 인적항변으로써 주장하여 어음상 책임에서 벗어날 수 있으므로, 거래상대방은 영업주와 지배인 모두에게 어음상의 권리를 행사할 수 없게 된다.[1]

다만 거래상대방이 영업주에게 지배인의 선임 및 관리감독상 과실을 이유로 불

1) 정찬형(어), 136-137면.

법행위에 의한 사용자책임 등을 물을 수는 있을 것이다. 본인의 표시는 본인의 동일성을 인식할 정도면 충분하므로 정식명칭이 아닌 상호·통칭·필명도 허용된다. 표시된 본인은 자연인이든 법인이든 어음행위 효력에 영향이 없다. 본인이 가설인이면 자연인인 대리인이 어음책임을 부담한다.

대법원 1995. 9. 15. 선고 95다7024 판결

이 사건 각 약속어음의 배서에 있어 전 배서의 피배서인 "박찬희"와 다음 배서의 배서인 "주식회사 우전상사 대표이사 박찬희"의 기재나 전 배서의 피배서인 "김왕근"과 다음 배서의 배서인 "주식회사 우전상사 대표이사 김왕근"의 기재는 형식상 동일성이 인정되지 아니하여 형식상 그 배서의 연속은 없으나, 소외 김왕근이 피고의 승낙을 얻어 상호를 "우전상사", 대표자를 피고 명의로 하여 사업자등록을 하고 그 명의를 사용하여 영업을 하면서 거래처와의 관계에 있어서 피고 또는 위 김왕근의 명칭을 실재하지도 아니하는 "주식회사 우전상사 회장 박찬희" 또는 "대표이사 김왕근"으로 사용하여 온 점 등에 비추어 이 사건 각 약속어음의 배서에 배서인을 "주식회사 우전상사 대표이사 박찬희" 또는 "대표이사 김왕근"이라고 기명·날인하여 한 위 각 배서는 피고 또는 김왕근 개인을 표시하는 것이라고 봄이 상당하므로 이 사건 각 약속어음의 배서는 개인 명의로 연속된다고 판단하였는바, 이를 기록과 대조하여 살펴보면 원심의 위와 같은 판단은 옳다고 여겨지고 거기에 상고이유의 주장과 같은 배서의 연속에 관한 법리오해의 위법이 있다고 할 수 없다.

2. 대리관계의 표시

대리관계의 표시는 본인을 위한 어음행위로 인식할 수 있는 정도는 되어야 한다. '갑의 대리인 을' 또는 '갑주식회사 대표이사 을' 정도로 표시하면 된다. 대리나 대표라는 용어 대신에 지배인, 지점장, 영업부장, 이사 등 일반적으로 대리의 자격으로 인정되는 용어를 기재하더라도 대리관계가 표시되었다고 본다. 판례는 '갑주식회사 이사 을'이란 표시는 회사의 대표관계로서는 부족하지만 대리관계의 표시로서 적법하므로 갑회사에게 책임이 있다고 하였다.[2)]

한편 '갑주식회사 을'은 대리관계의 표시가 나타나 있지 않기 때문에 갑주식회사

2) 대법원 1973. 12. 26. 73다1463.

의 어음책임을 인정할 수 없다. 그런데 대리관계의 표시가 없더라도 어음 외의 사실판단에 의하여 을의 대리자격을 인정하여 갑회사의 어음책임을 인정한 사례[3]가 있으나 이는 어음의 문언성에 어긋난다. 또 '해동화재해상보험주식회사 대구영업소장 B'는 회사의 대리관계의 표시로 적법하다고 판시하고 있다.[4] 'A재단법인 간사 C'로 표시한 어음행위는 C가 A재단법인의 대리인의 자격으로 어음행위를 한 것으로 볼 수 있다고 하였다.[5] 한편 'P재단법인 대학총장 C'라는 형식의 어음행위는 P재단법인의 대리나 대표관계의 표시가 없으므로 어음행위의 효력은 P재단법인에게 미치지 않으며, 대학은 교육시설에 불과하여 권리의무의 주체가 될 수 없으므로 총장 개인(C)이 어음상 책임을 부담한다.[6]

대법원 1973. 12. 26. 선고 73다카1463 판결

"...회사나 기타 법인이 어음행위를 하려면 대표기관이 그 법인을 위하여 하는 것임을 표시하고 자기성명을 기재하여야 하는 것은 대표기관 자신이 직접 어음행위를 하는 경우이고 대리인이 어음행위를 하려면 어음상에 대리관계를 표시하여야 하는바, 그 표시방법에 대하여 특별한 규정이 없으므로 어음상에 대리인 자신을 위한 어음행위가 아니고 본인을 위하여 어음행위를 한다는 취지를 인식할 수 있을 정도의 표시가 있으면 대리관계의 표시로 보아야 할 것인바, 본건에 있어 "**실업주식회사 이사 김**"이라는 표시는 동 회사의 대리관계의 표시로써 적법한 표시로 인정하여야 할 것이다.

대법원 1968. 5. 28. 선고 68다480 판결

어음행위의 대리에 있어서는 형식적 요건으로서 본인을 위한다는 대리의 문구

3) 대법원 1979. 3. 13. 79다15(원심판결이유는 다소 애매모호한 점이 없지 않으나 결국 그 결론에서 피고 회사에 대하여 본건 약속어음 발행자로서의 책임을 지움으로써, 이 약속어음이 피고 회사에 의하여 발행된 것이라는 원고의 주장사실을 자백한 바가 있었던 사실과 이 어음이 피고 회사의 대표이사 강**에 의하여 그 재직중 피고 회사 명칭인 A합성약품공업주식회사 강**로 발행되었고, 또 지급장소도 피고 회사로 되어 있는 점등을 종합하여, 이 어음에 대표이사 자격표시가 없고, 또 강**의 개인 도장이 찍혀있다 하더라도 이는 피고 회사 대표이사인 강** 개인이 발행한 것이 아니라 그가 피고 회사의 대표이사 자격에서 이를 발행한 것이라고 인정한 취지로서, 원심에 의한 위와 같은 판단은 기록상 정당한 것으로 인정된다.)

4) 대법원 1984. 4. 10. 83다카316.

5) 대법원 1968. 5. 28. 68다480.

6) 대법원 1971. 2. 23. 70다2981.

를 기재하고 대리인이 기명날인을 하여야 하고, 실질적 요건으로서는 대리인이 된 자가 본인을 위하여 어음행위를 할 수 있는 권한이 있어야 하는 것이나 위의 형식적 요건의 하나인 "대리문구"는 반드시 본인을 위하여서라는 문구의 기재가 없다 하더라도 그 어음상으로 보아 일반적으로 기명날인을 한자가 자기 자신을 위한 것이 아니고, 다른 사람을 위하여 어음행위를 한 것이라고 보여 지는 기재가 있으면 족하다 할 것이며, 그 발행인 표시를 'Y재단법인 간사 B'라고 기재하고 B의 인장을 날인 하였다는 사실을 인정 하였는바, 원심이 피고재단에게 본건 약속어음 채무가 있다고 인정하였음은 정당하다.

대법원 1969. 9. 23. 선고 69다930 판결

원심이 확정한 사실에 의하면 화성건설주식회사가 피고 회사로 상호가 변경되었고 소외 전명형은 피고 회사의 대표이사로 재직하는 동안에 어음발행 함에 있어서 명의표시와 날인형식의 예에 따라 피고 회사 대표이사 자격으로 "화성건설주식회사 전명형"이라고 표시하고 등록된 "대표이사 전명형인"이라고 된 회사 대표이사 직인을 날인하여 이 사건 어음2장을 발행하였다는 것이므로 피고 회사는 어음상의 의무가 있다고 할 것이며 기록에 의하여 보아도 원심의 사실인정 과정에 아무런 위법이 없으므로 전명형 개인의 인장을 날인한 것은 잘못 인정하였고 따라서 이사건 약속어음 2장에 대한 가치판단을 잘못하였으며 회사 대표의 법률행위에 대한 법리를 오해한 위법이 있다는 논지는 이유 없다.

3. 대리인의 기명날인 또는 서명

어음상의 의사표시는 행위자의 기명날인 또는 서명을 그 요건으로 하므로, 어음행위의 대리가 성립하려면 어음에 대리인이 직접 기명날인 또는 서명을 하여야 한다. 이 점이 본인의 기명날인이나 서명을 요구하는 대행과 다르다. 그리고 대리인의 기명날인이나 서명이 없으면 어음행위는 무효이므로 본인은 물론 대리인도 어음상 책임이 없다. 날인 대신에 무인(拇印)을 한 경우에 전문가가 아닌 보통 사람의 육안으로 그 진위를 식별하기 어려우므로 무효라고 본다. 복대리의 경우에는 복대리인이 대리관계를 표시하고 기명날인 또는 서명을 하면 된다.

한편 법인은 스스로 어음행위를 할 수 없으므로 반드시 대표기관이나 대리인인 자연인이 어음행위를 하여야 한다. 따라서 '갑주식회사(갑주식회사 인장)'처럼 자연인(대표이사 또는 이사)의 기명날인이나 서명이 없이 법인의 명칭과 법인인장의 날인만

으로는 효력이 없다.[7)]

대법원 1964. 10. 31. 선고 63다1168 판결

법인의 행위는 대표기관에 의하여서만 실현될 수 있는 것이므로 법인이 어음 행위를 함에 있어 이점을 증권상 명확하게 하기 위하여 대표기관이 법인을 위하여 하는 것이라는 취지 즉 대표자격이 있다는 것을 표시하고 그 사람이 기명날인 하여야 한다고 할 것인바 본건 약속어음(갑 제1호증)의 배서난을 보면 소외주식회사 한국국민은행이 원고로 부터 배서양도를 받았다가 다시 원고에 배서 양도함에 있어 단지 주식회사 국민은행 중부 지점이라고만 기재하여 회사 인을 날인하고 그 대표자의 기명날인이 없으므로 이 배서는 무효라 할 것이다.

2 어음행위대리의 실질적 요건

어음행위가 대리행위로서 효력을 갖기 위해서는 형식적 요건 외에도 대리인이 실질적으로 대리권을 가지고 있어야 하며, 또 대리권이 있는 경우에도 일정한 경우 본인의 이익을 위하여 대리권이 제한될 수 있다.

1. 대리권의 존재

대리인이 대리방식으로 어음행위를 할 경우 본인에게 어음책임을 부담시키기 위해서는 대리권을 본인으로부터 수여받아야 한다. 어음행위에 관한 대리권의 존부는 대리권에 관한 일반사법원리에 따라 결정되고 본인에게 어음책임을 묻기 위해서는 어음소지인이 대리권의 존재를 증명하여야 한다. 어음행위의 대리권은 본인의 대리권 수여표시에 의한 임의대리권과 친권자(민 911조, 920조)나 지정유언집행자(민 1093조, 1094조)처럼 지정권자의 지정으로 발생하는 법정대리권으로 나누어진다.

회사의 지배인은 영업주에 갈음하여 그 영업에 관한 재판상, 재판외 모든 행위를 대리할 수 있으므로 선임된 영업소의 특정 영업에 관하여 필요한 어음행위를 할 수 있는 권한이 있으며, 어음거래의 금액과 내용의 제한을 위반하더라도 그 어음행위는 유효하고, 그러한 제한은 거래당사자 간의 인적항변사유가 될 뿐이다.

7) 정찬형(어), 139면 ; 정희철(하), 82면.

그러나 부분적 포괄대리권을 가진 사용인이나 물건판매점포의 사용인은 특별한 수권이 없는 한 영업주의 영업에 관하여 어음행위를 할 수 없다고 본다. 임의대리권의 수여방식에 대하여 법률에 규정이 없으므로 구두나 묵시로도 대리권을 수여할 수 있고, 대리권 수여 여부의 판단은 어음 외적인 일반 증거에 의하여 할 수 있다.

2. 대리권의 제한

정당한 대리권이 있는 대리인이나 대표기관도 본인이나 법인과의 관계에서 이해충돌의 우려가 있을 때에는 대리권이나 대표권의 행사가 제한된다. 즉, 대리인은 본인의 허락이 없으면 본인을 위하여 자기와 법률행위를 하거나(자기계약) 또는 동일한 법률행위에 관하여 당사자 쌍방을 대리할 수 없다(쌍방대리)(민 124조). 상법도 회사의 이익을 보호하기 위하여 회사의 업무집행사원은 회사의 승인이 없으면, 자기 또는 제3자의 계산으로 회사와 거래를 할 수 없도록 규정하고 있다(자기거래 금지, 상 398조). 이들 조항이 어음행위에 적용되는지 살펴본다.

(1) 민법 제124조의 적용여부

1) 적용부정설

민법 제124조의 대리인의 자기계약 및 쌍방대리 금지규정은 대리인과 본인 사이에 이해충돌이 발생할 때 본인을 보호하기 위한 규정이고, 어음행위는 수단성을 가지는 무색(無色)행위이므로 이해충돌의 우려가 없다. 또한 어음행위는 민법 제124조 단서의 '채무이행'에 해당되므로 본조가 적용될 여지가 없다고 한다.[8]

2) 적용긍정설

어음행위는 무인행위이므로 원인관계상 채무와 독립된 엄격한 어음채무를 발생시키고, 어음관계는 항변의 절단이나 입증책임의 전환 등 원인관계에 영향을 미치며, 또 원인관계가 직접당사자 간에 인적항변을 할 수 있는 것처럼 어음관계에 영향을 미치는바, 어음행위가 단순히 수단적 · 무색적인 성질을 갖는다고 볼 수 없다. 어음행위도 본인과 대리인 사이에 이해충돌이 생기므로 민법 제124조가 적용되어야 한다고 한다.[9]

---

8) 서돈각 · 정완용(하), 79-80면.

9) 정찬형(어), 143면 ; 최준선(어), 121면 ; 이철송(어), 102면 ; 최기원(어), 149-150면.

다만 본인의 이익을 해치지 않는 어음행위는 본인의 허락이 없더라도 동조 단서에 의하여 유효하다. 즉, 지배인이 영업주에 대한 채무이행을 위하여 어음을 발행하거나, 합명회사의 대표사원이 회사를 수취인으로 약속어음을 발행하는 행위 등은 회사에게 유익하므로 영업주의 허락이 없더라도 유효하다.

(2) 자기거래(상법 제398조)의 적용여부

이사와 회사 간의 법률행위는 이해가 충돌되므로 이사회의 승인이 필요하지만 어음행위는 무색적·수단적인 행위로서 이해가 상충될 여지가 없으므로 이사회의 승인을 받을 필요가 없고, 따라서 상법 제398조는 어음행위에 적용되지 않는다고 하는 적용부정설이 있다.

그러나 어음은 결제수단일 뿐만 아니라 신용수단이며, 어음행위에 의하여 원인관계와 분리된 어음채무가 발생하고, 항변을 절단시킬 뿐만 아니라 입증책임의 전환 등으로 인하여 원인채무보다 더 엄격한 채무를 부담하므로 이해충돌의 여지가 커서 어음행위에도 상법 제398조가 적용된다고 본다. 판례도 같은 입장이다. 그리고 회사와 이사 사이의 어음의 직접거래뿐만 아니라 이사의 기존채무를 인수하기 위하여 회사와 제3자 사이의 간접거래에서도 이사회의 승인이 필요하다고 본다.[10)]

형식상으로는 회사와 제3자간의 거래이지만 실질적으로는 이사에게 유리하고 회사에게 불리한 경우인 자기계약형 간접거래와 A회사와 B회사의 대표이사 K가 A회사가 은행으로부터 자금대출을 받을 때, B회사를 대표하여 은행과 연대보증계약을 체결하는 경우, 형식상으로는 은행과 B회사 간의 거래이지만 실질적으로는 A회사에게는 유리하고 B회사에게는 불리한 쌍방대리형태의 간접거래는 각각 민법 제124조 및 상법 제389조가 적용되므로, 이사회의 승인이 필요하다고 본다.[11)]

대법원 1984. 12. 11. 선고 84다카1591 판결

상법 제398조에서 말하는 거래에는 이사와 회사 사이에 직접 성립하는 이해상반하는 행위뿐만 아니라 이사가 회사를 대표하여 자기를 위하여 자기 개인 채무의 채권자인 제3자와 사이에 자기개인채무의 연대보증을 하는 것과 같은 이사개인에게 이익이 되고 회사에 불이익을 주는 행위도 포함하는 것이라 할 것이고 이런 의

10) 손지열, "이사와 회사간의 어음행위", 「어음수표에 관한 제문제(상)」, 1986, 재판자료집 제30집, 147면 ; 정찬형(어), 144면.

11) 정찬형(어), 145면.

> 미에서 볼 때 원판시 두 회사의 대표이사를 겸하고 있던 소외 김용관이가 위 회사의 채무에 관하여 피고회사를 대표하여 연대보증을 한 경우에는 역시 상법 제398조의 규정이 적용되는 것으로 보아야 할 것이다. (당원 1965.6.22. 선고 65다734 판결, 1969.11.2. 선고 69다1374 판결 참조) 다만 이 건의 경우와 같이 대표이사인 김용관이가 피고회사를 대표하여 자기가 대표이사로 있는 위 회사를 위하여 제3자인 원고와 사이에 한 거래에 있어서는 거래의 안전과 선의의 제3자를 보호할 필요상 피고는 이사회의 승인을 얻지 못하였다는 것 외에 상대방인 원고가 이사회의 승인 없음을 알았다는 사실을 주장 입증하여야만 비로소 그 거래의 무효를 그 상대방인 원고에게 주장할 수 있는 것이라고 할 것이다.

(3) 민법 제124조 및 상법 제398조 위반의 효과

어음행위에 민법 제124조와 상법 제398조가 적용된다는 입장에서, 이를 위반한 어음행위의 효력에 관하여 무효설, 유효설, 상대적 무효설이 있다.

1) 무효설에 의하면 이사의 자기거래에 관한 상법 제398조는 강행규정이므로 이를 위반한 어음행위는 무효이지만, 사후에 이사회의 승인이 있으면 유효하게 되고, 선의의 제3자는 선의취득의 법리에 의하여 보호된다고 한다.

2) 유효설은 민법 제124조와 상법 제398조는 효력규정이 아닌 명령규정이므로 이를 위반한 어음행위는 유효하다. 다만 그 어음행위로 인하여 회사가 입은 손해는 위반행위를 한 당해이사에 대한 손해배상의 청구와 악의의 항변으로 회복할 수 있다고 한다. 유효설에 의하면 어음행위는 항상 유효하기 때문에 어음행위가 민법 제124조 또는 상법 제398조의 적용을 받지 않는다는 적용부정설의 입장과 다를 바가 없다.

3) 상대적 무효설

민법 제124조 및 상법 제398조를 위반한 어음행위는 원칙적으로 무효이지만, 거래안전을 위하여 선의의 제3자에게는 무효를 주장하지 못한다는 견해이다. 즉 이사회의 승인이 없는 이사와 회사간 어음행위는 직접당사자 사이에는 인적항변사유로서 대항할 수 있다. 회사가 어음거래의 승인하지 않았다는 사실과 제3취득자의 악의를 주장·입증하면 제3취득자에 대하여 어음행위의 무효를 주장할 수 있으나, 이를 입증하지 못하면 제3취득자에 대하여 어음책임을 부담하여야 한다.

즉 상법 제398조를 위반한 어음행위는 대내적으로는 무효이지만, 대외적으로는 상대방인 제3자의 악의를 회사가 입증하지 못하는 한 유효하다고 보는데, 이는 어음거래의 안전과 회사의 이익을 모두 보호하려는 것이다.

4) 판 례

이사와 회사 사이에 이익상반하는 거래에 있어서 회사의 이익보호가 더 중요하므로, 회사는 당해 이사에 대하여 이사회의 승인 없음을 이유로 행위의 무효를 주장할 수 있음은 당연하지만, 회사 이외의 제3자와 이사가 회사를 대표하여 자기를 위하여 한 거래에 있어서는 선의의 제3자를 보호할 필요가 크므로, 회사는 그 거래에 대하여 이사회의 승인 없음과 제3자가 이사회의 승인 없음을 알고 있음을 입증해야만 그 무효를 제3자에게 주장할 수 있다고 함으로써 상대적 무효설을 취하고 있다.12)

제2절 어음행위의 대행

1 의 의

어음행위의 대행은 타인이 본인의 명의로 어음행위를 하는 것이다. 따라서 본인은 타인(대행자)을 의사표시의 기관으로 사용하며, 대행자가 한 기명날인 또는 서명의 법률효과는 본인에게 귀속된다. 대리인(B)이 본인(A)을 위하여, 「A 대리인 B(B 印)」형식의 대리방식에 의한 어음행위와 B가 「A(A 印)」형태의 대행방식의 어음행위가 있다. 대리는 대리인에게 결정권이 있으나 대행은 본인의 지시에 따라야 하므로 자기결정권이 없다는 점에서 대리와 대행이 구별된다는 견해가 있으나, 대행에서도 재량권이 있는 경우가 있기 때문에 대리와 대행의 구별은 어음행위의 형식에 의하여 할 수밖에 없다.13)

한편 서명이란 서명자가 스스로 자기의 이름을 기재하는 것이므로 대행형식으로 타인이 본인의 서명을 하는 것을 이론상 타당하지 않고, 기명날인의 대행이 인정

---

12) 대법원 1978. 3. 28. 78다4 ; 대법원 1978. 11. 14. 78다513 ; 대법원 1994. 10. 11. 94다24626.

13) 최기원(어), 153면.

되므로 구태여 서명대행까지 인정할 실익은 없다고 보지만,[14] 실무에서는 서명대행이 이용되고 있고, 그 효력도 인정된다.

2 기명날인의 대행

1. 법적성질

기명날인 대행의 법적성질에 관하여 법률행위이므로, 민법의 대리규정이 적용되어야 한다는 견해와 기명날인 자체로서는 법률효과가 발생하지 아니하므로 사실행위로 보아야 한다는 견해가 대립한다. 기명날인의 대행의 성질을 사실행위로 보면 사실행위는 대리가 인정되지 않으므로 대리에 관한 법리를 적용할 수 없다. 그렇지만 기명날인의 대행은 표시기관에 의한 본인의 어음행위로서 유효하다고 본다.[15] 판례도 기명날인의 대행을 서명대리라고 명명하면서 그 효력을 인정하고 있다.

2. 대행의 유형

대행자가 본인의 표시기관 내지는 수족으로 대행자의 의견이 포함되지 않은 채 기계적으로 대행하는 것을 '기관방식에 의한 대행' 또는 '고유한 대행'이라고 한다. 이 방식은 해외출장 중인 대표이사가 경리직원에게 어음행위의 구체적인 내용을 명시하여 지시하고, 직원이 지시받은 대로 어음을 발행한 경우가 이에 해당된다. 한편 '대리적 대행'은 본인이 일정한 권한을 대리인에게 수여하고, 그 실질적 대리권에 기초하여 대리인이 자율적 판단으로 본인의 기명날인을 대행하는 것이다. 대리적 대행은 형식상으로는 본인의 어음행위이지만 실질적으로는 대행자의 자율적 판단에 의하여 어음행위가 이루어지므로 대리와 유사하다. 상업사용인이 영업주의 이름으로 어음을 발행하는 경우가 대리적 대행에 해당된다.

14) 정찬형(어), 161면.
15) 정동윤(어), 169면.

대법원 1969. 9. 30. 선고 69다964 판결

어음행위를 함에 있어서 대리의 형식 즉 본인을 위하여 한다는 대리문구를 어음상에 기재하고 대리인이 기명날인을 하는 방식에 의한 어음행위를 한 때에 만일 그 대리인에 있어서 대리권한이 없는 때에는 어음법 제8조에 의하여 그 행위를 한 자에게만 책임이 있으나, 위와 같은 경우에도 표현대리의 요건이 구비된 때에는 그 본인에게 책임이 있다할 것인바 만일 위와 같은 대리의 방식에 의하지 않고 다른 사람이 직접 본인 명의로 기명날인을 하여 어음행위를 한 경우에 만일 이와 같은 형식의 어음행위가 본인 명의로 어음행위를 할 수 있는 권한에 의하여 이루어진 것이라면 실지로 어음행위를 한자는 본인의 수족과 같은 기관으로서 또는 소위 서명대리인으로서 한 것이라 할 것이므로 그 어음행위의 효과는 그 본인(어음행위자)에게 직접적으로 미친다 할 것이며 그 어음행위는 유효하다할 것이나 만일 권한 없이 위와 같은 기관 방식 또는 서명대리의 방식으로서 어음행위를 한 것이라면 이는 어음의 위조로서 원칙적으로 명의를 위조당한 본인에게는 책임이 없다 할 것이다. 그러나 제3자가 위와 같은 기관방식에 의하여서의 어음행위를 실지로 한 자에게 그와 같은 어음행위를 할 수 있는 권한이 있는 것이라고 믿을 만한 사유가 있고 본인에게 책임을 질만한 사유가 있는 경우에는 거래안전을 위하여 표현대리에 있어서와 같이 본인에게 책임이 있다고 해석하여야 할 것이다.

3. 대행의 요건

첫째로 타인(대행자)이 직접 본인의 기명날인을 대행하여야 한다. 법인은 대표기관(자연인)에 의해서만 법률행위를 할 수 있으므로, 법인의 기명날인 대행은 대표기관의 기명날인을 자연인이 대행할 수 있을 것이다. 예컨대, 자연인(C)이 A주식회사 대표이사 B의 인감을 사용하여 "A주식회사 대표이사 B(B의 印)"로 기재하는 것이다. 그러나 자연인(C)이 "A주식회사(A주식회사 印)"로 기재하더라도 이는 대리도 아니고 대행도 아니므로 그 효력이 없다. 둘째로 대행자에게 본인의 어음행위를 대행할 권한이 있어야 한다. 따라서 고유한 대행의 경우에는 본인으로부터 어음행위의 대행권을 수여받아야 하고, 대리적 대행에서는 본인으로부터 기본적 대리권의 수여와 대행권의 수여를 받아야 한다.

4. 대행의 효과

대행자가 본인의 기명날인을 대행하여 어음행위를 한 경우에, 본인은 어음책임을 부담한다. 그리고 대행권한 없이 어음행위를 대행한 경우에는 어음위조이므로 본인은 어음책임을 지지 않고 대행자는 위조책임을 부담하여야 한다. 대행에는 대리에 관한 규정이 유추 적용된다. 따라서 타인이 권한 없이 본인의 기명날인을 대행하여 어음행위를 한 경우에 제3자가 그 타인에게 그러한 어음행위를 할 권한이 있을 것이라고 믿을 만한 사유가 있고 본인에게도 제3자의 신뢰에 대한 귀책사유가 있는 경우에는 본인에게 표현책임을 부담시킬 수 있을 것인바, 대행행위에 (표현)대리의 법리가 적용된다고 판시하고 있다.[16] 또 무권대행자가 본인의 피용자인 경우에는 본인에게 사용자책임을 추궁할 수 있다.

제3절 어음행위의 협의의 무권대리

1 의 의

대리인의 어음행위에 대하여 본인에게 어음상 책임을 지우기 위해서는 대리인에게 정당한 대리권이 있어야 한다. 그러므로 대리의 형식을 갖추어 어음행위가 이루어졌더라도 대리인에게 실질적인 대리권이 없으면 본인은 어음상 책임을 지지 않는다. 즉 대리권 없는 자가 행한 행위는 본인에게 그 효력이 미치지 않는다. 어음행위의 무권대리는 대리권이 없기 때문에 본인이 어음상 책임을 지지 않는 협의의 무권대리와 대리권은 없지만 본인의 귀책사유로 인하여 표현책임을 부담하는 표현대리, 그리고 수여받은 대리권을 초과한 월권대리로 나눌 수 있다. 본 절에서는 협의의 무권대리를 다루기로 한다.

---

16) 대법원 1991. 6. 11. 91다3994 ; 대법원 2000. 3. 23. 99다50385 ; 대법원 1999. 1. 29. 98다27470.

2 협의의 무권대리인의 책임

1. 본인의 책임

대리권 없이 한 무권대리인의 행위에 대하여 본인이 책임을 지지 않는 것은 당연하고, 이는 누구에게나 주장할 수 있는 물적항변이다. 예외적으로 본인이 어음책임을 부담하는 경우가 있는데, 첫째로 본인이 무권대리인의 어음행위를 추인하면 처음부터 유효한 대리가 되므로 본인이 책임을 부담하고, 무권대리인은 어음책임을 지지 않는다. 어음행위의 상대방은 본인에게 추인여부를 최고할 수 있으며, 추인의 상대방은 무권대리인의 어음행위의 직접 상대방뿐만 아니라 현재의 어음소지인도 포함된다고 본다.

둘째로 무권대리인의 행위에 대하여 본인에게 귀책사유가 있으면 본인이 표현대리 또는 표현대표의 책임을 부담해야 한다. 셋째로 무권대리인이 본인의 피용자인 경우에 본인은 사용자책임(민 756조)이나 민법 제35조 또는 상법 제210조에 의하여 회사가 책임을 부담해야 하는 경우가 있다.

2. 무권대리인의 책임의 요건

협의의 무권대리인은 그 어음행위에 의하여 어음상 책임을 진다(어 8조). 무권대리인이 책임을 부담하기 위해서는 다음과 같은 요건이 필요하다.

(1) 대리방식에 의한 기명날인 또는 서명

대리권 없는 자가 대리방식을 갖추고 대리인의 이름으로 기명날인 또는 서명을 하여야 한다. 대리권 없는 자가 본인의 기명날인을 대행하는 것은 기명날인의 무권대행(위조)으로서, 무권대행자는 자기의 기명날인이나 서명이 어음에 나타나지 않기 때문에 어음상 책임을 지지 않는다. 이 경우에도 무권대행자가 무권대리인과 동일한 책임을 진다는 주장이 있다.[17]

(2) 대리권 및 추인의 부존재

무권대리인에게 책임을 부담시키기 위해서는 대리권과 본인의 추인이 부존재해

---

17) 최기원(어), 163-164면.

야 한다. 대리권흠결에 대한 입증책임에 관하여, 어음소지인이 대리권 흠결에 대한 입증책임을 지지는 않지만 본인의 지급거절 또는 추인거절을 입증해야 한다는 견해[18]와 협의의 무권대리인에게 대리권 또는 추인의 존재에 대한 입증책임이 있다는 견해[19]가 대립한다. 어음소지인이 본인에게 어음금을 청구하면 본인은 대리권흠결을 이유로 지급거절을 하게 될 것이고, 어음소지인은 다시 무권대리인에게 어음금을 청구하게 될 것인데, 이때 무권대리인이 대리권의 존재 또는 추인사실을 입증하지 못하면 어음법 제8조에 의하여 어음책임을 부담하여야 하므로, 무권대리인이 대리권 또는 추인사실을 입증할 책임이 있다고 본다.

무권대리인의 행위를 추인하면 유권대리가 되는데, 추인의 효력에 관하여 견해가 대립한다.

1) 해제조건설

해제조건설은 협의의 무권대리인은 어음행위를 한 때부터 어음법 제8조에 의하여 어음상 책임이 발생하지만, 본인이 추인을 하면, 추인의 효력이 어음행위를 한 때로 소급하게 되므로, 이미 발생하였던 무권대리인의 책임은 소급하여 소멸한다고 한다. 즉, 무권대리인의 어음책임은 본인의 추인을 해제조건으로 어음행위를 한 때에 발생한다고 한다.[20]

2) 정지조건설

정지조건설은 본인이 추인을 거절한 때 비로소 무권대리인의 책임이 발생하며, 그 이전까지는 책임이 없다고 한다. 본인의 추인은 무권대리인의 책임이 발생하지 않았음을 확인하는 것이므로, 어음소지인의 신뢰를 배반하는 추인의 거절을 정지조건으로 그때부터 무권대리인의 책임이 발생한다고 한다.[21]

3) 소 결

무권대리인이 어음행위를 한 때는 어음책임이 발생하지 않고 있다가 추인이 거절된 때 책임이 발생한다는 정지조건설은 논리적으로 타당하지 않다. 따라서 무권대리인의 책임은 어음법 제8조에 의하여 대리행위를 한 때부터 발생하지만, 본인

---

18) 이철송(어), 116면 ; 최준선(어), 122-123면.

19) 최기원(어), 165면 ; 정찬형(어), 155면 ; 양명조(어), 121면.

20) 최준선(어), 122-123면 ; 최기원(어), 166-167면 ; 정찬형(어), 154면.

21) 정동윤(어), 177면.

이 추인을 한 경우에는 상대방의 신뢰이익이 충분히 보호되므로 어음행위시로 소급하여 무권대리인의 책임이 소멸한다고 하는 해제조건설이 타당하다.[22)]

(3) 어음소지인의 선의

어음행위의 상대방이나 어음소지인이 대리인에게 대리권이 없었음을 몰랐어야 하므로, 대리권의 부존재를 알고 있는 악의의 상대방에게는 무권대리인이 책임을 지지 않는다. 그런데 악의의 상대방에 대하여 무권대리인의 책임이 처음부터 성립하지 않는가 아니면 책임은 성립하지만 상대방의 악의를 항변으로 주장할 수 있는가에 대하여, 무권대리인의 책임이 처음부터 성립하지 않는다고 하면 악의의 상대방으로부터 어음을 양수한 선의의 제3자를 보호할 수 없게 된다. 따라서 무권대리인의 책임은 처음부터 발생하지만 어음소지인의 악의를 항변사유로 대항할 수 있다고 보는 것이 타당하다.[23)]

민법에서는 상대방이 과실있는 선의인 경우에 무권대리인이 책임을 지지 않는다(민 135조 2항). 하지만 어음법에는 이러한 규정이 없으므로, 어음소지인이 과실로 대리권의 흠결을 알지 못한 때에도 어음의 특수성을 고려하여 무권대리인의 책임을 물을 수 있으므로, 어음취득자는 과실이 있더라도 선의인 한 보호를 받는다.[24)]

(4) 대리행위의 하자가 없을 것

대리행위 자체에 하자가 없어야 한다. 또 무권대리인은 행위능력자이어야 하므로(민 135조 2항 후단), 무권대리인이 무능력자이면 어음상 책임을 지지 않는다. 그러나 본인이 허무인이거나 어음능력이 없는 경우에는 무권대리인의 책임이 발생한다고 본다.[25)]

(5) 표현대리가 불성립할 것

무권대리가 표현대리의 요건을 구비하면 표현대리의 법리에 의하여 본인이 어음상 책임을 진다. 이때 무권대리인이 어음법 제8조에 의하여 책임을 부담한다는 견해가 통설이다. 그리고 무권대리인의 책임을 인정하는 경우에 어음소지인이 본인과 무권대리인에게 중첩적으로 어음금을 청구할 수 있다는 중첩적 책임설[26)]과 어

---

22) 이철송(어), 114-115면.
23) 이철송(어), 115면 ; 최기원(어), 170 ; 정찬형(어), 155-156면.
24) 최기원(어), 169면 ; 최준선(어), 123면.
25) 이철송(어), 116면 ; 정동윤(어), 178면.

느 일방만을 선택하여 어음금을 청구할 수 있다는 선택적 책임설[27]로 나누어진다. 표현대리와 무권대리는 권리의 행사방법이 달라서 양립하기 어려우므로, 어음소지인이 그의 선택에 의하여 책임을 추궁하면 될 것이다.

3 협의의 무권대리의 효과

1. 무권대리인의 책임의 내용

대리권 없이 타인의 대리인으로 어음행위를 한 자는 그 어음에 의하여 의무를 부담한다(어 8조). 즉, 무권대리인은 유권대리인이었더라면 본인이 부담하였을 책임과 동일한 책임을 진다. 민법 제135조 제1항에 의하여 무권대리인은 상대방의 선택에 좇아 계약을 이행할 책임 또는 손해배상을 할 책임이 있지만, 어음법 제8조와 민법 제135조 제1항은 특별법과 일반법의 관계로 특별법 우선의 원칙에 의하여 민법 제135조 제1항은 배제되고 어음법 제8조에 의하여 어음상 책임을 부담하게 된다. 책임에 성질은 대리관계가 존재하는 것처럼 작출한 외관에 대하여 인정되는 법정담보책임으로 본다.[28]

2. 무권대리인의 항변권

무권대리인이 부담하는 책임의 내용은 본인이 부담하는 책임과 동일하다. 따라서 본인이 어음책임을 부담하였더라면 어음소지인에게 주장할 수 있었을 항변권을 무권대리인이 행사할 수 있다. 그러나 무권대리인은 어음행위 및 그 원인관계와 상관없는 본인만이 갖는 항변권이나 취소권으로 어음소지인에게 대항할 수 없다. 예를 들면 무권대리인이 어음과 관계없이 갖는 본인의 채권으로 어음소지인에게 상계를 주장할 수 없다.[29]

그리고 어음소지인이 소구권을 행사하기 위해서는 무권대리인에게 소구권보전절차를 밟아야 한다. 실제로는 본인에게 소구권보전절차를 먼저 취하는 경우가 대부

26) 서헌제(어), 147면.
27) 최기원(어), 167면 ; 정찬형(어), 152면 ; 이철송(어), 115면.
28) 양명조(어), 119면.
29) 최기원(어), 171면 ; 최준선(어), 124면.

분이고 무권대리인에게는 취하지 않을 것이므로, 본인에게 취한 소구권보전절차를 무권대리인에 대한 절차로 보아서 어음소지인을 보호해야 할 것이다.[30)]

3. 무권대리인의 권리

협의의 무권대리인이 어음소지인에게 어음채무를 이행한 때에는 본인과 동일한 권리를 갖는다(어 8조). 따라서 본인이 소구의무자인 경우에는 본인이 그 전자에 대하여 갖는 어음상의 권리(재소구권)를 무권대리인이 갖는다. 이때 어음채무자(재소구의무자)는 당해 어음행위와 관련하여 본인에게 갖고 있는 항변권으로 무권대리인(재소구권자)에게 대항할 수 있다. 나아가 무권대리인에 대한 항변사유가 있다면 이를 항변사유로 주장할 수 있다. 그런데 재소구권을 행사할 수 없는 주채무자(약속어음의 발행인이나 환어음의 인수인)를 무권대리한 경우에는 주채무자의 어음상 권리가 존재하지 않으므로 이 규정은 적용되지 않는다.

4. 본인의 무권대리인에 대한 권리

(1) 본인이 어음상 권리를 갖지 않은 경우

무권대리인이 약속어음의 발행인을 대리하여 어음을 발행하거나, 환어음의 지급인을 대리하여 환어음을 인수한 경우에는 발행인이나 지급인은 어음상 권리를 취득하지도 않았고 손해를 입지도 않았으므로 본인과 무권대리인 사이에는 아무런 법률관계가 발생하지 않는다.

(2) 본인이 어음상 권리를 갖는 경우

무권대리인에 의하여 본인 명의로 배서가 이루어진 경우 소구책임을 이행한 무권대리인은 어음법 제8조에 의하여 전자에 대하여 어음상 권리를 갖게 되고, 동시에 본인도 전자에 대하여 어음상 권리를 갖는다. 즉, 무권대리인이 어음상 책임을 이행하고 어음을 환수한 경우에는 본인의 무권대리인에 대한 어음반환청구권과 무권대리인의 어음상 권리취득(어 8조)이 경합하는바, 누구의 권리가 우선하는가의 문제가 생긴다. 어음대리권의 흠결사유가 선의취득의 대상이 아니라는 견해에 의하면, 무권대리인의 선의의 상대방은 어음을 선의취득할 수 없기 때문에 본인만이

30) 정찬형(어), 157면.

진정한 권리자로서 상대방이나 무권대리인에게 어음반환을 청구할 수 있고, 어음을 환수한 본인만이 전자에게 어음상 권리를 행사할 수 있다고 한다.[31)]

한편 대리권의 흠결사유도 선의취득의 대상이라는 견해에 의하면, 무권대리인의 선의의 상대방은 어음을 선의취득하고 본인은 어음상 권리를 상실하므로 본인은 어음소지인이나 무권대리인에게 어음반환을 청구할 수 없다. 그러므로 소구책임을 이행하고 어음을 환수한 무권대리인이 전자에게 재소구권을 행사할 수 있고, 본인은 무권대리인에 대하여 불법행위에 의한 손해배상이나 부당이득의 반환을 청구할 수 있다고 한다.[32)]

어음법 제8조가 본인의 어음환수권이 없음을 전제로 한 규정이므로 소구책임을 부담한 무권대리인이 재소구권을 갖는다고 볼 수도 있으나, 절취자가 자기채무를 변제할 목적으로 대리권 없이 배서를 하는 경우와 같이 본인의 권리행사가 방해된 경우에는 무권대리인이 어음채무를 이행하였더라도 어음상 권리가 무권대리인에게 이전된다고 보는 것은 타당하지 않으므로 본인이 무권대리인에게 어음환수권을 가지고 있으며, 본인이 어음을 반환받아서 전자에 대하여 재소구권을 행사할 수 있다고 해석하는 전자의 견해가 타당하다.

제4절 어음행위의 표현대리

대리권 없는 자의 어음대리행위에 대하여 본인이 추인하지 않으면 본인은 원칙적으로 어음상의 책임을 지지 않는다. 그러나 본인이 무권대리인에게 대리권을 수여한 것으로 거래상대방이 믿었고, 또 그러한 신뢰에 대하여 본인에게 귀책사유가 있는 경우에는 제3자의 신뢰는 보호되어야 하므로, 표현대리의 법리에 의하여 본인에게 어음상 책임을 부담시킬 수 있다. 이에 관하여 어음법에는 무권대리인의 책임(어 8조) 규정밖에 없으므로 민법과 상법의 표현대리 규정을 유추해서 적용해야 할 것이다.

---

31) 정찬형(어), 158면 ; 최기원(어), 173면 ; 최준선(어), 125면 ; 정동윤(어), 180-181면.
32) 이철송(어), 118-119면.

1 민법상 표현대리의 적용

민법상 표현대리에 의하여 어음행위의 표현대리가 성립하는 경우는 첫째, 본인이 제3자에 대하여 대리인에게 어음행위의 대리권을 수여하였음을 표시하였으나 실제로는 대리권을 수여하지 않은 경우(민 125조), 둘째 대리인이 대리권의 범위를 벗어나 어음행위를 대리한 경우(민 126조), 셋째 대리인이 대리권 소멸 후에 어음행위를 대리한 경우(민 129조)가 있다. 민법의 표현대리에서는 상대방의 선의·무과실을 요건으로 하는데(민 125조 단서), 어음법에서는 어떻게 해석할 것인지가 문제된다.

첫째로 상대방에게 악의나 중대한 과실이 있는 백지어음의 소지인은 보호를 받지 못하고(어 10조), 악의나 중대한 과실이 있는 어음소지인에게는 선의취득이 인정되지 않는 어음의 규정(어 16조 2항)과 조화를 이루기 위하여 어음행위의 표현대리에서 상대방의 선의·무중과실을 요건으로 한다는 견해와[33] 어음행위의 표현대리를 민법의 표현대리보다 완화하여 해석할 근거가 없으므로 상대방의 선의·무과실을 요건으로 한다는 견해가[34]대립한다. 생각건대 어음의 유통성을 보호하기 위하여 상대방의 경과실에 의한 선의의 경우에는 표현대리에 의한 본인 책임을 인정하는 전자의 견해가 타당하다.

1. 표현대리에 의한 어음행위에서의 제3자의 범위

어음행위의 표현대리에서 선의의 판단기준이 되는 제3자의 범위가 표현대리인의 직접상대방에 한정되는가 아니면 직접상대방 이후의 어음소지인도 포함되는가 그리고 민법 제126조의 '권한이 있다고 믿을 만한 정당한 이유'를 가진 자가 표현대리의 직접상대방에 한정되는지 아니면 그 이후의 소지자에게도 해당되는지에 관하여 견해가 갈린다.

(1) 제3취득자 포함설

어음행위의 표현대리의 선의의 판단기준인 제3자의 범위를 결정함에 있어 표현대리인의 직접상대방으로 한정하는 민법규정을 수정하여 유통증권인 어음에서는

33) 정찬형(어), 149면.
34) 이철송(어), 104면.

직접 상대방뿐만 아니라 그 이후의 취득자까지 포함시켜야 한다고 주장한다. 어음행위는 직접 상대방만을 대상으로 한 의사표시라기보다는 모든 유통거래자를 상대로 한 의사표시라고 할 수 있으므로, 직접상대방이 악의자이어서 표현대리요건을 갖추지 못하였더라도 그 이후의 소지인이 선의자이면 그 자는 표현대리의 법리에 의하여 보호된다는 견해로서 다수설이다.[35)]

(2) 직접상대방 한정설

어음행위의 표현대리에서 보호되는 제3자는 민법과 같이 무권대리인의 직접상대방으로 한정되고, 그 이후의 취득자는 포함되지 않는다고 한다. 즉, 직접상대방에 대하여 표현대리가 성립하면 그 후의 취득자가 악의인 경우에도 직접상대방의 지위가 승계되어 본인은 제3취득자에 대하여 어음상 책임을 지고, 직접상대방에 대하여 표현대리가 성립하지 않으면 그 후의 어음취득자에 대하여 표현대리가 성립하더라도 본인은 책임을 지지 않는다. 또한 민법 제126조의 대리권이 있다고 믿을 만한 정당한 사유도 직접 상대방에게 존재하여야 하고, 그 후의 취득자에게 이런 사유가 존재하더라도 표현대리가 성립하지 않는다.[36)]

(3) 판 례

우리 판례는 직접상대방 한정설을 취하고 있다. 어음행위의 위조에 관하여 민법상 표현대리의 규정이 적용되거나 유추 적용되는데, 이때 표현대리의 적용을 주장할 수 있는 자는 어음행위의 직접상대방에 한정되고, 약속어음의 배서행위의 직접상대방은 당해 배서의 피배서인만을 가리키며 그 피배서인으로부터 다시 어음을 취득한 제3취득자는 어음행위의 직접상대방에게 표현대리가 인정되는 경우에 한하여 이를 원용해서 피위조자에 대하여 자신의 어음상의 권리를 행사할 수 있을 뿐이라고 한다.

한편 대법원 2002. 12. 10. 선고 2001다58443 판결은 어음보증의 무권대리를 다룬 사건으로서 직접상대방한정설을 취하고 있는데, 어음보증을 보증인의 피보증인에 대한 단독행위로 보면서, 표현대리에 의한 보증에서 보호받을 수 있는 제3자는 피보증인에 국한된다고 판시하고 있다. 그러나 어음보증은 피보증인이 어음채무를 이행하지 않을 경우에 대비하여 보증인이 어음소지인에게 어음책임을 질 의

35) 양명조(어), 115면 ; 이철송(어), 109-110면 ; 정찬형(어), 149면.

36) 최준선, 127-130면.

사를 표시하는 어음행위인바, 표현대리에 의한 보증에서 보호받는 자는 피보증인이 아니라 어음소지인이다. 왜냐하면 피보증인은 어음채무가 불이행되더라도 손해를 입지 않고 어음소지인이 어음금을 받지 못하는 손해를 입게 되기 때문이다.

대법원 1999. 12. 24. 선고 99다13201 판결

어음행위의 위조에 관하여도 민법상의 표현대리에 관한 규정이 적용 또는 유추적용되고, 다만 이 때 그 규정의 적용을 주장할 수 있는 자는 어음행위의 직접 상대방에 한한다고 할 것이며, 약속어음의 배서행위의 직접 상대방은 당해 배서의 피배서인만을 가리키고 그 피배서인으로부터 다시 어음을 취득한 자는 위 배서행위의 직접 상대방이 아니라 제3취득자에 해당하며, 어음의 제3취득자는 어음행위의 직접 상대방에게 표현대리가 인정되는 경우에 이를 원용하여 피위조자에 대하여 자신의 어음상의 권리를 행사할 수가 있을 뿐이다(대법원 1986. 9. 9. 선고 84다카2310 판결, 1991. 6. 11. 선고 91다3994 판결, 1994. 5. 27. 선고 93다21521 판결, 1999. 1. 29. 선고 98다27470 판결 등 참조).

대법원 2002. 12. 10. 선고 2001다58443 판결

표현대리에 관한 민법 제126조의 규정에서 제3자라 함은 당해 표현대리행위의 직접 상대방이 된 자만을 지칭하는 것이고, 약속어음의 보증은 발행인을 위하여 그 어음금채무를 담보할 목적으로 하는 보증인의 단독행위이므로 그 행위의 구체적, 실질적인 상대방은 어음의 제3취득자가 아니라 발행인이라 할 것이어서 약속어음의 보증 부분이 위조된 경우, 동 약속어음을 배서, 양도받는 제3취득자는 위 보증행위가 민법 제126조 소정의 표현대리행위로서 보증인에게 그 효력이 미친다고 주장할 수 있는 제3자에 해당하지 않는다고 할 것인바(대법원 1986. 9. 9. 선고 84다카2310 판결, 1991. 6. 11. 선고 91다3994 판결, 1994. 5. 27. 선고 93다21521 판결, 1997. 11. 28. 선고 96다21751 판결, 1999. 1. 29. 선고 98다27470 판결, 1999. 12. 24. 선고 99다13201 판결 등 참조), 원심이 앞서 적법하게 인정한 바와 같이 이 사건 어음보증행위의 상대방은 발행인인 A건설이라고 할 것이므로, 이 사건 약속어음의 제3취득자인 원고로서는 K의 위 보증행위가 권한을 넘은 표현대리행위로서 T종금에 대하여 그 효력이 미친다고 직접 주장할 수 있는 지위에 있지 아니함은 명백할 뿐더러, 어음보증의 상대방인 A건설의 입장에서 보더라도 A건설이 T종금에서 적격업체로 선정된 바 없어 이 사건 약속어음에 대한 T종금의 보증행위가 위조된 것임을 알았거나 당연히 알 수 있었다고 보아야 할 것이므로, A건설로서는 이운경이 T종금으로부터 이 사건 약속어음 보증행위에 관하여 적법한 대리권을 수여 받았을 것이라고 믿을만한 정당한 이유가 있었다고 볼 수는 없고 그에 따라 A

건설 역시 T종금에 대하여 민법 제126조 소정의 표현대리에 근거하여 그 어음보증에 관한 효력이 미친다고 주장할 수도 없을 것이므로, 원고로서는 A건설의 표현대리에 관한 주장을 원용할 수도 없는 노릇이라고 할 것이니, T종금에 대하여 표현대리책임을 묻는 원고의 주장은 어느 모로 보나 받아들일 수는 없다고 할 것이다.

(4) 소 결

표현대리에 의하여 본인에게 책임을 묻는 것은 본인의 귀책사유로 인하여 제3자로 하여금 대리권의 존재를 믿게 하였기 때문이다. 어음은 발행될 때부터 유통을 전제로 하므로, 본인에게 무권대리인의 표현적 지위에 관하여 귀책사유가 있으면 그의 직접상대방뿐만이 아니라 그 후의 제3취득자에 대하여도 본인책임을 인정하는 제3취득자포함설이 타당하다. 따라서 어음의 제3취득자가 어음을 취득하기 이전에 이루어진 어음행위의 대리권의 존재를 믿을만한 정당한 사유가 있으면 표현대리의 법리에 의하여 본인이 어음책임을 부담하여야 한다.[37]

2 상법상 표현대리 및 표현대표

상법상 표현지배인(상 14조)이나 표현대표이사(상 395조) 및 고의·과실에 의하여 지배인 또는 대표이사로 부실하게 등기된 자(상 39조)등은 외관신뢰를 보호하기 위한 표현책임제도이지만, 영업주만의 절대적 책임을 인정하기 위한 것이므로 이들 경우에는 상법만 적용되고 어음법은 적용되지 않는다. 따라서 이들의 어음행위는 실제로 권한없는 어음행위이더라도 본인 또는 회사는 제3자에게 어음상 책임을 부담하여야 한다. 따라서 대표이사가 아닌 상무이사의 어음행위에 대하여 회사는 책임을 진다. 지배인이 아니면서 본점 지점의 영업주임 기타 유사한 명칭을 가진 사용인이 그 자격을 표시하고 한 어음행위에 대하여는 내부적으로 권한의 제한이 있더라도 본인은 책임을 진다(상 14조).[38]

---

37) 이철송(어), 109면.

38) 정찬형(어), 150면 ; 최기원(어), 160면.

3 어음행위의 표현대리의 효과

1. 본인의 책임

무권대리인이 어음행위를 한 경우 본인은 원칙적으로 어음책임을 지지 아니한다.

그러나 어음행위의 표현대리가 성립하면 본인은 민법 또는 상법의 표현대리에 의하여 어음책임을 부담한다. 이때 본인은 표현대리행위에 의하여 어음상 책임을 부담하기 때문에, 설사 상대방에게 과실이 있더라도 과실상계의 법리에 의하여 본인의 책임이 감경되지 않는다.[39] 이로 인해서 표현대리인과 거래한 상대방은 보호를 받게 된다. 다만 본인은 표현대리인에 대하여 의무위반이나 불법행위를 원인으로 한 손해배상을 청구할 수는 있다.

2. 표현대리인의 책임

본인이 표현대리의 법리에 의하여 어음책임을 부담하더라도 표현대리인은 무권대리인이므로 어음법 제8조에 의하여 어음책임을 진다. 이때 본인과 표현대리인의 책임이 병존하는데, 어음소지인은 본인이나 표현대리인 중 어느 일방에 대하여만 책임을 추궁할 수 있다는 택일설과 양자에게 동시에 책임을 추궁할 수 있다는 중첩설이 대립하는데, 어음소지인으로서는 자력이 있는 어느 일방에게 변제를 받으면 충분하므로 택일설이 타당하다.

제5절 월권대리

대리권을 수여받은 대리인이 그 대리권의 범위를 초과하여 어음행위를 한 경우에 본인 및 월권대리인의 책임범위에 관한 문제가 있다. 예컨대 본인이 대리인에게 금 1천만원의 어음을 발행할 권한을 수여하였는데, 대리인이 임의로 1천500만원의 어음을 발행한 경우 그 책임의 범위를 살펴보자. 첫째로 어음의 문언성을 중

39) 대법원 1994. 12. 22, 94다24985.

시하여 대리인은 1천500만원 전부에 대하여 책임을 부담하고 본인은 책임이 없다고 하는 본인무책임설이 있다. 둘째로 어음불가분의 원칙과 어음권리 행사의 간편성을 위하여 대리인은 어음금 전액(1천500만원)을, 본인은 대리권을 수여한 범위(1천만원)의 책임을 부담한다는 책임병존설[40]이 있다. 셋째로 일부 인수나 일부 보증처럼 본인은 대리권을 수여한 범위(1천만원)의 책임을 지고 대리인은 월권한 부분(500만원)의 책임을 부담하는 책임분담설이 있다.

어음책임을 분할하면 어음금의 일부지급으로 인한 어음반환 등 복잡한 문제가 야기되고 또 분할에 대한 법 규정이 없으므로 책임분담설은 이론상 수용하기 어렵고, 대리권을 수여한 본인의 책임을 전부 부정하는 본인무책임설도 비합리적이다. 따라서 본인은 대리인에게 수권한 범위 내(1천만원)에서 어음상 책임을 부담하고, 월권대리인은 어음의 유통성보호와 자기행위책임의 원리상 전액책임(1천5백만원)을 부담한다는 책임병존설이 타당하다.

판례도 어음행위의 대리 또는 대행의 권한을 수여받은 자가 그 수권의 범위를 넘어 어음행위를 한 경우에 본인은 그 수권의 범위 내에서는 대리 또는 대행자와 함께 어음상의 채무를 부담한다고 하는바, 월권대리인의 책임을 본격적인 언급하지는 않았지만, 대리인은 어음법 제8조에 의하여 어음금 전액 책임을 부담하여야 하므로 책임병존설을 취하고 있다.

대법원 2001. 2. 23. 선고 2000다45303 · 45310 판결

원심판결 이유에 의하면, 원심은 소외 1과 2가 원고(반소피고, 이하 '원고'라 한다)의 아들인 유영태에게 피고(반소원고, 이하 '피고'라 한다)로부터 금 10,000,000원을 한도로 한 연대보증인을 추가로 세울 것을 요구받았다고 거짓말하여 이에 속은 유영태로부터 원고의 인감증명서와 인감도장 등을 교부받은 것을 기화로 그 위임의 범위를 벗어나서 그들의 피고에 대한 손해배상채무를 원고가 연대보증한다는 의미로, 이 사건 약속어음의 발행인 란에 원고의 인감도장을 날인하여 피고에게 교부하자, 피고가 원고의 성명과 주소를 보충기재하고, 액면금액을 금 60,000,000원으로 보충기재한 후, 공증용 위임장과 함께 공증인가 동서울합동법률사무소에 제시하여 위 약속어음금에 대하여 즉시 강제집행을 하더라도 이의가 없다는 취지의 약속어음 공정증서를 작성 받은 사실을 인정한 다음, 이 사건 약속어음의 발행행위는 대행권한 없는 소외 1과 2에 의하여 기명날인대행 방식으로 이

40) 이철송(어), 117면 ; 정찬형(어), 159면 ; 최기원(어), 175면 ; 최준선(어), 131-132면.

> 루어진 것으로서 원고에 대하여 무효이므로, 원고의 피고에 대한 이 사건 약속어음 공정증서에 기한 채무는 존재하지 아니한다고 판단하여, 이 사건 약속어음 공정증서의 집행력의 배제를 구하는 원고의 본소청구를 인용하고, 이 사건 약속어음금의 지급을 구하는 피고의 반소청구를 기각하였다. 그러나 어음행위의 대리 또는 대행권한을 수여받은 자가 그 수권의 범위를 넘어 어음행위를 한 경우에 본인은 그 수권의 범위 내에서는 대리 또는 대행자와 함께 어음상의 채무를 부담한다고 할 것인바, 원심이 인정한 사실관계에 의하더라도, 소외 1과 소외 2는 원고로부터 금 10,000,000원의 범위 내에서는 원고를 대리하여 연대보증계약을 체결할 권한을 수여받았다는 것이므로, 소외 1과 2가 그 수권의 범위를 벗어나 그들의 피고에 대한 금 60,000,000원의 손해배상채무를 원고가 연대보증 한다는 의미에서 이 사건 약속어음에 발행인으로 원고의 날인을 대행한 것이므로, 수권의 범위를 넘은 부분에 대하여는 원고에게 그 어음행위의 효력이 미치지 않는 것이지만, 수권의 범위 내인 금 10,000,000원 부분에 대하여는 원고가 어음상의 채무를 부담한다고 할 것이다.

제6절 명의대여에 의한 어음행위

타인에게 자기의 성명 또는 상호를 사용하여 영업을 할 것을 허락한 자는 자기를 영업주로 오인하여 거래한 제3자에 대하여 그 타인과 연대하여 변제할 책임이 있다(상 24조). 그런데 어음행위와 관련하여, 영업에 관하여 명의대여가 있은 후 그 영업과 관련하여 어음행위가 행하여진 경우와 어음행위만을 위하여 명의대여자가 명의차용자에게 명의를 대여한 경우가 있는데, 이를 살펴보기로 한다.

1 영업을 위한 어음행위

타인에게 자기 명의나 상호를 대여하여 영업을 할 것을 허락한 자는 그 명의사용자가 영업과 관련하여 어음행위를 한 경우에 명의대여자는 어음행위의 책임을 부담하여야 하는 것은 상법 제24조의 규정상 당연하고 명의대여자와 명의차용자의 책임은 연대책임으로 본다. 판례[41]도 같은 취지이다.

대법원 1969. 3. 31. 선고 68다2270 판결

원판결이 확정한 사실에 의하면, 김현구는 본건 약속어음을 발행할 때에 어음용지 주소난에 대한교육보험 주식회사 부산지사라고 표시하고 동지사장이라고 기재하지 않았다 하더라도 그 성명 아래에는 그 개인 도장 외에 위 회사 부산지사장인이라는 직인을 찍었다는 것이므로 특별한 사정이 없는 한 이는 동인이 피고 회사 부산지사장이라는 대표자격을 표시한 것이라 할 것이고, 또 피고 회사는 김현구에게 피고회사 부산지사라는 상호를 사용하여 보험가입자와 피고와의 간에 보험계약의 체결을 알선할 것을 허락하였고, 김현구는 동지사 사무실 비품 대금을 조달하기 위하여 이주환에게 위 약속어음을 발행하고 원고가 그 소지인이 되었다는 것이며, 기록에 의하면 이주환이가 김현구의 위 어음발행 행위의 주체를 피고 회사로 오인한대에 중대한 과실이 있다고 보여지지 않으므로 피고는 명의 대여자로서 그 외관을 신뢰한 이현구와의 거래인에 대하여 상법 24조에 의한 책임을 져야한다 할 것이니 이와 반대의 논지는 채용할 수 없다.

2 어음행위만을 위한 명의대여

어음행위만을 위하여 명의를 대여한 경우에 상법 제24조가 적용되는가에 관하여 거래안전을 위하여 상법 제24조가 유추적용 되어야 한다는 견해[42]와 민법의 표현대리 내지는 외관이론에 의하여 해결하면 충분하므로 상법 제24조은 적용되지 않는다는 견해가 대립한다. 생각건대 어음행위만을 영업으로 보기 어렵고 또 어음에 표시되어 있지 않은 명의차용인에게 어음채무를 부담시키는 것은 어음의 문언성에 반하므로, 명의대여자만이 외관의 법리와 문언성에 의하여 어음책임을 부담하며 상법 제24조는 적용되지 않는다고 본다.[43]

대법원 1970. 9. 29. 선고 70다1703 판결

원, 피고의 변론취지와 원심 인정사실에 의하면 소외1이 피고와의 피고회사 학교출장소 운영에 관한 계약에 의하여 같은 출장소장으로서 경영하다가 사고로 징계위원회에 회부되어 1964.6.5.부터 1965.8.29.까지의 간에는 소외2가 같은 출장

41) 대법원 1970. 9. 28. 70다1703 ; 대법원 1997. 4. 11, 97다386.
42) 정찬형(어), 165면.
43) 최준선(어), 133면 ; 최기원(어), 176-177면 ; 이철송(어), 112면.

소장으로 임명되었으나 소외1은 새로된 출장소장 소외 2의 위임에 의하여 계속 출장소의 업무를 집행하여 왔는데 영업범위인 비료 등 수송업무상의 필요에 의하여 타인의 화물자동차를 이용하고 그러므로 소외 3등에게 도합 144,300원의 운임채무를 부담하게 되고 한편 원고는 피고 출장소에 대한 위 운임채권자들에게 대하여 타이야 대금채권에 있어서 채권전액을 양수받고 소외 1은 이를 승인하고 1969.9.30.까지 지급하겠다는 취지로 같은 금액을 액면으로 한 대한통운학교 출장소장 명의의 약속어음을 원고에게 발행하였다는 것이다. 그렇다면 피고는 소외 2에게 대하여 자기사업을 자기이름으로 대행할 것을 허용한 것으로서 그 사업에 관하여 자기가 책임을 부담할 지위에 있음을 표시한 것이라 할 것이고, 그 사업을 대행한 사람 또는 그 피용자가 그 사업에 관하여서 한 법률행위에 관하여 제3자에게 책임이 있다고 할 것이므로 피고회사 학교출장소의 피용인 소외 1의 채권양도 승인에 따른 채무를 진다고 할 것이다.

제3장 어음의 위조와 변조

제1절 어음의 위조

1 위조의 의의

1. 개 념

어음의 위조는 권한없는 자가 타인의 기명날인 또는 서명을 위작하여 마치 그 타인이 어음행위를 한 것과 같은 외관을 만들어 내는 것이다. 행위자가 타인의 허락을 받아 타인의 이름으로 어음행위를 하는 것은 기명날인의 유권대행이다. 그런데 어음의 위조는 대행의 권한이 없는 타인이 본인의 이름으로 어음행위를 하는 기명날인의 무권대행이다. 위조의 개념을 구체적으로 살펴보면,

첫째로 위조는 타인의 허락 없이 타인의 이름으로 어음행위를 하는 것이다. 제3자가 대리인의 허락 없이 마치 대리인인 것처럼 대리인의 기명날인을 대행하는 것도 위조이다.

둘째로 위조는 타인의 기명날인 또는 서명을 허위로 하는 것이기 때문에 보관중인 타인의 인장을 도용하여 어음행위를 하든가 권한없이 인장을 새겨 어음행위를 하든가 다른 목적으로 행하여진 타인의 기명날인이나 서명을 어음행위의 기명날인이나 서명으로 악용하여 어음행위를 하든가 그 방법과 상관없이 위조이다. 타인의 記名을 모용하면서 타인의 진정한 인장을 날인하더라도 타인에게 어음행위의 의사가 없기 때문에 위조이다. 위조는 서면행위에서만 가능하기 때문에 인수제시나 지급제시를 하면서 타인이 명칭을 사칭하는 것은 위조가 아니다.

셋째로 위조는 타인의 기명날인 또는 서명을 허위로 나타내는 것으로서 타인이 사자(死者)나 가설인(假設人)이라도 문제가 되지 않는다. 넷째로 위조의 대상은 제한이 없으므로 발행 · 배서 · 보증 등 모든 어음행위에서 위조가 가능하다. 최후의 배서가 백지식으로 된 어음을 절취한 자가 자기를 피배서인으로 기재하는 행위는 절

취자가 배서인으로 기명날인이나 서명을 하지 않기 때문에 위조가 아니다.

2. 구별되는 개념

(1) 위조와 변조

어음의 위조는 어음행위자의 명의를 허위로 기재한 것이고, 어음의 변조는 타인이 한 어음행위의 내용 중 기명날인 또는 서명을 제외한 나머지 부분을 권한 없이 변경하는 것이다. 그런데 타인의 기명날인 또는 서명을 권한 없이 변경하는 것이 위조인가 변조인가가 문제된다. 예컨대 T가 A와 B의 허락 없이, A의 기명날인 또는 서명을 B의 기명날인 또는 서명으로 변경한 경우에 기존의 서명날인 또는 서명(A)을 권한 없이 변경하는 행위는 위조라고 보는 견해[1]와 어음법 제69조의 '문구의 변조'의 '문구'에 기명날인 또는 서명이 포함되고, 진정한 기명날인 또는 서명을 한 자는 문구에 따라 책임을 부담하기 때문에 진정한 기명날인 또는 서명을 한 자(A)에게는 변조에 해당되고, 새로운 기명날인 또는 서명을 한 자(B)에게는 위조라는 견해[2]가 있다.

진정한 기명날인이나 서명을 한 자가 우연한 사정에 의하여 자기의 어음행위가 말소된 사정만으로 어음책임을 면제받는 것은 타당하지 아니하다. 따라서 진정한 기명날인 또는 서명을 한 자(A)에게는 변조 전의 문구에 의하여 어음상 책임을 부담시키는 것이 타당한바, 새로운 기명날인 또는 서명을 한 자(B)에게는 그의 허락 없이 어음행위가 이루어졌으므로 위조라고 보는 후설이 타당하다.

(2) 위조와 무권대리의 구별

어음의 위조와 무권대리는 권한 없이 어음행위가 이루어지는 점은 동일하나 어음행위가 어음의 위조는 대행방식으로 이루어지지만, 무권대리는 대리방식으로 이루어지는 점에서 다르다.

(3) 형법상 위조와 구별

어음의 위조는 결과를 중시하므로 위조자의 고의나 과실을 요구하지 않는 반면에 형법상 유가증권의 위조는 고의를 요건으로 하는 점이 다르다. 따라서 무권대

---

1) 서돈각 · 정완용(하), 88면.
2) 정찬형(어), 169-170면 ; 최준선(어), 135면 ; 최기원(어) 206면.

리행위나 보충권의 남용이 형법상 위조로서 처벌되지만 어음법에서는 이를 형법상 위조와 명백히 구별하고 있다.[3]

2 위조의 효과

1. 피위조자의 책임

피위조자는 어음행위를 하지 않았으므로 원칙적으로 어음상 책임을 부담하지 않는다. 위조의 항변은 물적항변이므로 피위조자는 어음소지인에 대하여 그의 선·악을 불문하고 그에게 대항할 수 있다. 그리고 위조에 관하여 피위조자에게 중대한 과실이 있더라도 그가 표현책임을 지지 않는 이상 어음상 책임을 부담하지 않는다. 다음의 경우에는 예외적으로 피위조자가 어음책임을 부담한다.

(1) 위조의 추인에 의한 책임

무권대리의 추인에 대하여는 민법 제130조 및 제133조의 규정이 있으나 어음위조의 추인에 관하여는 어음법에 규정이 없다. 학설은 위조추인을 긍정하는 견해와 부정하는 견해로 나누어진다.

1) 위조추인 긍정설

무권대리가 항상 본인의 이익을 위한 행위라고 볼 수 없음에도 불구하고 우리 민법은 무권대리의 추인을 인정하고 있다. 그런데 어음위조는 본인을 위한 것임을 명백히 나타내고 있기 때문에 본인이 추인할 수 있는 것은 당연하다. 또 어음상 책임을 부담하겠다는 의사표시를 한 피위조자의 의사도 존중되어야 한다. 비록 무권대리가 대리방식을 취하고, 위조가 대행방식을 취하고 있다는 점에서 차이가 있지만, 그 법적효과는 다르지 않기 때문에 무권대리의 추인의 법리를 어음위조에 유추적용할 수 있다는 것으로서 다수설의 견해이다.[4]

2) 위조추인 부정설

위조는 비윤리적인 범죄행위로서, 그 추인을 인정하는 것은 범죄행위를 조장하

---

3) 정찬형(어), 171면.

4) 최기원(어), 192-193면 ; 정찬형(어), 173면 ; 양명조(어), 133면 ; 최준선(어), 138면.

는 것이며 정의의 관념에도 어긋난다. 그리고 위조행위에는 피위조자를 위하여 법률행위를 한다는 의사표시가 없으며, 피위조자의 기명날인 또는 서명이 어음면에 표시되지 않으므로 추인의 대상이 처음부터 존재하지 않아 위조의 추인은 인정되지 않는다. 다만 위조 후에 추인은 새로운 어음행위가 이루어진 것으로 보고, 추인을 한 때로부터 장래를 위하여 어음행위의 효력이 발생한다고 본다.[5]

3) 소 결

무권대리와 위조는 그 행위방식에서 차이가 있지만, 위조의 추인이 누구에게도 불리하지 않으므로 어음위조의 추인에 무권대리의 추인의 법리를 유추 적용할 수 있다고 본다. 이때 추인의 상대방은 위조자뿐만 아니라 발행인 또는 형식적 자격이 있는 어음소지인이 포함된다. 그리고 피위조자가 추인하면 위조된 어음행위는 원칙적으로 그 행위 시에 소급하여 효력이 발생한다(민 133조).

피위조자가 위조사실을 알면서 어음금을 지급하면 위조의 추인으로서 유효하다. 그러나 피위조자가 어음의 위조사실을 모르고 어음금을 지급한 경우에는 어음소지인에 대하여 그 반환을 청구할 수 있다.[6] 하지만 이때 어음금을 지급받은 어음소지인이 소구권보전절차를 갖추지 못하여 어음상 권리를 상실한 때에는 피위조자의 지급은 도의관념에 적합한 비채변제(非債辨濟)(민 744조)로서 그 반환을 청구를 할 수 없으므로 결과적으로 피위조자가 책임을 지게 된다.

대법원 1998. 2. 10. 선고 97다31113 판결

무권대리행위에 대한 추인은 무권대리행위로 인한 효과를 자기에게 귀속시키려는 의사표시이니만큼 무권대리행위에 대한 추인이 있었다고 하려면 그러한 의사가 표시되었다고 볼 만한 사유가 있어야 하고, 무권대리행위가 범죄가 되는 경우에 대하여 그 사실을 알고도 장기간 형사고소를 하지 아니하였다 하더라도 그 사실만으로 묵시적인 추인이 있었다고 할 수는 없는 것인바(당원 1990. 3. 27. 선고 88다카181 판결, 1982. 6. 22. 선고 81다카804 판결, 1967. 12. 18. 선고 67다2294. 2295 판결 등 참조), 권한 없이 기명날인을 대행하는 방식에 의하여 약속어음을 위조한 경우에 피위조자가 이를 묵시적으로 추인하였다고 인정하려면 그와 마찬가지로 추인의 의사가 표시되었다고 볼 만한 사유가 있어야 할 것이다.

5) 손주찬(하), 102면 ; 서돈각 · 정완용(하), 89면.
6) 대법원 1992. 7. 28, 92다18535.

대법원 1992. 7. 28. 선고 92다18535 판결

원심판결 이유에 의하면 원심은 그 증거에 의하여, 소외 영호건설주식회사가 발행하고 원고가 배서한 것으로 되어 있는 판시 약속어음을 피고가 소지하고 있다가 원고를 상대로 위 약속어음등의 소송을 제기하여 그 소송 진행중 원고는 위 약속어음의 배서부분이 위조된 것이었는데도 이를 알지 못하고 얼핏 진정하게 이루어진 것으로 오인한 나머지 1989.12.1. 피고에게 위 약속어음금 합계금 3,000만 원과 그에 대한 이자 명목으로 금 400만 원을 지급하기로 약정하고 그날 현금 400만 원을 지급한 후 나머지 3,000만 원에 대하여는 그 지급을 위하여 판시 수표를 발행해 주고 위 약속어음을 반환받은 사실과 1989.12.5.에 이르러 비로소 위 약속어음등의 배서부분이 위조된 것을 알고 위 수표가 부도되면 행사책임을 질 것을 우려하여 어쩔 수 없이 위 수표금을 결재한 사실을 인정한 다음 결국 피고는 아무런 원인 없이 이득을 보았고 그 때문에 피해를 입은 사람은 원고이므로 피고에게 그로 인한 부당이득반환의무가 있다고 판단하였는바 기록에 비추어 원심의 판단은 수긍이 되고 거기에 지적하는 바와 같은 법리의 오해나 채증법칙위배, 심리미진의 위법이 없다.

(2) 피위조자의 귀책사유에 의한 표현책임

피위조자가 위조자에게 위조를 할 기회를 주었다면 피위조자는 표현책임을 부담하여야 한다. 즉, 제3자가 위조자에게 어음행위를 할 권한이 있다고 믿고 거래한 경우에 제3자의 신뢰에 대하여 피위조자에게 귀책사유가 있으면, 민·상법의 표현대리의 법리를 어음위조에 유추 적용하여 피위조자에게 어음상 책임을 물을 수 있다는 것이 다수설[7]과 판례의 입장이다. 한편 표현책임의 근거를 표현대리가 아닌, 권리외관이론에서 찾는 견해[8]도 있다.

판례[9]는 다른 사람이 본인을 위한다는 대리문구를 어음상에 기재하지 않고 본인명의로 기명날인하는 기관방식 또는 서명대리방식의 어음행위가 권한 없는 자에 의하여 이루어지는 것은 어음의 위조인데, 이 경우에도 제3자가 어음행위를 한 자에게 그 어음행위를 할 권한이 있다고 믿을 만한 사유가 있고, 본인에게도 책임질 만한 사유가 있는 때에는 민법상 표현대리를 유추 적용하여 본인의 책임을 인정하고 있다. 그러나 제3자가 위조어음이 진정한 것이라고 믿는데 대하여 정당한 사유

7) 최기원(어), 181면 ; 이철송(어), 124면 ; 정찬형(어), 174면.
8) 강위두 · 임재호(하), 112면.
9) 대법원 2000. 3. 23. 99다50385.

가 없으면 피위조자는 표현책임을 지지 않는다.

대법원 1969. 9. 30. 선고 69다964 판결(피위조자 책임인정)

어음행위를 함에 있어서 대리의 형식 즉 본인을 위하여 한다는 대리문구를 어음상에 기재하고 대리인이 기명날인을 하는 방식에 의한 어음행위를 한 때에 만일 그 대리인에 있어서 대리권한이 없는 때에는 어음법 제8조에 의하여 그 행위를 한 자에게만 책임이 있으나, 위와 같은 경우에도 표현대리의 요건이 구비된 때에는 그 본인에게 책임이 있다할 것인바 만일 위와 같은 대리의 방식에 의하지 않고 다른 사람이 직접 본인 명의로 기명날인을 하여 어음행위를 한 경우에 만일 이와 같은 형식의 어음행위가 본인 명의로 어음행위를 할 수 있는 권한에 의하여 이루어진 것이라면 실지로 어음행위를 한자는 본인의 수족과 같은 기관으로서 또는 소위 서명대리인으로서 한 것이라 할 것이므로 그 어음행위의 효과는 그 본인(어음행위자)에게 직접적으로 미친다 할 것이며 그 어음행위는 유효하다할 것이나 만일 권한 없이 위와 같은 기관 방식 또는 서명대리의 방식으로서 어음행위를 한 것이라면 이는 어음의 위조로서 원칙적으로 명의를 위조당한 본인에게는 책임이 없다 할 것이다. 그러나 제3자가 위와 같은 기관방식에 의하여서의 어음행위를 실지로 한 자에게 그와 같은 어음행위를 할 수 있는 권한이 있는 것이라고 믿을 만한 사유가 있고 본인에게 책임을 질만한 사유가 있는 경우에는 거래안전을 위하여 표현대리에 있어서와 같이 본인에게 책임이 있다고 해석하여야 할 것이다.

대법원 1999. 1. 29. 선고 98다27470 판결(피위조자의 책임부정)

어음행위의 위조에 관하여도 민법 제126조에서 규정하는 표현대리가 인정되려면 그 상대방에게 위조자가 어음행위를 할 권한이 있다고 믿은 데에 정당한 사유가 있어야만 하는 것이고, 이러한 정당한 사유는 어음행위 당시에 존재한 여러 사정을 객관적으로 관찰하여 보통인이면 유효한 행위가 있은 것으로 믿는 것이 당연하다고 보여지면 이를 긍정할 수 있지만, 어음행위가 일반의 거래관념에 비추어 특히 이례적으로 이루어진 경우에는 달리 특별한 사정이 없는 한 그 상대방이 위조자의 권한 유무와 본인의 의사를 조사·확인하지 아니하였을 경우에는 그 상대방이 위조자에게 어음행위를 할 권한이 있다고 믿었다고 하더라도 거기에 정당한 사유가 있다고 보기 어렵다. 소외 1이 위조한 피고 명의 배서의 상대방은 배서의 연속 등에 비추어 박장원이라고 볼 수 있고, 따라서 박장원이 이 사건 어음을 취득함에 있어 피고의 배서가 유효하게 이루어진 것이라고 믿은 데에 정당한 사유가 있을 경우 박장원으로부터 이 사건 어음을 취득한 원고도 피고에게 표현대리책임

> 을 물을 수 있다고 할 수 있겠지만, 박장원이 제1심 공동피고 1에게 이 사건 어음상에 피고의 배서를 받아달라고 요구하여 제1심 공동피고 1로부터 피고의 배서가 된 이 사건 어음을 교부받을 당시 그는 피고를 대면한 바 없을 뿐만 아니라 피고의 배서가 어떠한 경위로 이루어졌는지를 전혀 알지 못하고 있었고, 또 종전에 피고와 제1심 공동피고 1을 통한 위와 같은 방식의 어음거래를 하여 정상적인 결제가 이루어진 적이 없었음을 알 수 있으므로, 제1심 공동피고 1과 피고 사이의 신분관계나 거래관계를 감안하더라도, 박장원으로서는 이 사건 어음상의 피고의 배서가 과연 피고의 의사에 따라 이루어진 것인지를 별도로 조사·확인하여 보지 아니한 이상 피고의 배서가 유효하게 이루어진 것이라고 믿은 데에 정당한 사유가 있다고 볼 수 없다.

(3) 사용자책임

기업의 피용자가 권한없이 기업인감을 이용하여 어음행위를 하면 어음의 위조이지만, 제3자가 피용자에게 어음행위를 할 권한이 있는 것으로 믿고 그렇게 믿는데 대하여 사용자에게 귀책사유가 있으면 민법상 표현대리나 권리외관이론에 의하여 피위조자에게 어음책임을 물을 수 있다. 그러나 외관상 어음행위의 대리권이 있는 것으로 인정될 여지가 전혀 없는 경리담당직원이 어음행위를 한 경우에는 그에게 기본적 대리권이 없기 때문에 표현책임을 물을 수 없고, 민법 제756조에 의한 사용자책임의 법리에 의하여 피위조자인 기업에게 책임을 물을 수밖에 없다. 이때 피위조자의 책임은 불법행위책임이므로 다음과 같은 요건을 갖추어야 한다.

1) 사용관계의 존재 및 사무의 집행으로 인한 어음위조

불법행위에 의한 사용자책임이 성립하려면 사용자와 피용자 사이에 사용관계가 존재하여야 하고, 또 피용자가 사무집행과 관련하여 어음을 위조하여야 한다. 따라서 어음행위와 무관한 직무에 종사하는 피용자의 어음위조에 대하여는 피위조자의 사용자책임이 인정되지 않는다.

판례는 회사경리사원이 회사대표이사의 직인과 대표이사 개인인장을 보관하면서 회사의 지출결의나 대표이사 지시에 의하여 회사명의나 대표이사 개인 명의의 어음을 발행한 적이 수차례 있었다면, 대표이사의 지시 없이 대표이사 개인명의의 어음을 발행한 경우에도 사용자책임을 인정하고 있다.[10)]

---

10) 대법원 1982. 10. 26. 81다509.

그러나 직원의 업무가 자동차 판매, 수금 및 출고업무의 담당에 국한되어 있어서 어음의 배서나 할인 업무와 관련이 없을 뿐만 아니라 어음배서나 할인의 업무는 서울본사에서만 하였다면, 지방영업소에 근무한 직원의 약속어음의 배서나 할인은 직원의 직무범위를 벗어나므로 그가 한 배서위조와 어음할인행위에 대하여 회사의 책임이 없다고 하였다.

2) 제3자의 선의·무중과실

피위조자에게 사용자책임이 인정되려면 제3자에게 악의 또는 중대한 과실이 없어야 하므로, 어음취득자가 피용자의 어음행위가 그의 직무범위에 속하지 아니한 사실을 알았거나 중대한 과실로 인하여 알지 못하였다면 사용자는 책임을 지지 않는다. 이 때 제3자의 악의 및 중과실은 사용자가 입증해야 한다.

3) 책임의 범위

사용자책임은 불법행위책임이므로 사용자가 부담할 배상액은 어음상 금액이 아니라, 어음을 취득하기 위하여 실제로 지불한 금액이다. 과거 판례는 손해배상액을 어음의 액면금이라고 판시하였으나 그 후 전원합의체 판결[11]은 실제로 출연한 금액으로 변경하였다. 따라서 어음소지인이 어음할인을 한 경우에 손해배상액은 할인된 금액이고, 어음소지인에게 과실이 있을 때에는 손해배상의 원리에 의하여 과실상계를 할 수 있다.

대법원 1994. 11. 8. 선고 93다 21514 전원합의체 판결

1) 어음이 위조된 경우에 피위조자는 민법상 표현대리에 관한 규정이 유추적용될 수 있다는 등의 특별한 경우를 제외하고는 원칙적으로 어음상의 책임을 지지 아니한다. 그러나 피용자가 어음위조로 인한 불법행위에 관여한 경우에 그것이 사용자의 업무집행과 관련한 위법한 행위로 인하여 이루어졌으면 그 사용자는 민법 제756조에 의한 손해배상책임을 지는 경우가 있다. 이 경우에 사용자가 지는 책임은 어음상의 책임이 아니라 민법상의 불법행위 책임이므로 그 책임의 요건과 범위가 어음상의 그것과 일치하는 것이 아니다. 따라서 민법 제756조 소정의 사용자 책임을 논함에 있어서는 어음소지인이 어음법상 소구권을 가지고 있느냐는 등 어음법상의 권리유무를 따질 필요가 없다. 뿐만 아니라 어음소지인으로서는 위조된 배서를 진정한 것으로 믿고 할인금을 지급하는 즉시 그

11) 대법원 1994. 11. 8. 93다21514.

어음액면금이 아닌 그 지급한 할인금 상당의 손해를 입었다고 할 것이므로(당원 1992.6.23. 선고 91다43848 전원합의체 판결 참조) 그 후 어음소지인이 현실적으로 지급제시를 하여 지급거절을 당하였는지의 여부가 어음배서의 위조로 인한 손해배상책임을 묻기 위하여 필요한 요건이라고 할 수 없고, 어음소지인이 적법한 지급제시기간 내에 지급제시를 하지 아니하여 소구권 보전의 절차를 밟지 않았다고 하더라도 이는 어음소지인이 이미 발생한 위조자의 사용자에 대한 불법행위책임을 묻는 것에 장애가 되는 사유라고 할 수 없다(당원 1977.2.22. 선고 75다1680 판결; 1993.8.24. 선고 93다6164,6171 판결 참조).

이와는 달리 배서가 위조된 어음을 취득한 자가 그 후 적법한 지급제시기간 내에 지급제시를 하지 않았을 때에는 피위조자에 대하여 손해배상을 청구하지 못한다는 취지의 당원 1974.12.24. 선고 74다808 판결 및 1990.4.10. 자 89다카17331 결정과, 어음의 지급기일까지만 그 지급을 보증한다는 내용의 어음보증이 위조된 경우에도 그 어음소지인이 지급제시기간 내에 지급제시를 하지 아니한 때에는 그 위조자의 사용자인 피위조자에 대하여 손해배상을 청구하지 못한다는 취지의 당원 1986.3.11. 선고 85다카1600 판결; 1986.3.25. 선고 84다카2438 판결; 1986.9.9. 선고 84다카2310 판결 등은 이로써 모두 변경하기로 한다.

2) 위조된 약속어음을 취득함으로써 입은 손해는 다른 특별한 사정이 없는 한 이를 취득하기 위하여 현실적으로 출연한 할인금 상당액일 뿐, 소론과 같이 위 어음들이 진정한 것이었다면 원고가 지급받았을 것이라고 인정되는 그 어음액면 상당액이라고는 할 수 없다.

3) 원고가 조선무약합자회사 명의의 배서를 피고 회사 명의의 배서로 오인한 과실이 있다고 하더라도 위 배서는 피고 회사의 명칭 가운데 '약(藥)'자를 그와 거의 유사한 '락(樂)'자로 바꾼 데 지나지 아니하여 주의깊게 살피지 아니하면 그러한 사실을 발견하기가 어려울 뿐만 아니라 위 배서에 기재된 배서인의 주소나 그 대표의 명칭이 피고 회사의 실제 주소나 대표의 명칭과 일치하는 점, 원고가 위 어음들을 할인함에 있어 피고 회사에 확인하는 조치를 취하였던 점 등에 비추어 보면 비록 원고가 어음할인 등을 전문으로 하는 금융기관인 점을 고려하더라도 원고의 위와 같은 과실이 그렇게 중하다고 하기는 어려울 것이다(기록에 의하면 원고 외의 다른 금융기관들도 소외 이 같은 방법으로 위조한 조선무약합자회사 명의의 배서가 있는 어음을 피고가 배서한 어음인 것으로 믿고 어음을 할인하여 준 사실을 알 수 있다). 반면 이 사건에 나타난 피고측의 과실을 본다면 피고의 직원들이 피고가 실제로 어음에 배서하였는지를 확인하여 보지 아니하고 피고가 배서한 것이라고 답변한 것은 고의 내지 고의에 가까운 중대한 과실이라고 할 것이고, 위와 같은 직원들을 제대로 감독하지 못한 피고의 과실 또한 결코 가벼운 과실이라고는 할 수 없을 것인데, 원심이 이러한 피고의 과실과 비교하여서도 원고의 과실비율이 피고의 과실비율의 두 배가 넘는 70%

> 나 된다고 본 것은 결국 과실상계의 비율판단을 그르쳐 현저히 형평에 반하는 결과를 초래한 것이라고 하지 않을 수 없고(당원 1994.5.27. 선고 93다21521 판결 참조) 이 점을 지적하는 논지도 이유가 있다.

4) 사용자책임과 소구권보전절차

과거 판례는 피위조자에게 사용자책임을 묻기 위한 전제로서 어음소지인의 소구권보전절차이행을 요구하였다. 즉 "배서가 위조된 어음소지인이 지급제시기간 내에 지급제시를 하지 아니함으로써 소구요건을 갖추지 못한 경우에는 사기로 인한 불법행위가 없었다 하여도 지급제시기간의 경과로 소구권을 상실하여 배서명의인에 대하여 약속어음의 어음상의 권리를 소구할 수 없는 것이므로 위조자의 사용인인 배서명의인에 대하여 위 어음배서를 진정한 것으로 믿고 취득함으로써 입은 손해라 하여 그 어음금 또는 할인금의 지급을 구할 수도 없다"고 하였다.[12]

그러나 대법원 1994. 11. 8. 선고 93다21514 전원합의체 판결은 "사용자책임에서는 어음소지인이 어음법상 소구권을 가지고 있느냐는 등 어음법상의 권리유무를 따질 필요가 없을 뿐만 아니라 어음소지인으로서는 위조된 배서를 진정한 것으로 믿고 할인금을 지급하는 즉시 그 어음액면금이 아닌 그 지급한 할인금 상당의 손해를 입었다고 할 것이므로 그 후 어음소지인이 현실적으로 지급제시를 하여 지급거절을 당하였는지의 여부가 어음배서의 위조로 인한 손해배상책임을 묻기 위하여 필요한 요건이라고 할 수 없고, 어음소지인이 적법한 지급제시기간 내에 지급제시를 하지 아니하여 소구권보전의 절차를 밟지 않았다고 하더라도 이는 어음소지인이 이미 발생한 위조자의 사용자에 대한 불법행위책임을 묻는 것에 장애가 되는 사유라고 할 수 없다"고 함으로써 종전의 견해를 변경하였다.

(4) 신의칙에 의한 책임

피위조자는 위조의 항변을 누구에게나 주장할 수 있다. 그러나 피위조자의 위조항변이 그의 선행행위와 모순되는 경우에는 신의성실의 원칙(민 2조)에 위배되므로 피위조자는 어음상 책임을 부담하여야 한다. 피위조자가 위조사실을 알면서 동일한 위조자에 의한 어음금을 반복 지급함으로써 그에게 계속적인 위조행위를 가능하도록 묵인한 후에 위조항변을 하는 것은 선행행위와 모순되는 행위로서 신의성

---

12) 대법원 1990. 4. 10. 89다카17331.

실의 원칙에 위배되므로 피위조자는 어음금을 지급하여야 한다고 판시하였다.[13)]

2. 어음위조자의 책임

(1) 어음상 책임

어음위조자가 민법상 불법행위책임과 형법상의 유가증권위조죄의 처벌을 부담하는 것과 별도로 어음상 책임을 부담하는지 여부에 대하여 견해가 나누어진다.

1) 부정설

위조어음에 위조자의 이름이 표시되지 않으므로 어음의 문언성상 위조자가 어음채무를 부담할 기초가 없고 또 제3자도 위조자를 신뢰하고 거래를 하지 않기 때문에 위조자에게 어음책임을 인정할 근거가 없다는 통설의 입장이다.[14)]

2) 긍정설

어음상 책임을 부담하지 않는 피위조자를 대신하여 위조자가 어음상 책임을 부담하여야 한다고 한다. 어음의 문언성상 위조자의 책임을 인정할 수 없다고 주장하지만, 문언성은 선의취득자 보호를 위하여 요청되는 것이지, 위조자를 면책시키는 근거가 될 수 없다고 한다. 또 어음위조자의 책임을 인정하더라도 누구에게도 해가 되지 않을 뿐만 아니라 어음거래의 안전을 해치지도 않는다.

그리고 어음소지인이 피위조자에게 불법행위책임을 묻기 위해서는 불법행위의 요건을 입증하여야 하지만 입증이 쉽지 않고, 또 과실상계에 의하여 손해배상액이 어음금액보다 감액될 수 있기 때문에 어음책임을 별도로 인정할 실익이 있다고 한다. 한편 위조자의 어음책임을 인정하는 근거로 무권대리규정 유추적용설과 위조자행위설로 나누어진다.

가. 무권대리규정 유추적용설

어음의 무권대리는 권한없는 자가 대리의 방식으로 어음행위를 한 것이고, 어음위조는 권한없는 자가 대행의 방식으로 어음행위를 한 차이가 있으나, 그 외에는 구조가 동일하므로 어음위조자책임에 무권대리규정(어 8조, 11조 2항)을 유추 적용할 수 있다고 한다.[15)]

---

13) 대법원 1972. 11. 28. 72다36.

14) 이철송(어), 133-134면 ; 최준선(어), 136-137면.

나. 위조자행위설

위조자는 어음행위를 자기명의로 하였든 타인명의로 하였든 간에 그가 어음에 직접 기명날인 또는 서명을 함으로써 채무부담 의사를 표시한 것이므로 위조자는 자기의 어음행위에 대하여 책임을 부담하여야 한다고 한다.[16]

3) 소 결

무권대리 유추적용설은 무권대리와 위조의 구조가 같다는 전제에서 어음위조에 무권대리를 유추 적용하여야 한다고 주장하지만, 무권대리는 권한없는 자(무권대리인)의 이름이 어음에 표시되지만, 위조는 권한없는 자(위조자)가 어음에 표시되지 않으므로 그 형식이 다르고, 또 어음에 나타나지 않은 위조자에게 어음책임을 부담시키면 어음의 문언성에 어긋난다.

한편 위조자행위설이 피위조자의 명칭을 자기를 표시하는 명칭으로 하여 위조자가 기명날인 또는 서명을 한 것이 위조라고 주장하지만, 표시되지 않은 위조자가 자기를 표시한다고 보기 어렵고 오히려 위조자가 자기를 숨길 목적으로 대리방식이 아닌 대행방식을 사용하였다고 보아야 하기 때문에 이 견해도 타당하지 않다.

생각건대, 위조자에 대하여 민법상 불법행위책임을 추궁하는 것이 어음금을 청구하는 것보다 시효, 손해액, 피해자의 범위 확장 등 여러 면에서 결코 불리하지 않다. 따라서 어음위조자에 대한 책임은 불법행위책임으로 충분하므로, 구태여 어음의 문언성을 희생시키면서까지 어음상 책임을 물을 필요가 없어 부정설이 타당하다.[17]

3. 위조어음에 기명날인 또는 서명을 한 자의 책임

위조어음에 기명날인 또는 서명을 한 자는 어음행위독립의 원칙에 의하여 기재된 어음문언에 따라서 책임을 부담한다(어 7조). 어음행위자가 위조사실을 알고 있는 악의자라 하더라도 어음문언에 의하여 어음책임을 부담하는데, 그 이유는 형식상 하자가 없는 어음에 기명날인 또는 서명을 한 자는 선행하는 어음의 실질적 무효를 알고 있었더라도 그와 상관없이 자기의 후자에게 어음채무를 부담할 의사에

15) 정찬형(어), 183면 ; 정동윤(어), 199-200면.

16) 최기원(어), 199-200면.

17) 최준선(어), 136-137면.

의하여 어음에 기명날인 또는 서명을 하였기 때문이다.

3 위조의 입증책임

위조의 입증책임을 누가 부담할 것인가에 대하여 법률상 규정이 없으므로 입증책임의 일반원리에 따라 위조를 주장하는 피위조자가 위조사실을 입증할 책임이 있다는 견해[18]가 있다. 한편 어음금을 청구하는 어음소지인이 피위조자의 기명날인 또는 서명이 진정한 것임을 입증하여야 한다는 견해에 의하면 피위조자가 자기의 기명날인 또는 서명이 위조되었다고 주장하는 것은 어음청구의 원인사실에 대한 부인이므로, 어음소지인이 어음금청구원인의 요건으로서 기명날인 또는 서명이 진정하다는 것을 입증하여야 한다고 주장한다.[19]

생각건대 피위조자의 위조주장은 어음금 청구원인사실에 대한 부인이므로, 입증책임분배의 원리상 어음금을 청구하는 어음소지인이 기명날인 또는 서명의 진정을 입증하는 것이 타당하다. 과거 판례는 약속어음의 배서가 형식적으로 연속이 되었으면 그 소지인은 정당한 소지인으로 추정되고, 배서가 위조된 경우에도 위조를 주장하는 피위조자가 위조사실과 어음소지인이 선의취득자가 아니라는 사실을 입증하여야만 위조책임을 부담하지 않는다는 피위조자입증설을 취하였으나, 1993. 8. 24. 선고 93다4151 전원합의체판결에 의하여 어음금을 청구하는 어음소지인이 어음채무자로 기재된 자의 기명날인이 진정한 것임을 입증하여야만 어음금청구가 인용된다는 어음소지인 입증책임설로 변경되었다.

대법원 1993. 8. 24. 선고 93다4151 전원합의체 판결

민사소송에서의 입증책임의 분배에 관한 일반 원칙에 따르면 권리를 주장하는 자가 권리발생의 요건사실을 주장 입증하여야 하는 것이므로, 어음의 소지인이 어음채무자에 대하여 어음상의 청구권을 행사하는 경우에도 어음채무발생의 근거가 되는 요건사실, 즉 그 어음채무자가 어음행위를 하였다는 점은 어음소지인이 주장 입증하여야 된다고 볼 것이다. 배서의 자격수여적 효력에 관하여 규정한 어음법 제16조 제1항은 어음상의 청구권이 적법하게 발생한 것을 전제로 그 권리의 귀속을 추정하는 규정일 뿐, 그 권리의 발생 자체를 추정하는 규정은 아니라고 해석되

18) 서돈각 · 정완용(하), 89면.
19) 이철송(어), 135-136면 ; 최기원(어), 194-195면 ; 정동윤(어), 199-200면 ; 정찬형(어), 188면.

므로, 위 법조항에 규정된 "적법한 소지인으로 추정한다"는 취지는 피위조자를 제외한 어음채무자에 대하여 어음상의 청구권을 행사할 수 있는 권리자로 추정된다는 뜻에 지나지 아니하고, 더 나아가 자신의 기명날인이 위조된 것임을 주장하는 사람에 대하여 까지도 어음채무의 발생을 추정하는 것은 아니라고 할 것이다. 그렇다면 어음에 어음채무자로 기재되어 있는 사람이 자신의 기명날인이 위조된 것이라고 주장하는 경우에는 그 사람에 대하여 어음채무의 이행을 청구하는 어음의 소지인이 그 기명날인이 진정한 것임을 증명하지 않으면 안 된다고 볼 수밖에 없다. 종전에 당원이 판시한 의견 중 이와 견해를 달리하여 자신의 배서가 위조되었음을 주장하는 사람이 그 위조사실 및 소지인이 선의취득을 하지 아니한 사실을 입증하여야만 배서인으로서의 책임을 면할 수 있는 것이라고 해석한 의견(1971. 5. 24. 선고 71다570 판결; 1987. 7. 7. 선고 86다카2154 판결 등)은 변경하기로 한다.

제2절 어음의 변조

1 변조의 의의

어음의 변조란 권한 없이 어음의 문언을 변경하는 것이다. 즉, 권한 없는 자가 완성된 어음의 기명날인 또는 서명 이외의 기재사항을 변경하는 것이다. 변조는 권한 없는 자가 어음의 기재내용을 변경하는 것이므로 권한 있는 자의 기재내용의 변경은 변조가 아니다. 판례는 약속어음 발행인이 어음수취인을 변경한 것은 처음 어음행위의 목적에 부합하도록 정정한 것이므로 변조가 아니라고 하였다.[20)]

그러나 어음상 다른 권리자나 의무자가 존재하는 상태에서 그러한 자의 동의 없이 어음행위자가 기재내용을 변경하는 행위는 변조에 해당된다. 따라서 어음보증인의 동의 없이 수취인을 변경한다든가[21)] 배서인의 동의 없이 지급기일을 변경하는 행위[22)]는 변조에 해당된다. 어음에 기명날인 또는 서명을 한 자가 여러 명인 경우, 내용의 변경에 일부는 동의하고 일부는 부동의 하였다면 동의한 자들에 대

20) 대법원 1993. 7. 13. 93다753.
21) 대법원 1981. 11. 24. 80다2345.
22) 대법원 1987. 3. 24. 86다카37.

하여는 유효한 변경이 되고 부동의한 자들에 대하여는 변조가 되므로, 동의한 자들은 변조 후의 문언에 의하여, 부동의한 자들은 변조 전의 문언에 의하여, 어음책임을 각각 부담한다고 본다.[23]

변경된 부분이 어음요건이거나 유익적 기재사항(무담보문구)인 경우는 변조이지만 무익적 기재사항인 경우는 어음의 효력에 영향을 미치지 않으므로 변조가 아니다. 하지만 변조로 인하여 어음요건의 흠결이 생기거나 유해적 기재사항이 추가 기재된 때에는 어음의 훼멸(毁滅)로서 어음이 무효가 된다. 따라서 변조 이후에도 어음의 형식적 요건을 구비해야 유효한 어음이다.

변조의 방식은 현존문언을 변개하든가, 말소하든가, 새로운 문언을 삽입하든가 상관이 없다. 변조는 어음행위가 아닌 사실행위이므로 변조자의 고의 · 과실을 요구하지 않는다.

대법원 1995. 5. 9. 선고 94다40659 판결

어음의 변조라 함은 권한 없이 어음의 효력이나 어음관계자의 권리의무의 내용에 영향을 미치는 어음의 문언을 변경하는 것을 말하므로, 피고가 이 사건 어음의 수취인란을 공란으로 하여 소외 주식회사 선진축산 대표이사 이성수에게 발행, 교부하였고, 위 소외회사가 원고에게 위 어음을 배서양도한 이 사건에서 원고가 수취인을 "이성수"라고 보충하였다가 "주식회사 선진축산 대표이사 이성수"라고 정정하는 것은 발행인인 피고나 제1배서인인 위 소외 회사 등 어음행위자들의 당초의 어음행위의 목적에 부합하고, 그로 말미암아 어음의 효력이나 어음관계자의 권리의무의 내용에 영향을 미치지 않으므로, 이는 단순히 착오로 기재된 것을 정정한 것에 불과하고 어음을 변조한 경우에 해당한다고 볼 수 없다(당원 1993. 7. 13. 선고 93다753 판결 참조).

변조와 백지어음의 보충권남용은 구별되는데, 전자는 변조 전이나 후에도 어음의 형식적 요건이 구비되어야 하지만, 후자는 미완성어음을 합의한 내용과 다르게 기재한다는 점에서 다르다. 미완성어음인 백지어음의 백지에 기재한 내용을 권한없이 변경하는 것은 변조라고 할 수 있다. 가계수표의 금액란 밑에 연필로 금액을 기재하여 발행하였는데 권한없이 기재된 금액을 지우고 다른 금액을 기재한 경우에는 연필로 기재한 금액은 확정적 기재로 볼 수 없기 때문에 보충권남용이 될 여

23) 최기원(어), 204면.

지는 있더라도 변조의 대상은 존재하지 않으므로 변조로 볼 수 없다는 하급심판례[24]가 있다. 변조는 수취인에게 대항할 수 있는 물적항변사유이지만, 백지보충권의 남용은 직접 당사자에게만 주장할 수 있는 인적항변사유이다.

2 변조의 효과

1. 변조 전의 기명날인 또는 서명한 자의 책임

(1) 원칙(원문구에 의한 책임)

어음의 변조 전에 기명날인 또는 서명한 자는 변조 전의 문구에 따라 책임을 진다(어 69조 전단, 77조 1항 7호). 권한 없는 자의 어음변조로 말미암아 새로운 어음책임이 발생하더라도 그 사실을 알지 못하고 변조 전에 기명날인 또는 서명을 한 어음행위자에게는 영향을 미치지 않고, 또 변조 때문에 기존의 책임이 면제되지도 않으므로 변조 전의 원래 문구에 의하여 책임을 진다. 변조 전의 어음행위자는 이를 누구에게나 주장할 수 있다. 어음금액이 변조된 경우에는 변조 전의 어음행위자는 변조 전의 금액에 한하여 책임을 지지만, 그 밖의 만기, 지급장소, 수취인 등이 변조된 경우에는 사정이 조금씩 다르다.

만기가 변조된 경우에 변조 전의 기명날인 또는 서명을 한 소구의무자는 변조 전의 만기를 기준으로 산정한 기간 내에 어음소지인의 지급제시 및 지급거절증서 작성이 된 경우에만 소구의무를 부담한다. 그리고 변조 후에 기명날인 또는 서명을 한 자는 변조된 만기를 기준으로 지급제시와 소구권보전절차가 갖추어질 때만 소구책임을 부담한다. 따라서 어음의 최종소지인이 만기가 변조된 사실을 알지 못하여 만기 전의 소구의무자에게 적기에 지급제시나 지급거절증서작성을 하지 못하였다면 그에게 소구권행사를 할 수 없다.

대법원 1996. 2. 23. 선고 95다49936 판결

이 사건 약속어음의 최종 소지인인 원고가 배서인인 피고에 대하여 변개 전의 원문언에 따른 소구의무자로서의 책임을 묻기 위하여서는 원고가 변개 전의 원문언에 따른 적법한 지급제시를 하였음이 인정되어야 할 것인바, 변개 전의 원문언

24) 서울지방법원 북부지원 1994. 8. 24. 94가단9273.

> 에 따른 이 사건 약속어음의 지급기일이 1994. 2. 25.임은 원심이 적법하게 확정한 바이고, 기록에 의하면 원고는 이 사건 약속어음이 변개된 후인 같은 해 3. 9.에야 비로소 위 어음을 취득하였다고 주장하고 있을 뿐만 아니라, 원고가 변개 전의 원문언에 따른 지급제시기간 내에 이 사건 약속어음을 지급제시하였음을 인정할 만한 증거도 엿보이지 아니하므로(원고도 위 어음을 1994. 4. 7.에 지급제시하였다고 주장하고 있다.), 원고의 피고에 대한 소구권은 요건 흠결로 상실되어 원고는 피고에 대하여 변개 전의 원문언에 따른 책임도 물을 수 없다고 할 것이다.

지급지나 지급장소가 변경된 경우에 변경 전에 기명날인 또는 서명을 한 자에 대하여는 변조 전의 지급지 또는 지급장소에서 지급제시를 하여야 한다. 수취인의 변경이 변조에 해당되는가에 관하여는, 수취인의 변경은 권리의 귀속에 관한 사항으로서 어음상 권리관계의 내용이 아니므로 어음법 제69조의 변조가 아니라는 견해가 있으나 변조란 기명날인 또는 서명 외의 어음내용을 권한없이 변경하는 것이므로 수취인의 변경도 변조로 보는 것이 타당하며, 판례도 같은 입장이다.

그리고 수취인의 이름이 변조된 경우에 변조 후의 수취인으로부터 현재의 소지인까지 배서의 형식적 연속이 이루어진 때에는 현재의 소지인은 적법한 소지인(선의취득자)으로 추정되므로, 환어음을 발행한 어음채무자는 변조의 항변으로 그 지급을 거절할 수 없다고 보는 견해[25]와 변조는 물적항변으로서 어음채무자는 어음의 선의의 소지인에게도 수취인 명의의 변조를 주장하여 지급을 거절할 수 있으므로, 어음소지인이 원래의 수취인으로부터의 어음 취득경로를 증명하지 않는 한 어음금을 청구할 수 없다는 견해[26]가 대립한다. 생각건대 변조는 물적항변이므로 선의취득자에게도 대항할 수 있다는 견해가 일관성이 있어 타당하다.

대법원 1981. 10. 13. 선고 81다726 · 81다카90 판결

> (1) 어음발행인이 자기 수중에 있는 어음의 기재내용에 어떠한 변경을 가하여도 이는 통상 권리자의 변경행위로서 변조가 되지 않는 것이나, 다만 그 어음상에 다른 권리 또는 의무를 가진 자가 있을 때에는 이러한 자의 동의를 받지 아니한 변경은 변조에 해당하는 것이다. 원심이 적법히 확정한 사실에 의하면, 소외 전원개발주식회사의 대표이사인 소외인은 1979.9.29 소외 한국에이스주식회사를 수취인으로 기재하여 작성한 이 사건 약속어음에 피고로부터 발행인을

25) 최기원(어), 209-210면 ; 이철송(어), 140면.

26) 최준선(어), 155면.

위한 어음보증을 받은 다음, 피고의 동의 없이 멋대로 수취인 난의 기재를 삭제하고 원고에게 이를 교부하여 원고가 그 수취인 난에 자신의 이름을 써 넣었다는 것이므로 위와 같은 약속어음의 수취인난 기재 변경은 피고에 대한 관계에 있어서 어음의 변조에 해당한다고 본 원심 조치는 정당하다.

(2) 그리고, 위와 같이 어음의 변조에 해당한다고 보는 이상 변조 전의 문언에 따른 당초의 수취인 한국에이스주식회사에 대한 어음채무의 내용과 변조 후의 원고를 수취인으로 하는 어음채무의 내용과 사이에 차이가 없다고 하여도, 원래 어음보증은 어음상 채무를 담보함을 목적으로 하는 부속적 어음행위로서 주된 채무의 형식적 존재를 전제로 한 것인데, 이 사건 어음보증의 주된 채무는 발행인의 수취인 한국에이스주식회사에 대한 채무이며 원고에 대한 채무가 아니므로 변조된 수취인인 원고에 대하여서까지 어음보증의 책임을 물을 수 없는 것이다.

(3) 다만, 변경 전 수취인과 변경 후 수취인 사이에 어음상 권리의 실질적 양도가 인정되는 경우, 즉 어음상 권리를 양도하면서 배서양도의 방식에 의하지 아니하고 변칙적인 방식으로 수취인 명의를 변경한 경우에 권리양수인인 변경 후의 수취인이 발행인에 대하여 그 권리양수를 대항할 수 있는 경우에는 어음보증인은 변경 후의 수취인에 대하여 어음보증의 책임을 면할 수 없다고 할 것인바, 이것은 민법상 보증에 있어서도 주된 채권의 양도로 채권자가 변경될 경우에는 주된 채권에 부수된 보증채무도 이전되는, 이른바 보증채무의 수반성이 인정됨에 비추어 보아도 당연한 것이다. 그러나, 이 사건 어음의 수취인 변경은 위와 같은 실질적 어음상 권리의 양도에 의한 것이 아님이 원심 확정사실에 비추어 분명하므로 실질적 권리양도가 있은 경우와 같이 어음보증인의 책임을 물을 여지도 없다.

(4) 위에서 본 바와 같이 이 사건 약속어음의 수취인 한국에이스주식회사의 명의를 삭제하고 원고에게 교부하여 수취인으로 그의 이름을 기재케 한 것을 어음의 변조라고 보는 이상 수취인 백지의 어음을 원고에게 교부하여 수취인 명을 보충케 한 것과 동일하게 볼 수 없음이 명백하여, 백지의 보충이 잘못되었다는 보충권 남용의 주장은 인적 항변에 불과하나 어음변조의 주장은 이를 단순히 발행인과 어음보증인인 피고와 사이의 인적 관계에 관한 항변이라고 볼 수 없다.

(2) 예외(변조 후 문구에 의한 책임)

변조 전의 어음행위자가 변조된 문구를 추인하거나 또는 어음면의 변경을 사전에 동의한 경우에는 변조 후의 문구에 의하여 책임을 부담한다. 변조에 대한 동의는 자기 이후의 배서인 또는 현재소지인에게 할 수 있으며 그 효력은 동의를 한 상대방에게만 미친다.

변조 전의 어음행위자가 그의 귀책사유로 변조를 가능하게 한 외관을 야기한 때에는 변조 전의 어음행위자도 변조 후의 문구에 따라서 책임을 진다. 변조 전에 어음행위자가 어음금액란에 변조하기 쉽도록 부주의하게 기재한 경우(금 一百萬圓으로 기재하여 一을 二나 三처럼 변조가 용이하게 한 경우) 또는 어음금액을 연필로 기재함으로써 쉽게 지우고 변경할 원인을 제공한 경우 등이 여기에 해당될 것이다.

2. 변조 후의 기명날인 또는 서명한 자의 책임

변조 후에 어음에 기명날인 또는 서명을 한 자는 변조 후 문구에 따라 책임을 진다(어 69조, 77조 1항 7호). 즉, 변조 후 문구를 확인하고 자기의 의사표시로서 어음행위를 한 책임을 부담하는 것이다. 따라서 변조 후의 어음에 기명날인 또는 서명을 한 자는 변조된 사실을 알았든 몰랐든 간에, 또 변조어음의 취득자가 선의든 악의든 간에, 변조 후의 문구대로 책임을 부담한다. 따라서 변조어음의 취득자가 악의 또는 중과실로 어음을 취득하였더라도 변조 후의 기명날인 또는 서명을 한 자에 대하여 변조 후의 문구에 따른 어음상 권리를 취득한다.

하지만 변조로 인하여 어음요건이 흠결되어 어음이 무효가 된 경우에 변조 전에 기명날인 또는 서명을 한 자는 원래 문구에 의하여 어음책임을 부담하지만, 변조 후 어음에 기명날인 또는 서명을 한 자는 무효어음에 기명날인 또는 서명을 하였기 때문에 어음상 책임을 지지 않는다. 그리고 변조 전에 기명날인 또는 서명을 한 자를 위하여 변조된 후에 어음보증이나 참가인수를 한 경우에는 어음법 제69조에도 불구하고 변조 전의 문구에 따라 의무를 부담하는데, 그 이유는 보증이나 인수는 피보증인 또는 피참가인과 동일한 책임을 지기 때문이다(어 32조 1항, 58조 1항).[27]

3. 변조자의 책임

(1) 어음상 책임

변조자가 변조 후에 어음에 기명날인 또는 서명을 한 때에는 변조된 문구에 기명날인 또는 서명을 하였으므로 변조된 문구에 의하여 책임을 진다. 변조자가 변

27) 최기원(어), 212면.

조를 하였으나 기명날인 또는 서명을 하지 아니한 경우(백지식 배서를 통하여 어음을 취득한 자가 어음을 변조한 후 제3자에게 교부하여 양도한 경우)에 어음책임을 부담하는가에 관하여는 어음의 문언성상 기명날인 또는 서명을 하지 않은 자는 어음책임을 부담하지 않는다는 다수설[28]과 어음법 제8조의 무권대리 규정을 유추적용하여 위조자에게 어음상 책임이 인정된다는 견해에 따라 변조자도 어음상 책임이 인정된다는 소수설[29]이 있다.

생각건대 위조자와 무권대리인은 스스로 기명날인 또는 서명을 함으로써 어음채무를 부담하는 자가 있는 것과 같은 외관을 야기하였기 때문에 책임을 부담하지만, 변조자는 어음에 표시되지 않으므로 어음의 문언증권성상 어음상 책임이 없다고 본다.

(2) 그 밖의 책임

어음의 변조자는 유가증권변조죄(형 214조)를 위반하였고, 어음의 변조로 인하여 재물의 교부를 받거나 재산상 이익을 취득한 경우에는 사기죄(형 347조)에 해당될 수 있다.[30] 어음의 변조로 제3자에게 손해를 끼친 경우에는 불법행위로 인한 손해배상책임(민 750조)도 부담하여야 한다.

(3) 어음상 권리취득

변조자가 변조 후 문구에 의한 권리를 취득할 수 없지만, 그가 '어음소지인'인 경우에는 변조 전의 문구에 따른 어음상 권리는 상실하지 않으므로 변조 전에 기명날인 또는 서명을 한 자에 대하여 변조 전의 어음상 권리를 취득한다.[31]

3 변조의 입증책임

변조된 어음에 여러 명이 기명날인 또는 서명을 한 경우에 이들 책임은 변조 전인가 후인가에 따라 달라진다. 그런데 변조의 시기에 대한 입증책임을 누가 부담하는가에 관하여 견해가 대립한다.

---

28) 최기원(어), 214면 ; 이철송(어), 135-136면 ; 최준선(어), 149-150면.
29) 정동윤(어), 204면 ; 정찬형(어), 197면.
30) 대법원 1983. 7. 12. 82도680.
31) 최기원(어), 216면 ; 정찬형(어), 197면.

1. 변조의 인식가능성에 따라 구별하는 설

외관상 어음의 변조가 명백한 경우에는 어음소지인에게 변조에 대한 입증책임이 있으므로, 어음소지인이 변조 전의 문구에 의한 어음책임을 주장하려면 어음채무자의 기명날인 또는 서명이 변조 전에 이루어졌다는 것과 원래의 문구를 입증하여야 하고, 변조 후의 문구에 의하여 책임을 주장하려면 어음채무자의 기명날인 또는 서명이 변조 후에 이루어졌다는 것을 입증하여야 한다. 따라서 어음소지인이 원 문구를 입증하지 못하면 어음채무자에게 변조 전의 문구에 의한 책임을 묻지 못하고, 또 변조 후에 어음채무자가 기명날인 또는 서명을 하였다는 사실을 입증하지 못하면 변조 후의 문구에 의해서도 책임도 묻지 못하는 경우가 생길 수 있다.

그러나 어음상 변조여부가 명백하지 아니한 경우에는 거래안전을 보호하기 위하여 변조가 없는 것으로 추정하여 어음소지인은 현재의 문언에 따라 어음금을 청구할 수 있는바, 어음채무자가 변조에 대한 입증책임을 부담하므로, 그가 현재의 문구에 따른 책임을 회피하려면 자기의 기명날인이나 서명이 변조 전에 이루어진 사실과 원래의 문구를 입증하여야 한다는 것이 다수설의 입장[32]이다.

2. 어음소지인이 부담한다는 설

어음소지인이 현재의 문구에 의하여 어음금을 청구할 때, 어음채무자가 변조를 주장하면서 이행거절을 하는 것은 소송법상 채무부담의 간접부인이므로, 어음상 변조가 명백한지 여부와 상관없이 어음채무자가 부담할 채무의 내용에 관한 입증책임은 어음소지인이 항상 부담한다는 입장이다.[33]

3. 소 결

판례가 어느 견해를 취하는지 명확하지 않다. 약속어음의 발행인이 배서인의 동의 없이 지급기일을 변경하고 발행인이 정정 날인하여 변조의 사실이 명백한 경우에, 그 변조의 효과를 주장하는 자인 어음채무자가 약속어음이 변조된 사실 즉 그 약속어음에 서명 날인할 당시의 어음문언을 입증할 책임을 진다고 판시한 사례가

32) 최기원(어), 212-213면 ; 정찬형(어), 201면 ; 양명조(어), 143면.
33) 정동윤(어), 205 ; 최준선(어), 154면.

있는가 하면,[34] 동일한 사안에 대하여 어음소지인이 기명날인한 자 또는 서명자에게 그 변조 후의 문언에 따른 책임을 지우려면 그 기명날인 또는 서명이 변조 후에 있은 것 또는 기명날인자 또는 서명자가 그 변조에 동의하였다는 사실을 입증하여야 한다고 함으로써 어음소지인에게 입증책임을 부담시킨 사례가 있다.[35]

변조사실이 명백하지 아니한 경우에는 어음채무자에게 원 문구에 의한 책임을 부담시키고자 하면 변조 전의 문구와 자기가 변조 전에 기명날인 또는 서명하였음을 주장 입증하여야 한다고 판시하고 있다.[36] 즉, 어음발행인이 자기가 발행할 때에 어떤 방법(필기인가 타자인가)으로 어떤 문자(국한문인가 아바비아 숫자인가)로 써주었다는 것을 밝혀야 하는데, 이를 밝히지 못하고 추상적으로 변조되었다는 주장만으로는 변조의 입증책임을 다하지 못하였으므로, 어음발행인은 현재의 문구에 따라서 어음책임을 부담한다고 하였다.

생각건대 채무자가 부담하는 채무의 내용에 대한 입증책임은 항상 어음소지인에게 있다는 소수설이 입증책임의 원리에 충실한 면이 있으나, 어음의 변조여부를 식별하기 곤란한 경우에도 어음소지인에게 어음채무자의 기명날인 또는 서명이 변조된 후에 이루어진 사실을 입증하도록 요구하는 것은 과도하게 어음채무자를 보호하는 것으로서 어음유통성을 해치므로 다수설이 타당하다.

대법원 1987. 3. 24. 선고 86다카37 판결(변조가 명백한 경우 어음소지인이 입증책임부담)

어음발행인이라 하더라도 어음상에 권리의무를 가진 자가 있는 경우에 이러한 자의 동의를 받지 아니하고 어음의 기재내용에 변경을 가하였다면 이는 변조에 해당할 것이고 약속어음에 배서인이 있는 경우 배서인은 어음행위를 할 당시의 문언에 따라 어음상의 책임을 지는 것이지 그 변조된 문언에 의한 책임을 지울 수는 없는 것이다. 또, 어음의 문언에 변개(개서)가 되었음이 명백한 경우에 어음소지인이 기명날인자(배서인등)에게 그 변개 후의 문언에 따른 책임을 지우자면 그 기명날인이 변개 후에 있은 것 또는 기명날인자가 그 변개에 동의하였다는 것을 입증하여야 할 것이다. 기록에 의하여 이 사건 약속어음인 갑 제1호증의 1,2의 문언을 보면, 소외 이상만이 발행하여 소외 홍재락, 피고 김은환, 피고 서진석, 소외 주식회사 상호무역, 소외 박일선을 거쳐 원고앞으로 배서연속이 되어 있으나 그 어음전면 지급기일이 1984.7.20에서 9.20로 변개(개서)되고 여기에 발행인인 위 이상만의

34) 대법원 1985. 11. 12. 85다카131.
35) 대법원 1987. 3. 24. 86다카37.
36) 대법원 1990. 2. 9. 89다카14165.

정정인만이 날인되어 있음이 명백하므로 이러한 경우 어음소지인인 원고가 배서인인 피고들에게 위 변개된 문언에 따른 책임을 구하기 위하여는 피고들의 배서가 위 변개 후에 되었거나 또는 피고들이 그 변개를 동의하였다는 점을 입증해야 할 것이고, 원고가 그 입증을 다하지 못하면 그 불이익은 원고가 입어야 할 것이다.

대법원 1990. 2. 9. 선고 89다카14165 판결(변조가 불분명한 경우 어음채무자가 입증책임부담)

원심판결 이유에 의하면, 원심은 을제4호증의 8, 9의 각 기재와 증인 권 중선의 증언 및 검증결과를 종합하여 피고가 약속어음의 액면란에 돈 9,845,004원이라고 기재하여 발행하였던 것이 아니라는 사실을 인정하고 다만 피고가 어음액면을 돈 400,000원으로 기재하여 발행한 사실을 자인하고 있다 하여 어음금액 40만원을 넘는 원고의 청구는 기각하였다. 그러므로 원심판결이 적시한 증거들을 기록과 대조하여 살펴보건대 권 중선의 진술과(법정증언과 을제4호증의8), 권문수의 진술(을제4호증의9)이 원심판결에 부합되는 듯하나 검증결과를 기재한 문언 중 4자와 8자의 각 기재가 서로 다르다는 기재부분은 그 조서에 첨부한 약속어음의 사진복사와 대조하여 본 결과 그 근거를 인정하기 어렵고 결국 원심은 권중선과 권문수의 진술에 의하여 이건 어음이 액면난에 돈 9,845,004원으로 기재하여 발행한 것이 아니라는 사실을 인정한 것이 되는 바 피고가 어음의 발행인란의 서명날인을 인정하고 있는 이 사건에서 피고주장과 같이 액면금을 40만원으로 기재하여 교부한 것이 사실이라면 액면금액을 변조하는 경우 원래 기재되어 있는 숫자를 이용하는 것이 통상일 터인데 그러한 흔적이 없고 원심 및 제1심 법원이 심문한 감정인 이익주의 감정소견으로 이건 어음의 액면기재가 화학약품으로 원래의 기재를 지우고 다시 쓴 것은 아니고 그 액면기재는 변조된 것이 아니라는 것이고 보면 엄연히 존재하고 있는 갑제1호증의 어음액면 기재와 전문지식을 가진 감정인의 감정이 그 액면 기재가 변조된 것이 아니라는 점을 보여주고 있음에도 불구하고 원심이 위 권중선, 권문수의 진술만을 취신하여 위와 같이 사실인정을 한 것은 합리적인 증거가 없이 사실을 확정한 잘못이 있다 할 것이다.

피고가 어음액면 부분의 변조를 주장하려면 자기가 발행한 때에 어떠한 방법(필기이냐, 타자이냐)으로 어떤 문자(국한문이냐, 아라비아 숫자냐)로 써 주었다는 점은 밝혀야 할 터인데 이 사건에서는 1, 2심을 통하여 피고는 그저 어음액면 40만원이었는데 9,845,004원으로 변조되었다고 추상적인 주장을 할 뿐 그 구체적인 해명이 없는 터인데 그러한 점도 석명하지 아니한 채 원심이 위와 같이 판시한 것은 심리를 다하지 아니하고 불확실한 증거에 의하여 사실을 인정한 위법이 있다 할 것이고 이 점을 지적한 상고논지는 이유 있다. 이에 원심판결 중 원고 패소부분을 파기하여 그 부분 사건을 원심법원에 환송하기로 관여법관의 의견이 일치되어 주문과 같이 판결한다.

실이 있으면 선의취득을 할 수 없지만, 어음의 선의취득은 취득자가 선의 또는 무중과실이어야 하므로 취득자에게 경과실이 있더라도 어음을 선의취득할 수 있다.

또 도품·유실물에 대하여 민법상 선의취득이 불가능하지만 어음에서는 선의취득이 가능하다. 적용범위에 관하여는, 무권리자로부터 선의취득은 동산과 어음 모두 가능하고, 무능력자나 무권대리인으로부터 선의취득이 동산에서 인정되는 점은 이견이 없으나, 무능력자나 무권대리인으로부터 어음의 선의취득이 인정되는지 여부는 견해가 대립한다. 한편 어음의 선의취득에 '평온·공연'의 문구가 없지만, 사회질서에 반하는 선의취득은 인정되지 않으므로 어음의 선의취득에서도 평온·공연은 필요하다.[2)]

2 선의취득의 요건

(1) 어음법적 유통방법에 의한 취득

선의취득은 어음거래의 안전을 도모하기 위한 제도이므로, 어음법적 유통방법에 의하여 취득한 어음에만 허용된다. 따라서 형식적 자격이 있는 자로부터 배서에 의하여 어음을 취득하거나 백지식배서에서는 교부(단순한 점유이전)에 의하여 어음을 취득하여야 한다. 그러므로 상속, 합병, 지명채권양도의 방법 같은 특정승계에서는 선의취득이 인정되지 않는다.

기한후배서는 지명채권양도의 효력만 있기 때문에 선의취득이 불가하고, 권리이전적 효력이 없는 추심위임배서는 독립된 경제적 이익이 없으므로 선의취득이 인정되지 않는다. 배서금지어음은 지명채권양도의 방법과 그 효력으로만 양도되므로 선의취득이 인정되지 않는다. 하지만 백지어음은 완전어음처럼 유통되기 때문에 선의취득이 가능하고, 환배서·무담보배서·입질배서 등에서도 선의취득이 인정된다.

(2) 형식적 자격자로부터의 어음취득

형식적 자격자는 배서에 의하여 양도된 경우에는 배서가 연속된 어음의 최종 피배서인을 말하고, 최후의 배서가 백지식인 어음이나 소지인출급식수표처럼 교부로 양도되는 경우에는 당해 어음 또는 수표를 소지한 자를 말한다.

---

2) 정찬형(어), 525면 ; 최준선(어), 162면 ; 서돈각·정완용(하), 103면 ; 서정갑(어) 182면.

현재 어음점유자가 배서에 의하여 어음을 취득하였으나 그 이전의 배서가 불연속된 경우에는 점유자가 불연속부분에 대한 실질적인 권리승계(채권양도, 상속, 전부명령)사실을 증명하면 배서의 단절부분이 가교가 이루어져 선의취득이 가능하다는 견해(가교긍정설)[3]와 배서의 연속은 형식적 개념이므로 실질적인 권리이전사실을 증명하더라도 어음법 제16조 제2항의 취지상 단절된 부분이 회복되지 않기 때문에 선의취득이 불가능하다는 견해(가교부정설)[4]가 대립한다. 어음상의 권리승계사실을 증명한 경우에 이를 신뢰하고 어음을 취득한 자를 보호할 필요가 있기 때문에 가교긍정설이 타당하고 판례도 같은 입장이다.

대법원 1995. 9. 15. 선고 95다7024 판결

어음에 있어서의 배서의 연속은 형식상 존재함으로써 족하고 또 형식상 존재함을 요한다 할 것이나(대법원 1995.6.9. 선고 94다33156 판결 참조), 형식상 배서의 연속이 끊어진 경우에 딴 방법으로 그 중단된 부분에 관하여 실질적 관계가 있음을 증명한 소지인이 한 어음상의 권리행사는 적법하다 할 것이다(대법원 1969. 12. 9. 선고 69다995 판결 참조).

.... 이 사건 각 약속어음의 배서에 있어 전 배서의 피배서인 "박찬희"와 다음 배서의 배서인 "주식회사 우전상사 대표이사 박찬희"의 기재나 전 배서의 피배서인 "김왕근"과 다음 배서의 배서인 "주식회사 우전상사 대표이사 김왕근"의 기재는 형식상 동일성이 인정되지 아니하여 형식상 그 배서의 연속은 없으나, 소외 김왕근이 피고의 승낙을 얻어 상호를 "우전상사", 대표자를 피고 명의로 하여 사업자등록을 하고 그 명의를 사용하여 영업을 하면서 거래처와의 관계에 있어서 피고 또는 위 김왕근의 명칭을 실재하지도 아니하는 "주식회사 우전상사 회장 박찬희" 또는 "대표이사 김왕근"으로 사용하여 온 점 등에 비추어 이 사건 각 약속어음의 배서에 배서인을 "주식회사 우전상사 대표이사 박찬희" 또는 "대표이사 김왕근"이라고 기명 · 날인하여 한 위 각 배서는 피고 또는 김왕근 개인을 표시하는 것이라고 봄이 상당하므로 이 사건 각 약속어음의 배서는 개인 명의로 연속된다고 판단하였는바, 이를 기록과 대조하여 살펴보면 원심의 위와 같은 판단은 옳다고 여겨지고 거기에 상고이유의 주장과 같은 배서의 연속에 관한 법리오해의 위법이 있다고 할 수 없다.

---

3) 최기원(어), 419면 ; 정동윤(어), 214면 ; 최준선(어), 163-164면.

4) 이철송(어), 319면 ; 양명조(어), 288-289면.

(3) 양도인의 범위(배서의 실질적 하자)

어음의 선의취득은 형식적 자격자로부터 어음법적 양도방법에 의하여 어음을 취득하였으나 어음양도인이 무권리자로서 '그 배서의 효력이 발생할 수 없는 하자'가 있어야 한다. 동산의 선의취득은 무권리자로부터 양수한 자를 보호하기 위한 제도임을 규정하고 있는데(민 249조), 어음법은 '어떤 사유로든(어 16조 2항)'이라는 표현을 사용함으로써, 어음의 선의취득에서 양도인을 무권리자로 한정할 것인가 아니면 양도인이 권리자라도 양도행위가 대리권흠결, 무능력, 의사표시의 흠결 등 사유로 무효인 경우로 확대할 것인가에 관하여 학설이 나누어진다.

1) 무권리자 한정설

민법상의 선의취득과 동일하게 양도인이 무권리자인 경우에만 양수인이 어음을 선의취득할 수 있다고 한다. 따라서 진정한 권리자가 증권을 도난당하거나 분실하고, 무권리자가 어음을 양도한 경우에만 선의취득이 인정되므로, 양도인이 무능력자 · 무권대리인인 경우에는 선의취득이 인정되지 않는다.[5] 그 이유는 선의취득은 배서의 연속을 신뢰한 자를 보호하는 제도로서 양도인의 능력이나 대리권을 신뢰한 자를 보호하는 제도가 아니기 때문이라고 한다.

이 견해는 어음상 선의취득이 인정되는 범위가 너무 협소하여 어음거래의 안전을 해칠 우려가 있다는 비판을 받는다. 그런데 양도인이 무권리자인지 여부는 양도인과 그의 직전 권리자의 관계에서 결정되는데, 예컨대 양도인의 직전 권리자가 무능력자, 무권대리인이거나 그의 의사표시가 하자 등으로 무효나 취소된 경우 또는 양도인이 직전 권리자의 기명날인을 위조 배서한 경우에 양도인이 무권리자이다.

2) 확장설

(가) 무제한설

어음법 제16조 제2항에서 '어떤 사유로든'을 문리적으로 해석하여 양도인이 무능력, 무처분권, 대리권의 흠결, 의사표시의 하자 등 모든 경우에 어음거래의 안전을 도모하기 위하여 선의취득이 인정되어야 한다는 견해이다. 양도인이 무능력자인 경우에도 선의취득이 가능하지만, 무능력자의 후견인이 법률행위는 취소할 수 있기 때문에 무능력자 보호에 문제가 없다고 한다. 또 대리권의 흠결이나, 배서인의 인적 동일성의 흠결(배서위조)은 어음의 외형만으로는 알아낼 방법이 없으므로 선의

5) 이철송(어), 335면 ; 손주찬(하), 117-118면.

취득이 허용되어야 한다고 한다.[6)]

(나) 무능력자 제외설

무제한설과 같은 입장이지만, 양도인이 무능력자인 경우에는 선의취득이 인정되지 않는다는 견해이다. 어음법 제16조 제2항이 어음거래의 안전을 보호하기 위한 특별규정이므로 선의취득을 폭넓게 허용하여야 하지만 민법의 능력 규정이 우선적 효력이 있기 때문에 무능력자로부터의 선의취득은 제외되어야 한다고 한다.[7)]

(다) 부분적 제한설

어음의 선의취득으로 치유되는 하자의 범위가 양도인이 무권리 및 대리권의 흠결·무처분권, 어음에 기재된 피배서인과 실제 양수인이 동일인이 아닐 경우(인적 동일성의 흠결)까지는 선의취득이 가능하고, 양도인이 무능력자인 경우와 의사표시의 하자가 있는 경우에는 선의취득이 인정되지 않는다는 견해이다.[8)]

3) 소 결

판례는 양도인이 무권리자인 경우와 대리권의 흠결이나 하자의 경우에 선의취득을 인정하고 있다. 나아가 양도인에게 처분권(유언집행자의 처분권)의 흠결이 있거나 인적 동일성의 흠결(어음에 기재된 피배서인과 실제 양수인이 다름)이 있는 경우에도 선의취득이 인정함으로써 어음거래의 안전을 보호하므로 부분적 제한설이 타당하다.

대법원 1995. 2. 10. 선고 94다55217 판결(대리권 흠결의 경우에 선의취득 인정)

원심이, 피고가 소외 주식회사 종합건축사무소 아키반티에스씨(이하, 소외 회사라고 한다)에게 액면 금 86,200,000원, 발행일 1993.3.3., 지급기일 같은 해 6.25. 발행지 및 지급지 각 서울로 된 약속어음 1매(이하 이 사건 제1어음이라고 한다)와 액면 금 25,160,000원, 발행일 같은 해 3.31., 지급기일 같은 해 7.2. 발행지 및 지급지 각 서울로 된 약속어음 1매(이하, 이 사건 제2 어음이라고 한다)를 각 발행·교부하였는데, 소외 회사로부터 소외 정선희, 원고 곽봉국에게 순차 배서의 기재가 되어 있는 이 사건 제1 어음과 소외 회사로부터 원고 박준수, 소외 임준규에게 순차 배서의 기재가 되어 있는 이 사건 제2 어음이 각 지급기일에 지급제시되었으나 지급거절된 사실, 소외 정선희는 원고 곽봉국의 가명이고, 제2 어음의 배서인

6) 정찬형(어), 528면 ; 최기원(어), 470-471면 ; 양명조(어), 291-292면.

7) 정희철(하), 212-214면.

8) 정동윤(어), 215-218면 ; 최준선(어), 167-168면.

> 인 원고 박준수는 위 임준규로부터 이 사건 제2 어음을 환수한 사실, 그러나 소외 회사 명의의 배서는 그 총무부장이던 소외 1이 위조하였고, 원고들은 소외 1으로부터 이 사건 어음들을 할인의 방법으로 취득한 사실을 인정한 다음, 원고들의 선의취득 항변에 대하여, 어음의 선의취득으로 인하여 치유되는 하자의 범위 즉, 양도인의 범위는 양도인이 무권리자인 경우뿐만 아니라 이 사건과 같이 대리권의 흠결이나 하자 등의 경우도 포함된다는 입장에서(당원 1993.9.24. 선고 93다32118 판결 참조), 원고 곽봉국은 1993.3.4. 소외 이호경을 통하여 평소 알고 지내던 고등학교 후배인 소외 1으로부터 이 사건 제1 어음의 할인요청을 받고 소외 1이 소외 회사에 근무하고 있는지 여부를 확인하고, 발행인인 피고 회사의 경리부 어음담당 직원인 소외 김우경에게 위 어음이 사고 어음인지 여부를 전화로 확인한 후, 위 어음 이면 좌측상단에 위 김우경의 이름과 그 확인일시를 기재하고 소외 1으로부터 어음을 교부받은 사실, 원고 박준수 역시 같은 달 31. 위 이호경을 통하여 소외 1로부터 이 사건 제2 어음의 할인요청을 받고 소외 1이 소외 회사에 근무하고 있는지를 확인하고, 발행인인 피고 회사에게 위 어음이 사고어음인지 여부를 전화로 확인한 후 위 어음을 교부받은 사실, 위 각 어음할인 당시 제1 배서인인 소외 회사 대표이사의 이름과 인감도장이 이미 날인되어 있었고, 원고들과 소외 회사 사이에는 이 사건 이전에는 어음거래를 한 적이 없었던 사실을 인정할 수 있으나, 그러한 사정만으로 원고들이 위 각 어음의 배서가 위조되었다는 정을 알고 악의로 위 각 어음을 취득하였다고 단정할 수 없고, 또한 원고들이 어음할인의 방법으로 이를 취득함에 있어 양도인의 실질적인 무권리성을 의심하게 할 만한 뚜렷한 사정도 엿볼 수 없는 이 사건에 있어서 위 각 어음 문면상의 제1 배서인인 소외 회사에게 연락을 취하여 소외 회사 명의의 배서가 진정한지 여부를 알아보는 등 그 유통과정을 조사 확인하여야 할 주의의무까지 있다고는 할 수 없으므로(위 각 어음의 액면금이 다소 고액이라는 점과 원고들과 소외 회사 사이에 이전에 어음거래를 한 적이 없었던 사정을 덧붙인다 해도 원고들에게 중대한 과실을 인정하기는 어렵다) 원고들이 이 사건 각 어음을 선의취득하였다고 판단하였는바, 원심의 위와 같은 사실 인정과 판단은 옳게 수긍이 가고, 거기에 소론과 같은 채증법칙 위배로 인한 사실오인과 어음의 선의취득에 있어서 양도인의 범위 및 중과실에 관한 법리오해의 위법이 있다고 할 수 없으므로, 논지들은 모두 이유가 없다.

(4) 어음취득자의 선의 또는 무중과실

어음의 선의취득은 양수인이 어음을 취득하는 때 악의나 중대한 과실이 없을 것을 요건으로 한다. 악의라 함은 '흠결을 아는 것'을 의미하는데, 무권리자한정설은 양도인이 무권리자임을 알면서 어음을 취득하는 것을 의미하고, 부분적 제한설에서는 양도인이 무권리자, 대리권의 흠결, 무처분권자 임을 알면서 어음을 취득하는 것을 의미한다.

중대한 과실은 주의의무의 정도를 현저하게 결여하여 양도인이 무권리자이거나 무권대리인임을 알지 못한 것을 의미한다. 판례는 어음을 취득함에 있어 통상적인 거래기준으로 판단할 때 양도인이나 그 어음 자체에 의하여 양도인의 실질적인 무권리성을 의심할 만한 사정이 있는데도 불구하고, 이에 대하여 상당하다고 인정될 만한 조사를 하지 아니하고 만연히 양수한 경우에 중대한 과실이 있는 것이라고 한다.[9] 주의의무정도는 상대방의 신분, 금액의 크기, 어음의 외양, 조사의 난이도 등 구체적 사안마다 다르다. 금융기관과 거래가 없는 자로부터 어음을 취득할 때 발행인에게 조회를 하지 않는 경우,[10] 양도인의 신분에 비추어 과다한 금액인 경우,[11] 백지수표[12]나 진성어음이 아닌 어음을 취득하는 경우[13]에 양도인의 신분을 확인하지 아니하면 중과실이 인정된다.

법인발행 어음에 대표자의 목도장이 날인되는 등 어음의 외양에 의심이 드는 경우에도 양도인을 확인하지 아니하면 중과실이 있다고 본다.[14] 또한 조사자가 은행처럼 금융기관인 경우에는 보다 높은 주의의무가 요구된다.[15] 그러나 백지식배서가 된 어음을 취득하면서 상대방의 인적사항을 확인하지 않고 지급은행에 조회를 하지 않더라도 중과실이 아니라고 한다.

대법원 1996. 10. 11. 선고 94다55163 판결(중과실을 인정한 판례)

최용남이 피고 회사 대표이사의 인척이라고 하더라도 위 최용남과 영업상 특별한 이해관계가 없는 피고 회사가 금 1,000,000,000원 이상의 거액에 달하는 위 최용남의 원고에 대한 물품대금 채무를 담보할 목적으로 백지수표를 발행한다는 것은 상거래상 극히 이례에 속한다고 할 것인 점, 원고 회사의 담당직원인 위 전준오는 이 사건 백지수표에 피고 회사의 인감을 새로 찍는 데에는 어려움이 있음을 위 김대웅으로부터 들어서 알고 있었던 점 및 원고가 취득한 이 사건 백지수표는

9) 대법원 1995. 8. 22. 95다19980.
10) 대법원 1997. 5. 28. 97다7936.
11) 대법원 1996. 10. 11. 94다55163.
12) 대법원 1996. 10. 11. 94다55163.
13) 대법원 1988. 10. 25. 86다카2026.
14) 대법원 1993. 9. 24. 93다32118.
15) 대법원 1996. 11. 26. 96다30371.

발행인란 중 기명 부분만이 피고 회사의 신상호로 변경되었을 뿐 날인부분은 구상호로 된 종전의 인영이 그대로 남아 있고 기명 부분에 위 인영과 동일한 정정인이 찍혀 있었던 점 등에 비추어 보면, 원고로서는 위 최용남이 피고 회사가 위 물품대금 채무의 담보로 제공하는 것이라고 말하면서 가져온 위 백지수표를 취득함에 있어 위 최용남의 무권리성을 의심할 만한 사정이 있었다고 할 것이고, 그럼에도 불구하고 위 최용남이 피고 회사를 대리하여 위 백지수표를 교부할 권한이 있는지 여부를 피고 회사에게 확인하지 않고 피고 회사의 임직원도 아닌 위 최용남이나 위 김대웅의 말만 믿고 위 백지수표를 취득한 원고에게는 피고 회사가 원심에서 주장한 바와 같이 중대한 과실이 있다고 봄이 상당하다.

대법원 1988. 10. 25. 선고 86다카2026 판결(중과실 인정한 판례)

어음, 수표를 취득함에 있어서 통상적인 거래기준으로 판단하여 볼 때 양도인이나 그 어음, 수표 자체에 의하여 양도인의 실질적인 무권리성을 의심하게 할 만한 사정이 있는데도 불구하고 이와 같은 의심할 만한 사정에 대하여 상당하다고 인정될 만한 조사를 하지 않고 만연히 양수한 경우에는 중대한 과실이 있다고 하여야 할 것이고, 원고는 신용금고로서 어음거래 및 할인업무에 정통하고 있으므로 일반인의 경우에 비하여 어음거래 및 할인취득에 있어 더욱 신중하게 대처하여야 할 것인 바, 원심판결이 판시한 바와 같이 일반적으로 피고회사와 같은 단자회사가 발행한 약속어음을 환금을 목적으로 상호신용금고 등에서 높은 이자율로 할인하는 것은 지극히 이례에 속하는데 비정상적으로 발행된 소위 꺾기식 약속어음만은 일반적인 약속어음과 같이 취급되어 유통되어 온 관행이 있어 왔다면 금융업을 주업무로 하는 원고 회사로서는 이 사건 어음이 꺾기식 예금에 의한 약속어음인지의 여부에 대하여 확인하여보고 만약 정상적으로 발행된 약속어음이라면 약속어음의 성격상 소지인의 무권리성에 대하여 의심을 하였어야 할 것이고, 또 이 사건 약속어음의 소지인인 위 소외 회사가 원고 회사와 약속어음 할인거래를 시작한지 한 달도 안 되고 그 회수나 그 액수가 위에서 본 바와 같이 적은데 비하여 월등히 큰 액수의 이 사건 약속어음을 물품대금으로 받은 어음이라고 하면서(증인 김재억, 조수한의 증언에 의함) 물품대금영수증사본과 납품확인서를 첨부하지 않은 채 할인을 요구한 행위는 위 소외 회사의 실질적인 무권리성을 의심하게 할 만한 사정이 된다고 할 것이고, 반면 이 사건 약속어음의 수취인이자 유일한 배서양도인인 피고보조참가인 회사에 전화로 확인하는 행위가 어렵고 시간이 소요되는 것이 아닌 점에 비추어 볼 때, 원고 회사가 이의 의심을 해소할 만한 상당한 조사를 하지 않고 발행인에 대하여 발행여부와 지급은행에 사고유무의 확인전화만을 하고 이를 할인하여 취득한데는 중대한 과실이 있다고 하여야 할 것이므로 원심으로서는 이 사건 약속어음이 과연 어떤 성격의 어음인지 알고 양수받았는지에 대하여 심리하였어야 할 것인데도 이에 이르지 아니하였으므로 결국 원심판결에는 심리미진이나 어음의 선의취득에 대한 법리오해의 위법이 있다 할 것이어서 논지 이유있다.

대법원 1987. 8. 18. 선고 86다카2502 판결(중과실 부정한 판례)

원심은 그 채택증거에 의하여 피고발행의 액면금 백만원인 자기앞수표 4매를 피고보조참가인이 소지하고 있다가 1984.12.21. 09 : 30경 안양시 7동사무소에서 분실한 사실, 원고는 서울 영등포 소재 신세계백화점 영등포지점에서 귀금속 씨코너라는 상호로 귀금속상을 경영하고 있었는데 위 같은 날 12 : 20경 그 점포에서 부부로 보이는 50대 남녀에게 행운의 열쇠등 순금제 패물 금 354만원 상당을 팔고 그 대금으로 위 수표 4매를 교부받은 다음 거스름돈 46만원을 현금으로 내어준 사실, 위 수표를 대금으로 교부받고 그 자리에서 수표발행은행인 피고은행 성동지점에 전화를 걸어 그 중 수표 1매에 관하여 사고수표인지의 여부를 조회하여 위 지점의 행원으로부터 아무런 이상이 없는 수표라는 확인을 받은 다음 매입자에게 수표에 배서하여 줄 것을 요구하였더니 동인들은 이미 수표뒷면에 기재된 오계림 명의의 배서가 자기의 것이라고 하므로 그 배서를 믿고 더 이상의 신원확인을 아니한 채 위 수표를 취득한 사실, 그리고 피고보조참가인은 그 다음날인 12.22에야 이 오계림 명의로 피고은행 성동지점에 위 수표 4매에 관한 분실신고를 한 사실을 인정하였다. 원심은 나아가 원고가 위 수표 4매를 취득하면서 동일자에 거의 연결된 번호로 발행된 같은 액면의 수표중 1매를 골라 발행은행에 전화조회를 하여 정당한 수표임을 확인한 이상 수표를 제시하는 자의 주민등록증이나 연락처를 확인하지 아니하는 등 그 신분확인을 다소 소홀히 하였다 하더라도 이를 들어 수표취득과정에 악의 또는 중대한 과실이 있다 할 수 없다고 판단하였다. 원심의 위 사실인정과정에 소론과 같은 채증법칙을 위배한 허물이 없다. 위와 같은 사실관계에서 원고가 고객으로부터 상품대금으로 제시받은 자기앞수표에 관하여 그 자리에서 발행은행에 전화를 하여 진정한 수표인 동시에 사고수표가 아니라는 점을 확인한 이상 주민등록증에 의하여 수표소지인의 신분을 더 이상 캐지 아니하였다 해서 수표취득에 있어 중대한 과실이 있는 것이라 할 수 없다.

악의 또는 중대한 과실은 선의취득을 방해하는 요건이므로 선의취득을 부인하고 어음의 반환을 청구하는 자가 입증책임을 부담한다. 배서의 연속에 의하여 어음을 취득한 자는 적법한 권리자로 추정되므로(어 16조 1항), 적법한 권리자의 추정을 부정하는 자(어음반환청구자)가 어음취득자의 악의 또는 중과실을 입증하여 어음을 반환받아야 한다. 그리고 악의 또는 중과실은 어음취득자의 '직전 양도인'에 대한 관계에서만 있으면 충분하다. 따라서 그 이전의 자가 무권리자인 것을 알고 있더라도 직전 양도인이 무권리자인 것을 모른 경우에는 어음상 권리를 취득할 수 있다.

악의 또는 중과실의 유무는 어음을 '취득한 때'를 기준으로 판단하므로 어음을 취득한 때 선의이면 그 이후에 악의이더라도 악의의 취득자가 아니다. 백지어음을 선의취득하는 경우에 선의여부는 어음을 보충하는 때가 아니라, 어음의 취득시를 기준으로 판단한다.

(5) 독립된 경제적 이익의 존재

선의취득은 어음취득자에게 고유한 경제적 이익이 있을 때에 인정된다. 추심위임배서는 피배서인이 추심의 대리권만을 가지므로 독립한 경제적 이익이 없어 선의취득이 인정되지 않는다. 숨은 추심위임배서에서 추심위임의 실질관계가 증명되면 피배서인은 독립한 경제적 이익이 없으므로 신탁적 양도설의 입장에서도 선의취득을 부정하는 것이 타당하다.[16] 입질배서의 피배서인은 어음상의 권리에 대한 질권이라는 독립한 경제적 이익을 가지므로 선의취득이 인정된다.

3 선의취득의 효과

(1) 권리의 원시취득

1) 어음취득자는 어음상 권리를 원시적으로 취득하므로 누구에게도 어음을 반환할 필요가 없으며, 도난·유실 기타의 사유로 자기의 의사에 반하여 어음의 점유를 상실한 어음상 권리자는 그 권리를 상실한다(어 16조 2항). 그리고 선의취득자로부터 어음상 권리를 승계받은 자는 선의취득자의 전자가 어음상 권리 또는 대리권이 없는 자라는 사실에 관하여 악의 또는 중과실이 있더라도 어음상 권리를 적법하게 승계취득 한다(엄폐물의 법칙).

2) 인적항변의 절단과의 관계

어음을 선의취득 하였더라도 어음채무자는 자기의 인적항변으로써 선의취득자의 지급청구에 대항할 수 있으므로, 선의취득자가 어음금을 받을 수 있는지 여부는 어음채무자의 인적항변의 유무에 의하여 결정된다. 선의취득은 권리의 귀속에 관

---

16) 정찬형(어), 533면.

한 사항이지만, 어음항변은 채무의 존재에 관한 사항으로서 어음채무자가 항변을 주장하여 어음채무이행을 거절할 수 있다.

3) 제권판결과의 관계

어음을 상실하여 제권판결을 받은 자와 어음의 선의취득자 중 누구의 권리가 우선하는가에 대하여 제권판결취득자 우선설[17]은 권리신고의무를 게을리 한 선의취득자를 보호할 필요가 없으므로 제권판결선고를 받은 자가 선의취득자보다 우선한다고 한다.

한편 제한적 선의취득자 우선설은 선의취득자가 제권판결을 선고하기 전에 적법하게 권리를 행사한 경우에는 선의취득자의 권리가 우선하지만 그렇지 아니한 경우에는 제권판결이 우선한다고 한다. 선의취득자 우선설은 공시최고의 절차는 형식적인 절차로서 선의취득자가 그 공시를 알게 될 가능성이 희박하므로 선의취득자의 권리가 제권판결취득자보다 우선한다고 한다.[18]

판례는 제권판결은 어음상 권리를 소멸시키기 때문에 선의취득자가 무효인 어음으로 어음상 권리를 행사할 수 없다고 함으로써, 제권판결취득자 우선보호설을 취하고 있다. 그러나 제권판결에 의하여 공시최고신청인이 실질상의 권리자임을 확정하는 것은 아니므로, 선의취득자는 다른 소송절차를 통하여 실질적 권리를 보호받을 기회는 있다.

제3절 어음상 권리의 소멸

1 일반적 소멸원인

어음상 권리는 금전채권이므로 일반채권의 소멸원인인, 변제(지급) · 상계 · 경개 · 면제 · 공탁 등으로 어음상 권리가 소멸한다. 어음에는 환배서가 인정되므로(어 11조 3항, 77조 1항 1호) 혼동에 의하여 어음상 권리가 소멸하지 않는다. 변제는 어음법

17) 이철송(어), 337-338면.
18) 정동윤(어), 283면 ; 이기수(어), 344면.

에서 '지급'이라고 규정하는데, 제시증권성의 특성 때문에 어음금을 지급받으려면 지급제시를 하여야 한다(어 38조, 77조 1항 3호)는 점에서 어음금의 지급과 변제는 다르다. 또 어음금을 전부 지급한 경우에도 증권을 회수하지 않거나 증권에 전부 지급사실을 기재하지 아니한 채, 당해 증권이 유통되어 제3자가 어음을 선의로 취득한 경우에는 어음채무자가 이중으로 책임을 부담할 수 있다.

상계할 때 어음의 제시나 교부가 필요한가에 관하여, 재판외 상계는 어음채무자를 보호하기 위하여 원칙적으로 어음채권자의 어음의 제시 및 교부가 있어야만 상계의 효력이 발생한다고 본다.[19] 그 이유는 상계를 주장하는 자가 어음채권자인지를 확인할 필요가 있고, 어음채무자가 소구권을 행사하려면 어음을 환수하여야 하기 때문이다.[20] 하지만 자동채권인 어음채권이 수동채권의 액을 초과하는 때는 채권자는 그 초과부분에 대하여 다시 어음채권을 행사하여야 하므로 어음을 교부할 필요가 없으며 어음채무자는 어음에 일부지급의 기재를 청구할 수 있다(어 39조 3항, 77조 1항 3호).[21] 반대채권을 가지고 있는 어음채무자가 어음환수의 이익을 포기하고 어음채권을 상계하는 경우에도 어음의 제시와 교부가 필요하지 않다. 한편 재판상 상계에서 어음의 제시와 교부가 필요한가에 관하여는 소송상 상계는 법원이 공권적으로 판단하므로 권리자확인이 가능하고 이중지급의 위험이 없기 때문에 어음의 제시와 교부가 필요하지 않다.[22]

어음소지인이 주채무자(약속어음 발행인, 환어음 인수인)에 대하여 어음상 채무를 면제한 때에는 소구의무자의 채무는 당연히 면제되지만, 반대로 소구의무자에 대하여 채무를 면제한 때에는 그와 그의 후자에 대하여서만 채무가 면제된다. 그리고 지급제시기간 내에 지급제시가 없는 경우에 각 어음채무자는 소지인의 비용과 위험으로 어음금액을 관할관서에 공탁함으로써 어음채무를 면할 수 있다(어 42조, 77조 1항 3호).

당사자간 계약으로 어음채무의 중요부분을 변경하거나(민 500조)(어음채무를 증여로 변경) 어음채무자를 변경하는 경우에(민 501조) 구채무는 경개(更改)로 인하여 소멸한다. 이때 신채무를 위하여 어음을 다시 발행하고 구어음을 회수하지 아니한 경우에, 구어음의 선의취득자에 대하여 어음채무자는 구어음에 의한 채무를 부담

19) 정찬형(어), 647면 ; 정동윤(어), 253-254면.
20) 대법원 1976. 4. 27. 75다739.
21) 대법원 1976. 4. 27. 75다739.
22) 정동윤(어), 254-255면 ; 정찬형(어), 647면.

하므로(인적항변의 절단), 이 범위 내에서는 어음채무가 소멸하지 않는다.[23)]

2 어음상 권리의 특별한 소멸원인

어음상 권리의 특별 소멸원인으로 권리보전절차의 흠결(어 53조, 25조 2항, 56조 2항, 60조 2항, 77조 1항 4호 · 5호), 일부지급 거절(어 39조 2항, 77조 1항 1호), 참가지급의 거절(어 61조, 77조 1항 5호), 거절할 수 있는 참가인수의 승낙(어 56조 3항), 참가지급의 경합이 있는 경우에 자기에게 우선하는 참가지급의 신고인이 있음을 알면서 한 참가지급(어 63조 3항, 77조 1항 5호), 단기소멸시효(어 70조, 77조 1항 8호) 등이 있다. 그리고 어음의 소멸, 훼손, 상실의 경우에도 어음상 권리가 소멸할 수 있으며, 어음소지인이 소구권보전절차의 흠결 또는 소멸시효 완성으로 어음상 권리가 소멸하는 경우에 이에 대한 구제수단으로 이득상환청구권이 있다.

(1) 소멸시효

1) 시효기간

가. 어음소지인의 주채무자에 대한 어음금청구권

주채무자인 환어음의 인수인과 약속어음 발행인에 대한 어음금청구권은 '만기일부터 3년'이 경과하면 소멸시효가 완성한다(어 70조 1항, 77조 1항 8호). 주채무자의 보증인, 무권대리인, 참가인수인 등에 대한 시효도 동일하다. 만기일이 휴일인지 여부나 만기일에 지급제시를 하였는지 여부와 상관없이 동일하다. 어음의 개서나 어음관계자 전원의 합의에 의하여 만기일을 변경한 때에는 새로운 만기일이 시효의 기산점이다. 따라서 만기일의 변경에 동의를 하지 아니한 자에 대하여는 만기의 변조가 되어 그에 대한 어음상 권리의 소멸시효는 원래의 만기일부터 진행된다. 수취인 겸 소지인의 발행인에 대하여 장래 발생할 구상채권을 담보하기 위하여 약속어음이 발행된 경우에, 그 소지인의 발행인에 대한 약속어음상 청구권의 소멸시효의 기산점은 '구상채권이 현실적으로 발생한 때'이다.

---

23) 정찬형(어), 648면.

대법원 2004. 12. 10. 선고 2003다33769 판결

발행인에 대한 약속어음상의 청구권의 소멸시효는 만기의 날로부터 진행하는 것이 원칙이나, 그 약속어음이 수취인 겸 소지인의 발행인에 대한 장래 발생할 구상채권을 담보하기 위하여 발행된 것이라면, 소지인은 발행인에 대하여 구상채권이 발생하지 않은 기간 중에는 약속어음상의 청구권을 행사할 수 없고, 구상채권이 현실로 발생한 때에 비로소 이를 행사할 수 있게 되는 것이므로, 그 약속어음의 소지인의 발행인에 대한 약속어음상의 청구권의 소멸시효는 위 구상채권이 현실적으로 발생하여 그 약속어음상의 청구권을 행사하는 것이 법률적으로 가능하게 된 때부터 진행된다고 봄이 상당하다. 그리고 이러한 결과가 민법 제184조 제2항의 규정에 반하여 소멸시효를 가중하는 것이라고 할 수는 없다. 원심은 내세운 증거에 의하여, 김대진은 1997. 2. 17. 원고 윤현주를 대리하여 중부리스금융 주식회사(이하 '중부리스'라고 한다)와 사이에 무연연삭기 2대에 관한 리스계약을 체결하고, 피고와 사이에 위 리스계약상의 채무의 상환보증을 위한 신용보증약정을 체결한 사실, 김대진은 1997. 5. 21. 원고들을 대리하여 피고에게 위 신용보증약정에 따라 장래에 발생할 구상채권을 담보하기 위하여 원고들 공동 명의로 만기가 일람출급으로 기재된 액면 금 3,500만 원의 약속어음을 발행한 사실, 그런데 원고 윤현주가 리스료의 불입을 연체하여 1998. 11.경 위 리스계약이 해지되자, 피고가 1998. 12. 14. 위 신용보증약정에 따라 중부리스에 81,412,000원을 대위변제한 사실 등 그 판시와 같은 사실을 인정한 다음, 피고의 원고들에 대한 약속어음금채권의 소멸시효는 피고가 중부리스에 81,412,000원을 대위변제함으로써 구상채권을 취득한 1998. 12. 14.로부터 진행한다고 판단하였는바, 위에서 본 법리와 기록에 비추어 살펴보면, 원심의 판단은 정당한 것으로 수긍되고, 거기에 어음법 제34조 또는 민법 제184조에 관한 법리를 오해한 위법이 있다고 할 수 없다.

나. 어음소지인의 소구의무자에 대한 상환청구권

어음소지인의 소구의무자(배서인, 환어음의 발행인 및 이들의 보증인)에 대한 소구권은 거절증서의 날짜부터, 거절증서작성이 면제된 때에는 만기일부터 1년간 행사하지 아니하면 소멸시효가 완성한다(어 70조 2항, 77조 1항 8호). 이것은 만기 전 소구이든 만기 후 소구이든 같다.[24] 이중으로 거절증서를 작성할 필요가 있는 경우(참가지급거절증서(어 60조), 복본(어 65조 2항))에는 나중에 작성한 거절증서일자를 기준으로 한다.

24) 대법원 2003. 3. 14. 2002다62555.

다. 상환자의 그 전자에 대한 상환청구권(재소구권)

어음소지인의 소구권 행사에 응하여 어음금을 상환한 자의 전자에 대한 재소구권은 '어음을 환수한 날 또는 그 자가 제소된 날'부터 6개월간 행사하지 아니하면 소멸시효가 완성한다(어 70조 3항, 77조 1항 8호).

이상의 시효기간을 산정함에 있어 그 첫날을 산입하지 아니한다(어 73조, 77조 1항 9호). 어음상 권리가 확정판결에 의하여 확정된 때에는 위의 시효기간과 관계없이 확정일부터 10년간 행사하지 아니하면 소멸시효가 완성된다(민 165조 1항).

(2) 시효중단

어음시효의 중단사유에 대하여 어음법은 소송고지(어 80조)만을 규정하고 있으나, 민법상의 사유인 청구, 압류 또는 가압류·가처분 승인에 의하여도 시효가 중단된다(민 168조).

1) 시효중단의 사유

가. 민법상의 중단사유

민법상 시효중단의 사유인 '청구'(민 168조 1호)는 재판상 청구와 재판외 청구가 있는데, 시효를 중단시키기 위하여 청구를 할 때 어음을 제시하여야 하는가에 관하여, 청구는 권리 위에 잠자고 있지 않음을 표시한 사실이 있으면 충분하므로 재판상이거나 재판외이거나 간에 어음을 제시하지 않고 청구를 하더라도 시효가 중단된다는 것이 통설[25]의 견해이다. 판례는 재판상 청구를 하는 경우에 완성어음을 제시하지 않아도 시효가 중단되지만,[26] 재판외의 청구나 어음채무자의 채무승인에는 완성어음을 제시하지 아니하면 시효가 중단되지 않는다고 하였다.[27]

그러나 최근 대법원전원합의체판결[28]이 어음금청구의 소를 제기한 때 소멸시효가 남아 있으면 소를 제기한 때 시효진행이 중단되므로, 변론종결 시에 소멸시효

---

25) 정찬형(어), 654-655면 ; 손주찬(하), 144면 ; 최기원(어), 634면 ; 서정갑(어), 242면.

26) 대법원 1962. 1. 31. 4294민상110·111(백지배서로서 된 어음소지인은 그 백지부분을 보충하고 아니하고는 자유일 뿐 아니라 보충한다고 하더라도 그 시기에 있어 아무런 제한이 없다 할 것이며 어음상의 권리에 의한 재판상 청구에 있어서는 어음을 제시하지 않더라도 재판상 청구로서 시효가 중단된다고 해석하여야 함에도 불구하고 시효완성 전에 제소됨으로서 시효가 중단되었음이 명백한 본건에 있어서 시효완성 후의 보충은 무효라고 판단하였음은 그 법리를 오해한 위법이 있다)

27) 대법원 1962. 12. 20. 62다680.

28) 대법원 2010. 5. 20. 선고 2009다48312 전원합의체판결

기간이 지났다고 하더라도 문제가 없을 뿐 아니라, 백지부분을 보충하지 아니한 상태에서의 재판외 청구도 시효중단의 효력이 있다고 판시함으로써 종전의 견해(대법원 1962. 12. 20. 선고 62다680 판결)를 변경하였다. 완성어음을 제시하지 아니한 채 재판외에서 어음금을 청구하는 것도 어음상 권리를 행사하겠다는 의사를 표시한 것이므로, 청구를 한 때 시효진행이 중단된다고 한 전원합의체 판결은 타당하다.[29]

한편 어음채무자가 채무승인을 할 때, 어음소지인이 어음의 제시를 하여야 시효가 중단되는가에 관하여는, 어음채무자의 승인이라는 일방적인 관념의 통지만 있으면 되고, 어음채권자의 어음의 제시는 불필요하다는 견해가 통설[30]이다. 법원은 "시효중단사유로서의 승인은 어음채무자가 어음소지인에게 대하여 그 권리의 존재함을 인식하고 있다는 뜻을 표시하면 족하고, 반드시 기존어음에 개서를 하거나 새로운 어음의 발행·교부를 요하지 아니하며 또한 채무승인에 관한 문서가 작성됨을 요하지 않는다"고 하여 어음의 소지나 제시가 필요하지 않다고 판시하고 있다.[31]

또 어음소지인이 어음증권을 상실하고 제권판결을 받지 아니한 상태에서도 어음상 권리가 있으면 채무자가 승인하면 시효가 중단되고, 백지어음에 대한 채무의 승인도 시효를 중단시킨다.[32] 그리고 어음상 권리의 실현을 위하여 어음채무자의 재산에 대하여 압류 또는 가압류·가집행을 하는 것은 법원에 의한 행위이므로 어음의 제시가 없더라도 시효중단의 효력이 있다.[33]

나. 소송고지

소송고지는 어음법의 특별한 시효중단사유이다. 환어음 배서인의 다른 배서인 또는 발행인에 대한 청구권은 그 배서인이 어음을 환수한 날 또는 그 자가 제소된 날부터 6개월간 행사하지 아니하면 소멸시효가 완성되는바(어 70조 3항), 배서인의 다른 배서인 또는 발행인에 대한 청구권(재소구권)의 소멸시효는 그 자가 제소된 경우에는 전자에 대한 소송고지를 함으로써 시효중단의 효력이 발생한다(어 80조 1항).

---

29) 최정식, "백지어음청구에 의한 시효중단과 백지보충권－대법원 2010. 5. 20. 선고 2009다48312 전원합의체 판결과 관련하여"－, 「법학논총 제24집」 숭실대학교 법학연구소, (2010. 7), 361－382면 참조.

30) 최준선(어), 199면 ; 정찬형(어), 655면 ; 최기원(어), 634면.

31) 대법원 1990. 11. 27. 90다카 21541 ; 대법원 2000. 4. 25. 98다63193 ; 1995. 9. 29. 95다30718.

32) 최기원(어), 634면.

33) 정찬형(어), 655면 ; 대법원 1990. 11. 27. 90다카21541 ; 대법원 2005. 2. 17. 2004다59959 ; 대법원 2006. 9. 22. 2006다22852·22869.

이처럼 소송고지를 시효중단사유로 규정한 까닭은 어음소지인이 배서인을 상대로 소송을 제기하면 배서인의 어음채무는 시효가 중단되지만, 배서인의 그 前者에 대한 청구권(재소구권)의 소멸시효가 계속 진행되어 재소구권이 소멸시효 완성으로 소멸되는 것을 저지하기 위한 것이다. 그리고 배서인의 소송고지로 중단된 시효는 재판이 확정된 때부터 다시 진행되므로(어 80조 2항), 재판이 확정된 경우에 배서인은 재판확정일부터 6월 전에 어음을 환수하여 그 전자에 대하여 재소구권을 행사하거나 시효진행을 중단시켜야 한다.

2) 시효중단의 효력

시효의 중단은 그 중단사유가 생긴 자에 대하여만 효력이 생긴다(어 71조). 왜냐하면 어음채무는 어음채무독립의 원칙에 의하여 각각의 채무자에게 존재하기 때문이다. 따라서 다수의 어음채무자 중 1인에 대한 시효중단의 효력은 다른 채무자에게는 영향을 미치지 않는다. 주채무자에 대한 시효중단은 보증인에 대하여 영향을 미치지 않으므로 보증인의 소멸시효는 진행된다. 그러나 보증인의 시효는 중단되었으나 주채무자의 시효는 진행되어 주채무자의 채무가 먼저 소멸한 경우에는 보증의 부종성의 원리에 의하여 보증인의 채무도 소멸한다.[34)]

3 각 시효간의 관계

소구의무자의 권리가 시효완성으로 소멸하더라도 주채무자에 대한 권리에 영향을 미치지 않는다. 하지만 주채무가 시효로 소멸한 경우에 소구의무자의 채무가 소멸하는가에 관하여, 어음채무의 독립성을 강조하여 소멸하지 않는다는 부정설과 주채무가 변한 것이 소구의무이므로 양자는 주종관계이고, 또 소구권을 행사하려면 소구의무자에게 어음을 반환하여야 하는데(어 50조, 77조 1항 4호), 주채무가 소멸한 이상 소구의무자가 어음을 반환받더라도 주채무자에 대하여 어음상 권리를 행사할 수 없기 때문에 주채무가 소멸하면 소구의무도 소멸한다고 보는 견해(통설)[35)]가 대립한다. 주채무가 시효완성으로 소멸하면 그에 종속된 소구의무나 보증채무도 소멸한다고 보는 것이 보증의 부종성에 비추어 볼 때 타당하다.

---

34) 정찬형(어), 657면 ; 최준선(어), 200면.
35) 정동윤(어), 261면 ; 최기원(어), 635-636면 ; 정찬형(어), 658면.

대전지법 홍성지원 2001. 10. 23. 선고 2001가단3092 판결

어음법 제50조는 소구의무자가 소구권을 행사하는 자에 대하여 그 어음의 반환을 청구할 수 있도록 규정하고 있는데, 이는 소구의무를 이행하고 그 어음을 반환받은 소구의무자로 하여금 전 배서인에 대한 재소구 또는 어음 발행인에 대한 권리행사를 가능하게 하기 위한 취지에서 규정된 것인 점, 소구권은 주된 채무자인 발행인에 의한 약속어음금의 지급이 거절된 경우에 그 소지인을 보호하기 위해 인정된 제도로서 배서인의 소구의무는 발행인의 의무에 비해 제2차적, 보충적인 성격을 가지고 있다고 볼 수 있는데, 약속어음의 배서인이 그 소지인에 대하여 소구의무를 이행하고 그 약속어음을 반환받아 보아야 그 약속어음의 발행인에 대하여 아무런 권리를 행사할 수 없는 경우에까지 소구의무를 이행하도록 하는 것은 불합리하고 너무나 가혹하다고 여겨지는 점, 어음법 제45조는 어음제도의 최종 목적인 발행인에 의한 금전의 지급을 확실히 보장하기 위해 소구권을 행사하는 소지인으로 하여금 그 배서인 및 발행인에 대하여 그 어음이 지급거절되었다는 사실을 통지하도록 의무화하고 있는데, 소지인이 이러한 조치를 취하지 아니함으로 인하여 배서인 등이 입게 될 불이익은 이를 소홀히 한 소지인으로 하여금 부담하게 함이 타당하다고 보이는 점(배서인으로서는 소지인으로부터 지급거절의 사실을 통보받은 경우 그에 따라 자신에게 필요한 권리구제절차를 취할 수 있게 된다.), 발행인에 대한 어음금채권의 소멸시효의 완성 등으로 인하여 배서인에 대한 소구권을 제대로 행사하지 못한 어음 소지인은 보충적으로 어음법 제79조 소정의 이득상환청구권을 행사하여 발행인에 대하여 그가 받은 이익의 상환을 청구할 수 있는 점 등을 종합하여 보면, 약속어음의 발행인에 대한 약속어음금 채권이 소멸시효의 완성으로 소멸한 경우에 소지인의 그 배서인에 대한 소구권도 같이 소멸한다고 봄이 타당하다.

제4절 어음의 말소와 훼손

1 어음의 말소

1. 의 의

어음의 말소는 어음요건의 기재사항의 일부나 전부를 도말(塗抹) 삭제(削除) 등의 방법으로 제거하는 것으로서, 정당한 권한이 있는 자의 수정을 위하여 한 말소는 말소된 후의 잔존부분으로 독립된 내용의 권리관계를 나타낼 수 있으면 효력이 있으나, 권한없는 자의 말소는 '어음의 변조'이고, 말소에 의하여 어음으로 인정될 수 없는 정도의 어음의 동일성을 해치게 되면 '어음의 상실'이 된다. 어음의 훼손은 절단·마멸 기타의 방법으로 어음증권의 일부에 물리적 손상을 입히는 것으로서 어음의 동일성을 상실하여 어음으로 인정할 수 없게 되면 어음의 상실이 된다.

2. 어음말소의 효력

(1) 말소 전에 기명날인 또는 서명한 자의 어음상 책임

말소에 의하여 어음요건이 흠결된 경우에 어음의 요식증권성상 말소 전에 기명날인 한 자의 어음상 책임이 소멸될 것 같지만 어음의 요식성은 어음상 권리가 발생할 때에 필요하고 그 존속에 필요한 것은 아니므로, 말소 전에 기명날인 또는 서명한 자의 책임이 소멸되지 않는다고 본다.[36] 이는 어음이 변조된 경우에도 변조하기 전에 기명날인 또는 서명한 자가 변조 전의 문구에 의하여 어음책임을 부담하는 점(어 69조, 77조 1항 7호)과 같다.

한편 권한있는 자가 어음문구를 변경한 경우에도 말소 전에 기명날인 또는 서명한 자의 책임은 말소 전의 문구가 밝혀지면 말소 전의 문구에 의하여 책임을 진다. 어음이 말소된 경우 말소되기 전의 어음상 문구에 따라 권리를 행사하려는 어음소지인은, 그 말소가 소지인의 고의적인 말소가 아니라는 것과 말소 전의 문구가 불분명한 경우 말소 전의 문구의 내용을 입증하여야 한다.

(2) 말소한 자의 권리와 의무

어음상 권한을 가진 자가 어음요건을 고의적으로 말소하여 어음요건이 흠결된 경우에는, 어음채무의 면제 또는 포기로 보아 어음상 권리가 소멸한다고 본다.[37] 말소한 자가 어음에 기명날인 또는 서명을 한 경우에는 말소 이후의 어음문구에 따라서 어음상 책임을 부담하고, 기명날인 또는 서명을 하지 아니한 경우에는 문언성상 어음상 책임을 지지 않는다.

---

36) 정찬형(어), 683면 ; 최준선(어), 202면.

37) 최준선(어), 202면.

(3) 배서의 말소

1) 배서의 말소는 배서의 요건이 도말 또는 삭제의 방법으로 소멸되는 것을 말한다. 배서의 연속에 관하여는 이를 기재하지 아니한 것으로 보는데(어 16조 1항 3문), 이는 말소권한의 여부나 과실여부 그리고 거절증서작성기간의 경과여부를 불문한다. 따라서 말소된 배서는 그 이후에 배서의 연속이 될 수도 있고 중단될 수도 있다.

2) 어음을 환수한 배서인의 배서말소권한

환배서에 의하여 어음을 환수한 배서인은 자기와 후자의 배서를 말소할 수 있다(어 50조 2항, 77조 1항 4호). 이는 자기의 배서가 남용되어 이중으로 지급되는 것을 방지하기 위하여 인정된 권리이다.

3) 환배서를 할 배서인의 배서말소

어음소지인이 어음채무자에게 어음을 양도하는 경우 환배서를 하지 않고 종전에 배서인이었던 자의 배서와 그 후자의 배서를 말소하고 그에게 어음을 교부할 수 있다(소극적 배서). 이와 같은 방법은 제3자에게는 손해를 끼치지 않고 당사자들에게는 편리한 방법이므로 법률에 규정이 없지만 적법하다고 본다.

2 어음의 상실

1. 의 의

어음의 상실은 어음의 절대적 멸실(물리적 멸실), 상대적 멸실(분실 · 도난), 및 어음의 동일성을 해치는 정도의 말소 · 훼손 등을 포함하는 개념이다. 어음증권은 어음상 권리를 표창하는 것에 불과하기 때문에 어음증권이 상실되더라도 어음상 권리가 상실하는 것은 아니지만, 어음증권을 상실하면 어음의 상환증권성과 제시증권성 때문에 어음상 권리를 행사할 수 없게 되고, 또 제3자가 어음을 선의취득하면 결과적으로 어음상 권리가 상실된다. 그러므로 법은 이를 구제하기 위한 수단으로서 공시최고에 의한 제권판결제도를 두고 있다.

2. 공시최고

공시최고는 불특정 또는 행방불명된 상대방에 대하여 일정한 기간 내(3개월 이상)에 신고를 하지 아니하면 실권한다는 공고를 하면서 그 권리신고를 최고하는 법원의 공고이다(민소 475조). 공시최고는 법원게시판에 게시하거나 관보·공보 또는 신문에 게재하거나 전자매체를 이용한 공고 등을 한다(민소 480, 민소규칙 142조 1항). 그리고 공시최고기간 내에 이해관계인의 신고가 없으면 그 어음은 제권판결에 의하여 무효가 된다.

신청인은 어음을 상실한 자로서, 만일 어음을 상실하지 않았더라면 어음의 소지 또는 배서의 연속에 의하여 적법한 권리자로 추정받음으로서 어음상 권리를 행사할 수 있는 형식적 자격자이다. 약속어음 발행인도 작성 후 교부 전에 어음을 분실하거나 도난을 당하였다면 어음상 채무를 면하기 위하여 공시최고를 신청할 수 있으나,[38] 약속어음을 사취 또는 사기당한 자는 공시최고의 신청인 자격이 없다.[39]

3. 제권판결

(1) 의 의

공시최고기간 내에 이해관계인의 권리신고가 없으면 법원은 당해 어음증권의 무효를 선고하는 제권판결을 선고한다. 따라서 제권판결에 의하여 어음 용지와 어음상 권리가 분리되어 어음증권의 효력을 박탈하고, 어음상 권리자는 증권 없이 제권판결로 어음상 권리를 행사할 수 있게 된다.

(2) 효 력

1) 소극적 효력

제권판결의 선고와 동시에 형식적 확정력이 발생하여 상실된 증권이나 증서는 무효가 되므로(민소 496조), 판결선고 이후에 증권을 소지한 자는 어음상 권리를 행사할 수 없다. 따라서 제권판결이 선고된 후에는 어음의 실질 권리자라도 제권판결에 대한 불복의 소를 제기하여 판결이 취소되지 않는 한 어음상 권리를 행사할 수 없다. 또한 제권판결 선고로 무효가 된 어음을 선의취득을 할 수 없으며,

---

38) 대법원 1990. 4. 27. 89다카16215.

39) 대법원 1991. 2. 26. 90다17620.

그 어음을 소지한 자에게 어음금을 지급한 채무자는 면책되지 아니하고, 증권소지인이 이득상환청구권을 갖지도 못한다.[40]

대법원 1990. 4. 27. 선고 89다카16215 판결

1. 약속어음에 관하여 제권판결이 선고되면 제권판결의 소극적 효력으로서 그 약속어음은 약속어음으로서의 효력을 상실하게 되어 약속어음의 정당한 소지인이라고 할지라도 그 약속어음상의 권리를 행사할 수 없게 되는 것이므로, 일단 제권판결이 선고된 이상 약속어음상의 실질적 권리자라고 하더라도 제권판결의 효력을 소멸시키기 위하여 제권판결에 대한 볼복의 소를 제기하여 취소판결을 받지 아니하는 한 그 약속어음상의 권리를 주장할 수 없다고 할 것이다(당원 1976. 6. 22. 선고 75다1010 판결; 1979. 3. 13. 선고 79다4 판결; 1982. 10. 26. 선고 82다298 판결; 1989. 6. 13. 선고 88다카7962 판결)
2. 그러나 약속어음의 발행인의 공시최고신청에 의하여 제권판결이 선고된 경우에 발행인은 그 어음의 종국적인 채무자이므로 제권판결이 선고되었다고 하여 그 어음상의 권리를 행사할 여지가 없음은 원심이 판시한 바와 같다고 하더라도, 앞서 판단한 바와 같이 제권판결의 소극적 효력으로서 그 어음이 어음으로서의 효력을 상실하여 무효로 되는 이치가, 공시최고의 신청인이 발행인인 경우와 발행인이 아닌 소지인(어음상의 권리자)인 경우에 따라 구별되어 해석되어야 할 만한 아무런 합리적인 근거가 없으며, 도리어 약속어음의 발행인이 그 어음상의 채무를 면하기 위하여 어음의 도난, 분실 등을 이유로 공시최고의 신청을 할 수 있다고 해석하여야 할 것이다.(대법원 1991. 5. 28. 선고 90다6774 판결; 대법원 1993. 11. 9. 선고 93다32934 판결 ; 대법원 1994. 10. 11. 선고 94다18614 판결)

2) 적극적 효력

제권판결이 내려진 때에는 신청인은 증권 또는 증서에 따라 의무를 지는 사람에게 증권 또는 증서의 따른 권리를 주장할 수 있다(민소 497조). 따라서 공시최고신청인은 증권 없이 증권상 권리를 행사할 수 있는 법률상 권리자로서의 자격을 갖는다. 하지만 비송절차인 제권판결이 증권상 실질적인 권리자를 확정시켜 주는 것은 아니므로, 증권절도범이 제권판결을 받았다고 하더라도 실질적 권리자가 될 수 없다. 그러므로 어음채무자는 공시최고신청인이 무권리자임을 입증하여 어음상 채

40) 대법원 1967. 6. 13. 67다541 · 542.

무이행을 거절할 수 있으며, 제권판결을 얻은 자가 무권리자임을 알았거나 중대한 과실로 알지 못하고 채무자가 지급을 하였다면 면책되지 아니한다.

(3) 제권판결과 선의취득

공시최고기간 중에도 제3자는 어음을 선의취득할 수 있다. 그런데 선의취득자가 공시최고기간 중에 권리신고를 법원에 하지 아니한 상태에서 제권판결이 선고된 경우, 선의취득자와 제권판결취득자 중 누구의 권리가 우선하는지가 문제된다.

1) 선의취득자 우선보호설

제권판결은 비송사건절차이므로 제권판결취득자를 실질적 권리자보다 우선 보호하는 것은 부당하고, 또 제권판결은 형식적 자격을 인정하는 것일 뿐 실질적 권리자를 확정시켜 주는 것이 아니며, 선의취득자가 공시최고절차의 진행여부를 쉽게 알 수 없으므로 공시최고신청인이 이 제도를 악용할 소지가 커서 실질적인 권리자를 우선 보호하여야 한다는 주장이다.[41] 한편 공시최고 신청사실을 알면서 권리신고를 하지 아니한 선의취득자를 보호할 필요가 없으므로 과실로 공시최고신청 사실을 알지 못한 선위취득자만을 우선 보호하여야 한다는 견해도 있다.[42]

2) 제권판결취득자 우선설

선의취득자라 하더라도 공시최고기간 내에 권리신고를 하지 아니하면 선의취득자의 증권이 무효가 될 뿐만 아니라 그 증권상 권리도 상실하게 되므로 제권판결취득자가 우선 보호된다고 한다.[43]

3) 판 례

대법원은 "제권판결 전에 어음·수표를 선의취득 하였다면 비록 공시최고기일까지 권리신고를 하지 않았더라도 당연히 실질권 권리가 상실되는 것은 아니다. 다만 소지하고 있던 어음·수표는 제권판결의 소극적 효력에 의하여 무효가 된 것이므로, 소지하고 있던 어음·수표가 유효하다는 전제하에서 어음이나 수표금청구를 할 수 없다"고 판시함으로써 결과적으로 제권판결취득자가 우선적으로 보호를 받는다고 하였다.[44] 이는 설사 공시최고기간 개시 전에 어음을 선의취득 하였더라도

---

41) 정동윤(어), 283-284면 ; 손주찬(하), 150-151면 ; 최준선(어), 211면.

42) 정찬형(어), 693-694면.

43) 이영섭, 「학설 판례주석민사소송법」, 한국사법행정학회, 1972, 923-924면 ; 이철송(어), 337-338면.

동일하다고 한다.

4) 소 결

제권판결이 실질적 권리자를 확정하는 절차가 아니며, 선의취득에 의하여 실질적 권리를 취득하므로 선의취득자가 우선 보호받아야 한다. 하지만 선의취득자라고 하더라도 공시최고절차가 진행되는 것을 알면서 권리신고를 하지 아니하면 실질상 권리를 포기한 것으로 보아야 할 것이다. 따라서 과실로 공시최고신청을 알지 못한 경우에는 선의취득자권리가 우선 보호되어야 하고, 고의적으로 공시최고신청을 하지 않은 경우에는 제권판결취득자의 권리가 우선한다고 보아야 할 것이다.

대법원은 제권판결이 실질적 권리자를 확정하는 것이 아니라고 하면서도 제권판결에 의하여 무효가 된 어음소지자의 어음금청구는 보호받을 수 없다고 하여 실질적으로 제권판결취득자의 권리를 우선 보호하고 있는바, 선의취득자는 어음금을 취득한 제권판결취득자를 상대로 별도의 권리회복절차를 취하는 방안을 강구하여야 한다.

5) 선의취득자 보호

증권을 선의취득하였더라도 제권판결에 의하여 당해 증권이 무효로 되었기 때문에 선의취득자는 그 증권으로 어음금청구를 할 수 없다. 따라서 선의취득자가 실질적 권리의 존재를 입증하여 어음채무자나 금융기관에게 어음상 권리를 행사할 수 있고, 제권판결취득자가 먼저 어음상 권리를 행사한 경우에는 부당이득반환이나 손해배상을 청구할 수 있다고 한다.

가. 제권판결정본 인도청구

제권판결취득자와 실질적 권리자가 일치하지 아니한 경우에 제권판결취득자의 권리행사를 제지하고 실질적 권리자로 하여금 권리행사를 할 수 있도록 제권판결의 정본이 실질권리자인 선의취득자에게 귀속되어야 한다. 따라서 선의취득자는 제권판결취득자를 상대로 제권판결정본의 인도를 청구하여 그 인도받은 제권판결에 의하여 어음채무자로부터 어음금의 지급을 받을 수 있다고 한다. 이때 제권판결의 인도를 구하는 논리적 근거는 소유물반환청구권 또는 부당이득반환청구권이다.[45]

---

44) 대법원 1994. 10. 11. 94다18164.

45) 정동윤, “제권판결에 의하여 무효로 된 어음을 소지한 자의 지위”, 『법학논집 제27집』, 고려대학교, 1992, 58-61면 ; 이기종, “증권의 제권판결과 선의취득의 관계”, 『연세법학연구 제1집』, 연세대학교, 1990, 439면.

나. 부당이득반환청구

제권판결취득자가 어음채무자로부터 어음금을 지급받은 때에는 선의취득자는 제권판결취득자에게 부당이득금의 반환청구를 할 수 있다고 한다.[46] 실질적 권리자가 아닌 제권판결취득자는 형식적 권리에 의하여 실질적 권리자의 이익을 부당하게 취득하였으므로 진정한 권리자로서는 부당이득반환 청구권을 행사할 수 있다고 한다.

다. 불복의 소제기

제권판결은 선고와 동시에 확정되고 상소가 금지되지만(민소 490조 1항), '거짓 또는 부정한 방법으로 제권판결을 받은 때'는 최고법원에 불복의 소를 제기할 수 있으므로(민소 490조 2항 7호), 제권판결취득자가 법원을 기망하여 제권판결을 얻은 경우에는 선의취득자는 불복의 소를 제기하여 제권판결의 취소가 확정되면, 선의취득자는 어음상 권리를 행사할 수 있으며, 이 불복의 소는 제권판결이 있음을 안 날부터 또는 불복사유가 있음을 안 날부터 1월의 불변기간 내에 제기하여야 한다(민소 491조 1항, 2항). 판례도 같은 입장이다.

판례는 법원을 기망하여 제권판결을 받은 행위는 불법행위에 해당된다고 한다. 즉 수표를 편취당한 자가 공시최고신청을 할 자격이 없음에도 허위로 분실되었다는 이유를 들어 공시최고신청을 하고, 선의취득자가 어음소지인이라는 사실을 알면서도 마치 그 소재를 모르는 것처럼 법원이 기망하여 제권판결을 받았다면 그 결과 수표는 무효가 되고 적법한 수표소지인은 권리행사를 할 수 없을 뿐만 아니라, 이득상환청구권도 행사할 수 없게 되는바, 그로 인하여 입게 된 손해를 배상할 책임이 있다고 하였다.[47]

대법원 1999. 5. 14. 선고 99다6463 판결

> 위와 같은 증서의 전 소지인이 자기의 의사에 기하지 아니하고 증서의 소지를 상실하였다고 하더라도 그 후 그 증서를 특정인이 소지하고 있음이 판명된 경우에는 전 소지인은 현 소지인에 대하여 그 반환을 청구하여야 하고, 이에 대한 공시최고는 허용되지 아니한다 할 것이며, 전 소지인이 그 증서의 소지인을 알면서도 그 소재를 모르는 것처럼 공시최고 기일에 출석하여 그 신청의 원인과 제권판결을 구하

46) 신영철, "어음 · 수표에 대한 제권판결", 『재판자료 제31집』, 1986, 556면 ; 이재성, 『판례평석집(V)』 1989, 125면.

47) 대법원 1989. 6. 13. 88다카7962.

는 취지를 진술하여 공시최고 법원을 기망하고, 이에 속은 공시최고 법원으로부터 제권판결을 받았다면, 그 제권판결의 소극적 효과로서 그 증서는 무효가 되어 그 정당한 소지인은 증서상의 권리를 행사할 수 없게 되고 적법한 소지인임을 전제로 한 이득상환청구권도 발생하지 아니하게 된 손해를 입었다고 할 것이므로, 전 소지인은 그 증서의 정당한 소지인에게 불법행위로 인한 손해를 배상할 책임이 있는 것이고(대법원 1995. 2. 3. 선고 93다52334 판결; 1989. 6. 13. 선고 88다카7962 판결 참조), 정당한 소지인이 제권판결을 받은 전 소지인을 상대로 한 제권판결불복의 소에서 패소하였다고 하여 달리 볼 것이 아니다. 또한, 전 소지인이 그 공시최고 과정에서 정당한 소지인에게 자기가 공시최고 절차를 밟고 있다는 사실과 그 사건 번호를 알려주었다고 하더라도, 결국 위와 같은 방법으로 제권판결을 받아냄으로써 정당한 소지인의 증서상의 권리를 침해한 이상, 그러한 사정은 과실상계의 사유가 될 뿐 불법행위의 성립 여부를 좌우할 사정이 되지는 못한다고 할 것이다.

제5절 이득상환청구권

1 의 의

이득상환청구권은 소구권보전절차의 흠결이나 시효완성으로 어음상 권리가 소멸하는 경우, 어음소지인이 발행인, 인수인, 배서인, 수표의 지급보증인 등 증권상 채무자가 어음금의 지급을 면함으로써 얻은 이득의 반환을 청구할 수 있는 어음법상의 특수한 청구권이다(어 79조). 어음법은 어음채무자의 책임의 엄격성을 완화하기 위하여 어음상 권리의 소멸원인으로 단기소멸시효제도(주채무자는 3년, 소구의무자는 1년, 재소구의무자는 6월, 수표는 6월, 수표의 지급보증인은 1년)를 두고 있고, 권리보전절차를 소정의 기간(만기일부터 2거래일 내, 일람출급어음의 경우는 발행일부터 1년 내, 수표의 제시기간은 발행일부터 10일 내)내에 하지 아니하면 어음채무가 소멸되도록 규정하고 있다.

이러한 사유로 어음채무자가 어음금 채무를 면하고, 나아가 원인채무까지 면제받으면 원인관계상 대가나 자금을 보유하게 되는 불공평한 결과를 발생한다. 이러한 문제를 시정하기 위하여 어음법이 이득상환청구권을 규정하고 있다. 이득상환청구권은 형평의 원리에 의하여 기술성·형식성을 중시함으로써 발생하는 실질상의 불공평을 수정하려는 독일법계의 특유한 제도로서 제네바 통일어음조약 및 영미법에는 존재하지 않는 제도이다.[48]

2 법적성질

어음상 권리의 소멸로 발생되는 이득상환청구권의 성질이 어음상 권리인가 아니면 어음법이 인정하는 특수한 형태의 채권 내지는 청구권으로 볼 것인가에 관하여 견해가 대립한다. 이득상환청구권을 어음상 권리의 성질이 남아 있는 증권적 권리의 변형물이나 잔존물로 보는 견해와 이득상환청구권을 기존의 어음상 권리와 다른 것으로 파악하여 실질관계의 형평을 회복하기 위하여 어음법이 특별히 인정하는 지명채권으로 보는 견해, 부당이득반환청구권으로 보는 견해, 손해배상청구권으로 보는 견해 등이 있다.

1. 지명채권설

소구권보전절차의 흠결 또는 소멸시효의 완성으로 어음소지인이 어음상 권리를 상실함으로써 어음채무자가 반사적 이익을 갖게 되는 것은 형평에 어긋난다. 따라서 이득상환청구권은 형평의 견지에서 어음법이 특별히 인정하는 청구권으로서 민법상 지명채권의 일종이라고 한다(통설,[49] 판례[50]). 그러므로 이득상환청구권의 시효는 일반채권과 동일한 10년이며, 권리의 양도는 지명채권의 양도방법으로 양도하고, 이득상환청구권을 행사할 때 증권의 소지나 제시가 필요하지 않으며, 증권을 상실하더라도 제권판결 없이 이득상환청구권을 행사할 수 있다. 한편 이득상환청구권을 민법상 권리와 관련하여 파악하는 다른 견해로서, 민법상 손해배상청구권 또는 부당이득반환청구권[51]으로 보는 견해도 있다.

---

48) 최기원(어), 639-640면.

49) 최기원(어), 645면; 정찬형(어), 662면 ; 최준선(어), 217-218면.

50) 대법원 1972. 5. 9. 70다2994(이득상환청구권은 법률의 직접 규정에 의하여 수표의 효력이 소멸 당시의 소지인에게 부여된 지명채권이므로 지명채권양도의 방법에 따라 양도할 수 있고 수표상의 권리가 소멸된 후에 수표를 취득한 것만으로는 이득상환청구권을 취득할 수 없다).

51) 박찬우, "이득상환청구권의 법적 성질", 「상사법연구」, 제20권 제1호, 2001, 101면.

2. 잔존물설(변형물설)

잔존물설은 이득상환청구권이 원인관계에 의하여 어음상 권리와 연결되어 있고, 또 어음채무자에게 실질관계상 취득한 이득이 남아있기 때문에 어음상 권리의 잔존물로서의 특별한 청구권이라고 한다.[52] 한편 이득상환청구권은 모든 어음채무자에게 청구할 수 있는 권리가 아니라 실질관계상 이득을 얻은 어음채무자에게만 그 이득의 반환을 청구할 수 있다는 점에서 어음상 권리가 변형된 것이라고 보는 변형물설이 있는데, 잔존물설과 유사하다. 이 견해에 따르면 이득상환청구권이 증권에 표창되어 있으므로, 이득상환청구권의 양도는 어음의 교부로 양도되고, 이득상환청구권의 권리행사에 증권의 소지를 필요로 한다고 설명한다.

3. 소 결

이득상환청구권은 채무자의 채무불이행(민 390조)이나 불법행위(민 750조)로 인하여 발생하는 것이 아니라, 어음소지인이 권리행사를 해태한 결과로 발생한 것이므로 어음채무자가 어음소지인에게 손해를 끼쳤음을 전제로 한 손해배상청구권설은 타당하지 아니하고, 어음채무자의 이득이 절차의 흠결 또는 시효의 완성이라는 법률상 제도에 의하여 발생한 것이지, 어음채무자가 '법률상 원인 없이' 부당이득을 취득한 것이 아니다.

그리고 어음채무자의 이득이 '어음채권자의 재산 또는 노무로 인하여' 생긴 것이 아닐 뿐만 아니라 이익의 현존 여부도 묻지 아니하므로 부당이득반환청구권(민 741조)이라고 할 수도 없다. 나아가 이득상환청구권은 어음행위와 무관하게 발생하고, 또 어음상 권리가 소멸한 후에 발생하므로 어음상 권리의 잔존물 또는 변형물이라는 주장도 그 잔존물이나 변형물의 실체를 명쾌하게 설명하지 못하고 있다. 따라서 이득상환청구권을 민법상의 권리로 파악하여 어음법이 형평상 인정한 지명채권으로 보는 것이 타당하다.

52) 정희철(하), 286면.

3 이득상환청구권의 당사자

1. 권리자

이득상환청구권을 갖는 자는 어음상 권리가 절차의 흠결 또는 시효완성으로 소멸할 당시 어음의 정당한 소지인으로서(어 79조, 수 63조), 권리소멸 당시의 최후의 피배서인, 어음소지인에게 소구의무를 이행하고 어음을 소지하고 있던 중 재소구권을 상실한 배서인, 상속 · 합병 · 지명채권양도 · 전부명령 등에 의하여 어음상 권리를 취득한 자 등이 해당된다. 이득상환청구권의 양도는 지명채권양도의 방법에 의해서만 가능하므로 양도인의 통지나 채무자 승낙 등 대항요건을 갖추어야 한다.[53]

통설과 판례인 지명채권설에서는 이득상환청구권은 어음증권에 화체된 권리가 아니므로 어음교부의 방법으로 이득상환청구권을 양도할 수 없다고 한다.[54] 잔존물설은 어음교부의 방법으로 양도하여야 한다고 설명한다. 그리고 이득상환청구권은 어음상 권리의 소멸을 요건으로 하므로 백지어음소지인이 백지어음 상태에서는 이득상환청구권을 가질 수 없고,[55] 시효완성 전에 백지를 보충하여야 이득상환청구권을 행사할 수 있다.

2. 의무자

이득상환의무자는 어음상 권리소멸로 인하여 실질적인 이익을 얻는 어음채무자이므로, 어음채무자가 아닌 자는 이득상환의무자가 아니다. 여기에는 약속어음의 발행인, 환어음의 인수인, 배서인이 해당된다.[56] 환어음의 발행인이 배서인의 어음채무를 보증하는 취지로 어음을 발행하고, 동 어음의 수취인 겸 배서인이 제3자에게 배서하여 대가를 취득한 경우에는 이득을 얻은 자는 배서인(수취인)이므로 그가

---

53) 대법원 1970. 3. 10. 69다1370.

54) 양명조(어), 428면.

55) 이철송(어), 198면 ; 정찬형(어), 663면.

56) 환어음의 인수인은 발행인으로부터 자금을 공급받았다면 의무자가 될 것이지만 자금을 공급받지 않았다면 발행인이 이득을 얻게 되었으므로 발행인이 의무자가 될 것이라는 견해가 있으나(이철송(어), 198면), 자금공급을 받지 않았더라도 환어음의 인수인은 주채무자가 되겠다는 의사표시를 하였기 때문에 이득상환의무자로 보는 것이 타당할 것이다. 다만 인수인이 발행인에게 나중에 자금공급을 요구하는 것은 당사자 간의 내부문제이다.

이득상환의무자이다.

그러나 양도배서의 방식에 의하여 전자로부터 지급한 대가와 배서에 의하여 후자로부터 받은 대가와의 차액은 이득상환청구권의 대상이 아니므로 통상의 배서인은 이득상환의무자가 아니다.[57] 보증인 · 참가인수인 · 지급인 · 지급담당자는 어음채무자가 아니며 이득을 얻지도 못하였으므로 이득상환의무자가 아니다.

4 이득상환청구권의 발생요건

1. 어음상 권리의 존재

이득상환청구권은 어음상 권리가 존재하였다가 소멸한 경우에 어음소지인에게 인정되는 구제수단이므로, 어음상 권리의 존재를 전제로 한다. 따라서 어음의 필요적 기재사항이 누락된 불완전어음이나 물적항변이 부착된 어음을 소지한 자는 이득상환청구권을 취득할 수 없다. 백지어음은 미완성 어음으로서 어음상 권리를 행사할 수 없으므로 이득상환청구권이 인정되지 않는다는 견해가 통설[58]과 판례[59]이다.

그런데 소멸시효완성으로 어음상 권리가 소멸한 후 백지부분을 보충하더라도 이득상환청구권을 행사할 수 없다는 통설의 견해는 백지어음의 채무자에게 부당한 이득을 안겨 주는 것으로서 형평의 이념에 반하기 때문에 어음소지인이 소멸시효가 완성된 후에 백지부분을 보충하면 이득상환청구권을 행사할 수 있다는 견해[60](소수설)가 있다. 그러나 백지어음이 소멸시효완성 후에 백지부분을 보충하여 완성어음이 되더라도 어음상 권리가 발생한 적이 없으므로 이득상환청구권을 인정할 수 없다고 보아야 한다.

2. 보전절차의 흠결 또는 시효완성에 의한 어음상 권리 소멸

어음상 권리가 절차의 흠결로 소멸하였다 함은 소구권을 보전하기 위한 실질적

---

57) 정찬형(어), 665면 ; 대법원 2000. 5. 26. 2000다10376.

58) 정찬형(어), 665면 ; 이기수(어), 371면 ; 정동윤(어), 264면.

59) 대법원 1962. 12. 20. 62다680.

60) 양승규(어), 203면 ; 채이식(하), 347면 ; 최준선(어), 219면.

요건과 형식적 요건을 갖추지 못한 것을 의미한다. 따라서 보전절차의 흠결로 이득상환청구권이 발생하는 것은 주채무자와는 무관하고 소구의무자에만 해당된다. 시효로 어음상 권리가 소멸하는 경우는 어음채무자의 시효기간(어 70조, 77조 1항 8호, 수 51조, 58조)이 경과하는 것을 의미한다.

어음상 권리가 소멸할 때에 소지인의 과실 유무는 묻지 않는다. 어음상 권리가 보전절차의 흠결과 시효완성 외의 다른 사유, 예컨대 어음상 권리가 제3자의 선의취득에 의하여 소멸하거나 자신의 어음행위 이전의 배서가 무효가 되거나 취소됨으로써 어음상 권리를 잃게 된 경우에는 이득상환청구권이 발생하지 않는다.[61)]

3. 다른 구제수단의 부존재

어음소지인이 어음채무자에 대하여 다른 구제수단이 없는 경우에 이득상환청구권이 발생하는데, 다른 구제수단이 없다는 의미에 대하여 견해가 대립한다.

(1) 학 설

첫째, 특정 상대방에 대하여 어음상 권리가 소멸하면 이득상환청구권을 행사할 수 있다는 견해가 있다. 그러므로 특정 상대방이 아닌 다른 어음채무자에게 어음상 청구권이 존재하거나 민법상 원인채권에 의한 구제수단이 있더라도 이득상환청구권을 행사할 수 있다고 한다.[62)]

둘째, 어음소지인이 어음금을 청구하는 상대방뿐만 아니라 소구의무자를 포함한 모든 어음채무자에 대하여 어음상 권리를 소멸해야 이득상환청구권을 행사할 수 있다는 견해이다. 즉 주채무자, 소구의무자 그리고 보증인 등 모든 어음상 채무자에 대하여 어음상 권리를 상실하면, 원인채권에 기한 권리구제수단이 있더라도 이득상환청구권을 행사할 수 있다는 견해이다.[63)]

셋째, 모든 어음채무자에 대하여 어음상 권리를 상실하고 나아가 일반 사법상 권리까지 상실하여야만 이득상환청구권이 인정된다는 견해이다. 어음상 채권이 소멸하더라도 원인채권에 의하여 권리구제가 가능하면 이득상환청구권을 인정할 실익이 없다고 한다. 즉 이득상환청구권은 최후의 권리구제수단으로 이해한다.[64)]

---

61) 이철송(어), 199면.

62) 서돈각 · 정완용(하), 127-128면 ; 손주찬(하), 155면 ; 양승규(어), 205면.

63) 정찬형(어), 667면 ; 정동윤(어), 265-267면 ; 최준선(어), 221-222면.

64) 이철송(어), 201면.

원인채무를 담보하기 위하여 어음이 수수된 경우 어음상 권리가 절차의 흠결이나 시효완성으로 소멸하더라도 원인채무에 기한 대금청구를 할 수 있으므로 이득상환청구권이 발생하지 않고, 지급을 확보하기 위하여 어음이 수수된 경우에도 어음채권을 행사한 후에 원인채권을 행사할 수 있으므로 원인채권이 소멸하지 않는 한 이득상환청구권을 행사할 수 없다고 한다. 판례의 입장이다.[65)]

(2) 소 결

첫째 견해에 의하면 특정 상대방에 대하여는 이득상환청구권을 행사하고, 다른 어음채무자에 대하여는 어음상 권리를 행사할 수 있게 되는바, 어음상 권리의 소멸 전이나 후를 막론하고 항상 어음소지인을 보호하는 것은 형평에 어긋나고, 다른 어음채무자에게 어음상 권리를 행사할 수 있음에도 불구하고 특정 상대방에 대하여 이득상환청구권을 인정하는 것은 이득상환청구권의 입법취지에도 어긋난다.

셋째 견해는 이득상환청구권이 어음상 권리를 기초로 인정된 권리인데, 그 범위를 넘어 사법상 권리구제방법까지 모두 상실된 후에만 행사할 수 있다고 하면 어음소지인을 보호하고자 하는 이득상환청구권제도의 존재가치가 무의미하게 되고 나아가 양 구제방법이 보호하는 정도가 다르다는 측면을 간과하는 것이다.

사법상 채권인 원인채권까지 소멸한 후에야 이득상환청구권을 행사할 수 있다고 하기 위해서는, 원인채무의 지급에 갈음하여 어음에 발행되고, 그 어음상 권리가 소멸한 경우이어야 하는데, 실거래에서 지급을 갈음하여 어음이 발행되는 경우가 극히 드물고, 대부분 지급을 담보하기 위하여 어음이 발행되므로 이때는 어음상 권리가 소멸하더라도 이득상환청구권을 행사할 수 없는바, 현실적으로 이득상환청구권이 어음에 적용될 여지가 거의 없다.

다만 자기앞수표나 은행이 지급보증을 한 당좌수표는 지급에 갈음하여 발행되는 것으로 해석되므로 이득상환청구권을 행사할 수 있다. 따라서 어음소지인을 폭넓게 보호하기 위하여 모든 어음채무자에 대한 어음상 권리가 소멸하면, 사법상 권리구제수단이 남아 있더라도 이득상환청구권을 인정하는 두 번째 견해가 타당하다.

대법원 2000. 5. 26. 선고 2000다10376 판결

원심판결 이유에 의하면, 원심은 그 채택한 증거들을 종합하여, 상인인 소외 이

65) 대법원 1963. 5. 15. 63다155 ; 대법원 1993. 10. 22. 93다26991 ; 대법원 2000. 5. 26. 2000다10376.

종수가 1994년 5월경 그의 원고에 대한 철강재 등 물품대금채무 금 32,800,000원의 지급을 위하여 원고에게 소외 남성강업 주식회사 발행, 지급기일 1994. 10. 12.로 된 액면금 19,800,000원의 약속어음을 배서·교부하려 하자, 원고는 위 채무에 대한 타인의 연대보증을 요구하여 피고가 위 채무를 연대보증하면서 그 담보의 목적으로 주채무자인 위 이종수와 함께 위 약속어음에 순차 배서하여 원고에게 교부한 사실, 원고는 위 약속어음의 지급기일에 지급제시하였으나 무거래로 지급거절된 사실, 그런데 피고가 위 약속어음에 배서하게 된 원인은 위 이종수의 원고에 대한 위 채무를 보증하기 위한 것으로서 원고의 위 보증채권의 소멸시효는 위 어음금 채권과 마찬가지로 3년이라고 할 것이므로, 원고의 위 각 채권은 위 어음의 지급기일인 1994. 10. 12.부터 3년이 지난 1997. 10. 12.경 그 소멸시효가 완성되어 모두 소멸된 사실을 인정한 다음, 위 인정 사실에 의하면 위 약속어음상 유효하게 존재하였던 권리는 원고가 그 행사를 해태함으로써 시효로 소멸되었다 할 것이고, 어음법상 및 민법상의 다른 구제방법도 존재하지 아니하여, 어음상의 권리가 시효로 소멸함으로써 피고는 위 액면금 중 이미 일부 변제된 금원을 제외한 금 9,000,000원 상당의 이득을 얻었다는 이유로 원고에게 위 금원 상당의 이득상환청구권이 발생하였다고 판단하였다. 그러나 원인관계상의 채무를 담보하기 위하여 어음이 발행되거나 배서된 경우에는 어음채권이 시효로 소멸되었다고 하여도 발행인 또는 배서인에 대하여 이득상환청구권은 발생하지 않는다고 할 것인바, 이러한 이치는 그 원인관계상의 채권 또한 시효 등의 원인으로 소멸되고 그 시기가 어음채무의 소멸 시기 이전이든지 이후이든지 관계없이 마찬가지라고 보는 것이 당원의 견해이다(대법원 1993. 10. 22. 선고 93다26991 판결, 대법원 1992. 3. 31. 선고 91다40443 판결, 대법원 1963. 5. 15. 선고 63다155 판결 등 참조). 따라서 위 판례의 법리에 의하면, 원심 인정대로 피고의 위 어음에의 배서가 피고의 원고에 대한 보증채무의 담보를 위한 것이라면, 피고의 배서인으로서의 어음채무가 시효로 소멸되었다고 하여도 피고에 대한 이득상환청구권은 발생하지 않는다고 할 것이다.

4. 어음채무자의 이득 발생

어음채무자가 이득을 얻어야 한다. 이득이라 함은 어음상 권리가 소멸하여 어음채무자가 그 지급을 면제받는 자체를 의미하는 것이 아니라, 어음수수의 원인관계에 의하여 어음발행의 대가로서 현실적으로 받은 재산상 이익을 의미한다. 이러한 이득은 적극적으로 대가나 자금을 얻었거나 소극적으로 기존채무를 면하거나를 불문한다.

약속어음 및 수표의 발행인의 경우는 원인관계상 수취인으로부터 대가를 받거나 또 기존채무의 지급에 갈음하여 어음을 교부하였는데, 어음·수표상 권리가 소멸하면 이득을 보았다고 본다. 환어음의 발행인은 원인관계상 수취인으로부터 대가를 받거나 지급에 갈음하여 어음을 발행하였는데, 자금관계상 인수인에게 자금을 공급하지 아니하면 이득이 발생하고, 자금을 인수인에게 공급하였더라도 그 자금에 대한 반환청구권이 있으면 역시 이득이 있다고 본다.

환어음의 인수인이 이득을 얻었는가 여부는 인수인이 자금관계상 발행인으로부터 자금을 제공받고 시효완성으로 어음상 권리가 소멸하면 이득을 얻었다고 할 것이며, 이 때 반환할 이득은 원인관계에 의하여 발행인으로부터 실제로 공급받은 금액이며 어음액면금이 아니다. 따라서 지급인이 자금을 제공받지 않고 호의로 인수인이 된 경우에는 이득을 얻었다고 볼 수 없다.

배서인(수취인)의 계산으로 발행인으로부터 약속어음을 교부받은 후 타인에게 대가를 받고 배서양도한 후에 발행인에게 자금을 제공하지 아니한 경우에 어음상 권리가 소멸하면 배서인이 이득을 본 것이고, 발행인으로부터 금전적인 대가를 받고 (숨은)보증 목적으로 배서인이 된 자는 소구의무를 면제받았으면 이득을 얻었다고 할 것이어서 이득상환청구권의 의무자가 된다. 그러나 배서인이 전자와 후자와의 경제적 대가관계로 배서하여 그 차액상당의 이익을 얻었다 하더라도 이는 상재(商材)의 문제로서 이득이 아니므로 이러한 배서인은 이득상환청구의 대상이 아니다.

어음채무자에게 이익이 현존할 필요가 없으므로, 어음채무자가 이득을 얻은 후에 다른 사정에 의하여 그 이득이 상실되더라도 무방하다. 나아가 어음소지인의 손해의 발생이 이득상환청구권의 요건이 아니므로 소지인이 어음취득시 대가를 지급하지 않거나 손해를 입지 않아도 무방하다. 그러나 시효의 완성으로 어음소지인의 어음상 권리가 소멸하더라도 원인채무를 변제할 의무가 있는 약속어음의 발행인은 이득을 얻었다고 볼 수 없다.[66]

대법원 2000. 5. 26. 선고 2000다10376 판결

원인관계상의 채무를 담보하기 위하여 어음이 발행되거나 배서된 경우에는 어음채권이 시효로 소멸되었다고 하여도 발행인 또는 배서인에 대하여 이득상환청구권은 발생하지 않는다고 할 것인바, 이러한 이치는 그 원인관계상의 채권 또한 시효 등의 원인으로 소멸되고 그 시기가 어음채무의 소멸 시기 이전이든지 이후이든지 관계없이 마찬가지라고 보는 것이 당원의 견해이다(대법원 1993. 10. 22. 선

66) 대법원 1993. 7. 13. 93다10897.

고 93다26991 판결, 대법원 1992. 3. 31. 선고 91다40443 판결, 대법원 1963. 5. 15. 선고 63다155 판결 등 참조). 따라서 위 판례의 법리에 의하면, 원심 인정대로 피고의 위 어음에의 배서가 피고의 원고에 대한 보증채무의 담보를 위한 것이라면, 피고의 배서인으로서의 어음채무가 시효로 소멸되었다고 하여도 피고에 대한 이득상환청구권은 발생하지 않는다고 할 것이다. 그럼에도 불구하고, 원심이 위 어음채권과 그 원인채권이 모두 시효로 소멸되었으므로 그 소지인인 원고에게 피고에 대한 이득상환청구권이 발생하였다고 해석한 것은 소액사건심판법 제3조 제2호 소정의 이른바 구체적인 당해 사건에 적용할 법령의 해석에 관하여 대법원이 내린 판단과 상반되는 해석을 한 경우로서 이는 판결 결과에 영향을 미쳤음이 분명하고, 이 점을 지적하는 상고이유의 주장은 이유 있다.

5 이득상환청구권의 행사

1. 증권의 소지여부

이득상환청구권을 행사하기 위하여 증권의 소지가 필요한가에 관하여 잔존물설은 필요하다고 한다. 이득상환청구권의 성질을 지명채권으로 보는 통설에 따르면 어음의 소지가 필요없으므로 권리가 존속하는 동안에 어음을 도난당한 자는 어음상 권리가 절차의 흠결 또는 시효완성으로 소멸하더라도 제권판결 없이 이득상환청구권을 행사할 수 있다. 그러나 어음의 선의취득자가 있는 경우에는 도난당한 자는 어음상 권리를 상실하므로 이득상환청구권을 행사할 수 없다.[67] 즉 이득상환청구권자가 어음상 권리가 소멸할 때 정당한 어음소지인임을 증명하여야 권리를 행사할 수 있다.

2. 채무자의 어음항변

이득상환의무자가 종전에 어음채무자의 자격으로 어음소지인에게 대항할 수 있던 모든 항변사유로 이득상환청구권자에게 대항할 수 있는가에 관하여, 잔존물설에 의하면 이득상환청구권도 어음상 권리의 일종이므로 어음상 항변이 이득상환청구권에 승계된다고 보아서 모든 어음상 항변사유로 이득상환청구권자에게 대항할

67) 정찬형(어), 673면.

수 있다고 한다.

지명채권설에 의하면 어음상 항변이 당연히 승계된다고 볼 수는 없지만, 어음채무자의 잘못이 아닌 어음소지인의 귀책사유로 어음상 권리가 소멸되었는바, 이득상환의무자가 이득상환청구권자로부터 상환청구를 받는 경우, 이전보다 불리한 지위에 있어야 할 이유가 없으므로, 종전의 어음채무자가 어음소지인에게 대항할 수 있는 모든 항변사유로써 대항할 수 있다고 해석한다.

3. 채무이행지

이득상환청구권을 지명채권으로 보면, 채권자의 현주소나 현영업소에서 지급해야 하는 지참채무(민 467조 2항)의 성질을 갖지만, 채무자는 채권자의 신원을 알 수 없기 때문에 추심채무(민 516조)로 보아서 이득상환청구권자가 상환의무자의 주소에서 이행청구를 하여야 한다고 본다.[68)]

4. 입증책임

이득상환청구권자는 권리발생의 요건과 채무자가 받은 이익의 한도를 입증하여야 한다. 판례도 이득상환청구권자는 어음채무자에게 어음법 제79조 소정의 '받은 이익'이 있음과 그 한도에 관하여 입증하여야 한다고 판시하고 있다.[69)] 은행발행의 자기앞수표는 은행이 수표액만큼 이익을 본 것으로 추정되므로 이득상환청구권자가 발행은행이 이득을 받았음을 입증할 책임이 없다고 한다.[70)]

6 소멸시효

이득상환청구권의 법적성질에 따라서 시효가 달라지는데, 통설인 지명채권설에 따르면 민사채권의 시효와 동일하게 10년으로 본다. 이득상환청구권의 성질을 지명채권으로 보면서도 시효기간은 원인채권의 시효와 동일하게 보아서, 원인채권이

68) 변형물설 또는 잔존물설에 의하면 이득상환청구권은 어음상 권리에 준하는 유가증권적 권리이므로 어음상 권리와 동일하게 추심채무로 이해한다(이철송(어), 205면 각주 1)).

69) 대법원 1994. 2. 25. 93다50147.

70) 대법원 1961. 7. 31. 4293민상841 ; 대법원 1961. 12. 21. 4294민상324.

민사채권이면 10년, 상사채권이면 5년으로 보는 견해가 있다.[71] 그러나 어음행위의 무인성상 원인채권의 성질과 연관하여 이득상환청구권의 시효를 달리 하는 것은 타당하지 않다. 한편 잔존물설에 의하면 이득상환청구권의 시효기간을 어음은 3년, 수표는 1년으로 본다.[72] 지명채권설에 의하여 민사채권과 동일하게 10년을 시효로 보는 것이 타당하다.

이득상환청구권의 시효의 기산점은 어음상 권리가 소멸한 때, 즉 이득상환청구권을 행사할 수 있는 때이다. 따라서 어음은 시효기간만료일의 다음날 또는 소구의 경우에는 거절증서를 작성한 때에는 거절증서작성일 다음날부터, 거절증서를 작성하지 아니한 때에는 거절증서작성기간 만료일 다음날부터 시효가 진행된다. 한편 독일 어음법 제89조 제1항은 '어음상 권리가 소멸한 때부터 3년의 경과로 소멸시효가 완성한다'고 규정하고 있고, 독일 수표법 제58조 제2항은 수표를 발행한 때부터 1년의 경과로 소멸시효가 완성한다'고 규정하고 있기 때문에 우리처럼 해석상 문제가 발생하지 않는다.[73]

7 이득상환청구권의 양도

1. 양도방법

이득상환청구권을 지명채권으로 보는 통설에 의하면 그 양도는 지명채권의 양도방법으로만 양도를 하여야 하므로, 증권의 배서만에 의하여 양도할 수 없다. 판례도 같은 입장이다. 따라서 어음상의 권리가 소멸할 당시의 어음의 정당한 소지인으로부터 지명채권양도의 방법으로 양도를 받아야만 이득상환청구권의 정당한 양수인이 되고, 이에 대한 입증책임은 양수인이 부담한다. 그리고 이득상환청구권을 양도할 때에 증권의 소지가 필요하지 않으므로 증권을 교부할 필요가 없다. 이득상환청구권의 성질을 지명채권으로 보는 통설에 의하면 이득상환청구권은 선의취득할 수 없다.

한편 은행발행의 자기앞수표를 제시기간경과 후에 양도하는 경우에 수표양도행위에는 채권양도를 통지할 권능이 양도인에게서 양수인으로 이전하는 합의가 포함

71) 양승규(어), 208면.

72) 정희철(하), 289-290면.

73) 정찬형(어), 677면 각주 2).

된 것으로 보아서 양수인이 은행에 수표를 제시하여 수표금을 청구하면 채무자에 대한 양도의 통지라는 대항요건을 갖춘 것이 되므로 은행은 양수인에게 금원을 지급하면 면책된다.[74]

대법원 1976. 1. 13. 선고 70다2462 전원합의체 판결

수표상의 권리가 절차의 흠결로 인해서 또는 소멸시효의 완성으로 말미암아 소멸되었을 때 당시의 동 수표의 정당한 소지인은 이득을 한 수표상의 의무자에 대하여 그가 받은 이익의 한도에서 상환을 구할 수 있으며 한편, 은행 또는 기타 금융기관이 발행한 자기앞수표(이하 단순히 은행의 자기앞수표라고 약칭한다)는 제시기간내에서는 물론이거니와 제시기간 후에도 발행은행에서 또는 그 외의 금융기관에서 쉽게 지급받을 수 있다는 거래상의 확신에 의해서 현금과 같이 널리 유통되고 있을 뿐만 아니라 수표의 양도는 거래의 일반적인 인식으로서는 수표의 표시되어 있는 액면상당의 금원을 발행은행으로부터 지급받을 수 있는 권리를 그것이 수표상의 권리이던 또는 그렇지 않고(어느 의미에 있어서는)등 권리의 변형물이라고도 할 수 있는 동권리의 소멸로 인해서 발생되는 이득상환권이던 간에 구별함이 없이 또 그것을 구별하려고도 하지 않고 양도하고 양도받는 것이 거래의 실정이라고 할 것이므로 이와 같은 거래의 실정에 비추어 볼 때 수표소지인이 수표법상의 보전절차를 취함이 없이 제시기간을 도과하여 수표상의 권리가 소멸된 수표를 양도하는 행위는 수표금액의 지급수령권한과 아울러 특별한 사정이 없으면 수표상의 권리의 소멸로 인해서 소지인에게 발생한 이득상환청구권까지도 이를 양도하는 동시에 그에 수반해서 이득을 한 발행인인 은행에 대하여 소지인을 대신해서 그 양도에 관한 통지를 할 수 있는 권능을 부여하는 것이라고 하여야 할 것이고 그렇게 양도받은 수표를 양수인이 다시 제3자에게 양도하는 행위는 이와같이 양도받은 수표금액의 지급수령권한과 아울러 이득상환청구권을 위 소지인으로부터 수권된 이득을 한 채무자인 발행은행에 대한 통지의 권능이 수반된 상태로 이전하는 행위라 할 것이고, 그렇게 하는 것이 특별한 사정이 없는 한 당사자들의 의사에 합치될 뿐만 아니라 거래의 실정에 적합하고 나아가서는 이와 같은 수표의 양도로 인해서 야기될 수 있는 법률관계를 간결하고 타당하게 해결할 수 있는 것이라고 할 것이므로 이와 같은 수표의 정당한 소지인은 발행은행에 대하여 그가 받는 이익의 한도에서 이득상환청구권을 행사할 수 있고 또 채무자인 발행은행도 동 수표의 소지인에게 변제하므로서 유효하게 동 채무를 면하게 된다고 할 것이다. 당원의 판례(1970.1.27. 선고 69다1390호 판결)는 이상의 취지에 저촉되는 한도에서 본 판결에 의해 변경된 것으로 보아야 할 것이다.

---

74) 대법원 1976. 1. 13. 70다2462.

2. 담보권의 이전여부

지명채권설에 의하면 어음상 권리가 소멸한 후 발생하는 이득상환청구권은 어음상 권리와 그 성질이 다르므로 어음상 권리를 위하여 존재하는 보증 또는 담보는 당사자 간의 특약이 없는 한 이득상환청구권을 보증하거나 담보하지 않는다고 한다. 따라서 이득상환청구권을 양수한 자는 특약이 없는 한, 어음상 권리 위에 존재하는 보증인에 대한 권리 및 담보권을 취득하지 못한다. 그러나 잔존물설에 의하면 이득상환청구권을 어음상 권리의 일종으로 보므로 이득상환청구권의 양수인이 어음상 권리에 존재하는 보증인의 권리 및 담보권을 취득한다고 한다.[75]

제6절 어음개서

1 의 의

어음의 개서는 광의로는 기존 어음의 어음요건 중 일부를 변경하여 새로운 어음을 발행하는 것을 의미하고, 협의로는 만기가 도래한 어음의 지급유예를 위하여 만기를 변경하여 신 어음을 발행하는 것을 말한다. 이러한 어음을 연기어음 또는 개서어음이라고 한다. 통상 어음개서라 함은 협의의 연기어음을 의미하며, 주로 어음금의 지급연기를 위하여 어음채무자와 어음소지인의 합의에 의하여 연기어음이 발행되지만, 그 밖에도 채무의 분할변제, 신용기간의 연장, 시효중단 등의 목적으로 발행되는 경우도 있다.

2 어음개서계약

어음개서는 어음발행인과 어음소지인의 개서계약에 의하여 이루어진다. 개서계약을 하면 어음채무자는 새로운 지급기일을 기재한 신어음의 발행·교부 의무를

---

75) 정찬형(어), 672-673면.

부담하고, 어음소지인은 신어음을 수령할 의무가 있다. 따라서 개서계약이 성립된 후 어음소지인이 구어음의 만기에 어음금을 청구하면, 어음채무자는 개서계약의 인적항변으로써 지급을 거절할 수 있다. 제3자가 기한후배서에 의하여 개서특약이 기재된 어음을 양수한 경우에는 지명채권 양도효력밖에 없으므로 어음채무자는 제3자에게 개서계약의 인적항변으로 대항할 수 있다. 그러나 기한前 배서에 의한 어음양수인은 개서계약이 기재된 어음을 취득하더라도 채무자를 해할 의사로 어음을 취득하지 않는 한(어 17조), 지급기일에 일반어음과 마찬가지로 어음상 권리를 행사할 수 있다.[76)]

개서계약에 의하여 신어음을 발행할 때 구어음을 발행인이 회수하거나 또는 신어음의 담보목적으로 소지인이 계속 소지할 수 있다. 그런데 구어음을 채무자가 회수하면 문제가 없지만, 어음소지인이 구어음을 여전히 소지하는 경우에는 신·구어음이 모두 효력이 있다. 그런데 어음소지인이 만기 전에 구어음을 양도하여 제3자가 선의취득을 하면 어음채무자는 이중지급의 위험에 빠지므로 어음발행인은 구어음을 회수하려고 할 것이다.

3 어음개서의 법적성질

어음개서의 법적성질은 구어음을 회수하는 경우에 발행인이 만기를 변경한 신어음채무를 부담함으로써 구어음채무를 소멸시킨다는 경개설과 구어음채무를 변제하는 방식으로 신어음을 교부한다는 대물변제설이 대립한다. 신어음상 채무는 신어음행위로 발생한 것일 뿐 경개계약에 의하여 발생하는 것이 아니며, 경개는 유인행위로서 어음행위의 무인성에도 맞지 않으므로 어음개서의 성질을 대물변제라고 보는 것이 타당하다. 어느 설에 의하더라도 개서로 인하여 신어음채무가 성립하고, 구어음채무가 소멸한다고 하므로, 어음채권자는 신어음으로 어음상 권리를 행사하여야 한다는 점에서 차이가 없다.[77)] 그러나 구어음이 회수되지 않고, 신·구어음 모두 채권자가 소지하도록 한 경우에는 신·구어음의 채권은 병존하므로, 대물변제로 볼 수 없다.

76) 최준선(어), 228면.
77) 이철송(어), 405면 ; 최준선(어), 230면.

4 어음개서의 효과

1. 신 · 구어음에 의한 권리행사

구어음을 회수하는 경우에는 구어음채무가 소멸하므로 권리행사에 문제가 없으나, 소지인이 신 · 구어음을 소지하는 경우에는 양 어음채권이 병존한다. 따라서 어음채권자는 어느 어음채권에 의해서도 어음상 권리를 행사할 수 있고, 어느 일방의 권리행사에 의하여 어음금이 지급되면 다른 어음상 권리는 소멸한다. 그런데 어음채권자가 신어음의 만기가 도래하기 전에 구어음으로 어음금지급을 청구하는 경우에 어음채무자는 지급유예의 인적항변으로 대항할 수 있다. 그리고 신어음으로 어음금을 청구하는 경우에 어음채무자는 신 · 구어음의 반환과 어음금지급을 동시이행의 항변으로 주장할 수 있다.[78)]

2. 구어음채무자에 대한 효력

(1) 구어음의 회수

신어음을 발행하면서 구어음을 회수하는 경우에 어음개서의 법적성질을 경개나 대물변제라는 견해에 의하면 구채무가 소멸되므로 구어음상의 배서인이나 보증인의 책임도 부종성의 원리에 의하여 소멸되고, 신어음채권자에게 책임을 부담하지 않는다고 보는 것이 이론상 타당하지만, 구어음채무가 소멸하더라도 원인채무는 여전히 남아있고, 신어음은 그 원인채무의 이행을 위하여 발행된 것이므로 구어음의 배서인과 보증인의 책임은 여전히 신어음에서도 존속한다고 보아야 한다. 따라서 반대의 특약이 없는 한 구어음채무에 대하여 제3자가 어음 외에서 제공한 담보는 구어음채무의 목적(채무액) 범위 내에서 신어음채무를 위하여 존속한다고 본다. 다만 어음보증처럼 형식이 필요한 경우에는 신어음에서도 보증의 형식을 갖춰야만 효력이 있다.[79)]

---

78) 최준선(어), 230면.

79) 최준선(어), 231면.

대법원 2003. 10. 24. 선고 2001다61456 판결

신종기업어음(일명 CP어음)을 발행회사로부터 매입한 종합금융회사가 이를 일반투자자들에게 매도한 후 일반투자자로부터 그 어음의 보관 및 만기의 추심을 위탁받아 종합금융회사의 어음관리계좌(CMA)에 그 어음을 보관관리하다가 추심하였다면 그 어음상의 채무는 소멸하고, 그 어음상의 채무에 대한 민사상 보증채무도 함께 소멸한다고 할 것이고, 일반투자자가 그 추심금으로 다른 신종기업어음을 매입하여 어음관리계좌로 현금이 입금되지 않았거나 어음관리계좌로부터 실제로 현금이 인출되지 아니하였다고 하여 달리 볼 것은 아니라고 할 것이다. 그러나 단순히 어음상 채무의 만기를 연기하기 위한 당사자 사이의 어음개서계약에 따라 구어음을 회수하고 신어음을 발행하여 교부하는 경우 구어음상의 채무는 소멸한다고 할 것이지만 구어음상의 채무와 신어음상의 채무가 실질적으로 동일한 때에는, 특별한 사정이 없는 한, 구어음상의 채무에 대한 담보나 민사상 보증은 신어음상의 채무에 대하여도 그대로 존속한다고 할 것이다.

기록에 의하면 원고는 1997. 6. 당시 공영토건에 대하여 신용대출만기분 166억원이 있었는데 그 중 금 86억 원은 신용대출기한을 연장하고, 나머지 금 80억 원에 대하여는 보증CP로 전환하기로 내부방침을 정한 다음 파산회사와 공영토건과의 협의를 거쳐 공영토건이 발행한 이 사건 제1 어음을 파산회사를 통하여 매입한 사실, 이 사건 제1 어음의 만기가 도래하자 원고는 파산회사 및 공영토건과 협의하여 만기를 연장하기로 하고, 원고로부터 추심을 위임받은 파산회사는 공영토건으로부터 할인료만 현금으로 지급받고, 나머지 어음원금은 서류상으로만 결제가 된 것으로 정리한 후 공영토건으로부터 다시 어음을 매입하여 원고에게 매출하는 형식을 취하여 원고의 어음관리계좌에 입고처리한 것으로 정리하였고, 그 후 1998. 1. 31.자 어음의 발행시 어음금 중 10억 원을 실제로 결제하였을 뿐 나머시 어음원금에 관하여는 매번 같은 방법으로 어음의 만기를 연장하여 오다가 이 사건 제2 어음이 발행된 사실을 알 수 있다. 사정이 그와 같다면, 원고, 공영토건 및 파산회사 사이에 단순히 만기연장을 위한 3자간 어음개서계약에 따라 이 사건 제1 어음의 만기 연장을 위하여 만기에 현실적인 어음금의 상환 없이 할인에 따른 할인료만을 지급하면서 구 어음을 회수하고 새로운 어음이 발행되었으며 수차례의 어음개서를 통하여 이 사건 제2 어음이 발행된 것이라 할 것인데, 위와 같은 단순한 만기 연장을 위한 어음개서의 경우 구 어음상 채무는 신 어음상의 채무와 실질적으로 동일한 것으로 볼 수 있고, 달리 위와 같은 어음개서과정에서 반대의 명백한 특약이 있는 등 특별한 사정이 없는 이상 이 사건 제1 어음상 채무에 대한 민사상 보증의 효력 역시 새로이 개서된 어음의 어음금채무에 대하여 존속하는 것으로 봄이 상당하다고 할 것이다.

(2) 신·구어음의 병존

구어음을 회수하지 않는 경우에는 신 · 구어음채무가 병존하고, 구어음채무가 신어음채무로 이전되지 않으므로, 구어음채무자는 구어음 문언에 의하여, 신어음채무자는 신어음 문언에 의하여 각각 책임을 진다. 발행인으로부터 금융기관이 어음할인의 방식으로 어음을 취득하여 타인에게 양도하고, 그 후 금융기관이 발행인에게 자금을 대여하면서 새 어음을 발행 교부받았다면, 이는 구어음과 무관한 새로운 어음거래이므로 구어음상 보증이나 담보의 효력은 구어음과 함께 소멸하고 신어음에는 영향을 미치지 아니한다.[80] 구어음을 회수하는 경우에 구어음의 배서인이 신어음에 배서를 하지 않았거나 무담보배서를 하였다면 구어음의 배서인은 신어음채무에 대하여 소구책임을 부담하지 않는다.

대법원 1987. 7. 7. 선고 86다카1308 판결

> 소론은 원고가 소외 회사로부터 위 어음에 대한 결제자금의 대출을 요청받아 지급기일이 1983.5.31로 된 액면금 합계 금5억원의 약속어음 15매를 교부받고 이를 할인하는 방식으로 종래의 어음 5매를 결제한 것이니 위 회사의 원고에 대한 애당초의 차용금채무는 소멸하지 아니하였고 그 변제기만 연장된데 불과하다는 주장을 바탕으로 하여 원심판결을 공격하고 있으나 원심이 판시한대로 원고는 단기금융업법에 의하여 설립된 속칭 단자회사로서 어음의 할인, 매매등에 의하여서만 사실상의 대출업무를 취급할 수 있는 만큼 배서양도나 어음금의 지급등에 의하여 그 어음상의 권리의무관계가 소멸된 때에는 이와 병존하던 원인채권관계 역시 소멸되고 원고가 소외 회사에 대하여 기존어음의 결제자금을 제공하고 새로운 어음을 취득한 것은 종전채권관계와는 무관한 새로운 어음거래에 다름없는 것이며, 이미 본 바와 같이 피고가 종전의 어음관계에 국한하여 보증을 한 것인 만큼 위의 새로운 어음거래에 관하여 보증책임을 물을 수는 없는 것이다. 이와 같은 취지의 원심판단은 정당하고 논지는 이유없어 받아들일 수 없다.

(3) 인적항변

구어음을 회수하는 경우에 어음개서의 직접당사자 간에는 어음채무자가 구어음에 대항할 수 있는 인적항변으로써 신어음에 대하여도 대항할 수 있다. 구어음을 회수하지 않는 경우에도 신어음이 구어음채무를 원인으로 그 지급을 위하여 발행

---

80) 대법원 1987. 7. 7. 86다카1308.

된 것이므로 구어음상의 원인관계의 항변으로 신어음에 대하여 대항할 수 있다. 다만 구어음의 시효완성의 항변은 신어음에서는 지급기일이 연장되므로 신어음채권자에게 이를 이유로 대항할 수 없다. 한편 신·구어음채무는 동일성이 있기 때문에 인적항변에 대한 선·악의 판단은 구어음의 취득시를 기준으로 하는바, 구어음을 취득할 때 인적항변사유를 알지 못하였다면 그 후 그 사정을 알고 신어음을 취득하였더라도 악의의 항변을 주장할 수 없다. 나아가 신어음 소지자의 어음상의 권리가 시효완성으로 소멸한 경우에 이득상환청구권의 행사요건으로서 어음채무자가 이득을 얻었는지 여부는 구어음의 발행으로 인하여 어음채무자가 재산상 이득을 얻었는가를 기준으로 판단해야 한다.[81]

제7절 어음할인[82]

1 의 의

어음할인(discount of bill)은 만기가 도래하지 아니한 어음을 소지한 자가 어음을 양도하고 양수인은 어음금액에서 만기일까지의 이자 기타 비용, 즉 할인료를 공제한 금액을 어음소지인에게 교부하는 것이다. 이는 어음소지자가 만기 이전에 어음을 현금화하는 방법으로서 상품매매나 용역제공의 대가로 발행된 상업어음이 주로 어음할인의 대상이지만 융통어음도 할인의 대상이 될 수 있다.[83]

이때 금융기관은 어음할인을 원하는 자와 여신거래약정을 맺고, 그에게 금전을 교부하는 방법으로 그가 보유한 어음을 양수하여 그 어음금액에서 만기까지의 이자를 공제한 금원을 교부하며, 금융기관은 만기에 어음을 추심하거나 만기 전에 다른 금융기관에 이를 양도하는 방법으로 자금을 회수한다. 어음할인의 방식으로 대출을 하는 경우에는 어음을 담보로 대출한 것으로 본다.[84]

---

81) 최준선(어), 232면.

82) 최정식, "어음할인과 환매청구권의 법리", 「법학논총 제28집」, 숭실대학교 법학연구소(2012. 7.), 217-240면 참조.

83) 대법원 2000. 6. 23. 99다57720.

대부어음은 소비대차의 증서를 대신하여 또는 소비대차상 채권을 확보하기 위하여 발행되지만, 할인어음은 다수설인 매매설에 의하면 상업어음을 매매하는 것으로서 별도의 어음수수의 원인이 되는 법률관계가 없다. 또한 할인어음은 이미 작성된 어음을 할인하는 것에 비하여, 대부어음은 대부계약이 체결된 후에 어음이 작성 · 교부되는 점이 다르며, 이러한 성질 때문에 할인어음이 대부어음보다 신용도가 높고 금리는 상대적으로 낮다.

2 어음할인의 법적 성질

어음할인의 법적성질을 어음의 매매로 보는 통설[85] 및 판례[86]에 의하면 어음할인 의뢰인은 소지하고 있는 진성어음을 양도하고 할인대금을 받는다는 의사를 갖고 있기 때문에 어음의 매매라고 주장한다. 한편 어음할인은 소비대차 또는 매매와 소비대차의 혼합계약이라는 견해도 있다.[87] 어음할인의 성질을 어음매매로 보게 되면 어음할인금과 예금의 상계가 허용되지 않고, 만기 이후의 지연손해금을 계산할 때 어음할인율이 적용되며, 어음상 권리가 소멸하면 이득상환청구권이 발생한다고 보지만, 소비대차설이나 혼합계약설에 따르면 반대로 해석하는바, 금융기관은 상계가 허용되는 소비대차설을 지지한다.

그런데 소비대차가 성립하려면 할인의뢰인이 어음을 추후에 반환받을 의사를 가지고 할인금을 수령하여야 한다. 하지만 할인의뢰인이 사실상 어음을 회수할 의사가 없기 때문에 소비대차로 보기 곤란하다. 생각건대 어음할인은 만기가 도래하기 전에 어음을 현금화시키는 수단이므로, 어음금액에서 중간 할인료를 공제한 금원을 받고 그 대가로 어음상 권리를 이전시키는 것이므로 매매로 보는 것이 당사자의 의사에 합치된다.

---

84) 대법원 2002. 9. 24. 2000다49374.

85) 최준선(어), 234-235면 ; 손주찬(하), 177면 ; 최기원(어), 267면 ; 上柳克郎 · 北澤正啓 · 鴻 常夫, 新版 手形 小切手法, 有斐閣, 2007, 6面 ; 西尾信一, 金融取引法(第2版), 法律文化社, 102면 ; 鈴木竹雄, 前田庸 補訂(新版), 手形法 小切手法, 有斐閣, 平成 19年, 77面.

86) 대법원 1984. 11. 15. 84다카1227 ; 대법원 1990. 7. 10. 89누404 ; 대법원 2000. 12. 12. 99다13669.

87) 北澤正啓(編), 「商法の争點」, 1978, 293面.

대법원 2000. 12. 12. 선고 99다13669 판결

원심이 확정한 사실과 기록에 의하면, 소외 주식회사 의성금속(이하 '소외 회사'라고 한다)은 원고 등의 연대보증하에 피고 은행과 여신과목을 어음할인으로 한 어음거래약정 및 여신한도거래약정을 각 체결한 후, 타인이 발행하여 배서양도받은 이 사건 약속어음들을 피고에게 각 배서양도하고 그 액면금액에서 양도일 이후 지급기일까지의 금리 상당액 및 기타 비용액을 공제한 금액을 각 지급받았으며, 한편 위 약정에 관하여 적용되는 은행여신거래기본약관은, 어음의 할인을 의뢰하여 할인금을 지급받은 채무자가 어음교환소로부터 거래정지처분을 받거나 지급기일에 어음의 지급이 거절되거나 기타 어음에 관한 채권 보전이 필요한 사유가 발생한 때에는, 채무자는 은행으로부터의 독촉·통지 등이 없어도, 당연히 어음의 환매(還買)채무를 지고 어음면 기재 금액을 변제하도록 규정하고 있는데, 그 후 소외 회사가 부도를 내어 어음교환소로부터 거래정지처분을 받았고 이어 피고가 이 사건 각 약속어음의 지급기일에 발행인에게 지급제시하였으나 모두 지급거절되자, 소외 회사의 연대보증인인 원고가 피고에게 이 사건 각 약속어음의 액면금액 합계액 중 일부를 변제하였음을 알 수 있다.

사실관계가 이와 같다면 소외 회사와 피고 사이에 이루어진 어음할인거래의 성질은 특별한 사정이 없는 한 어음의 매매라고 볼 것이어서, 그 각 약속어음은 그 매매거래의 목적물인 것이지, 피고의 어음환매대금 채권을 담보하기 위한 인적 또는 물적 담보라고는 볼 수 없다 할 것이다. 같은 취지에서 원심이, 피고가 이 사건 각 약속어음 중 일부를 발행일 내지 수취인의 기재가 없는 상태에서 부적법하게 지급제시를 한 채 지급제시기간을 넘김으로써 소외 회사의 소구권을 상실시켰다 하더라도, 이것이 민법 제485조가 규정하는 담보 상실 내지 감소에 해당한다고 볼 수 없다고 판단한 것은 정당하고 거기에 민법 제485조 등에 대한 법리오해의 잘못이 있다고 할 수 없다. 이 점을 다투는 상고이유 제1점의 주장은 받아들일 수 없다.

그러나 당사자 간의 특약으로 소비대차임을 명백하게 밝혔거나, 상관습상 소비대차로 볼 수 있는 경우에는 소비대차로 보아야 하고, 수표할인의 경우에는 당사자 사이에 수표금 상당의 소비대차계약이 체결되고 수표는 소비대차채무를 담보하기 위하여 교부된 것이라고 해석하는 것이 당사자의 의사에 합치되는 경우도 있다.[88]

88) 대법원 1997. 4. 25. 97다6636.

대법원 1997. 4. 25. 선고 97다6636 판결

1. 그러나 일람출급성인 수표의 경우에는 만기가 없으므로 어음할인과 같은 엄격한 의미에서의 수표할인은 성립할 수 없으나 특정기일 전까지 지급제시를 하지 않기로 하여 수표금액에서 그 기간까지의 이자를 공제하는 의미에 있어서의 수표할인은 가능하고(당원 1994. 11. 22. 선고 94다20709 판결 참조), 금융기관 아닌 시중에서 이와 같은 의미의 수표할인이 이루어진 경우 거래의 실태에 따라서는 당사자 사이에 수표금 상당의 소비대차계약이 체결되고 그 수표는 소비대차상의 채무를 담보하기 위하여 교부된 것이라고 해석하는 것이 당사자의 의사에 합치되는 경우도 있을 수 있는 것이다(당원 1985. 2. 13. 선고 84다카1832 판결 참조).
2. 원심이 인정한 바와 같이, 원고가 1995. 1.경 피고에게 소외 오정식 발행의 액면 금 5,000,000원의 가계수표 2매를 할인해 주었다면 원·피고 사이에는 그 당시 위 수표들을 담보로 한 그 수표금 상당의 소비대차가 이루어졌다고 볼 여지가 있고, 또 한편 원고가 증인 신명옥의 증언을 통하여 1995. 1.경의 위와 같은 수표할인 사실을 입증하고 있는 점에 비추어 보면, 원고가 같은 해 6.경 피고에게 금 15,000,000원을 대여하였다는 원고의 주장 속에는 위 금 15,000,000원의 대여사실 자체가 인정되지 않는다면 원고로서는 1995. 1.경 피고에게 위 가계수표 2매를 담보로 대여한 금 10,000,000원의 지급을 구한다는 주장을 포함한 것으로도 볼 여지가 있으므로, 원심으로서는 원고에게 원고의 주장이 이러한 취지를 포함하고 있는지 여부를 석명하여 보고 나아가 원·피고 사이에 이루어진 1995. 1.경의 수표할인 거래시 그 수표금 상당의 소비대차가 이루어졌다고 볼 수 있는지 여부를 심리하여 보았어야 할 것이다.

3 할인은행의 환매청구권

1. 의 의

어음할인의 성질을 매매로 보는 경우에, 할인의뢰인이 어음을 은행에 교부하고 할인대금을 지급받으면 매매계약의 이행은 완료된다. 그런데 어음채무자의 신용이 악화되어 어음이 부도나는 경우에는 은행은 소구권을 행사할 수 있으나, 이것만으로 불충분하므로 할인은행은 '할인의뢰인이나 주채무자의 신용이 악화된 때 또는 금융기관이 채권보전의 필요가 있다고 판단될 때, 예컨대 할인어음이 부도나거나 수통의 할인어음 가운데 1통이 부도나면 다른 어음의 만기 이전이라도 그 어음을 환매청구할 수 있다'는 은행여신거래기본약관의 특약에 의하여 할인의뢰인에게 할인어음의 환매의무를 부담시킨다.

2. 환매청구권의 성질

환매청구권은 할인어음이 부도가 나거나 부도날 우려가 있는 경우처럼 할인어음의 신용이 악화된 경우에 할인은행이 의뢰인에게 어음의 환매를 청구할 수 있는 권리이다. 그런데 어음할인의 성질을 소비대차로 보는 입장에서는 환매청구권의 성질은 소비대차계약에 기한 대금반환청구권이라고 한다. 그리고 어음할인의 성질은 어음매매라고 보는 통설의 입장에서는 다시 견해가 나누어진다.

첫째로 환매청구권은 채권매도인의 담보책임이라는 견해가 있다.

둘째로 환매청구권이 매매계약의 해제라는 견해는 환매청구권이 당연히 발생하는 경우에는 실권약관에 의한 해제이고 할인은행의 청구에 의하여 발생하는 경우에는 약정해제권의 행사에 의한 해제라고 한다.

셋째로 환매청구권이 재매매라는 견해에 의하면, 환매청구권이 당연히 발생하는 경우에는 정지조건부재매매로서 일정한 조건이 성취되면 재매매계약이 성립하고, 은행의 청구에 의하여 환매청구권이 발생되는 경우에는 재매매의 예약이라고 한다.[89]

생각건대 환매청구권이 채권매도인의 담보책임이라는 견해는 할인의뢰인의 신용악화로 인한 환매나 할인어음의 만기 전의 환매를 설명하지 못하는 결점이 있고, 매매계약의 해제라는 견해는 기존의 법률관계인 어음할인을 처음부터 소멸시키는 점에서 당사자의 의사나 거래실정에 부합하지 않는다. 또한 환매청구권을 민법의 담보책임이나 약정해제로 보는 것은 권리발생요건 및 청구금액(민 548조 2항)이 다르므로 타당하지 않다. 환매청구권을 재매매라고 보는 견해가 타당하다.[90]

따라서 할인의뢰인 또는 주채무자의 신용악화나 금융기관이 채권보전이 필요하다고 인정하는 때 금융기관이 환매청구권을 행사하는 행위는 재매매의 예약에 기한 예약완결의 의사표시라고 볼 수 있고, 이에 따라 재매매계약이 성립하므로 할인은행은 할인의뢰인에 대하여 매매대금지급청구권을 갖게 된다. 그리고 상계약정

89) 최기원(어), 270-271면 ; 정찬형(어), 291면.

90) 최준선(어), 236-237면 ; 정찬형(어), 291면.

에 의하여 할인은행은 매매대금지급청구권과 할인의뢰인의 예금지급청구권을 상계시킬 수 있다. 환매청구권의 시효는 상사채권으로서 그 권리가 일정한 사실로 발생하는 때부터 5년, 의사표시에 의하여 발생하는 때에는 금융기관에 청구할 수 있는 때부터 5년이고, 어음상 권리가 시효완성으로 소멸하면 이득상환청구권이 발생한다.

제8절 어음대부

1 의 의

어음대부는 금전소비대차 시 대주가 차주로부터 금전채권의 확보를 위하여 어음을 담보로 받는 것이다. 이 때 교부되는 어음을 대부어음이라고 하는데 통상 약속어음이 발행된다.

2 어음대부와 어음할인의 비교

어음대부는 금전소비대차가 이루어질 때에 채권확보를 위하여 발행한 어음을 교부받고 금전을 대부하는 것인데 비하여 어음할인은 상업어음을 소지한 자가 만기 전에 이를 현금화할 목적으로 금융기관으로부터 만기 전까지의 중간이자 등 비용을 공제한 금원을 받고 어음을 매매하는 것이다. 양자의 구별에 대하여 학설이 대립이 있다.

제1설은 금전대부시 채권보전수단으로 금원차용자가 증권을 작성하여 대여자에게 제공하는 것이 어음대부이고, 어음이 상거래 등 원인에 의하여 금융기관과 할인계약을 체결하기 이전에 작성되어 있는 경우에는 어음할인이라고 한다. 즉 어음작성시기를 기준으로 어음거래 전에 작성되었으면 어음할인이고, 어음거래 시에 작성되면 어음대부라고 한다.

제2설은 어음의 발행원인을 기준으로 융통어음을 제공하면 어음대부이고 상업어음을 제공하면 어음할인이라는 견해이다. 제3설은 어음수수의 원인을 기준으로 소

소비대차 시에 그 변제를 담보하기 위하여 어음이 수수되면 어음대부이고, 어음 자체를 매매하면 어음할인이라고 보는 견해이다. 생각건대 어음작성시기만을 기준으로 구별하는 것은 불완전하고 융통어음도 금융기관이 할인하여 자금을 제공하므로 상업어음만이 어음할인의 대상이라는 주장도 타당하지 아니하므로 어음수수의 원인을 기준으로 구별하는 제3설이 타당하다.[91]

3 법률관계

어음대부는 금전소비대차 시 그 변제를 담보하기 위하여 어음이 교부되므로 채권자는 어음채권과 소비대차상 채권을 모두 갖게 되므로, 양 채권을 모두 행사할 수 있다. 다만 금융기관이 지급담당자로 기재된 어음이나 인수되지 아니한 환어음이 교부된 경우에는 채권자는 어음채권을 먼저 행사하여야 한다. 만일 어음채권이 권리보전절차의 흠결이나 시효로 소멸하게 되더라도 채권자는 원인채권을 먼저 행사하여야 하고, 원인채권이 소멸한 후에만 이득상환청구권을 행사할 수 있다.

91) 최준선(어), 238-239면.

제5장 어음의 실질관계

제1절 서 론

어음은 수단적 성질이 강하여 다른 경제적 목적을 실현하기 위하여 이용된다. 어음이 수수되는 경우 그 배후에는 어음행위의 기초가 되는 실질적인 이유나 목적이 있는데, 이를 어음의 실질관계라고 한다. 어음의 실질관계는 i) 어음행위 당사자 사이의 어음수수의 기초가 되는 법률관계인 원인관계, ii) 환어음·수표의 발행인과 지급인 간에 지급인이 지급 또는 인수를 하는 근거가 되는 자금관계, iii) 어음관계의 준비단계인 어음예약 등이 있다. 약속어음은 지급인이 없으므로 자금관계가 존재하지 않는다.

제2절 어음의 원인관계

1 의 의

어음이 수수될 때 당사자 사이에 그 원인이 되는 실질적인 법률관계가 존재하는데, 이는 어음이 금전지급의 수단으로 이용되는 결과로서 당연한 것이다. 이처럼 어음당사자간에 어음수수의 원인이 되는 실질적 법률관계가 어음의 원인관계이다. 어음의 수수는 대가의 지급이 따르기 때문에 대가관계라고도 한다. 그러나 자금융통을 위하여 발행되는 융통어음에서는 원인관계는 있으나, 대가관계는 없다. 제3자가 무상으로 어음보증을 하는 경우에도 대가관계가 없다.

어음할인의 법적성질이 어음매매라는 견해에 의하면, 어음의 할인이라는 행위에 의하여 어음자체의 매매가 이루어지므로, 하자담보의 문제는 별론으로 하고 어음관계를 원인관계와 관련하여 특별히 문제삼을 필요가 없다.[1] 원인관계의 유형은 매매대금의 지급, 채무담보, 기존 채무변제, 어음할인 등이 있고, 어음채무의 지급 연기나 소구권행사에 갈음한 역어음의 발행 등에서는 어음관계가 또 다른 어음관계의 원인이 된다.

2 어음관계와 원인관계의 분리(어음관계의 추상성)

어음상의 권리는 어음발행에 의하여 새롭게 창설된 권리로서, 원인관계와 어음관계는 경제적으로는 목적과 수단의 관계이지만 법률적으로 어음관계는 원인관계로부터 독립하여 분리된다. 이는 어음의 추상성(무인성)으로부터 기인하는 당연한 결과이다. 따라서 어음을 양도할 때 원인채권의 양도가 수반되지 아니하고, 그 반대의 경우도 마찬가지이다.

또 양수인이 어음상 권리를 행사할 때 그 원인관계를 입증할 필요가 없으며 어음상 권리가 원인관계의 존부에 의하여 영향을 받지 않는다. 다만 원인관계가 어음수수의 직접당사자간 또는 악의의 취득자에 대한 관계에서는 인적항변사유가 될 뿐이다(어 17조, 77조 1항). 어음행위의 추상성은 어음의 유통성을 보호하는 것이 목적이지 어음 자체의 수단적 성격을 부인하는 것은 아니므로 어음의 유통성을 저해하지 않는 범위 내에서 어음관계가 원인관계에 영향을 미치기도 하고 반대로 원인관계가 어음관계에 영향을 미치기도 한다.

3 원인관계가 어음관계에 미치는 영향

1. 인적항변의 허용

어음의 추상성 때문에 원인관계가 무효나 취소가 되더라도 어음상의 권리는 영향을 받지 아니한다. 그러나 원인관계의 당사자가 어음상 채권자·채무자인 경우에는 원인관계에 의한 사유를 인적항변으로 주장할 수 있다. 즉, 매매계약의 당사자간에 매매대금조로 어음을 교부한 후에 계약이 취소된 경우, 매도인의 어음금 청구에 대하여 매수인은 계약취소의 인적항변으로 대항할 수 있다. 이처럼 어음행

1) 정찬형(어), 235면.

위의 직접당사자간에는 인적항변을 허용하는 것이 어음유통성 보호에 지장을 주지 않을 뿐만 아니라 당사자 간에 형평성에도 부합한다.

판례는 약속어음의 원인채무가 5년의 상사소멸시효기간이 경과하여 소멸하면, 약속어음 발행인인 피고는 소멸시효완성의 항변사유로 약속어음의 수취인인 원고에게 어음금지급을 거절할 수 있다고 판시하고 있다.[2)]

2. 상환청구권(소구권)

어음소지인은 만기에 지급이 거절되거나 만기 전이라도 인수의 거절, 지급인의 파산 등 지급의 가능성이 현저하게 적어진 때에는 배서인 등 소구의무자에게 상환청구권을 행사할 수 있다(어 43조, 48조, 수 39조, 44조). 이 소구권은 원인관계에 의하여 어음의 수수가 이루어지는 것을 고려하여 어음수수의 원인관계에 의한 담보책임을 법정화한 어음소지인의 권리이다.

3. 이득상환청구권

어음상 권리가 어음시효의 완성 또는 소구권보전절차의 흠결로 인하여 소멸하게 되면, 어음채무자는 어음을 취득한 대가 또는 자금을 부당하게 얻게 되는 불공평한 결과에 이르게 된다. 그리하여 어음상 권리가 소멸되더라도 원인관계나 자금관계를 고려하여 어음채무자의 부당이득을 어음소지인에게 반환하도록 법으로 규정한 것이다(어 79조, 수 63조).

4 어음관계가 원인관계에 미치는 영향

원인채무의 지급과 관련하여 어음이 수수되는 경우 어음의 수수가 원인채무에 어떤 영향을 미치는가, 또 어음채무가 이행되지 않으면 채권자가 원인채권에 의한 채무이행을 청구할 수 있는가가 문제된다. 당사자의 의사가 명백하면 그에 따르면 될 것이지만, 그러하지 아니한 경우에는 해석상 기준이 필요하다.

2) 대법원 1993. 11. 9. 93다16390.

1. 기존채무의 「지급을 위하여」 어음이 수수되는 경우

(1) 기존채무를 결제하기 위하여 또는 기존채무의 지급의 방법으로서 어음이 수수된 경우에는 당사자 간의 특약이 없는 한, 「지급에 갈음하여」 어음이 수수되었다고 볼 수 없다. 왜냐하면 지급에 갈음하여 어음이 수수된 것으로 해석하면 기존채무는 어음수수와 동시에 소멸하므로 채권자에게 불리하기 때문이다. 따라서 특별한 사정이 없고 당사자의 의사도 불분명한 경우에는, 원칙적으로 기존채무의 「지급을 위하여」 또는 기존채무가 변제되지 않을 경우에 대비하여, 즉 「지급담보를 위하여」 어음이 수수된 것으로 보아야 할 것이다.

대법원 1996. 12. 20. 선고 96다41588 판결

채무자가 채권자에게 기존 채무의 이행에 관하여 어음이나 수표를 교부하는 경우 당사자 사이에 특약이 없는 한 '지급을 위하여' 또는 '지급 확보를 위하여' 교부하는 것으로 추정할 것이고, 따라서 특별한 사정이 없는 한 기존의 원인채무는 소멸하지 아니하고 어음, 수표상의 채무와 병존한다고 보아야 하는바, 기존의 원인채권과 어음, 수표 채권이 병존하는 경우에 채권자가 기존의 원인채권을 행사함에 있어서는 어음이나 수표를 채무자에게 반환하여야 하는 것이므로(당원 1993. 11. 9. 선고 93다11203 · 93다11210 판결; 1995. 10. 13. 선고 93다12213 판결 등 참조), 채권자가 기존 채무의 이행에 관하여 채무자로부터 어음을 교부받은 후 이를 다시 채무자에게 반환하였다면 특단의 사정이 없는 한 채무자로부터 기존의 원인채권을 변제받은 사실을 추정할 수 있다 할 것이다. 동지; 대법원 1976. 11. 23. 선고 76다1391 판결; 대법원 1990. 5. 22. 선고 89다카13322 판결

(2) 어음을 기존채무의 「지급을 위하여」 교부하는 경우와 기존채무의 「지급담보를 위하여」 교부하는 경우의 구별은 다음과 같다. 채무자가 채권자에게 환어음이나 수표를 발행 · 교부하거나, 제3자발행의 약속어음이나 타인이 인수한 환어음을 배서 · 양도하면 기존채무의 「지급을 위하여」 어음이 수수된 것으로 보아서 채권자는 기존채권보다 어음금을 먼저 청구하여야 한다. 왜냐하면 채권자가 채무자로부터 어음을 수수하는 행위에는 기존채무자에게 지급받는 대신 어음채무자에게 어음금채권을 행사하겠다는 의사가 포함되어 있다고 볼 수 있기 때문이다.

그러나 기존채무자가 약속어음을 직접 발행하여 채권자에게 교부한 경우에는 어음채무자와 기존채무자가 동일하므로, 채권자는 원인채무나 어음채무 중 선택하여 행사할 수 있고, 이때는 기존채무의 「지급담보를 위하여」어음이 수수된 것으로 추정한다.

다만 채무자가 채권자에게 약속어음을 발행 · 교부하였다고 하더라도 제3자방 어음인 경우에는 「지급을 위하여」 어음이 수수된 것으로 추정한다. 그 이유는 지급을 담보하기 위하여 어음이 수수된 것으로 보면, 채권자는 기존채권과 어음채권 중 선택하여 청구를 할 수 있는바, 채무자는 원인채무이행에 대비하여 자금을 준비함과 동시에 어음금청구에 대비하여 제3자나 인수인에게 자금을 제공해야 하는 불합리한 사태가 발생하기 때문이다.

한편 위와 같은 구별은 타인발행 어음을 채권자가 수령하는 것은 그가 어음의 주채무자로부터 지급받을 것을 동의함을 전제로 하고 있으나, 상품 구입시 대금지급을 위하여 약속어음을 발행하는 경우가 많고 수취인은 동 어음을 할인하여 자금을 융통하는 경우가 많은데, 이때의 어음발행도 앞의 기준에 따르면 담보를 위하여 발행한 것으로 취급될 것인데 이는 부당하므로 양자의 구별은 원인채권의 변제방법에 관한 합의여부에 의하여 결정되어야 하는데, 원인채무의 변제방법에 관하여 별도의 합의가 있으면 지급을 담보하기 위하여 발행된 것으로 보고, 별도의 합의가 없다면 지급의 수단으로 어음이 사용된 것으로 보아서 지급을 위하여 교부한 것으로 추정하여야 한다는 견해도 있다.[3]

대법원 1996. 11. 8. 선고 95다25060 판결

기존 채무의 이행에 관하여 채무자가 채권자에게 어음을 교부할 때의 당사자의 의사는 기존 원인채무의 '지급에 갈음하여', 즉 기존 원인채무를 소멸시키고 새로운 어음채무만을 존속시키려고 하는 경우와, 기존 원인채무를 존속시키면서 그에 대한 지급방법으로서 이른바 '지급을 위하여' 교부하는 경우 및 단지 기존 채무의 지급 담보의 목적으로 이루어지는 이른바 '담보를 위하여' 교부하는 경우로 나누어 볼 수 있는데, 당사자 사이에 특별한 의사표시가 없으면 어음의 교부가 있다고 하더라도 이는 기존 원인채무는 여전히 존속하고 단지 그 '지급을 위하여' 또는 그 '담보를 위하여' 교부된 것으로 추정할 것이며, 따라서 특별한 사정이 없는 한 기존의 원인채무는 소멸하지 아니하고 어음상의 채무와 병존한다고 보아야 할 것이고,

3) 이철송(어), 179면.

이 경우 어음상의 주채무자가 원인관계상의 채무자와 동일하지 아니한 때에는 제3자인 어음상의 주채무자에 의한 지급이 예정되고 있으므로 이는 '지급을 위하여' 교부된 것으로 추정할 것이다(당원 1995. 10. 13. 선고 93다12213 판결; 1993. 11. 9. 선고 93다11203. 11210 판결 참조).

또한 이 사건에 있어서와 같이 어음이 '지급을 위하여' 교부된 경우에는 채권자는 어음채권과 원인채권 중 어음채권을 먼저 행사하여 만족을 얻을 것을 당사자가 예정하였다고 할 것이므로 채권자로서는 어음채권을 우선 행사하고, 그에 의하여서는 만족을 얻을 수 없을 때 비로소 채무자에 대하여 기존의 원인채권을 행사할 수 있다고 하여야 할 것이며, 나아가 이러한 목적으로 어음을 배서양도받은 채권자는 특별한 사정이 없는 한 채무자에 대하여 원인채권을 행사하기 위하여는 어음을 채무자에게 반환하여야 할 것이므로, 채권자가 채무자에 대하여 자기의 원인채권을 행사하기 위한 전제로서 지급기일에 어음을 적법히 제시하여 소구권 보전절차를 취할 의무가 있다고 보는 것이 양자 사이의 형평에 맞는 것이라고 할 것이나, 채권자가 위의 의무를 위반하여 지급기일에 적법한 지급제시를 하지 아니함으로써 소구권이 보전되지 아니하였더라도 약속어음의 주채무자인 발행인이 자력이 있는 한 어음을 반환받은 채무자가 발행인에 대한 어음채권이나 원인채권을 행사하여 자기 채권의 만족을 얻을 수 있기 때문에 아직 손해는 발생하지 아니하는 것이고, 지급기일 후에 어음발행인의 자력이 악화되어 무자력이 됨으로써 채권자에게 자신의 채무를 이행하여야 할 채무자가 어음을 반환받더라도 발행인에 대한 어음채권과 원인채권의 어느 것도 받을 수 없게 된 때에야 비로소 자신의 채권에 대하여 만족을 얻지 못하게 되는 손해를 입게 되는 것이고, 이러한 손해는 어음 주채무자인 발행인의 자력의 악화라는 특별 사정으로 인한 손해로서 소구권 보전의무를 불이행한 어음소지인이 그 채무불이행 당시인 어음의 지급기일에 장차 어음발행인의 자력이 악화될 것임을 알았거나 알 수 있었을 때에만 그 배상채권으로 상계할 수 있는 것이라고 할 것이다(당원 1995. 10. 13. 선고 93다12213 판결; 1986. 10. 28. 선고 86다카218 판결 참조).

(3) 양 채권의 행사순서

채무자가 제3자 발행의 약속어음을 채권자에게 배서·양도한 경우 채권자가 주채무자인 발행인으로부터 변제받는 것을 동의하였다고 볼 수 있으므로 어음채권을 먼저 행사하여야 한다. 즉, 「지급을 위하여」 어음이 수수된 경우 기존채권과 어음채권이 병존하는데, 채권자는 어음상 권리를 먼저 행사하고, 이로써 채권의 만족을 얻지 못하면 원인채권을 행사할 수 있다.

그 이유는 원인채무보다 어음금채무를 우선 변제한다는 묵시적 합의가 당사자

간에 이루어졌다고 보기 때문이다. 그러므로 채권자가 어음의 지급제시를 하지 않고, 원인채권을 청구하더라도 채무자는 이행을 거절할 수 있으며, 원인채무가 이행기에 이르더라도 이행지체책임을 지지 않으며 채권자는 이를 이유로 계약을 해제할 수 없다.

(4) 어음만기와 원인채권의 변제기

이행기가 도래한 원인채무의 지급을 위하여 어음의 만기일이 원인채무의 이행기보다 후일(後日)인 어음을 수수하였다면, 원인채권의 변제기를 어음의 만기일까지 연장하기로 한 묵시적 합의가 있는 것으로 해석할 수 있다. 다만 기존채무가 채무불이행상태에 도달한 이후에 기존채무의 지급을 위하여 어음을 발행한 경우에는 기존채무의 변제기가 어음 만기일로 연장된다고 볼 수 없다는 것이 판례의 입장이다. 기존채무와 어음채무는 병존하므로 어느 일방의 채무가 이행되면 다른 채무도 소멸한다.

대법원 2000. 7. 28. 선고 2000다16367 판결

채권자가 기존 채무의 지급을 위하여 그 채무의 이행기가 도래하기 전에 미리 그 채무의 변제기보다 후의 일자가 만기로 된 어음의 교부를 받은 때에는 묵시적으로 기존 채무의 지급을 유예하는 의사가 있었다고 볼 경우가 있을 수 있고 이때 기존 채무의 변제기는 어음에 기재된 만기일로 변경된다고 볼 것이나, 특별한 사정이 없는 한 채무자가 기존 채무의 이행기에 채무를 변제하지 아니하여 채무불이행 상태에 빠진 다음에 기존 채무의 지급을 위하여 어음이 발행된 경우까지 그와 동일하게 볼 수는 없다.

(5) 양 채권의 병존시기

원인채무가 변제나 시효완성으로 소멸하더라도 어음의 추상성 때문에 어음채무는 존속한다. 반대로 어음채무의 소멸이 원인채무에 어떤 영향을 미치는지 살펴본다. 어음금의 지급으로 어음채무가 소멸하면 원인채무도 소멸한다. 즉 어음은 원인채무의 지급을 위하여 교부되었는바, 채권자가 어음에 의하여 채권의 만족을 얻게 되면 원인채무가 존속할 이유가 없으므로 소멸한다.[4] 채권자가 받은 어음을 제

---

4) 대법원 2000. 2. 11. 99다56437.

3자에게 양도한 경우에는 그 대가에 의하여 일응 채권의 만족을 얻었다고 볼 수도 있으나, 그는 여전히 자기의 후자에 대하여 소구의무를 부담하기 때문에 종국적인 채권의 만족을 얻었다고 할 수 없다. 따라서 어음금이 정당한 어음소지인에게 지급된 때 비로소 채권자는 소구의무로부터 벗어나게 되고, 원인채무도 소멸한다.[5]

대법원 2002. 12. 24. 선고 2001다3917 판결

> 수표가 기존 원인채무의 지급확보를 위하여 또는 그 담보를 위하여 발행 또는 교부된 경우에, 채권자가 그 수표를 유상 또는 무상으로 타인에게 양도하였다고 하더라도 그에 의하여 바로 기존 원인채무가 소멸하는 것이 아니고, 수표를 양도한 채권자가 수표상의 상환의무를 종국적으로 면하게 될 때 비로소 기존 원인채무가 소멸한다고 보아야 한다.

어음이 유통되는 도중 원인채권자의 제3채권자가 원인채권을 압류하더라도 어음채무자는 어음채권자에 대하여 어음금을 지급할 의무를 지며, 채무자가 어음금을 지급한 후에 압류채권자에 대하여 원인채무의 소멸로써 대항할 수 있다. 원인채무의 변제를 위하여 어음을 교부하였는데 채권자가 어음과 분리하여 원인채권만을 제3자에게 양도한 경우, 어음금을 지급한 채무자는 채권양수인인 제3자에게 원인채무의 소멸을 주장할 수 있다.[6]

(6) 원인채권의 행사와 어음반환

1) 원인채권자가 어음채권을 먼저 행사하고, 그로부터 만족을 얻지 못한 때는 원인채권을 행사할 수 있으므로, 원인채권의 행사시기는 어음채권으로부터 만족하지 못한 사실이 객관화된 때이다. 따라서 만기에 지급제시를 하였으나 지급거절을 당하거나 인수거절을 당하는 등 통상의 방법에 의하여 어음상의 권리행사로 지급받기 어려운 때에는 어음이 지급수단으로서 가치를 상실한 것이므로 원인채권의 행사를 허용하여야 한다.

2) 소구권보전

어음상의 권리가 시효로 소멸하거나 소구권보전절차의 흠결로 소멸하게 되는 경

5) 이철송(어), 167면 ; 대법원 2002. 12. 24. 2001다3917 ; 대법원 1994. 3. 25. 94다2374.
6) 이철송(어), 167-168면 ; 대법원 2000. 3. 24. 99다1154 ; 대법원 1994. 3. 25. 94다2374.

우에, 원칙적으로 채권자는 원인채권을 행사할 수 있다. 그러나 채권자의 과실로 어음상 권리가 소멸하는 경우에는 그러하지 아니하다. 채권자가 원인채권을 행사하기 위해서는 어음을 채무자에게 반환하여야 하고, 이때 채무자가 어음채권을 행사할 수 있도록 적법한 지급제시기간 내에 지급제시를 하여 상환청구권보전절차를 취하여야 한다. 따라서 채권자가 어음 주채무자의 무자력을 알았거나 알 수 있었음에도 불구하고 중대한 과실로 알지 못한 채, 소구권보전절차를 해태하여 어음상 권리가 소멸되고, 이로 인하여 채무자에게 손해를 입혔다면 채권자는 원인채권을 행사할 수 없다.[7] 하지만 이러한 결론은 채무자가 제3자로부터 받은 어음을 교부한 경우에 국한되고, 채권자가 채무자 발행의 약속어음을 교부받거나 타인이 발행한 약속어음을 배서 양도받은 경우에는 소구권을 행사할 대상이 없으므로 소구권보전절차를 밟을 필요가 없다.[8]

한편 채권자가 어음의 주채무자의 무자력의 가능성을 알았거나 알 수 있었다는 사정이 없는 경우에는 채무자가 입은 손해는 민법 제393조 제2항의 특별사정으로 인한 손해로서 그 손해배상청구권은 채권자의 원인채권과 상계할 수 없다.[9]

3) 어음의 반환

채권자가 원인채권을 변제받더라도 어음채무자의 어음채무는 소멸하지 않는데, 채권자가 원인채권을 변제받은 이후에 어음을 유통시켜 제3자가 선의취득을 하면 채무자는 이중지급의 위험에 빠질 수 있으므로, 채무자는 원인채무를 이행할 때에 어음을 반환받으려고 할 것이다. 그리하여 원인채무를 이행하는 채무자에게 어음반환청구권이 있는가와 어음반환을 거부하는 경우에 원인채무이행을 거절할 수 있는가의 문제가 생긴다.

채무자가 원인채무를 변제한 후에 어음반환을 청구할 수 있을 뿐이라는 반환불요설이 있다. 이 견해는 채권자에게는 유리하지만 채무자에게는 이중지급의 위험이 있으므로 불리하다. 이에 대하여 채권자가 어음을 반환하지 않고 원인채권을 행사할 수 없다는 반환필요설이 있다(판례).

반환필요설에 의하면 채무자가 어음의 반환 없는 원인채무만의 이행을 거절할 수 있는 항변권을 갖는다고 한다. 그리고 원인채권에 기한 지급청구권과 그 지급

7) 대법원 2001. 7. 13. 2000다55324.
8) 이철송(어), 172면.
9) 대법원 1995. 10. 13. 93다12213.

을 위하여 발행된 어음의 반환청구권은 대가적 관계에 있는 쌍무계약상 채권관계가 아니므로 이 항변권은 동시이행항변권과 다르고, 채무자의 이중지급의 위험을 피하기 위하여 인정된 특별한 항변으로 본다.[10)]

따라서 채무자가 어음의 반환 없음을 이유로 원인채무의 변제를 거절할 수 있는 권능을 가진다고 하여 채권자가 어음의 반환을 제공하지 아니하면 채무자에게 적법한 이행의 최고를 할 수 없다고 할 수 없고, 채무자는 원인채무의 이행기가 도래하면 원칙적으로 이행지체책임을 진다.[11)]

그리고 반환필요설에 의하면 채권자는 원인채권을 변제받는 때 동시이행으로 어음을 반환하여야 하므로, 어음이 채무자에게 반환된 후에 원인채권의 변제여부에 대한 다툼이 생기면 원인채권이 변제된 것으로 추정하지만, 반대로 채권자가 어음을 소지하고 있다면 아직 변제되지 않았다고 추정한다.

채권자가 어음을 소지하지 않으면 원인채권을 행사할 수 없다. 다만 어음채무자의 전자가 존재하지 않고 어음이 물리적으로 멸실되었거나 또는 멸실 당시에 채권자가 어음을 소지하고 있었을 때에는 이중변제의 위험이 없으므로 채무자가 어음상환의 항변을 할 수 없다고 본다.[12)] 따라서 약속어음에 대한 제권판결이 선고되어 약속어음의 효력이 상실된 경우에는 채무자가 어음상환을 받아야만 원인채무를 이행하겠다는 항변은 인정되지 않는다. 그러나 어음이 제3자가 소지하는 중에 멸실된 때에는 그 제3자가 제권판결을 받은 다음에 어음금을 청구할 수 있기 때문에, 어음채무자는 어음을 반환받지 않는 한 원인채무 이행을 거절할 수 있다.

대법원 2003. 5. 30. 선고 2003다13512 판결

채무자가 채권자에게 기존채무의 이행에 관하여 수표를 교부하는 경우 다른 특별한 사정이 없는 한 이는 '지급을 위하여' 교부된 것으로 추정할 것이고, 따라서 기존의 원인채무는 소멸하지 아니하고 수표상의 채무와 병존한다고 보아야 할 것이며(대법원 1976. 4. 13. 선고 75다649 판결, 1990. 5. 22. 선고 89다카13322 판결, 1993. 11. 9. 선고 93다11203, 11210 판결, 1997. 3. 28. 선고 97다126, 133 판결 등 참조), 이와 같이 기존의 원인채무와 수표상의 채무가 병존하고 있는 한에서는 채무자로서는 그 수표상의 상환의무를 면하기 전까지는 채무자로서는 이중으로

10) 최기원(어), 231면.

11) 대법원 1993. 11. 9. 93다11203 · 11210 ; 대법원 1999. 7. 9. 98다47542 · 47559.

12) 최기원(어), 232면.

채무를 지급하게 될 위험을 피하기 위하여 원인관계상의 채권자에 대하여 수표의 반환 없는 기존채권의 지급청구를 거절할 수 있다고 할 것이고, 한편 후일 수표금이 지급되는 등 채무자가 그 수표상의 상환의무를 면할 경우 비로소 기존 원인관계상 채무도 소멸한다고 볼 것이므로 이 경우 채무자는 원인관계상의 채권자에 대하여 수표상의 상환의무를 면하였음을 사유로 하여 그 원인관계상 채무의 소멸을 주장할 수 있다고 할 것이다.

한편, 채무자가 기존채무의 지급을 위하여 채권자에게 수표를 교부하였는데 채권자가 그 수표와 분리하여 기존 원인채권만을 제3자에게 양도한 경우, 채무자는 위에서 본 바와 같이 기존 원인채권의 양도인에 대하여 채권자가 위 수표의 반환 없는 기존 원인채무의 이행을 거절할 수 있는 항변권을 그 채권양도통지를 받기 이전부터 이미 가지고 있었으므로 채권양수인에 대하여도 이와 같은 항변권을 행사할 수 있다 할 것이고 (대법원 1989. 5. 9. 선고 88다카7733 판결, 1996. 3. 22. 선고 96다1153 판결 등 참조), 나아가 기존채무의 지급을 위하여 수표를 교부하였다는 것은 채무자와 기존채권의 양도인 사이에서는 그 수표금이 지급되는 등 채무자가 그 수표상의 상환의무를 면하게 되면 원인채무 또한 소멸할 것을 예정하고 있었던 것으로 보아야 할 것인데, 이처럼 수표금의 지급으로써 기존 원인채무도 소멸할 것을 예정하고 있었던 사정은 그 채권양도통지 이전에 이미 존재하고 있었던 것이므로, 그 채권양도통지 후에 수표금의 지급이 이루어지더라도 이는 양도통지 후에 새로이 발생한 사유로 볼 수는 없다고 할 것이니, 따라서 채무자로서는 기존 원인채권의 양수인에 대하여 기존채무의 지급을 위하여 교부한 수표가 양도통지 이후에 결제되었다는 사유로써 그 기존채무의 소멸을 주장할 수 있다고 할 것이다.

대법원 1999. 7. 9. 선고 98다47542 · 47559 판결

채무자가 어음의 반환이 없음을 이유로 원인채무의 변제를 거절할 수 있는 것은 채무자로 하여금 무조건적인 원인채무의 이행으로 인한 이중지급의 위험을 면하게 하려는 데에 그 목적이 있는 것이지, 기존의 원인채권에 터잡은 이행청구권과 상대방의 어음 반환청구권이 민법 제536조에 정하는 쌍무계약상의 채권채무관계나 그와 유사한 대가관계가 있어서 그러는 것은 아니므로, 이 사건과 같이 피고의 원인채무 이행의무와 원고의 어음 반환의무가 동시이행의 관계에 있다 하더라도 이는 어음의 반환과 상환으로 하지 아니하면 지급을 할 필요가 없으므로 이를 거절할 수 있다는 것을 의미하는 것에 지나지 아니하는 것이며, 따라서 채무자가 어음의 반환이 없음을 이유로 원인채무의 변제를 거절할 수 있는 권능을 가진다고 하여 채권자가 어음의 반환을 제공하지 아니하면 채무자에게 적법한 이행의 최고를 할 수 없다고 할 수는 없고, 채무자는 원인채무의 이행기를 도과하면 원칙적으로 이행지체의 책임을 지는 것이다(대법원 1993. 11. 9. 선고 93다11203, 11210 판결 참조).

(7) 어음소송과 원인채권의 시효

원인채권의 지급을 위하여 어음이 수수된 경우에 원인채권에 관한 소송을 제기하더라도 원인채권의 변제목적으로 교부된 어음의 시효는 어음의 추상성에 기하여 중단되지 않는다.[13)]

반대로 어음금 청구의 소를 제기한 경우에 그 어음채무자에 대한 원인채권의 시효가 중단되는가에 관하여, 어음채권과 원인채권이 법률상으로는 별개의 독립된 채권이지만 어음채권과 원인채권이 성질상 동일한 급부를 목적으로 하는 채권이고, 또 어음채권이 원인채권의 지급수단이며 어음채권의 청구에는 원인채권을 행사한다는 의사도 포함된 것으로 볼 수 있으므로 원인채권의 시효가 중단된다고 본다. 이와 같이 해석하지 아니하면 채권자는 어음소송을 제기하더라도 패소를 대비하여 다시 원인채권소송을 제기하여야 하는 번거로움이 발생한다.[14)]

어음채권과 기존채권이 병존하는 경우에 일방의 채권의 만족으로 타방의 채권도 소멸하므로 상사채권인 원인채권이 5년의 시효경과로 소멸하면 원인채무의 지급을 위하여 약속어음을 발행한 발행인은 수취인에 대하여 소멸시효완성의 인적항변으로 어음금지급을 거절할 수 있다.[15)]

대법원 1999. 6. 11. 선고 99다16378 판결

원인채권의 지급을 확보하기 위한 방법으로 어음이 수수된 경우에 원인채권과 어음채권은 별개로서 채권자는 그 선택에 따라 권리를 행사할 수 있고, 원인채권에 기하여 청구를 한 것만으로는 어음채권 그 자체를 행사한 것으로 볼 수 없어 어음채권의 소멸시효를 중단시키지 못하는 것이지만(대법원 1967. 4. 25. 선고 67다75 판결; 1994. 12. 2. 선고 93다59922 판결 등 참조), 다른 한편, 이러한 어음은 경제적으로 동일한 급부를 위하여 원인채권의 지급수단으로 수수된 것으로서 그 어음채권의 행사는 원인채권을 실현하기 위한 것일 뿐만 아니라, 원인채권의 소멸

13) 대법원 1999. 6. 11. 99다16378.
14) 대법원 1999. 6. 11. 99다16378.
15) 대법원 1993. 11. 9. 93다16390.

시효는 어음금 청구소송에 있어서 채무자의 인적항변 사유에 해당하는 관계로 채권자가 어음채권의 소멸시효를 중단하여 두어도 채무자의 인적항변에 따라 그 권리를 실현할 수 없게 되는 불합리한 결과가 발생하게 되므로, 채권자가 어음채권에 기하여 청구를 하는 반대의 경우에는 원인채권의 소멸시효를 중단시키는 효력이 있다고 봄이 상당하고(대법원 1961. 11. 9. 선고 4293민상748 판결 참조), 이러한 법리는 채권자가 어음채권을 피보전권리로 하여 채무자의 재산을 가압류함으로써 그 권리를 행사한 경우에도 마찬가지로 적용된다고 할 것이다.

2. 기존채무의 「지급담보를 위하여」 어음이 수수된 경우

(1) 어음채권과 원인채권의 관계

어음이 지급을 담보하기 위하여 수수된 경우에 어음채무와 기존채무가 병존하고, 채권자는 어느 채권이나 행사할 수 있다. 기존채무의 담보를 위하여 어음이 수수된 경우에 원인채무의 변제기가 도래하면 어음의 제시여부와 상관없이 채무자는 이행지체가 되므로 채권자는 이를 이유로 원인관계의 계약을 해지할 수 있다. 지급담보를 위하여 어음을 수수한 경우에도 채권자가 원인채권을 행사할 때에는 채무자는 어음을 환수하여야 하는 것은 지급을 위하여 어음이 수수된 경우와 동일하다.

어음채권의 행사에 의하여 어음금이 지급되면 원인채권도 소멸한다. 그러나 어음상 권리가 시효의 완성으로 소멸하더라도 원인채권이 당연히 소멸하지는 않으며, 어음채권의 지급을 조건으로 원인채권이 소멸한다. 그리고 채권자가 만기 전에라도 할인을 목적으로 어음을 배서 양도하여 대가를 받더라도 배서인으로서 소구의무를 부담할 수 있으므로, 원인채권이 소멸되는 때는 어음할인시가 아니라, 어음을 양도한 채권자가 소구의무를 종국적으로 면하게 된 때이다.[16]

또 지급인이 어음을 인수하더라도 어음금이 지급되기 전에는 원인채권이 소멸되지 않으나, 채권자가 어음을 상실하고 제3자가 선의취득한 때에는 원인채권이 소멸한다. 원인채권을 담보하기 위하여 어음이 수수된 경우, 채권자는 어느 채권이나 행사할 수 있으므로 양 채권의 시효의 기산점은 그 변제기·지급시기가 각기 도래한 때부터이다.

16) 최기원(어), 229면 ; 대법원 2002. 12. 24. 2001다3917.

(2) 원인채무의 보증을 위한 어음행위

채무자가 채무담보목적으로 채권자에게 약속어음을 발행·교부한 경우에, 채권자의 요구에 의하여 제3자가 보증을 서는 의미로 배서를 하는 경우가 있다. 이때 배서인이 소구의무(어 15조 1항)를 부담하는 것은 당연하다. 그런데 이때 배서인이 원인채무의 보증인책임도 부담하는지 의문이 있다. 배서인이 타인의 채무에 대한 차용증서를 작성하는 대신에 어음을 발행·교부한다는 사실을 알면서 원인채무를 보증하겠다는 의사를 가지고 배서를 하였다면, 원인채무에 대하여 보증책임을 부담하는 것으로 본다.

그러나 단순히 어음발행인의 신용을 강화시켜 줄 목적으로 배서한 경우에는 원인채무에 대한 보증책임까지 부담할 의사는 없다고 본다.17) 타인의 자금융통을 도울 목적으로 융통어음을 발행한 약속어음발행인이 융통자의 원인채무에 대하여 보증한 것으로 볼 수 없다는 판례가 있다.18)

대법원 1989. 7. 25. 선고 88다카19460 판결

피고는 소외 김원빈이 다른 사람으로부터 돈을 차용하면서 그 차용증서에 갈음하여 원판시 약속어음과 수표를 교부하는 것이고 그 대여금 채권자가 거기에 피고의 배서를 요구하는 것은 차용금채무에 대한 담보의 의미로 요구하는 것이라는 사정을 충분히 알고 위 김원빈의 요구에 따라 원심판시와 같은 배서행위를 하였음이 명백한 바, 사실관계가 이와 같다면 피고가 비록 위 배서행위당시에 소외 김원빈에게 금전을 대여하는 채권자가 누구인가를 구체적으로 몰랐다 하더라도 그 배서행위는 배서된 어음수표를 위 김원빈으로부터 교부받고 금전을 대여하는 채권자에 대하여 위 김원빈의 차용금 채무를 연대보증하겠다는 의사를 표시하는 뜻에서 한 것이었다고 봄이 상당할 것이고 따라서 피고는 위 김원빈의 원고에 대한 금 800만원의 대여금채무에 대하여 연대보증의 책임을 진다 할 것이다(대법원 1986. 9. 9. 선고 86다카1088 판결; 대법원 1987. 8. 25. 선고 87다카891 판결 참조).

(3) 어음보증의 효력과 원인채무

채무자가 원인채무를 변제하기 위하여 채권자에게 발행하는 약속어음에 그 채무를 담보하기 위하여 제3자가 어음보증(어 30조)을 하는 경우, 보증인이 특별히 채

17) 이철송(어), 179면 ; 대법원 2002. 4. 12. 2001다55598.

18) 대법원 1994. 12. 9. 94다38106.

권자에게 원인채무까지 보증을 하겠다는 의사를 표시하지 않는 한, 어음보증책임만을 부담하고 원인채무에 대한 보증책임은 지지않는다.[19] 설사 어음보증인이 원인채무의 내용을 알고 어음이 그 채무의 변제를 위하여 발행된 것을 알고 있더라도 마찬가지이다. 타인의 채무를 담보할 목적으로 채권자에게 약속어음을 발행해 준 경우에는 채권자는 특별한 사정이 없는 한 동일한 채무를 면책적, 중첩적으로 인수한 것으로 본다.

대법원 1998. 6. 26. 선고 98다2051 판결

다른 사람이 발행하는 약속어음에 명시적으로 어음보증을 하는 사람은 그 어음보증으로 인한 어음상의 채무만을 부담하는 것이 원칙이고, 특별히 채권자에 대하여 자기가 그 약속어음 발행의 원인이 된 채무까지 보증하겠다는 뜻으로 어음보증을 한 경우에 한하여 그 원인채무에 대한 보증책임을 부담하게 되므로, 타인이 물품공급계약을 맺은 공급자에게 물품대금 채무의 담보를 위하여 발행·교부하는 약속어음에 어음보증을 한 경우에도 달리 민사상의 원인채무까지 보증하는 의미로 어음보증을 하였다고 볼 특별한 사정이 없는 한, 단지 어음보증인으로서 어음상의 채무를 부담하는 것에 의하여 신용을 부여하려는 데에 지나지 아니하는 것이고, 어음보증 당시 그 어음이 물품대금 채무의 담보를 위하여 발행·교부되는 것을 알고 있었다 하여도 이와 달리 볼 수가 없다고 할 것이다(대법원 1994. 8. 26. 선고 94다5397 판결; 1997. 12. 9. 선고 97다37005 판결 등 참조).

3. 기존채무의 「지급에 갈음하여」 어음이 수수된 경우

당사사간에 어음의 수수가 기존채무의 지급에 갈음하여 이루어진다는 합의가 있으면 어음수수로서 원인채무가 소멸하므로 채무자는 어음채무만을 부담한다. 따라서 원인채무에 딸린 보증채무나 담보도 그 효력을 상실한다. 원인채무의 소멸원인에 대하여 경개라는 설, 대물변제라는 설이 있다.

경개설은 어음이 하자나 위조 등으로 인하여 무효이면 원인채무가 소멸하지 않는다는 점을 용이하게 설명할 수 있지만 구채무의 소멸을 조건으로 신채무가 발생한다는 것이므로 어음의 무인성에 배치된다. 어음이 무인채권이므로 대물변제로 보는 것이 타당하다. 대물변제설에 의하면 어음이 수수되면 대금지급이 완료되고,

---

19) 대법원 1998. 6. 26. 98다2051.

기존채권은 소멸하며 그 이후에 어음이 부도나더라도 소멸한 기존채권이 부활하지 않는다.

기존채무의 지급에 갈음하여 교부받은 어음이 소구권보전절차의 해태나 시효완성으로 효력을 상실하면 원인채권과 어음채권이 모두 소멸하므로, 채권자는 이득상환청구권으로 권리구제를 받을 수 있다. 채권자가 기존채권의 이행을 위하여 자기앞수표나 은행이 지급보증을 한 당좌수표를 수수한 경우에는, 이러한 수표는 현금과 같이 취급되기 때문에 기존채무의 지급에 갈음하여 수표를 수수한 것으로 본다.[20] 기존채무에 갈음하여 어음이 수수된 경우에는 기존채무의 소멸을 주장하는 자가 이러한 의사의 존재를 입증해야만 기존채무를 면제받을 수 있다.

제3절 어음의 자금관계

1 의 의

어음의 자금관계는 환어음의 지급인이 인수 또는 지급을 하거나, 수표의 지급인이 지급을 하는 원인이 되는 실질관계이다. 이러한 자금관계는 환어음의 지급인과 발행인 사이에 존재하는 원인관계로서 지급약속증권인 약속어음에는 존재하지 않는다. 자금관계는 지급위탁증권인 환어음과 수표에서 법률상 지급할 자와 실질적으로 지급하는 자가 다를 때 생기므로, 지급인과 발행인이 동일인인 자기앞환어음(수표)에서는 자금관계가 생길 여지가 없다.

발행인이 미리 자금을 지급인에게 공급하는 경우가 일반적이지만 자금의 공급이 없이 지급인이 먼저 지급한 후에 발행인이 사후에 보상해주는 경우도 있어서, 자금의 수수가 없더라도 지급위탁증권을 발행할 수 있다. 자금관계의 법적성질은 발행인이 먼저 자금을 지급인에게 제공하고 위탁을 한 경우에는 위임이라고 볼 수 있고, 자금제공 없이 지급인이 지급을 한 경우는 사무관리가 될 것이다.[21]

---

20) 대법원 1960. 5. 19. 4292민상784.

21) 최준선(어), 73면.

2 자금관계와 어음관계

1. 양 관계의 분리

어음의 추상성의 특성상 자금관계와 원인관계는 분리되고, 어음관계가 자금관계에 영향을 미치지 않는다. 따라서 환어음의 발행과 인수는 자금이 없더라도 가능하고 반대로 지급인이 자금을 수령하였더라도 반드시 인수나 지급책임을 부담하지도 않는다. 그러나 지급인이 자금제공을 받지 않고 인수를 하였다면 어음채권자의 지급청구에 응하여야 한다. 그리고 자금을 제공받은 범위 내에서 지급인은 발행인에게 어음의 인수의무가 있으므로 인수를 거절하면 발행인에 대하여 채무불이행 책임을 진다.

2. 양 관계의 견련성

어음관계와 자금관계가 법적으로 분리되어 있지만 실질적으로는 밀접한 관계에 있으므로 서로에게 영향을 미친다. 즉 환어음인수인이 발행인에 대하여 어음상 책임을 지지만(어 28조 2항), 한편 자금관계를 이유로 인적항변을 할 수 있다. 또한 발행인의 인수인에 대한 지급청구권(어 28조 2항 후단)과 이득상환청구권(어 79조)은 자금관계의 존재를 전제로 인정된다.

3. 준자금관계

인수인 또는 약속어음의 발행인과 지급담당자, 보증인과 주채무자, 참가지급인 또는 참가인수인과 피참가인 사이에도 자금관계와 유사한 관계가 발생하는데, 이를 준자금관계라고 한다.

제4절 어음예약

1 의 의

어음예약이란 어음관계의 발생을 준비하는 계약, 예컨대 어음의 종류와 금액 만기 등 어음의 내용에 대한 합의를 의미한다. 이때 어음예약을 한 서면을 가(假)어음이라 한다.

2 효 력

어음예약은 원인관계와 어음관계의 중간단계로 볼 수 있다. 어음예약에 의하여 당사자 일방은 어음행위를 할 의무를 부담하지만 이는 어음관계로부터 독립된 의무이다. 따라서 어음예약을 하였다고 하더라도 반드시 어음을 발행할 의무가 생기는 것이 아니고, 또 어음예약에서 합의된 내용과 상이한 어음이 발행되었더라도 그 어음이 무효가 되는 것도 아니다. 다만 당사자 간에 인적항변사유로서 나중에 책임부담의 문제가 발생할 여지는 있다.

제6장 어음항변

제1절 어음항변의 의의

1 개 념

어음항변이라 함은 어음채무자가 어음소지인(채권자)의 청구에 대항하여 지급을 거절할 수 있는 사유 또는 그러한 사유를 주장하는 것을 말한다. 즉, 어음행위로 인하여 어음상 채무를 부담하는 인수인, 발행인, 배서인, 보증인, 참가인수인 등은 어음채권자가 어음상 청구를 하는 경우에 여러 항변으로 대항할 수 있다. 그러므로 어음채무자가 아닌 자, 예컨대 환어음의 지급인, 지급담당자, 수표의 지급은행 등이 소지인의 형식적·실질적 자격의 흠결을 이유로 지급을 거절하더라도 이는 어음항변이 아니다.

일반적으로 실체법상의 항변은 상대방의 청구권이 존재하는 것을 전제로 의무자가 다른 사유로 그 이행을 거절할 수 있는 주장을 의미하지만(동시이행항변권, 보증인의 최고·검색의 항변권), 어음항변은 어음채무자가 어음소지인의 청구의 정당성을 부정하는 일체의 주장을 의미하므로, 실체법상의 항변은 물론이고 어음소지인의 권리의 불성립 또는 소멸주장과 같은 권리 자체를 부정하는 광의의 항변도 어음항변에 포함된다.

2 어음항변의 제한(절단)

환어음에 의하여 청구를 받은 자는 발행인 또는 종전의 소지인에 대한 인적관계로 인한 항변으로써 소지인에게 대항하지 못한다(어 17조 본문). 즉, 어음행위 당사자 간에는 원인관계의 취소나 해제를 항변사유로써 주장할 수 있으나, 당해 어음이 제3자에게 배서 양도되면 당사자간의 인적항변으로써 제3자에게 대항할 수 없도록 인적항변을 절단시킴으로써 어음의 유통성을 보호한다. 어음채무자의 제3취득자에 대한 인적항변절단의 근거에 대하여 견해가 대립한다.

그 근거를 어음행위의 무인성 내지는 문언성에서 찾는 견해,[1] 어음상 권리는 각 소지인이 독립하여 취득하므로 양도인에 대한 항변사유가 양수인에게 영향을 미치지 않는다는 어음행위의 독립성에서 찾는 견해, 외관상 알기 어려운 당사자간의 인적항변으로 양수인에게 대항하게 하면 어음의 유통성이 저해되므로, 어음외관을 신뢰하고 거래한 자를 보호하기 위하여 법이 정책적으로 인정한 것으로서 권리외관이론에서 근거를 찾는 견해(정책설, 통설)[2]가 있다. 생각건대 인적항변의 절단의 근거는 어음의 유통성을 보호하기 위하여 권리외관의 법리를 근거로 어음법이 정책적으로 인정한 것으로 보는 정책설이 타당하다.

채권양도에서 양도인에 대하여 항변권을 가진 채무자는 양수인에게도 대항할 수 있다. 그런데 어음관계에 같은 법리를 적용시키면, 어음양수인은 자기 以前의 모든 양도인에 대하여 어음채무자가 항변사유가 없어야만 어음금을 지급받을 수 있는바, 어음의 유통성이 심각하게 저해된다. 따라서 어음채무자가 양도인에 대한 인적항변사유로써 양수인에게 대항하지 못하도록 인적항변을 절단시킴으로서 어음양수인을 보호할 필요가 있다.

그러나 지명채권양도의 방법으로 어음이 양도되는 경우나 어음법적 유통방법이 아닌 상속이나 합병처럼 포괄승계에 의하여 어음이 양도되는 경우에는 인적항변이 양수인에게 승계되므로, 어음채무자가 양수인에게 대항할 수 있다. 기한후배서에 의한 어음양도는 지명채권양도의 효력밖에 없으므로 인적항변이 승계되고, 추심위임배서는 추심권한만을 양도하므로 피배서인에게 독립된 경제적 이익이 없어 인적항변이 승계된다.

---

1) 서돈각 · 정완용(하), 108-109면.

2) 정찬형(어), 603면 ; 최준선(어), 182면.

제2절 어음항변의 분류

1 서

어음법에서는 어음항변을 분류하고 있지 않지만 학설상으로는 항변의 대항을 받는 인적범위를 기준으로 물적항변과 인적항변으로 분류하는 견해(통설)와 어음의 성립요건에 따라 3분설을 취하거나 권리외관론에 의하여 5분설을 취하는 견해가 있다. 3분설은 항변사유의 존재형식에 따라서 기본어음의 요건흠결과 같이 증권위에 존재하는 증권상 항변, 위조나 무능력처럼 증권 외에 존재하는 비증권상 항변, 어음의 원인관계로부터 발생하는 인적항변으로 분류하고 있다.[3] 5분설은 어음항변을 Canaris 교수의 권리외관론에 의한 6분법의 분류 가운데 어음의 유통이 없는 상속이나 지명채권양도 같은 직접적 항변을 제외한 5가지 어음항변, 즉 증권상 항변, 귀책가능성의 항변, 어음효력에 관한 항변, 인적항변, 배제불요의 항변으로 분류하는 신어음항변이론이다.[4]

2 물적항변

물적항변은 어음 채무자가 모든 청구권자에 대하여 대항할 수 있는 항변이다. 물적항변은 어음요건의 흠결처럼 어음외관상 권리의 장애가 명백하여 누구에게나 주장을 하더라도 어음의 유통성을 해치지 않는 절대적 물적항변과, 미성년자의 어음행위를 친권자가 취소하는 것처럼 외관상으로는 명백하지 않더라도 특정인에게 어음채무를 귀속시키는 것이 형평에 어긋나기 때문에 인정되는 상대적 물적항변으로 나눌 수 있다. 물적항변은 어음 또는 어음행위 자체의 효력을 이루기 때문에 어음이 양도되면 물적항변도 함께 양도되므로 어음채무자는 어음양수인의 선·악을 불문하고 물적항변으로 대항할 수 있다.

---

3) 최기원(어), 567면.
4) 정동윤(어), 234-237면.

1. 증권상 항변(어음의 기재로부터 발생하는 항변)

어음 외관상 기재만으로 알 수 있는 항변으로서, 누구나 그 하자를 알 수 있기 때문에 어음의 유통성을 해치지 않고 취득자를 해하지도 않는다. i) 어음요건흠결 항변(어 2조 1항, 76조 1항), ii) 만기미도래 항변(어 40조 1항, 77조 1항 3호), iii) 배서불연속의 항변(어 16조 1항, 77조 1항 1호), iv) 어음면상 명백한 지급필 또는 일부지급의 항변(어 39조 1항·3항 77조 1항 3호), v) 소멸시효완성항변(어 70조, 77조 1항 8호), vi) 지급장소의 약정을 지키지 못한 항변 등이 해당된다.

2. 비증권상 항변(어음행위의 효력에 관한 항변)

어음외관으로는 알 수 없는 어음의 효력에 관한 항변으로서 비증권상 항변(문언외 항변)이라고 한다. 어음이 형식적 요건을 갖추었더라도 실질적 요건을 갖추지 못하면 효력이 없는데, 이와 같은 실질적 요건의 흠결은 어음 면에 나타나지 않기 때문에 어음취득자에게 매우 불리하다. 따라서 이 항변은 어음유통성의 보호의 이익보다 어음채무자의 보호이익이 더 큰 경우에 한하여 예외적으로 인정된다. 여기에 해당되는 항변은 다음과 같다.

i) 의사무능력·행위무능력의 항변, 의사무능력자의 어음행위는 무효이므로 누구에게나 항변할 수 있고, 행위무능력자가 어음행위를 한 경우에는 자기의 어음행위를 취소하고 어음채무를 부담하지 않음을 항변할 수 있다(민 5조 2항, 10조, 13조). ii) 위조·변조의 항변, 피위조자·변조 전에 기명날인한 자는 원칙적으로 누구에게나 위조·변조사실을 가지고 항변할 수 있다(어 69조, 77조 1항 7호). 다만 표현책임이 인정되거나 민법상 사용자배상책임의 법리가 적용되는 경우에는 위조·변조의 항변을 주장할 수 없다는 것이 판례와 통설의 견해이다. iii) 무권대리의 항변, 표현대리의 법리가 적용될 수 없는 협의의 무권대리의 경우에 추인하지 아니한 본인은 누구에게나 항변할 수 있다(민 130조).

iv) 어음채무의 소멸 또는 어음실효에 관한 항변으로서 공탁항변(어 42조, 77조 1항 3호), 제권판결에 의한 어음실효의 항변(민소 제496조), 권리보전절차흠결의 항변(어 53조, 56조 2항, 60조 1항 등)이 있다. vi) 효력규정인 법령을 위반한 경우, 동법령위반의 원인행위의 사법상 효력이 무효임을 전제로, 그 무효를 직접 상대방에게만 주장할 수 있으면 인적항변사유이고, 누구에게나 주장할 수 있으면 물적항변사유가 되는데, 대법원은 농업협동조합법을 위반하여 특수농업협동조합이 중앙회 또는 군 조합으로부터 자금을 차입하지 않고 개인으로부터 자금을 차입하고 그 지급을 위하여 약속어음을 발행한 경우,[5] 새마을금고법에 위반하여 새마을금고이사장이 비조합원으로부터 개인 목적으로 사용할 자금차입을 위하여 발행한 약속어음에 이사회의 결의 없이 배서한 경우[6] 등은 물적항변이라고 한다.[7]

대법원 1985. 11. 26. 선고 85다카122 전원합의체 판결

상호신용금고법 제17조 제1항의 규정에 의하면, 상호신용금고는 재무부장관의 승인을 얻지 아니하면 자본금과 적립금 기타 잉여금 합계액을 초과하여 차입할 수 없도록 되어 있고, 제2항의 규정에 의하면 차입을 할 때에는 건별로 총사원의 3분의 2 이상의 동의 또는 이사회의 결의를 거쳐 재무제표 및 장부에 계상하여야 하도록 되어 있으며, 제3항의 규정에 의하면 제1항에서 "차입"이라 함은 계금 및 부금의 수입이외에 그 명칭, 종류 및 방식여하에 불문하고 채무를 부담하는 일체의 행위를 말한다고 되어있다. 상호신용금고법이 서민의 금융편의를 도모하고 저축을 증대하기 위하여 상호신용금고를 육성하고 이를 합리적으로 규제함으로써 신용질서의 확립에 기여함과 아울러 거래자를 보호할 목적으로 입법된 점(같은법 제1조 참조)에 비추어 볼 때, 위 제17조 제1항 및 제2항의 차입등 채무부담제한에 관한 규정은 서민의 금융 및 저축업무를 담당하는 상호신용금고가 경영자의 무분별하고 방만한 채무부담행위로 인한 자본구조의 악화로 불실화 됨으로써 그 업무수행에 차질을 초래하고 신용질서를 어지럽게 하여 서민거래자의 이익을 침해하는 사태가 발생함을 미리 방지하려는데에 그 입법취지가 있다고 하겠으므로, 이러한 차입등 채무부담의 제한규정은 단순한 단속법규가 아니라 효력법규로서 이에 위반한 채무부담행위는 무효라고 보아야 할 것이다.

3 인적항변

인적항변은 어음채무자가 자기로부터 어음을 수수한 직접 상대방에게만 대항할 수 있고, 그 밖의 어음소지인에게는 원칙적으로 대항할 수 없는 항변이다. 인적항변은 어음채무자와 특정한 어음채권자 사이에 직접적인 인적관계로 인하여 성립한

5) 대법원 1982. 6. 8. 82다150.

6) 대법원 1985. 2. 26. 84다카527.

7) 정찬형(어), 608-610면.

항변이므로 그 특정인에게만 대항할 수 있고, 그로부터 선의의 제3자에게 어음이 배서 양도되면 인적항변은 절단되므로 어음채무자는 제3자의 어음금청구에 대항할 수 없다. 선의의 제3취득자에 대하여 인적항변을 단절시키는 것은 제3취득자를 어음채무자보다 우선 보호함으로써 어음의 유통성을 도모하려는 것이다.

인적항변 절단의 효과는 배서에 의한 어음의 취득자뿐만 아니라 백지식으로 어음을 취득한 자와 백지식으로 배서된 어음이나 수취인이 백지인 어음을 교부의 방법에 의하여 양수한 자도 누릴 수 있다. 그러나 지명채권양도의 방식으로 어음이 양도되는 경우(어 11조 1항 단서), 상속이나 합병처럼 포괄승계로 어음이 이전되는 경우, 기한후배서(어 20조 1항 단서), 추심위임배서(어 18조 1항) 등에서는 인적항변이 절단되지 않으므로 어음채무자는 제3자의 청구에 대하여도 인적항변으로 대항할 수 있다.

어음법 제17조가 '인적항변의 절단'을 규정하고 있는데, 해의(害意)의 의사가 있는 어음소지인에게 항변할 수 있는 어음법 제17조가 적용되는 항변과 어음소지인에게 악의(惡意)만 있더라도 민법 등 규정에 의하여 대항할 수 있는 어음법 제17조가 적용되지 않는 항변으로 나누어 설명하기로 한다.

1. 어음법 제17조가 적용되는 항변

어음법 제17조는 '환어음에 의하여 청구를 받은 자는 발행인 또는 종전의 소지인에 대한 인적 관계로 인한 항변(抗辯)으로써 소지인에게 대항하지 못한다. 그러나 소지인이 그 채무자를 해할 것을 알고 어음을 취득한 경우에는 그러하지 아니하다'라고 규정하고 있다. 이는 선의의 어음취득자를 보호하기 위하여 어음채무자가 어음소지인의 전자에 대하여 갖는 인적항변으로 소지인에게 대항하지 못하도록 인적항변을 절단시키는 것이다. 그러나 채무자를 해할 것을 알고 어음을 취득한 자는 보호할 필요가 없기 때문에 채무자는 전자에 대한 인적항변으로 대항할 수 있도록 하였다. 다음과 같은 항변이 여기에 해당된다.

i) 어음교부의 원인관계의 부존재 · 무효 · 취소 또는 해제로 인한 항변,

ii) 어음금 지급연기의 항변, 당사자간에 지급유예의 특약을 하거나 만기를 개서한 경우 어음채무자는 지급유예의 특약이나 만기의 개서를 이유로 선의의 舊어음소지인에게 대항할 수 없다.

iii) 어음외 특약 항변, 어음을 담보목적으로만 사용할 것을 예정하고 발행된 경우 피담보채무가 소멸된 후에 당해어음이 유통되더라도 발행인은 직접 상대방에 대하여는 어음채무의 소멸의 항변을 주장할 수 있으나 선의의 제3취득자에게는 주장할 수 없다.[8]

그 외에도 숨은추심위임배서의 법적 성질을 신탁적 양도설로 보는 견해에 따르면 당사자 간 추심의 합의는 인적항변사유로 본다.[9] 자금관계에 의한 항변[10]도 여기에 해당된다.

2. 어음법 제17조가 적용되지 않는 항변

어음의 효력에 관한 항변으로서 민법 등 규정에 의하여 악의 또는 중대한 과실이 있는 어음소지인에게만 대항할 수 있고 선의의 어음소지인에게는 대항할 수 없는 항변이다. 어음법 제17조 단서가 해의의 어음소지인에게는 인적항변이 단절되지 않는다고 규정하여, 인적항변의 단절여부가 해의의 존부에 의하여 결정되는데 비하여, 이 항변은 단절여부가 악의 또는 중대한 과실이 기준이 되므로 어음법 제17조가 적용되지 않는 항변이라고 할 수 있다.[11]

i) 어음의 교부가 민법상 의사의 흠결(비진의표시, 허위표시, 착오)이나 의사표시의 하자(사기 또는 강박)에 의한 경우, 어음채무자가 선의의 어음취득자에 대하여 이러한 항변으로 대항할 수 없다. 그런데 어음행위의 의사의 흠결이나 의사표시의 하자가 있는 경우에 그 무효나 취소를 '선의의 제3자에게 대항하지 못한다(민 108조 단서, 109조 2항, 110조 3항 등)'고 하는바, '선의'라 함은 악의 또는 중대한 과실이 없음을 의미한다고 본다. 따라서 어음취득자에게 어음채무자를 해할 의사는 없더라도 악의 또는 중과실이 있으면 어음채무자

---

8) 대법원 1992. 4. 24. 91다25444 ; 대법원 1987. 12. 22. 86다카2769.

9) 대법원 1960. 8. 18. 4292민상851.

10) 환어음지급인이 발행인으로부터 만기 전에 자금공급의 약속을 받고 인수를 하였으나 발행인이 자금공급을 하지 않는 경우에 발행인이 어음금지급을 요구하면 지급거절을 할 수 있는 인적항변이지만, 발행인 이외의 소지인이 어음금을 청구하면 지급거절을 할 수 없다. 특히 어음소지인이 해의의 의사가 있는 경우에도 인수인은 지급을 거절할 수 없다. 이는 다른 인적항변의 경우에는 해의의 의사가 있는 어음소지인에 대하여서 인적항변을 주장할 수 있는 점(어 17조 단서)과 다른데, 이는 인수인의 책임은 인수에 의하여 발생하기 때문이다[이철송(어), 148면].

11) 최기원교수[최(어), 571-575면]는 이 항변을 비증권적 효력에 관한 항변 가운데 상대적 항변이라고 분류하며, 정동윤교수[정(어), 230면]는 어음의 효력에 관한 항변 또는 어음채무의 유효성에 관한 항변으로 분류한다.

가 항변할 수 있으므로 어음법 제17조와는 성격이 다른 항변이라고 할 수 있다.[12)]

ii) 백지어음 보충권남용의 항변(어 10조, 77조 2항)
백지어음행위자는 백지어음의 보충권이 남용되었다는 항변을 악의 또는 중과실의 어음취득자에 대하여만 주장할 수 있다.

iii) 자기계약 · 쌍방대리 위반의 항변(민 124조)과 이사회의 승인없는 회사와 이사간 거래항변(상 398조)

대리인이 원인관계에서 본인의 허락없이 본인을 위하여 자기와 법률행위를 하거나 동일한 법률행위에 대하여 쌍방을 대리한 경우, 이러한 사실을 알면서 어음을 취득하였거나 중대한 과실로 이를 알지 못하고 취득한 자에 대하여 어음채무자는 위의 항변으로써 대항할 수 있다. 또 이사가 이사회의 승인없이 회사와 거래를 하고 어음행위를 한 경우에, 상법 제398조를 효력규정으로 보아 동조를 위반한 행위는 무효라는 견해에 의하면 위의 항변은 물적항변이고, 동조를 단속규정으로 보는 견해에 의하면 위의 항변은 항변사유가 아니라고 할 수 있으나, 다수설과 판례는 동조 위반을 선의의 어음소지인에게는 주장할 수 없지만 악의 또는 중대한 과실이 있는 소지인에게는 항변사유로 대항할 수 있다고 한다.

대법원 1984. 12. 11. 선고 84다카1591 판결

상법 제398조에서 말하는 거래에는 이사와 회사 사이에 직접 성립하는 이해상반하는 행위뿐만 아니라 이사가 회사를 대표하여 자기를 위하여 자기 개인 채무의 채권자인 제3자와 사이에 자기개인채무의 연대보증을 하는 것과 같은 이사개인에게 이익이 되고 회사에 불이익을 주는 행위도 포함하는 것이라 할 것이고 이런 의미에서 볼 때 원판시 두회사의 대표이사를 겸하고 있던 소외 김용관이가 위 회사의 채무에 관하여 피고회사를 대표하여 연대보증을 한 경우에는 역시 상법 제398조의 규정이 적용되는 것으로 보아야 할 것이다(당원 1965. 6. 22. 선고 65다734 판결; 1969. 11. 2. 선고 69다1374 판결참조). 다만 이 건의 경우와 같이 대표이사인 김용관이가 피고회사를 대표하여 자기가 대표이사로 있는 위 회사를 위하여 제3자인 원고와 사이에 한 거래에 있어서는 거래의 안전과 선의의 제3자를 보호할 필요상 피고는 이사회의 승인을 얻지 못하였다는 것 외에 상대방인 원고가 이사회의 승인없음을 알았다는 사실을 주장 입증하여야만 비로소 그 거래의 무효를 그 상대방인 원고에게 주장할 수 있는 것이라고 할 것이다.

---

12) 정찬형(어), 616면.

제3절 악의의 항변

1 의 의

어음법 제17조 본문은 어음의 유통성을 보호하기 위하여, 어음채무자가 어음소지인의 전자에 대하여 갖고 있는 인적항변으로써, 그 소지인에게 대항하지 못하게 함으로써 인적항변을 절단시키고 있다. 그러나 동조 단서는 어음소지인이 어음채무자를 해할 것을 알고 어음을 취득한 때에는 그를 보호할 필요가 없기 때문에 어음채무자는 어음소지인의 전자에 대한 인적항변사유로써 소지인에게 대항할 수 있도록 하였다. 이를 악의(惡意)의 항변 또는 해의(害意)의 항변이라고 한다.

인적항변을 제한하는 까닭은 어음의 외관을 믿고 거래한 자를 보호하려는 것이기 때문에 인적항변의 절단의 이익은 어음의 선의취득자가 누릴 수 있다. 따라서 인적항변사유가 있는 줄 알면서 어음을 취득한 자에게는 인적항변의 절단의 이익을 줄 필요가 없다. 그래서 인적항변이 존재하고, 그로 말미암아 인적항변이 절단되어 채무자에게 손해가 발생할 사실을 알면서 어음의 취득한 자에 대하여는 어음채무자는 악의의 항변(어 17조 단서)으로 대항할 수 있다.

예를 들면, 갑이 을 소유의 부동산을 매수하는 계약을 체결한 후 을에게 매매대금조로 약속어음을 발행 교부한 후 만기 전에 매매계약을 해제한 경우, 을이 동어음을 병에게 배서 양도하였고, 병이 계약해제사실을 모르고 갑에게 어음금을 청구하는 경우 갑은 계약해제의 인적항변으로 병에게 대항할 수 없다. 그러나 병이 매매계약이 해제사실을 알고 또 채무자를 해할 것을 알고 어음을 취득하였다면 갑은 악의의 항변으로써 어음금청구에 대항할 수 있다.

2 악의(惡意)의 의미

어음법 제17조 단서가 '소지인이 그 채무자를 해할 것을 알고 이음을 취득한 경우'라고 규정하고 있는데, '해할 것을 안다'는 의미에 대하여 논란이 있다. 첫째로 해의란 어음소지인과 그 전자가 어음채무자를 해할 것을 공모하는 것을 의미한다는 공모설, 둘째로 채무자에게 항변사유가 있다는 사실을 어음소지인이 알고 있으면 된다는 악의설, 셋째로 어음소지인이 항변사유의 존재를 알고 있음과 동시에 그가 어음을 취득함으로써 인적항변이 절단되고 어음채무자에게 손해가 발생된다는 사실까지 아는 것을 요구하는 이중인식설이 대립한다. 판례는 이중인식설을 취하고 있다.

대법원 1996. 5. 14. 선고 96다3449 판결

이른바 악의의 항변이라 함은 항변사유의 존재를 인식하는 것만으로는 부족하고 자기가 어음을 취득함으로써 항변이 절단되고 채무자가 해를 입는다는 사실까지도 알아야 한다고 할 것이므로, 원심이 인정한 사실관계하에서는 원고가 피고를 해할 것을 알고 이 건 어음을 취득하였다고 볼 수 없다고 할 것이어서 원심이 위와 같은 사실만으로 피고의 항변을 받아들여 원고의 청구를 배척한 것은 잘못이라고 할 것이다. 그러나 이 건 어음이 융통어음이 아님은 앞서 본 바와 같으며, 원심이 채택한 증거에 의하면 피고의 주장과 같이 위 노양곤이 위 이상무로부터 할인을 부탁받으면서 이 건 어음을 교부받아 소지하고 있다가 이를 이상무에 대한 대출금채무에 대한 담보로 처리한 것으로 보여지는 이상 이 건 어음은 아무런 원인관계 없이 원고에게 교부된 것이라고 할 것이므로 소외 봉명산업으로서는 이러한 원인관계에 대한 인적항변으로서 원고에게 대항 가능하다고 할 것이다(대법원 1996. 5. 28, 선고 96다7120 판결)

통상은 어음이 제3자에게 양도되면 제3자에 대한 관계에서 인적항변이 절단되고 그 결과 채무자가 손해를 입는 것이 일반적이므로, 어음소지인이 인적항변의 존재를 알면서(악의) 어음을 취득하면, 장차 항변사유가 해소될 것이라고 믿을만한 특별한 사정이 없는 한 해의가 있다고 추정할 수 있다. 다만 어음소지인이 자신의 전자가 인적항변사유를 가지고 있음을 알고 있더라도, 그가 원만하게 해결할 것으로 믿고 어음을 취득하였다면, 손해를 끼치려는 인식은 없기 때문에 인적항변은 절단된다. 그러나 전자가 채무자에 대하여 문제를 해결하지 아니할 것이라 생각하면서 어음을 취득하였다면 해의가 있다고 본다.[13] 그리고 소지인이 항변사유를 알지 못한데 대하여 중대한 과실이 있더라도 해의의 인식이 없다면 채무자가 해의의 항변을 할 수 없다.

13) 이철송(어), 155면.

대법원 1997. 5. 16. 선고 96다49513 판결

어음행위에 착오 · 사기 · 강박 등 의사표시의 하자가 있다는 항변은 어음행위 상대방에 대한 인적항변에 불과한 것이므로, 어음채무자는 소지인이 그 채무자를 해할 것을 알고 어음을 취득한 경우가 아닌 한, 소지인이 중대한 과실로 그러한 사실을 몰랐다고 하더라도 종전 소지인에 대한 인적항변으로써 소지인에게 대항할 수 없다고 할 것이다(대법원 1970. 7. 28. 선고 70다1293 판결 ; 1996. 3. 22. 선고 95다56033 판결 등 참조).

3 악의의 존재시기

악의의 유무의 판단시기는 어음을 취득한 때이다. 따라서 어음소지인이 어음을 취득할 때에는 항변사유를 몰랐으나 취득한 후에 알았더라도 어음채무자는 해의의 항변을 할 수 없다. 그러나 항변사유는 만기 또는 어음상 권리를 행사하는 때 존재하여야 한다. 따라서 어음을 취득하는 때에는 항변사유가 존재하지 않았으나, 만기 또는 권리를 행사하는 때에 항변사유가 성립할 것이 예견되는 경우(편취어음임을 알고 취득한 경우)에는 악의의 항변을 할 수 있다. 어음소지인의 악의의 존재는 어음채무자에게 유리한 항변사유이므로 어음채무자가 이를 주장 입증하여야 한다.

4 악의의 항변이 적용되지 않는 경우

1. 엄폐물의 법칙

어음소지인은 해의가 있으나 그에게 어음을 배서 양도한 직접 전자는 해의가 없는 경우에 악의의 항변이 가능한지 살펴보자. 발행인(갑)이 인적항변이 부착된 약속어음을 수취인(을)에게 교부하고 을이 병에게, 병이 정에게 배서 양도한 경우, 병은 갑과 을 사이에 인적항변이 존재한다는 사실을 알지 못하였으나, 정은 갑과 을 사이의 인적항변의 존재를 알고 또 해의의 의사도 있는 경우에 정이 어음금을 청구할 경우, 갑이 악의의 항변으로 대항할 수 있느냐의 문제이다(갑 → 을(인적항변有) → 병(선의) → 정(해의)). 어음취득자(정)가 자기의 직전 배서인(병)에게 해의가 있음을 알고 어음을 취득한 경우에만 악의의 항변을 할 수 있으므로, 자기의 직전

배서인(병) 이전의 배서인(을)에게 인적항변사유가 있음을 알고 어음을 취득하였더라도 악의의 항변은 성립하지 않는다.

이는 어음소지인(정)이 자기의 전전자(前前者)(을)에 대한 항변사유를 알고 어음을 취득하였더라도 자기의 직접 전자(병)가 그러한 항변의 존재를 모르고 어음을 취득한 경우에는 전자(병)에 의하여 인적항변은 절단되고, 어음소지인(정)은 항변이 절단된 어음상 권리를 병으로부터 승계 취득하므로 어음채무자는 악의의 항변을 할 수 없다는 것이 판례[14]와 통설[15]의 견해이다. 이처럼 선의의 전자에 의하여 항변은 절단되고, 어음취득자는 전자로부터 항변이 절단된 온전한 권리를 취득하는데, 선의의 전자가 엄폐물의 역할을 하므로 이러한 법칙을 영미법에서 엄폐물의 법칙(shelter rule)이라고 한다. 즉 선의자의 개입으로 항변은 영구히 차단되고 그 후에 어음취득자가 해의자이더라도 항변의 부담이 없는 어음을 취득한다.

그런데 어음항변절단을 선의취득과 같은 효력으로 설명하는 통설을 비판하는 견해가 있다. 인적항변의 절단은 권리의 귀속과 무관하며, 어음채무자와 채권자 사이의 권리행사에 있어서 어음의 유통성 보호와 어음당사자간의 형평성에 관한 문제로서 속인성을 갖는다. 따라서 어음소지인에게 해의가 있으면 자기 직전 배서인에게 해의가 없더라도 항변절단의 이익을 줄 필요가 없으므로 어음채무자가 악의의 항변으로써 대항할 수 있다고 주장한다.

통설처럼 선의자의 개입으로 항구적인 항변절단의 효과를 인정하게 되면 항변사유가 있는 어음이 다단계를 거쳐 유통된 경우에 어음채무자는 최종소지인뿐만 아니라, 중간 배서인들의 해의까지 모두 입증해야만 악의의 항변을 할 수 있게 되는 바, 현실적으로 중간 배서인들의 해의를 입증하기 어렵기 때문에 악의의 항변은 사실상 불가능하게 된다. 따라서 어음채무자는 중간 배서인이 선의자이더라도 최종소지인의 해의만을 증명하면 악의의 항변을 할 수 있다고 주장한다.[16] 생각건대 엄폐물의 법칙의 남용을 방지하고 악의의 항변제도를 실효성을 강조하는 후자의 견해도 일리가 있으나 항변절단의 이익을 그 후의 취득자에게 누리도록 하는 통설이 어음의 유통성보호를 위해서 타당하다.

14) 대법원 2001. 4. 24. 2001다5272 ; 1994. 5. 10. 93다58721.

15) 정찬형(어), 634면 ; 최준선(어), 186면 ; 정동윤(어), 246면 ; 최기원(어), 586면.

16) 이철송(어), 158면.

대법원 2001. 4. 24. 선고 2001다5272 판결

백지식 배서에 의하여 어음을 양수한 사람은 백지를 보충하지 아니하고 인도에 의하여 어음을 양도하면 배서인으로서의 소구의무를 부담하지 아니하지만 현재의 어음소지인의 앞사람으로서 권리를 양도한 어음상의 권리자였다는 지위에는 변함이 없으므로, 어음상 배서인으로 나타나 있지는 않지만 현재의 어음소지인에게 어음을 양도한 사람이 어음취득 당시 선의였기 때문에 그에게 대항할 수 없었던 사유에 대하여는 현재의 어음소지인이 비록 어음취득 당시 그 사유를 알고 있었다고 하여 그것으로써 현재의 어음소지인에게 대항할 수 없고, 이러한 이치는 현재의 어음소지인이 지급거절증서 작성 후 또는 지급거절증서작성기간 경과 후에 어음을 양도받았다고 하더라도 마찬가지이므로(대법원 1994. 5. 10. 선고 93다58721 판결 참조), 원고들이 동남은행으로부터 지급거절증서 작성 후 또는 지급거절증서 작성기간 경과 후에 이 사건 어음을 양도받았어도, 기록상 원고들의 앞사람으로서 이 사건 어음의 종전 소지인인 동남은행이 피고가 항변사유로서 주장하는 이 사건 어음이 융통어음으로서 이와 교환으로 발행된 담보어음이 지급거절되었다는 사정 또는 이 사건 어음에 대한 원인관계채권이 상계로 소멸되었다는 사정 등을 알고 있었다는 아무런 자료를 찾아볼 수 없는 이 사건에서, 피고의 위와 같은 항변은 절단되었고, 따라서 동남은행으로부터 이 사건 어음을 양수한 원고들이 위와 같은 사정을 알고 있었다고 하더라도 피고는 위와 같은 사유를 들어 원고들에 대하여 대항할 수도 없다.

2. 비어음법적 유통방법에 의한 어음취득

어음법적 유통방법인 배서나 교부의 방법에 의하지 않고, 상속, 합병, 전부명령, 지명채권양도방법에 의한 취득 등으로 어음을 취득한 경우에는 인적항변이 절단되지 않으므로 어음채무자는 어음소지인의 전자에 대한 인적항변으로 어음소지인에게 대항할 수 있다.

3. 기한후배서 · 추심위임배서

어음법적 유통방법에 의하여 어음을 취득하더라도 다음과 같은 경우에는 인적항변이 절단되지 않는다.

(1) 기한후배서는 지급거절증서작성 후의 배서 또는 지급거절증서작성기간 경과 후의 배서로서 지명채권양도의 효력만 있으므로 인적항변의 절단의 효력이 인정되지 않는다. 그 이유는 예정된 유통기간이 경과한 후의 배서이기 때문에 배서의 효력을 제한하는 것이다.

(2) 추심위임배서는 피배서인에게 고유한 경제적 이익이 없기 때문에 어음채무자는 피배서인의 선·악을 불문하고 언제나 배서인에 대한 항변사유로써 피배서인에게 대항할 수 있으므로 인적항변이 절단되지 않는다.

제4절 특수한 항변

1 융통어음의 항변

1. 융통어음의 개념

융통어음이란 타인(피융통자)의 자금사정을 도와주기 위하여 융통자가 대가를 받지 않고 자신의 신용을 제공하는 방법으로 발행(배서 또는 인수)하는 어음이다. 예컨대 갑(융통자)이 을(피융통자)과 상거래 등 원인관계 없이 융통계약에 의하여 을에게 약속어음을 발행·교부하면, 을은 이 어음을 제3자에게 양도하여 자금을 융통받게 된다. 을이 이 어음으로 자금을 융통받은 후에 만기 전에 갑에게 어음금을 제공하면 갑이 어음소지인에게 어음금을 지급하는 형태로 거래관계가 종료되지만, 을이 자금을 공급하지 아니하면 갑은 어음금지급을 거절할 소지가 있다.

융통어음은 약속어음의 발행방식이 주로 이용되지만, 그 외에도 배서나 보증 등의 방식도 이용된다. 융통자가 대가관계 없이 배서나 보증을 함으로써 어음의 신용도를 높이면, 피융통자가 수월하게 자금융통을 받을 수 있게 된다.

2. 융통계약

융통어음은 융통자와 피융통자 사이에 피융통자가 어음금결제의 책임을 질 것을 전제로 하여 수수되므로 만기가 도래하기 전에 피융통자가 어음을 회수하여 융통자에게 반환하거나 융통어음의 결제자금으로 그 액면금에 상당한 금액을 융통자에게 지급하기로 하는 약정이 있었던 것으로 볼 수 있다.[17] 하지만 융통자는 피융통자 외의 제3자에 대하여는 어음금지급채무를 부담하므로, 융통자가 어음금을 지급하는 것은 어음발행인으로서의 채무를 이행한 것이지, 피융통자의 보증인의 지위에서 피융통자의 채무를 대위변제한 것으로 볼 수 없다.[18]

융통어음인지 여부는 융통당사자 간의 내부적 계약에 따라 결정되지만, 타인이 계약내용을 알 수 없기 때문에 어음거래 당사자의 주장 외에도 구체적 사실관계를 참작하여 융통어음인지 여부를 판단하여야 한다.[19] 그리고 융통어음에 대한 입증은 융통어음을 발행한 자가 부담한다.[20]

대법원 2012. 11. 15. 선고 2012다60015 판결

1. 융통어음이라 함은 타인으로 하여금 어음에 의하여 제3자로부터 금융을 얻게 할 목적으로 수수되는 어음을 말한다. 융통어음의 발행자는 피융통자로부터 그 어음을 양수한 제3자에 대하여는 선의이거나 악의이거나, 또한 그 취득이 기한 후 배서에 의한 것이라 하더라도 대가 없이 발행된 융통어음이라는 항변으로 대항할 수 없으나, 피융통자에 대하여는 어음상의 책임을 부담하지 아니한다. 그리고 어떠한 어음이 융통어음에 해당하는지 여부는 당사자의 주장 만에 의할 것은 아니고 구체적 사실관계에 따라 판단하여야 한다. 한편 어음의 발행인 또는 배서인이 어음할인을 의뢰하면서 어음을 교부한 것이라면 이는 원인관계 없이 교부된 어음에 불과할 뿐 이를 악의의 항변에 의한 대항을 인정하지 아니하는 이른바 융통어음이라고는 할 수 없다.
2. 어음에 의하여 청구를 받은 자는 종전의 소지인에 대한 인적 관계로 인한 항변으로써 소지인에게 대항하지 못하는 것이 원칙이지만, 이와 같이 인적항변을 제한하는 법의 취지는 어음거래의 안전을 위하여 어음취득자의 이익을 보호하기 위한 것이므로 자기에 대한 배서의 원인관계가 흠결됨으로써 어음소지인이 그 어음을 소지할 정당한 권원이 없어지고 어음의 지급을 구할 경제적 이익이 없게 된 경우에는 인적항변 절단의 이익을 향유할 지위에 있지 아니하다고 보아야 할 것이다.

---

17) 대법원 1999. 10. 22. 98다51398.
18) 대법원 1999. 10. 22. 98다51398.
19) 대법원 1996. 5. 14. 96다3449.
20) 대법원 2001. 8. 24. 2001다28176.

3. 원심은 그 채택 증거를 종합하여 ① 주식회사 태성건설종합인테리어는 천안시 외 2필지 지상 황명시티빌 신축공사의 자금조달을 위하여 피고에게 어음할인에 사용할 약속어음의 발행을 부탁하였고 이에 피고는 2007.9.4. 태성건설에 이 사건 약속어음을 발행한 사실, ② 태성건설은 이 사건 약속어음을 할인받지 못하자 2007.9.20. 피고에게 이 사건 약속어음의 반환을 약속하였으나, 그 후 황명시티빌 공사를 동업하기로 한 주식회사 황명산업개발(이하 '황명산업'이라 한다)에 이 사건 약속어음의 할인을 의뢰하면서 이 사건 약속어음을 배서 · 양도한 사실, ③ 태성건설은 2007.9.27. 황명산업에 이 사건 약속어음의 반환을 구하는 내용증명을 발송하였으나, 황명산업은 그 반환을 거부하고 어음할인을 위하여 원고에게 이 사건 약속어음을 교부한 사실, ④ 원고는 이 사건 약속어음의 소지인으로서 약속어음을 지급제시하였으나 지급거절된 사실 등 판시와 같은 사실을 인정한 다음, 사건 약속어음은 당초부터 할인을 위하여 발행된 것으로서 원인관계 없이 교부된 어음에 불과할 뿐이고, 원고를 비롯한 배서인들 사이에서 어음할인을 위하여 아무런 대가관계 없이 이 사건 약속어음이 수수되었으므로 원고는 독립된 경제적 이익을 갖고 이 사건 약속어음을 취득한 것이 아니라는 이유로, 피고의 항변을 받아들여 원고의 이 사건 약속어음금 청구를 배척하였다.

원심이 인정한 사실관계를 앞서 본 법리와 기록에 비추어 살펴보면, 피고는 당초 태성건설로 하여금 제3자로부터 약속어음을 할인받음으로써 금융을 얻게 할 목적으로 이 사건 약속어음을 발행하였으므로 이 사건 약속어음은 융통어음이라고 할 것이고, 따라서 원심이 이 사건 약속어음을 당초부터 원인관계 없이 교부된 어음에 불과하다고 본 것은 잘못이다. 그러나 황명산업은 태성건설로부터, 원고는 황명산업으로부터 각기 어음할인을 위하여 원인관계 없이 약속어음을 교부받았고 원고가 약속어음의 지급을 구할 경제적 이익이 없으므로, 피고는 원고에 대하여 이 사건 약속어음의 지급을 거절할 수 있다고 할 것이다.

3. 융통어음의 항변

(1) 의 의

융통어음에서 피융통자(수취인)가 융통자(발행인)에게 어음금을 청구하면 융통자가 대가관계 없이 발행된 어음이라는 항변으로 지급을 거절할 수 있는 것은 당연하다. 그런데 어음이 피융통자로부터 제3취득자에게 배서 양노된 경우에, 그가 융통어음인 사실을 알거나 모르거나를 묻지 않고 융통자는 융통어음의 항변으로 제3취득자에게 대항할 수 없으므로, 어음금을 지급하여야 한다. 만일 융통자가 악의의 제3자에게 융통어음의 항변으로 대항할 수 있게 되면, 자금융통은 불가능하게 되고 융통어음은 본래의 기능을 상실할 것이다.

또한 융통어음은 피융통자가 융통자의 신뢰를 이용하여 자금융통을 받기 위해 발행된 것이고, 융통어음이 제3자에게 배서 교부되어야만 자금을 융통할 수 있기 때문에, 제3취득자가 융통어음임을 알고 있더라도 이것만으로 어음법 제17조 단서의 '해의'가 있다고 볼 수 없다. 이처럼 융통어음의 항변은 피융통자에게만 대항할 수 있고, 제3자에게는 그의 선·악에 상관없이 대항할 수 없는 특수한 성질을 갖고 있어서 다른 유형의 항변과 다르다.

(2) 융통어음항변의 성격

1) 어음법 제17조의 인적항변이지만, 동조 단서가 적용되지 않는다는 학설

융통어음의 항변은 어음법 제17조의 인적항변이지만, 어음이 제3자에게 양도되면 제3자가 융통어음인 사실을 알았더라도, 그것만으로 제3자가 어음채무자를 해할 것을 알고(해의) 취득한 것으로 볼 수 없으므로 동조 단서가 적용되지 않으며, 따라서 어음채무자는 제3자에게 어음금을 지급해야 한다는 견해로서, 통설[21]과 판례의 입장이다.

융통어음은 피융통자의 자금융통을 목적으로 발행된 것이므로, 피융통자 외의 제3취득자가 만기에 어음금을 청구하면 융통자는 어음금을 지급하겠다는 의사가 있다고 본다. 따라서 융통당사자간에는 융통어음의 항변으로 대항할 수 있으나 제3취득자에 대하여 그의 선악을 불문하고 융통어음의 항변을 주장하지 않겠다는 의사의 합치가 있기 때문에 제3자에게 대항할 수 없으므로 어음법 제17조 단서가 적용되지 않는다고 한다.

2) 제3자에게 항변절단이 불필요하다는 학설

융통어음의 성질상 제3취득자에게 항변의 절단이 필요하지 아니한 항변으로서, 어음소지인이 항변사유를 알고 있더라도 어음채무자는 악의의 항변으로 어음금지급을 거절할 수 없다. 즉 융통어음은 수취인(피융통자)으로 하여금 자금을 융통받게 하기 위한 것이므로, 어음취득자가 그 사정을 알든 모르든 간에 약속어음의 발행인(융통자)은 언제나 어음금을 지급하여야 한다. 따라서 이 경우에는 처음부터 제3

---

21) 최기원(어), 577-578면 ; 최준선(어), 189면 ; 손주찬(하), 130면 ; 양명조(어), 307면.

취득자와 관계에서 항변의 절단이 예정되어 있지 않다고 한다.[22]

3) 어음항변의 유형이 아니라는 학설

어음취득자가 융통어음임을 알고 있더라도 제3자에게 항변할 수 없으므로 융통어음의 항변은 당사자간에만 주장할 수 있고, 제3자에게는 어떤 경우에도 주장할 수 없는 항변인 점에서 일반적인 어음항변의 유형인 인적항변과 물적항변 어디에도 속하지 아니한다.[23]

4) 소 결

융통어음은 피융통자로 하여금 자금융통을 받게 하기 위해서는 제3자에게 양도되어야 하고, 제3자가 어음금을 청구하면 약속어음 발행인은 무조건 어음금을 지급하여야 한다. 피융통자(수취인)가 어음금을 청구하면 융통자는 융통어음의 항변으로써 지급거절을 할 수 있기 때문에 융통어음의 항변은 어음법 제17조의 인적항변이다.

그러나 융통어음임을 알고 어음을 취득한 제3자는 자금융통을 가능하게 하였는바, 그에게 채무자를 해할 의사가 있다고 볼 수 없으므로 어음법 제17조 단서는 적용되지 않는다고 보는 통설의 견해가 타당하다.

대법원 1995. 1. 20. 선고 94다50489 판결

1. 타인의 금융 또는 채무담보를 위하여 약속어음(소위 융통어음)을 발행한 자는 피융통자에 대하여 어음상의 책임을 부담하지 아니하지만, 그 어음을 양수한 제3자에 대하여는 선의, 악의를 묻지 아니하고 대가 없이 발행된 융통어음이었다는 항변으로 대항할 수는 없다(당원 1994. 5. 10. 선고 93다58721 판결 및 1979. 10. 30. 선고 79다479 판결 참조). 다만 피융통자가 융통어음과 교환하여 그 액면금과 같은 금액의 약속어음을 융통자에게 담보로 교부한 경우에 있어서는 융통어음을 양수한 제3자가 양수 당시 그 어음이 융통어음으로 발행되었고 이와 교환으로 교부된 담보어음이 지급거절되었다는 사정을 알고 있었다면, 융통어음의 발행자는 그 제3자에 대하여도 융통어음의 항변으로 대항할 수 있다고 할 것이다(위 93다58721 판결 및 당원 1990. 4. 25. 선고 89다카20740 판결 참조). 한편, 어음의 양도 전에 배서를 하였다가 이를 말소한 채로 다시 어음을

22) 정동윤(어), 176면.
23) 정찬형(어), 376면.

양도한 자도 배서인으로서의 소구의무를 부담하는 것은 아니나 현재의 어음소지자의 전자로서의 권리를 양도한 어음상의 권리자였다는 점에는 변함이 없다 할 것이고, 현재의 어음소지인에게 어음을 양도한 자가 어음취득 당시 선의였기 때문에 그에게 대항할 수 없었던 사유에 대하여는 현재의 어음소지인이 비록 어음취득 당시 그 사유를 알고 있었다고 하여 그것으로써 현재의 어음소지인에게 대항할 수는 없다고 할 것이다(위 93다58721 판결 및 위 89다카20740 판결; 대법원 1995. 9. 15. 선고 94다54856 판결).

(3) 교환어음

자금융통을 받는 자(피융통자)가 융통어음을 교부받는 대가로 자신이 소지한 제3자 발행의 어음을 융통자에게 교부하는 어음을 교환어음이라고 한다. 그런데 융통어음을 양수한 제3자가 취득한 어음이 융통어음이라는 사실과 융통자에게 교부된 교환어음(담보어음)이 지급거절된 사실을 알면서 융통어음을 취득한 경우에는 제3취득자는 융통자(발행인)를 해할 의사가 있다고 볼 것이고, 따라서 융통어음발행자는 어음법 제17조 단서의 항변(악의의 항변)을 할 수 있다.[24]

또 피융통자가 융통어음으로 자금융통의 목적을 달성한 후에 어음을 융통자에게 반환하지 아니하고 제3자에게 재유통시킨 경우, 이러한 사정을 알면서 어음을 취득한 자에 대하여 발행인(융통자)은 융통어음의 재사용의 항변으로 제3자에 대하여 대항할 수 있다.

대법원 2001. 12. 11. 선고 2000다38596 판결

즉, 융통인이 피융통인에게 신용을 제공할 목적으로 수표에 배서한 경우, 특별한 사정이 없는 한 융통인과 피융통인 사이에 당해 수표에 의하여 자금융통의 목적을 달성한 때는 피융통인이 융통인에게 지급자금을 제공하든가 혹은 당해 수표를 회수하여 융통인의 배서를 말소하기로 합의한 것이라고 보아야 할 것이므로, 피융통인이 당해 수표를 사용하여 금융의 목적을 달성한 다음 이를 반환받은 때에는 위 합의의 효력에 의하여 피융통인은 융통인에 대하여 융통인의 배서를 말소할 의무를 부담하고, 이것을 다시 금융의 목적을 위하여 제3자에게 양도하여서는 아니 된다고 할 것이다.

피융통인이 이를 다시 제3자에게 사용한 경우, 융통인이 당해 수표가 융통수표

---

24) 대법원 1994. 5. 10. 93다58721.

이었고, 제3자가 그것이 이미 사용되어 그 목적을 달성한 이후 다시 사용되는 것이라는 점에 관하여 알고 있었다는 것을 입증하면, 융통인이 피융통인에 대하여 그 재사용을 허락하였다고 볼 만한 사정이 없는 한, 융통인은 위 융통수표 재도사용의 항변으로 제3자에 대하여 대항할 수 있다고 할 것이다.

(4) 기한후배서의 경우

기한후배서에 의하여 융통어음을 취득한 자의 어음청구에 대하여 융통어음의 발행인은 지급을 거절할 수 있다. 제3자가 기한후배서에 의하여 어음을 취득한 경우에는 지명채권양도의 효력만 있다. 따라서 제3자가 융통어음의 발행자의 직접 당사자로부터 기한후배서에 의하여 어음을 취득한 경우에는 융통자의 피융통자에 대한 항변이 취득자에게 승계되므로 융통자(발행인)는 제3취득자에 대하여 융통어음의 항변으로 대항할 수 있다.

대법원 1990. 4. 25. 선고 89다카20740 판결

지급거절증서작성 후 또는 지급거절증서작성기간 경과 후의 배서는 지명채권양도의 효력만이 있음은 어음법 제20조 제1항 단서가 규정하는 바이나, 그 취지는 위 법조 소정의 배서, 즉 기한후 배서는 배서인이 가지는 어음상의 권리를 그대로 피배서인에게 이전하여 배서인의 지위를 승계시키는 효력만이 있음을 뜻하는 것이므로, 어음채무자는 기한후 배서의 피배서인에 대하여는 그 배서의 배서인에 대한 인적 항변을 가지고 대항할 수가 있지만, 특단의 사정이 없는 한 그 배서인의 전자에 대한 항변사유를 가지고는 피배서인에게 대항할 수는 없는 것이고, 따라서 배서인이 어음취득당시 선의였기 때문에 배서인에게 대항할 수 없었던 사유에 대하여는 피배서인이 비록 어음취득당시 그 사유를 알고 있었다하여도 그것으로서 피배서인에게 대항할 수는 없다고 보아야 한다.

그런데 원심이 적법하게 확정한 바에 의하면, 원고는 1988. 6. 8. 소외 주식회사 조흥은행(이하 소외 은행이라 한다)으로부터, 피고가 같은 해 2.17. 소외 주식회사 정화엔지니어링(이하 소외 회사라 한다)에게 발행하고, 소외 회사가 지급거절증서 작성의무를 면제한 채 소외 은행에게 배서양도하여 소외은행이 그 지급기일에 지급을 위한 제시를 하였으나 지급이 거절된 만기가 같은 해 5.16.로 된 이 사건 어음을 배서양도받아 현재 이를 소지하고 있다는 것이므로, 이에 의하면, 소외 은행은 기한후 배서인이라 할 것이나, 피고 주장과 같이 소외 은행이 이 사건 어음취득당시 피고는 소외 회사의 자금융통을 위하여 위어음의 액면금과 같은 금액의 소외 회사 발행의 약속어음을 담보로 받고 이 사건 어음을 이른바 융통어음으로 발행하였고 그 후 위 담보어음이 지급거절 되었다는 사실을 알고 있었다는 점에 관하여는 아무런 주장, 입증이 없으므로, 피고는 이 사건 어음이 대가관계 없이 발행된 융통어음이고 그 담보어음이 부도가 났다는 사유를 가지고 배서인의 소외 은행에게 대항할 수가 없는 것은 명백하고, 따라서 위 소외 은행의 지위를 승계한 피배서인인 원고에 대하여서도 그 선의, 악의를 묻지 아니하고 위 사유를 가지고 대항할 수 없다고 풀이하여야 한다.

(5) 융통인의 보증책임여부

피융통자가 융통어음을 담보로 금원을 차용한 경우에 융통어음의 발행인이 어음상 책임을 질 뿐이고, 차용금에 대한 보증책임은 그에 관한 명시적 합의가 없으면, 부담하지 않는다고 본다.

2 제3자의 항변

1. 의 의

어음행위의 직접당사자 사이에서는 원인관계에 의한 인적항변으로 대항할 수 있다. 그러나 인적항변의 직접 당사자가 아닌 제3채무자는 직접 당사자간의 항변사유를 자신의 항변사유로 원용하여 채무이행을 거절할 수 없고, 또 직접 당사자가 아닌 제3취득자는 직접당사자간의 인적항변사유에 의하여 대항을 받지 아니한다. 이처럼 인적항변은 그 속성상 직접당사자가 아닌 자에게는 주장할 수 없는데, 이를 어음항변의 개별성(속인성)이라고 한다.

그러나 이 원칙만을 고수하게 되면 불공정한 결과에 이를 수 있기 때문에, 이를 시정하기 위하여 예외적으로 타인의 항변을 원용하여 대항할 수 있는 제3자의 항변이 허용된다. 제3자의 항변은 어음채무자가 다른 어음채무자의 항변사유를 원용하여 어음소지인에게 대항하는 것이다. 제3자의 항변이 어음법에 규정이 없지만 학설, 판례가 인정하고 있다. 제3자의 항변에는 후자의 항변과 전자의 항변이 있다.

2. 후자의 항변

후자의 항변은 어음채무자가 자기의 후자와 어음소지인 간의 항변사유를 원용하여 어음소지인의 청구에 대항하는 것이다. 어음소지인에 대한 배서의 원인관계가 소멸하거나 부존재한 경우, 어음소지인에 대한 배서의 원인관계가 불법이거나 위법한 경우, 어음채무자의 후자가 어음을 상환받지 아니하고 어음금을 지급한 경우 등이 해당된다.

예컨대, A가 약속어음을 B에게 발행하고, B가 C에게 배서양도하여 C가 어음을 소지하고 있는 경우, B가 C에게 원인채무를 변제하면서 어음을 회수하지 못하여 C가 어음을 소지하고 있음을 기화로 A에게 어음금을 청구하면, A는 B의 C에 대한 원인채무변제의 항변을 원용하여 C에게 대항할 수 있는바, 이를 후자(A의 후자인 B)의 항변이라고 한다.

3. 전자의 항변

전자의 항변은 어음채무자가 자기의 전자와 어음소지인 사이의 항변사유를 원용하여 어음소지인의 청구에 대항하는 것이다. 어음보증인이 피보증인의 항변사유(어음채무의 소멸, 부존재, 무효, 취소)를 원용하는 경우가 여기에 해당된다.[25] 주채무자의 어음채무가 지급으로 소멸되었거나 지급유예의 특약이 있는 경우에 소구의무자가 주채무자의 항변을 원용하는 경우에 인정될 여지가 있으나, 주채무가 지급으로 소멸하면 부종성의 원리에 의하여 소구의무도 소멸할 것이고, 또한 주채무자가 어음금을 지급할 때 대부분 어음을 회수하기 때문에 소구의무자가 주채무자의 항변을 원용하는 예는 흔하지 않다.

예컨대, A가 약속어음을 B에게 발행하고, B가 C에게 배서 양도하여 C가 어음을 소지하고 있는 경우, 만기에 C가 A에게 어음금을 청구하였으나, A가 지급거절을 하면서, 후일에 어음금을 지급할 것을 제의하자 C가 동의하였다. 그런데 C가 B에게 소구권을 행사한 경우에 B는 자기의 전자인 A의 C에 대한 지급유예의 항변으로써 지급거절을 할 수 있다.

---

25) 대법원 1988. 8. 9. 86다카1858.

4. 제3자의 항변의 근거

(1) 제3자 항변 부인론(인적항변의 개별성론)

어음행위의 당사자 간에는 원인관계에 의한 인적항변으로 대항할 수 있다. 그러나 어음행위의 당사자가 아닌 제3자는 직접 당사자 간의 인적항변을 주장할 수 없다. 이는 어음의 인적항변은 당해 어음행위자에게만 전속된 것으로서 타인이 원용할 수 없는 성질이 있기 때문이다. 따라서 전자의 항변이나 후자의 항변, 나아가 이중무권의 항변은 인정되지 아니한다.

(2) 권리남용설

어음소지인이 어음을 소지할 정당한 권한이 없고, 또 어음상 권리를 행사할 실질적 이유가 없음에도 불구하고 어음의 소지를 기화로 어음상 권리를 행사하는 행위는 권리의 남용이므로 어음채무자는 어음금을 지급할 필요가 없다. 후자의 항변의 경우에 어음소지인은 직접 당사자로부터 원인채권을 변제받았기 때문에 어음채권이 소멸하였고, 그 결과 어음을 직접 당사자에게 반환해야 하지만 반환하지 아니한 채 어음금을 청구하는 것은 권리남용으로써, 어음채무자는 자기 후자의 원인채무변제의 항변사유로써 지급을 거절할 수 있다.

대법원 1988. 8. 9. 선고 86다카1858 판결

어음발행의 원인채무가 성립하지 아니하였거나 소멸하였다는 사유는 그 어음발행인이 직접의 상대방 또는 악의의 취득자에 대하여서만 대항할 수 있는 이른바 인적항변사유로서 어음보증의 경우 어음보증인은 피보증인의 이러한 인적항변사유를 가지고 어음소지인에게 대항할 수 없는 것일 뿐만 아니라 원고가 피고의 주장과 같이 위 이수왕 또는 광명주택에게 대여하기로 약정한 금원의 전부 또는 일부의 지급을 유보하였거나 위 이수왕 등의 승낙없이 이를 위 광명그룹 소속 각 기업체가 부담할 보험료의 지급에 충당하였다는 점, 또는 원고가 위 이수왕등과의 금전소비대차계약을 해제하고 그 대여금채권을 회수하였다는 점에 관하여는 이에 부합하는 취지의 설시증거 부분은 믿지 아니하고 달리 이를 인정할 자료가 없으므로 피고의 주장은 이유가 없다고 설시하고 있다.

그러나 장래의 채부를 담보하기 위하여 발행된 어음에 발행인을 위하여 어음보증이 되어 있는 약속어음을 수취한 사람은 어음을 발행한 원인관계상의 채무가 존속되지 않기로 확정된 때에는 특별한 사정이 없는 한 그때부터는 어음발행인에 대해서 뿐만 아니라 어음보증인에 대해서도 어음상의 권리를 행사할 실질적인 이유

> 가 없어졌다 할 것이므로 어음이 자기수중에 있음을 기화로 하여 어음보증인으로부터 어음금을 받으려고 하는 것은 신의성실의 원칙에 비추어 부당한 것으로서 권리의 남용이라 할 것이고 어음보증인은 수취인에 대하여 어음금의 지급을 거절할 수 있다고 보는 것이 옳다 할 것이고 위 수취인으로부터 배서양도를 받은 어음소지인이 어음법 제17조 단서의 요건에 해당되는 때에는 어음보증인은 그러한 악의의 소지인에 대하여 권리남용의 항변으로 대항할 수 있다 할 것이므로 이러한 점 등을 고려함이 없이 어음보증인의 어음채무는 피보증인의 어음채무와는 별개 독립의 존재라는 것만을 염두에 둔 원심의 위에서 본바와 같은 판단은 옳지 못한 것이라 하겠으나 기록에 의하여 원심이 피고 주장의 위에서 본 사실관계를 인정하지 아니한 판단만은 소론의 증거관계를 고려에 넣어서 검토해 보아도 옳다고 수긍이 되므로 결국 원심의 위와 같은 법리오해는 판결에 영향을 미친 법령위반이라 볼 수 없어 이 점에 관한 논지는 이유 없다.

(3) 유인론

어음이론 중 수정창조설에 의하여 어음소지인의 권리행사를 저지하려는 것이다. 어음행위는 어음의 작성과 교부라는 2단계의 행위로 이루어지는데, 어음의 작성은 어음채무의 부담행위로서 어음행위자의 단독행위에 의하여 일방적으로 이루어지는 무인행위이고, 어음의 교부행위는 어음권리의 이전행위로서 어음행위자와 상대방 간의 계약에 의하여 이루어지는 유인행위이므로, 제3자의 항변사유가 있는 경우에는 어음소지인은 무권리자이므로 어음상 권리를 행사할 수 없다고 한다.

후자의 항변에서 A가 약속어음을 발행하여 수취인 B에세 교부하고, B가 C에게 배서 양도하여 C가 어음을 소지하고 있는 경우, B가 C에게 어음을 교부하는 행위는 유인행위인데 B와 C 사이에 원인관계가 소멸하면 어음상 권리는 B에게 복귀되고 C는 무권리자이므로 A는 무권리 항변으로써 C에게 대항할 수 있다고 한다.[26)]

(4) 소 결

인적항변 개별성론에 의하여 제3자의 항변을 부인하는 것은 어음을 소지할 권원이 없는 실질적인 무권리자를 보호하는 부당한 결과에 이르므로 타당하지 않다. 한편 무인성을 기초로 하는 어음행위의 해석을 유인론으로 접근하는 것은 타당하지 아니할 뿐 아니라, 하나의 어음행위를 어음채무의 부담과 어음채권의 이전으로

26) 정찬형(어), 639면.

구분하는 것도 무리이다. 어음상 권리를 보호받을 경제적 이익이 없는 자에게 인적항변절단의 이익을 누리게 할 필요가 없으며, 어음금 청구권이 없는 자의 청구는 신의성실원칙의 위반 및 권리남용에 해당된다고 본다.[27]

3 이중무권의 항변

어음거래가 A · B · C 사이에 연속된 경우 A · B 간의 어음거래의 원인관계가 소멸되었고, B · C 사이의 어음거래의 원인도 소멸된 경우, C가 A에게 어음금지급을 청구한 경우에 A는 자신의 항변으로 C에게 대항할 수 있는데, 이를 이중무권의 항변이라고 한다.[28] 즉 어음소지인(C)과 그 전자(B) 사이의 원인관계, 및 그 전자(B)와 그 전전자(어음채무자 A) 사이의 원인관계가 모두 흠결되어 있는 경우(무효 또는 취소, 소멸 등), 어음채무자인 전전자(A)는 A와 B 사이의 원인관계의 흠결과 B와 C 사이의 원인관계의 흠결, 즉 원인관계의 2중적 흠결을 자신의 항변사유로 주장하여 어음소지인(C)의 청구에 대항할 수 있다.

이중무권의 항변은 어음채무자(A)가 자신과 피배서인(B)간의 원인관계의 소멸이라는 자신의 항변을 주장하는 면에서는 악의의 항변(어 17조)과 유사하지만 어음소지인(C)이 악의이기 때문에 대항할 수 있다는 것이 아니라 그에게 독립한 경제적 이익이 없기 때문에 대항할 수 있다고 하는 점에서 악의의 항변과 다르다.

또 이중무권의 항변이 어음소지인(C)과 그 배서인(B)간의 원인관계가 소멸되어 어음소지인(C)이 독립한 경제적 이익이 없다는 점에서는 후자의 항변과 유사하지만, 어음소지인(C)이 어음을 보유할 정당한 이익, 즉 어음에 관한 독립한 경제적 이익이 없다는 어음채무자(A) 자신이 갖고 있는 항변으로 대항한다는 점에서 후자(B)의 항변과도 다르다. 한편 이중무권 항변이 어음소지인(C) 자신의 사유에 의한 항변이라는 점에서 무권리의 항변과 비슷하지만, 무권리의 항변은 어음소지인이 어음상 무권리자라는 항변인데 비하여, 이중무권의 항변은 어음소지인이 원인관계의 소멸로 어음을 소지할 정당한 이익이 없다는 항변인 점에서 차이가 있다.[29]

예컨대, C가 B에게 제품공급계약을 체결하여 제품을 공급하고 B가 이 제품을 A에게 공급하는 관계에서, A는 B에게 약속어음을 발행하여 대금으로 결제하고, B

---

27) 최준선(어), 196면 ; 정찬형(어), 640면 ; 정동윤(어), 248면.
28) 정동윤(어), 248면 ; 최준선(어), 196면.
29) 정찬형(어), 643면.

는 동 어음에 배서하여 대금조로 C에게 교부하였는데, 그 이후에 제품의 중대한 하자가 발견되어 A와 B 간의 계약과 B와 C 간의 계약이 모두 해제되고, 제품은 A로부터 B에게로, B로부터 C에게 반환되었다. 그런데 C가 소지하고 있던 어음으로 발행인 A에게 어음금청구를 하는 경우, A는 자신과 B 사이의 계약해제와 B와 C 간의 계약해제의 사유를 자신의 항변으로 주장하여 지급을 거절할 수 있다. 이중무권의 항변이 인정되지 않으면, A는 C의 청구에 응하여 어음금을 지급한 다음 B에게 부당이득반환청구를 하고, B는 C에게 부당이득반환청구를 하는 번거로움이 발생하므로, 이러한 불합리를 시정하기 위하여 이중무권의 항변을 인정할 실익이 있다.

대법원 2003. 1. 10. 선고 2002다46508 판결

어음에 의하여 청구를 받은 자는 종전의 소지인에 대한 인적 관계로 인한 항변으로써 소지인에게 대항하지 못하는 것이 원칙이지만, 이와 같이 인적항변을 제한하는 법의 취지는 어음거래의 안전을 위하여 어음취득자의 이익을 보호하기 위한 것이므로 자기에 대한 배서의 원인관계가 흠결됨으로써 어음소지인이 그 어음을 소지할 정당한 권원이 없어지고 어음금의 지급을 구할 경제적 이익이 없게 된 경우에는 인적항변 절단의 이익을 향유할 지위에 있지 아니하다고 보아야 할 것이다. 따라서 피고가 조길석에게 이 사건 어음금을 모두 지급하고 조길석이 원고에게 이 사건 어음금 중 292,368,410원을 지급한 이상, 원고는 배서인인 조길석과 사이에서 소멸된 292,368,410원 부분에 대하여는 그 어음금의 지급을 구할 경제적 이익이 없게 되어 인적항변 절단의 이익을 향유할 지위에 있지 아니하므로, 이 사건 각 어음의 발행인인 피고는 위 범위 내에서 조길석에 대한 위 인적항변으로써 소지인인 원고에게 대항하여 그 부분 어음금의 지급을 거절할 수 있다. 그러므로 원심의 판시에 미흡한 점이 있기는 하지만 이와 같은 취지에서 피고의 위 주장의 일부를 받아들인 조치는 정당하고, 거기에 원고의 상고이유에서 주장하는 바와 같이 어음행위의 무인성 및 어음항변에 관한 법리를 오해하고 판단을 유탈하였거나, 피고의 상고이유에서 주장하는 바와 같은 이유모순 또는 이유불비의 위법이 있다고 할 수 없다.

3편

어음법 각론

제 1 장 환어음의 발행

제1절 발행의 의의와 성질

1 의 의

환어음의 발행(issue, Ausstellung)은 환어음으로서의 어음요건을 갖춘 증권을 작성하여 수취인에게 교부하는 어음행위이다. 증권의 작성은 어음에 필요적 기재사항(어음요건)을 기재하고 발행인이 기명날인 또는 서명을 하는 것을 말하고, 어음이론에서 교부계약설이나 권리외관설에 의하면 작성된 어음을 수취인에게 교부하여야 어음행위가 성립한다고 한다. 환어음과 수표의 발행은 지급을 위탁하기 위한 것이며, 발행인은 법 규정에 의하여 담보책임을 부담한다. 약속어음의 발행은 어음금의 지급을 약속하는 것으로서 발행인은 주채무자로서 책임을 부담한다.

2 법적 성질

환어음은 발행인이 지급인에게 일정한 금액을 지급할 뜻의 무조건 '위탁'이 필요한데, 위탁의 의미에 관하여 학설이 갈린다.

1. 이중수권설(지급지시설)

환어음의 발행은 발행인이 지급인에 대하여 지급인 명의로 발행인의 계산으로 어음금액을 지급할 권한을 수여함과 동시에 수취인에 대하여 수취인 자신의 명의로 발행인의 계산으로 어음금액을 수령할 권한을 주는 이중수권이라고 보는 통설의 견해이다.[1)]

---

1) 최기원(어), 278면 ; 손주찬(하), 221면 ; 서돈각 · 정완용(하), 180면 ; 최준선(어), 242-243면 ; 정찬형

2. 수령권한수여설

환어음의 발행은 발행인이 수취인에 대하여, 인수 전에는 인수를 조건으로 지급인에 대한 지급청구권을 수여하고, 인수거절 또는 지급거절의 경우에는 자기에 대한 상환청구권을 수여하는 의사표시라고 설명한다. 환어음의 발행을 발행인과 수취인 사이의 관계만으로 파악하여 지급인으로부터 어음금을 수령할 권한을 수취인에게 수여하는 행위로 본다. 따라서 지급인이 발행인의 계산으로 어음금액을 지급할 권한은 발행인과 지급인 사이의 인적관계에 불과하므로 어음에 표창될 성질이 아니라고 한다.[2)]

수령권한수여설은 다음과 같이 이중수권설을 비판한다. 발행인과 지급인 간의 채권 · 채무는 어음관계 외의 자금관계에서 발생하므로 어음 문언에서 결정될 내용이 아니고, 또 발행인과 지급인이 자금관계에 대한 합의가 없더라도 어음의 발행에 장애가 되지 않는다. 즉, 자금관계 없는 상태에서의 어음발행의 경우에, 발행인이 지급인에 대하여 지급권한의 수여하는 것으로 보기 곤란하고, 발행인이 수취인에게 수취인의 명의로 어음금을 수령할 권한을 수여한다고 설명하지만 수취인이 자기 이름으로 청구하고 지급받은 어음금을 자신이 소유한다면 이를 '수권'이라고 할 수 없다고 비판한다.[3)]

3. 소 결

환어음의 지급인이 지급의 효과를 발행인의 계산으로 돌릴 수 있는 것은 발행인과 지급인 간의 자금관계 때문이 아니라, 환어음이 지급위탁증권이기 때문이다. 따라서 환어음의 발행인이 수취인에 대하여 어음금수령권한을 수여함과 동시에 지급인에 대하여 어음금 지급권한을 수여한다고 보는 이중수권설이 타당하다.[4)]

(어), 372면.

2) 강위두(어), 276면 ; 정희철(하), 126-127면.

3) 이철송(어), 213면.

4) 정동윤(어), 349면.

3 환어음 발행의 효력

1. 본질적 효력(의사표시상 효력)

이중수권설에 의하면 환어음이 발행되면 수취인은 자기의 명의로 발행인의 계산으로 어음금을 수령할 권한을 취득하고, 지급인은 자기 명의로 발행인의 계산으로 지급할 권한을 취득한다. 다만 지급인은 인수를 한 경우에 한하여 지급의무를 부담하고, 인수 전까지는 인수를 조건으로 하는 가정적 채무자이다. 그리고 지급인이 그 권한에 의하여 지급을 하였을 때는 발행인의 계산으로 귀속시킬 수 있다. 위의 환어음발행의 본질적 효력은 발행인의 의사표시상 효력이다.

2. 부수적 효력(법률상 효력)

환어음의 발행인은 어음 발행으로 인하여 부담하는 법적의무가 있다. 환어음 발행인은 인수나 지급이 거절된 때에는 어음의 인수와 지급을 담보한다(어 9조 1항). 다만 인수담보를 하지 않을 수 있으나 지급담보를 면할 수는 없는데(어 9조 2항), 그 이유는 환어음의 발행이 발행인의 신용으로 이루어지며, 그가 최종적인 소구의무자이기 때문이다.

인수담보책임과 지급담보책임이 의사표시상 효력인지 아니면 법률상 의무인지에 관하여 보건대 환어음의 발행인이 단순하게 지급을 위탁하는 것일 뿐, 자기 스스로 지급의무를 부담하겠다는 의사를 표시하였다고 보기는 곤란하다. 따라서 지급이 거절된 경우에 어음의 유통성을 보호하기 위하여 발행인에게 지급책임을 부담하도록 법이 특별히 인정한 의무라고 본다.[5] 그 밖에도 발행인은 복본교부의무(어 64조)와 이득상환의무(어 79조)를 부담한다.

3. 지급위탁의 철회(지급지시의 취소)

어음법에 규정이 없지만 환어음의 발행의 본질은 지급지시이기 때문에, 지급인이 인수 또는 지급을 하기 전에는 지시인이 지급인에 대하여 어음 외의 의사표시로 지급위탁을 철회할 수 있다.[6] 지급위탁을 철회하면 지급인은 발행인의 계산으

5) 최준선(어), 269면 ; 정찬형(어), 374면.

로 지급을 할 수 없고, 지급인이 지급철회를 이유로 지급을 하지 아니한 때에는 발행인이 상환의무를 부담한다. 수표는 지급제시기간 경과 전에는 지급위탁취소를 할 수 없다(수 32조).

제2절 어음의 기재사항

1 총 설

어음관계는 기본적 어음행위인 발행에 의하여 작성된 어음을 기초로 하여 전개되며, 기본어음의 내용과 범위는 어음의 기재사항에 의하여 결정된다. 어음증권의 기재방법, 재료 등에는 제한이 없으므로 법정요건을 갖춘 의사표시가 나타나면 충분하고, 종이가 아닌 목판이나 천을 사용하여도 무방하나 편의상 부동문자로 인쇄된 어음용지가 이용되고, 은행도어음은 어음교환시 전자시스템에 의하여 일괄결제되어야 하므로 컴퓨터 인식이 가능한 한국조폐공사의 통일된 용지가 사용된다.

어음을 발행할 때 반드시 기재되어야만 어음의 효력이 발생하는 사항을 필요적 기재사항(어음요건)이라고 한다. 어음요건은 하나라도 빠지면 어음법 규정에 의하여 구제되는 경우를 제외하고 원칙적으로 무효이므로, 어음요건의 흠결은 모든 사람에게 대항할 수 있는 물적항변사유이다.[7] 어음의 기재사항에는 어음요건 외에도 어음에 기재함으로써 어음상 효력이 발생하는 유익적 기재사항, 어음에 기재되더라도 어음상 효력이 없는 무익적 기재사항, 어음에 기재되면 어음 자체를 무효로 하는 유해적 기재사항이 있다.

---

6) 정동윤(어), 351면 ; 최준선(어), 269면 ; 정찬형(어), 374-375면.

7) 대법원 1967. 9. 5. 67다1471.

2 어음요건(필요적 기재사항)

1. 어음문구

어음에는 증권의 본문 중에 그 증권의 작성에 사용되는 국어로 환어음을 표시하는 문자를 기재하여야 한다(어 1조 1호). 증권의 본문이란 지급위탁문구를 의미하는바, 지급위탁문구에 사용되는 국어로 '환어음'을 표시하는 문자를 기재하여야 한다. 환어음을 표시하는 문자란 '환어음', '환어음증권', '환어음증서', 'bill of exchange' 등 환어음의 뜻이 담겨진 문언을 의미한다. 수개 국어를 혼용하여 기재한 경우에는 지급위탁문구에 사용된 국어로 어음문구를 기재하여야 한다. 어음문구는 어음의 윗부분에 기재되어야 할 뿐만 아니라 증권본문에도 기재되어야 한다.

2. 일정금액의 무조건 지급위탁

환어음에는 '일정한 금액을 지급할 뜻을 무조건으로 위탁하는 뜻'이 기재되어야 한다(어 1조 2호).

(1) 일정한 어음금액

일정한 금액을 기재하여야 하므로 어음은 금전채권만을 표창할 수 있고, 일정금액이 아닌 '쌀 100가마'처럼 물건지급을 목적으로 하는 어음은 무효이다.[8] 금액이 표시되면 충분하므로 강제통용력이 있는 법화가 아닌 거래상 화폐역할을 하는 것이라도 무방하다.[9] 외국통화(어 41조)나 유통되는 화폐형태를 갖지 않고 거래상 가치척도를 나타내는 계산통화(IMF 협정에 의한 SDR)도 유효하다.

또 '일정한' 금액이어야 하므로 상한이나 하한을 정한 기재(100만원 이하), 선택적 기재(100만원 또는 200만원), 부동적 기재(만기 당시 미화 100달러 상당의 한국화폐) 등은 부적법하다. 금액은 문자든 아라비아 숫자든 상관이 없으나, 문자와 숫자로 기재된 금액이 서로 다를 때는 문자가 우선하고(어 6조 1항), 문자와 문자, 숫자와 숫자로 기재한 금액이 다른 경우에는 작은 금액을 어음금액으로 본다(어 6조 2항). 문

8) 대법원 1964. 8. 31. 63다969.

9) 최준선(어), 244면 ; 정찬형(어), 382면 ; 조선고등법원 1926. 9. 3 판결, 민집 13권, 221면. 한편 강제통용력이 있는 법화에 한정되므로 발행당시 통용력이 없는 구화폐는 물품어음으로서 효력이 없다는 견해가 있다(이철송(어), 216면).

자와 문자, 숫자와 숫자가 100원과 100엔처럼 화폐의 종류가 다르면 무효로 보아야 할 것이다.[10)]

一, 二, 三은 숫자로 보고, 壹, 貳, 參은 문자로 본다. 금액의 기재는 어음용지 어느 곳에나 할 수 있지만, 소정의 금액란을 비워둔 채 다른 곳에 기재한 경우에는 그 금액은 백지보충권을 행사할 수 있는 상한금액으로 해석한다. 실무에서 당좌예금거래약관 또는 입출금이 자유로운 예금약관에서 금액이 상이한 경우 '어음용지상의 주금액난에 기재된 금액을 어음금액으로 본다'라고 정하고 있다. 또 어음금액은 원칙적으로 단일하여야 하므로 원금과 이자를 분리한 기재(원금 100만원+연 10% 이자)는 허용되지 않고, 이와 같이 이자약정을 기재하더라도 이자를 약정하지 아니한 것으로 본다(어 5조 1항 2문). 다만 일람출급어음이나 일람후정기출급어음은 이자가 붙는다는 약정을 기재할 수 있으므로, 이율을 기재하여야 이자를 지급받을 수 있다.

(2) 무조건의 지급위탁

환어음은 지급위탁어음이므로 반드시 지급위탁문구가 기재되어야 한다. 통상 '위 금액을 이 환어음과 상환하여 갑 또는 그가 지시하는 자에게 지급하여 주십시오'라고 기재한다. 그리고 지급위탁은 무조건이어야 하므로 지급방법 · 시기 · 자금 등에 조건이나 제한이 있어서는 안 된다. 여기의 조건이란 민법 제147조의 조건에 한정되지 않고 지급의 단순성을 해치는 모든 제약을 의미한다.[11)]

따라서 '구입상품에 하자가 없는 경우에 지급함'이라든가 '만기에 본인이 생존한 경우에 지급함'과 같은 조건은 기재할 수 없다. '만원권으로 지급함'처럼 지급방법을 제한하여서도 안 된다. 그런데 부전지에 지급조건이 기재된 경우에는 어음자체를 무효로 하지 않고 부전지만을 무효로 보는 견해[12)]도 있으나, 어음의 무조건성에 충실하게 무효어음으로 보아야 할 것이다.

---

10) 최준선(어), 245면.

11) 이철송(어), 217면.

12) 정찬형(어), 384면(부전지에 할 수 있는 어음행위는 배서와 보증처럼 법이 명문으로 규정하고 있는 바, 발행은 그러한 규정이 없기 때문에 보전에 한 발행행위 및 이와 동시에 할 수 있는 지급조건의 기재는 그 부전에 기재한 것만 무효라고 보아야 한다).

대법원 1971. 4. 20. 선고 71다418 판결

약속어음은 발행인이 수취인에 대하여 어음금액을 지급할 것을 약속하는 유가증권이므로 그 지급약속문언은 단순하여야 하며, 이에 지급에 관한 어떠한 조건을 붙이거나 그로써 지급방법을 제한하였을 때에는 그 어음자체를 무효한 것이라고 할 것이고, 일방 약속어음에 결합된 부전은 법률상 그 어음면의 연장으로서의 취급을 받는 지편이니 만큼, 이에 기재된 지급의 조건에 관한 문언도 그 어음의 발행을 무효로 하는 것이라고 할 것이다(대법원 1994. 6. 14. 선고 94다6598 판결)

3. 지급인의 명칭

지급인은 어음금액을 지급할 자로서 지급위탁증권인 환어음과 수표에서 필수적 기재사항이다. 지급약속증권인 약속어음에는 지급인은 필요하지 않다. 지급인은 어음용지에 존재하면 어음의 형식적 완전성이 충족되므로 지급인이 사자(死者)이거나 허무인(虛無人)이라도 유효하며, 이 경우에는 발행인이 최종적으로 담보책임을 부담하게 된다. 권리능력 없는 사단이더라도 지급능력이 있을 수 있으므로 지급인의 명칭으로 기재될 수 있는데, 이 경우에 법인격 없는 사단 자체는 지급권한이 없으므로 그 구성원이 준총유 내지는 준합유적으로 지급할 권한이 있다고 보는 견해[13]와 권리능력 없는 사단도 지급능력이 있으며 지급인이 반드시 인수를 하여야 하는 것도 아니므로 지급인으로서 적격성이 있다는 견해[14]가 대립하고 있으나, 권리능력 없는 사단도 지급인으로서 적격성이 있다고 본다.

지급인의 명칭을 표시하는 방법으로 자연인은 성명 외에도 통칭 · 아호 · 예명 등 동일성을 인식할 수 있으면 되고 법인은 법인명이 기재되면 대표자 또는 대리인의 성명이나 대리관계의 표시 등은 없어도 무방하다. 지급인을 중첩적으로 기재(갑과 을)한 경우에는 지급인 모두에게 지급제시하고 모두로부터 지급거절이 된 때에 소구권이 발생하며, 인수제시는 지급인 중 한사람에게만 하면 충분하고, 인수제시를 받은 사람이 인수거절을 하면 소구권이 발생한다고 본다.

지급인을 예비적으로 기재(제1지급인 갑, 제2지급인 을)한 경우에는 제1지급인은 지급인, 제2지급인은 예비지급인으로 보아 유효하다고 본다. 지급인을 선택적으로

13) 정찬형(어), 385면 ; 정동윤(어), 359-360면.
14) 이철송(어), 219면.

기재(갑 또는 을)한 경우에는 지급인이 특정되지 않으므로 무효라고 보는 것이 타당하다. 이에 대하여 지급인 중 어느 한사람에게 인수제시나 지급제시를 할 때 거절을 당하면 발행인이 상환의무를 부담하겠다는 의사를 표시한 것으로 보아서 무효가 아니라는 견해[15]도 있다.

어음관계의 당사자는 형식적·추상적 개념이므로 당자사 자격의 겸병이 허용되는바, 발행인이 지급인이 되는 '자기앞 환어음(어 3조 2항)'은 발행인(금융기관)이 두 개 이상의 영업소나 거소를 갖고 있고 발행지와 다른 곳에 있는 영업소나 거소에서 지급할 때 유용하다. 그리고 발행인이 수취인이 되는 자기지시환어음이나 발행인, 지급인, 수취인이 동일한 단명어음도 허용된다.

4. 만기의 표시

(1) 만기의 의미

만기는 어음금이 '지급되어야 할 날'로서 어음면에 기재된 날이며, '지급기일'이라고도 한다. '지급을 할 날'(어 38조 1항, 어 44조 3항)은 법률상 지급제시가 가능한 최초의 날이므로 만기가 법정휴일인 경우에는 그에 이은 제1거래일이 '지급을 할 날'이므로 만기와 다르고, '지급의 날'(어 41조 1항)은 지급제시기간 중 실제로 지급된 날을 의미하므로, 어음소지인이 법정휴일인 제헌절(7월 17일)이 만기인 경우에 그 다음날인 7월 18일 지급제시를 하고, 지급인이 7월 19일 지급하였다면, 만기는 7월 17일이고, '지급을 할 날'은 7월 18일이며, '지급의 날'은 7월 19일이다.

어음 면에 '지급일', '지급기일', '지급의 날', '지급할 날' 등으로 표시되어 있더라도 모두 만기로 해석해야 한다. 한편 만기와 관련하여 지급준비를 위한 기간(은혜일)은 허용되지 않는데, 그 이유는 만기의 명확성을 해치지 않기 위해서이다. 다만 1일간의 고려기간은 어음금을 준비하기 위하여 허용된다(어 24조 1항).

(2) 만기의 요건

만기는 단일하고 확정될 수 있어야 하며, 가능하여야 한다. 만기의 단일성에 어긋나는 분할 출급어음(100만원 중 70만원은 5월 1일, 30만원은 5월 15일 지급)은 무효이다(어 33조 2항). 만기는 어음소지인이 지급제시를 할 수 있는 날이고, 지급제시

15) 이철송(어), 220면.

를 하여야만 소구권이 보전되므로 객관적으로 확정되어야 하는바, 예컨대 '2009년 가을'이나 '2009. 3. 1. 또는 4월 1일'은 무효이다. 다만 '2009년 제헌절'처럼 특정할 수 있으면 무방하다. '5월 1일'로 기재된 것은 해당년도를 특정할 수 없으므로 무효이나, 발행일 등으로 연도를 추정할 수 있으면 유효하다고 본다.[16] 원인관계 등 어음 외적요건을 고려해야만 어음의 만기가 확정될 수 있는 것은 확정된다고 볼 수 없다.[17]

만기는 가능한 날이어야 하므로 세력에 존재하는 날이어야 하는데, 만일 세력에 없는 날인 '2월 30일'이나 '11월 31일'이 만기로 기재된 경우에는 '2월 말일'이나 '11월 30일'을 만기로 보아서 유효하다고 보는 것이 통설과 판례[18]의 입장이다. 또 발행일 전의 선일자를 만기로 하는 어음은 어음의 문언성에 반하기 때문에 무효로 보는 것이 통설과 판례[19]이지만, 만기가 흠결된 어음(어 2조 2항)으로 보아 일람출급어음으로서 유효하다는 견해[20]도 있다.

대법원 1997. 5. 7. 선고 97다4517 판결

원심은 소외 우성특수조경 주식회사(이하 소외 회사라 한다)가 원고에게 공사대금조로 발행 · 교부한 어음이 부도되자 소외 회사의 이사인 피고는 1992. 9. 24. 원고에게 미변제된 부도어음금 35,550,000원을 액면으로 하고, 발행일 1992. 9. 24. 발행지 및 지급지 각 서울, 지급기일 '용마산현장 준공 후'라고 기재한 약속어음을 발행한 사실을 인정한 다음, 약속어음은 유통증권, 문언증권으로서 어음법이 요구하는 만기 등 어음요건의 구비는 원칙적으로 어음문면 그 자체에 의하여 판단할 것이지 원인관계상의 사정을 고려하여서는 아니된다고 할 것이므로 이 사건 어음의 위 지급기일은 부적법하므로 이 사건 어음은 무효라고 판단하고 있는바, 기록을 살펴보면 원심의 이러한 사실인정은 정당하고 그 판단도 위 법리에 따른 것으로 정당하고 거기에 소론 주장과 같은 채증법칙 위배, 사실오인의 위법이 있다고 할 수 없다

16) 이철송(어), 221면.
17) 이철송(어), 221면 ; 정동윤(어), 371면 ; 대법원 1997. 5. 7. 97다4517.
18) 대법원 1981. 7. 28. 80다1295.
19) 대법원 2000. 4. 25. 98다59682.
20) 이철송(어), 221면.

(3) 만기의 종류

어음법은 일람출급, 일람후 정기출급, 발행일자후정기출급, 확정일출급의 4종류의 만기만을 인정하고, 그 외의 만기는 환어음을 무효로 한다(어 33조1항 · 2항).

1) 확정일출급

확정된 날(2009. 3. 1)을 만기로 하는 어음으로서 어음거래실무에서 대부분 이 방식이 사용된다. 연월일로 표시하는 것이 보통이지만, '2009년 추석'이나 '2009년 7월 말'처럼 만기를 확정할 수 있으면 적법한 기재로 보며, 만기가 '월일'만 기재되어 있고 '년'이 없는 경우에도 어음상 다른 기재로부터 연도를 추정할 수 있으면 유효한 기재로 보고, 반대로 연도만 기재되어 있고 월일의 기재가 없으면 백지어음으로 볼 수 있다. 월초, 월중, 월말을 만기로 표시한 경우에는 그 달의 1일, 15일, 말일로 보고(어 36조 3항), 발행지와 지급지의 세력이 다르면 지급지의 세력에 의한다(어 37조 1항).

2) 발행일자후정기출급

발행일자로부터 일정기간이 경과된 날(발행일로부터 3개월)을 만기로 하는 어음으로서(어 33조 1항 3호), 지급인에게 자금을 준비하는 기간을 주기 위하여 사용된다. 기간이 날(日)로 정해진 때에는 초일을 불산입하고(발행일(4월 15일)로부터 10일 후이면 4월 25일이 만기임), 기간 중 법정휴일은 산입한다. 기간이 월로 정한 경우에는 해당되는 달의 발행일의 대응일을 만기로 하고, 대응일이 없는 경우에는 그달의 말일을 만기로 한다(어 36조 1항)[발행일(1월 31일)부터 '3달 후'이면 만기는 4월 30일임].

기간을 '半月'로 정한 때에는 '만 15일'을 의미하고(어 36조 5항), '1월 반'으로 정한 때에는 먼저 월을 계산하고 15일을 가산하며(어 36조 2항)[만기일(4월 10일)에서 '1월 반'으로 하면 5월 25일이 된다], '8일' 또는 '15일'이라 함은 '만 8일' 또는 '만 15일'을 의미한다(어 36조 4항). 세력이 다른 두 地 간에 발행한 발행일자 후 정기출급 환어음은 어음의 문언 또는 증권의 기타 기재에 의하여 다른 의사를 확정할 수 없는 한, 발행일을 지급지 세력의 대응일로 환산하고 이에 따라 만기를 정한다(어 37조 2항 · 4항).

3) 일람출급

어음소지인이 지급을 위하여 어음을 제시한 날이 만기이며(어 34조 1항 1문), '일람즉시' 또는 '제시 즉시 지급함' 등으로 표시한다. 일람출급어음은 소지인의 의사에 의하여 만기가 정해지므로 신용창조기능의 역할을 수행하기 어렵고, 한편 어음소지인이 장기간 지급제시를 하지 않으면 어음관계의 미확정상태가 지속되므로 어음관계의 신속한 종료를 위하여 제시기간을 발행일자부터 1년 내로 제한하되(어 34조 1항 2문), 예외적으로 발행인은 이 기간을 단축하거나 연장할 수 있으며, 배서인은 단축만 할 수 있도록 하였다(어 34조 1항 3문). 배서인에게는 기간연장을 허용하지 않는데, 만일 배서인에게 기간연장을 허용하면 다른 어음채무자와 관계에서 소구권의 소멸시기에 대하여 혼란이 발생하기 때문이다.

발행인이 단축하거나 연장하여 기재한 제시기간은 모든 어음당사자에게 효력이 있으므로, 어음소지인이 이 기간 내에 제시하지 아니하면 모든 어음채무자에 대하여 소구권을 상실한다. 배서인이 기재한 제시기간은 당해 배서인만 원용할 수 있으므로(어 53조 3항), 어음소지인이 이 기간을 경과하였을 때에는 그 배서인에 대하여만 소구권을 잃고, 그 밖의 다른 채무자(전, 후의 배서인 포함)에 대하여는 원래의 제시기간(1년)이나 발행인이 정한 제시기간 내에 제시하면 소구권을 행사할 수 있다.

한편 발행인은 일정한 기일까지 지급제시를 금지할 수 있는데, 이때 지급제시기간은 그 기일부터 개시한다(어 34조 2항). 예컨대, 2009년 5월 10일 일람출급어음을 발행하면서 '2009년 8월 15일까지 제시금지'라고 기재하면, 2009년 8월 16일부터 어음제시기간이 개시된다. 제시금지기간에 지급제시를 하더라도 적법한 제시가 아니므로 지급이 거절되더라도 소구권이 발생하지 않는다.

4) 일람후정기출급

어음을 일람 후 일정기간이 경과한 날을 만기로 하는 방식으로서(어 33조 1항 2호), 예를 들어 '일람후 3월' 또는 '제시후 3월이 경과한 후에 지급함' 등으로 표시한다. 환어음에서의 일람(제시)은 '인수제시'를 의미한다. 따라서 일람후정기출급어음은 일람까지의 기간, 즉 인수제시기간과 그로부터 일정기간이 경과해야 만기가 된다. 그런데 지급인이 제시를 받고 인수거절을 하는 경우에는 거절한 때부터 일정기간이 경과한 후에 만기가 되지만, 소지인은 만기가 도래하지 않더라도 즉시 소구권을 행사할 수 있다.

일람후 정기출급환어음도 일람출급환어음처럼 소지인이 만기를 결정하는데, 장기간 어음관계를 불확정상태로 방치하는 것은 바람직하지 않으므로 발행일부터 1년 내에 인수제시를 하도록 규정하고 있고(어 23조 1항), 발행인은 이 기간을 연장하거나 단축할 수 있으나, 배서인은 단축만 할 수 있도록 하였다(어 23조 2항 · 3항).

일람후의 기간의 계산은 (i) 지급인이 인수를 하고, 인수일자를 기재한 경우에는 그 인수일자를 기준으로 하고(어 35조 1항 전단), 수인의 인수인이 서로 다른 인수일자를 기재한 때에는 가장 빨리 도래하는 일자를 기준으로 한다. (ii) 인수일자를 기재하지 않고 인수한 때에는 거절증서작성면제가 아니어서 인수일자거절증서를 작성한 경우에는 그 인수일자 거절증서의 일자를 기준으로 하고(어 35조 1항 전단), (iii) 인수거절의 경우에는 인수거절증서의 일자(어 35조 1항 후단), 거절증서의 작성이 면제된 경우에는 인수를 하고 일자를 기재하지 아니한 때에는 인수인에 대한 관계에 있어서는 제시기간의 말일을 초일로 하여 일람 후의 기일을 계산하여 만기를 정한다(어 35조 2항).[21]

약속어음에는 인수제시가 없으므로 '제시'는 발행인에게 지급을 준비하라는 의미에서 어음을 보여주는 것을 의미하지만, 실질적으로는 만기를 결정하는 기준이다. 따라서 약속어음의 발행인이 약속어음에 제시하였다는(일람한) 뜻을 기재하고, 그 일자를 부기하여 기명날인한 날로부터 기간이 경과하는 것으로 한다(어 78조 2항). 발행인이 일람의 뜻과 일자의 기재를 거절하면 거절증서를 작성하여 이를 증명하여야 하고 그 일자를 초일로 하여 기간을 진행시킨다(어 78조 2항). 약속어음의 제시기간이 1년이지만 이 기간은 소구권을 보전하기 위하여 필요한 것이므로, 이 기간이 경과되더라도 소멸시효가 완성되기까지는 소지인은 발행인에 대하여 어음금 청구권이 있다.

5. 지급지

지급지(place of payment)란 어음금액이 지급될 일정한 지역이다. 어음소지인은 지급지에서 인수인(지급인)에게 지급제시를 하여야 하고, 그는 지급지에서 지급채무를 이행하여야 하며, 지급지의 법원이 어음소송의 특별재판적이 되므로(민소 9조), 어음법은 지급지를 어음요건으로 규정하고 있다(어 1조 5호).

지급장소(어 4조, 27조 2항)는 지급지 내에 있는 지급이 실제로 이루어질 장소로서 지급지와 구별된다. 지급지(서울) 외에 장소를 지급장소(국민은행 부산해운대지점)로 기재한 경우에는 지급장소는 무효이지만, 지급장소가 어음요건이 아니므로 이 어음은 유효하다.

지급지의 표시는 독립한 최소행정구역을 기재하면 되지만, 최소독립행정구역이

21) 최준선(어), 251면 ; 최기원(어), 303면.

아니더라도 사회적으로 통용되는 일정한 지역의 명칭을 기재하면 된다. 서울특별시는 '서울'로 기재하면 되고 동 · 리 · 지번까지의 기재는 필요 없다.[22] 그러나 '영서지방'처럼 지나치게 광범위한 지역의 기재나 실존하지 아니한 지명의 기재는 무효이다. 또 지급지는 단일하고 확정되어야 하므로, 지급지의 선택적 기재나 중첩적 기재는 소지인의 권리행사를 곤란하게 하고 지급제시와 변제 제공 등에서 혼란이 생기므로 무효라고 본다. '국민은행 본점'처럼 그 소재를 일반 공중이 알 수 있는 경우에는 유효하지만, '삼진기계'처럼 무명 사업체의 상호표기는 지급지의 장소적 개념이 표시된 것으로 볼 수 없다.[23]

한편 지급지와 지급인의 주소가 같은 어음을 동지출급(同地出給)어음, 서로 다른 어음을 타지출급(他地出給)어음이라고 하는데, 타지출급어음은 발행인이 지급지 내의 지급담당자(지급장소)를 기재하는 경우가 보통이지만, 이를 기재하지 아니한 경우에는 지급인이 인수를 할 때 이를 기재할 수 있다(제3자방지급의 기재)(어 27조 1항 1문). 그래서 타지출급어음에서는 지급인에게 지급담당자를 기재할 기회를 주어야 하므로 발행인은 인수제시를 금지할 수 없다(어 22조 2항 단서). 만일 발행인이나 지급인이 지급지 내에 지급담당자를 기재하지 아니한 경우에는 인수인은 지급지에서 직접 지급할 의무를 부담한다(어 27조 1항 2문).

지급지와 발행지가 동일한 어음을 동지(同地)어음, 다른 어음을 타지(他地)어음이라고 하는데 구별의 실익은 없다. 지급지의 기재는 지급제시기간 중에만 의미가 있다. 지급이 거절되거나 제시기간경과 후에 주채무자에게 어음금을 청구할 때에는 각 채무자의 주소에서 청구하여야 하므로 지급지는 의미가 없다. 지급지가 흠결된 경우에는 지급인의 명칭을 부기한 지(地)가 지급지이고, 지급인의 주소지로 본다(어 2조 3항). 법 규정은 없지만 지급장소의 기재는 있으나 지급지의 기재가 없는 경우에는 지급장소를 지급지로 볼 수 있을 것이다.[24]

---

22) 대법원 1981. 12. 8. 80다863.

23) 대법원 1991. 7. 23. 91다8975(이 사건 약속어음의 발행지 및 지급지란에 기재된 "삼진기계"라는 업체의 상호표시만으로는 어음법상 요구되는 발행지와 지급지의 장소적 개념이 표현된 것이라고 할 수 없으므로 어음의 필요적 기재요건을 갖추었다고 보기 어려우나, 위 상호표시에 위 업체가 소재한 지명을 보완기재하여 유효한 어음으로 완성하는 정도의 보충권한은 소지인에게 부여되어 있다고 보는 것이 타당한바, 기록에 의하면 삼진기계는 피고가 서울 마포구 용강동에서 경영하는 업체의 명칭임이 명백하므로 위와 같은 정도의 보완기재는 소지인에게 부여된 보충권한의 범위 내에 속한다고 보아야 할 것이다).

24) 최준선(어), 253면.

대법원 2001. 11. 30. 선고 2000다7387 판결

어음면상 지급지에 관한 특별한 표시가 없다 할지라도 거기에 지급장소의 기재가 있고 그것이 지(지)의 표시를 포함하고 있어 그로부터 지급지에 해당하는 일정 지역이 추지될 수 있는 경우에는 지급지의 기재가 이에 의하여 보충되는 것으로 볼 수 있다고 할 것이다. 기록에 의하면 이 사건 약속어음에는 지급장소로서 "중소기업은행 능곡지점"이라고 표시되어 있음을 알 수 있는바, 위 지급장소의 기재 중에는 '능곡'이라는 지역 이름이 포함되어 있고, 위 기재로부터 능곡 혹은 능곡이 소재하고 있는 경기 고양시가 지급지에 해당하는 것을 쉽게 알 수 있다고 할 것이므로, 이러한 경우에 약속어음상의 지급지란 자체는 백지라고 할지라도 위 지급장소의 기재에 의하여 지급지가 보충되었다고 봄이 상당하다.

6. 수취인

(1) 의 의

환어음에는 어음금을 '지급받을 자 또는 지급을 받을 자를 지시할 자의 명칭'을 기재하여야 한다(어 1조 6호). 즉 어음에 지급받을 자로 기재된 자를 수취인(payee)이라고 하는데 어음거래에서 발행인의 상대방으로서 어음을 취득하는 자이고 발행 후에 어음이 유통되는 경우에 최초의 배서인이다. 발행인이 수취인을 기재한 어음을 기명식어음이라고 하고, '지급을 받을 자를 지시할 자의 명칭'을 기재한 어음을 지시식어음이라고 하는데, 환어음은 법률상 당연한 지시증권이므로 기명식 어음이라도 배서에 의하여 타인에게 양도할 수 있다. 어음에서 수취인은 반드시 기재되어야 하므로 소지인출급식어음은 무효이다.

지명소지인출급식(선택무기명식)어음은 지시식어음과 동일하므로 허용된다는 견해[25]와 소지인출급식어음과 동일하므로 인정되지 않는다는 견해[26]가 대립하나, 선택무기명식은 소지인출급식과 다를 바 없을 뿐만 아니라 어음법에서는 수표법과 달리 이를 인정하는 규정이 없으므로 선택무기명식 어음은 인정되지 않는다. 다만 발행인이 수취인을 나중에 보충할 목적으로 기재하지 않는 어음은 백지어음으로서 효력이 있다.

25) 손주찬(하), 207면 ; 정희철(하), 234면.

26) 정동윤(어), 365면 ; 정찬형(어), 396면 ; 최기원(어), 316면.

판례는 수취인의 기재가 없는 어음은 백지어음으로 추정되므로, 무효어음이라고 주장하는 측에서 발행인이 백지보충권을 수여하지 않았음을 입증하여야 한다고 한다. 물론 수취인이 기재되지 아니한 백지어음을 지급제시를 할 때에는 수취인을 기재하여만 효력이 있다.

(2) 표시방법

수취인이 표시는 지급인처럼 누구를 지칭하는지 알 수 있는 정도로 기재되어야 한다.[27] 성명, 통칭, 아호도 가능하고, 대표자의 성명없이 법인의 명칭만 기재하여도 되고, 조합은 조합원이나 대표자의 명칭 없이 조합의 명칭만 기재하면 되며, 권리능력 없는 사단도 수취인이 될 수 있다. 허무인의 기재도 형식상 요건을 갖춘 것이므로 발행인이 수취인의 이름에 부합하는 기명날인 또는 서명을 하여 제3자에게 양도하면 제3자는 유효하게 권리를 취득한다. 복수의 수취인 기재는 어음관계를 불명확하게 하지 않으므로 선택적 기재, 중첩적 기재, 순차적 기재가 인정된다. 다만 중첩적으로 기재된 수취인들은 공동으로 권리행사를 하여야 하고 배서도 공동으로 해야 하나, 수취인이 선택적으로 기재되거나 순차적으로 기재된 경우에는 어음을 교부받은 소지인만이 어음상 권리를 행사할 수 있으므로 어음소지인 단독으로 배서와 권리행사를 할 수 있다.

7. 발행일과 발행지

(1) 발행일

발행일은 어음이 발행된 날로서 어음에 기재된 일자를 의미하고(어 1조 7호), 실제로 발행된 일자를 의미하는 것은 아니다. 발행일이 실제로 발행된 일자와 일치할 것을 요구하지 않으며, 발행일보다 먼저 발행되어 유통되는 선일자(先日字)어음이나 발행일보다 나중에 발행되는 후일자(後日字)어음도 유효하다. 발행일의 기재는 어음이 실제로 발행된 날을 증명하기 위한 것이 아니라, 기재된 발행일에 어음이 발행된 것과 같은 효력을 발생시키려는 의사표시이기 때문에 실제로 발행된 일자와 발행일이 상이하더라도 문제가 되지 않는다.

발행일은 발행일자후정기출급어음에서는 만기를 결정하는 기준이고(어 36조 1

27) 대법원 1978. 12. 13. 78다1567.

항·2항), 일람출급어음에서는 지급제시기간을 산정하는 기준이며(어 34조 1항 2문), 일람후정기출급어음에서 인수제시기간을 산정하는 기준이 되고(어 23조 1항), 이자문구가 기재된 경우에는 이자발생시기를 결정하는 기준이다(어 5조 3항). 그리고 발행일의 기재는 어음상의 의사표시의 내용이므로, 발행일을 기초로 하는 어음관계는 발행일을 기준으로 결정된다. 하지만 발행인의 무능력자여부, 대리인의 대리권존부와 같은 어음행위능력은 실제로 어음이 발행된 날을 기준으로 결정되어야 한다.

발행일의 표시는 단일하고 확정적이며 가능한 날이어야 하므로, 세력에 없는 날은 원칙적으로 무효이지만 6월 31일이나 2월 30일은 각각 그 달의 말일을 발행일로 본다.[28] 하지만 발행일이 만기보다 후의 날인 경우에는 어음소지인이 지급제시를 할 수 없기 때문에 소구권보전을 할 수 없어 무효라고 본다.

한편 확정일출급어음에서 발행일을 어음요건으로 볼 필요가 없다는 견해에 의하면, 발행일은 어음의 권리내용을 확정하기 위하여 필요한 사항이 아니라 실제로 발행된 날을 추정케 하는 자료에 불과하고, 어음행위능력의 판단도 실제로 발행된 날을 기준으로 하므로 어음면에 기재된 발행일은 어음요건이 아니라고 한다.[29] 그러나 발행일은 발행인의 능력, 대리권의 유무를 정하는 기준이 되고, 어음요건으로 법이 규정하고 있으므로 확정일출급어음에서도 발행일은 어음요건이다.

(2) 발행지

어음이 발행된 장소로서 어음상에 기재된 地를 발행지라고 하며, 실제로 발행된 지역을 의미하지 않는다. 발행지가 어음법에서 갖는 의의는 (i) 발행지와 지급지의 세력이 다른 경우에 만기 및 지급제시기간은 다른 의사표시가 없으면 지급지의 세력에 의하며(어 37조), (ii) 발행국과 지급국에서 동명이가(同名異價)를 가진 통화에 의하여 어음금액을 정한 경우에는 지급지의 통화에 의한 것으로 추정하며(어 41조 4항), (iii) 발행지는 국제사법에 의하여 어음행위의 방식을 정하는 법의 기준이 되고(국사 53조 1항·2항), (iv) 환어음 발행인의 어음채무의 효력을 정하는 법의 기준이 되며(국사 54조 2항·3항), (v) 환어음의 발행인이 그 발행의 원인이 되는 채권을 취득하는 여부를 결정하는 기준이 된다(국사 55조).

그러나 국제사법상 준거법을 정하는 표준은 어음에 기재된 발행지가 아닌 실제

28) 대법원 1981. 7. 28. 80다1295.
29) 주기종, "발행일백지의 확정일출급어음에 의한 권리행사", 법학논집(청주대) 제13집, 1998, 219면.

로 발행행위를 한 地이므로 어음에 기재된 발행지는 추정의 효력만이 있을 뿐이다. 이처럼 발행지가 어음관계에 영향을 거의 미치지 않으며, 영미법계의 어음법에서도 발행지를 어음요건으로 규정하고 있지 않는바, 발행지의 어음요건성에 대하여 의문이 제기되고 있다.[30)]

대법원은 법이 발행지를 어음요건으로 규정하였기 때문에 발행지가 기재되지 아니한 어음을 무효라고 판시하여 왔었으나,[31)] 1998. 4. 23. 선고 95다36466 대법원전원합의체 판결에서 종래의 견해를 변경하여 국내어음에 관한한 발행지의 기재가 없는 어음도 유효하다고 판시하였다. 발행지의 표시는 최소행정단위구역일 필요가 없으며, 수개의 발행지가 중첩적·순차적·선택적 기재가 되더라도 동일법역에 속하는 경우에는 준거법의 단일 확정의 추정을 해치지 않으므로 유효하다고 본다.[32)] 한편 발행지가 기재되지 않더라도 발행인의 명칭에 부기한 지를 발행지로 보는 보충규정이 있다(어 2조 4항).

대법원 1998. 4. 23. 선고 95다36466 전원합의체 판결

어음의 발행지란 실제로 발행행위를 한 장소가 아니라 어음상의 효과를 발생시킬 것을 의욕하는 장소를 말하는 것으로서, 어음의 발행지에 관련된 어음법 제37조, 제77조 제1항 제2호, 제41조 제4항, 제77조 제1항 제3호, 제76조 제3항 등과 섭외사법의 관련 규정들을 살펴보면, 어음에 있어서 발행지의 기재는 발행지와 지급지가 국토를 달리하거나 세력(歲曆)을 달리하는 어음 기타 국제어음에 있어서는 어음행위의 중요한 해석 기준이 되는 것이지만, 국내에서 발행되고 지급되는 이른바 국내어음에 있어서는 별다른 의미를 가지지 못한다고 할 것이다. 그리고 국내어음이란 국내에서 발행되고 지급되는 어음을 말하는 것이므로 국내어음인지 여부는 어음면상의 발행지와 지급지가 국내인지 여부에 따라 결정될 것이지만, 어음면상에 발행지의 기재가 없다고 하더라도 그 어음면에 기재된 지급지와 지급장소, 발행인과 수취인, 지급할 어음금액을 표시하는 화폐, 어음문구를 표기한 문자, 어음교환소의 명칭 등에 의하여 그 어음이 국내에서 어음상의 효과를 발생시키기 위하여 발행된 것으로 여겨지는 경우에는 발행지를 백지로 발행한 것인지 여부에 불구하고 국내어음으로 추단할 수 있다고 할 것이다. 한편 일반의 어음거래에 있어서 발행지가 기재되지 아니한 국내어음도 어음요건을 갖춘 완전한 어음과 마찬가

30) 정찬형(어), 400면 ; 김교창, "발행지의 기재가 없는 어음", 「사법행정」, 1986. 7, 24면.
31) 대법원 1988. 8. 9. 86다카1858 ; 대법원 1976. 11. 23. 76다214.
32) 정찬형(어), 401면.

지로 당사자 간에 발행·양도 등의 유통이 널리 이루어지고 있으며, 어음교환소와 은행 등을 통한 결제 과정에서도 발행지의 기재가 없다는 이유로 지급거절됨이 없이 발행지가 기재된 어음과 마찬가지로 취급되고 있음은 관행에 이른 정도이고, 나아가 이러한 점에 비추어 보아 발행지의 기재가 없는 어음의 유통에 관여한 당사자들은 완전한 어음에 의한 것과 같은 유효한 어음행위를 하려고 하였던 것으로 봄이 상당하다 할 것이다. 그렇다면 어음면의 기재 자체로 보아 국내어음으로 인정되는 경우에 있어서는, 발행지의 기재는 별다른 의미가 없는 것이고, 발행지의 기재가 없는 어음도 완전한 어음과 마찬가지로 유통·결제되고 있는 거래의 실정 등에 비추어, 그 어음면상 발행지의 기재가 없는 경우라고 할지라도 이를 무효의 어음으로 볼 수는 없다고 할 것이다. 따라서 이와 일부 다른 견해를 취한 대법원 1967. 9. 5. 선고 67다1471 판결, 1976. 11. 23. 선고 76다214 판결, 1979. 8. 14. 선고 79다1189 판결, 1985. 8. 13. 선고 85다카123 판결, 1988. 8. 9. 선고 86다카1858 판결, 1991. 4. 23. 선고 90다카7958 판결, 1992. 10. 27. 선고 91다24724 판결, 1995. 9. 15. 선고 95다23071 판결 및 이와 같은 취지의 판결들은 이를 변경하기로 한다.

8. 발행인의 기명날인 또는 서명

(1) 의 의

환어음의 발행에는 그 형식적 요건으로서 발행인의 기명날인 또는 서명이 필수적 요건이다(어 1조 8호). 그러므로 발행인의 기명날인이나 서명이 없는 어음은 무효이다. 발행의 기명날인이나 서명은 어음 자체에 하여야 하므로, 보전지나 등본에는 할 수 없다.

(2) 어음의 공동발행

1) 의 의

2인 이상의 발행인이 공동으로 어음에 기명날인이나 서명을 하는 방식으로 어음을 발행할 수 있다. 공동발행은 '공동발행인 갑과 을'의 형식으로 이루어지는 것이 일반적이지만, 단순한 중첩적 기재(발행인 갑 및 을)를 공동발행으로 볼 수 있으나, 선택적 기재(발행인 갑 또는 을)나 순차적 기재(제1발행인 갑, 제2발행인 을)는 어음의 단순성과 소구요건의 일정성에 어긋나므로 무효로 보는 것이 통설이다.[33] 공동지배인이나 공동대표이사가 어음을 발행하는 경우에 그 형식은 공동으로 하지만, 어음채무를 부담하는 자가 지배인이나 대표이사가 아니라 회사이므로 어음의 공동발행과는 그 성격이 다르다.

2) 책임의 성질

공동발행인 각자가 독립된 어음행위를 하므로, 어음행위의 독립성과 불가분성에 의하여 공동발행인 각자가 어음금액의 전부를 지급할 의무를 부담하는 합동책임을 진다는 것이 통설[34]과 판례[35]의 입장이다.

이에 대하여 공동발행은 하나의 어음행위로서 그 대상이 되는 어음관계는 1개이고 거기에서 생겨나는 어음상 권리도 1개이다. 즉, 공동발행인들의 행위로 수개의 어음행위가 창설되는 것이 아니므로 공동발행을 1개의 어음행위로 보는 것이 법률행위의 일반원칙에 부합하고, 또한 단일한 어음행위로 보기 때문에 발행인들의 책임을 可分할 수 없다. 그러므로 어음의 불가분성으로 인하여 발행인들이 분할하여 채무를 부담할 수 없고, 여러 발행인의 자력을 종합하여 변제능력을 강화시킨다는 점을 감안하여 공동발행인의 책임은 연대책임이라는 소수설이 있다.[36]

합동책임설에 의하면 공동발행인 중 1인에 대한 청구는 다른 공동발행인에게 영향이 없으며, 공동발행인 중 1인에 대한 시효완성, 시효중단, 상계 등은 다른 공동발행인에게 영향이 없고, 공동발행인 간의 채무분담부분이 없으며, 약속어음이 공동발행된 경우에는 배서인에게 소구권을 행사하기 위해서는 공동발행인 전원에게 지급제시를 하고 전원으로부터 지급거절이 되어야 한다. 다만 그 중 1인이 어음금을 지급하면 어음의 목적이 달성되었으므로 다른 공동발행인의 책임은 면한다. 연대책임이라는 견해를 따르면 연대채무자 1인에 대한 이행청구는 절대적 효력이 있으므로(민 416조), 소지인은 발행인 중 1인에게 지급제시를 하여 거절당하면 곧바로 배서인에게 소구권을 행사할 수 있다.

3) 기명날인 또는 서명의 장소와 시차있는 공동발행

공동발행인의 기명날인 또는 서명의 장소도 한사람의 발행인처럼 어음 자체에 하여야 하고 보전이나 등본에 할 수 없다. 만일 공동발행인 중 일부는 어음에 기명날인을 하고, 다른 공동발행인은 보전에 기명날인을 하는 경우에는 보전에 기명

33) 최준선(어), 261면 ; 정찬형(어), 403면.

34) 정찬형(어), 404면 ; 최기원(어), 319-320면 ; 최준선(어), 261면.

35) 대법원 1970. 8. 31. 70다1360.

36) 이철송(어), 233면.

날인한 자는 보증인으로서 책임을 부담하고(어 31조 1항), 공동발행인의 책임은 부담하지 않는다고 본다.

한편 어음이 발행되어 유통되는 도중에 동 어음에 발행인으로서 추가로 기명날인한 자가 있는 경우에 그 효력에 관하여 처음 발행인의 신용이 부실하여 유통상 지장이 있기 때문에 그 신용을 보충하는 것이므로 공동발행으로 유효하다는 견해[37]와 어음의 공동발행은 1개의 어음행위를 동시에 행하여지는 것인데, 소급적으로 발행인을 추가하는 것은 효력이 없다는 견해가 있으나, 공동발행은 각 발행인이 독립하여 어음채무를 부담하는 발행행위를 하는 것이므로, 공동발행이 1개의 행위이어야 할 필요가 없어 유효하다고 본다.

4) 어음보증과의 관계

어음 표면의 '발행인란'으로 표시된 장소에 기명날인자 또는 서명자의 자격을 표시하지 아니하고 복수의 기명날인 또는 서명이 있는 경우에 그 효력에 관하여 견해가 갈린다. 첫째로 복수의 기명날인 또는 서명 사이에 주종(主從)의 차별이 없으면 복수의 기명날인자 또는 서명자는 공동발행인이라는 견해, 둘째로 첫머리에 기명날인한 자 또는 서명자만이 발행인이고, 그 나머지는 보증인이라는 견해, 셋째로 첫머리에 기명날인 또는 서명한 자는 언제나 발행인으로 보고, 그 이외의 기명날인자 또는 서명자는 그 어음의 지급장소로 기재되어 있는 은행과 당좌거래가 있으면 공동발행인으로 보고, 그러하지 아니하면 어음보증으로 추정하는 견해, 넷째로 어음소지인의 선택에 의하여 결정된다는 견해가 대립하고 있으나, 기명날인 또는 서명의 형태와 배치 등에 특별한 차이가 없는 한 발행인으로 기재될 것으로 예정된 위치에 기명날인이나 서명을 한 것은 공동발행인이 되려는 의사가 있다고 볼 수 있으므로 공동발행인설이 타당하다.[38]

3 유익적 기재사항

1. 의 의

어음의 유익적 기재사항은 어음에 기재함으로써 어음상 효력이 생기는 기재사항

37) 정찬형(어), 405면 ; 정동윤(어), 370면.

38) 정찬형(어), 406면 ; 정동윤(어), 368-369면.

이다. 유익적 기재사항은 어음법에 규정되어 있는데, 법에 규정되지 아니한 사항도 유익적 기재사항이 될 수 있는가에 관하여는, 법 규정이 없더라도 어음관계자를 해치지 않고 합리성이 있는 사항이라면 유익적 기재사항이 될 수 있다는 견해[39]와 어음은 정형성과 명확성이 요구되는데 법에 규정이 없는 사항을 유익적 기재사항으로 인정하게 되면 어음의 유통성을 해치므로 허용될 수 없다는 견해[40]가 대립한다.

법이 현실을 제대로 반영하기 어려운 사정을 감안하면, 배서인의 담보책임을 일부 제한하거나(어 15조), 보증인의 책임을 일정금액으로 제한하거나 일정한 조건에 결부시키는 등 어음관계자를 해치지 않고 합리성이 인정되는 사항에 대하여는 효력을 인정할 수 있을 것이다. 판례는 약속어음의 조건부 보증을 유익적 기재사항이라고 한다.

대법원 1986. 3. 11. 선고 85다카1600 판결

원심판결 이유에 의하면, 원심은 위 어음의 지급보증은 위 어음의 지급기일까지만 그 지급을 보증한다는 기한부 보증이므로 원고가 지급기일 경과후에 지급제시를 한 이상 피고는 그 지급의무를 지지 않는다는 피고주장에 대하여, 어음보증에 기한이 붙어 있는 경우에는 그 기한만을 무효로 보아 그 보증기한이 붙어 있지 않는 것으로서의 효력을 갖는다고 볼 것이므로 위 어음소지인인 원고가 위 어음의 지급기일까지 지급제시를 하지 않았다고 하여도 위 어음의 발행인을 위하여 보증을 한 피고로서는 위 어음의 지급을 거절할 수 없다고 할 것이고, 또 피고에 대하여 그 피용자의 사무집행으로 제3자 가입은 손해에 관한 사용자 책임을 묻는 원고의 청구에 대하여 지급제시 기일 경과여부는 피고의 책임을 부정할 사유가 되지 못한다고 판단하여 피고의 위 주장을 배척하였다. 그러나 어음법상 보증의 경우에는 발행 및 배서의 경우와 같이 단순성을 요구하는 명문의 규정이 없을 뿐 아니라, 주된 채무를 전제로 하는 부수적 채무부담행위인 점에서 보증과 유사한 환어음의 인수에 조건을 붙인 경우에는 일단 인수거절로 보되 인수인으로 하여금 인수의 문언에 따라 책임을 지도록 함으로써 불단순 인수를 인정하고 있음에 비추어 볼 때 어음보증에 대하여 환어음 인수의 경우보다 더 엄격하게 단순성을 요구함은 균형을 잃은 해석이라고 하겠고 또 조건부 보증을 유효로 본다고 하여 어음거래의 안전성이 저해되는것도 아니므로, 조건을 붙인 불단순보증은 그 조건부 보증문언대

39) 정찬형(어), 410면 ; 정동윤(어), 386면.
40) 최기원(어), 327-328면.

로 보증인의 책임이 발생한다고 보는 것이 타당하다. 이와 달리 구태여 어음보증의 단순성을 강조한 나머지 조건을 무효로 하여 조건이 없는 단순보증이라고 보는 견해는 보증인의 명시적 의사에 반하는 해석이어서 채용할 수 없다.

2. 어음법에 규정된 유익적 기재사항

(1) 발행인 또는 지급인의 명칭에 부기한 지(地)

지급지가 적혀 있지 아니한 경우에 지급인의 명칭에 부기한 지(地)를 지급지 및 지급인의 주소지를 보고(어 2조 2호), 발행지가 적혀 있지 않은 경우에는 발행인의 명칭에 부기한 지를 발행지로 본다(어 2조 3호).

(2) 제3자방지급의 기재

1) 의 의

환어음의 지급은 지급인 자신의 영업소나 주소지에서 하는 것이 원칙이지만, 제3의 '지급담당자'가 제3의 '지급장소'를 정하는 것이 지급인에게 편리한 경우가 있다. 이러한 이유에서 지급인은 주소지에 있든지 다른 지(地)에 있든지 상관없이 제3자방에서 지급하는 것으로 할 수 있다(어 4조).

지급담당자는 지급인 · 인수인을 대신하여 어음금의 지급사무만을 집행하는 자로서 인적개념이고, 지급장소는 지급인 또는 인수인이 지급을 하여야 할 장소로서 장소적 개념이지만, 우리 법은 두 개념을 구별하지 않고 제3자방 또는 지급장소로 표현하고 있다. 따라서 제3자방지급 기재에 의하여 제3자의 주소가 지급장소가 되고, 제3자가 지급담당자가 된다.

지급담당자가 은행인 경우에는 지급인과 제3자방(거래은행)과의 관계는 지급인이 거래은행에 자금을 맡기고 지급을 위탁하는 방식을 취한다. 제3자방지급의 기재의 실익은 첫째로 타지지급어음에서 어음금의 지급을 용이하게 하고, 둘째로 지급인이 자기 거래은행을 지급장소로 하는 경우에는 어음의 할인이나 추심을 용이하게 할 수 있으며, 셋째로 어음의 결제절차가 간편하다.

2) 기재권자와 기재방법

환어음의 발행인이 제3자방지급문구를 기재할 수 있고, 발행인이 기재하지 아니한 경우에는 지급인이 인수를 할 때 기재할 수 있다(어 27조). 약속어음은 인수인이 없으므로 발행인만이 기재할 수 있다. 기재권한이 없는 배서인이 기재하면 어음의 변조가 된다. 기재방법은 보통은 '지급장소 ××은행 ××지점' 또는 '지급장소 서울 동작구 상도동 422 박재규' 등으로 표시한다. 전자의 경우 지급담당자는 ××은행이고, 지급장소는 ××은행 ××지점의 주소가 된다. 지급장소는 지급지 내에 있어야 하므로 이를 위반한 지급장소의 기재는 무효이다.[41] 지급장소가 지급인의 주소지에 있거나 다른 지에 있거나 상관없다. 그리고 지급담당자는 어음에 기재된 지급인과는 다른 사람이어야 하나 실질적으로 동일인이라도 무방하다.[42]

3) 기재의 효력

제3자방 지급어음의 인수제시는 반드시 지급인에게 하여야 하지만, 그 지급제시 및 지급거절증서작성은 반드시 제3자방에서 하여야 한다. 제3자방 지급문언은 제3자의 장소(지급장소)에서 또는 제3자(지급담당자)가 지급한다는 뜻을 기재한 것이다.

(i) 제3자방이 지급담당자인 경우에는 지급담당자가 지급인에 갈음하여 어음금액을 지급하고 또는 이를 거절할 수 있는 법률상 지위를 갖기 때문에 지급제시기간에 지급담당자의 주소에서 그를 상대로 지급제시를 하여야 하고, 지급거절을 하는 경우에도 지급담당자를 지급거절자로 하여 거절증서를 작성하여야 한다. 따라서 제3자방 지급어음의 지급인에게 지급제시를 하는 경우 지급제시의 효력이 생기지 않으므로 어음소지인은 소구권을 상실한다.

(ii) 제3자방이 지급장소인 경우에 통상적으로 지급장소는 지급담당자를 포함하고 있으나, 지급장소를 순수한 장소적 개념을 의미한다면, 그 장소에서 지급인 자신이 지급하는 뜻으로 보아 어음소지인은 그 장소에서 지급인에 대하여 지급제시를 하여야 하고, 또 지급인을 거절자로 하여 지급거절증서를 작성하여야 한다. 판례는 지급장소란에 지점표시 없이 은행명만 기재되어 있다면 이는 지급장소가 아닌 지급담당자의 기재로 보는 것이 상당하므로 그 지급제시는 지급담당자의 영업소에서 하여야 한다고 하였다.[43]

한편 지급담당자는 발행인과의 당좌거래약정에 의하여 발행인에 대하여 계약상 지급의무를 부담하며, 어음금을 지급하더라도 어음상 지급의무자가 아니므로 어음상 권리를 취득하지 못한다. 지급인이 인수하기 전에 지급담당자가 지급한 경우에

41) 대법원 1970. 7. 70. 70다965.
42) 정찬형(어), 412면.
43) 서울지법 1995. 10. 20. 94가단93408.

는 지급인의 특별한 위탁이 없는 한 지급담당자는 지급인에게 보상을 청구하지 못하고 발행인에게 구상하여야 한다. 지급제시기간 경과 후에도 지급담당자에게 지급제시를 하여야 하는가에 관하여, 지급지나 지급장소는 지급제시기간 내에 지급제시가 될 것을 전제로 한 규정이므로 지급제시기간을 경과하면 지급지나 제3자방 문구의 기재는 효력을 상실하고, 따라서 어음소지인은 지급인의 영업소나 주소에서 지급제시를 해야 한다고 본다.[44]

(3) 이자문구

일람출급 또는 일람후정기출급 환어음에는 발행인이 어음금액에 이자를 붙는 약정 내용을 적을 수 있고(어 5조 1항), 어음에 이율을 반드시 기재하여야 하며, 만일 이를 기재하지 아니하면 이자문구를 기재하지 아니한 것으로 보아 이자약정은 효력을 상실한다(어 5조 2항). 이러한 이자의 기산일은 약정이 없으면 어음발행한 날부터 이자를 계산한다(어 5조 3항).

그 계산의 종료일은 만기 전날이고, 지급제시기간 내에 지급제시되면, 만기일 이후의 이자는 어음법상 이자인 연 6%의 법정이율이 약정이율에 갈음하여 적용된다. 확정일출급어음이나 발행일자후정기출급어음은 미리 이자를 계산하여 어음금액에 포함시킬 수 있으므로, 이자 문구를 기재할 필요가 없고 이를 기재하더라도 효력이 없다(어 5조 1항 2문).

3. 기타 유익적 기재사항

인수무담보문구(어 9조 2항 본문), 배서금지문구(어 11조 2항), 인수제시명령문구(어 22조 1항), 인수제시금지문구(어 22조 2항 · 3항), 일람후정기출급어음의 인수를 위한 제시기간의 단축 또는 연장문구(어 23조 2항), 일정기일전 지급제시금지문구(어 34조 2항), 거절증서작성면제문구(어 46조), 역어음발행금지문구(어 52조 1항), 예비지급인 기재(어 55조 1항) 등이 있다.

44) 정찬형(어), 413-414면

4 무익적 기재사항

어음의 무익적 기재사항이란 어음에 기재를 하더라도 그 기재의 효력이 발생하지 않고, 어음 자체의 효력에 영향을 미치지 않는 기재사항을 말한다. 어음법은 다음과 같은 무익적 기재사항을 규정하고 있다.

1. 어음법에 규정이 있는 사항

(1) 위탁어음문구

환어음은 제3자의 계산으로 발행될 수 있는데 이는 실질관계상 인정되므로 발행인의 위탁문구는 어음상 효력이 없다(어 3조 3항).

(2) 확정일출급 또는 발행일자후 정기출급의 환어음에서의 이자의 문구

확정일출급 또는 발행일자후 정기출급의 환어음에서는 만기를 미리 확정할 수 있기 때문에 이에 해당되는 이자가 어음금액에 가산되므로 이자문언은 기재하지 않은 것으로 본다(어 5조 1항 2문).

(3) 발행인의 지급무담보문구

환어음의 발행인이 어음에 기재한 지급을 담보하지 않는다는 의미의 기재는 기재하지 않은 것으로 본다(어 9조 2항 2문).

(4) 지시문구와 상환문구

환어음은 법률상 당연한 지시증권이므로 지시문구의 기재여부와 상관없이 배서가 가능하므로, 이를 기재하더라도 특별히 효력이 발생하는 것은 아니다(어 11조 1항). 또 환어음은 법률상 상환증권이므로 상환문언이 없더라도 상환에 의해서만 어음금액을 지급할 수 있다(어 39조 1항).

2. 어음법에 규정이 없는 사항

(1) 관할법원의 특약

발행인이 본건에 관한 재판관할은 모두 본건채권자의 주소지를 관할하는 법원이

어야 한다는 문구를 어음에 기재하더라도 어음상의 효력이 발생되지 않는다.

(2) 시효완성 후의 효력에 관한 특약

어음상의 권리가 시효완성으로 소멸한 후 다른 증권으로서의 효력을 가진다는 취지의 특약은 효력이 없다.

(3) 자금문구

자금문구는 발행인이 자금관계를 표시하기 위하여 기재하는 것으로서 '본인의 계산으로 지급하여 주시오'와 같은 기재이다.

(4) 담보문구

어음상 권리에 담보를 붙인다는 뜻이 기재된 하환어음의 경우이다. 그 밖의 통지문구, 발행인이 기억하기 편하도록 어음에 붙인 번호문구, 위약금의 특약문구 등도 무익적 기재사항으로서 기재를 하더라도 효력이 없다.

5 유해적 기재사항

어음의 유해적 기재사항이란 어음에 이를 기재하면 그 기재의 효력이 발생하지 않을 뿐만 아니라 어음 자체를 무효로 하는 기재사항이다. 어음법에 기재된 유해적 기재사항으로는 일람출급, 일람후정기출급, 발행일자후정기출급 및 확정일출급과 다른 만기의 기재(어 32조 2항)와 분할출급문구의 기재(어 33조 2항)가 있다. 만기는 법이 정한 만기만이 효력이 있으므로 기타의 만기는 허용하지 아니하며, 어음금액의 일부씩 나누어 만기일을 정한 분할출급도 일부금액에 대하여 지급이 없는 경우에 상환관계를 복잡하게 하고, 어음의 무조건성에 위배되므로 무효이다. 어음법에 규정이 없지만, 어음의 효력을 원인관계와 관련시키거나 지급을 조건으로 하거나 혹은 반대급부를 명하는 것처럼 어음의 본질에 반하거나 어음요건을 파괴하는 기재는 유해적 기재사항이다.

어음 · 수표의 기재사항

〈필요적 기재사항〉

① 환 어 음	환어음의 문구, 어음금액의 지급위탁, 지급인의 명칭, 수취인, 발행인의 기명날인 또는 서명, 발행일, 만기, 발행지, 지급지
② 약속어음	약속어음의 문구, 어음금액의 지급약속, 수취인, 발행인의 기명날인 또는 서명, 발행일, 만기, 발행지, 지급지
③ 수　　표	수표의 문구, 수표금액의 지급위탁, 지급인의 명칭, 발행인의 기명날인 또는 서명, 발행일, 발행지, 지급지

〈유익적 기재사항〉

① 환 어 음	지급인 명칭에 부기한 지역, 발행인 명칭에 부기한 지역, 지급담당자, 지급장소, 제3자방지급문언, 이자문언, 이율, 이자기산일의 기재, 인수무담보문언, 배서금지문언, 인수제시명령 또는 금지, 인수제시기간의 단축 또는 연장, 일정기일 전 지급제시금지문언, 준거할 세력의 지정, 외국통화현실지급문언, 거절증서작성면제, 역어음발행금지문언, 복본번호, 예비지급인 지정
② 약속어음	지급인 명칭에 부기한 지역, 발행인 명칭에 부기한 지역, 지급담당자, 지급장소, 제3자방지급문언, 횡선의 기재, 지시금지문언기재, 수취인기재, 기명식 지시식발행, 외국통화현실지급문언, 거절증서작성면제, 복본번호
③ 수　　표	발행인주소지, 발행인 명칭에 부기한 지역, 지급담당자, 지급장소, 제3자방지급문언, 횡선의 기재, 지시금지문언기재, 인수제시기간의 단축 또는 연장, 일정기일 전 지급제시금지문언, 준거할 세력의 지정, 외국통화현실지급문언, 역수표발행금지문언

〈무익적 기재사항〉

① 환 어 음	위탁어음문언, 일람출급, 확정일출급에 이자약정기재, 발행인의 지급무담보문언, 지시문언, 상환문언, 대가문언, 자금문언, 통지문구, 번호, 위약금문구, 담보문구
② 약속어음	발행인의 지급무담보문언은 유해적 기재사항이고 나머지는 환어음과 동일
③ 수　　표	위탁수표문언, 일람출급외 만기표시, 이자문언의 기재, 발행인의 지급무담보문언, 지시문언, 상환문언, 대가문언, 자금문언, 통지문구, 예비지급인의 기재, 위약금문구, 담보문구

〈유해적 기개사항〉

① 환 어 음	어음법이 정한 이외의 만기, 분할출급, 원인에 의한 어음채권 어음지급방법을 한정시키는 것, 지급위탁에 조건
② 약속어음	지급위탁에 조건 대신 지급약속에 조건, 나머지는 동일
③ 수　　표	지급을 원인관계에 의존하게 하는 기재, 지급위탁에 조건

제2장 백지어음

제1절 총 설

1 백지어음의 필요성

어음은 엄격한 요식증권으로서 어음요건의 흠결이 있는 경우에 어음법상 보충규정(어 2조, 76조)이 없는 한 효력이 없다. 그런데 후에 어음소지인에게 어음요건을 보충시킬 생각으로 어음요건의 일부 또는 전부를 기재하지 않은 어음을 발행할 필요가 있다. 어음의 원인관계가 확정된 후에 그 지급수단으로서 어음을 발행하는 것이 일반적이지만, 모든 어음행위가 발행시에 확정할 필요는 없으며, 나중에 수취인, 금액, 변제기 등이 확정되는 경우 어음소지인이 기재하면 되므로 백지어음은 유효하고, 그 선의취득자는 보호된다(어 10조).

예컨대, 자동차회사에 부품을 납품하는 하청회사가 3개월마다 대금을 받기로 한 경우에 자동차회사는 어음금액을 백지로 한 약속어음을 하청회사에 발행 교부하고 매 3개월 말일에 확정된 부품 값을 어음금액으로 기재하여 지급하는 약정을 할 수 있다. 백지어음은 발행인과 수취인간에 신뢰를 바탕으로 발행되고 보충권이 수여되는데, 훗날 보충권의 존부와 범위에 관하여 분쟁이 발생할 소지가 크다. 즉, 어음요건이 흠결된 어음이 발행된 경우, 채무자인 발행인은 어음금을 지급하지 않기 위하여 보충권이 없는 불완전어음이라 주장할 것이고, 어음소지인은 보충권이 있는 백지어음이라고 주장할 수 있다.

2 백지어음의 의의

백지어음(Incomplete instrument)이란 어음행위자가 후일에 어음소지인으로 하여금 보충시킬 의사로 어음요건의 전부 또는 일부를 기재하지 아니하고 기명날인 또는 서명을 하여 발행한 미완성 어음이다. 백지어음은 상관습법상으로 인정되어 왔으며, 이러한 상관습법을 전제로 제네바 통일어음법 제10조에 백지어음의 부당보충규정이 신설되었고, 미국통일상법(UCC) 제3장(상업증권법) 제115조와 영국어음법(Bills of Exchange Act, 1882) 제20조에 백지어음의 규정이 포함되었으며, 우리 어음법(제10조, 77조 2항)이 백지어음을 규정함으로써 성문법상 제도로 발전되기에 이르렀다.[1]

백지어음은 과실로 어음요건을 미기재한 불완전어음과 구별된다. 양자는 어음요건의 불비라는 형식적인 면에서는 같지만, 백지어음은 의식적으로 미완성어음을 발행한 것으로서 백지보충권이 소지인에게 수여되어 있는 유효한 어음이지만, 불완전어음은 발행인의 과실로 어음요건이 흠결된 완성어음으로서 소지인에게 보충권이 수여되지 않은 무효 어음이다. 어음요건 이외의 유익적 기재사항을 백지로 한 어음을 準백지어음이라고 하는데, 이에 백지어음에 관한 규정이 준용된다.

3 백지어음의 법적성질

완성된 어음으로만 가능한 지급제시나 소구권과 같은 어음상 권리를 백지어음으로 행사할 수 없다. 그리하여 백지어음의 성질에 대하여 어음이 아닌 특수한 유가증권이라는 견해와 백지어음도 어음이라는 견해가 대립한다. 통설인 특수유가증권설에 의하면 백지어음은 보충권자가 백지부분을 보충하기 전까지는 형식상 어음요건이 완비되지 아니하였기 때문에 어음상 권리를 행사할 수 없으며, 백지를 보충기재하면 완전한 어음이 될 수 있다는 기대권이 표창된 특수한 유가증권이라고 한다. 다만 백지어음이 보충되면 완전어음이 될 수 있기 때문에 경제적으로는 완성어음과 같은 가치를 가지고 유통되는바, 유통의 측면에서는 완성어음과 같은 효력이 있다고 본다.[2]

한편 백지어음은 여전히 어음이라는 견해[3]에 의하면, 백지어음이 완성어음이라는 전제하에서 어음법 제10조가 규정되었고, 만기, 지급지, 발행지가 백지인 경우에도 이를 보충하면 유효한 어음이라고 규정한 어음법 제2조가 백지어음을 어음으로 볼 수 있는 근거라고 한다. 따라서 완전어음에서만 가능한 만기나 지급제시를

1) 최기원(어), 334면.
2) 최준선(어), 273면 ; 정찬형(어), 210면 ; 정동윤(어), 396면.
3) 박원선(상하) 494면 ; 이범찬(상), 320면.

제외한 그 나머지 어음규정을 백지어음에 적용하려면 백지어음을 어음으로 보아야 한다는 것이다.

생각건대 백지어음의 상태로는 어음상 권리를 행사할 수 없기 때문에 백지어음을 완전한 어음이라고 할 수 없다. 따라서 지급제시, 지급거절, 지급거절증서작성 등 어음상 권리를 행사할 수 없는 백지어음은 백지보충을 정지조건으로 하는 어음금지급청구권과 보충권이 표창된 특수한 유가증권으로 보아야 할 것이다.

제2절 백지어음의 요건

1 기명날인 또는 서명의 존재

백지어음행위자의 기명날인 또는 서명이 존재하여야 한다. 적어도 하나의 기명날인이나 서명은 있어야 훗날 요건이 보충될 때 그 기명날인자 또는 서명자가 어음상 책임을 질 수 있기 때문이다. 그리고 발행인의 기명날인이나 서명이 반드시 선행되어야 하는 것이 아니므로, 발행인의 기명날인이나 서명 없이 배서인 · 보증인 · 인수인의 기명날인이나 서명만 있는 경우에도 유효한 백지어음이다.[4] 예컨대 어음요선이 흠결된 어음용지에 백지배서를 하여 발행인이 될 자에게 교부하고 어음요건의 기재를 일임하는 경우에 이후 발행인이 어음요건을 기재하고 기명날인 또는 배서를 하여 타인에게 교부한 때에는 배서의 효력이 발생한다.

따라서 어음법 제10조의 '미완성으로 발행한'의 의미는 '미완성으로 교부한'으로 해석하여야 할 것이다. 부속적 어음행위가 기본적 어음행위를 전제로 하는 것은 논리적으로 타당하지만 시간적으로 기본적 어음행위인 발행이 선행되어야 한다는 의미는 아니고, 법이 어음행위의 순서를 정하고 있지도 않다.

이에 대하여 발행인의 기명날인이나 서명은 어음발행의 외관적 요건이고, 백지어음은 발행인이 어음소지인에 대하여 보충권을 수여하는 어음인데 발행인의 기명날인이나 서명이 있기 전에는 백지어음이 아니고, 발행인의 보충권수여가 없기 때

4) 최기원(어), 335-336면 ; 최준선(어), 269-270면 ; 정찬형(어), 205면.

문에 반드시 발행인의 기명날인이나 서명이 선행하여 존재해야 한다는 견해가 있다.[5] 날인만 있고 기명이 없는 경우에 기명과 기타 부분을 타인에게 보충시킬 의사가 있는 때에는 백지어음이 될 수 있다.[6]

2 어음요건의 일부 또는 전부의 흠결

기명날인 또는 서명을 제외한 어음요건의 전부 또는 일부가 기재되지 않아야 한다. 따라서 어음문구를 백지로 할 수 있다. 이에 대하여 어음요건 중 '증권의 본문에 환어음 또는 약속어음·수표를 표시하는 글자'는 반드시 기재되어야 한다는 견해가 있다. 어음이나 수표의 종류가 기재되지 않은 유가증권은 어음행위자 사이에 증권의 종류에 대한 합의가 없는 것으로서 백지어음의 기능적 한계를 무시한 것이므로 무효라고 한다.[7] 만기가 기재되지 않은 경우에 어음법 제2조 제1호에 일람출급환어음으로 본다는 규정이 있는데, 만기가 백지인 어음이 백지어음인지 아니면 일람출급어음인지 의문이다. 판례[8]는 백지어음을 교부한 때에는 특별한 사정이 없는 한 후일 그 소지인으로 하여금 임의로 그 지급기일의 기재를 보충시킬 의사로써 교부한 것으로 추정한다고 판시하고 있다. 그러므로 만기가 백지인 어음은 백지어음으로 추정하되, 어음행위자가 보충권을 수여한 사실이 없음을 증명하거나 어음취득자가 만기를 보충하지 아니한 채 지급제시를 하는 경우에는 어음법 제2조 1호에 의해 일람출급어음이라고 본다.

3 백지보충권의 존재

백지어음은 백지보충권이 있는 어음인 점에서 보충권이 없는 불완전어음과 구별된다. 미완성어음은 당사자의 의사에 의하여 흠결된 어음요건의 보충이 예정되어 있으나 불완전어음은 어음의 절대적 기재요건이 흠결되어 있고, 그 흠결된 요건에 대하여 보충할 권한이 어음소지인에게 없기 때문에 어음으로서 효력이 없다. 그리

5) 이철송(어), 249면.

6) 최기원(어), 336면 ; 대법원 1969. 7. 8, 69다666.

7) 이철송(어), 249-250면 ; 김대규, "백지어음의 보충권", 「기업법연구」, 한국기업법학회, 2006. 12, 128면.

8) 대법원 1976. 3. 9. 75다984.

고 백지보충권의 존부는 당사자 간의 계약에 의하여 결정되기 때문에, 당사자가 아닌 제3의 어음소지인이 보충권의 존재를 입증하기가 매우 어렵다. 백지보충권의 존부를 결정하는 기준에 대하여 학설이 대립한다.

1. 주관설

보충권은 기명날인 또는 서명을 한 자와 그 상대방 사이의 보충권수여에 대한 합의에 의하여 발생하는바, 백지보충권의 합의가 있으면 백지어음이고, 합의가 없으면 불완전어음이라고 한다. 백지어음인지 여부가 불분명할 때에는 어음취득자가 보충권수여의 합의를 입증하여야 하는데, 어음행위의 직접 당사자가 아닌 어음소지인은 이를 입증하기가 어렵기 때문에 어음거래 안전의 보호에 미흡하다는 비판을 받는다.

2. 객관설

기명날인 또는 서명을 한 자의 주관적 의사와 상관없이 어음의 외관상 백지보충이 예정되어 있는 것으로 볼 수 있으면 백지어음이라고 한다. 그래서 인쇄된 어음용지에 어음요건의 일부가 누락되어 있으면 보충권이 예정된 백지어음이고, 인쇄된 어음용지가 아닌 어음용지에 어음요건이 누락된 경우에는 설사 어음행위자의 보충의사가 밝혀지더라도 불완전어음이라고 한다. 이 견해는 어음행위자의 보충권수여의사를 전혀 고려하지 않는 점에서 타당하지 않다.

3. 절충설

원칙적으로는 백지어음 행위자의 보충권수여의사에 따라서 백지어음인지 여부가 결정되지만(주관설), 예외적으로 어음 외관상 흠결된 어음요건의 보충이 예정되어 있는 것으로 인정되는 경우, 예컨대 인쇄된 어음용지를 사용한 경우 그러한 서면임을 인식하거나 인식할 수 있는 상황에서 기명날인이나 서명을 하였다면 보충권수여의사가 없더라도 백지어음이라고 한다.

절충설은 다시 주관설을 따르되 예외적으로 보충권수여의사가 없는 경우에 백지어음의 외관을 가진 어음에 기명날인 또는 서명한 자는 선의취득자에 대하여 불완전어음이라는 항변을 할 수 없다고 주장하는 견해, 즉 주관설에 권리외관설을 결합한 견해[9]와 어음요건이 흠결된 어음을 백지어음으로 추정하되, 기명날인 또는 서명을 한 자가 보충권의 부존재를 증명하면 불완전어음으로서 지급책임이 없다는 백지어음추정설로 갈린다.

4. 판 례

판례는 어음요건의 일부를 기재하지 않은 채, 어음을 발행 유통시킨 때에는 백지어음으로 추정되므로[10] 불완전어음이라고 주장하는 자는 스스로 백지보충권수여의 부존재를 입증하여야 한다고 한다.[11] 우리 판례가 절충설을 취하고 있다는 견해와 주관설을 취하고 있다는 견해로 대립된다.

인쇄된 어음용지에 만기가 백지인 어음은 어음법 제2조에 의하여 일람출급어음이 되지만 당사자의 합의를 존중하여 판례는 백지어음으로 추정하고 있다. 그리고 백지어음의 추정은 어음행위자가 백지보충권을 수여하지 않았다는 사실을 입증하면 번복되어 무효인 어음이 되는바, 이는 결국 어음행위자의 의사에 의하여 백지어음 여부가 결정되기 때문에 주관설을 취한 것으로 보아야 할 것이다.[12] 절충설 중 권리외관설에 의하여 선의의 취득자에 대하여 어음소지인이 불완전어음의 항변을 제기할 수 없다는 견해는 백지어음의 추정이 악의의 취득자에게는 적용되지 않다가 선의의 취득자에게는 적용된다는 것인바, 상대방의 선·악에 의하여 백지어음의 추정이 변동되는 결과가 되므로 타당하지 않다. 따라서 어음요건이 흠결된 어음은 백지어음으로 추정하되, 기명날인 또는 서명을 한 자가 보충권의 부존재를 입증하면 무효인 어음으로서 면책된다고 본다.[13]

대법원 2001. 4. 24. 선고 2001다6718 판결

백지약속어음의 경우 발행인이 수취인 또는 그 소지인으로 하여금 백지부분을 보충케 하려는 보충권을 줄 의사로서 발행하였는지의 여부에 관하여는 발행인에게 보충권을 줄 의사로 발행한 것이 아니라는 점, 즉 백지어음이 아니고 불완전어음으로서 무효라는 점에 관한 입증책임이 있다고 할 것이다(대법원 1984. 5. 22.

9) 손주찬(어), 226면 ; 정동윤(어), 399-400면.
10) 대법원 1966. 10. 11. 66다1646 ; 대법원 1976. 3. 9. 75다984.
11) 대법원 1967. 2. 28. 66다2351 ; 1984. 5. 22. 83다카1585 ; 대법원 2001. 4. 24. 2001다6718.
12) 이철송(어), 253-254면 ; 최준선(어), 272-273면.
13) 정찬형(어), 208-209면.

선고 83다카1585 판결 참조).

제3절 백지보충권(백지어음의 완성)

1 백지보충권의 의의

백지보충권은 백지어음의 흠결된 어음요건을 기재하여 완전한 어음으로서 효력을 발생시킬 수 있는 권한이다. 보충권의 행사는 어음의 본 용지에 해야 하므로 별지나 사본에 한 보충권의 행사는 효력이 없다.[14]

2 백지보충권의 발생근거

1. 백지어음행위설

발행인이 백지어음에 기명날인 또는 서명을 한 때 보충권이 발생하여 백지어음에 표창되어 기명날인 또는 서명을 한 자가 보충권을 소유하다가, 어음을 배서 교부할 때 보충권이 수취인에게 이전된다고 한다.[15] 사실행위인 기명날인 또는 서명만으로 보충권이 발생한다고 주장하는 백지어음행위설은 당사자 의사에 부합하지 않고 또 백지어음행위자가 기명날인 또는 서명 후 교부 전까지 보충권을 소유하고 있다고 하는데, 제3자가 행사하는 보충권을 백지어음행위자가 먼저 소유하는 이유를 명쾌하게 설명하지 못한다.

2. 어음외계약설

어음과 관계없이 발행인과 수취인의 계약에 의하여 보충권이 발생한다는 것이 어음외계약설이다. 발행인과 수취인이 사법상 백지보충권 수여계약에 의해서 보충

14) 대법원 2002. 2. 26. 2000다48265.
15) 강위두 · 임재호(하), 319면.

권이 발생하고, 보충권이 백지어음에 화체되어 백지어음과 함께 유통된다고 한다. 이 학설은 보충권이 백지어음에 언제 화체되고, 어떻게 표창되는지를 충분히 설명을 하고 있지 못하지만, 백지보충권은 보충권을 수취인이 행사하기로 하는 합의에 의하여 수취인에게 발생하고, 백지어음이 양도될 때 보충권도 어음에 화체되어 제3자에게 이전한다고 하는바, 어음행위자의 실제 의사에 합치된다.[16)]

3 백지보충권의 내용

어음외계약설에 의하면 백지보충권은 어음외 계약에 의하여 발생되므로, 수취인은 합의된 내용에 따라 보충권을 행사할 의무가 있다. 그러므로 보충권의 내용은 계약에 의하여 한정된 구체적 권리이다. 보충권의 범위가 계약 시에 확정되어야 하는 것은 아니므로, 보충권을 행사할 때까지 그 범위를 확정할 수 있는 기준이 정해지면 된다. 어음의 원인관계인 발행인의 채무의 내용에 따라서 보충권의 범위가 결정되겠지만, 그 범위가 모호한 경우에는 신의성실의 원칙과 어음거래관습 등에 따라 합리적으로 결정되어야 한다.[17)]

보충권은 백지어음에 화체되므로 보충권만을 양도할 수 없고 보충권만의 담보나 압류를 할 수 없다. 백지어음은 교부 후에 어음행위자가 사망하거나 제한능력자가 되더라도 보충권은 존속한다. 또 백지어음의 정당한 소지인이 보충권을 갖기 때문에 백지어음을 회수하지 않는 한 보충권만의 철회나 제한은 불가능하고, 선의의 제3자에게 백지어음이 양도되면 보충권수여계약을 해제할 수 없다. 백지보충권을 행사한 후에 어음요건을 임의로 변경하면 변조가 되고, 백지어음이 소멸되면 백지보충권도 더불어 소멸된다.

4 보충권의 법적성질

1. 형성권설

백지보충권은 어음소지인의 보충에 의하여 미완성어음을 완성어음으로 어음관계

16) 정찬형(어), 211면 ; 최준선(어), 281면.
17) 대법원 2006. 3. 10. 2005다24349.

의 내용을 확정시키는 권리로서, 어음소지인이 일방적으로 권리를 행사할 수 있으므로 형성권이며, 제척기간이 적용된다고 한다(통설).[18]

2. 대리권설, 수권설, 특수권한설

형성권은 권리행사자와 상대방 사이에서 효력이 발생하지만, 보충권은 보충권수여자와 보충권행사자 사이에서 효력이 발생하는 것이 아니라 보충권수여자와 보충권행사자로부터 어음을 양도받은 제3자 사이에서 효력이 발생하므로 형성권이 아니고 대리권이라는 견해가 있으나, 보충권을 행사하는 자가 보충권 수여자의 이름으로 보충권을 행사하지 않기 때문에 대리의 현명주의에 위배되어 대리권설은 타당하지 않다. 한편 백지어음행위자의 수권에 의하여 백지를 보충함으로써 백지어음을 완성어음으로 성립시킬 수 있는 권능 내지 자격이 보충권이라는 수권설이 있으나, 수권은 의무가 없는 개념인데 비하여 보충권수여계약은 보충권자가 약정된 범위 안에서 보충권을 행사할 의무를 부담한다는 점에서 수권으로 볼 수 없다. 한편 백지보충권을 어음법상 특수한 권한이라는 견해도 있다.[19]

5 백지보충권의 남용(부당보충)

백지보충권은 당사자 간의 합의에 의하여 그 내용과 범위가 정해진다. 그런데 이러한 합의를 위반하거나, 합의가 없는 경우에 예견된 범위를 초과하여 보충권을 행사하는 것이 보충권의 남용(부당보충)이다. 이때 부당보충된 어음을 취득한 자에 대하여 백지어음행위자의 책임이 문제된다.

1. 백지어음행위자의 책임

(1) 선의취득자에 대한 책임

보충권합의의 직접 당사자가 부당보충한 경우에 백지어음행위자는 합의위반의 인적항변으로 대항할 수 있으므로, 보충된 문구에 의하여 책임을 지지 않는다. 그

18) 최준선(어), 283면 ; 정찬형(어), 212면 ; 손주찬(하), 230면.
19) 정동윤(어), 407-408면.

러나 보충된 어음의 취득자가 선의이고 중과실이 없는 한, 선의취득자에 대하여는 합의위반이라는 인적항변은 절단되므로 백지어음행위자는 보충된 문구대로 책임을 진다.

예컨대 어음금액을 100만원으로 보충하기로 합의가 이루어졌는데, 150만원으로 기재하여 제3자에게 배서 교부한 경우에, 제3자가 선의취득자이면 백지어음행위자는 150만원을 지급할 책임이 있다.

(2) 악의 또는 중과실이 있는 취득자에 대한 책임

어음취득자가 백지어음이 부당보충된 사실을 알고 취득하였거나 또는 중대한 과실로 이를 알지 못하였다면, 백지어음행위자가 취득자의 악의 또는 중과실을 입증하면 부당보충의 항변으로 대항할 수 있다. 악의는 어음소지인이 백지어음의 부당보충사실을 알고 있는 것을 의미하고, 중대한 과실이라 함은 백지어음을 취득하면서 조금만 주의를 기울였더라면 백지어음의 부당보충사실을 알 수 있었음에도 불구하고 그러한 주의를 기울이지 못하여 어음을 취득한 것을 의미한다.[20]

어음금액이나 수표금액처럼 중요한 사항은 그 보충권에 관한 범위를 어음발행인에게 확인하지 아니한 채, 양도인의 말만 믿고 어음을 취득하였다면 중대한 과실이 있으므로 부당보충의 항변을 할 수 있다.[21] 어음취득자의 악의나 중과실은 백지어음을 취득한 때 존재하여야 하므로, 어음을 취득한 후의 악의 또는 중과실을 사유로 부당보충의 항변을 할 수 없다. 백지어음행위자가 보충권 남용에 대한 책임에서 벗어나려면 어음취득자에게 악의나 중과실이 있음을 입증하여야 한다.

(3) 부당보충항변의 효과

백지어음행위자가 보충권남용의 항변을 하더라도 부당보충으로 완성어음이 미완성어음으로 환원되지 아니하고, 백지어음행위자는 자기가 수여한 보충권의 범위내에서 어음소지인에 대하여 어음책임을 부담한다. 예컨대 100만원의 보충권을 수여하였는데, 150만원으로 기재한 경우에 백지어음행위자는 보충권을 수여한 100만원에 대한 지급책임을 부담한다.

---

20) 대법원 1995. 6. 30. 95다10600 ; 대법원 1999. 2. 9. 98다37736.

21) 대법원 1995. 8. 22. 95다10945.

2. 어음법 제10조의 적용범위

어음법 제10조는 '미완성으로 발행한 환어음에 미리 합의한 사항과 다른 내용을 보충한 경우에는 그 합의의 위반을 이유로 소지인에게 대항하지 못한다. 그러나 소지인이 악의 또는 중대한 과실로 인하여 환어음을 취득한 경우에는 그러하지 아니하다' 규정하고 있다. 이 규정에 의하여 부당보충된 어음을 선의·무중과실로 취득한 자는 보충된 내용에 의하여 권리를 취득하고 백지어음행위자는 어음소지인에게 부당보충의 항변을 할 수 없는 것은 확실하다.

그런데 백지어음을 수취인이 보충하지 않고, 제3자에게 양도하면서 보충권의 범위를 확대하여 제3자에게 고지하여, 선의·무중과실로 백지어음을 취득한 제3자가 확대된 금액을 기재하여 어음금을 청구하는 경우에도 어음법 제10조의 선의취득자로서 보호받을 수 있는 것인가? 즉 선의·무중과실로 일정한 범위의 보충권을 신뢰하고 어음을 취득한 자가 스스로 백지보충권을 행사하였는데, 보충권의 범위를 벗어난 경우에 백지보충자가 어음법 제10조의 선의취득자로 보호를 받을 수 있는가의 문제이다.

첫째로 어음법 제10조의 적용을 받는다는 통설에 의하면, 어음법 제10조는 보충권이 행사된 후에 완성어음을 선의로 취득한 자를 보호하기 위한 규정이지만, 보충권의 범위는 발행인과 수취인 사이의 인적항변사항에 불과하므로, 수취인으로부터 백지어음을 취득한 제3자가 백지를 보충하여 어음금을 청구하는 경우에도, 보충자는 선의취득자로서 보호받을 수 있다고 한다.

즉 백지보충권이 행사된 후에 완성된 어음을 취득하였든지, 백지어음을 취득한 후에 스스로 백지를 보충하였든지 간에 어음취득자가 신뢰한 권리외관이 동일하고 백지어음행위자는 같은 방법과 책임 하에 외관을 야기하였으므로 선의취득자에게 책임을 부담하여야 한다는 것이다.[22] 이 견해는 거래안전을 위하여 선의취득자 보호를 우선시하므로 백지어음행위자에게 불리하다.

둘째로 어음법 제10조가 적용되지 않는다는 소수설에 의하면, 어음법 제10조는 백지어음이 보충된 완성어음을 선의 또는 중과실없이 취득한 자를 구제하려는 규정이므로 보충되지 아니한 백지어음을 취득한 자는 동조항의 보호대상이 아니다. 즉 유통성을 보호할 가치가 있는 어음은 보충권이 행사된 완성어음이고, 백지부분

22) 최기원(어), 356-357면 ; 손주찬(하), 233면 ; 정동윤(어), 416면 ; 이철송(어), 268면 ; 최준선(어), 287면.

이 보충되지 않은 어음을 취득한 자의 신뢰는 어음법 제10조가 보호하지 않으므로, 백지어음 취득자는 부당보충항변의 위험을 감수하여야 한다고 주장한다.[23] 그리고 금액이 백지인 어음을 취득한 자가 양도인을 말만 믿고 백지보충권의 범위를 백지어음 행위자가 조회하지 않았다면, 중대한 과실이 있다고 볼 수도 있다.

판례는 백지어음행위자의 직접상대방이 백지어음을 제3자에게 양도하면서 부당보충권을 고지한 경우, 제3취득자가 보충권이 진실한 것으로 믿고 백지를 보충 기재한 경우에도 어음법 제10조의 보호를 받는다고 하였다. 다만 금액이 백지인 어음을 취득한 자가 발행인에게 금액의 범위를 확인하지 않고 어음을 취득한 것은 취득자에게 중대한 과실이 있기 때문에 백지어음발행인은 부당보충의 항변을 할 수 있고, 부당보충된 부분에 대하여 지급책임을 부담하지 않는다고 하였다. 그러나 최후의 배서가 백지인 어음을 최후 배서인에게 조회나 확인하지 않고 단순교부방식으로 백지어음을 양수한 자는 선의취득자로서 보호받는다.[24]

생각건대 보충권을 신뢰한 자를 보호하는 것이 어음법 제10조의 입법취지이므로 보충된 어음을 신뢰하고 취득한 자와 백지어음을 취득한 후에 보충권을 신뢰하고 보충한 자를 달리 볼 이유가 없다. 다만 어음취득자가 최소한 백지부분에 대한 확인이나 조회가 가능한 경우에 이를 무시한 경우에는 어음채무자는 중과실을 이유로 부당보충의 항변을 할 수 있다.

대법원 1978. 3. 14. 선고 77다2020 판결

어음법 제77조 제2항, 제10조의 규정에 의하면 백지어음을 발행한 자는 보충권에 관하여 미리 합의한 것과 다른 보충을 한 어음을 악의 또는 중대한 과실없이 취득한 소지인에 대하여는 책임을 지도록 되어 있는 바, 본건에 있어서는 원심이 적법하게 인정하고 있는 바와 같이 피고로부터 백지어음부분에 대한 보충권한을 부여받은 위 김경열의 지시에 의하여(김경열이가 원고로 하여금 금액란을 보충하게 하여) 원고가 금액란을 3,500,000원으로 보충하였다는 것이니 원고가 본건 어음을 악의 또는 중대한 과실없이 취득하였다면 원고는 위 법조에 의하여 보호받게 되는 것이라고 할 것이다. 그렇다면 원판결에 소론 백지어음의 선의취득에 관한 법리오해의 위법이 있다고 할 수 없다. 그러면 원고가 위 법조 소정의 중대한 과실로 인하여 본건 어음을 취득하였다는 피고의 항변을 배척한 원심의 판단을 살펴보기로 하겠다.

---

23) 정찬형(어), 216-217면.

24) 대법원 1987. 6. 9. 86다카2079.

피고의 항변내용은 「원고는 고등교육을 받은 자로서 어음거래를 많이 하여 온 경험이 있고 피고가 발행한 유가증권을 위 김경열로부터 여러 차례 교부받아 그것이 결재되었었는데 본건 어음과 같이 금액란이 백지로 발행된 적은 없었으며 본건 어음에 보충된 금액이 금 3,500,000원이나 되는 거액이고 또 원,피고는 서로 아는 처지로서 본건 어음과 같은 경우에는 전화 등으로 백지어음이 발행된 사실과 금액의 보충한도등을 쉽게 조회하여 확인할 수 있었음에도 불구하고 이를 하지 아니하고 원고가 본건 어음을 취득한 것은 중대한 과실에 인한 것이라」는 것이고, 이에 대한 원심의 판단은 피고의 그러한 주장만으로는 원고에게 중대한 과실이 있다고 인정하기 어려우니 피고의 주장은 이유없다는 것이다.

그런데 백지어음의 백지부분을 두 가지 유형으로 나누어 보면 하나는 어음금액이 백지로 된 경우와 같이 가장 중요한 사항인 어음금액에 관하여 또 그 범위가 한정되는 것이 통상적인 사항이 백지로 된 경우이고, 또 하나는 그다지 중요하지 아니한 사항으로서 한정되지 않는 것이 통상적인 그밖의 사항 특히 수취인이 백지로된 경우 등인바, 어음금액이 백지로 된 전자의 백지어음을 본건의 경우처럼 원고가 그를 취득할 당시에 위 김경열의 지시에 의하여 원고자신이 본건 어음금액란을 보충한 경우에 있어서 원고가 보충권의 내용에 관하여 본건 어음의 기명날인자(피고)에게 직접 조회하지 않았다면 특별한 사정이 없는한 취득자인 원고에게 중대한 과실이 있는 것이라고 보아야 할 것이고 위에 설시한 피고의 항변사실은 오히려 원고의 본건 어음취득이 중대한 과실에 인한 것임을 긍인하게 하는 것임에도 불구하고 원심이 피고의 위 항변을 배척하였음은 위 법 소정의 중대한 과실에 관한 법리를 오해한 것이라고 할것이며 피고의 항변이 받아들여질 경우에는 피고는 당초의 합의에 따른 책임만을 지게 될 것이므로 원판결에 영향을 미쳤음이 명백하니 이점을 지적하는 상고논지는 이유있다.

3. 부당보충 후 기명날인 또는 서명자의 책임

부당보충된 어음에 배서하고 양도한 자나 스스로 부당보충한 후에 배서하고 양도한 자는 기재한(부당보충) 내용대로 어음행위독립의 원칙에 의하여 소구책임을 부담한다. 그리고 양도인이 백지어음을 보충하지 아니하고 후자에게 배서 양도하면서, 진정한 보충권의 범위를 초과한 보충권을 고지함으로써 후자가 부당한 보충권을 행사하여 어음금을 청구한 경우에는 부당한 보충권을 고지하고 배서양도한 자는 보충권이 백지어음에 화체되어 후자에게 이전되었기 때문에, 후의 취득자가 부당보충한 내용에 의하여 소구책임을 부담한다.

예컨대, 갑(발행인)이 을(수취인)에게 백지어음을 발행교부하면서 100만원의 금액 보충권을 수여하였고, 을이 병에게 백지인 상태의 어음을 양도하면서 원래의 보충권을 초과한 150만원이라고 알려주자 병은 150만원을 보충할 정당한 권한이 있는 것으로 믿고 교부받은 백지어음 금액란에 150만원으로 기재한 후 선의인 정에게 양도한 경우, 발행인(갑)은 어음소지인(정)에게 150만원에 대한 지급책임이 있다. 한편 배서인 을도 정에게 백지어음을 양도하면서 150만원이라고 부당보충의 의사를 전하였으므로 150만원에 대한 소구의무를 부담한다.

6 백지보충권의 행사기간

백지보충권의 성질이 형성권이므로 제척기간이 적용되는바, 백지보충권은 그 제척기간 내에 행사하여야 하고, 또 어음 소멸시효가 완성되기 전에 행사하여야 한다. 어음상 권리가 시효경과로 소멸하면, 보충권의 제척기간이 남아있더라도 보충권을 행사할 수 없다. 그런데 만기가 백지인 경우에는 어음시효가 진행되지 않으므로 이때는 보충권의 제척기간 내에 행사하면 될 것이다.

1. 만기 이외의 요건이 백지인 경우

만기외의 어음요건이 백지인 백지어음은 어음상 권리의 행사기간 내에 보충권을 행사하면 된다. 어음금에 관한 청구권은 주채무자에 대한 어음금청구권과 소구의무자에 대한 소구권이 있는데, 그 중 어떤 권리를 행사하느냐에 따라 보충권의 행사기간이 달라진다.

(1) 주채무자(환어음의 인수인, 약속어음의 발행인)에 대한 어음금청구권은 만기로부터 3년내에 행사하지 않으면 소멸시효가 완성되므로(어 70조 1항, 77조 1항 8호), 이 기간 내에 백지보충권을 행사하여야 한다.[25] 이때도 어음만기의 종류에 따라 행사기간이 다른데, 확정일출급 및 발행일자후정기출급환어음은 소정의 만기로부터 3년 내에 일람출급환어음은 지급제시기간 내의 지급제시일부터 3년 내에 각각 보충권을 행사하여야 한다. 일람후정기출급환어음은 인수일자 또는 거절증서

25) 대법원 2002. 2. 22. 2001다71507 ; 대법원 1995. 6. 9. 94다41812.

의 일자 후 일정기간 경과로부터 3년 내에 보충권을 행사하여야 한다.

(2) 소구의무자에 대하여 소구권을 행사하기 위해서는 어음소지인이 법정기간 내에 주채무자에게 지급제시를 하고, 지급이 거절되면 지급거절증서를 작성하여야 한다. 이때 지급제시는 완전어음으로 하여야 하므로 지급제시기간 내에 백지보충권을 행사하여야 한다. 따라서 백지어음을 지급제시하더라도 그 효력이 없으므로 모든 소구의무자에 대하여 소구권을 상실한다. 확정일출급환어음과 발행일자후정기출급환어음은 '지급을 할 날에 이은 2거래일 내'에 백지보충권을 행사하여야 하며(어 38조, 44조 3항), 일람후정기출급 환어음은 인수제시기간 내(원칙적으로 발행일로부터 1년)에 보충권을 행사하여야 하고, 일람출급어음은 지급제시기간 내(발행일로부터 1년)에 보충권을 행사하여야 한다(어 34조 1항).

2. 만기가 백지인 경우

만기가 백지인 어음은 소멸시효의 기산점이 없으므로 어음상 권리가 소멸시효의 경과로 소멸되지 않는바, 보충권 자체의 제척기간 내에 보충권을 행사하면 된다. 만기가 백지인 어음의 보충권의 행사기간에 대하여 백지보충권은 채권 및 소유권 이외의 재산권이므로 민법 제162조 제2항에 의하여 20년의 시효가 적용된다는 견해,[26] 백지보충권은 채권과 동일하므로 민법 제162조 제1항에 의하여 10년의 시효가 적용된다는 견해,[27] 원인관계가 민사관계이면 10년, 상사관계이면 5년의 상사시효가 적용된다는 견해,

보충권의 행사는 상사인 어음에 관한 행위이므로 상사시효 5년이 적용된다는 견해, 만기백지어음을 일람출급어음으로 보아서 어음소지인은 발행일부터 1년 내에 만기를 보충할 수 있고, 소지인이 1년 내에 만기를 보충하지 않는 경우에는 일람출급어음에 준하여 발행일부터 1년을 만기로 간주하고, 이때부터 3년 내에 보충하여야 하기 때문에 발행일부터 4년이 시효기간이라는 견해,[28]

보충권 자체의 소멸시효를 부인하고 보충권을 어음상 권리와 동일하게 보아 주채무자에 대하여는 발행일로부터 3년의 시효가 적용된다는 견해,[29] 만기가 백지인

26) 서돈각 · 정완용(하), 175면.
27) 서정갑, 신어음 · 수표법, 일신사, 1980, 154면.
28) 정찬형(어), 220면.

어음을 일람출급어음으로 보아 일람을 위한 제시기간인 1년내(어 34조 1항)에 보충권을 행사하여야 한다는 견해 등이 있다.

판례는 만기를 백지로 한 약속어음의 보충권의 소멸시효는 특별한 사정이 없는 한 어음의 원인관계에 비추어 어음상 권리를 행사할 수 있는 것이 법률상 가능한 때부터 진행하고, 백지어음의 보충권행사로 인하여 생기는 채권은 어음금 채권이고, 어음금채권은 만기의 날부터 3년간 행사하지 아니하면 소멸시효가 완성되므로, 백지보충권의 소멸시효기간은 백지보충권을 행사할 수 있는 때부터 3년이라고 판시하고 있다.[30)]

백지보충권의 시효를 20년 또는 10년이라는 주장은 장기간 어음관계를 불안정한 상태로 방치시키므로 어음관계의 신속한 종결을 바라는 어음제도의 취지에 부적합하고, 원인채권의 성질에 따라 시효를 달리 보는 견해도 그 원인관계를 어음소지인이 알 수 없고 보충권행사기간을 그 원인관계와 연계시키는 것은 어음의 무인성의 법리에 어긋난다. 4년 시효설은 만기백지어음이 일람출급어음이라는 전제를 하는데, 이는 당사자의 의사에 배치된다.

결국 백지보충권은 어음상 권리를 행사하기 위한 것이므로, 그 시효를 독자적으로 결정할 것이 아니라 어음상 권리를 행사할 수 있으면 보충권도 행사할 수 있다고 보아야 한다. 따라서 만기백지인 어음의 보충권 행사기간을 주채무자에 대한 어음상의 권리와 같은 3년의 시효로 보는 것이 타당하다. 그리고 보충권 행사의 기산점은 특별한 사정이 없는 한 어음발행의 원인관계에 비추어볼 때 어음상의 권리를 행사하는 것이 법률상 가능한 때부터 진행된다고 보는 판례의 견해가 타당하다.[31)] 수표는 발행일이 백지인 경우 배서인, 발행인, 기타 채무자에 대한 소구권은 제시기간경과 후 6월 내 행사하여야 하므로 백지보충권의 행사기간도 6월로 본다. 이때 시효의 기산점은 수표상 권리의 행사가 가능한 때이다.

---

29) 정동윤(어), 413-414면 ; 손주찬(하), 235면.

30) 대법원 2003. 5. 30. 2003다16214 ; 대법원 1997. 5. 28. 96다25050(장래의 계속적인 물품거래로 발생할 채무의 지급을 위하여 만기를 백지로 한 약속어음을 발행한 경우, 그 보충권의 소멸시효는 다른 특별한 사정이 없는 한 그 물품거래가 종료하여 어음상의 권리를 행사하는 것이 법률적으로 가능하게 된 때부터 진행한다).

31) 최준선(어), 293면.

7 백지보충권 행사의 효과

1. 보충의 효력발생시기

백지어음을 보충하면 완전어음이 되어, 어음상 권리를 표창하게 되고, 백지어음 행위자는 보충된 내용대로 책임을 부담한다. 그런데 백지보충권의 효력의 발생시기에 대하여 백지어음을 보충기재하면 백지어음의 행위시로 소급하여 효력이 발생한다는 소급설[32]과 백지어음행위는 정지조건부행위로서 백지보충권을 행사한 때부터 장래를 향하여 효력이 발생한다는 불소급설(통설)[33]이 대립하는데 불소급설이 타당하다. 판례도 백지어음의 어음행위는 백지부분이 후일 보충될 것을 정지조건으로 성립하고, 보충기재에 의하여 조건이 성취되었을 때에 어음행위로서 완전한 효력이 발생하는 것이지 백지보충의 효력이 조건성취 전으로 소급한다고는 볼 수 없다고 하였다.[34]

2. 어음행위의 성립시기

백지어음이 백지를 보충할 때부터 완전한 어음으로서 장래를 향하여 효력을 발생하지만 어음행위의 성립시기는 어음행위를 한 때이므로, 어음행위자의 능력, 대리권 등은 어음행위시를 기준으로 결정되고, 어음의 발행일자, 배서일, 만기 등도 백지어음행위를 한 때를 기준으로 법률효과가 결정된다.[35]

예컨대, 만기가 2010. 5. 1.인 어음금액이 백지인 어음을 2010. 3. 1. 갑이 발행하여 을에게 교부하고, 을이 다시 병에게 2010. 4. 1.에 배서양도하여, 병이 2010. 6. 1. 금액을 기재하였다면, 을이 병에게 2010. 4. 1. 배서양도한 어음은 효력은 어음행위인 배서를 한 때(2010. 4. 1.)부터 배서의 효력이 발생하므로, 만기(2010. 5. 1.) 이전의 배서로서 기한전의 배서이지만, 백지어음의 효력발생시기는 금액을 기재한 때(2010. 6. 1.)부터 효력이 발생하므로 그 때부터 어음금을 청구할 수 있다.

---

32) 최기원(어), 359면.
33) 정찬형(어), 223면 ; 손주찬(하), 237면 ; 최준선(어), 294면
34) 대법원 1965. 8. 31. 65다1217 ; 대법원 1971. 8. 31. 68다1176
35) 대법원 1980. 3. 11. 79다1999.

대법원 1971. 8. 31. 선고 68다1176 전원합의체 판결

원판결이 적법히 확정한 사실에 의하면 피고가 소외 오충환에게 금액 50,000원, 만기 66. 1. 20. 지급지와 발행지 모두 대전시, 지급장소, 한일은행 대전지점, 지급받을 자난, 공백, 발행일 65. 12. 13.인 백지약속어음 1장을 발행교부하고, 오충환은 소외 최종인에게,최충인은 소외 남광옥에게 그 무렵 각각 인도양도하고 66. 1. 10. 남광옥은 원고에게 배서양도하고, 그 소지인이 된 원고가 67. 8. 24. 위 공백부분에 지급받을 자의 성명을 남광옥으로 기입보충하였다는 것인바, 백지어음에 있어서 백지의 보충시와 어음행위 자체의 성립시기와는 엄격히 구별하여야할 문제로서, 백지의 보충없이는 어음상의 권리를 행사할 수는 없으나, 어음행위의 성립시기를 곧 백지의 보충시로 의제할 수는 없는 것이며, 그 성립시기는 그 어음행위 자체의 성립시기로 결정하여야 할 것이다. 그렇다면, 그 보충이 67. 8. 24.에 된 66. 1. 20. 만기의 이 사건 어음에서 66. 1. 10.에 이루어진 본건 배서를 만기후 배서로 아니본 원판결판단은 실로 정당하다. 그러므로 위 견해와 상충되는 당원의 종전판례(65. 8. 31. 선고 65다1217 판결-당원 판례집 제13권 2집 민사편 112장 이하 소장, 당원판례카아드 NO. 1802 등재)에 입각하여 이 사건 배서는 기한후 배서로 보고 그 효력은 단지 지명채권의 양도의 효력밖에 없다고 주장하는 상고논지는 이유 없다. 따라서 소송비용의 부담에 관하여는 민사소송법 제89조를 적용하여 주문과 같이 판결한다.

제4절 백지어음의 양도

1 보충권의 이전

백지어음의 보충권은 어음행위자가 계약에 의하여 상대방에게 수여하지만, 그 상대방이 직접 보충을 하여야 하는 것은 아니므로 백지어음과 더불어 보충권을 양도할 수 있다. 따라서 백지어음은 민법상의 양도방법인 상속이나 채권양도방식으로 이전을 할 수 있을 뿐만 아니라 상관습법상 완성된 어음과 같이 유통되므로 배서에 의하여 양도할 수 있으며, 수취인이 백지이거나 최후의 배서가 백지식인 때에는 단순한 교부에 의하여 양도할 수 있다.

2 선의취득과 항변절단

백지어음은 유통에 있어서는 완전어음과 동일하게 취급되므로 어음법적 양도방법으로 백지어음을 선의취득할 수 있다. 백지어음의 선의취득자는 백지보충권을 동시에 취득하고, 보충에 의하여 성립할 어음상 권리도 취득한다. 한편 백지어음을 선의취득한 자는 보충권의 행사에 의하여 완전한 권리의 취득이 예정되어 있으므로, 어음권리자와 채무자 사이에 인적항변사유가 있더라도 양수인이 채무자를 해할 것을 알고 취득하지 않는 한 양수인은 채무자로부터 인적항변의 대항을 받지 아니한다.[36)]

따라서 어음수수의 당사자간에는 인적항변이 가능하지만 수취인백지의 어음이 유통되어 제3자가 자기를 수취인으로 보충기재하여 약속어음의 발행인에게 청구하는 때에 제3자가 발행인을 해할 것을 알고 어음을 취득한 경우가 아니면 발행인은 원인관계의 항변으로 제3자에게 대항하지 못한다.

대법원 1994. 11. 18. 선고 94다23098 판결

수취인이 백지인 채로 발행된 어음은 인도에 의하여 어음법적으로 유효하게 양도될 수 있고 위와 같은 어음이 인도에 의하여 양도된 경우 어음법 제17조가 적용되는 것이므로, 어음이 전전 양도된 후 그 어음을 인도받은 최종 소지인이 수취인으로서 자기를 보충하였다고 하더라도 그 소지인이 발행인을 해할 것을 알고 취득한 경우가 아니면, 어음문면상의 기재와는 관계없이, 발행인으로부터 원인관계상의 항변 등 인적 항변의 대항을 받지 아니한다고 할 것이다. 원심이 적법하게 인정한 바와 같이 피고가 소외 임성희에게 수취인이 백지로 된 이 사건 약속어음을 발행하고 원고가 위 어음을 인도에 의하여 전전취득하였다면, 원고가 피고를 해할 것을 알고 위 어음을 취득하였다는 사실이 인정되지 않는 이 사건에 있어서, 원고가 위 어음에 자신을 수취인으로 기재하였다고 하더라도, 피고는 위 임성희에게 주장할 수 있는 사유로 원고에게 대항할 수는 없다고 할 것이므로, 그 이유설시는 미흡하지만 위와 같은 결론의 원심판단은 정당하고 거기에 판결에 영향을 미친 소론과 같은 법리오해 등의 위법이 있다고 할 수 없다.

---

36) 대법원 1994. 11. 18. 94다23098.

3 이득상환청구권과 제권판결

백지어음의 소지인은 적법한 기간 내에 백지를 보충하지 않는 한 원칙적으로 이득상환청구권을 취득하지 못한다. 그러나 수취인이 백지인 경우에는 정당한 소지인의 이득상환청구권은 인정된다고 본다.

백지어음을 상실한 자도 제권판결을 받을 수 있는데, 제권판결의 소극적 효력에 의하여 백지어음은 무효가 된다. 한편 제권판결을 받은 자가 그 적극적 효력에 의하여 증권 없이 판결문으로 어음상 권리를 행사할 수 있는가에 관하여 보건대, 백지어음으로 어음상 권리를 행사할 수 없고, 또 판결문에 보충기재를 할 수도 없으므로 적극적 효력은 인정되지 않는다는 견해[37]가 있으나, 제권판결을 받은 자가 백지어음의 재발행을 청구하여 백지를 보충하고 어음상 권리를 행사하거나 판결문에 백지보충의사를 기재한 서면을 첨부하여 지급제시를 할 수 있다고 본다(통설).[38] 판례는 백지어음의 제권판결을 받은 자는 발행인에게 백지부분에 대하여 어음외의 의사표시에 의하여 보충권을 행사하고 어음금지급을 청구할 수 있다고 한다.[39]

대법원 1998. 9. 4. 선고 97다57573 판결

민사소송법 제468조는 "제권판결이 있는 때에는 신청인은 증권 또는 증서에 의하여 의무를 부담한 자에 대하여 증서에 의한 권리를 주장할 수 있다."고 규정하고 있는바, 제권판결제도는 증권 또는 증서를 상실한 자에게 이를 소지하고 있는 것과 같은 형식적 자격을 부여하여 그 권리를 실현할 수 있도록 하려는 것인 점과, 백지어음의 발행인은 백지보충을 조건으로 하는 어음금지급채무를 부담하게 되고, 백지에 대한 보충권과 백지보충을 조건으로 한 어음상의 권리는 백지어음의 양도와 더불어 양수인에게 이전되어 그 소지인은 언제라도 백지를 보충하여 어음상의 권리를 행사할 수 있으므로, 백지어음은 어음거래상 완성어음과 같은 경제적 가치를 가지면서 유통되고 있는 점을 함께 고려하여 보면, 백지어음에 대한 제권판결을 받은 자는 발행인에 대하여 백지보충권과 백지보충을 조건으로 한 어음상의 권리까지를 모두 위 민사소송법 제468조에 규정된 '증서에 의한 권리'로서 주장할 수 있다고 봄이 상당하다 할 것이다. 따라서 발행일 · 발행지 · 지급지 · 수취인의 각 난을 백지로 하여 발행된 이 사건 약속어음에 대한 제권판결을 받은 원고로

37) 이영섭(편), 「판례 학설 주석민사소송법」, 한국사법행정학회, 1972, 924면.
38) 최준선(어), 280면 ; 정찬형(어), 226면 ; 정동윤(어), 405면.
39) 대법원 1998. 9. 4. 97다57573.

서는 발행인인 피고에 대하여 위 백지 부분에 대하여 어음 외의 의사표시에 의하여 보충권을 행사하고 그 어음금의 지급을 구할 수 있다고 본 원심의 판단은 정당하고, 거기에 상고이유의 주장과 같은 법리오해의 위법이 있다고 할 수 없다.

제5절 백지어음에 의한 권리행사

1 일반적 효력

백지어음을 보충하기 전에는 원칙적으로 어음상 권리행사를 할 수 없다. 따라서 백지어음소지인은 백지어음으로 인수제시나 지급제시를 하더라도 효력이 없고,[40] 백지어음에 의한 지급제시는 적법한 소구권보전절차가 아니므로 소구의무자에 대하여 소구권을 행사할 수 없다.[41] 또 백지어음에 의한 지급제시는 정당한 지급제시로서의 효력이 없으므로 지급을 거절하더라도 이행지체가 되지 않는다.[42] 기존채무의 지급과 관련하여 만기를 백지로 하는 백지약속어음을 발행한 경우에 특별한 사정이 없는 한 기존채무의 변제기를 그보다 후의 날짜로 만기를 보충한 백지어음은 변제기를 보충된 만기까지 유예한 것으로 볼 수 있다.[43]

따라서 어음법 제75조의 약속어음의 법정요건 가운데 일부를 미기재한 어음은 특별규정에 의하여 구제되지 않는 한, 어음으로서 효력이 발생하지 않으므로 백지어음으로 한 지급제시는 소구요건의 미비로 소구권을 상실한다. 다만 발행지가 미기재된 국내어음은 '어음면의 기재 자체로 보아서 국내어음으로 인정되는 경우에는 무효인 어음으로 보지 않는다'는 전원합의체판결에 의하여 지급제시의 효력이 있다.[44]

한편 약속어음의 소구의무자가 백지어음 소지인으로부터 지급제시를 받고 어음금을 지급하였더라도 지급제시의 효력이 없으므로, 소구의무자의 지급은 채무없는

40) 대법원 1988. 8. 9. 86다카1858 ; 대법원 1994. 9. 9. 94다12098.
41) 대법원 1994. 9. 30. 94다8754.
42) 대법원 1970. 3. 10. 69다2184.
43) 대법원 1990. 6. 26. 89다카32606.
44) 대법원 1998. 4. 23. 95다36466.

변제로서 소구의무자는 자기 이전의 소구의무자에 대하여 재소구권을 행사할 수 없다. 한편 백지어음에 의한 어음금청구의 소는 변론종결시까지 백지를 보충하면 완성어음에 의한 소제기와 같은 효력이 있다.

대법원 1992. 2. 28. 선고 91다42579 판결

약속어음의 소지인이 배서인에 대한 소구권을 행사하기 위하여는 어음법 제75조에 정한 법정 기재사항이 기재된 약속어음에 의하여 적법한 지급제시를 하였으나 지급거절되었음을 요하고, 위 기재사항의 일부가 기재되지 아니한 약속어음에 의하여 한 지급제시는 어음법 제76조의 규정에 의하여 구제되지 않는 한 적법한 지급제시로서의 효력이 없는 것이므로 그와 같은 경우에는 소구권을 행사할 수 없는 것인바 (당원 1986. 9. 9. 선고 85다카2011 판결 참조), 원심이 위와 같은 법리에 따라 원고가 이 사건 약속어음을 그 수취인란이 백지인 채로 지급제시하여 지급거절되었으므로 그 소구권을 행사할 수 없다고 하여 원고의 청구를 기각한 조치는 정당하고 논지는 이유 없다.

2 시효중단의 효력

백지어음으로 어음상 권리를 행사하면 소멸시효가 중단되는지 여부는 백지를 보충하지 않으면 권리행사를 할 수 없으므로 시효중단의 효력이 발생하지 않고 설사 소를 제기하더라도 시효중단의 효력이 없다는 견해가 있으나,[45] 백지어음인 상태에서도 소멸시효는 진행되므로 이와 균형을 맞추기 위하여 백지어음소지인도 미보충의 상태에서 소멸시효를 중단시킬 권한을 갖는 것이 합리적이므로, 재판상 청구이든 재판외 청구이든 어음을 제시하지 않은 채, 어음금지급을 청구하면 시효가 중단된다는 견해가 다수설이다.[46]

한편 과거 판례는 재판을 통하여 어음금 청구를 하는 경우에는 시효중단의 효력을 인정하면서,[47] 백지어음 상태에서의 재판이 아닌 방법으로 어음금 청구를 하거나 어음채무자의 채무승인은 시효중단의 효력이 없다고 하였으나,[48] 최근 변경된

45) 최기원(어), 366면(다만 백지어음요건이 수취인 또는 확정일출급어음의 발행일 같이 어음상 권리의 무와 무관한 사항인 때에는 시효중단의 효력을 인정할 수 있다고 한다).

46) 최준선(어), 277면 ; 정찬형(어), 232-233면. 정동윤(어), 403면.

47) 대법원 1962. 1. 31. 4294민상110 · 111.

대법원 2010. 5. 20. 선고 2009다48312 대법원전원합의체판결은 재판외 청구나 채무승인의 경우에도 시효중단의 효력을 인정하고 있다. 즉 '만기는 기재되어 있으나 지급지, 지급을 받을 자 등과 같은 어음요건이 백지인 약속어음의 소지인이 그 백지 부분을 보충하지 않은 상태에서 어음금을 청구하는 것은 어음상의 청구권에 관하여 잠자는 자가 아님을 객관적으로 표명한 것이고 그 청구로써 어음상의 청구권에 관한 소멸시효는 중단된다.

이 경우 백지에 대한 보충권은 그 행사에 의하여 어음상의 청구권을 완성시키는 것에 불과하여 그 보충권이 어음상의 청구권과 별개로 독립하여 시효에 의하여 소멸한다고 볼 것은 아니므로 어음상의 청구권이 시효중단에 의하여 소멸하지 않고 존속하고 있는 한 이를 행사할 수 있다'고 판시함으로써 시효중단의 효력을 부인한 종전의 판례를 변경하였다. 생각건대 권리를 행사한다는 사실을 외부에 표시하는 행위는 시효중단사유로서의 청구에 해당되므로, 어음을 제시하지 않고 어음금 청구를 하더라도 소멸시효가 중단되고, 그 청구가 재판상 청구뿐만 아니라 재판외 청구이더라도 시효가 중단된다고 한 전원합의체 판결은 타당하다.[49]

대법원 2010. 5. 20. 선고 2009다48312 전원합의체 판결

1. 백지 약속어음(이하 '백지어음'이라고 한다)은 백지에 대한 보충권과 백지보충을 조건으로 한 어음상의 청구권을 표창하는 유가증권으로서(대법원 1998. 9. 4. 선고 97다57573 판결 등 참조), 후일 어음요건이 보충되어야 비로소 완전한 어음이 되고 그 보충이 있기까지는 미완성어음에 지나지 아니한다. 그렇지만 어음법 제77조 제1항 제8호, 제70조 제1항, 제78조 제1항은 약속어음의 발행인에 대한 어음상의 청구권은 만기의 날로부터 3년간 행사하지 아니하면 소멸시효가 완성된다고 규정하고 있으므로, 만기가 기재된 백지어음은 일반적인 조건부 권리와는 달리 그 백지 부분이 보충되지 않은 미완성어음인 상태에서도 만기의 날로부터 어음상의 청구권에 대하여 소멸시효가 진행한다. 따라서 만기는 기재되어 있으나 지급지, 지급을 받을 자 등과 같은 어음요건이 백지인 약속어음의 소지인은 그 백지 부분을 보충하지 않은 상태에서 시효가 진행함에 대응하여 발행인을 상대로 어음상의 청구권에 대한 시효진행을 중단시킬 수 있는 조치를 취할 수 있다고 봄이 상당하다.

---

48) 대법원 1962. 12. 20. 62다680.

49) 최정식, "백지어음청구에 의한 시효중단과 백지보충권", 「법학논총」, 제24집(2010. 7), 숭실대학교 법학연구소, 377-378면.

또한 백지어음상의 백지보충을 조건으로 하는 어음상의 청구권은 그 소지인이 언제라도 백지 부분을 보충하기만 하면 어음이 완성되어 완전한 어음상의 청구권으로 성립하게 되고, 백지 부분을 보충하지 않은 상태의 어음금청구라도 그 백지어음의 발행인이 어음금채무를 승인하고 어음금을 지급하여 어음에 관한 법률관계를 소멸시키는 것도 얼마든지 가능하므로, 백지어음의 소지인이 어음요건의 일부를 오해하거나 그 흠결을 알지 못하는 등의 사유로 백지 부분을 보충하지 아니한 채 어음금을 청구하더라도, 이는 완성될 어음에 기한 어음금청구와 동일한 경제적 급부를 목적으로 하는 실질적으로 동일한 법률관계에 관한 청구로서 어음상의 청구권을 실현하기 위한 수단이라고 봄이 상당하다.

그렇다면 만기는 기재되어 있으나 지급지, 지급을 받을 자 등과 같은 어음요건이 백지인 약속어음의 소지인이 그 백지 부분을 보충하지 않은 상태에서 어음금을 청구하는 것은 어음상의 청구권에 관하여 잠자는 자가 아님을 객관적으로 표명한 것이라고 할 수 있고 그 청구로써 어음상의 청구권에 관한 소멸시효는 중단된다고 할 것이다(대법원 1962. 1. 31. 4294민상110 · 111 판결 참조). 이 경우 백지에 대한 보충권은 그 행사에 의하여 어음상의 청구권을 완성시키는 것에 불과하여 그 보충권이 어음상의 청구권과 별개로 독립하여 시효에 의하여 소멸한다고 볼 것은 아니므로 어음상의 청구권이 시효중단에 의하여 소멸하지 않고 존속하고 있는 한 이를 행사할 수 있다(위 대법원판결 참조).

이와 달리 지급을 받을 자 부분이 백지로 된 약속어음의 소지인은 그 백지 부분을 보충하지 않은 상태에서는 어음상의 청구권을 행사할 수 없으므로, 그 백지어음 소지인의 권리행사에 의한 소멸시효 중단의 효과는 전혀 생길 여지가 없다는 취지로 판단한 대법원 1962. 12. 20. 선고 62다680 판결은 이 판결에 배치되는 범위 내에서 이를 변경한다.

2. 원심판결 이유를 앞에서 본 법리에 비추어 살펴보면, 원심이 원고가 지급지 및 지급을 받을 자 부분이 각 백지로 된 액면 490,000,000원의 약속어음을 소지하고 있다가 그 지급기일인 2004. 10. 1.로부터 3년이 경과한 2008. 6. 23.경에 이르러 위 각 백지 부분을 보충하여 2008. 7. 8.경 발행인인 피고에게 지급제시를 하였으나, 원고가 위 약속어음의 지급기일로부터 3년의 소멸시효기간이 완성되기 전인 2007. 9. 7. 그 어음금을 청구하는 이 사건 소를 제기한 이상, 이로써 위 약속어음상의 청구권의 소멸시효는 중단되었다는 취지로 판단한 것은 정당하고, 거기에 상고이유에서 주장하는 바와 같이 백지어음 소지인의 어음금청구에 의한 소멸시효 중단에 관한 법리 등을 오해한 위법이 없다.

제3장 어음상 권리양도

제1절 총 설

1 어음상 권리의 양도방법

어음에 표창된 권리는 채권의 일종이므로, 법률상 원인에 의하여 이전될 수 있다. 어음상 권리의 양도방법에는 일반적 권리의 양도방법과 어음상 특유한 권리의 양도방법이 있다. 즉 어음상 권리는 합병·상속과 같은 포괄승계나 경매·전부명령과 같은 특정승계 등 일반적인 권리의 양도방법에 의하여 양도되거나, 어음 특유의 양도방법인 배서나 교부에 의하여 양도된다. 기명식 또는 지시식 어음은 배서에 의하여 양도되고, 소지인출급식수표(지명소지인출급식수표를 포함)는 단순한 교부에 의해서만 양도된다.

기명식 어음에 배서금지문구가 있으면 '지명채권양도의 방식'으로만 양도될 수 있다(어 11조 2항). 그리고 기명식 또는 지시식 어음이라도 수취인으로부터 백지식 배서 또는 소지인출급식배서에 의하여 어음을 양수한 자는 단순한 교부만에 의하여 어음을 양도할 수 있다. 한편 어음상의 권리를 배서에 의하여 양도할 수 있음에도 불구하고 당사자가 '지명채권양도의 방법'으로 양도를 할 수 있는가에 대하여 견해가 나뉜다.

1. 지명채권양도의 방식에 의한 어음양도

(1) 학 설

1) 부정설

어음을 지명채권양도의 방법으로 양도할 수 없다는 견해이다.[1] 지명채권의 양도

1) 정찬형(어), 449-450면 ; 정희철(하), 177-178면.

방법인 민법 제450조(지명채권양도의 대항요건) 및 제508조(지시채권의 양도방식)를 강행규정으로 보아 지시채권인 어음상 권리를 양도할 때 지명채권양도의 대항요건을 갖추었더라도 지시채권의 양도로서의 효력은 발생하지 않으며, 지시채권은 반드시 배서에 의하여 양도되어야 한다고 주장한다. 즉 지명채권, 지시채권, 무기명채권의 각 양도방법은 성질이 서로 다르므로 법에 규정된 대로 따라야 하는바, 이를 무시한 채 어음상 권리를 지명채권양도의 방법에 의하여 양도할 수 없다고 한다.

또한 지명채권양도의 방법에 의한 양도를 허용하면, 어음상 권리의 간편한 이전을 위한 배서제도의 취지에 어긋나고, 현실적으로도 어음상 권리의 이전에 지명채권양도방식을 거의 이용하지 않기 때문에 실익도 없다. 따라서 부정설은 배서금지어음을 지명채권의 양도방식으로, 그리고 그 효력으로써만 양도할 수 있도록 한 어음법 제11조 2항은 예외적인 규정이라고 한다.

2) 긍정설

지명채권양도의 방식에 관한 민법 제450조는 강행규정이 아니며, 지시채권의 양도에 관한 민법 제508조도 지시채권의 양도방식을 규정하였을 뿐 지시채권의 지명채권양도의 방식에 의한 양도를 금지하는 규정은 아니라고 한다. 또 배서의 방식으로 어음을 양도할 수 있다고 법이 규정하면서도, 배서금지어음이나 배서금지배서를 허용하듯이 배서 외의 방식에 의한 어음상 권리의 양도방법도 인정되어야 한다. 또 어음소지인이 지명채권양도의 방식으로 어음상 권리를 양도하려는 의사를 구태여 무시할 필요가 없다.[2] 따라서 지명채권 양도방식으로 어음상 권리를 취득한 자는 배서에 의하여 권리를 양도할 수 있으며, 배서금지에 관한 규정들은 주의적 규정이라고 한다.

3) 소 결

어음·수표법 규정의 대부분이 유통성 보호를 위한 강행규정이므로 배서의 방식과 효력에 관한 규정도 강행규정이고 따라서 법에 규정이 없는 지명채권양도의 방식에 의한 어음양도를 부정하는 견해도 일리가 있으나 어음상의 권리가 증권적 채권의 속성을 제외하면 지명채권의 성질을 가지고 있으므로 당사자의 의사에 따라 지명채권양도방식에 의한 어음상 권리의 양도의 효력을 부인할 이유가 없다.

그리고 어음을 지명채권양도의 방법으로 양도하더라도 증권을 교부하여야 하므

---

2) 최기원(어), 390면 ; 손주찬(하), 239-240면 ; 최준선(어), 298면 ; 정동윤(어), 461면.

로 증권과 권리가 분리되지 않으며, 지명채권양도의 방식은 어음상 권리뿐만 아니라 그에 부수되는 종된 채권도 이전시키는 실익이 있으므로 긍정설이 타당하다. 판례도 지명채권양도의 방식에 의한 어음상의 권리의 양도를 인정한다.

(2) 어음의 지명채권양도의 요건

지명채권양도방식에 의한 어음양도의 요건은 첫째로 당사자 사이에 채권양도의 합의가 있어야 한다. 둘째로 양수인이 어음을 소지하여야만 어음상 권리를 행사할 수 있으므로 지명채권양도의 방식으로 어음상 권리를 양도하더라도 어음의 교부가 필요하다. 셋째로 어음의 양도가 지명채권양도방식으로 양도하는 경우에 민법의 일반원칙에 의하여 당사자간의 의사표시 외 민법 제450조 1항의 채무자에 대한 대항요건을 갖추어야 한다. 이때 통지는 모든 채무자에게 할 필요는 없고 구체적으로 어음금을 청구하는 상대방에게만 하면 된다.[3]

(3) 어음의 지명채권양도의 효력

양수인은 양도인이 갖는 권리, 즉 주채무자에 대한 지급청구권과 소구의무자에 대한 소구권을 승계취득한다. 지명채권양도의 방식에 의한 어음양수인은 배서에 의하여 어음상 권리를 양도할 수 있다. 다만 이러한 어음양수인은 배서에 의한 어음양수인에 비하여 취약한 지위에 있다. 즉 지명채권양도의 방식에 의한 어음양수인에 대하여 어음채무자는 원인관계에 의한 인적항변으로 대항할 수 있고, 어음양수인이 적법한 권리자로 추정되지 않으므로 양도인이 무권리자 등인 경우에는 선의취득을 할 수 없으며, 채무자가 무권리자에게 선의지급을 하더라도 면책되지 않는다. 나아가 담보적 효력도 인정되지 않는다.[4]

2 어음과 수표의 권리양도방법의 차이

상당기간 유통될 것을 전제로 하는 어음은 신용창조기능의 본질에 따라 주로 기명식이나 지시식으로 발행되며 배서가 원칙적인 양도방법이다. 그리고 배서의 담보적 효력에 의하여 배서가 이루어질 때마다 어음채무자가 증가하므로 지급의 확실성이 높아진다.

---

3) 최기원(어), 391-392면.
4) 최기원(어), 392-393면.

이에 비하여 지급기능이 본질인 수표는 장기간 유통시킬 필요가 없고 지급제시기간도 10일로서 짧다. 하지만 수표가 지시식이나 기명식으로 발행되는 경우 어음처럼 배서에 의하여 권리가 양도되고 그 효력도 어음과 같다. 실거래계에서는 거의 소지인출급식수표가 이용되며, 이 수표는 단순 교부에 의하여 양도된다. 그리고 교부에 의한 양도는 기명날인이나 서명이 필요 없고, 양도인이 담보책임을 지지 않으므로 유통성이 강하다. 반면에 분실하면 제3자의 선의취득이 가능하므로 권리자가 어음상 권리를 잃을 수 있다. 또 소지인출급식수표는 지급의 확실성이 발행인의 신용에 의하여 결정되므로 어음보다 지급의 불확실성이 높다. 이러한 문제점을 보완하기 위하여 수표발행에 제한을 두고 있고, 수표가 부도나면 부정수표단속법에 의한 강한 형사처벌을 통하여 지급의 확실성은 담보하려고 한다.

3 배서(지시)금지어음

1. 의 의

어음이 당연한 지시증권이지만 발행인이 지시성을 배제하여 배서에 의한 양도를 금지하는 어음을 발행할 수 있다. 배서금지어음은 발행인이 어음에 "지시금지"라는 글자 또는 이와 같은 뜻이 있는 문구를 적은 어음이고, 이러한 문구가 기재된 어음은 배서성이 박탈되어 배서에 의하여 양도할 수 없고, 지명채권의 양도방식으로만, 그리고 그 효력으로써만 양도할 수 있다(어 11조 2항). 배서금지어음은 배서금지배서(어 15조 2항)과 구별되는데, 전자는 발행인이 배서금지를 기재한 어음으로서 배서양도를 할 수 없으나, 후자는 배서인이 기재하는 것으로서 어음의 배서성을 박탈하지 않으므로 배서에 의한 양도가 가능하며, 다만 배서금지배서의 배서인은 직접 피배서인의 후자들에 대하여 담보책임을 부담하지 아니한다.

배서금지어음은 계속적 계약관계에 있는 당사자 사이에 장래 발생할 채무를 담보할 목적으로 담보어음에서 주로 이용되고, 그 외 배서가 계속되어 상환금액이 확대되는 것을 저지하거나 수취인에 대한 항변권을 유보하기 위하여 이용된다. 배서금지어음은 유통성이 현저히 약화되어 유통증권의 역할을 제대로 수행하지 못한다.

2. 기재의 요건

(1) 기재의 방법

배서금지어음은 원칙적으로 '지시금지'나 '배서금지' 또는 '양도금지' 등의 문구를 어음의 앞면에 기재하여야 한다. 배서금지는 어음행위를 하려는 자에게 중대한 영향을 미치므로 지시금지의 문구가 반드시 어음의 표면에 기재되어 그 명료성이 확보되어야 하므로, 어음의 등본이나 부전에 기재한 배서금지문구는 효력이 없다.

어음의 앞면에 '보관용'이라는 기재는 지시금지어음이 아니라고 하며,[5] 어음 뒷면의 배서란 맨 끝부분에 '견질용'이라고 기재된 것만으로는 지시금지어음으로 볼 수 없다고 한다.[6] 그리고 어음문구에 기재된 지시문구를 삭제한 것만으로는 지시금지어음이 되는 것이 아니라고 보는데, 그 이유는 어음은 지시문구가 없더라도 법률상 당연한 지시증권이기 때문이다.[7]

한편 지시금지문구를 기재하면서 어음용지에 인쇄된 지시문구를 삭제하지 않아 어음면에 지시문구와 지시금지문구가 병존하는 경우 그 효력에 관하여, 첫째로 어음상 기재의 모순이 존재하므로 무효인 어음이라는 견해, 둘째로 지시문언이 우선하므로 지시식어음이라는 견해, 셋째로 지시금지문언이 우선하므로 지시금지어음이라는 견해 등이 있으나, 지시문구는 인쇄되어 있는 반면에 지시금지문구는 일부러 기재한 것으로서 개별적인 특약에 해당되므로 지시금지어음으로 보는 것이 타당하다.

판례는 어음발행인이 어음용지에 부동문자로 인쇄된 지시문구를 말소하지 아니한 채 그 지시문구 다음에 '지시금함'이라는 문구를 병기하였다면 특단의 사정이 없는 한 지시금지문구의 효력이 우선한다고 하였다.[8]

지시금지문구는 어음 앞면에 기재되어야만 효력이 생기는바, 어음 외에서 발행인과 수취인이 배서금지의 특약을 하였더라도 어음에 기재되지 않는 한, 피배서인이 특약을 알면서 배서에 의하여 어음을 취득하더라도 배서양도의 효력이 있고 피배서인은 어음상 권리를 취득한다.[9]

---

5) 대법원 1993. 11. 12. 93다39012.
6) 대법원 1994. 10. 21. 94다9948.
7) 대법원 1962. 12. 20. 62다668.
8) 대법원 1987. 4. 28. 86다카2630.
9) 대법원 1965. 5. 18. 65다478.

대법원 1987. 4. 28. 선고 86다카2630 판결

원심은 피고가 이 사건 약속어음을 발행함에 있어 어음표면에 부동문자로 인쇄된 지시문구 다음에 위 인쇄된 글자보다 약간 큰 글씨로 "지시금함"이라고 기재한 사실을 인정한 뒤 어음용지에 인쇄된 지시문구를 말소하지 아니하고 지시금지문구를 병기하였다 하더라도 특단의 사정이 없는 한 지시금지문구의 효력이 우선한다 할 것이라고 판시하고, 이 사건 어음이 유통을 전제로 발행된 것이어서 그 발행취지에 비추어 지시금지의 문구는 효력이 없다는 원고의 주장을 그 판시와 같은 이유로 배척하였는 바, 원심판결을 기록에 비추어 보건대 원심의 이러한 판단조치는 정당하고 거기에 소론과 같은 위법이 있다할 수 없으며 지시금지문구 위에 발행인의 인장이 압날되지 아니하여 지시금지의 효력을 인정할 수 없다는 취지의 주장은 독자적인 견해로서 받아들일 것이 못된다.

(2) 기재권자

어음발행인이 배서금지문구를 기재할 수 있다. 그러므로 배서인이 자기 배서 이후에 새로 하는 배서를 금지하는 문구를 기재하는 배서금지배서와 구별된다. 환어음의 인수인이 배서금지문구를 기재하면 부단순인수로서 어음소지인에 대한 관계에서는 인수거절이 된다. 그러나 인수인은 그 문구에 따라 어음상 책임을 진다(어 26조 2항). 따라서 인수 당시의 어음소지인은 소구의무자에게 만기전 소구권을 행사하거나, 아니면 배서에 의하여 어음을 양도할 수 있는데, 후자의 경우 인수인은 현재 어음소지인에 대하여 기재된 문구에 의하여 어음상 책임을 부담하나, 인수 당시 어음소지인에 대한 항변사유로써 현재의 어음소지인에게 대항할 수 있다.[10] 보증인이 배서금지문구를 기재한 경우에도 부단순보증이 되어 위 인수인과 동일하다.

대법원1990. 5. 22. 선고 88다카27676 판결

어음의 발행인이 어음용지에 부동문자로 인쇄된 지시문구를 말소하지 아니한 채 지시금지문구를 기재하였다면 특별한 사정이 없는 한 지시금지문구의 효력이 우선한다고 할 것이지만 이러한 효력이 발생하기 위하여서는 통상인이 어음거래를 함에 있어서 어음면상으로 보아 발행인이 배서를 금지하여 발행한 것임을 알

10) 정찬형(어), 455면.

수 있을 정도로 명료하게 기재되어야 한다고 할 것인바, 약속어음의 발행인이 어음용지 중앙에 부동문자로 인쇄된 지시문구를 삭제함이 없이 약속어음 오른쪽 상단의 아라비아 숫자로 기재된 액면금액의 표시와 지시문구 사이에 그보다 작은 크기의 지시금지라고 새겨진 고무인을 숫자 및 지시문구의 문자와 중복되게 희미하게 압날함으로써 통상인이 어음거래를 함에 있어 보통 기울이는 정도의 주의로는 쉽게 알아보기 어려운 상태로 지시금지문구를 표시하여 어음을 발행한 경우에 있어서 원심이 발행인의 지시금지어음이라는 항변을 배척한 조치에는 지시금지 문언의 기재방법에 관한 법리오해의 위법이 없다.

3. 배서금지어음의 효력

(1) 배서에 의한 양도금지

배서금지어음은 '배서에 의한 양도성'이 박탈되므로 배서에 의하여 어음상 권리를 양도할 수 없다(어 11조 2항). 추심위임배서는 권리가 양도되지 않고 항변절단의 효과가 없기 때문에 배서금지어음에서도 가능하다.

배서금지어음으로 입질배서를 할 수 있다는 견해[11]와 입질배서는 권리가 양도되고 항변이 절단되므로 배서금지어음으로 입질배서를 할 수 없다는 견해[12]가 대립하는데, 후자의 견해가 타당하다.

기한후배서는 어음상 권리가 양도되므로 배서금지어음에서 인정되지 아니한다. 그리나 베서금지어음에서 양도성 자체는 유지되므로, 지명채권양도방식에 의하여 어음상 권리를 이전할 수 있으나 배서에 인정되는 효력은 누릴 수 없다. 즉, 인적항변이 절단되지 않고, 배서의 자격수여적 효력(어 16조 1항)이 인정되지 않으며 그 결과 선의취득(어 16조 2항)이 인정되지 아니한다. 발행 후 소지인에 이르기까지의 중간양도인들은 배서를 하지 않기 때문에 인수·지급담보책임을 지지 않으나 발행인은 담보책임을 부담한다.

대법원 1989. 10. 24. 선고 88다카20774 판결

배서금지의 문언을 기재한 약속어음은 어음법상의 배서의 방법에 의하여서는

11) 정찬형(어), 511면 ; 정동윤(어), 467면.
12) 최기원(어), 459면 ; 이철송(어), 291면 ; 최준선(어), 345면.

> 양도할 수는 없는 것이나 배서금지어음이라도 양도성 그 자체까지 없어지는 것은 아니므로 어음법 제77조 제2항, 제11조 제2항에 의하여 지명채권의 양도에 관한 방식에 따라서 그리고 그 효력으로써는 이를 양도할 수 있는 것이고 이 경우에는 민법 제450조의 대항요건(통지 또는 승낙)을 구비하는 외에 약속어음을 인도(교부)하여야 하고 지급을 위하여서는 어음을 제시하여야 하며 또 어음금을 지급할 때에는 이를 환수하게 되는 것이므로 증권과 분리시켜 양도하는 불합리한 결과는 생기지 아니한다고 할 것이다. 그리고 이와 같이 배서금지어음의 어음상의 권리를 양도함에 있어 어음보증인의 동의를 얻지 않고 약속어음의 수취인 명의를 변경 기재하였다면 어음보증인에 대한 관계에 있어서는 어음의 변조에 해당하고 그 어음보증인은 변경 기재된 수취인에 대하여는 어음보증의 책임은 없는 것이나 그 변경 기재된 수취인이 어음상의 권리를 지명채권양도의 방법으로 양수하여 대항요건을 갖춘 경우에는 보증채무의 수반성에 따라 어음상의 권리의 양수인(변경기재후의 수치인)에 대하여 보증채무를 지게 되는 것이라고 보아야 할 것이다. 따라서 논지는 이유없다. 제2점에 대하여, 약속어음의 배서금지는 발행인의 수취인에 대한 항변의 유보를 원하거나 배서가 계속되어 상환금액이 증대되는 것을 방지하기 위하여 이용된 제도인 것이지 양도성 자체를 박탈하는 것은 아닌 것이므로 다른 의사표시없이 배서금지의 문언을 기재한 사실만 가지고서 당연히 그 어음상의 권리를 지명채권 양도의 방법으로 양도하는 것을 금지하는 특약이 포함되어 있는 것이라고 보아야 하는 것은 아니라고 할 것이다. 따라서 논지도 이유없다.
>
> 제3점에 대하여, 약속어음의 어음상의 권리를 지명채권의 양도에 관한 방식에 따라서 양도함에 있어서는 민법 제450조 제1항에 소정의 대항요건을 갖추지 아니하면 어음채무자에게 대항할 수 없다고 할 것이나 주채무자인 약속어음의 발행인에 대하여 그 대항요건을 갖추었으면 보증인에 대하여 별도의 대항요건(통지, 승낙)을 갖추지 아니하였어도 주된 채권양도의 효력으로써 보증인에 대하여 이를 주장할 수 있다고 할 것이다(당원 1976. 4. 13.선고 75다1100 판결 참조).

(2) 지명채권양도방법의 인정

배서금지어음은 지명채권양도의 방식에 따라, 그 효력으로써 어음을 양도할 수 있다(어 11조 2항). 그리고 양수인이 채무자와 제3자에게 대항하기 위해서는 대항요건(민 450조)을 갖추어야 한다. 양도인은 어음금을 지급받기 위하여 어음을 제시·교부하여야 어음금을 지급받는다.

대법원은 약속어음의 배서금지는 어음양도성 자체를 박탈하는 것은 아니므로 다른 의사표시 없이 배서금지의 문구만으로 당연히 지명채권양도의 방법으로 어음상의 권리를 양도하는 것을 금지하는 특약이 포함되어 있다고 보아야 하는 것은 아니라고 판시함으로써,[13] 어음에 배서를 금지한 취지는 배서에 의한 양도만을 금지할 뿐 지명채권양도 방법에 의한 양도까지 금지하기로 한 특약은 아니라고 하였다.

배서금지어음도 어음이므로 약속어음의 발행인은 주채무자로서 책임을 부담하고 환어음 · 수표의 발행인은 소구의무를 부담한다. 또 유가증권으로서 상환증권성과 제시증권성을 가지므로 어음상의 권리를 행사할 때에는 어음을 제시 · 교부하고 어음금을 상환받을 수 있으며 또 권리의 양도에 증권의 인도(교부)가 필요하다.

배서금지어음을 분실한 경우에 공시최고에 의한 제권판결이 필요한가에 관하여는, 어음양수인이 권리를 행사하려면 어음의 소지가 필요하고, 대항요건도 갖추어야만 지급청구를 할 수 있기 때문에 제권판결이 필요하다는 견해[14]가 있으나 현행법에 기명증권에 대하여 제권판결을 허용하는 규정이 없으므로 제권판결은 불필요하다고 본다.[15]

제2절 어음의 배서

1 배서의 의의

배서(endorsement)는 어음의 뒷면에 수취인(제1 배서인) 또는 그 후자가 피배서인에게 어음상 권리를 양도한다는 취지의 기재를 하고 기명날인 또는 서명을 하여 교부하는 어음행위이다. 어음의 신속 간편한 유통을 위하여 법이 인정한 특별한 양도방법이다. 그리고 어음은 법률상 당연한 지시증권이므로 기명식으로 발행된 어음도 배서에 의하여 어음상 권리를 양도할 수 있다. 통상적으로 배서라 함은 어음에 표창된 권리를 피배서인에게 이전하는 '양도배서'를 의미한다. 배서는 권리이전의 효력발생요건이지 대항요건은 아니다.

13) 대법원 1989. 10. 24. 88다카20774.
14) 손주찬(하), 243면 ; 최준선(어), 307면.
15) 정찬형(어), 456면 ; 최기원(어), 396면 ; 정동윤(어), 467면 ; 대법원 1961. 11. 23. 4293민상478.

2 어음 고유의 양도방법의 필요성

유가증권이 지명채권양도의 방식에 의한 양도방식만으로 양도된다면, 대항요건을 구비하여야 하므로 신속하고 안전한 양도가 이루어지기 곤란하고, 또한 인적항변이 승계되므로 양수인은 불안한 지위에 있게 된다. 따라서 편리한 어음 고유의 양도방식(배서, 교부)이 필요하며, 이 방식에 의하면 대항요건을 구비할 필요가 없고 인적항변이 단절되며 선의취득이 가능하고 담보적 효력도 인정되므로 배서에 의한 어음취득자는 지명채권양도의 방식에 의한 어음양수인보다 강한 보호를 받는다. 실거래계에서는 어음권리는 배서에 의하여, 수표는 교부에 의하여 권리양도가 주로 이루어진다.

3 배서의 법적성질

양도배서의 법적성질은 배서에 의하여 배서인의 권리가 피배서인에게 이전한다는 채권양도설이 통설이다.[16] 배서는 배서라는 행위 외에도 배서인과 피배서인간의 어음상 권리양도의 의사의 합치가 요구되므로 채권양도설이 타당하다. 양도배서에 의하여 배서인으로부터 피배서인이 어음상 권리를 승계취득한다고 보는 것이 당사자의 의사에 부합하고, 어음법 규정(어 11조 1항·2항, 14조 1항, 18조 1항)과도 일치한다. 채권양도설이 어음상 권리를 원시취득하는 선의취득·어음항변의 절단·배서인의 담보책임 등을 논리적으로 설명하지 못하는 난점이 있지만, 이들 규정은 어음의 유통성을 위하여 법률정책상으로 인정된 효과라고 이해하면 될 것이다.[17]

4 배서의 방식

배서는 어음소지인이 어음상 권리를 양도하는 행위로서 양도인을 배서인, 양수인을 피배서인이라고 한다. 최초의 권리자는 수취인이므로 수취인이 제1배서인이고, 제1배서의 피배서인이 제2배서의 배서인이 되는 방식으로 이어진다. 지명채권양도방식에 의하여 어음을 양수받은 자도 배서인이 될 수 있다. 수명의 수취인이

16) 정찬형(어), 458면 ; 손주찬(하), 238-239면 ; 최준선(어), 301면. 양도배서의 법적성질을 피배서인이 배서에 의하여 원시적으로 어음상 권리를 취득한다는 소유권취득설과 그 밖에 단독행위설, 지시설 등이 있다[정동윤(어), 457-459면].

17) 정찬형(어), 458면.

중첩적으로 기재된 때에는 모든 수취인이 배서인으로 기명날인이나 서명을 하여야 하지만, 그 중 1인 또는 제3자가 대리관계를 표시하고 대리인의 자격으로 배서할 수 있다. 수명의 수취인이 선택적으로 기재된 때에는 그 중 1인이 기명날인을 하거나 서명을 하면 된다.

배서는 어음의 본지 또는 어음에 결합된 보전(補箋)이나 등본에 일정한 사항을 기재하고 배서인이 기명날인을 하여 교부하여야 한다. 보전은 배서가 연속되어 여백이 모자란 경우에 대비하여 어음면의 연장으로 인정받을 수 있는 종이를 어음에 부착시킨 것이다. 보전을 부착시킬 수 있는 자는 그 보전에 의하여 최초로 어음행위를 하는 자이다. 통상 어음 뒷면에 인쇄된 배서란에 배서를 하지만 약식배서가 아니면 앞면에도 할 수 있다. 어음 앞면에 배서를 할 때에는 반드시 배서라는 것을 명시하여야 하며, 만일 명시하지 않으면 어음보증이나 인수가 된다.

어음등본에 배서가 가능한데, 그 까닭은 인수제시나 어음할인 등 사유로 어음원본이 타인의 수중에 있는 경우에도 어음등본으로 배서양도할 수 있게 하기 위해서이다. 한편 어음배서란의 단순한 기명날인이나 서명은 백지식배서로 본다. 배서의 연속이나 배서일자는 배서의 요건이 아니다. 또 배서에 붙인 조건은 무익적 기재사항으로 보아서 조건이 없는 배서로서의 효력만 인정된다. 일부의 배서는 유해적 기재사항으로서 배서 전체가 무효이다.

5 배서의 형식

1. 기명식배서

앞면에 적은 금액을 ○○○ 또는 그 지시인에게 지급하여 주십시오. (목적 또는 부기) 거절증서 작성을 면제함. 날짜 주소 성명

배서의 문구, 배서인의 기명날인 또는 서명, 피배서인을 모두 기재하는 배서로서 정식배서 또는 완전배서라고도 한다. 배서일자 및 배서인의 주소는 기재하지 않아도 된다.

(1) 배서문구

배서문언은 배서인의 의사표시의 중요한 내용을 이룬다. 배서의 의사표시문구의 표시방식에는 제한이 없다.

(2) 피배서인의 명칭

피배서인의 명칭은 그 동일성을 인식할 수 있는 정도로 기재하면 충분하다. 거래통념상 누구를 지칭하는지 알 수 있으면 되므로, 자연인은 본명 외에도 별명·아호·예명을 기재하여도 무방하고, 법인도 등기부상 명칭을 그대로 기재하여야 하는 것은 아니며, 법인 또는 소속회사를 알 수 있을 정도면 충분하다. 그리고 법인의 대표자나 대리인을 기재할 필요도 없다. 피배서인에 표시된 자를 식별하는 정도를 기재하면 충분하며, 피배서인이 중첩적·선택적으로 기재할 수도 있는데, 그 이유는 이들 가운데 어음을 교부받는 자만이 어음상 권리를 취득한다고 보기 때문이다.

(3) 배서인의 기명날인 또는 서명

배서는 어음행위이므로 배서인의 기명날인 또는 서명이 있어야 한다. 법인이 피배서인인 경우에는 법인 명칭만을 기재하여도 무방하지만, 피배서인이 다시 배서인으로 기명날인을 할 경우에는 반드시 법인명칭, 대표관계표시, 대표기관의 기명날인을 기재하여야 한다. 즉, 피배서인 "○○회사"가 배서를 하는 경우에는 '○○회사 대표이사 ○○○ ㊞'의 형식으로 배서를 하여야 배서연속이 추정된다.

2. 백지식배서

(1) 의 의

백지식 배서는 피배서인의 명칭을 기재하지 않은 배서로서, 무기명식배서 또는 약식배서라고도 한다. 이는 다시 (ⅰ) 배서문구와 배서인의 기명날인 또는 서명은 있으나 피배서인이 기재되지 아니한 경우와 (ⅱ) 배서인의 기명날인 또는 서명은 있으나, 배서문구와 피배서인의 기재가 없는 '간략백지식배서'로 나누어지는데, 간략백지식배서는 어음의 뒷면이나 보전에만 할 수 있고 앞면에는 할 수 없다. 그 이유는 앞면의 기명날인 또는 서명은 보증 또는 인수와 혼동될 염려가 있기 때문이다.

정식배서 — 피배서인+배서문구+배서인의 기명날인(서명)
백지식배서 ┌ 배서문언+기명날인(서명)(백지식배서)
└ 배서인의 기명날인(서명)(간략백지식배서)

백지식배서에 의한 어음취득자는 단순한 교부만에 의하여 어음을 양도할 수 있기 때문에 배서에 따른 담보책임을 부담하지 않는다. 그러나 백지식어음을 분실하면 제3자가 선의취득할 수 있으므로 회수하기 어려운 문제도 있다.

배지식 배서	간략백지식 배서
앞면의 금액을 ( )에게 지급하여 주십시오. 유 익 한 ○	 유 익 한 ○

(2) 효 력

백지식 배서에 의하여 어음을 취득한 자는 다음 각호의 행위, 즉 (i) 자기의 명칭 또는 타인의 명칭으로 백지(白地)를 보충하는 행위, (ii) 백지식으로 또는 타인을 표시하여 다시 어음에 배서하는 행위, (iii) 백지를 보충하지 아니하고 또 배서도 하지 아니하고 어음을 교부만으로 제3자에게 양도하는 행위를 각각 할 수 있다(어 14조 2항). 그러므로 백지식배서의 어음소지인(B)은 다음과 같이 권리를 행사할 수 있다.[18]

첫째로 백지인 '피배서인란'에 '자기이름(B)'을 보충기재하고, '타인(C)'에게 정식으로 배서양도하거나, 다시 백지식배서를 할 수 있다.

---

18) 이철송(어), 299-300면.

앞의 금액을 B 에게 지급하여 주십시오 김 갑 돌 ⊗	앞의 금액을 B 에게 지급하여 주십시오 김 갑 돌 ⊗
앞의 금액을 C 에게 지급하여 주십시오 B ⊗	앞의 금액을 에게 지급하여 주십시오 B ⊗

둘째로, 소지인(B)은 백지인 피배서인란에 타인의 이름(C)을 기재하고 그에게 교부할 수 있다(어 14조 2항 1호). 어음소지인(B)는 기명날인하지 않으므로 담보책임이 없다.

앞의 금액을 에게 지급하여 주십시오 김 갑 돌 ⊗	앞의 금액을 C 에게 지급하여 주십시오 김 갑 돌 ⊗

셋째로 백지식 배서의 소지인(B)이 백지인 피배서인란을 보충하지 아니하고 또 배서인으로 기명날인도 하지 않고, 교부만으로 어음을 타인(C)에게 양도할 수 있다. 이때도 백지식배서의 어음소지인(B)은 소구의무를 부담하지 않는다.

B가 C에게 어음교부

앞의 금액을 에게 지급하여 주십시오. 김 갑 돌 ⊗

3. 소지인출급식배서

소지인에게 지급하라는 소지인출급의 배서는 백지식(白地式) 배서와 같은 효력이 있다(어 12조 3항). 어음소지인이 피배서인인 소지인출급식배서는 피배서인을 백지로 한 백지식 배서와 형식상으로는 구별이 되지만, 피배서인이 특정되지 않는 점은 같으므로 백지식배서와 동일한 효력이 있다. 어음수취인의 기재는 어음요건이므로 수취인 기재가 없는 어음발행은 효력이 없으나, 배서에서는 피배서인을 백지로 할 수도 있고, '소지인'으로 할 수도 있다.

4. 지명소지인출급식배서(선택무기명식배서)

지명소지인출급식배서(선택무기명식배서)는 '김○○ 또는 소지인'처럼 '특정인 또는 소지인'을 피배서인으로 기재된 배서이다. 이 배서는 어음법에 규정되지 않고, 어음관계도 불명확하게 하므로 무효라는 견해가 있으나, 피배서인은 특정인만이 아니라 '소지인'도 될 수 있으며, 기명식 수표에 '또는 소지인에게'라는 글자 또는 이와 같은 뜻이 있는 문구를 적었을 때에는 소지인출급식수표로 보는 수표법 제5조 제2항을 유추하여 위의 배서도 소지인출급식배서와 동일한 효력이 있다고 본다.

6 배서의 기타 기재사항

1. 유익적 기재사항

배서요건은 아니지만 기재되면 효력이 발생하는 유익적 기재사항으로, 소지인출급식배서문구(어 12조 3항), 무담보문구(어 15조 1항), 배서금지문구(어 15조 2항), 인수제시명령문구(어 22조 4항), 인수제시기간단축문구(어 23조 3항), 지급제시기간단축문구(어 34조 1항), 거절증서작성면제문구(어 46조 1항), 예비지급인의 기재(어 55조 1항), 배서인의 처소(어 45조 3항), 추심위임문구(어 18조 1항), 입질문구(어 19조 1항) 등이 있다.

배서일자(어 20조 2항)는 유익적 기재사항이다. 따라서 배서일자가 발행일보다 앞선 날인 경우에 배서 자체가 무효로 되는 것이 아니라 배서일자가 기재되지 아니한 배서로서 효력이 있고, 기한전배서로 추정된다.[19] 배서일이 어음에 기재되면 배서인이 그 날 배서한 것으로 추정되지만, 기한후배서인지 여부는 실제로 배서 또는 교부한 날을 기준으로 정해지므로 배서일자의 기재를 유익적 기재사항으로 보는 의미는 그리 크지 않다.

---

19) 서울민사지방법원 1984. 1. 25. 83나1613.

2. 무익적 기재사항

조건부배서(어 12조 1항)는 조건은 적지 아니한 것으로 보므로 조건없는 배서로서 효력이 있다. 그 외에도 대가문구, 지시문구 등도 무익적 기재사항이다.

3. 유해적 기재사항

배서 자체를 무효로 하는 기재로서는 일부배서(어 12조 2항)가 있다. 일부배서는 배서인이 어음금액을 분할하여 그 일부에 대한 배서는 어음의 단일성을 해치기 때문에 배서 자체를 무효로 한다. 그러나 어음금액의 일부가 지급되고 난 나머지 금액에 대한 배서는 가능하다(어 39조 2항).

7 배서의 효력

1. 권리이전적 효력

(1) 의 의

배서는 환어음으로부터 생기는 모든 권리를 이전시키는데(어 14조 1항), 이를 배서의 권리이전적 효력이라고 하며, 이 효력은 배서인의 의사표시에 의하여 생기는 배서의 본질적 효력이다. 어음법이 배서의 권리이전적 효력을 규정하고 있는데 반하여 민법상 지시채권에서는 배서의 자격수여적 효력만 규정하고 있고(민 513조), 권리이전적 효력은 규정하고 있지 않다. 배서의 권리이전적 효력을 당사자간의 의사표시상 효력으로 보는 입장에서는 법 규정이 없더라도 권리이전적 효력이 인정된다고 본다.[20]

배서의 권리이전적 효력이 발생하려면 배서의 형식이 유효해야 하고, 배서인이 어음상 권리자이어야 한다. 따라서 배서인이 무권리자이면 피배서인이 승계취득할 권리가 없다. 다만 선의취득규정에 의하여 어음상 권리를 원시적으로 취득할 수는 있다.

20) 정찬형(어), 469면.

(2) 내 용

1) 어음상 권리

배서에 의하여 이전하는 권리는 환어음으로부터 생기는 모든 권리이다. 여기의 '환어음으로부터 생기는 모든 권리'라 함은 주채무자에 대한 어음금지급청구권과 어음보증인에 대한 권리 등 모든 권리를 의미한다. 환어음 발행인이나 배서인에 대한 소구권은 배서에 의하여 이전되는 것이 아니라 배서인의 담보책임의 반사적 효과로서 인정된다.[21] 한편 이득상환청구권이 배서에 의하여 이전되는가에 관하여는 이득상환청구권의 본질을 지명채권으로 보는 통설에 의하면 어음의 배서에 의하여 이득상환청구권은 이전하지 않는다고 하며, 잔존물설 또는 변형물설에 의하면 배서에 의하여 이득상환청구권이 이전한다고 한다.

2) 인적항변의 절단

일반채권의 양도에서는 양도인의 권리가 그대로 양수인에게 이전되므로 채무자는 양도인에게 대항할 수 있는 모든 항변사유로써 양수인에게 대항할 수 있다. 그러나 배서에 의하여 어음을 취득한 피배서인은 어음채무자가 배서인에게 대항할 수 있는 인적 항변사유로 대항을 받지 않는데, 이를 인적항변의 절단이라고 한다.

즉, 배서는 일반채권양도보다 양수인을 더 강하게 보호하므로 피배서인은 배서인보다 강화된 권리를 취득하게 된다. 다만 피배서인이 채무자를 해할 것을 알고 어음을 취득한 때에는 채무자는 악의의 항변으로 피배서인에게 대항할 수 있다(어 17조 단서).

3) 어음의 부속된 권리의 이전

배서의 권리이전적 효력에 의하여 어음상의 권리 외의 어음에 부수된 권리, 예컨대 배서인을 위한 저당권, 보증계약상 권리, 자금관계상 권리도 이전하는가에 대하여 학설이 대립하고 있다. 첫째로 민법 일반원칙상 종(從)된 권리는 주된 권리의 처분에 따르고, 배서에 의한 어음상 권리의 양수인이 지명채권양도의 방식에 의한 양수인보다 약한 지위를 가질 수 없으며, 종된 권리의 이전을 금지하는 규정이 없으므로 부수적 권리도 이전한다는 견해가 있다.[22]

그러나 배서의 권리이전적 효력은 어음상 표창된 권리를 이전시키려는 것이지

---

21) 최준선(어), 312-313면.

22) 정동윤(어), 478면.

어음 외의 실질관계의 권리까지 이전시키는 것은 아니고, 담보권의 이전은 등기나 인도 등 공시방법이 요구되며, 보증채권의 이전을 채무자에게 대항하기 위해서는 양도인의 통지나 채무자의 승인이 있어야 하는바, 부수된 권리의 공시방법을 갖추지 않은 채 배서만으로 종된 권리가 이전한다고 보는 것은 불합리하다. 생각건대 배서의 권리이전적 효력은 어음상 권리에만 미치고, 부수된 권리는 당사자 간 계약상 권리이므로 배서만으로 이전된다고 보기 어렵다.[23)]

4) 선의취득

배서의 권리이전적 효력에 선의취득(어 16조 2항)이 포함되는가에 관하여, 첫째로 배서의 권리이전적 효력은 배서인의 유효한 권리를 전제로 배서인의 권리가 배서에 의하여 피배서인에게 이전되는 것이나, 배서인이 무권리자·무권대리인·무처분권자이더라도 피배서인이 어음상 권리를 원시적으로 취득하는 선의취득은 배서의 권리이전적 효력과는 무관하고, 배서의 자격수여적 효력에 의하여 인정된다는 견해[24)]와 선의취득은 배서의 권리이전적 효력으로서 인정된다는 견해[25)]가 대립한다. 선의취득은 적법한 권리자로 추정받는 자로부터 어음을 양수한 자는 양도인이 무권리자이더라도 양수인에게 고의나 중과실이 없는 한 어음상 권리를 취득한다는 것으로서 배서의 자격수여적 효력에 의하여 인정된다.

2. 담보적 효력

(1) 의 의

배서인이 배서에 의하여 원칙적으로 자기의 모든 후자에 대하여 인수 및 지급을 담보하는 효력을 배서의 담보적 효력이라고 한다(어 15조 1항). 즉, 배서에 의하여 어음을 취득한 자가 환어음 지급인에게 인수제시를 하였으나 인수가 거절되거나 기타 지급이 불확실하다고 인정되는 사유가 발생한 때 또는 만기에 지급인에게 지급제시를 하였으나 지급거절을 당한 때에 배서인은 자기의 피배서인 뿐만 아니라 그 후의 모든 피배서인에 대하여 어음금액 또는 기타 일정한 금액을 상환할 책임을 부담하는데, 이를 배서인의 인수담보책임 및 지급담보책임이라고 한다.

---

23) 최준선(어), 313면 ; 이철송(어), 303면 ; 최기원(어), 410면.

24) 최준선(어), 313면.

25) 최기원(어), 409면 ; 정동윤(어), 471면.

소지일출급식수표에 한 배서는 권리이전적 효력은 없으나 담보적 효력은 인정되며 담보배서도 담보적 효력만 있을 뿐이고 권리이전적 효력은 발생하지 않는다. 담보적 효력에 의하여 배서인이 부담하는 어음상 채무를 소구의무(상환의무)라고 하며, 소구권자가 소구권보전절차를 취했을 때에만 담보적 효력이 발생한다.

(2) 성 질

배서는 어음상 권리이전을 주된 목적으로 하기 때문에 배서의 담보적 효력은 배서의 부차적 효력으로 이해한다. 그런데 배서의 담보적 효력의 성질에 관하여, 배서인의 책임은 원래 배서인이 대가문구를 기재한 때에 인정되는 것이지만, 대가문구가 기재되지 않은 경우에도 그러한 의사를 가진다고 의제하고, 배서인의 책임을 법이 의제한 의사표시상의 효력이라고 하는 견해[26]와 어음의 유통성 보호를 위하여 법이 특별히 규정한 법정책적 효력이라는 통설[27]이 대립한다.

배서인의 주된 의사는 어음상의 권리를 피배서인에게 양도하는 것이지, 담보책임을 부담하려는 의사는 없다고 볼 때, 배서의 담보적 효력은 유통성 보호를 위하여 규정한 법정 효력이라는 통설이 타당하다. 따라서 담보적 효력에 관한 규정이 없는 민법이나 상법의 지시채권의 배서에는 담보적 효력이 인정되지 않는다.

(3) 내 용

담보책임은 어음의 종류에 따라 다르다. 약속어음과 수표의 배서인은 지급을 담보하지만, 환어음의 배서인은 지급과 인수를 담보한다. 수인이 공동배서를 한 경우에는 각자가 배서인으로서 인수와 지급을 담보하므로, 어음금 전액에 대한 책임을 지고, 이때 이들의 책임의 성질은 합동책임이다(어 47조 1항).[28]

(4) 담보책임의 배제·제한

1) 무담보배서

배서의 담보적 효력은 어음의 유통성보호를 위하여 인정되는 것으로서 임의규정이므로, 배서인의 의사에 의하여 그 효력을 배제한 배서를 할 수 있는데, 이를 무담보배서라고 한다(어 15조 1항). 한편 환어음 및 수표의 발행인은 최종적 소구의무

26) 정희철(하), 187-188면.
27) 정찬형(어), 472면 ; 이철송(어), 305-306면 ; 최기원(어), 412면 ; 최준선(어), 314면.
28) 정찬형(어), 473면.

자이기 때문에 지급담보책임은 면할 수 없으나 인수담보책임은 면할 수 있다(어 9조 2항). 환어음의 배서인은 인수담보책임과 지급담보책임을 모두 배제할 수 있으며 인수제도가 없는 약속어음 및 수표의 배서인은 지급담보책임을 배제할 수 있다. 약속어음의 발행인은 주채무자이므로 지급담보책임을 면할 수 없다.

2) 배서금지배서

배서인은 다시 하는 배서를 금지하는 배서, 즉 배서금지배서(어 15조 2항)를 할 수 있다. 배서금지배서를 한 배서인은 자기의 직접 피배서인에 대하여는 담보책임을 부담하지만, 그 피배서인의 후자에 대하여는 담보책임을 지지 않는다.

3) 추심위임배서·기한후배서

지급거절증서작성 후 또는 지급거절증서작성기간 경과 후의 배서, 즉 기한후배서는 어음의 유통기간이 경과한 후에 이루어진 배서이므로 그 취득자에게 담보적 효력의 이익을 부여할 이유가 없고, 추심권의 수여만을 목적으로 하는 추심위임배서도 권리가 이전되지 않으므로 담보적 효력이 인정되지 않는다.

(5) 담보배서

1) 의 의

담보배서는 어음상 권리를 양도할 의사 없이 배서인으로서 담보책임만을 부담할 목적으로 어음에 배서하는 것을 말한다. 일반적으로 어음보증에 의하여 담보의 목적이 달성되지만 어음보증은 어음채무자의 지급능력이 부실하다는 인상을 주므로 거의 이용되지 않으며, 그 대신 담보배서가 주로 이용된다.

2) 효 력

어음상 권리의 이전 없이, 부차적인 효력인 담보책임만을 부담하겠다는 의사로 이루어진 담보배서가 유효한가에 대하여 견해가 대립한다. 담보배서의 효력을 부정하는 견해가 있으나, 어음행위를 형식만으로 효력을 판단하는 것은 타당하지 않고, 당사자의 의사를 무시하는 결과가 되므로 유효하다고 본다. 그런데 담보배서의 성질을 어음보증으로 보는 견해, 배서인의 의사에 의하여 담보적 효력은 있으나 이전적 효력은 없는 특수한 배서로 보는 견해, 양도배서로 보는 견해[29] 등이

---

29) 정찬형(어), 518-519면.

있다.

배서인은 자기의 후자에 대하여만 담보책임을 부담하는데 비하여 어음보증은 원칙적으로 자기의 전자에 대하여도 보증책임을 부담하고(어 32조 1항, 31조 4항 2문), 보증과 담보는 형식상 차이가 있기 때문에 담보배서를 어음보증으로 보기 곤란하며, 한편 권리이전적 효력이 인정되지 않는 담보배서를 양도배서라고 하는 것은 당사자의 의사에 배치된다.

생각건대 당사자의 의사에 따라서 권리이전적 효력과 담보적 효력을 분리해서, 담보적 효력만 인정되는 담보배서를 인정하는 것이 타당하다. 또한 무기명식수표에 배서한 자에 대하여 담보적 효력만을 인정하는 수표법 제20조에 비추어 볼 때, 담보배서를 특수한 배서로 보는 통설[30] 및 판례의 입장은 타당하다. 담보배서의 배서인은 그 전자에 대하여 어음법 제47조 3항, 제49조에 의하여 소구권도 갖는다고 한다.[31]

대법원 1995. 9. 29. 선고 94다58377 판결

> 을을 수취인으로 하여 발행한 어음에 갑이 그냥 담보의 목적으로 배서를 한 나머지 배서가 단절된 경우, 을이 실질적 권리자임이 증명되고 갑의 배서가 배서로서의 유효요건을 구비하고 있다면 배서의 담보적 효력은 인정되어야 하고, 그와 같은 경우에는 배서가 단절된 채로 지급제시를 하여 지급거절되었다고 하더라도 그 지급제시는 적법한 것으로 보아 어음소지인은 배서인에 대하여 소구권을 행사할 수 있다.

3. 자격수여적 효력

(1) 의 의

배서의 자격수여적 효력이란 어음소지인이 배서의 연속에 의하여 그 권리를 증명한 때에는 그를 적법한 소지인으로 추정하는 효력이다(어 16조 1항). 즉 배서가 연속된 어음의 소지인은 실질적 권리의 유무와 상관없이 어음상 권리를 행사할 수 있는 형식적 자격이 추정된다. 이는 의사표시의 효력이 아니라, 외관을 믿고 어음

30) 최준선(어), 316면 ; 정동윤(어), 488면 ; 최기원(어), 414-415면.
31) 최기원(어), 414-415면 ; 정동윤(어), 489면.

을 취득한 자를 보호하기 위하여 법이 정책적으로 인정한 특별한 효력으로서, 모든 배서에 공통적으로 인정되는 효력이다.

1) 적법성의 추정

배서가 연속된 어음의 소지인은 실질적 권리를 증명하지 않더라도 어음상 권리를 행사할 수 있는 정당한 권리자로 추정된다. 따라서 어음채무자가 소지인의 무권리를 입증해야만 지급책임을 면하므로 입증책임이 어음소지인에게서 어음채무자로 전환된다.

2) 선의지급면책

연속된 어음의 소지인에게 어음채무자가 사기 또는 중대한 과실 없이 지급을 한 경우에는, 그 자가 진정한 권리자가 아니더라도 책임을 면한다(어 40조 3항).

3) 선의취득

배서가 연속된 어음의 소지인은 적법한 소지인으로 추정되므로 그로부터 배서에 의하여 어음을 취득한 자는 배서인이 실질적 무권리자이더라도 피배서인에게 악의 또는 중과실이 없는 한 어음상 권리를 취득한다(어 16조 2항).

(2) 배서의 연속

1) 의 의

배서의 연속이란 수취인(A)이 제1배서의 배서인(A)이 되고, 제1배서의 피배서인(B)이 제2배서의 배서인(B)이 되는 것과 같이, 직전의 배서의 피배서인이 직후의 배서의 배서인이 되어 최후의 소지인에 이르기까지 배서가 연속되어 있는 것을 말한다. 최후의 배서가 백지식이면 어음소지인은 적법한 권리자로 추정된다(어 16조 1항 2문).

2) 형식적인 연속

가. 배서방식의 유효

배서의 연속이라 함은 어음의 외관상 형식적으로 연속되어 있으면 충분하고, 실질적으로 유효할 것을 요구하지 않는다. 따라서 배서가 그 방식상 유효하면 실질상 무효이더라도 상관이 없으므로 허무인의 배서 · 위조 배서 · 무권대리인의 배서 · 무능력자의 배서 · 착오에 의한 배서 등도 배서의 연속에 있어서는 유효한 배서이다. 그리고 어음의 기재 자체에 의하여 배서의 연속이 증명되는 이상, 어음에 기재된 수취인 외의 사람에게 발행 교부되었다는 사실만으로 배서의 연속이 없는 것으로 볼 수 없다.[32)]

또 정당한 어음소지인인 A가 자신의 배서 앞뒤에 임의의 사람인 X, Y를 기재하여 B에게 양도하더라도, B는 적법하게 어음상의 권리를 이전받는다.[33)] 어음의 배서연속이 있더라도 배서의 요건을 모두 갖춘 유효한 배서이어야만 어음상의 권리가 적법하게 이전된다.[34)] 기명무인의 배서는 무효인 배서로서 배서의 연속이 인정되지 않고, 말소한 배서는 배서의 연속이 없는 것으로 본다(어 16조 1항 3문). 그리고 공동수취인 중 1인만의 배서, 일부배서, 배서인의 날인만 있고 기명이 없는 경우 등은 배서의 연속이 인정되지 않는다. 또약속어음의 발행인이 수취인에게 제1배서를 하는 것은 어음법상 의미가 없으므로 배서의 연속을 판단함에 있어 그 기재가 없는 것으로 본다.[35)]

나. 동일성

각 배서에 있어서 피배서인과 배서인의 표시는 어음상 기재로 볼 때 순차적으로 동일성이 인정되어야 한다. 또 배서가 순차적으로 연속되기 위해서는 배서 상호간에 순서가 정해지고 전 배서의 피배서인과 그 후 배서의 배서인의 동일성이 인정되어야 한다.

(가) 배서의 순위

동일성 판단의 전제로서 배서의 순서가 정해져야 하는데, 이에 대한 법 규정이 없다. 어음은 뒷면 배서란이 위에서 아래로 차례로 인쇄되어 있기 때문에 기재된 배서의 장소적 순서에 따라 배서의 순서를 정하면 된다. 만일 기재된 장소적 순서와 배서일자의 순서가 다른 경우에는 배서일자는 어음의 유익적 기재사항이 아니기 때문에 장소적 순서를 따르면 될 것이다.[36)]

(나) 동일성의 판단기준

피배서인과 배서인의 표시가 일부 차이가 있더라도 중요한 부분이 일치하면 동일성이 인정된다고 본다. 그러나 수취인과 제1배서인이 동일인이더라도 형식적으

---

32) 대법원 1971. 4. 30. 71다455.

33) 대법원 1995. 9. 15. 94다54856.

34) 대법원 1996. 12. 20. 96다43393.

35) 대법원 1965. 9. 7. 65다1387.

36) 최준선(어), 321면.

로 달리 표시되면 동일성은 인정되지 않는다. 특히 법인의 당사자 표기에서 동일성이 문제되는데, 수취인란에 '○○주식회사'로 기재되어 있더라도 제1배서의 배서인명은 '○○주식회사대표이사 김○○ ㊞'처럼 법인명칭, 대표관계의 표시, 대표기관의 기명날인(서명)이 있어야만 배서의 연속이 인정된다. 은행지점장 K가 약속어음의 배서인란에 지점의 주소와 지점명칭이 새겨진 명판(주식회사○○은행, 서울 명동 15번지)을 찍고 자신의 기명(K)을 기재하는 것을 생략하고 자신의 사인(私印)을 날인하는 방법으로 배서를 한 경우는 대리인(K)의 기명이 누락되어 무효인 배서이므로 배서의 연속이 인정되지 않는다.[37]

한편 수취인의 명의는 자연인 '김○○'으로 되어 있는데 제1배서의 배서인명의는 '○○주식회사 대표이사 김○○㊞'으로 되어 있으면 동일성은 없으나, ○○주식회사가 실재하지 않고 또 어음채무자의 승낙을 얻어 이와 같이 배서하였다면 이는 '김○○' 개인의 배서로서 배서연속이 인정된다.[38] 회사의 본점과 지점간의 배서는 동일 인격자의 배서이므로 실제로는 무효이지만 배서의 연속에서는 유효한 배서이다.

3) 백지식배서

연속되는 배서의 중간이나 마지막에 백지식배서가 있는 경우 배서연속이 인정되는가에 대하여, 백지식 배서의 다음에 다른 배서가 있는 경우에는 그 배서를 한 자는 백지식 배서에 의하여 어음을 취득한 것으로 보므로(어 16조 1항 4문), 백지식 배서 이후에 다른 배서가 있는 경우에는(갑→을, 을→○, 병→정), 그 배서의 배서인(병)은 백지식배서의 피배서인이 되고, 최후의 배서가 백지식인 때에는(갑→을, 을→병, 병→○, 현재 어음소지인 정), 현재 어음소지인(정)은 백지식 배서의 피배서인으로 추정되어 어음상 권리를 행사할 수 있다. 그리고 백지식 배서를 한 배서인(병)도 어음을 회수하면 소지인으로서 어음상 권리를 행사할 수 있다.

4) 배서연속의 판단시기

어음소지인이 주채무자에 대하여 어음금청구의 소를 제기한 때는 배서의 연속이 없더라도 구두변론이 종결된 때 배서가 연속되면 어음소지인의 형식적 자격이 인정된다. 그러나 어음상 권리행사에서 일정 시점이 배서연속의 유무를 판단하는 기

37) 대법원 1999. 3. 9. 97다7745.
38) 대법원 1995. 9. 15. 95다7024.

준이 되는 경우가 있는데, 예컨대 소구의 실질적 요건으로서의 만기의 적법한 지급제시에 대한 지급거절은 지급제시를 한 때에 배서의 연속이 존재하여야 한다. 그러므로 지급제시 시에는 배서의 불연속이었으나, 그 이후에 배서가 연속되더라도 소멸한 소구권이 다시 생기지 않는다. 또한 선의취득은 어음을 취득한 때 배서의 연속이 이루어져야 하며, 지급인이 만기에 지급을 한 때에 배서의 연속이 성립되어야만 면책된다.[39]

5) 배서연속의 효과

배서연속의 효과로서 어음소지인에게 자격수여적 효력이 부여된다. 즉 배서가 연속된 어음을 소지한 자는 적법한 권리자로 추정되므로, 자기의 실질적 권리를 증명할 필요 없이 어음상의 권리를 행사할 수 있다. 다만 어음채무자가 어음소지인의 무권리를 증명해서 지급을 거절할 수 있다.

또한 어음채무자는 사기 또는 중대한 과실 없이 배서가 연속된 어음의 소지인에게 지급을 한 때에는 그 자가 진정한 권리자가 아니더라도 면책된다(선의지급). 그리고 배서가 연속된 어음의 소지인으로부터 배서에 의하여 어음을 취득한 때에는 배서인이 실질적으로 무권리자이더라도 피배서인에게 악의 또는 중대한 과실이 없는 한 피배서인은 어음상 권리를 취득한다(선의취득).

(3) 배서의 불연속

1) 서

배서의 연속이 흠결된 때에는 원칙적으로 배서의 불연속이 발생한 후의 피배서인은 어음상 권리자로 추정받지 못한다. 그러나 어음취득자 보호를 위하여 배서의 연속이 단절된 부분에 대하여 실질적으로 권리승계사실[架橋]을 증명하면, 어음소지인은 어음상 권리를 행사할 수 있다(가교설).[40] 예컨대 상속이나 지명채권양도방법에 의하여 어음상 권리의 취득사실을 증명하면, 단절된 부분이 가교에 의하여 배서의 연속이 인정된다.

2) 권리이전적 효력

배서의 연속이 흠결된 부분의 실질적 권리를 상속이나 지명채권양도방법 등으로

---

39) 최기원(어), 418면.

40) 최기원(어), 418면 ; 손주찬(어), 254면 ; 최준선(어), 323면.

증명하면, 권리이전적 효력이 생기고 선의취득이나 인적항변의 절단도 가능하므로 어음소지인은 어음상의 권리를 행사할 수 있다. 이때 어음소지인의 입증범위는 수취인으로부터 자신에 이르기까지의 모든 과정에서의 권리승계사실을 입증하여야 한다는 견해, 배서가 단절된 이후부터 자신에 이르기까지의 권리승계만을 입증하면 된다는 견해, 단절된 부분의 권리승계만 입증하면 된다는 견해가 대립하고 있으나, 어음소지인의 부담을 덜어주고 어음의 유통성을 보호하기 위하여 단절된 부분의 실질적 권리승계만을 입증하면 충분하다고 본다.[41]

3) 자격수여적 효력

배서의 연속이 단절된 어음소지인에게 자격수여적 효력이 인정되는지 의문이 있다. 배서의 연속을 전제로 자격수여적 효력을 인정하는 것은 권리행사의 편의를 도모하고 어음채무자의 면책을 용이하게 하기 위한 것이지 어음거래를 제한하는 것이 목적이 아니므로, 배서의 연속이 단절된 경우에 어음소지인이 단절된 부분에 대하여 실질적으로 권리를 입증하거나, 피배서인과 배서인이 형식적으로 다르더라도 실질적으로는 동일인임을 증명하면 자격수여적 효력이 인정된다.[42] 그러나 배서가 단절된 부분에 대한 실질적 권리승계사실을 입증하더라도 자격수여적 효력이 생기지 않는다는 견해도 있다.[43]

4) 담보적 효력

배서의 연속이 단절된 이후의 배서도 실질적 권리관계를 입증하면 자격수여적 효력과 권리이전적 효력이 인정된다고 보는 이상, 담보적 효력도 인정된다고 본다.[44] 그러나 이것은 형식적인 자격의 하자는 있지만 실질적 권리는 존재하는 경우만을 전제로 한다. 양도배서에서 권리양도의 효과로서 법정의 담보책임을 부담하는 것이므로 형식적 자격이 없을 뿐만 아니라 실질적 권리의 존재도 증명하지 못한 자의 배서에 대하여는 담보책임이 발생하지 않는다.[45] 다만 그 배서가 순수

---

41) 대법원 1969. 12. 9. 69다995(원심이 어음에 있어 배서의 연속이 끊긴 경우에 딴 방법으로 그 중단된 부분에 관한 실질적 관계가 있음을 증명한 소지인이 한 어음상의 권리행사는 적법하다고 보아 이 사건의 원고가 소지하는 약속어음에는 배서의 연속이 끊겼지만 원고가 그 부분에 판시와 같은 실질관계가 있다고 보인다고 해서 원고의 본건청구는 적법하다는 취지로 판단한 원심조치는 정당하다).

42) 최기원(어), 419-420면.

43) 정찬형(어), 482-484면.

44) 대법원 1995. 9. 29. 94다58377 ; 대법원 1995. 9. 15. 95다7024.

45) 최준선(어), 323면.

한 담보배서인 경우에는 담보적 효력이 있다고 본다.

(4) 배서의 말소

1) 의 의

배서의 말소는 어음의 기재 중에서 배서를 제거하는 것이다. 특정인을 피배서인으로 기재하여 어음을 발행한 후 피배서인을 삭제하거나, 배서인이 상환의무를 이행하고 어음을 환수하여 자기의 배서와 후자의 배서를 말소하거나(어 50조 2항), 환배서에 의하여 다시 어음소지인이 된 자가 종전의 배서 이후의 배서를 말소할 수도 있다. 배서의 말소는 권리자의 말소이든 무권리자의 말소이든, 고의나 과실에 의한 말소이든 아니든, 거절증서작성기간 내의 말소이든 경과후의 말소이든, 상관없다. 말소의 방법도 제한이 없다.

2) 효 력

말소한 배서는 권한있는 자에 의한 말소인지 여부, 그 방법 · 시기와 상관없이 배서의 연속에 관하여는 존재하지 아니하는 것으로 본다(어 16조 1항 3문).[46] 일반적으로 어음의 기재가 권한없는 자에 의하여 말소되면 어음변조가 거래의 안전과 원활을 위하여 배서의 연속에 관하여는 모두 권한 있는 자에 의한 적법한 말소가 있는 것으로 의제하는 것이다.

배서의 말소에 의하여 배서의 연속이 단절되거나 회복되지만, 실질적 권리에는 영향을 미치지 못한다. 즉, 배서의 말소는 배서의 자격수여적 효력의 전제인 배서의 연속에만 영향을 줄 뿐, 배서의 권리이전적 효력이나 담보적 효력에는 영향을 미치지 않으므로, 말소된 부분에 대하여 어음소지인이 실질적 권리의 승계사실을 증명하여 어음상 권리를 행사할 수 있다.[47]

3) 일부의 말소

말소된 배서는 배서의 연속에 관하여 배서의 기재가 없는 것으로 본다는 규정(어 16조 1항 3문)이 일부 말소에 적용되는지 살펴본다. 첫째, 기명식 배서의 배서인의 기명날인 또는 서명이 말소된 경우는 전부말소로 보아야 할 것이다. 둘째, 기명식 배서의 배서문구만 말소된 경우에는 간략식배서를 인정하는 취지에 비추어

46) 대법원 1995. 2. 24. 94다41973.
47) 최준선(어), 324-325면.

배서의 효력이 여전히 있다고 본다.

4) 피배서인의 말소

기명식 배서의 피배서인의 성명이 말소된 경우, 배서의 전부말소인가 아니면 백지식 배서로 볼 것인가에 대하여 이견이 있다.

가. 전부말소설

전부말소설에 의하면 피배서인의 성명을 말소한 배서는 배서의 연속에 관하여는 배서의 전부말소와 동일하다고 한다. 그 이유는 피배서인의 기재는 배서인의 기명날인의 기재와 일체를 이루어 특정인에게 권리를 양도하는 단일한 의사표시를 이루므로 그 일부의 말소는 배서 전체를 파괴하는 것이고, 피배서인의 기재는 어음상 권리자를 특정하는 것으로서 매우 중요하다. 따라서 이를 백지식 배서로 보면 어음소지인이 임의로 피배서인을 말소하고 자기를 권리자로 기재하는 등 부정한 목적으로 이용할 위험이 있다.[48]

나. 백지식배서설

피배서인의 말소는 배서의 연속에 관하여 말소권한의 유무와 상관없이 말소된 부분만 기재가 없는 것으로 보아서 백지식 배서로 보는 것이 타당하다고 한다. 왜냐하면 어음법이 백지식 배서를 인정하고 있고 또 이를 전부말소로 볼 근거가 없기 때문이다.[49]

다. 권한고려설

권한고려설은 말소의 권한이 있는 자에 의한 말소는 백지식 배서, 말소의 권한이 없는 자에 의한 말소는 말소의 효력이 없으므로 본래대로 피배서인에 대한 기명식배서라고 한다.

라. 소 결

권한고려설이 말소권한의 유무에 따라 해석을 달리 하는데, 이는 어음 거래의 안전을 해친다. 피배서인의 중요성에 비추어 볼 때 배서전부의 말소로 보는 견해도 일리가 있지만, 어음법이 백지식 배서를 규정하고 있고, 어음관계자가 배서인과 배서문구를 남겨둔 채 피배서인만을 말소하는 것은 백지식 배서로서 효력을 유지시키려는 의사가 있으므로 백지식배서로 보는 것이 타당하다.

---

48) 이철송(어), 316-317면 ; 정동윤(어), 484면.

49) 정찬형(어), 480면. ; 최기원(어), 425-426면.

5) 어음을 환수한 배서인의 배서말소권

어음을 환수한 배서인은 자기와 후자의 배서를 말소할 수 있는데(어 50조 2항), 이는 자기의 배서가 남용되어 이중으로 지급되는 것을 방지하기 위한 것이다. 한편 환배서에 갈음하는 배서의 말소, 즉 소극적 배서도 법에 규정이 없지만 유효하다. 즉, 어음소지인이 종전의 배서인에게 환배서를 하는 대신에 종전의 배서인의 배서와 그 후의 배서를 말소하고 그 자에게 어음을 단순 교부함으로써 어음상 권리를 양도할 수 있다.[50)]

제3절 특수배서

1 무담보배서

1. 의 의

무담보배서(qualified indorsement)는 배서인이 어음상 담보책임을 부담하지 않는다는 뜻을 기재한 배서를 말한다. 환어음의 배서인은 인수담보책임과 지급담보책임을 부담하지만(어 15조 1항), 배서인이 '무담보'의 문구를 기재하면 인수책임과 지급책임을 면할 수 있으며, 어음금액의 일부에 대하여 담보책임을 부담한다는 기재를 할 수도 있다. 담보책임이 배서의 본질적 효력이 아니므로 배서인의 의사에 의하여 담보책임을 면할 수 있다.

어음의 배서인이 단순히 '무담보'라고 기재하면 인수무담보와 지급무담보를 한 것으로 본다.[51)] 환어음의 발행인은 어음의 최종 의무자이므로 인수담보책임을 면할 수 있으나 지급담보책임은 면할 수 없다(어 9조 2항). 그런데 어음에 무담보배서의 문구가 기재되면 그 이후의 어음취득자가 어음의 신용을 의심하기 때문에 무담보배서가 자주 이용되지는 않는다.

---

50) 정찬형(어), 684면 ; 최준선(어), 331면.

51) 정찬형(어), 486면 ; 최기원(어), 428면. 이러한 경우 인수무담보로 보아야 한다는 견해가 있다(최준선(어), 326면).

2. 효 력

(1) 담보책임의 면제

무담보배서를 한 배서인은 자기의 직접 피배서인뿐만 아니라 그 이후의 취득자 모두에 대하여 담보책임을 부담하지 않는다. 그러나 무담보배서를 한 배서인의 전·후의 다른 배서인과 발행인은 담보책임을 부담한다. 무담보배서와 배서금지배서는 자기의 직접 피배서인 이후의 자들에 대하여는 담보책임을 부담하지 않은 점은 같으나, 무담보배서를 한 배서인은 자기의 직접 피배서인에게도 담보책임을 부담하지 않는 반면 배서금지배서를 한 배서인은 자기의 직접 피배서인에게는 담보책임을 부담하는 점에서 다르다. 일부 담보의 기재는 유익적 기재사항으로서 어음채권자에게 이익이 되므로 일부무담보는 유효하다.

(2) 배서로서의 효력

무담보배서도 양도배서이므로 자격수여적 효력과 권리이전적 효력은 있으나 담보적 효력은 없다. 따라서 무담보배서를 하면 인적항변이 절단되고 적법한 권리자로 추정되며 선의취득과 선의지급의 효력이 있다. 무담보배서를 한 배서인은 담보책임을 면할 뿐만 아니라 원인관계에 의한 채무불이행책임이나 하자담보책임도 면한다고 본다.

판례[52]는 단자회사가 할인 매수한 기업어음을 제3자에게 어음할인의 방식으로 매출하는 것은 그 성질이 어음의 매매라고 볼 것이므로 그 매매이행으로 어음을 배서 양도할 때 배서란에 "지급을 책임지지 않음"의 문언을 기재하면 특단의 사정이 없는 한 어음 배서인으로서의 담보책임뿐만 아니라 매매계약상의 채무불이행책임이나 하자담보책임까지 배제하기로 한 취지라고 보아야 한다고 하였다.

대법원 1984. 11. 15. 선고 84다카1227 판결

원심판결 이유에 의하면 원심은 피고가 종합금융회사로서 그 주요업무의 하나로 단기금융업법에 의한 단자회사와 마찬가지로 기업이 발행한 어음을 할인매수한 후 이를 일반 제3자에게 매출하는 업무를 수행하고 있는 사실, 위와 같이 단기금융업법에 의한 단자회사가 할인매수한 기업어음을 매출하는 경우에 그 매출 단자회사 자신이 그 어음의 지급에 관하여 보증책임을 부담하는 담보부 매출과 그

52) 대법원 1984. 11. 15. 84다카1227.

보증책임을 부담하지 아니하는 무담보부 매출의 두 가지 형태가 있고, 후자의 일종으로 단자회사가 우량적격업체로 선정한 기업이 발행한 액면 10,000,000원 이상, 지급기일 91일 이상 180일 이내의 어음을 발행기업으로부터 할인매수하여 이를 일반 제3자에게 중도해약불가조건하에 연 4할의 범위 내에서 실세금리에 따른 선이자 및 이에 대한 제세금을 공제한 가격으로 매출하는 것을 이른바 신종기업어음 또는 씨.피(C.P. Commercial Paper)라고 부르고 있는 사실, 원고들은 씨.피적격업체로 선정된 소외 태화제지공업주식회사가 발행하고 피고가 "지급을 책임지지 않음"이라는 문언을 표시하여 무담보배서를 한 액면 10,000,000원의 이 사건 각 씨.피어음(이하 이 사건 어음이라 한다)을 매수하여 소지하고 있는 바, 그 발행인인 위 태화제지공업주식회사는 1982. 4. 19 거래은행으로부터 당좌거래약정을 해지당함으로써 지급기일에 위 각 어음을 지급받을 수 없게 되고 그 후 위 회사는 회사정리절차가 개시되어 1983. 5. 31 정리계획안이 확정되었는데 원고들은 이 사건어음채권에 관하여 정리채권신고를 하지 아니한 사실을 확정하고 있다. 위 원심 확정 사실에 의하면 피고가 소외 태화제지공업주식회사로부터 할인매수한 이 사건 각 어음을 다시 일반 제3자에게 어음할인의 방식으로 액면 금액에서 만기일까지의 선이자 및 제세금을 공제한 금액을 가격으로 하여 매출한 것은 그 성질이 어음의 매매라고 볼 것인 바, 그 매매의 이행으로 피고가 이 사건 각 어음을 배서양도함에 있어서 배서란에 "지급을 책임지지 않음"이라는 문언을 기재한 것은 특단의 사정이 없는 한 어음상 배서인으로서의 담보책임뿐만 아니라 매매계약상의 채무불이행책임이나 하자담보책임까지도 배제하기로 한 취지라고 보아야 할 이다.

2 배서금지배서

1. 의 의

배서금지배서(restrictive indorsement)는 배서인이 배서를 하면서 자기의 배서 이후의 배서를 금지하는 뜻을 기재한 배서로서(어 15조 2항 전단), 금전(禁轉)배서라고도 한다. 배서인이 '배서금지'나 이와 유사한 취지의 문구를 기재한다. 기명식배서뿐만 아니라 백지식배서를 할 때에도 배서금지배서를 할 수 있다. 배서금지배서를 하더라도 배서자체가 금지되는 것은 아니므로 피배서인이 배서를 할 수 있으나, 배서금지배서인은 자기의 직접의 피배서인 이후의 피배서인들에 대하여 담보책임을 면한다. 배서금지배서는 배서인이 자기의 직접 피배서인에 대한 항변사유로써 그 이후의 피배서인들에게 대항할 수 있으므로 배서인이 모르는 채권자가 발생하는 것을 저지하고, 소구통지비용의 증가를 억제시키는 역할을 한다.

2. 효 력

(1) 배서금지배서가 어음의 지시증권성을 박탈하지 않으므로 피배서인은 배서에 의하여 어음을 양도할 수 있다. 다만 배서금지문언에 의하여 배서인의 담보책임이 배서인의 직접 피배서인에게 한정되는 효력이 있을 뿐이다. 따라서 발행인이 배서를 금지하는 배서금지어음이 어음의 배서성을 박탈하는 것과 다르고, 피배서인을 포함한 모든 후자에게 담보책임을 부담하지 않는 무담보배서와도 구별된다.

(2) 담보책임의 제한

배서금지배서인이 자기의 직접 피배서인에 대해서만 담보책임을 부담하고 그 후의 피배서인에 대하여 담보책임을 부담하지 아니하는데, 이 때 '그 후의 피배서인에 대하여 담보책임을 부담하지 아니한다'는 의미에 대하여 견해가 나누어진다.

첫째로 배서금지배서의 배서인(A)은 자기의 직접 피배서인(B) 이후의 자(者)에 대하여 일체의 담보책임을 부담하지 않는다고 하는 무책임설이 있다.[53)]

둘째로 배서금지배서인(A)의 피배서인(B)이 그 후 피배서인(C)에게 배서 양도하는 경우, 피배서인(B)이 배서인(A)에 대하여 갖는 소구권이 어음에 화체되어 그 이후의 피배서인(C)에게 이전되므로, 그 이후의 피배서인(C)도 배서금지배서인(A)에게 직접 소구권을 갖지만, 인적항변은 절단되지 않으므로 배서인(A)이 자기의 직접 피배서인(B)에 대한 인적항변사유로써 그 후의 피배서인(C)에게 대항을 할 수 있다고 하는 소구권양도설이 있다.

셋째로 배서금지배서의 목적은 배서인의 피배서인에 대한 항변권이 절단되는 것을 저지하려는 것인바, 이러한 목적은 그 항변권을 이후의 어음소지인(C)에게도 행사할 수 있게 하면 달성되므로 배서금지배서인도 항변권이 유지된 상태의 담보책임을 부담한다는 담보책임설이 있다.[54)]

생각건대 담보책임설은 담보책임을 부담하지 않는다고 한 규정(어 15조 2항)에 어긋나고, 배서금지배서인이 단지 항변을 차단하려는 의사에 머물지 않고 적극적

---

53) 최준선(어), 329면 ; 손주찬(하), 257면 ; 정동윤(어), 500면 ; 정찬형(어), 489면.

54) 서헌제(어), 465면 ; 강위두 · 임재호(하), 361면.

으로 담보책임을 부담하지 않으려는 의사를 표시한 것이라고 보므로 담보책임설은 타당하지 않다. 한편 소구권양도설은 배서금지배서의 피배서인이 자기 이후의 피배서인에게 배서를 한 때에는 소지인이 주채무자로부터 지급거절을 당하지 않았기 때문에, 소구권이 발생하지 않았음에도 불구하고 소구권의 발생한 것으로 가정하여 그 소구권이 어음에 화체되어 이전된다고 설명하는 것은 논리적으로 결함이 있다.

따라서 자기가 한 배서의 담보적 효력에 의하여 배서인이 소구의무를 부담하고, 그 반사적 효과로서 어음소지인에게 소구권이 생기는 것인바,[55] 배서금지배서의 배서인은 자기의 직접의 피배서인 이후의 어음소지인에게는 소구의무를 부담하지 않으므로, 이후의 어음소지인은 배서금지배서인에 대하여 소구권이 없다. 무책임설이 법문에 충실하여 타당하다.

3 환배서(역배서)

1. 의 의

환배서(reindorsement ; reacquisition) 또는 역배서는 종전의 어음상 채무자(인수인, 발행인, 배서인, 보증인, 참가인수인)를 피배서인으로 하는 배서이다(어 11조 3항). 이미 어음상의 채무자이었던 자를 피배서인으로 하는 배서로서, 종래의 어음채무자에게 다시 어음을 이전시키는 것이다. 인수하지 아니한 지급인에 대한 배서는 그가 어음채무자가 아니므로 일반배서이지만, 법은 편의상 인수하지 아니한 지급인도 여기에 포함시키고 있다. 환배서의 실익은 어음소지인이 어음을 새로 발행하는 대신 기존 어음을 양도할 수 있으므로 비용과 시간이 절약되고 아울러 종전 어음소지인의 신용을 이용할 수 있다는 점이다.[56]

2. 이론구성

어음채무자가 환배서의 피배서인으로서 어음상 권리를 취득하면 어음상 권리와 의무가 동일인에게 귀속하게 된다. 동일인에게 채권·채무가 귀속되면 혼동의 법

55) 이철송(어), 346-347면.
56) 최기원(어), 442면.

리에 의하여 채권·채무가 소멸되지만(민 507조), 유통증권인 어음에서는 전자가 있는 한 지급수단으로서의 가치가 있기 때문에 종전의 어음채무자에게 다시 배서를 할 수 있다. 또 어음에서 당사자자격의 겸병이 가능하고, 유가증권이 자기에 대한 채권을 표창하더라도 객관적 재산권으로 취득할 수 있기 때문에 혼동의 법리는 어음관계에서 적용되지 않는다. 따라서 환배서에 관한 어음법 제11조 제3항은 주의적인 규정으로 본다.[57]

한편 환배서에 의하여 어음을 취득한 배서인이 전자에 대하여 갖는 재소구권의 성질에 대하여, 배서인이 전에 갖고 있던 어음상 권리를 회복한 것으로 보는 권리회복설과 어음상 권리를 재취득한 것으로 보는 권리재취득설[58]이 대립한다. 생각건대 환배서의 성질이 채권양도이고, 재소구금액이 종전 금액이 아니라 별도로 결정되는 점(어 49조) 등을 고려하면 권리재취득설이 타당하다.[59]

3. 효 과

환배서는 양도배서의 일종이므로 배서의 일반적 효력인 권리이전적 효력, 담보적효력, 자격수여적 효력이 있다. 환배서의 피배서인은 어음상 권리자와 의무자의 지위를 동시에 갖기 때문에 어음상 권리를 행사할 때 일정한 제약을 받는다. 환배서의 피배서인의 지위는 다음과 같다.

(1) 주채무자에 대한 환배서

환어음의 인수인, 약속어음의 발행인처럼 주채무자가 환배서에 의하여 어음을 취득한 경우에는 누구에게도 소구권을 행사할 수 없다. 주채무자가 자기의 전자에게 소구권을 행사하면, 그 전자는 그 전전자(前前者)에게 소구권을 행사하여 최종적으로는 주채무자에게 소구금액과 비용, 이자를 청구할 것이기 때문이다.

그러나 어음상 권리는 소멸하지 않으므로 환배서에 의하여 어음을 양수한 주채무자는 어음의 유통기간 내(지급거절증서작성 전 또는 지급거절증서 작성기간 경과전)에 제3자에게 배서양도할 수 있고, 어음을 취득한 제3자는 완전한 권리를 취득하므로 모든 전자에 대하여 소구권을 행사할 수 있다.

57) 정찬형(어), 489면 ; 최기원(어), 442면.
58) 정동윤(어), 567면.
59) 정찬형(어), 489-490면.

한편 환배서에 의하여 어음을 양수한 어음상 주채무자가 어음의 유통기간경과 후(지급거절증서작성 후 또는 지급거절증서작성기간 경과 후)까지 어음을 보유하거나 또는 유통기간경과 후에 환배서를 받은 경우에는, 어음상 권리가 혼동의 법리에 의하여 소멸한다고 보기 때문에, 어음을 유통기간경과 후에 배서양도를 하더라도 양도받은 제3자는 어음상 권리를 취득하지 못한다는 다수설[60]과 주채무자의 채무는 어음의 유통기간경과 후에도 소멸시효기간 내에는 존속하므로 어음상의 권리가 소멸하지 않고, 유통기간 경과 후에도 배서양도할 수는 있으나 이 때 효력은 기한후 배서의 효력만이 있다는 소수설이 대립하나,[61] 인수인은 만기에 어음금을 지급하여야 할 의무자이고, 만기에 어음채권이 혼동으로 소멸하므로, 만기 이후의 양도받은 자는 보호할 필요가 없으므로 다수설이 타당하다.

(2) 환어음의 발행인에 대한 환배서

환어음의 발행인이 환배서에 의하여 어음을 취득한 경우에 주채무자(인수인)에 대하여 어음상 권리를 행사할 수 있으나 환배서를 기준으로 자기의 모든 전자에 대하여 소구권을 행사할 수 없다. 만일 자기의 전자에 대하여 소구권행사를 허용하면, 그 전자는 다시 최종책임자인 발행인에게 소구권을 행사할 것이기 때문이다. 수표는 주채무자가 없으며 발행인이 최종 소구의무자이므로 환배서의 방법으로 수표를 취득하더라도 누구에 대해서도 수표상의 권리를 행사할 수 없다.

(3) 배서인에 대한 환배서

배서인이 환배서에 의하여 어음을 취득한 경우, 인수인, 발행인 그리고 자기의 원래의 배서를 기준으로 하여 그 前者에 대하여 소구권을 행사할 수 있다. 한편 원래의 배서와 환배서 사이에 있는 배서인들에 대하여도 환배서인이 소구권을 행사한 후에 다시 중간배서인에게 소구의무를 이행하면 문제가 없을 듯하지만 환배서인이 권리는 행사하고 의무를 이행하지 않으면 중간배서인들은 손해를 입게 되므로 중간배서인들은 환배서인에 대하여 소구의무이행을 거절할 수 있다.

예컨대 약속어음이 A → B → C → D → E → C의 순서로 배서가 이뤄진 경우에 환배서를 한 C는 원래 배서 이전의 배서인(B) 및 발행인(A)에게는 소구권을 행사할 수 있으나, 원래 배서와 환배서 중간의 배서인 D, E에게 소구권을 행사할

60) 최준선(어), 330-331면 ; 손주찬(하), 260-261면 ; 최기원(어), 443면.
61) 정찬형(어), 491면.

경우 중간배서인 D, E는 C에 대하여 소구의무이행을 거절할 수 있다.

무담보배서를 한 배서인(C)이 환배서에 의하여 어음을 취득한 경우 그가 후자(D, E)에 대하여 소구의무를 부담하지 않으므로, 환배서인(C)은 자기의 무담보배서와 환배서 사이의 배서인들(D, E)에 대하여 소구권을 행사할 수 있다.

어음항변은 속인적이므로 어음채무자가 특정 배서인에게 대항할 수 있는 인적항변은 그 배서인이 환배서에 의하여 어음을 재취득한 경우에도 항변이 절단되지 않기 때문에 어음채무자는 특정 배서인에 대하여 인적항변으로 대항할 수 있다. 예컨대 약속어음이 A → B → C → B의 순서로 배서 양도된 사례에서 A와 B사이의 매매계약이 취소된 경우, 환배서에 의하여 B가 어음을 다시 취득하여 A에게 어음금을 청구하는 경우 A는 계약취소라는 인적항변으로 B의 어음금청구에 대항할 수 있다.[62)]

대법원 2002. 4. 26. 선고 2000다42915 판결

약속어음 발행인으로부터 인적항변의 대항을 받는 어음소지인은 당해 어음을 제3자에게 배서·양도한 후 환배서에 의하여 이를 다시 취득하여 소지하게 되었다고 할지라도 발행인으로부터 여전히 위 항변의 대항을 받는다고 할 것이고, 한편 기한후배서는 보통의 배서와는 달리 지명채권양도의 효력밖에 없어 그것에 의하여 이전되는 권리는 배서인이 배서 당시 가지고 있던 범위의 권리라 할 것이므로 어음채무자는 그 배서 당시 이미 발생한 배서인에 대한 모든 항변사실을 피배서인에 대하여도 대항할 수 있다 할 것인데, 이러한 이치는 환배서인 기한후배서라도 마찬가지라고 할 것이다.

(4) 참가인수인 또는 보증인에 대한 환배서

참가인수인에 대한 환배서는 피참가인수인에 대한 환배서와 같고, 보증인에 대한 환배서는 피보증인에 대한 환배서와 같다. 보증인이 환배서에 의하여 어음을 취득한 경우에, 피보증인과 그의 전자에 대하여 어음상 권리를 행사할 수 있으나 피보증인의 후자에 대하여는 어음상 권리를 행사할 수 없다.

---

62) 최기원(어), 444면 ; 정찬형(어), 492-493면.

(5) 환어음을 인수하지 아니한 지급인에 대한 환배서

환어음을 인수하지 아니한 지급인에 대한 환배서는 어음채무자에 대한 배서가 아니므로, 지급인이 어음상 권리를 행사할 수 있고 또 제3자에게 배서양도를 할 수도 있다. 그러나 배서로 양도받은 지급인이 제3자에게 양도배서한 후에 인수를 하면, 인수인에 대한 환배서와 동일하므로 지급인은 누구에게도 소구권을 행사할 수 없다.

(6) 어음을 환수한 환배서인의 배서말소권

어음을 환수한 배서인은 자기와 후자의 배서를 말소할 수 있다(어 50조 2항). 이는 자기의 배서가 남용되어 이중지급이 되는 것을 방지하기 위하여 어음법이 특별히 인정한 권리이다. 배서의 말소는 환배서와 유사하지만, 자기 이후의 배서를 말소하므로 권리의 실질적 이전이 없다는 점에서 환배서와 다르다.

(7) 소극적 배서(환배서에 갈음하는 배서의 말소)

어음소지인이 종전의 배서인에게 환배서를 하는 대신에 종전의 배서인의 배서와 그 후의 배서를 말소하고 그 자에게 어음을 단순 교부함으로써 어음상 권리를 양도할 수 있다.[63] 예컨대 환배서에 의하여 어음을 취득한 자(C)가 환배서를 하면 B → C → D → E → C의 순서로 배서가 기재될 것이다. 그런데 어음소지인(E)이 종전의 배서인의 배서(C)와 그 후의 배서(D, E)를 말소하고, 그에게(C) 단순히 어음을 교부하여 어음상 권리를 양도할 수 있다(B → ×(C) → ×(D) → ×(E)). 이는 어음법에 규정이 없지만 누구에게도 해를 끼치지 않으므로 유효하다.

4 기한후배서

1. 의 의

기한후배서(negotiation of an overdue bill)란 어음에서는 지급거절증서가 작성된 후에 한 배서 또는 지급거절증서 작성기간이 지난 후에 한 배서(어 20조 1항)이고, 수표에서는 지급거절증서나 이와 같은 효력이 있는 선언이 작성된 후에 한

63) 정찬형(어), 684면 ; 최준선(어), 331면.

배서 또는 제시기간이 지난 후에 한 배서이다(수 24조 1항). 지급거절증서작성기간은 지급제시기간과 같다.

확정일출급 · 발행일자후정기출급 · 일람후정기출급 환어음에서는 만기일부터 3일 이내에 지급거절증서가 작성되기 전에 한 배서나 지급거절증서가 작성되지 아니한 경우 지급거절증서작성기간이 지나기 전(만기에 이은 2거래일 내)에 한 배서는 만기후배서이지만, 만기전배서와 동일한 효력이 있으므로 기한전배서이다. 기한후배서는 소구단계에 들어간 어음의 배서이므로 보통 배서와 동일한 효력을 갖지 못하며[64] 지명채권양도의 효력만 있다(어 20조 1항).

대법원 2000. 1. 28. 선고 99다44250 판결

어음법 제20조에 의하면 만기후배서도 그것이 지급거절증서 작성 전 또는 지급거절증서 작성기간 경과 전에 이루어진 것이면 만기 전의 배서와 동일한 효력을 가지고, 비록 만기에 지급제시된 어음에 교환필이라는 스탬프가 압날되고 피사취 또는 예금부족 등의 사유로 지급거절한다는 취지의 지급은행의 부전이 첨부되어 있는 등 지급거절의 사실이 어음면에 명백하게 되어 있다 하더라도 이를 가지고 적법한 지급거절증서가 작성되었다고는 할 수 없으므로, 그러한 어음에 한 배서도 그것이 지급거절증서 작성 전으로서 지급거절증서 작성기간 경과 전이기만 하면 이는 기한후 배서가 아닌 만기후배서로서 만기 전의 배서와 동일한 효력이 있다고 할 것이다(대법원 1987. 8. 25. 선고 87다카152 판결 참조).

원심판결 이유에 의하면, 원심은 그 판결에서 채용하고 있는 증거들을 종합하여, 김상진이 이 사건 어음의 소지인으로서 만기인 1995. 7. 15. 지급장소에 지급제시하였다가 무거래라는 이유로 지급거절되었고, 그 후 이 사건 약속어음이 김상진으로부터 조영호, 원고에게 순차로 배서양도된 사실을 인정한 다음, 김상진 및 조영호의 각 배서가 지급거절증서 작성기간 경과 후에 이루어졌다는 피고의 입증이 없으므로, 김상진 및 조영호의 각 배서는 만기 전의 배서와 동일한 효력을 갖는 만기후배서라고 판단하고 있는바, 원심이 김상진 및 조영호의 각 배서가 만기 전의 배서와 동일한 효력을 갖는 만기후배서라고 판단한 것은 위에서 본 법리에 비추어 일응 정당하다고 할 것이다.

그러나 한편 만기 전의 배서와 동일한 효력을 갖는 만기후배서의 피배서인이 어음의 최종소지인의 지위에서 어음의 배서인 등 소구의무자에 대한 소구권을 보전하기 위하여는 그에게 만기후배서를 한 배서인이 지급제시를 하였는지 여부와 관계없이 다시 스스로 적법한 지급제시기간 내에 지급제시를 하여야 하는 것인바,

64) 최준선(어), 332면.

원고가 스스로 이 사건 어음을 지급제시하였다는 점에 관한 아무런 주장·입증이 없는 이상 이 사건 어음의 최종 소지인의 지위에서 배서인인 피고에 대하여 소구권을 행사할 수는 없다고 할 것이다. 다만, 만기후배서의 피배서인인 원고가 김상진이 지급제시하여 지급거절된 사실을 알고 있었다면 감상진이 지급제시함으로써 보전한 소구권을 지명채권 양도와 같은 효력으로 승계하였음을 주장하여 이를 행사할 수 있다고 할 것이고, 원고가 김상진의 지급제시를 원용하여 소구권을 행사하는 경우에 피고로서는 김상진에 대한 항변사유를 들어 원고에게 대항할 수 있는 것이므로, 이러한 경우에는 원심으로서는 마땅히 피고의 융통어음의 항변에 관하여 나아가 판단하였어야 할 것이다.

2. 근 거

어음이 지급거절증서 작성 전 또는 지급거절증서 작성기간이 지나기 전에 배서양도된 경우에는 피지급성과 강력한 유통성의 보호를 받는다. 그런데 기한후배서에 의하여 어음을 취득한 자는 통상 당해어음이 부도가 났거나 지급상 문제가 있음을 알고 있다. 또 유통기간 내에 배서 양도된 때에만 어음채무자가 채무부담의 의사가 있다고 볼 수 있으므로 기한후배서에 의하여 어음을 취득한 자는 보통 배서의 효력을 전부 누릴 수는 없다. 기한후배서에 의한 어음취득자는 보통의 양도배서와 같이 기명식배서를 할 수도 있고 백지식배서를 할 수도 있다.[65)]

3. 기한후배서의 판단기준

(1) 배서일자

배서일자는 유익적 기재사항으로서 배서일자가 기재되어 있으면 그 날에 배서한 것으로 추정된다. 그리고 날자를 적지 아니한 배서는 지급거절증서 작성기간이 지나기 전에 한 것으로 추정한다(어 20조 2항). 실제로 배서가 이루어진 날짜와 어음에 기재된 배서일자가 다른 경우에는 실제 배서일을 기준으로 기한후배서 여부를 판단한다.

따라서 기한후배서임을 주장하는 어음채무자는 실제로 배서가 행하여진 날자를 증명하여 기한후배서임을 입증해야만 기한후배서의 이익을 누릴 수 있다. 백지어

65) 대법원 1968. 7. 23. 68다911 ; 대법원 1994. 2. 8. 93다54927.

음에 기한전에 배서를 하였으나 백지보충은 기한후에 한 경우, 백지어음에 어음행위(배서)를 한 때를 기준으로 기한후배서여부를 판단하므로, 기한전배서이다.

대법원 1971. 8. 31. 선고 68다1176 전원합의체 판결

피고가 소외 오충환에게 금액 50,000원, 만기 66. 1. 20. 지급지와 발행지 모두 대전시, 지급장소, 한일은행 대전지점, 지급받을 자난, 공백, 발행일 65. 12. 13.인 백지약속어음 1장을 발행교부하고, 오충환은 소외 최종인에게,최충인은 소외 남광옥에게 그 무렵 각각 인도양도하고 66. 1. 10. 남광옥은 원고에게 배서양도하고, 그 소지인이 된 원고가 67. 8. 24. 위 공백부분에 지급받을 자의 성명을 남광옥으로 기입보충하였다는 것인바, 백지어음에 있어서 백지의 보충시와 어음행위 자체의 성립시기와는 엄격히 구별하여야할 문제로서, 백지의 보충없이는 어음상의 권리를 행사할 수는 없으나, 어음행위의 성립시기를 곧 백지의 보충시로 의제할 수는 없는 것이며, 그 성립시기는 그 어음행위 자체의 성립시기로 결정하여야 할 것이다. 그렇다면, 그 보충이 67. 8. 24.에된 66. 1. 20. 만기의 이 사건 어음에서 66. 1. 10.에 이루어진 본건 배서를 만기 후 배서로 아니본 원판결판단은 실로 정당하다.

(2) 지급거절과 기한후배서

1) 지급거절증서작성이 면제된 경우

지급거절증서 작성면제(무비용상환)문구가 있기 때문에 지급거절증서가 작성되지 않은 경우, 지급거절증서 작성기간 경과 전에 배서가 이루어진 경우에 어음취득자는 지급거절된 어음인지 아니면 지급제시가 안된 어음인지 알 수 없으므로 지급거절증서 작성기간이 경과한 후에 이루어진 배서만을 기한후배서라는 주장(다수설)[66]과 거절증서작성이 면제된 어음은 지급거절이 되면 즉시 소구권을 행사할 수 있으므로 지급거절증서 작성기간이 경과하기 전이라도 지급거절된 후의 배서는 기한후배서라는 주장(소수설)[67]이 대립한다. 거절증서 작성기간이 지난 후의 배서만을 기한후배서라는 다수설이 객관적이고 확실한 기준을 제시하고 있다는 점에서 타당하다.

---

66) 정동윤(어), 506면 ; 최준선(어), 333면 ; 이철송(어), 348면.
67) 최기원(어), 435면 ; 정찬형(어), 495면.

2) 지급거절증서작성이 면제되지 않았는데, 지급거절증서가 작성되지 않은 경우

지급이 거절되었지만 지급거절증서를 작성하지 않은 상태에서, 지급거절증서 작성기간 내에 이루어진 배서는 기한후배서가 아니다. 거절증서작성기간 내의 배서에 의한 어음취득자는 지급이 거절된 사실을 알지 못하여 기한전 배서로 믿었기 때문에 그에게 불이익을 줄 수 없기 때문이다.

(3) 인수거절과 기한후배서

인수거절증서(어 44조)가 작성된 후의 배서에 대하여 규정이 없지만, 인수가 거절되면 소구권을 행사할 수 있기 때문에 인수거절증서작성 후의 배서는 기한후배서로 보아야 할 것이다. 이러한 해석은 인수가 전부 거절되어 인수거절증서가 작성된 경우에만 해당되고, 인수의 일부가 거절되어 인수거절증서가 작성된 경우에는 해당되지 않는다는 견해[68]와 인수의 일부거절이 있어 인수거절증서가 작성되더라도 기한후배서라는 견해[69]가 대립한다.

인수인 또는 지급인이 파산한 경우에는 파산결정서의 제시에 의하여 만기전에 소구권을 행사할 수 있는 경우, 파산개시사실이 어음에 명백하게 드러나지 않기 때문에 그 후의 배서를 기한후배서로 볼 수 없다고 한다.[70]

(4) 지급거절이 명백히 드러난 경우

만기 후 지급거절증서 작성 전 또는 지급거절증서작성기간이 지나기 전에, 지급거절사실이 어음상에 명백히 나타난 후에 이루어진 배서, 예컨대 어음에 피사취 또는 예금부족으로 지급을 거절한다는 뜻의 은행 부도문언이 기재되어 있는 경우 그 이후의 배서를 기한후배서로 볼 것인지 만기후배서로 볼 것인지 문제된다.

기한후배서라는 견해는 은행의 부도선언은 지급거절증서와 동일한 신뢰성을 갖기 때문에 그 후의 배서는 기한후배서라고 한다.[71] 만기후배서설은 어음법 제20조 제1항이 기한후배서를 지급거절증서가 작성된 후에 한 배서 또는 지급거절증서 작성기간이 지난 후에 한 배서로 한정하여 규정하고 있는 점, 금융기관의 부도문언의 신뢰성을 지급거절증서와 동등하게 취급할 수 없다는 점 등을 근거로 제시한

68) 정찬형(어), 496면.
69) 최준선(어), 334면.
70) 정찬형(어), 497면.
71) 정찬형(어), 496면 ; 최기원(어), 433-434면 ; 이철송(어), 349면.

다.[72]

어음법 제20조가 지급거절 후의 배서를 기한후배서로 규정하지 않으므로 기한후배서로 볼 수 없고, 수표법 제24조 제1항처럼 지급은행이나 어음교환소의 지급거절선언에 대하여 지급거절증서의 작성과 같은 효력을 부여하는 규정이 어음법에 없으므로, 기한후배서가 아니다. 판례도 같은 입장이다.

대법원 2000. 1. 28. 선고 99다44250 판결

어음법 제20조에 의하면 만기후배서도 그것이 지급거절증서 작성 전 또는 지급거절증서 작성기간 경과 전에 이루어진 것이면 만기 전의 배서와 동일한 효력을 가지고, 비록 만기에 지급제시된 어음에 교환필이라는 스탬프가 압날되고 피사취 또는 예금부족 등의 사유로 지급거절한다는 취지의 지급은행의 부전이 첨부되어 있는 등 지급거절의 사실이 어음면에 명백하게 되어 있다 하더라도 이를 가지고 적법한 지급거절증서가 작성되었다고는 할 수 없으므로, 그러한 어음에 한 배서도 그것이 지급거절증서 작성 전으로서 지급거절증서 작성기간 경과 전이기만 하면 이는 기한후 배서가 아닌 만기후배서로서 만기 전의 배서와 동일한 효력이 있다고 할 것이다(대법원 1987. 8. 25. 선고 87다카152 판결 참조).

그러나 한편 만기 전의 배서와 동일한 효력을 갖는 만기후배서의 피배서인이 어음의 최종소지인의 지위에서 어음의 배서인 등 소구의무자에 대한 소구권을 보전하기 위하여는 그에게 만기후배서를 한 배서인이 지급제시를 하였는지 여부와 관계없이 다시 스스로 적법한 지급제시기간 내에 지급제시를 하여야 하는 것인바, 원고가 스스로 이 사건 어음을 지급제시하였다는 점에 관한 아무런 주장 · 입증이 없는 이상 이 사건 어음의 최종 소지인의 지위에서 배서인인 피고에 대하여 소구권을 행사할 수는 없다고 할 것이다. 다만, 만기후배서의 피배서인인 원고가 김상진이 지급제시하여 지급거절된 사실을 알고 있었다면 감상진이 지급제시함으로써 보전한 소구권을 지명채권 양도와 같은 효력으로 승계하였음을 주장하여 이를 행사할 수 있다고 할 것이고, 원고가 김상진의 지급제시를 원용하여 소구권을 행사하는 경우에 피고로서는 김상진에 대한 항변사유를 들어 원고에게 대항할 수 있는 것이므로, 이러한 경우에는 원심으로서는 마땅히 피고의 융통어음의 항변에 관하여 나아가 판단하였어야 할 것이다.

72) 정동윤(어), 506면 ; 최준선(어), 334-335면 ; 대법원 1987. 8. 25. 87다카152.

(5) 기한후배서의 효력

1) 권리이전적 효력

가. 기한후배서를 한 경우에 권리이전적 효력이 있으므로 배서인의 모든 어음상의 권리가 피배서인에게 이전된다. 따라서 기한후배서의 피배서인은 인수된 경우에는 인수인에 대하여 어음금지급청구권을, 거절증서가 작성된 경우에는 배서인의 전자에 대한 소구권을 각각 취득한다.

나. 기한후배서는 지명채권양도의 효력만 있으므로 배서인의 권리에 부착된 항변은 피배서인에게 승계되고, 어음채무자는 배서인에 대한 인적항변으로써 피배서인에게 대항할 수 있다.[73]

다. 기한후배서는 인적항변이 절단되지 않으므로 어음채무자가 배서인에 대한 인적항변사유로써 피배서인에게 대항할 수 있지만, 이것은 어음채무자가 기한후배서가 행하여진 때까지 배서인에게 대항할 수 있는 인적항변사유를 가지고 어음소지인에게 대항할 수 있다는 의미이고, 기한후배서가 행하여진 이후에 비로소 발생한 배서인에 대한 인적항변사유로써 피배서인에게 대항할 수 없다.

라. 어음채무자는 기한후배서가 이루어지기 전의 배서에 의하여 절단된 인적항변사유를 가지고 기한후배서의 피배서인에게 대항하지 못한다. 현재의 어음소지인에게 어음을 양도한 배서인이 기한전 배서에 의한 어음을 취득한 때에는 선의이었기 때문에 어음채무자가 배서인에게 대항할 수 없었던 인적항변사유로는 기한후배서에 의하여 어음을 취득한 현재의 소지인(피배서인)에게도 대항할 수 없다.[74]

예컨대 A → B —(기한전배서, 항변절단) → C(선의) —(기한후배서) → D처럼 어음이 배서 양도된 경우를 살펴보자. A와 B의 매매대금조로 발행된 어음은 A와 B의 계약이 취소되면 A는 B의 어음금청구에 대하여 계약취소의 항변으로 대항할 수 있다. 그리고 B가 기한전배서에 의하여 어음을 선의의 C에게 배서 양도하면, 인적항변은 절단되므로 A는 C의 청구에 대하여 계약취소의 항변으로 대항할 수 없다.

---

73) 대법원 2002. 4. 26. 2000다42915.

74) 정찬형(어), 500면.

그런데 C가 기한후배서의 방법으로 어음을 D에게 양도하여, D가 A에게 어음금을 청구할 때 A는 계약취소의 항변으로 D에게 대항할 수 없다. 계약취소의 항변은 선의의 C에게 배서 양도되면서 절단되고, D가 기한후배서에 의하여 어음을 취득하더라도 이미 절단된 항변이 부활하지 않기 때문이다.[75]

대법원 2002. 4. 26. 선고 2000다42915 판결

약속어음 발행인으로부터 인적항변의 대항을 받는 어음소지인은 당해 어음을 제3자에게 배서·양도한 후 환배서에 의하여 이를 다시 취득하여 소지하게 되었다고 할지라도 발행인으로부터 여전히 위 항변의 대항을 받는다고 할 것이고, 한편 기한후배서는 보통의 배서와는 달리 지명채권양도의 효력밖에 없어 그것에 의하여 이전되는 권리는 배서인이 배서 당시 가지고 있던 범위의 권리라 할 것이므로 어음채무자는 그 배서 당시 이미 발생한 배서인에 대한 모든 항변사실을 피배서인에 대하여도 대항할 수 있다 할 것인데, 이러한 이치는 환배서인 기한후배서라도 마찬가지라고 할 것이다.

원심은 그 내세운 증거들에 의하여, 원고는 소외 이형자가 피고로부터 발행받은 이 사건 약속어음을 자신과 사돈간인 전정순의 부탁으로 할인하여 주고 이형자로부터 이를 배서·양도받은 후, 위 어음에 피배서인을 백지로 하여 자신의 농업협동조합중앙회 모라동지점의 받을어음추심수탁통장에 보관하여 두었으나 그 지급기일에 지급이 거절된 사실, 이에 원고는 어음금을 받아주겠다는 전정순에게 이 사건 약속어음을 피배서인이 백지인 배서가 되어 있는 상태로 교부하였고 전정순은 이를 다시 이형자에게 교부하였는바, 이형자는 피고를 상대로 약속어음금청구의 소를 제기하였으나 약속어음의 원인관계인 재동업계약이 해제되었다는 피고의 주장이 받아들여져 이형자의 청구가 기각되고 그 판결은 확정된 사실, 원고는 이형자가 피고를 상대로 한 위 약속어음금청구의 소를 제기한 이후 이형자로부터 이 사건 약속어음을 교부받아 현재 이를 소지하고 있는 사실을 각 인정한 후, 원고는 지급기일에 이미 부도가 된 약속어음을 이형자로부터 교부받은 것인데 피고는 이형자에 대하여 원인관계 해제의 항변을 가지고 있으므로 피고는 위 항변으로 원고에게 대항할 수 있다고 판단하였다.

---

75) 대법원 1990. 4. 25. 89다카20740.

대법원 1990. 4. 25. 선고 89다카20740 판결

지급거절증서작성 후 또는 지급거절증서작성기간 경과 후의 배서는 지명채권양도의 효력만이 있음은 어음법 제20조 제1항 단서가 규정하는 바이나, 그 취지는 위 법조 소정의 배서, 즉 기한후 배서는 배서인이 가지는 어음상의 권리를 그대로 피배서인에게 이전하여 배서인의 지위를 승계시키는 효력만이 있음을 뜻하는 것이므로, 어음채무자는 기한후 배서의 피배서인에 대하여는 그 배서의 배서인에 대한 인적 항변을 가지고 대항할 수가 있지만, 특단의 사정이 없는 한 그 배서인의 전자에 대한 항변사유를 가지고는 피배서인에게 대항할 수는 없는 것이고, 따라서 배서인이 어음취득당시 선의였기 때문에 배서인에게 대항할 수 없었던 사유에 대하여는 피배서인이 비록 어음취득당시 그 사유를 알고 있었다하여도 그것으로서 피배서인에게 대항할 수는 없다고 보아야 한다.

그런데 원심이 적법하게 확정한 바에 의하면, 원고는 1988. 6. 8. 소외 주식회사 조흥은행(이하 소외 은행이라 한다)으로부터, 피고가 같은 해 2. 17. 소외 주식회사 정화엔지니어링(이하 소외 회사라 한다)에게 발행하고, 소외 회사가 지급거절증서 작성의무를 면제한 채 소외 은행에게 배서양도하여 소외은행이 그 지급기일에 지급을 위한 제시를 하였으나 지급이 거절된 만기가 같은 해 5. 16.로 된 이 사건 어음을 배서양도받아 현재 이를 소지하고 있다는 이므로, 이에 의하면, 소외 은행은 기한후 배서인이라 할 것이나, 피고 주장과 같이 소외 은행이 이 사건 어음취득당시 피고는 소외 회사의 자금융통을 위하여 위어음의 액면금과 같은 금액의 소외 회사 발행의 약속어음을 담보로 받고 이 사건 어음을 이른바 융통어음으로 발행하였고 그 후 위 담보어음이 지급거절되었다는 사실을 알고 있었다는 점에 관하여는 아무런 주장, 입증이 없으므로, 피고는 이 사건 어음이 대가관계 없이 발행된 융통어음이고 그 담보어음이 부도가 났다는 사유를 가지고 배서인의 소외 은행에게 대항할 수가 없는 것은 명백하고, 따라서 위 소외 은행의 지위를 승계한 피배서인인 원고에 대하여서도 그 선의, 악의를 묻지 아니하고 위 사유를 가지고 대항할 수 없다고 풀이하여야 한다.

2) 담보적 효력

기한후배서는 지명채권양도의 효력밖에 없으므로 그 배서인은 피배서인에 대하여 담보책임을 지지 않는다. 어음의 유통성보호를 위하여 기한전배서인에 대하여는 엄격한 책임을 인정할 필요가 있지만, 기한후배서에 의하여 어음을 취득한 자는 정상적인 유통기간이 시난 후의 취득자이므로 그에게 기한전배서와 동일한 혜택을 줄 필요가 없다.

3) 자격수여적 효력

배서의 연속이 있으면 기한후배서에 의하여 어음을 양도받은 피배서인도 적법한 권리자로 추정되므로 진정한 권리자임을 증명할 필요없이 어음상 권리를 행사할 수 있다. 또 어음채무자가 사기 또는 중대한 과실 없이 소지인에게 어음금을 선의로 지급한 때에는 그 소지인이 권리자가 아니더라도 책임을 면한다.

그러나 기한후배서에 선의취득은 인정되지 않는다는 것이 통설이다.[76] 인적항변의 절단과 선의취득은 모두 어음의 유통성보호를 그 목적으로 하는데 기한후배서에 의한 어음취득자에게 인적항변절단의 이익을 누리게 할 필요가 없는 것과 마찬가지로 선의취득의 이익도 줄 필요가 없다.[77]

이에 대하여 기한후배서에 자격수여적 효력이 인정되므로, 선의취득도 인정되어야 한다는 주장이 있을 수 있으나, 자격수여적 효력은 권리의 증명에 관한 문제이고 선의취득은 권리의 유통과 취득의 문제이기 때문에 자격수여적 효력이 인정되면 당연히 선의취득도 인정된다는 주장은 타당하지 않다.

4 추심위임배서

1. 의 의

추심위임배서(agency indorsement)는 배서인이 피배서인에게 어음상 권리를 행사할 수 있는 대리권, 즉 추심대리권만을 수여하는 배서로서(어 18조) '위임배서', '대리배서', '권한배서'라고도 부른다. 추심위임배서는 추심위임문구를 어음에 기재하는 '공연한 추심위임배서'와 추심위임문구를 기재하지 않아 양도배서의 형식을 취하지만 그 실질은 추심위임을 목적으로 하는 '숨은 추심위임배서'로 나눌 수 있다. 어음법은 공연한 추심위임배서만을 규정하고 있으며, 보통 추심위임배서라고 하면 공연한 추심위임배서를 말한다. 숨은 추심위임배서가 실무에서 더 이용되는데, 그 이유는 공연한 추심위임배서를 하면 피배서인의 권리가 불완전하다는 인상을 주므로 공연한 추심위임배서보다 숨은 추심위임배서를 더 선호하기 때문이다.[78]

공연한 추심위임배서는 '회수하기 위하여' 또는 '추심하기 위하여' 또는 '대리를

76) 정찬형(어), 502면 ; 최기원(어), 439면 ; 이철송(어), 353면.
77) 정동윤(어), 509면 ; 최준선(어), 339면 ; 최기원(어), 439면.
78) 정찬형(어), 503면.

위하여' 그 밖의 단순히 대리권을 준다는 내용의 문구가 있어야 한다. 따라서 피배서인의 성명을 생략한 백지식추심위임배서는 가능하지만, 피배서인과 배서문언을 생략한 간략백지식추심위임배서는 불가능하다. 추심위임배서는 권리이전적 효력이 없으므로 배서금지어음, 지명채권양도방식으로 양도된 어음, 기한후배서에 의하여 취득한 어음도 공연한 추심위임배서를 할 수 있다.

2. 공연한 추심위임배서 효력

(1) 권리이전적 효력

추심위임배서에 의하여 피배서인은 어음상 권리를 행사할 대리권을 취득하지만, 어음상 권리는 취득하지 못하므로 권리이전적 효력은 인정되지 않는다. 따라서 소지인은 대리를 위한 배서(추심위임배서)만 할 수 있으며, 추심목적에 배치되는 양도배서는 할 수 없다(어 18조 1항 단서).

1) 추심위임배서의 피배서인에게 자격수여적 효력이 주어지므로 '환어음으로부터 생기는 모든 권리'를 행사할 수 있다(어 18조 1항 전단). 추심위임배서의 피배서인의 대리권은 포괄적 대리권이므로 어음상 권리 및 어음법상 권리에 관한 재판상·재판외 모든 행위를 할 수 있다. 그러나 면제나 화해처럼 권리를 처분하는 행위는 추심의 목적에 벗어나므로 할 수 없다.

2) 추심위임배서는 피배서인에게 대리권만 주어지고, 어음상 권리는 배서인에게 남아 있으므로 인적항변이 절단되지 않는다. 그러므로 어음채무자는 배서인에게 대항할 수 있는 모든 인적항변사유로써 추심위임배서의 피배서인에게 대항할 수 있고(어 18조 2항), 피배서인에게 대항할 수 있는 인적항변사유로는 피배서인에게 대항할 수 없다. 또 추심위임배서는 독립된 경제적 이익이 없으므로 선의취득이 인정되지 않는다.

3) 재추심위임배서

추심위임배서의 피배서인은 어음상 권리자가 아니므로 양도배서를 할 수 없음에도 불구하고 양도배서를 한 경우 그 효력에 대하여, 양도배서를 재추심위임배서로 보아 유효하다는 견해가 다수설이다.[79] 이에 내하여 다수설은 이음행위의 문언성에 반하고 무효행위의 전환의 법리를 부당하게 확대하는 것으로서 피배서인의 양도배서의 목적을 성취시켜주는 결과가 되므로 재추심위임배서의 피배서인이 한 양도배서는 무효라는 소수설[80]이 있다. 추심위임배서의 피배서인의 양도배서를 한 경우에 추심목적의 범위 내에서 유효하다고 본다. 이때 재추심위임배서의 법적성질이 대리권의 이전이라는 견해가 있으나, 복대리인의 선임으로 보는 것이 타당하다.[81]

4) 배서인과 피배서인간의 내부관계는 민법상 위임관계이지만 거래안전의 보호를 위하여 위임자인 배서인이 사망하거나 무능력자가 되더라도 추심대리권이 소멸되지 않는다(어 제18조3항). 그리고 추심위임배서의 배서인이 내부적 관계에서 피배서인에 대한 대리권을 철회하거나 기타 사유로 소멸시켜도 어음상의 추심위임문구를 말소하지 않는 한 어음상 효력이 발생하지 않고, 어음에 나타지지 않는 사유로 선의의 제3자에게 대항할 수 없다.

(2) 담보적 효력

추심위임배서의 피배서인에게는 어음상 권리를 행사할 대리권만 주어지고 어음상 권리자는 배서인이므로, 배서인이 피배서인에게 담보책임을 부담하지 않는다.

(3) 자격수여적 효력

추심위임배서의 피배서인이 배서의 연속에 의하여 외관상 추심위임배서를 받으면 대리권의 형식적 자격을 갖게 되므로 어음상 권리를 행사할 수 있으며(권리추정력), 어음채무자도 형식상 배서연속이 된 어음의 소지인에게 어음금을 지급하면 사기나 중과실이 없는 한 선의지급으로서 면책된다(어 40조 3항). 다만 자격수여적 효력은 대리권에 관한 것이므로, 어음상 권리가 피배서인에게 이전되지 않고, 또 피배서인에게 독립한 경제적 이익이 없으므로 어음상 권리의 선의취득도 인정되지 않는다.[82]

---

79) 최준선(어), 341면 ; 정찬형(어), 291면 ; 정동윤(어), 512-513면.

80) 이철송(어), 357면.

81) 정찬형(어), 504면 ; 이철송(어), 358면 ; 최준선(어), 341면 ; 최기원(어), 448면.

82) 정찬형(어), 505-506면.

3. 숨은 추심위임배서

(1) 의 의

숨은 추심위임배서는 실질적으로는 추심위임이 목적이지만 형식상 양도배서의 방식으로 하는 배서이다. 공연한 추심위임배서는 피배서인이 불완전한 권리를 갖고 있다는 사실이 외부에 드러나므로 이용이 잘 되지 않는 반면에 숨은 추심위임배서는 피배서인의 권리의 제한이 드러나지 않기 때문에 자주 이용된다. 숨은 추심위임배서의 피배서인은 어음상 권리를 행사할 대리권이 갖기 때문에 만기에 어음금을 추심할 수 있고 또 만기 전에도 어음할인을 할 수 있다.

과거에 숨은 추심위임배서가 실질상 목적과 형식적인 표시행위가 달라 통정허위표시로서 무효라는 주장이 있었으나, 숨은 추심위임배서에서의 추심의 목적은 동기일 뿐이고 배서인이 배서의 의사를 가지고 있으며, 유통이 되면 배서인이 책임을 부담하기 때문에 통정허위표시가 아니다. 소송행위를 목적으로 하는 숨은 추심위임배서는 신탁법 제7조에 의하여 무효이다.

대법원 1982. 3. 23. 선고 81다540 판결

이른바 숨은 추심위임배서는 어음상의 권리를 신탁적으로 양도한다는 입장에서나 어음상의 자격을 수여하는 것이라는 입장에서나 또는 당사자의 의사에 따라 신탁적 양수로 보거나 자격수여로 본다는 입장에서나 그 어떠한 관점에서든 간에 신탁법 제 7 조는 소송행위를 하게 하는 것을 그 주된 목적으로 하여 재산권의 이전 기타 처분을 하는 것을 금하고 이에 반하는 행위를 무효로 하고 있으므로 이와 같은 숨은 추심위임을 위한 어음배서가 소송행위를 하게 하는 것을 그 주된 목적으로 행하여졌을 경우에는 어음상의 권리이전행위인 배서는 그 효력을 발생할 수 없는 법리이므로(대법원 1969. 7. 8. 선고 69다362 판결 참조) 원고는 이 사건 제 1 심의 1980. 9. 5 변론기일에 진술한 1980. 9. 4자 준비서면에서 이 사건 약속어음금 청구가 소송행위를 하게 하는 것을 주목적으로 하는 추심위임에 기한 것임을 명백히 하고 있을 뿐만 아니라 원고가 제출한 갑 제13호증(추심위임 각서)의 기재도 위 김한근의 추심위임이 소송행위를 하게 하기 위한 것임이 명백하여 이 배서는 무효이라고 할 수밖에 없다.

(2) 법적 성질

숨은 추심위임배서가 양도배서의 형식을 취하지만 그 실질적 목적은 추심위임인 바, 법적 성질에 관하여 견해의 대립이 있다.

신탁적 양도설은 숨은 추심위임배서의 형식을 중시하여 어음상 권리는 피배서인에게 이전하며 다만 피배서인은 배서인에 대하여 추심목적을 위해서만 권리를 행사할 대인적 채무를 부담한다는 통설[83] · 판례[84]의 입장이다.

자격수여설은 숨은 추심위임배서의 실질을 중시하여 어음상 권리는 배서인에게 남아 있고, 피배서인은 자기 이름으로, 배서인의 계산으로, 어음상 권리를 행사할 자격 · 권한만을 취득한다는 견해이다.

의사설(절충설)은 숨은 추심위임배서의 당사자의 의사에 따라 신탁적 양도인 경우도 있고 자격수여인 경우도 있다. 당사자의 의사가 불분명한 때에는 자격수여로 추정해야 한다는 견해이다.[85]

생각건대 숨은 취심위임배서의 실질을 중시하여 공연한 추심위임배서와 같다고 보는 자격수여설은 배서의 형식성과 문언성을 고려하지 않고, 어음에 나타나지 않은 실질관계를 어음관계에 개입시키므로 어음행위의 추상성에 반하며, 나아가 어음법에 규정되지 않은 특수한 배서를 인정하므로 부당하다. 한편 절충설은 당사자의 의사라는 어음에 표시되지 않은 원인관계를 어음관계에 끌어들이므로 어음의 추상성에 반한다.

따라서 숨은 추심위임배서는 어음법이 인정하는 특수한 배서는 아니고, 추심의 목적이 어음에 표시되지 않으므로 어음의 문언증권성상 양도배서로 보아야 한다. 그러므로 배서의 대외적 효력에 관하여는 양도배서로 보고, 대내적 효력은 실질상 추심목적으로 해결하는 것이 타당하다.[86]

(3) 숨은 추심위임배서의 효력

숨은 추심위임배서의 성질을 통설인 신탁적 양도설에 의하면 배서에 자격수여적 효력과 권리이전적 효력이 있으나 담보적 효력은 없다.

83) 정찬형(어), 506면 ; 최준선(어), 342면 ; 정동윤(어), 516면.
84) 대법원 1982. 3. 23. 81다540.
85) 최기원(어), 457-458면.
86) 이철송(어), 365면.

1) 권리이전적 효력

신탁적 양도설에 따르면 숨은 추심위임배서는 권리이전적 효력이 있다. 배서인과 피배서인의 내부관계에서는 추심위임이 목적이지만, 권리를 양도하려는 의사가 있으므로 권리이전적 효력이 있고, 따라서 피배서인은 어음상의 권리자로서 모든 권리를 행사할 수 있다. 그리고 당사자 간에도 권리가 이전되므로 숨은 추심위임배서의 피배서인이 월권하여 제3자에게 양도배서를 한 경우, 제3자는 그의 선·악을 불문하고 어음상 권리를 취득하는데 이는 선의취득의 효과가 아닌 통상의 권리취득이라고 한다.[87]

2) 자격수여적 효력

신탁적 양도설에 의하면 추심위임배서의 피배서인은 어음상 권리를 취득할 뿐만 아니라 형식적 자격도 취득하므로, 그에게 자격수여적 효력이 있다. 따라서 피배서인이 적법한 권리자로 추정되고, 어음채무자가 그에게 선의로 지급하면 면책된다. 그러나 숨은 추심위임배서는 독립한 경제적 이익이 없으므로 선의취득이 인정되지 않는다.

3) 담보적 효력

피배서인은 배서인으로부터 추심의 대리권만을 위임받았으므로 배서인에 대하여 추심의 목적으로만 권리를 행사할 의무를 부담하고, 배서인이 피배서인에 대하여 담보책임을 부담하지 아니한다. 설사 신탁적 양도설을 취하여 어음상 권리가 이전한다고 하더라도 배서인과 피배서인은 추심위임의 약정당사자이기 때문에 담보책임을 부담하지 않는다. 그러나 숨은 추심위임배서의 피배서인이 제3자에게 양도배서를 한 경우에는 배서인은 제3자에 대하여 담보책임을 부담해야 한다.

4) 인적항변의 절단여부

숨은 추심위임배서의 피배서인으로부터 어음금청구를 받은 어음채무자가 배서인에 대한 항변사유로써 피배서인에게 대항할 수 있는지 여부와 어음채무자가 피배서인에 대한 항변사유로써 피배서인에게 대항할 수 있는지 여부가 문제된다.

가. 배서인에 대한 항변사유

자격수여설에 의하면 추심위임배서는 추심을 위한 대리권을 피배서인에게 부여

---

87) 이철송(어), 366면.

하는데 불과하므로 어음채무자는 배서인에 대한 항변사유로써 피배서인에게 대항할 수 있다고 한다.

신탁적 양도설에 의하면 피배서인에게 권리가 이전된다는 전제하에서 숨은 추심위임배서에 의하여 인적항변이 절단되므로, 어음채무자는 배서인에게 대항할 수 있는 항변사유로써 피배서인에게 대항할 수 없다고 보는 것이 논리적이지만, 그러한 결론은 실질과 괴리가 있기 때문에 신탁적 양도설을 취하는 입장에서도 어음채무자는 배서인에 대한 항변으로써 피배서인에 대하여 대항할 수 있으며 항변은 절단되지 않는다고 한다.[88] 그 이유는 숨은 추심위임배서의 피배서인에게 독립된 경제적 이익이 없기 때문이라고 한다.

한편 숨은 추심위임배서는 원칙적으로 인적항변을 절단하는 효력이 있지만, 예외적으로 어음채무자가 숨은 추심위임배서임을 입증하면 인적항변은 절단되지 않으므로 배서인에 대한 인적항변으로써 피배서인에게 대항할 수 있다는 견해가 있다.[89] 판례[90]는 어음채무자는 숨은 추심위임배서임을 입증하면 배서인에 대한 인적항변사유로써 피배서인에게 대항할 수 있다고 함으로써 항변이 절단되지 않는다고 판시하고 있다.

나. 피배서인에 대한 항변사유

어음채무자가 숨은 추심위임배서에 의하여 배서양도받은 피배서인에 대한 인적항변사유로써 피배서인에게 대항할 수 있는지 문제된다. 자격수여설은 피배서인은 추심의 대리권만을 가진 자이므로 어음채무자는 피배서인에 대한 항변사유로써 피배서인에게 대항할 수 없다고 한다. 신탁적 양도설은 추심위임배서가 권리이전적 효력이 있고, 또 양도배서라는 형식적 측면을 중시하여 어음채무자가 피배서인에 대하여 대항할 수 있는 인적항변으로써 피배서인에게 대항할 수 있다고 한다. 그리고 추심위임배서에 의하여 배서양도 받은 피배서인이 약정을 위반하여 어음을 배서 양도한 경우, 양수인은 선·악을 불문하고 어음상 권리를 취득한다. 하지만, 악의의 양수인에 대하여는 어음채무자는 악의의 항변으로 대항할 수 있다(어 17조).

88) 최준선(어), 343면.
89) 정찬형(어), 508면 ; 최기원(어), 457-458면.
90) 대법원 1994. 11. 22. 94다30201.

6 입질배서

1. 의 의

(1) 입질배서(Pfandindossament)는 어음소지인이 자기 또는 타인의 기존채무를 담보할 목적으로 어음상 권리에 질권을 설정한다는 뜻을 기재한 배서이다(어 19조). 입질배서는 '담보하기 위하여' 또는 '입질하기 위하여' 그 밖의 질권 설정을 표시하는 문구가 기재된 공연한 입질배서와 질권설정문구를 기재하지 않고 양도배서의 형식을 취하는 숨은 입질배서가 있다. 단순히 입질배서라 함은 공연한 입질배서를 의미한다. 실무에서 숨은 입질배서가 많이 이용된다.

(2) 공연한 입질배서는 질권설정의 문구가 표시되어야 하므로 간략백지식입질배서는 허용되지 않는다. 하지만 피배서인만이 백지인 백지식입질배서는 허용된다고 본다. 입질배서에 조건을 붙일 수 없고(어 12조 1항), 일부의 입질배서는 무효이다(어 12조 2항).

(3) 배서금지어음에 입질배서를 할 수 있는가에 대하여, 배서금지어음에 입질배서를 허용하면 배서금지어음을 양도배서로 받은 자는 권리를 행사할 수 없는데 비하여 입질배서를 받은 자는 권리행사를 할 수 있는 모순이 생긴다. 또 동 어음을 지명채권양도방식으로 양수받은 자에 대하여는 인적항변이 승계되는데 비하여, 입질배서에 의하여 어음을 양수받은 자(질권자)에 대하여는 인적항변이 절단되는 모순이 있다.

생각건대 어음법적 유통방법에 의한 이전이 금지된 배서금지어음에 입질배서를 허용하면 어음법적 방법에 의한 유통을 허용하는 결과가 되므로 입질배서를 허용할 수 없다고 본다.[91] 이에 대하여 질권의 설정은 유통과 다르고, 입질배서는 권리이전적 효력이 없기 때문에 배서금지어음에도 입질배서를 할 수 있다는 견해[92]가 있다.

91) 이철송(어), 369면 ; 최준선(어), 345면 ; 최기원(어), 459면.
92) 정찬형(어), 511면.

2. 공연한 입질배서의 효력

(1) 권리이전적 효력

입질배서는 어음상 권리가 이전하지 않으므로 권리이전적 효력이 없고, 어음상 권리 위에 질권을 설정하는 효력이 있다. 따라서 피배서인은 어음상 권리는 취득하지 못하고 어음상의 권리 위에 질권을 취득한다.

질권자(피배서인)는 어음상 권리자가 아니므로 양도배서나 입질배서를 할 수 없고 대리를 위한 배서만 할 수 있다(어 19조 1항 단서). 이 경우 피배서인이 추심위임배서를 하였든 양도배서를 하였든 간에, 피담보채권의 변제기 이전에 배서를 하였든 이후에 배서를 하였든 간에, 추심위임배서의 효력만 있다. 그 결과 입질배서의 배서인은 자기의 피배서인의 후자에 대하여 어음상 책임을 지지 않는다.

(2) 질권설정의 효력(질권자의 지위)

피배서인은 질권자로서 어음으로부터 생기는 모든 권리를 행사할 수 있으므로(어 19조), 자기의 이름으로 어음상 권리를 행사한다. 이 점이 추심위임배서의 피배서인이 배서인의 대리인으로서 타인의 권리를 행사하는 것과 차이가 있다.

(3) 민법 제353조의 적용문제

피담보채권의 변제기가 어음의 만기 후이거나 그 금액이 어음금액보다 적은 경우에 피배서인의 권리행사에는 입질채권의 추심제한에 관한 민법 제353조의 제2항과 제3항[93]은 적용되지 않는다. 따라서 입질배서에서 피담보채권금액이 어음금액보다 적은 경우에도 어음금액 전액을 추심할 수 있으며, 피담보채권을 초과하는 잔액은 입질배서인에게 반환하여야 한다. 그리고 피담보채권의 변제기가 도래하기 전이라도 어음의 만기가 도래하면 추심할 수 있으며, 이 경우 어음금액을 공탁하여야 한다.[94]

(4) 어음항변의 절단

입질배서의 피배서인은 독립된 경제적 이익을 가지고 자기의 권리를 행사하므

---

93) 민법 제353조 ② 채권의 목적물이 금전인 때에는 질권자는 자기채권의 한도에서 직접 청구할 수 있다. ③ 전항의 채권의 변제기가 질권자의 채권의 변제기보다 먼저 도래한 때에는 질권자는 제삼채무자에 대하여 그 변제금액의 공탁을 청구할 수 있다. 이 경우에 질권은 그 공탁금에 존재한다.

94) 최기원(어), 460-461면 ; 최준선(어), 346면.

로, 피배서인이 어음채무자를 해할 것을 알고 어음을 취득한 경우가 아니면 어음채무자는 배서인에 대한 인적항변으로써 피배서인에게 대항하지 못한다. 이처럼 입질배서에 인적항변의 절단이 인정되는 점이 추심위임배서와 다르다. 그러나 어음금액이 피담보채권의 금액을 초과하는 경우에 그 초과액에 대하여는 어음채무자는 배서인에 대한 항변으로써 피배서인에게 대항할 수 있다고 본다.

(5) 자격수여적 효력

입질배서의 피배서인은 적법한 소지인으로 추정되고, 어음채무자는 배서연속이 된 이상 실질적 권리를 조사하지 않고 지급하더라도 면책되고, 배서인이 무권리자라고 하더라도 피배서인이 배서인을 정당한 권리자로 믿고 또 그렇게 믿는데 중대한 과실이 없으면 어음상 권리 위에 질권을 선의취득한다.

(6) 담보적 효력

입질배서는 권리이전적 효력이 없으므로 담보적 효력이 인정되지 않는다는 부정설에 의하면 배서인이 지급책임을 부담하는 것은 어음상 권리 위에 질권을 설정한 결과일 뿐이지 담보적 효력 때문이 아니라고 한다.[95] 그러나 입질배서의 피배서인은 어음금액을 추심하여 우선 변제받을 것을 기대하기 때문에 지급이 거절되면 배서인이 소구의무를 부담하여야 한다. 또 배서의 담보적 효력은 배서의 권리이전적 효력을 전제로 하지 않으며, 입질배서가 무담보배서는 아니므로 담보책임을 인정하는 것이 타당하다.[96]

3. 숨은 입질배서

(1) 의 의

숨은 입질배서란 형식상으로는 양도배서이지만 실질적 목적은 어음상의 권리에 질권을 설정할 목적으로 하는 배서이다. 공연한 입질배서보다 숨은 입질배서가 더 이용된다. 숨은 입질배서의 법적 성질을 신탁적 양도로 보는 것이 다수설이다. 숨은 입질배서는 질권설정의 합의와 어음을 배서 교부함으로써 그 효력이 생긴다.

95) 최기원(어), 462면.

96) 정찬형(어), 515면 ; 최준선(어), 347면 ; 정동윤(어), 523면.

(2) 효 력

1) 숨은 입질배서의 법적성질을 신탁적 양도라는 다수설에 따르면 권리이전적 효력이 있다. 다만 당사자간에는 질권설정의 합의에 의하여 피배서인은 배서인에 대하여 질권자로서 권리만을 행사할 의무가 있고, 당사자간에 이를 인적항변사유로 대항할 수 있다. 배서인과 제3자간의 법률관계는 보통의 양도배서와 동일한 효력이 인정되므로, 피배서인이 양도배서를 하는 경우에 그 양수인은 어음상의 권리를 취득한다.

2) 어음채무자는 숨은 입질배서의 배서인에게 대항할 수 있는 인적항변사유로써 해의의 의사가 없는 한, 피배서인에게 대항할 수 없고, 피배서인에 대한 항변사유로써 피배서인에게 대항할 수 있다. 그 이유는 인적항변절단의 효력이 숨은 입질배서에도 인정되기 때문이다.

3) 숨은 입질배서는 자격수여적 효력은 인정되므로, 권리추정력과 선의지급면책의 효력이 있다. 다만 피배서인이 어음상 권리자로 추정되는 것이 아니라 어음상 권리의 질권자로 추정되는 점이 양도배서와 다르다. 또 입질배서는 독립한 경제적 이익이 있으므로 피배서인으로부터 어음상 권리(질권)를 선의취득할 수 있다. 숨은 입질배서에는 담보적 효력이 인정되므로, 배서인은 피배서인 및 그 후자에 대하여 소구의무를 부담한다.

4. 어음의 양도담보

어음은 담보를 위하여 양도할 수 있는데, 그 성질은 어음의 신탁적양도이고 어음의 소유권과 어음상의 모든 권리가 이전된다. 이때 담보권자는 어음상 권리를 담보의 목적으로만 행사하여야 할 계약상의 의무를 부담하므로, 채무이행을 갈음하거나 이행을 위한 것으로 할 수 없다. 입질배서와 달리 양도담보의 경우는 담보제공자가 어음상의 책임을 지는 것이 보통이다. 구체적으로 양도담보인지 숨은 입질배서인지의 판단은 당사자의 의사에 따른다. 양도담보는 배서 없이 일반법상의 양도계약과 어음의 교부에 의해서도 할 수 있다.[97]

97) 최기원(어), 464-465면.

각종 배서의 효력

구 분	권리이전적 효력	자격수여적 효력	담보적 효력	선의취득	인적항변의 절단
양도배서	인정	인정	인정	인정	인정
백지식배서	인정	인정	인정	인정	인정
배서금지 어음양도	인정	불인정	불인정	불인정	불인정
무담보배서	인정	인정	불인정	인정	인정
배서금지배서	인정	인정	피배서인에게만 부담하고, 피배서인 이후의 자에 대하여는 부정함.	인정	인정
기한후배서	인정	인정	불인정	불인정	불인정
환배서	인정	인정	어음소지인이 자기의 어음채무자인 경우 항변주장가능	인정	인정
공연한 추심위임배서	불인정	인정	불인정	불인정	불인정
공연한 입질배서	불인정	인정	인정(통설) 부정하는 소수설 있음	인정(질권)	인정

제4장 환어음의 인수

제1절 서 론

1 인수의 의의

환어음은 지급위탁증권이므로, 어음금을 지급하는 자는 발행인이 아니라 제3자인 지급인이다. 그런데 환어음의 발행인이 지급인을 지정한 것만으로 지급인이 지급책임을 부담하지 아니하며, 지급인이 인수를 하겠다는 의사를 표시하여야만 지급책임을 진다. 이처럼 지급인이 어음상 채무를 부담하겠다는 의사를 표시하는 행위를 인수(acceptance)라고 하며, 환어음에만 있는 어음행위이다. 따라서 인수에 의하여 지급인이 지급책임을 부담하는 것은 의사표시상 효력이다. 지급인은 인수의 의사표시를 함으로써 주채무자가 되고 어음채권자는 그에게 어음금청구권을 행사할 수 있다. 그러므로 지급인이 인수하기 전까지 환어음에는 지급인에 대하여 금전지급수령권한 또는 지급거절이나 인수거절이 발생하지 아니할 것을 조건으로 하는 금전채권이 화체되어 있을 뿐이다.[1]

2 인수의 법적성질

인수의 성질에 관하여 단독행위설은 인수는 인수인과 어음소지인간의 계약이 아니며 어음채무부담을 목적으로 하는 지급인의 단독행위이므로, 인수인이 인수를 위하여 기명날인 또는 서명만 하면 된다고 한다.[2] 이 견해에 의하면 인수인이 어음상에 인수요건을 기재하고 어음을 인수제시인에게 반환하는 때 인수의 효력이 발생하므로, 어음을 반환받기 전까지는 인수를 말소할 수 있다고 한다.

---

1) 최준선(어), 349면.

2) 이철송(어), 275면 ; 양명조(어), 371면 ; 손주찬(하), 278면.

계약설은 인수인이 어음에 기명날인 또는 서명을 하여 인수의 의사표시를 함과 아울러 어음을 어음소지인에게 반환하고, 상대방은 이를 승낙할 의사로서 어음을 수령함으로써 인수가 성립되므로, 인수는 계약이라고 한다. 즉, 인수인의 지급의무는 인수라는 서면행위와 지급인과 어음소지인간의 계약에 의하여 발생하므로, 상대방이 승낙의 의사표시를 하지 않으면 인수가 성립하지 아니한다고 한다.[3] 인수도 어음행위이므로 어음이론에 의하여 파악되어야 하는데, 어음이론 가운데 계약설을 따르면, 인수를 계약으로 보는 것이 타당하다. 어음을 반환하기 전의 인수의 말소의 기재를 인수거절로 보는 규정(어 29조 1항)도 어음반환 전에는 인수의 효력이 발생하지 않는다는 것으로서 계약설을 뒷받침하는 근거규정으로 해석한다.[4]

3 인수의 말소

환어음의 인수를 기재한 지급인은 그 어음을 반환하기 전에 인수의 기재를 말소한 경우에는 인수를 거절한 것으로 보므로(어 29조 1항 1문), 지급인은 어음을 인수제시인에게 반환하기 전에 인수의 의사표시를 철회할 수 있다. 인수의 말소는 어음의 반환 전에 한 것으로 추정하므로(어 29조 1항 2문), 인수의 말소가 있으면 어음소지인은 만기 전 소구를 할 수 있으나, 소구의무자가 어음의 반환 후에 인수말소가 된 사실을 입증하여 만기전 소구를 저지할 수 있다.

그러나 어음반환 전에 인수가 말소된 경우에도 지급인이 소지인이나 어음에 기명날인 또는 서명을 한 자에게 서면으로 인수의 통지를 한 경우는 그 상대방에 대하여 인수의 문구에 따라 책임을 진다(어 29조 2항). 이것은 인수통지를 받은 자가 이를 신뢰하고 아무런 조치를 취하지 않았는데, 나중에 인수말소로 인수거절이 되어버리면 어음소지인은 인수거절에 대비한 방어수단을 실기하게 되므로 이를 구제하기 위한 것이다.

3) 최기원(어), 371면 ; 정동윤(어), 420-421면.

4) 정찬형(어), 423-424면 ; 최준선(어), 349면.

제2절 인수제시

1 의 의

인수제시(presentation for acceptance)란 환어음의 수취인 기타 점유자가 지급인에게 어음을 제시하여 인수를 청구하는 행위이다. 지급인이 인수를 하면 환어음은 확정적인 금전채권으로서 어음의 신용이 높아지고 유통력이 강화되지만, 인수를 거절하면 어음소지인은 만기 전 소구를 할 수 있다. 지급인은 인수제시를 받음으로써 비로소 자기를 지급인으로 한 환어음의 존재를 알고 지급을 준비할 수 있게 된다. 일람후정기출급어음은 만기의 확정을 위하여 인수제시가 필수적이다.

2 인수제시의 당사자

인수제시자는 어음의 정당한 소지인이나 단순한 점유자이며(어 21조), 인수제시의 상대방은 지급인과 그의 대리인이다. 어음의 단순한 점유자는 현실적으로 어음을 소지하는 자를 의미하는데, 그에게 인수제시의 권한을 부여한 이유는 인수제시는 지급인의 지급의사만을 확인할 뿐, 제시자가 어음금을 수령하지 않기 때문이다. 그러므로 어음의 단순한 점유자는 지급제시의 권한은 없으며, 만일 어음채무자가 단순한 점유자에게 어음금을 지급하더라도 면책되지 않는다.[5]

인수제시의 상대방은 지급인으로 한정되고, 지급담당자는 포함되지 않는다. 지급담당자는 지급인의 사무를 대행하는 자이기 때문에 인수여부를 결정할 권한이 없다. 지급담당자나 지급장소가 기재되어 있는 제3자방어음에서도 인수제시는 지급인에게 그리고 지급인의 주소지에서 이루어져야 한다. 지급인이 수인인 경우에 지급인 전원이 인수거절을 하여야 만기전 소구를 할 수 있다는 견해와 지급인 중 1인이라도 인수거절을 하면 만기전 소구를 할 수 있다는 견해[6]가 대립하나, 어음소지인의 보호를 위하여 후자의 견해가 타당하다.

---

5) 최기원(어), 372면.

6) 최기원(어), 373면 ; 정찬형(어), 428면 ; 최준선(어), 350면.

3 인수제시의 시기

인수제시는 원칙적으로 '어음의 발행일부터 만기 전일'까지 거래일의 거래시간 내에 지급인에게 그 주소(영업소)에서 할 수 있다(어 21조). 만기의 날에는 지급제시를 하여야 하므로(어 38조 1항), 인수제시는 만기일 전일까지 하여야 한다. 그러나 인수제시기간이 있는 경우에는 그 기간 내에 인수제시를 하여야 하고(어 22조), 일람후정기출급어음은 원칙적으로 발행일자부터 1년 내에 하여야 한다(어 23조). 만기 후 또는 정해진 인수제시기간을 경과한 후에 인수제시를 하더라도 지급인이 인수를 하면 어음소지인이나 소구의무자에게 유리하기 때문에 효력이 있다고 본다.

4 유예기간

1. 유예기간이란 지급인이 인수제시를 받은 경우에 인수여부를 결정하기 위하여 고려할 수 있도록 허용된 일정기간으로서, '고려기간' 또는 '숙려기간'이라고도 한다. 인수제시를 받은 지급인은 첫 번째 제시일의 다음날에 두 번째 제시를 할 것을 청구할 수 있다(어 24조 1항 1문). 이 하루의 기간이 어음법이 인정한 유일한 유예기간이다. 지급인에게 발행인과 자금관계를 협의할 여유시간을 허락해 줌으로써 즉시인수주의로 인한 불필요한 인수거절을 예방하기 위한 것이다.
2. 지급인이 두 번째 인수제시의 청구를 하면, 어음소지인은 그 다음날에 두 번째 인수제시를 하여야 한다. 만일 어음소지인이 두 번째 인수제시를 하지 않으면 인수거절로 인한 소구권을 행사하지 못한다. 지급인이 두 번째 인수제시를 청구하는 경우에 어음소지인은 첫 번째 인수제시를 한 때에 어음을 지급인에게 교부할 필요가 없다(어 24조 2항).
3. 지급인이 두 번째 인수제시를 청구하는 때에는 어음소지인은 첫 번째 인수제시에 대하여 인수거절증서를 작성하고, 지급인은 그 인수거절증서에 두 번째 인수제시를 청구하는 뜻을 기재하여야 한다(어 24조 1항 후단, 거절 3조 2항). 인수거절증서에 두 번째 인수제시를 청구하는 뜻이 기재되어야만, 그 청구에 응한 두 번째 제시가 없었음을 주장하여 만기전 소구를 저지할 수 있고, 만일 그러한 뜻이 기재되지 아니하면 첫 번째 인수거절증서에 의하여 소구할 수 있다.

4. 지급인이 두 번째 인수제시에 대하여 인수를 하면 동 어음은 인수어음이 되지만, 지급인이 두 번째 인수제시에 대하여 인수거절하면, 어음소지인은 두 번째 인수거절증서를 작성하여야만 만기 전 소구를 할 수 있다.

5 인수제시의 자유와 제한

환어음의 소지인 또는 단순한 점유자의 인수제시는 권리이지 의무가 아니다. 따라서 이들이 인수제시를 하지 않을 수도 있는데, 이를 인수제시의 자유라고 한다. 인수제시를 하지 않더라도 어음의 정당한 소지인은 만기에 지급제시를 하고 어음금을 지급받을 수 있다. 인수제시의 자유는 두 가지 예외가 있는데 반드시 인수제시를 하여야 하는 경우와 인수제시가 금지 내지는 제한되는 경우가 있다.

1. 인수제시를 하여야 하는 경우

어음소지인이 인수제시를 하여야 하는 경우는 발행인 또는 배서인이 인수제시를 할 뜻을 어음에 기재한 경우(인수제시명령, 어 22조 1항 · 4항)와 일람후정기출급어음에서 인수제시를 하는 경우(어 23조)이다.

(1) 인수제시의 명령

환어음의 발행인은 기간을 정하거나 정하지 않고 인수를 위하여 어음을 제시하여야 한다는 내용을 적을 수 있고(어 22조 1항), 배서인은 기간을 정하거나 정하지 아니하고 인수를 위하여 어음을 제시하여야 한다는 내용을 적을 수 있다. 그러나 발행인이 인수를 위한 어음의 제시를 금지한 경우에는 그러하지 아니하다(어 22조 4항). 이는 지급인의 지급의사를 미리 알기 위한 것이고, 또 지급의사가 있는 지급인에게는 지급을 준비하게 하는 효과가 있다.

발행인의 인수제시명령에도 불구하고 어음소지인이 인수제시기간 내에 인수제시를 하지 아니하면 소지인은 모든 소구의무자에 대하여 인수거절로 인한 소구권뿐만 아니라 지급거절에 의한 소구권까지 상실한다. 그러나 인수제시기간 경과 후의 인수제시가 금지되지는 않는다. 다만 기재된 문구에 의하여 인수에 대한 담보의무만을 면할 의사가 있었음을 알 수 있는 경우에는 인수거절로 인한 소구권만을 잃고 지급거절로 인한 소구권은 상실하지 않는다(어 53조 2항).

(2) 일람후정기출급어음

일람후정기출급어음은 인수제시를 하여야만 만기를 확정할 수 있으므로 반드시 인수제시를 하여야 한다. 인수제시기간은 그 발행한 날부터 1년 내에 인수제시를 하여야 하고(어 23조 1항), 발행인은 1년의 기간을 단축하거나 연장할 수 있으나, 배서인은 기간을 단축만 할 수 있다(어 23조 2항·3항). 발행인의 기간의 단축이나 연장은 모든 어음당사자에게 효력이 있으나 배서인의 기간단축은 당해 배서인에게만 효력이 있다. 어음소지인이 일람후정기출급의 환어음의 제시기간이 지나면 소지인은 배서인, 발행인 그리고 그 밖의 어음채무자에 대하여 소구권을 잃지만, 인수인에 대하여는 그러하지 아니하다(어 53조 1항 1호).

2. 인수제시의 금지와 제한

(1) 인수제시의 절대적 금지

환어음의 발행인은 제3자방에서 또는 지급인의 주소지가 아닌 지(地)에서 지급하여야 하는 것(타지지급어음)이거나 일람후정기출급어음의 경우를 제외하고는 인수를 위한 어음의 제시를 금지한다는 내용을 적을 수 있는데(어 22조 2항), 이를 인수제시의 절대적 금지라고 한다. 인수제시의 금지는 발행인만 할 수 있고, 배서인은 할 수 없다. 이는 발행인이 지급인에게 만기 이전에 자금을 공급할 수 없는 사정이 생긴 경우에 인수제시를 하면 인수거절을 할 수 밖에 없기 때문에 그로 인한 혼란을 예방하기 위한 것이다.

인수제시가 금지된 어음의 소지인이 인수제시를 하여 인수거절을 당하더라도 만기전 소구권을 행사할 수 없다. 그렇지만 인수제시의 금지에도 불구하고 지급인이 인수를 하면 인수의 효력이 생긴다.[7)]

(2) 절대적 인수제시금지를 불허하는 경우

환어음의 발행인은 제3자방에서 또는 지급인의 주소지가 아닌 지(地)에서 지급하여야 하는 것(타지지급어음)이거나 일람후정기출급어음의 경우에는 인수제시를 절대적으로 금지할 수 없다(어 22조 2항 단서). 그 이유는 제3자방 지급어음은 인수제시가 있어야만 지급인이 지급장소나 지급담당자를 기재하여 그로 하여금 지급을 준

---

7) 최기원(어), 377면 ; 정찬형(어), 434면.

비하게 할 수 있고, 타지지급어음은 인수제시를 할 때 지급인이 지급장소를 기재하여 소지인에게 이를 알려주어야 하기 때문이며, 일람후정기출급어음은 만기를 확정하기 위하여 인수제시가 필요하다.

(3) 인수제시의 제한

환어음의 발행인은 일정한 기일 전에 인수를 위한 어음의 제시를 금지한다는 내용을 적을 수 있다(어 22조 3항). 발행인이 일정기일 전에 자금을 마련하기 곤란한 사정이 있을 때 그 기일 전에 인수제시를 하면 인수거절을 할 수 밖에 없어 그로 인한 혼란을 막기 위한 것이다. 만기의 전일까지 인수제시를 금지하면 인수제시의 절대적 금지로 본다. 인수제시의 제한을 위반한 인수제시의 효력은 인수제시의 절대적 금지를 위반한 경우와 동일하다. 발행인이 일정기한까지 인수제시를 금지한 경우에는 인수제시금지기간은 그 기일부터 계산된다.[8]

6 인수의 방식

1. 인수요건

(1) 인수문구

인수는 어음행위로서 어음법이 정한 방식대로 하여야 한다. 인수는 환어음에 적어야 하며, "인수" 또는 그 밖에 이와 같은 뜻이 있는 글자로 표시하고 지급인이 기명날인하거나 서명하여야 한다(정식인수). 어음의 앞면에 지급인의 단순한 기명날인 또는 서명이 있으면 인수로 본다(약식인수)(어 25조 1항). 정식인수는 어음 자체에 하는 이상 앞면이나 뒷면에 모두 할 수 있지만 약식인수는 반드시 어음 앞면에 하여야 한다. 어음 뒷면의 기명날인이나 서명은 백지식배서이다(어 13조 2항). 인수는 어음본지에 하여야 하므로, 등본이나 보전에 하면 효력이 없다.

(2) 인수인의 기명날인 또는 서명

인수는 지급인만 할 수 있고, 그 외의 자가 한 인수는 무효이다. 그리고 인수인과 지급인은 동일하여야 한다. 지급인과 인수인의 동일성은 어음에 기재된 명칭으

8) 정찬형(어), 434면 ; 최기원(어), 377면.

로 판단되어야 한다는 형식적 동일설[9]과 어음상 기재에 의하면 인수인과 지급인이 완전하게 동일하지는 않더라도 거래관념상 동일인으로 인식될 수 있으면 된다는 실질적 동일설[10]이 대립한다. 어음 거래의 원할한 유통을 위해서는 형식적으로 동일해야 하지만, 중요하지 아니한 부분까지 완전히 같을 것을 요구하지는 않으므로 거래상 동일성이 인정되면 충분하다. 어음 기재상 차이가 있더라도 실제로 동일한 자로 입증되면 인수를 무효로 볼 수는 없을 것이다.

2. 유익적 기재사항

(1) 인수일자

인수일자는 인수의 요건이 아니지만, 일람후정기출급어음 또는 인수제시명령이 있는 어음은 어음소지인이 제시한 날짜를 기재할 것을 청구한 경우가 아니면 인수할 때 인수한 날짜를 적어야 한다. 그러므로 지급인이 인수를 하였으나 인수일자를 기재하지 않은 경우에 어음소지인은 배서인과 발행인에 대한 소구권을 보전하기 위하여 적법한 시기에 작성시킨 거절증서로써 날짜의 기재가 없었음을 증명하여야 한다(어 25조 2항).

인수일자가 적혀 있지 아니하고 인수거절증서도 작성되지 아니한 경우에 인수인에 대한 관계에서는 인수제시기간의 말일에 인수한 것으로 본다(어 35조 2항). 거절증서작성이 면제된 경우에도 위 조항을 유추하여 인수제시기간의 말일에 인수한 것으로 본다.

(2) 제3자방지급의 기재

발행인이 지급인의 주소지와 다른 지급지를 환어음에 적은 경우에 제3자방에서 지급한다는 내용을 적지 아니하면 지급인은 인수를 함에 있어 그 제3자를 정할 수 있다. 그에 관하여 적은 내용이 없으면 인수인은 지급지에서 직접 지급할 의무를 부담한 것으로 본다(어 27조 1항). 그리고 지급인의 주소에서 지급될 어음(동지지급어음)의 경우에도 지급장소가 기재되지 않은 때에는 인수인이 지급지 내의 지급장소를 기재할 수 있다(어 27조 2항). 인수인이 지급장소를 기재하지 않으면 지급인의 영업소 · 주소 · 거소에서 지급하여야 한다.

---

9) 정찬형(어), 436면 ; 정동윤(어), 428-429면.

10) 최기원(어), 379면 ; 손주찬(하), 285면.

(3) 부단순인수

1) 변경인수

환어음의 다른 기재사항을 변경하여 인수하였을 때에는 인수를 거절한 것으로 보므로, 이때 소지인은 인수거절증서를 작성하여 소구권을 행사할 수 있다. 그러나 인수인은 변경된 인수문구에 따라 책임을 지므로, 소지인은 만기에 인수문구에 의하여 지급을 청구할 수 있다(어 26조 2항). 여기의 기재사항에는 어음요건뿐만 아니라 이자문구와 같은 유익적 기재사항도 포함된다.

2) 조건부인수

인수는 조건없이 하여야 하므로(어 26조 1항), 조건부인수는 인수거절로 보아 어음소지인이 만기전 소구를 할 수 있다. 이 경우에 인수인이 변경인수처럼 조건부 인수문구에 따라 어음상 책임을 부담하는가에 관하여, 어음의 유통성을 보호하고 조건부인수가 어음소지인에게 이익이 되므로 변경인수조항(어 26조 2항 단서)을 유추적용하여 그 조건에 따라 인수인이 어음상 책임을 부담한다는 견해[11]와 어음에 나타나지 아니한 조건을 인정하는 것은 어음의 문언증권성에 반하고, 어음채무의 성립을 원인채무와 결부시켜 어음의 추상성이 훼손되므로 조건부인수에 의한 인수인의 책임을 부정하는 견해[12]가 대립한다.

조건부인수는 어음의 추상성과 문언성에 배치되고, 또 약속어음의 조건부 발행을 허용하지 않는 취지에 비추어 볼 때, 환어음의 주된 책임이 조건이라는 불확정 상태에 의하여 결정되는 것은 바람직하지 않으며, 조건의 성취여부가 불확실한 경우가 많으므로 조건부인수의 효력을 부정하는 것이 타당하다.[13]

판례[14]는 "어음법상 보증의 경우에는 발행 및 배서의 경우와 같이 단순성을 요구하는 명문의 규정이 없을 뿐 아니라, 주된 채무를 전제로 하는 부수적 채무부담 행위인 점에서 보증과 유사한 환어음의 인수에 조건을 붙인 경우에는 일단 인수거절로 보되 인수인으로 하여금 인수의 문언에 따라 책임을 지도록 함으로써 불단순 인수를 인정하고 있음에 비추어 볼 때 어음보증에 대하여 환어음 인수의 경우보다 더 엄격하게 단순성을 요구함은 균형을 잃은 해석이라고 하겠고 또 조건부 보증을

11) 손주찬(하), 288면.
12) 최기원(어), 383면 ; 정동윤(어), 431-432면.
13) 양명조(어), 377면.
14) 대법원 1986. 3. 11. 85다카1600.

유효로 본다고 하여 어음거래의 안전성이 저해되는 것도 아니므로, 조건을 붙인 불단순보증은 그 조건부 보증문언대로 보증인의 책임이 발생한다고 보는 것이 타당하다. 이와 달리 구태여 어음보증의 단순성을 강조한 나머지 조건을 무효로 하여 조건이 없는 단순보증이라고 보는 견해는 보증인의 명시적 의사에 반하는 해석이어서 채용할 수 없다."고 판시하여 불단순인수를 인정하고 있다.

3) 일부인수와 초과인수

지급인이 어음금액의 일부를 인수하는 경우(어 26조 1항 단서)에 인수금액의 한도 내에서 단순인수의 효력이 생기고, 인수가 되지 아니한 잔액은 인수가 거절된 것으로 본다. 한편 초과인수는 어음금액 한도 내에서 인수가 있는 것으로 보아서 유효하다.

7 인수의 효력

환어음의 지급인이 인수를 함으로써 만기에 환어음을 지급할 의무를 부담한다(어 28조 1항). 인수인의 지급의무는 1차적 · 무조건적 · 절대적 · 최종적 지급의무이다. 인수인의 의무는 만기가 도래하면 어음소지인이 직접 청구할 수 있는 1차적인 의무이지, 어음소지인이 다른 채무자에게 청구하였다가 거절된 경우에 부담하는 의무가 아니다.

어음소지인이 소구권보전절차의 흠결로 소구의무자에 대한 소구권을 상실하더라도 소멸시효가 완성되기 전까지는 인수인은 무조건적 · 절대적으로 어음금을 지급할 의무를 부담한다. 인수인은 현재의 어음소지인뿐만 아니라 상환의무를 이행한 배서인과 환어음 발행인에 대하여도 지급책임을 종국적으로 부담한다. 인수인이 만기에 지급할 금액은 어음금액과 이자이다. 만기에 지급거절되어 소구권이 발생할 때에는 소구금액과 같은 금액을 지급하여야 하고(어 48조, 49조), 재소구를 하는 경우 또는 발행인이 소지인인 경우에 인수인은 재소구금액 또는 소구금액 전액을 지급하여야 한다(어 28조 2항).

8 환어음의 인수와 수표의 지급보증의 비교

환어음의 인수와 수표의 지급보증은 다음과 같은 차이가 있다.

첫째로 환어음의 인수인은 주채무자로서 절대적으로 무조건적인 지급의무를 부담하지만, 수표의 지급보증인은 수표소지인이 지급제시기간 경과전에 수표를 제시한 경우에 한하여 지급할 의무를 부담하므로(수 55조 1항), 지급제시기간 경과전의 지급제시를 조건으로 지급의무를 부담한다.

둘째로 환어음의 소지인은 만기 전에 지급인에게 인수제시를 하였으나 인수를 거절당하면 소구의무자에게 만기전에 소구권을 행사할 수 있으나, 수표의 소지인은 지급인에게 지급보증을 청구할 권한이 없으므로 지급인이 지급보증을 거절하더라도 소구권을 행사할 수 없다.

셋째로 환어음에서는 일부인수나 약식인수가 가능하나, 수표의 지급보증에는 약식지급보증이나 일부지급보증이 허용되지 않는다. 또 환어음에서는 인수제시에 따른 지급유예제도가 있지만 수표에서는 지급보증거절로 인한 소구제도가 없으므로 지급유예제도가 없다.

넷째로 환어음의 인수인의 어음채무의 소멸시효는 만기 후 3년이지만(어 70조 1항), 수표의 지급보증인의 소멸시효는 지급제시기간 경과 후 1년이다(수 58조). 그러나 수표의 지급인이 하는 지급보증은 수표행위로서 지급인은 수표채무를 부담하고 수표소지인은 지급인에 대하여 수표상 권리를 취득하는 점은 환어음의 인수와 다를 바 없다. 환어음의 인수나 수표의 지급보증이 있다고 하더라도 지급과 동일한 효과가 생기는 것은 아니므로, 어음(수표)상 채무자가 어음(수표)상의 채무를 면제받는 것은 아니라는 점은 같다.[15]

15) 정찬형(어), 421-422면.

제5장 어음의 보증

제1절 서 론

1 의 의

어음보증은 특정한 어음채무자의 채무이행을 담보하는 부속적 어음행위로서, 보증인은 피보증인과 동일한 책임을 부담한다(어 30조 1항). 어음소지인은 먼저 주채무자인 약속어음의 발행인이나 환어음의 인수인에게 어음금청구권을 행사하고, 주채무자가 지급거절을 하면 환어음 발행인이나 배서인 등 소구의무자에게 소구권을 행사하여 어음금을 지급받는다. 그러나 어음채무자가 경제적 자력이 없으면 어음금을 받지 못하는데, 이에 대비하여 채권자는 원인채권의 지급수단으로 어음을 발행 교부받을 때, 채무자에게 어음보증인을 요구할 수 있다.

그런데 어음보증은 피보증인의 신용이 부실하다는 선입견을 주므로 이를 이용하기를 주저한다. 그래서 보증인이 되려고 하는 자가 보증 목적으로 양도배서를 하거나 어음의 공동발행인으로 참가하면 보증과 동일한 효과를 거둘 수 있는바, 이를 '숨은 어음보증'이라고 한다. 숨은 어음보증은 형식상 보증이 아니므로, 배서인이나 공동발행인이 보증인이라는 주장은 직접당사자 사이에서만 항변할 수 있다.

그리고 어음보증은 어음채무에 대한 보증일 뿐이고, 그 원인채무까지 당연히 보증하지는 않는다. 따라서 물품대금채무의 담보를 위하여 발행한 약속어음을 보증한 자는 원인채무에 대한 담보목적으로 발행된 어음이라는 사실을 알고 어음보증을 하였더라도 특별한 사정이 없는 한 어음채무에 대하여서만 보증책임을 질 뿐, 대금채무에 대한 보증책임을 지지 않는다.[1] 판례는 숨은 어음보증인이 원인채무까지 보증한 것으로 볼 수 없다고 한다.[2]

---

1) 최기원(어), 611면.

2) 대법원 1998. 6. 26. 98다2051 ; 대법원 2002. 4. 12. 2001다55598 ; 대법원 2005. 10. 13. 2005다33176.

2 법적 성질

어음보증의 성질에 대하여 단독행위설은 피보증인을 상대로 하는 단독행위라고 한다(다수설[3], 판례[4]). 따라서 보증인이 되고자 하는 자가 어음에 보증의 기명날인이나 서명을 하면 어음보증이 성립하므로 계약의 성질을 갖는 민법상 보증과 다르다고 한다. 한편 계약설은 어음보증은 보증을 부탁한 자와 보증인 간의 교부계약이 필요하고, 어음보증도 어음행위이므로 교부계약설의 입장에서 계약으로 본다.[5]

생각건대 어음보증은 보증인이 되려고 하는 자의 일방적 의사표시에 의하여 그 효력이 발생하므로 단독행위로 보아야 할 것이다. 판례는 '약속어음의 지급보증은 발행인을 위하여 그 어음금 채무를 담보할 목적으로 하는 보증인의 단독행위이므로 그 행위의 구체적, 실질적인 상대방은 어음의 제3취득자가 아니라 발행인이라 할 것이다'라고 한다.[6]

〈민법상 보증과 어음보증의 비교〉

	민법상의 보증	어음보증
법적 성질	계약	단독행위(통설 · 판례)
주채무자가 불분명한 경우	주채무자가 특정되지 않으면 보증 불성립	주채무자가 불특정되어도 발행인을 위한 보증으로 봄
주채무의 존재	보증은 주채무의 성립 · 존속이 요건이므로 주채무가 불성립 · 무효이면 보증도 불성립 · 무효(부종성)	보증된 주채무가 방식 이외의 사유로 무효인 경우에도 어음보증은 유효함.
채권자	특정한 채권자	불특정 어음소지인
주채무자의 항변	주채무자의 항변으로 특정 채권자에게 대항할 수 있음	보증된 자의 항변을 원용하여 소지인에게 대항할 수 없음
공동보증인	분별의 이익 있음	분별의 이익 없음(합동책임)
최고 · 검색의 항변권	행사할 수 있음(민 437조)	없음(어 32조 1항, 47조 1항)
방식	불요식행위	요식행위(어 31조 4항)
보증시효	주채무와 동일한 10년	주채무에 따라 3년(인수), 1년(소구), 6월(재소구)
이행을 한 보증인	주채무자에 대한 구상권취득	어음상 권리취득

3) 이철송(어), 377면 ; 정찬형(어) 698면 ; 채이식(하), 2003, 216면 ; 최완진(상), 633면-634면.

4) 대법원 2002. 12. 10. 2001다58443.

5) 정경영(상), 1135면(어음보증 역시 다른 어음행위와 동일하게 교부계약으로 보고 권리외관설로 보완함으로써 거래의 안전을 보호할 필요가 있다고 한다) ; 정동윤(어), 435면 ; 최준선(어), 357면.

6) 대법원 1986. 9. 9. 84다카2310.

제2절 어음보증의 요건

1 당사자

1. 보증인

어음보증인의 자격에 대한 제한이 없으므로 누구든지 보증인이 될 수 있다. 따라서 제3자는 물론이고 이미 어음에 기명날인 또는 서명을 한 어음채무자도 보증인이 될 수 있다(어 30조 2항). 그러나 주채무자가 어음보증인이 되거나 후자가 전자를 위하여 어음보증인이 되는 것은 의미가 없다. 이들은 이미 어음채무를 부담하고 있기 때문에 다시 보증인이 되더라도 채권자의 신용을 강화시키지 못한다. 수표는 신용증권화를 방지하기 위하여 수표지급인은 보증인이 될 수 없도록 하였다(수 25조 2항).

2. 피보증인

어음보증은 어음채무자를 위한 보증이다. 따라서 약속어음발행인 · 배서인 · 환어음의 인수인 · 발행인 · 배서인 · 참가인수인 등 어음채무자가 피보증인이 될 수 있다. 그러나 환어음의 지급인 · 지급담당자 · 무담보배서인은 어음채무자가 아니므로 이들을 피보증인으로 한 보증은 무효이다.

2 보증의 방식

1. 정식보증

어음보증의 표시는 환어음 또는 보충지에 하여야 한다(어 31조 1항). 어음의 등본에도 보증표시를 할 수 있다(어 67조 3항). 어음보증을 할 때에는 '보증' 또는 이와 같은 뜻이 있는 문구를 표시하고, 보증인이 기명날인하거나 서명하여야 하며(어 31조 2항), 원칙적으로 피보증인을 명시하여야 한다. 이처럼 보증문구, 피보증인, 보증인의 기명날인 또는 서명의 3요소를 모두 갖춘 보증을 정식보증이라고 한다. '보증'이라는 문구는 쓰지 않더라도 특정의 어음채무자의 채무를 부담한다는 취지의 문구가 있으면 된다. 보증인은 어음보증을 할 때 거절증서작성면제(어 46조 1항)와 예비지급인(어 55조 1항)을 기재할 수 있다.

2. 약식보증

(1) 보증은 피보증인을 기재하지 않고, 보증문구를 기재하고 보증인이 기명날인 또는 서명을 하거나(약식보증), 피보증인과 보증문구를 기재하지 않고 보증인이 기명날인 또는 서명만을 할 수도 있다(간략약식보증).

(2) 피보증인의 표시가 없는 경우에는 발행인을 위하여 보증한 것으로 본다(어 31조 4항). 이 조항을 추정규정으로 보아서 어음보증인이 다른 어음채무자를 위한 보증임을 증명하면 발행인을 위한 보증의 추정이 번복된다는 주장이 있으나, 동 조항의 규정형식으로 볼 때 동 규정은 간주(의제)규정으로서 반증이 허용되지 않는다고 본다.[7)]

(3) 피보증인의 명칭을 기재하지 않았으나 보증인이 기명날인을 한 위치로 미루어 볼 때 누구를 위한 보증인지 명백하게 알 수 있는 경우에도 어음법 제31조 4항에 의하여 발행인을 위한 보증인으로 보아야 하는가에 관하여, 피보증인의 특정을 성명기재로 한정할 필요가 없으므로, 피보증인의 성명을 기재하지 않더라도 누구를 위한 보증인지를 외관상 명백하게 알 수 있는 경우에는 어음법 제31조 제4항 전단의 '누구를 위하여 보증한 것임을 표시하는' 경우에 해당되므로 외관상 인정되는 피보증인을 위한 보증으로 보아야 한다는 주장이 있으나,[8)] 어음법 제31조 제4항을 달리 해석할 수 없으므로 발행인을 위한 보증으로 보아야 할 것이다.

(4) 환어음의 앞면에 단순한 기명날인 또는 서명이 있는 경우에는 보증을 한 것으로 본다(간략약식보증). 그러나 발행인의 어음 앞면의 단순한 기명날인은 발행의 의사표시로 보며, 지급인의 단순한 기명날인이나 서명은 인수로 본다(어 25조 1항). 그리고 어음 뒷면에 단순한 기명날인이나 서명은 간략백지식배서이다(어 13조 2항).

---

7) 이철송(어), 378면 ; 정찬형(어), 701면 ; 정동윤(어), 438면 ; 양명조(어), 237면.
8) 이철송(어), 379면 ; 최기원(어), 599-600면.

3. 조건부 보증

조건부 발행은 무효이고(어 1조 2항), 조건부 배서는 조건이 없는 배서로 보며(어 12조 1항), 조건있는 환어음의 인수는 인수를 거절한 것으로 본다(어 제26조)고 규정되어 있으나, 조건부 보증에 대한 규정은 없다. 따라서 어음보증인이 조건있는 보증을 한 경우에 보증의 효력에 대하여 견해가 대립한다.

i) 보증무효설은 어음행위는 조건과 친하지 아니하므로 조건을 유해적 기재사항으로 보아 조건있는 보증은 어음보증 자체를 무효화 시킨다고 한다. ii) 조건무효설은 어음의 신용과 유통성을 강화하기 위하여 보증의 효력은 인정하되 조건만을 무익적(無益的) 기재사항으로 보아 조건 없는 보증이라고 한다.[9] iii) 조건부보증설은 보증에 기재된 조건만 무효로 하면 보증인의 의사를 무시하는 것이고, 보증 전체를 무효로 하면 어음소지인의 이익에 반하므로 조건을 유익적(有益的) 기재사항으로 보아, 조건있는 보증으로서 유효하다고 한다.[10]

판례는 어음상 보증은 발행 및 배서와 같이 단순성을 요구하는 명문의 규정이 없을 뿐만 아니라, 조건부 보증의 효력을 인정하더라도 어음거래의 안전을 해치지 않으므로 조건있는 보증으로서 보증인이 책임을 진다고 함으로써 조건부보증설을 취하고 있다.

대법원 1986. 3. 11. 선고 85다카1600 판결

어음법상 보증의 경우에는 발행 및 배서의 경우와 같이 난순성을 요구하는 명문의 규정이 없을 뿐만 아니라, 주된 채무를 전제로 하는 부수적 채무부담행위인 점에서 보증과 유사한 환어음의 인수에 조건을 붙인 경우에는 일단 인수거절로 보되 인수인으로 히여금 인수의 문언에 따라 책임을 지도록 함으로써 불단순인수를 인정하고 있음에 비추어 볼 때 어음보증에 대하여 환어음인수의 경우보다 더 엄격하게 단순성을 요구함은 균형을 잃은 해석이라고 할 것이고 또 조건부보증을 유효로 본다고 하여 어음거래의 안전성이 저해되는 것도 아니므로, 조건을 붙인 불단순보증은 그 조건부보증 문언대로 보증인의 책임이 발생한다고 보는 것이 마땅할 것이고 구태여 어음보증의 단순성을 강조한 나머지 조건을 무효로 하여 조건이 없는 단순보증이라고 보는 견해는 보증인의 명시적 의사에 반하는 해석이어서 채용할 수 없다 할 것이다. 원심인정 사실에 의하면, 이 사건 어음보증의 문언은 어음금

9) 손주찬(하), 296면 ; 양명조(어), 240면.
10) 정동윤(어), 440-441면 ; 정찬형(어), 705면 ; 최준선(어), 364면.

의 지급을 지급기일까지 보증한다는 내용으로 되어 있는 바, 이는 지급제시기간내에 지급제시가 있는 경우에 그 지급을 보증한다는 취지의 조건부보증이라고 해석되므로 가사 위 어음보증이 진정하게 성립된 경우라도 보증인인 피고는 보증문언에 따른 조건부의 보증책임을 지는데에 그치고 지급제시기간을 도과하여 조건이 성취되지 아니한 경우에까지 그 보증책임을 질것이 아니다. 그렇다면 원고가 소외들이 위조한 어음보증을 진정한 것으로 믿고 그 어음을 취득하기 위하여 금원을 출연함으로써 손해를 입었다 하더라도 어음소지인인 원고가 지급제시기간내에 지급제시를 하지 아니하여 보증조건이 성취되지 아니함으로써 보증문언에 따른 보증책임을 추궁할 수 없게 된 것인 이상 어음보증인인 피고에 대하여 위 어음보증을 진정한 것으로 믿고 취득함으로써 입은 손해라 하여 위 어음금의 지급을 구할 수는 없다고 할 것이다.

생각건대 어음보증을 붙인 조건은 유익적 기재사항으로 보는 조건부보증설이 타당하다. 그 까닭은 첫째로 조건부 발행을 법이 금지하지만 부속적 어음행위인 보증에서의 조건부 보증을 금지하는 규정이 없고 실무에서도 조건부 보증을 인정하고 있으며, 조건부 보증을 하는 자의 의사를 존중하여야 한다. 둘째로 권리양도가 목적인 배서에서는 일부배서가 무효이지만(어 12조 2항), 일부보증은 어음소지인에게 유익하므로 유효한바(어 30조 1항), 이에 견주어 배서에 붙인 조건은 무익적 기재사항이지만(어 12조), 보증에 붙인 조건은 유익적 기재사항으로 볼 수 있을 것이다.

셋째로 채무부담을 목적으로 하는 어음행위라는 점에서 인수와 보증은 유사한데, 부단순인수를 한 인수인이 그 문구에 따라 책임을 지듯이(어 26조 2항), 조건부보증도 보증인이 기재된 문구에 따라 책임을 진다고 해석하더라도 무리가 아니다.

4. 일부보증

어음보증인이 피보증인의 어음금액 전부의 지급을 담보하는 것이 일반적이지만, 어음금액의 일부의 지급도 담보할 수 있다(어 30조 1항). 일부보증도 어음채권자에게 도움이 되기 때문이다. 일부보증을 하려면 보증하는 금액을 기재해야 하며, 이를 기재하지 아니하면 전부를 보증한 것으로 본다.

5. 어음보증의 시기

보증인이 어음보증을 할 수 있는 시기에 관한 규정은 없으나, 어음채무가 존속하는 동안에는 언제나 어음보증을 할 수 있으므로, 만기 후 또는 거절증서작성 후에도 보증을 할 수 있다. 따라서 어음소지인이 소구권보전절차를 취하지 못하여 소구권을 상실하더라도 주채무자에 대한 시효가 완성되기 전까지는 주채무자에 대하여 어음보증을 할 수 있으며, 소멸시효가 완성되면 보증의 대상이 소멸되므로 보증을 할 수 없다.[11] 이에 대하여 소멸시효의 완성은 항변사유이기 때문에 소멸시효완성 후에도 어음보증의 실익이 있다는 견해도 있다.[12]

3 어음보증의 효과

1. 어음보증인의 책임

(1) 어음보증채무의 부종성

어음보증인은 보증된 자와 같은 책임을 진다(어 32조 1항). 어음보증인의 책임도 보증책임이므로 부종성과 수반성을 가지며, 피보증채무가 지급·상계·면제 등으로 소멸하면 어음보증채무도 소멸하고, 피보증인에 대한 어음상 권리가 이전하면 어음보증인에 대한 어음상 권리도 원칙적으로 이전한다. 그리고 보증인의 책임과 범위는 피보증인의 지위에 따라 정해진다. 배서인에 대한 소구권보전절차를 해태한 어음소지인은 배서인의 보증인에 대하여도 소구책임을 물을 수 없다. 그러나 어음소지인이 소구권보전절차를 취하지 않아서 소구권은 소멸하더라도 환어음의 인수인에 대하여는 시효완성 전에는 어음금청구권이 있으므로 인수인의 보증인의 책임은 소멸하지 않는다.[13]

보증의 부종성 원리에 의하여 어음소지인이 피보증인에 대하여 소구권보전절차를 취하면 어음보증인에 대하여 다시 절차를 취하지 않더라도 어음보증인에 대하여 절차를 취한 것으로 보아 소구권을 행사할 수 있다.[14] 또 어음상 권리를 지명

11) 정찬형(어), 703면 ; 손주찬(하), 296-297면 ; 정동윤(어), 441-442면.
12) 최기원(어), 605면 ; 최준선(어), 365면.
13) 정찬형(어), 706-707면.
14) 대법원 1988. 8. 9. 86다카1858 ; 1989. 10. 24. 88다카20774.

채권양도의 방식으로 양도함에 있어 주채무자인 발행인에게 대항요건을 갖추면 그 보증인에 대하여 별도의 대항요건을 갖추지 않더라도 어음상 권리의 양도를 주장할 수 있다.

(2) 어음보증채무의 독립성

어음보증은 담보된 채무가 그 방식의 흠이 있는 경우 외에는 어떠한 사유로 무효가 되더라도 그 효력을 가진다(어 32조 2항). 즉 피보증인의 어음행위가 무능력, 대리권 흠결 등 실질적 요건을 구비하지 못하여 무효나 취소가 되더라도 보증인의 채무는 보증행위 자체의 무효나 취소사유가 없는 한 유효하게 성립한다.

예컨대 미성년자의 어음행위는 그 법정대리인이 취소를 하면 무효이지만, 미성년자의 어음보증인은 책임을 진다. 이는 어음행위독립의 원칙이 보증채무에 적용되기 때문이다. 이러한 보증채무의 독립성은 피보증인의 어음행위에 실질적 하자가 있는 경우에만 적용되고, 형식상 하자가 외관상 명백한 경우에는 적용되지 않는다. 형식상 하자가 있는 경우까지 피보증인의 상대방을 보호할 필요는 없다.

(3) 어음보증채무의 합동성

환어음의 발행, 인수, 배서 또는 보증을 한 자는 소지인에 대하여 합동으로 책임을 진다(어 47조 1항). 어음보증인은 피보증인과 합동하여 책임을 지므로, 민사상 최고·검색의 항변권을 행사하지 못한다. 그리고 어음소지인은 합동책임을 지는 어음채무자들에 대하여 그 채무부담의 순서에도 불구하고 그 중 1명, 여러명 또는 전원에 대하여 어음금을 청구할 수 있다(어 47조 2항). 또 동일한 어음채무에 대한 수명의 보증인들은 보증인 상호간에 분별의 이익이 없고, 각 보증인은 어음금 전액에 대한 지급책임을 부담한다. 나아가 어음채무자 중 1명에 대한 청구는 다른 채무자에 대한 청구에 영향을 미치지 아니한다. 이미 청구를 받은 자의 후자에 대하여도 같다(어 47조 4항).

(4) 어음보증에서 어음항변의 원용문제

어음보증인이 피보증인의 어음소지인에 대한 인적항변을 원용하여 어음채무이행을 거절할 수 있는가에 대하여 견해가 대립한다. 이 논의는 어음보증의 종속성과 독립성 가운데 어느 면을 중시할 것인가의 문제로서, 종속성을 중시하면 인적항변을 원용할 수 있다고 할 것이고, 독립성을 중시하면 인적항변을 원용할 수 없다고 할 것이다.

예컨대 갑이 을로부터 상품을 구입하고 대금조로 약속어음을 발행할 때 병이 어음보증을 섰으며, 동 어음이 을에게 배서 양도되었으나 그 이후에 갑과 을의 상품계약이 취소된 경우에, 어음소지인의 보증인(병)에 대한 어음금청구에 대하여 보증인(병)이 매매계약취소라는 갑의 항변사유를 원용하여 어음금지급을 거절할 수 있는가의 문제이다.

1) 항변원용부정설(독립성설)

어음보증인은 피보증인의 인적항변을 원용할 수 없다는 주장의 근거는 다음과 같다. 어음보증은 민사보증과 다르고 보증인은 보증이라는 어음행위를 하였기 때문에 원인채무와 독립된 어음채무를 부담하게 된 것이므로 피보증인의 항변을 원용할 수 없다는 것으로서 어음보증채무의 독립성을 강조한다.[15] 또 어음행위의 무인성을 전제로 각각의 어음채무자의 인적항변은 당사자 간에 존재하는 원인관계에 의하여 주장할 수 있고, 직접당사자가 아닌 보증인은 다른 어음채무자(피보증인)의 인적항변을 원용할 수 없다고 한다(인적항변의 개별성설).

이 견해에 의하면 어음보증인은 피보증인의 인적항변을 원용할 수 없으므로 어음금을 지급한 후에 피보증인에게 구상권을 행사하고, 다시 피보증인은 어음소지인에게 부당이득반환청구를 하여야 한다고 한다. 이 견해는 어음소지인이 어음금을 지급받더라도 다시 부당이득으로 반환해야 하므로 법률문제의 해결을 복잡하고 어렵게 만든다.[16]

2) 항변원용 긍정설

항변원용 부정설을 따르면 어음소지인은 피보증인과의 관계에서 어음금을 받을 경제적 이익이 없음에도 불구하고, 어음채무의 독립성을 악용하여 보증인으로부터 어음금을 받게 되는 불합리한 결과에 이르게 된다. 따라서 어음보증인이 피보증인이 갖는 인적항변을 원용하여 지급거절을 할 수 있도록 하는 것이 타당하다. 그 근거는 다음과 같다.

가. 권리남용설

어음상 권리를 행사할 경제적 이익이나 근거가 없는데도 어음채무의 독립성을 악용하여 어음소지인이 보증인에 대하여 어음금을 청구하는 것은 신의성실의 원칙

---

15) 최기원(어), 610면.

16) 최준선(어), 367면 ; 손주찬(하), 299-300면.

에 반하고 권리의 남용이므로 어음보증인은 이를 근거로 지급거절을 할 수 있다고 한다.[17] 원인관계의 하자로 피보증채무가 무효가 되더라도 어음보증인의 채무는 어음채무의 독립성에 의하여 유효하다. 하지만 원인관계가 무효가 되면 어음소지인의 권리는 소멸되고, 어음소지인이 어음을 소지할 권원이 사라진다. 따라서 소지인이 어음을 반환해야 함에도 불구하고 반환하지 아니한 채, 어음소지인의 형식적 지위를 남용하여 어음금을 청구하는 것은 신의칙위반 내지는 권리남용이기 때문에 보증인은 이를 근거로 지급거절을 할 수 있다고 한다.

나. 직접상대방에 대하여는 대항이 가능하다는 견해

어음소지인이 피보증인의 직접 상대방인 경우에 한하여 보증인도 피보증인과 함께 그에 대하여 직접 인적관계가 있는 것으로 볼 수 있으므로 피보증인의 직접 상대방에 대하여서만 보증인이 피보증인의 인적항변으로 대항할 수 있다고 한다.[18] 그러나 피보증인과 어음소지인 간의 인적항변과 보증인과 어음소지인간의 인적항변이 동일하다는 근거가 무엇인지 애매하다.

다. 어음행위독립의 원칙 비적용설

이 견해에 의하면, 무능력이나 무권대리처럼 소지인이 피보증인으로부터 어음금을 지급받는 것이 원인관계상 부당하지 않지만 피보증인에 대하여 어음금을 청구할 수 없는 경우에는 어음소지인을 보호하기 위한 목적의 범위 내에서 보증인에 대하여 어음금을 청구할 수 있어야 한다고 한다. 그러나 원인채무가 불성립하거나 소멸한 경우에는 어음소지인이 피보증인으로부터 어음금을 받을 수 없으므로 어음행위독립의 원칙이 적용될 여지가 없으며, 보증의 부종성때문에 보증인으로부터도 어음금을 받을 수 없게 된다.

예컨대 매매대금조로 미성년자가 발행한 약속어음을 교부받은 자가 이를 제3자에게 배서양도한 후 미성년자의 후견인이 매매를 취소한 경우에 동 어음의 발행인을 위한 보증인이 있을 때, 선의의 3자는 미성년자로부터는 어음금을 받을 수 없지만, 그의 보증인으로부터는 어음금을 받을 수 있게 함으로써 선의의 3자를 보호할 필요가 있다는 것이다.[19]

이 견해는 어음보증의 종속성을 규정한 어음법 제32조 제1항을 원칙규정으로, 독립성을 규정한 동조 제2항을 예외규정으로 본다. 그러나 이와같이 어음행위독립

17) 손주찬(하), 301면 ; 정동윤(어), 447면.
18) 최준선(어), 368면.
19) 정동윤(어), 446면.

의 원칙의 적용범위를 자의적으로 제한하는 것은 타당하지 않고 어음법 제32조의 제1항과 제2항을 원칙과 예외의 규정으로 볼 수 있는 법적근거가 없다는 비판을 받는다.

라. 무권리자항변설

원인관계의 부존재 · 무효 · 취소의 항변은 실질적으로는 소지인이 무권리자라는 항변이므로 어음보증인을 포함한 모든 어음채무자가 무권리자인 소지인에 대하여 원인관계로 대항할 수 있다는 견해이다.

마. 소 결

어음행위독립의 원칙은 어음채무가 성립할 때 그 이전 행위의 하자에 의하여 어음채무가 영향을 받지 않는다는 것을 의미하는 것이지, 원인관계의 항변까지 이전의 행위로부터 영향을 받지 않는다는 의미는 아니다. 따라서 어음보증인은 권리남용설을 근거로 피보증인의 인적항변으로써 어음소지인의 청구에 대항할 수 있다고 본다.[20]

대법원 1988. 8. 9. 선고 86다카1858 판결

그러나 장래의 채부를 담보하기 위하여 발행된 어음에 발행인을 위하여 어음보증이 되어 있는 약속어음을 수취한 사람은 어음을 발행한 원인관계상의 채무가 존속되지 않기로 확정된 때에는 특별한 사정이 없는 한 그때부터는 어음발행인에 대해서 뿐만 아니라 어음보증인에 대해서도 어음상의 권리를 행사할 실질적인 이유가 없어졌다 할 것이므로 어음이 자기수중에 있음을 기화로 하여 어음보증인으로부터 어음금을 받으려고 하는 것은 신의성실의 원칙에 비추어 부당한 것으로서 권리의 남용이라 할 것이고 어음보증인은 수취인에 대하여 어음금의 지급을 거절할 수 있다고 보는 것이 옳다 할 것이고 위 수취인으로부터 배서양도를 받은 어음소지인이 어음법 제17조 단서의 요건에 해당되는 때에는 어음보증인은 그러한 악의의 소지인에 대하여 권리남용의 항변으로 대항할 수 있다 할 것이다.

---

20) 최준선(어), 369면.

2. 어음보증채무의 이행의 효과

(1) 주채무의 소멸

어음보증인이 채무를 이행하면 피보증인의 채무가 소멸된다. 따라서 보증채무를 이행한 보증인이 환어음의 지급을 하면 보증된 자와 그 자의 어음상의 채무자에 대하여 어음으로부터 생기는 권리, 즉 구상권을 취득한다(어 32조 3항).

(2) 어음보증인의 구상권

1) 구상권의 성질

i) 승계취득설

승계취득설은 어음채무를 이행한 보증인은 어음소지인의 권리를 대위하여 취득한다고 한다. 따라서 피보증인은 어음소지인에 대한 항변사유로써 구상권을 행사하는 보증인에게 대항할 수 있다. 어음의 교부를 구상권의 취득요건이라고 한다.[21]

ii) 원시취득설

구상권은 보증인이 보증채무를 이행함과 동시에 법 규정에 의하여 독립적 · 원시적으로 취득하는 권리라고 한다(통설).[22] 따라서 피보증인은 어음소지인에 대한 항변사유로써 구상권을 행사하는 보증인에게 대항할 수 없다. 그러나 어음보증인이 피보증인의 어음소지인에 대한 인적항변사유를 알고 보증채무를 이행한 경우에는 피보증인은 악의의 항변(어 17조 단서)으로 대항할 수 있다. 보증인은 어음교부 없이 어음금만 지급하면 법 규정에 의하여 구상권을 취득하고, 취득한 구상권을 근거로 어음소지인에 대하여 어음증권의 교부를 청구할 수 있다. 그러므로 어음의 교부가 구상권의 취득요건은 아니지만 구상권을 행사하기 위해서는 어음교부가 필요하다고 한다.

2) 일부보증의 경우

일부보증한 보증인이 일부만 변제한 경우 일부 변제금액에 대하여 피보증인 및 그 전자에 대한 구상권을 취득한다. 그런데 일부보증인이 일부의 보증채무를 이행하더라도 어음소지인으로부터 어음을 인도받을 수 없기 때문에, 어음소지인에 대하여 일부지급의 뜻을 어음에 기재하고 영수증을 교부할 것을 청구할 수 있으며,

---

21) 손주찬(하), 303면.
22) 정찬형(어), 712-713면 ; 최기원(어), 612면 ; 최준선(어), 370면 ; 양명조(어), 244면.

동시에 어음의 증명등본을 청구하여(어 50조 1항, 51조), 교부받은 어음의 증명등본과 거절증서와 영수증을 가지고 어음채무자에게 구상권을 행사할 수 있다.[23)]

일부보증인은 어음채무자가 잔액을 지급하고 어음소지인으로부터 어음을 환수하기를 기다렸다가 기지급한 일부 어음금액에 대하여 구상권을 행사하거나 또는 일부보증인이 어음금액 전부를 지급하고 어음을 환수하여 어음금 전액을 구상할 수도 있다.

3) 공동보증의 경우

어음보증에서 공동보증인 중 1인이 보증채무를 이행한 때에는 공동보증인간에는 분별의 이익이 없고 합동책임을 부담하므로, 보증채무를 이행한 자가 어음법상 다른 공동보증인에 대하여 구상할 권한이 없다. 다만 민법의 일반원칙(민 448조 2항, 425조)에 의하여 다른 공동보증인에 대하여 구상권이 발생한다.[24)]

---

23) 정찬형(어), 713면; 최기원(어), 613면.

24) 정찬형(어), 714면.

제6장 환어음의 지급제시와 지급

제1절 총 설

어음은 지급수단으로 발행·유통되므로 본래의 목적인 어음금을 지급하는 것으로 제 역할을 다한다. 어음소지인이 만기에 지급인 등에게 지급제시를 하여 지급이 되면 어음상 권리가 소멸하지만, 지급이 거절되거나 만기의 지급이 불확실한 경우에는 환어음의 발행인, 배서인 등 소구의무자에게 소구권을 행사하여 어음금을 지급받는다. 지급의 개념에는 주채무자의 지급만을 의미하는 협의의 지급과 여기에 소구의무자의 소구의무이행을 포함한 광의의 지급의 개념이 있다. 본 장에서는 협의의 지급만을 다루며, 지급제시를 먼저 살펴본다.

제2절 지급제시

1 의 의

지급제시(presentation of payment)는 어음소지인이 약속어음의 발행인, 환어음의 지급인, 인수인 또는 지급담당자 등에게 어음을 제시하여 지급을 청구하는 것이다. 어음채무는 추심채무이므로 어음소지인이 어음채무자에게 먼저 지급을 청구하여야 하는데, 이때 자기의 권리를 증명하는 수단으로 어음 자체를 제시하여야 한다. 채무자가 이미 어음을 점유하고 있으면 어음의 제시 없이 어음상 권리를 행사할 수 있다.[1] 한편 환어음의 소지인은 지급제시기간 내에 지급제시를 하여야만

1) 대법원 2001. 6. 1. 99다60948.

전자에 대하여 소구권을 보전할 수 있고, 인수인은 지급제시가 있는 때부터 이행지체의 책임을 진다.

약속어음 발행인이나 환어음의 인수인에 대하여는 지급제시기간 내 어음을 지급제시하지 않더라도 어음시효가 지나기 전에는 어음금지급을 청구할 수 있는데, 그 이유는 이들은 어음상 주채무자로서 소멸시효가 지나기 전까지는 지급책임이 있기 때문이다.[2)]

대법원 1971. 7. 20. 선고 71다1070 판결

약속어음의 발행인은 환어음의 인수인과 같이 어음금액을 절대적으로 지급할 채무를 부담하는 자이고 상환의무자가 아니므로 소지인이 발행인에 대하여 지급을 위한 어음제시를 하지 아니하였다 하여도 어음금액을 청구할 수 있는 것이고 어음법 제77조 제1항 제3호에 의한 지급을 위한 제시의 규정은 약속어음 발행인에게는 적용될 수 없다 할 것인바, 원판결이 위와 같은 취지에서 어음법 제77조 제1항 제3호에 의하여 준용되는 같은법 제38조의 규정은 약속어음 발행인에 대한 어음금 청구의 경우에는 적용되는 것이 아니라고 한 판단은 정당하고 거기에는 어음법에 관한 법리를 오해한 잘못은 없다.

2 지급제시의 당사자

지급을 제시하는 자는 배서의 연속에 의하여 형식적 자격을 갖춘 어음소지인과 그 대리인이다. 따라서 형식적 자격을 갖추지 못한 어음의 단순점유자의 지급제시는 효력이 없다. 다만 형식적 자격이 없는 어음소지인이라도 실질적 권리관계를 입증하면 지급제시를 할 수 있다. 지급제시의 피제시자는 환어음의 지급인 또는 인수인, 약속어음은 발행인 및 이들의 대리인이다. 제3의 지급담당자나 지급장소의 기재가 있는 경우에는, 그 담당자에게 그 지급장소에서 지급제시를 하여야 한다. 제3지급담당자가 기재되어 있는데 지급인 또는 인수인에 대하여 한 지급제시는 효력이 없다.

2) 대법원 1988. 8. 9. 86다카1858 ; 대법원 1971. 8. 31. 71다1258.

3 지급제시의 시기

어음의 지급제시기간은 주채무자에 대한 지급제시기간과 소구권보전을 위한 지급제시기간으로 구별되는데, 통상 지급제시기간이라 하면 소구권보전을 위한 지급제시기간을 의미한다. 주채무자에 대한 지급제시는 만기일부터 3년의 시효기간 내에 하여야 한다. 소구권보전을 위한 제급제시는 확정일출급어음, 발행일자후정기출급어음, 일람후정기출급어음은 원칙적으로 '지급을 할 날 또는 그에 이은 2거래일 내'에 하여야 한다. 만기가 법정휴일이면 지급을 할 날은 만기에 이은 제1거래일이다. 일람출급어음은 발행일자부터 1년 내 지급제시를 하여야 하며(어 34조 1항 2문) 발행인은 이 기간을 단축 또는 연장할 수 있고 배서인은 이를 단축할 수 있다. 또 발행인이 일정기일까지 지급제시를 금지한 경우에는 그 기일부터 1년 내에 지급제시를 하여야 한다(어 34조 2항). 국내수표는 발행일자부터 10일내에 지급제시를 하여야 한다(수 29조 1항).

4 지급제시의 장소

어음채무는 추심채무이므로 지급제시는 지급지 내에 있는 지급인의 영업소 또는 주소, 거소에서 하는 것이 원칙이나(민 516조), 지급장소의 기재가 있으면 그 장소에서 하여야 한다(어 4조). 어음교환소에서의 어음의 제시는 지급을 받기 위한 제시로서의 효력이 있다(어 38조 2항, 83조).

1. 지급장소(지급담당자)의 기재가 있는 경우

지급장소가 지급지 내의 장소로 기재된 경우에는 그 지급장소에서 지급제시를 하여야 한다. 그리고 지급장소로서 제3자방지급문구가 기재된 경우에는 제3자방(지급장소)에서 제시하여야 하고, 지급담당자가 기재된 경우에는 지급지 내에 있는 지급담당자의 영업소 또는 주소에서 지급제시를 하여야 한다. 그러나 지급장소가 지급지 외의 장소인 경우에는 지급장소의 기재는 무효이므로, 지급지 내의 지급인의 영업소, 주소 또는 거소에서 지급제시를 하여야 한다. 어음에 기재된 지급장소는 지급제시기간 내에 지급제시한 경우에만 효력이 있으므로 지급제시기간이 지난 후에는 지급장소나 지급담당자의 기재는 효력이 없어 지급인의 영업소나 주소 또는

거소에서 지급제시를 하여야 한다.[3)]

2. 지급장소(지급담당자)의 기재가 없는 경우

어음에 지급장소의 기재가 없는 경우에는 지급지 내에 있는 지급인의 영업소나 주소 또는 거소에서 지급제시를 하여야 한다. 지급지 내에 지급인의 영업소나 주소 또는 거소가 없는 경우 지급지 내에서 지급인을 발견할 수 없고, 지급지 외에서 지급인의 영업소 또는 주소나 거소를 발견한 때에는 지급지 외의 지급인의 영업소 등에서 지급제시를 할 것이 아니라, 지급지 내에서 지급거절증서를 작성해야 한다.[4)]

3. 어음교환소에서의 지급제시

어음교환소가 지급제시의 장소로 법에 규정되어 있으므로(어 38조 2항), 어음에 지급장소나 지급담당자의 기재여부 및 어음교환소가 지급지 내에 있는지 여부와 상관없이, 어음교환소에서의 지급제시는 효력이 있다. 전자적 방법에 의한 지급제시도 현실적 제시와 같은 효력이 있다.

소지인으로부터 환어음의 추심을 위임받은 금융기관(제시금융기관)이 그 환어음의 기재사항을 정보처리시스템에 의하여 전자적 정보의 형태로 작성한 후 그 정보를 어음교환소에 송신하여 그 어음교환소의 정보처리시스템에 입력되었을 때에는 제2항에 따른 지급을 받기 위한 제시가 이루어진 것으로 본다(어 38조 3항). 이 경우 지급인 또는 지급인으로부터 지급을 위임받은 금융기관은 제시금융기관에 배서연속의 정부에 대한 조사를 위임할 수 있다(어 40조 3항).

5 지급제시의 방법

유효한 지급제시가 되기 위해서는 완성어음 자체를 현실적으로 지급제시의 상대방에게 제시하여야 하므로, 백지어음, 어음의 등본이나 사본의 제시는 지급제시로서 효력이 없다. 발행지의 기능이 어음행위의 준거법을 추정하는 효력밖에 없으므

3) 대구지법 1986. 3. 19. 85다72 ; 최준선(어), 374면 ; 최기원(어), 484면 ; 정찬형(어), 543면.
4) 정찬형(어), 544면 ; 최준선(어), 374면.

로 국내어음으로서 발행지 미기재어음의 지급제시는 유효하다.[5] 어음은 현실적으로 지급제시를 하여야 하므로 어음을 상실한 자는 지급제시를 할 수 없지만, 제권판결선고를 받은 공시최고신청인은 판결문으로서 지급제시를 할 수 있다.

지급담당자인 은행이 어음추심을 위탁받아 어음을 소지하면 지급제시자와 피제시자가 동일하므로 은행이 어음을 소지하는 것 자체로 적법한 지급제시가 된다. 한편 주채무자가 사전에 지급거절의 의사를 밝혔더라도 지급제시를 하여야 하고, 어음채무자가 일부지급을 하였거나 채무자가 상대방을 어음소지인으로 인정하여 현실로 지급제시를 요구하지 않고 지급을 거절한 경우 등에는 현실의 지급제시가 없더라도 지급제시의 효력이 있다.[6]

어음소지인이 적법한 시기와 장소에 어음을 소지하고 나갔으나 지급인이 나타나지 않아 현실의 제시를 하지 못하였더라도 지급제시가 있었다고 본다.[7] 재판상 청구에서는 어음 자체를 제시하지 않더라도 소장과 그 어음의 사본의 송달 또는 지급명령의 소장이 송달된 때에 적법한 지급제시가 있는 것으로 본다.[8]

6 지급제시 및 그 해태의 효과

어음소지인은 적법한 지급제시를 함으로써 어음금을 지급받을 수 있는데, 이때 주채무자는 어음금을 지급하지 아니하면 이행지체에 빠진다. 지급제시기간이 지난 후에 지급제시를 하는 경우에 이행지체책임이 실제로 지급제시를 한 때부터 발생하므로, 인수인은 어음금액과 지급제시된 때부터 연 6분의 지연이자를 지급하여야 한다. 그리고 지급제시에 의하여 어음상 권리의 소멸시효가 중단된다. 환어음인수인 또는 약속어음 발행인에 대한 지급제시기간은 만기의 날부터 3년이므로 이 기간 내에 지급제시를 하면 어음금지급을 받을 수 있다. 어음소지인은 지급제시기간 내에 지급제시를 하고, 지급거절증서를 작성해야 소구권을 행사할 수 있으며(어 43조, 77조 1항 4호), 지급제시기간 내에 지급제시를 하지 아니하면 모든 소구의무자에 대하여 소구권을 상실한다(어 53조 1항, 77조 1항 4호). 또 어음의 지급제시가 없으면 만기가 도래하더라도 지급할 의무가 없으므로 어음채무자가 이행지체에 빠지

5) 대법원 1998. 4. 23. 95다36466 전원합의체 판결.
6) 양명조(어), 322면.
7) 정찬형(어), 546면 ; 정동윤(어), 534면.
8) 대법원 1971. 7. 29. 71다924.

지 않는다. 어음소지인이 지급제시를 해태한 때에는 어음채무자는 어음금액을 공탁하여 어음채무를 면할 수 있다(어 42조).

7 지급제시의 면제

소구의무자의 지급제시를 면제하는 특약은 법 규정에 없으나 특약당사자 간에는 효력이 있고, 다른 소구의무자에 대하여는 효력이 없다. 지급인과 어음소지인 간의 지급제시의 유예나 지급제시기간의 연장의 특약도 당사자 사이에 효력이 있다.[9] 그리고 불가항력으로 인하여 법정기간 내에 환어음을 제시하거나 거절증서작성이 어려운 경우에는 그 기간을 연장한다. 불가항력의 기간이 만기부터 30일을 넘어 계속되면 어음의 제시 또는 거절증서작성 없이 소구권을 행사할 수 있다(어 54조 4항, 77조 1항 4호).

지급거절증서작성이 면제되더라도 지급제시를 하여야 한다. 다만 소송에서는 지급제시가 있는 것으로 추정되므로 지급제시가 없었음은 주장하는 자가 이를 입증하여야 한다. 국내수표는 발행일부터 10일 내에 지급제시가 없으면 수표상 권리는 소멸되고 이득상환청구권이 생긴다. 인수거절증서를 미리 작성한 경우에는 당연히 지급거절을 할 것이므로 지급제시와 지급거절증서작성이 불필요하다(어 44조 4항). 그리고 지급지내에 지급자의 주소나 영업소가 없고 또 지급지 내에서 지급인을 발견하지 못하면 지급제시를 할 필요는 없지만 지급거절사실을 입증하기 위하여 지급거절증서를 작성하여야 한다.

제3절 지 급

1 지급(payment)의 의의

어음은 지급수단으로 발행·유통되므로 어음관계는 지급을 함으로써 소멸한다.

---

9) 정찬형(어), 550면.

지급에는 만기에 환어음의 지급인, 인수인, 지급담당자가 어음소지인에게 지급하는 '협의의 지급'과 여기에 소구의무자, 보증인, 예비지급인, 참가인수인 등의 지급을 포함하는 '광의의 지급'이 있다. 광의의 지급 가운데 소구의무자 등의 지급은 지급한 이후에도 구상권 등 법률관계가 남는다. 단순히 지급이라 함은 협의의 지급을 의미하며, 이곳에서는 협의의 지급만을 다룬다.

2 어음의 지급시기

1. 만기 전의 지급

기한은 채무자의 이익을 위한 것으로 추정한다는 민법 제153조 제1항에 의하여 민사채무자는 기한의 이익을 포기하고 만기 전에 변제할 수 있으나, 어음관계에서는 어음소지인은 만기까지 어음을 유통시킬 실익이 있으므로 지급인은 원칙적으로 만기 전에 지급할 의무가 없고, 어음소지인도 만기 전에는 지급을 청구할 수 없고 지급을 받을 의무도 없다(어 40조). 물론 어음소지인의 동의가 있으면 만기 전의 지급이 가능하나, 이때에도 지급인은 자기의 위험부담으로 지급을 하므로 만기지급과 같은 보호를 받지 못한다. 따라서 지급인이 진정한 권리가 없는 어음소지인에게 사기 또는 중과실 없이 만기 전에 지급을 하더라도 면책되지 않는다. 다만 만기 전 소구요건이 구비되어 만기 전에 지급하는 경우에는(어 43조 단서) 만기의 지급과 같은 효력이 있다.[10]

2. 만기의 지급(지급제시기간 경과 전의 지급)

어음은 만기에 지급이 예정되어 있으므로 만기는 지급인이 지급할 수 있는 시기일 뿐만 아니라 어음소지인이 지급을 청구할 수 있는 시기이기도 하다. 여기의 만기는 만기일(1일)을 의미할 뿐만 아니라 지급제시기간을 의미한다. 그러므로 만기 후 지급제시기간이 지나기 전 또는 지급거절증서 작성기간이 지나기 전에 어음소지인은 인수인이나 지급인에게 지급을 청구할 수 있고, 이들이 지급하면 선의면책되며, 지급의 결과를 자금의무자에게 귀속시킬 수 있다. 그래서 확정일출급 · 발행

10) 정찬형(어), 552면.

일자후정기출급 · 일람후정기출급의 환어음의 소지인은 지급을 할 날(만기) 또는 그 날 이후의 제2거래일 내에 지급을 받기 위한 제시를 하여야 하고(어 38조 1항), 3일간의 지급제시기간 중 어느 때나 지급제시가 있으면 즉시 지급하여야 한다. 예컨대 만기일(5.1)에 지급제시를 받으면 5. 1. 지급하여야 하고, 5. 2.이나 5. 3. 지급해서는 안 된다.[11]

어음금의 지급유예기간은 법률상, 재판상 허용되지 않는다. 다만 당사자 간에 특약으로 지급을 유예할 수는 있으나, 이 특약은 당사자 간의 인적항변사유가 될 뿐이다. 또 당사자 간의 지급유예특약으로 만기가 연장되지 않으므로 소구권을 보전하기 위하여는 소지인이 어음상 만기를 기준으로 한 지급제기간 내에 지급제시를 하고 거절증서를 작성해야 한다. 지급유예의 특약이 있는 경우에 당사자간의 어음상 청구권의 소멸시효는 유예기간 중에는 정지되고, 유예기간이 종료한 때부터 진행한다. 일람출급환어음은 발행일자부터 1년 내(어 34조 1항 2문) 또는 발행인이 일정일까지 지급제시를 금지한 경우에는 그 기일부터 1년 내에 지급제시를 하여야 하는바(어 34조 2항), 이 기간 내에 지급하면 만기의 지급이다

3. 만기 후의 지급(지급제시기간 경과 후의 지급)

지급제시기간이 지난 후 또는 지급거절증서작성기간이 지난 후라도 어음채무의 소멸시효완성 전에는 어음상 주채무자는 지급의무가 있으므로 만기 후의 지급도 지급인에게 사기 또는 중대한 과실이 없으면 선의지급으로서 면책된다. 환어음의 인수인이 지급을 하면 그 자금관계의 결과를 발행인의 계산으로 돌릴 수 있으나, 인수하지 아니한 환어음의 지급인은 특약이 없으면 만기 후의 지급의 결과를 발행인의 계산으로 돌릴 수 없고, 제3자의 변제(민 469조)로서만 효력이 있다.

3 지급의 유예 또는 연기

당사자간에는 의사의 합치에 의하여 어음금의 지급을 연기시킬 수 있다. 첫째로 구어음에 갈음하여 신어음을 발행하는 어음의 개서에 의하여 어음금지급을 연기시킬 수 있다. 둘째로 어음관계자의 동의를 받아 만기를 변경할 수 있다. 어음당사

11) 최준선(어), 378면.

자의 동의 없이 만기가 변경되면 어음변조가 되고, 만기의 변경에 동의하지 아니한 어음채무자에 대하여는 만기변경의 효력이 미치지 않는다. 셋째로 어음소지인과 특정 어음채무자 간의 지급유예의 특약은 당자자 간에는 효력이 있으나 어음관계에는 영향을 미치지 않는다.

전쟁, 지진, 홍수, 기타 전국 또는 어느 지방에 사변이 발생한 경우에는 국가권력의 발동에 의하여 어음채무의 지급이 유예될 수 있는데(어 54조), 이를 모라토리움(moratorium) 또는 어음지급유예라고 한다. 여기에는 만기 자체를 변경하는 방식과 만기를 변경하지 않은 채 지급제시기간과 거절증서작성기간만 연장하는 방식이 있다. 어음법은 지급제시기간 및 거절증서작성기간을 연장하는 방식을 택하고 있다(어 54조 1항).

대법원 2017. 2. 3 선고 2016다41425 판결

약속어음의 채무자가 어음의 도난·분실 등의 이유로 지급은행에 사고신고와 함께 어음금의 지급정지를 의뢰하면서 예탁하는 사고신고담보금은 사고신고 내용의 진실성과 어음발행인의 자력을 담보로 하여 부도제재회피를 위한 사고신고의 남용을 방지함과 아울러 어음소지인의 어음상 권리가 확인되는 경우에는 당해 어음채권의 지급을 담보하려는 데 제도의 취지가 있다. 이 경우 어음발행인과 지급은행 사이에 체결되는 '어음소지인이 어음금지급청구소송에서 승소하고 판결확정증명 또는 확정판결과 동일한 효력이 있는 것으로 지급은행이 인정하는 증서를 제출한 경우 등에는 지급은행이 어음소지인에게 사고신고담보금을 지급한다'는 내용의 사고신고담보금의 처리에 관한 약정은 제3자를 위한 계약에 해당한다.

4 지급의 방법

1. 지급의 목적물(지급할 화폐)

어음금을 지급할 때에 어떤 통화로 지급할 것인지가 문제된다. 어음금액이 내국통화로 기재된 경우에는 지급인이 선택에 의하여 각종(일만원권, 오만원권)통화로 지급할 수 있다. 어음금액이 외국화폐(달러)로 기재된 경우에는 지급인의 선택에 의하여 지급지의 통화(한국화폐)로 지급할 수도 있다(어 41조 1항 1문). 외국통화의 가격은 만기의 날의 지급지의 관습(환시세 등)에 의하여 정하되(어 41조 2항), 발행인이 그 환산율을 어음에 기재한 경우에는 그에 따른다. 어음채무자가 지급을 지체하면 소지인은 그 선택에 따라 만기의 날 또는 지급의 날의 환시세에 의하여 지급지의 통화로 어음금을 청구할 수 있다(어 41조 1항 2문).

이는 채무자가 환시세의 변동에 이용하여 고의로 지급을 지연하는 것을 방지하기 위한 것이다. 어음에 외국통화현실지급문구가 기재된 경우에는 그 특정 외국화폐로 지급해야 한다(어 41조 3항). 어음금액이 발행국과 지급국에서 동명이가(同名異價)의 화폐로 기재된 경우에는(홍콩달러와 미국달러), 지급지의 통화로 정한 것으로 추정한다(어 41조 4항).

2. 일부지급

어음금액의 일부지급도 유효하므로 어음소지인은 일부지급을 거절하지 못한다(어 39조 2항). 환어음의 일부인수가 있는 경우뿐만 아니라 전부인수가 있는 경우에도 일부지급이 가능하다. 만일 소지인이 일부지급을 거절하면 그 부분에 한하여 소구권을 상실한다. 다만 지급제시기간경과 후에는 소구권이 상실되므로 이 경우에는 소지인은 일부지급을 거절할 수 있다. 일부지급이 있는 때에는 그 잔액에 대하여 소구할 수 있다. 일부지급의 경우에 어음의 인도를 청구할 수 없으므로 어음에 일부지급의 뜻을 기재하고 영수증을 교부할 것을 청구할 수 있다(어 39조 3항). 어음소지인이 일부지급을 받고 이를 어음에 기재하면 물적항변사유가 되지만 일부지급을 어음에 기재하지 않으면 인적항변사유이다.[12)]

3. 상환증권성

어음지급인은 전부지급을 할 때에 어음소지인에게 어음에 영수를 증명하는 뜻을 적어서 교부할 것을 청구할 수 있다(어 39조 1항). 이는 지급필의 증명을 확실하게 하고 이중지급위험을 막기 위한 것이다. 이러한 수령문구의 기재와 어음상환성은 현실의 지급뿐만 아니라 상계·면제와 같이 어음상 권리가 소멸하는 경우와 강제집행에 의하여 지급되는 경우에도 적용된다.[13)] 따라서 어음채무자가 어음을 환수하지 않은 채 어음금을 지급하더라도 선의의 제3취득자에 대하여 이중지급을 하여야 한다.

12) 정찬형(어), 558면.
13) 대법원 1991. 12. 24. 80다카28405.

5 어음지급인의 조사의무

1. 조사의무의 경감

채무는 진정한 권리자에게 변제를 하여야만 변제의 효력이 생기므로 채무자는 청구자의 권리를 조사하여야 한다. 그런데 어음관계에서 채무자에게 어음소지인의 권리에 대한 조사의무를 엄격하게 부담시키면 어음의 유통성과 신속성이 저해되므로 채무자가 확인할 수 있는 형식적 사항을 조사한 후에 어음금을 지급하면 설사 지급받는 자가 무권리자라도 채무자에게 사기나 중대한 과실이 없는 한 책임을 면한다. 이와 같은 조사의무의 경감 혜택은 만기의 지급에만 주어지고, 만기 전의 지급에는 주어지지 않으므로 만기 전의 지급인은 자기 위험부담으로 어음금을 지급하여야 한다.

2. 만기지급인의 조사의무

어음금을 만기에 지급하는 지급인은 사기 또는 중대한 과실이 없으면 그 책임을 면한다. 이 경우 지급인은 배서의 연속이 제대로 되어있는지를 조사할 의무는 있으나 배서인의 기명날인 또는 서명을 조사할 의무는 없다(어 40조 3항). 따라서 지급인이 조사하여야 할 사항은 소지인의 형식적 자격의 유무이다.

(1) 형식적 자격의 조사

형식적 자격에 대한 조사의무는 지급인이 위험을 회피하기 위한 간접적 의무이지 불이행시 제재를 받는 절대적 의무는 아니다.[14] 법이 배서의 연속이 제대로 되어있는지를 조사할 의무만을 규정하고 있으나, 그 외에도 '어음요건의 구비여부'와 '자기의 기명날인 또는 서명의 진위'에 대하여도 조사할 의무가 있다는 견해가 통설이다.[15] 어음요건의 구비여부는 어음을 주의깊게 살펴보면 알 수 있으며, 자기의 기명날인 또는 서명의 진위에 대한 조사의무는 자기에 대한 의무이므로 지급인에게 조사의무가 있다고 본다. 이에 대하여 '어음요건'과 '자기의 기명날인 또는 서명의 진위'는 실질적 자격에 관한 사항으로서 어음요건의 흠결을 인식할 수 있음에

14) 정찬형(어), 560면.
15) 최준선(어), 380-381면 ; 최기원(어), 489면 ; 양명조(어), 326-327면.

도 불구하고 불완전어음에 대하여 어음금을 지급한 경우에 지급인은 조사의무 불이행에 대한 책임을 지는 것이 아니라 어음법 40조 제3항 제1문의 중과실에 의하여 책임을 부담한다는 견해가 있다.[16]

배서의 기명날인의 진위, 소지인의 지급수령능력, 수령의 대리권, 소지인의 동일성 등은 실질적 자격에 관한 것으로서 이들에 대한 조사의무까지 지급인에게 부담시키면 어음거래의 신속과 안전을 해치므로 조사의무가 없다고 본다.[17] 그러나 형식적 자격을 갖춘 자에게 어음금을 지급해야 지급인이 면책된다. 연속된 배서의 최후 피배서인, 백지식 배서가 있는 어음의 소지인, 배서금지어음의 수취인, 소지인출급식수표의 소지인 등이 형식적 자격을 갖춘 자이다.

한편 배서의 연속의 단절되더라도 어음소지인이 실질적인 권리(상속, 합병)를 입증하면 어음상 권리를 행사할 수 있다. 이 경우 지급인이 어음소지인에게 실질적 권리가 있다고 믿고 어음금을 지급하더라도 실질권리자가 나타나면 그에게 이중지급을 하여야 한다는 견해[18]와 악의 또는 중과실이 없이 실질적 권리가 존재한다고 믿고 지급을 하였다면 지급인이 면책된다는 견해[19]가 있다. 생각건대 지급인이 배서의 불연속부분에 대하여 어음소지인에게 실질권리가 있다고 믿고 어음금을 지급하였더라도 배서의 연속이 단절되었으므로 실질 권리자가 우선 보호받아야 하므로 전자의 견해가 타당하다.

(2) 사기 또는 중과실이 없을 것

만기에 지급하는 지급인은 사기 또는 중대한 과실이 없으면 그 책임을 면한다(어 40조 3항 1문). 즉 지급인의 주의의무의 경감은 증권의 외관에 대한 신뢰를 보호하려는 것이므로 소지인의 실질적 자격이나 동일성의 흠결에 대하여 사기 · 중과실이 있으면 지급인을 보호할 이유가 없다.

사기라 함은 지급제시를 한 자가 수령권한이 없다는 사실을 알고 있을 뿐 아니라 소송에 의하여 수령권한이 없음을 입증할 명백한 증거방법이 있음에도 불구하고 의도적으로 지급한 것을 의미하고, 중과실이라 함은 보통의 주의를 기울여 조사를 하였더라면 소지인이 무권리자이고 또 그 무권리자임을 입증할 수단을 알아

16) 정찬형(어), 561면.
17) 최준선(어)음, 381면.
18) 정찬형(어), 561면 ; 이철송(어), 412면.
19) 채이식(하), 298면.

냈을 터인데 조사를 하지 않아서 무권리자임을 모르고 지급한 것을 의미한다.

한편 수표법은 지급인의 수표소지인에 대한 형식적 자격에 대한 조사의무를 규정하고 있을 뿐, 실질적 자격에 관한 '사기 · 중과실'을 규정하고 있지 않다(수 35조). 따라서 수표지급인이 면책을 받으려면 민법규정에 의하여 지급인의 악의 또는 중과실이 없어야 한다는 견해(민 518조)와 어음과 같이 지급인의 사기 또는 중과실이 없어야 한다는 견해(어 40조 3항)[20]가 대립하고 있다. 수표법 제35조가 실질적 자격에 관한 '사기 · 중과실'을 규정하지 않은 것은 입법의 과오이므로 어음법 제40조 제3항을 유추 적용하여 수표도 지급인의 사기 또는 중과실이 없을 것을 요건으로 한다고 본다.

(3) 실질적 자격의 조사권

어음법 제40조 제3항이 지급인의 배서의 연속에 대한 조사의무를 규정하고 있으므로 배서연속에 대하여 조사권한이 있음은 당연하지만, 어음소지인의 실질적 자격에 대한 조사권한이 있는가에 대하여 견해가 대립한다.

실질적 자격에 대한 조사권을 긍정하는 견해에 의하면, 어음법에 규정이 없더라도 지급인이 자기 위험부담으로 어음소지인의 실질적 자격을 조사할 권리가 있음은 의문의 여지가 없으며 '채무자는 배서인의 서명 또는 날인의 진위나 소지인의 진위를 조사할 권리는 있으나 의무는 없다'는 민법 제518조가 상법에 준용되는 것(상 65조)과 마찬가지로 유가증권에도 유추적용되므로 지급인에게 어음소지인의 실질적 자격의 유무를 조사할 권리가 있다고 한다. 그리고 실질적 자격을 조사하는데 소요되는 기간은 원칙적으로 지체책임을 부담하지 않으나, 실질자격을 입증하지 못한 경우에는 지급제시를 받은 때부터 이행지체책임을 진다고 한다.[21] 수표의 지급인에게 실질적 자격에 대한 조사권이 있다고 한 판례가 있다.[22]

한편 소지인의 실질적 자격의 조사권한을 어음채무자에게 부여하면 그 권한을 남용하여 지급의 지체가 발생할 수 있기 때문에 실질적 자격에 대한 조사권을 부정하는 견해가 있다.[23] 생각건대 지급인은 자기의 위험부담으로 어음금을 지급하여야 하므로 실질적 자격도 조사할 권한이 있다고 본다. 그러나 조사를 한 후에

20) 이기수(어), 431-432면 ; 정찬형(어), 560면.
21) 손주찬(하), 318-319면 ; 최기원(어), 490면.
22) 대법원 2002. 2. 26. 2000다71494.
23) 최준선(어), 382면.

어음소지인이 진정한 권리자임이 밝혀지면 지급인이 지급제시를 받은 때부터 지체책임을 부담함으로서 어음소지인을 보호하여야 할 것이다.[24)]

(4) 적용범위

만기에 지급하는 지급인이 조사의무를 이행하여 사기 또는 중과실 없이 형식적 자격자에게 지급한 경우에는 설사 그가 진정한 권리자가 아니더라도 그 책임을 면한다(어 40조 3항). 여기의 지급인에는 환어음의 인수인은 물론이고, 인수하지 아니한 지급인·지급담당자도 지급결과를 자금관계상 의무자에게 귀속시킬 수 있으므로 포함되며, 소구의무자도 포함된다. 환어음인수인의 만기 후 지급 또는 지급제시기간이 지난 후의 지급도 만기지급과 같지만, 인수하지 아니한 지급인의 만기 후 지급은 지급인이 어음채무자가 아니므로, 제3자의 변제이다. 다만 수표의 지급인은 지급제시기간 경과 후에도 지급위탁의 취소가 없는 한, 발행인의 계산으로 지급할 수 있으므로 지급제시기간경과 전의 지급과 같다.

지급면책의 효과는 i) 환어음의 인수인이나 약속어음의 발행인 등 주채무자의 지급은 모든 어음채무자의 어음상 채무를 소멸시킨다. ii) 인수인이 지급한 경우에는 그 결과를 발행인의 계산으로 돌릴 수 있다. iii) 소구의무자가 지급한 경우에는 그 소구의무자 및 그 후자가 진정한 권리자에 대하여 부담하는 어음상 채무가 소멸된다.[25)]

(5) 위조·변조된 어음의 지급인의 책임

1) 당사자간 특약이 있는 경우

당사자간에 특약이 있으면 그에 따른다. 지급담당자가 은행인 경우에는 예금거래기본약관이 체결되고, 그 약관 중에 '은행원이 육안으로 상당한 주의를 하더라도 위·변조를 판별하지 못하고 지급한 경우에 은행이 책임을 지지 않는다'는 면책조항은 유효하다. 따라서 은행원이 상당한 주의를 하였더라면 위조를 육안으로 발견할 수 있었을 것이나 그러한 주의를 기울이지 못하여 위조를 발견하지 못하고 어음금을 지급하였다면 그 손실은 은행이 부담해야 한다.[26)]

---

24) 정찬형(어), 563면.
25) 손주찬(하), 321면.
26) 대법원 1975. 3. 11. 74다53 ; 대법원 1969. 1. 21. 68다1708.

2) 당사자간 특약이 없는 경우

당사자간에 특약이 없는 경우에 지급인이 위조어음에 대하여 지급하였다면 그 손실을 지급인이 부담할 것인지 아니면 발행인(피위조자)이 부담할 것인지가 문제된다. 어음법 제40조 제3항의 지급면책규정은 어음 자체의 유효를 전제로 하므로 이 조항에 의하여 지급인의 면책여부를 결정할 수 없다.

지급인이 위조를 식별할 때 고의나 과실이 있다면 지급인이 그 책임을 져야 한다. 하지만 지급인에게 고의나 과실이 없는 경우에는 발행인이 위조어음에 대하여 지급인에게 지급위탁을 한 것이 아니므로 위조어음에 대한 지급의 결과를 발행인에게 귀속시킬 수 없고, 지급인이 손실을 부담해야 한다는 통설(지급인부담설)[27]과 상관습상, 반금언법칙 또는 위조의 위험을 예방할 지위에 있는 발행인이 위험을 부담해야 한다는 소수설이 대립한다.[28]

3) 소 결

어음법상 면책규정(어 40조 3항)은 유효하게 발행된 어음을 전제로 규정된 것이므로 위조된 어음에 대하여는 적용할 수 없다. 피위조자에게 귀책사유가 없는 한 위조의 책임을 그에게 전가시킬 수 없고, 위조어음에 대하여 지급을 한 자가 책임을 져야 한다. 그러나 어음의 지급인이나 지급담당자가 은행인 경우에 보통거래약관에 의하여 '은행이 인감을 대조하고 형식적 자격을 조사하는 등 주의의 다한 후의 지급은 면책된다'는 면책조항은 유효하므로, 은행이 인감대조 등 주의의무를 이행한 후 지급을 하였다면 피위조자가 위험을 부담하게 된다.[29]

대법원 1975. 3. 11. 선고 74다53 판결

그러나 원고와 피고은행간에 을 2호증 기재와 같이 피고은행이 원고가 제출한 인감 명판 등을 대조하여 취급상 보통의 주의로써 상위 없음을 인정하고 지급을 필한 수표는 위조 변조 등 기타의 사유로 인하여 손해가 생길지라도 피고은행은 그 책임을 지지 아니한다는 취지의 약정이 있음을 알 수 있으나 위 약정에 금액란의 변조여부 식별 조항이 기입되지 아니하였다 하여 은행이 수표금을 지급함에 있어서 인감이나 필적(명판) 등이 변조되었는지의 여부에만 주의할 것이 아니라 그

---

27) 최준선(어), 383면 ; 손주찬(하), 322면 ; 정동윤(어), 545면.
28) 정찬형(어), 568면.
29) 손주찬(하), 322면.

이외의 기재인 금액란 등이 변조되었는지의 여부도 선량한 관리자의 주의로써 식별하여야 할 은행이 가지는 고유의 주의의무의 일부가 면제되었다 할 수 없고 또 위 약정에 표시된 보통의 주의의무란 수표 등을 취급하는 은행원으로서 지녀야 할 통상적 주의를 뜻하는 것으로서 그 내용은 다만 육안으로 식별하는데 그칠 것이 아니고 은행이 보편적으로 간편하게 사용할 수 있는 기기 등을 이용하는 등 성실한 업무처리로 그 진위의 식별에 임하여야 할 주의의무를 뜻한다 할 것이니 이는 은행이 금융순환의 중추적 역할을 담담하고 있으므로 인하여 반드시 지녀야할 은행업무의 공신력 유지를 위하여 당연한 귀결이라 할 것이다. 그렇다면 위 약정에 있어서 보통의 주의라는 문언을 은행이 중과실 있을 경우에만 책임지고 경과실로 인하여 위조 변조사실을 식별치 못한 경우에는 은행이 책임을 지지 아니한다는 취지로 판단할 수는 없다 할 것이다.

3. 만기 전의 지급인의 조사의무

만기 전에 어음이 제시된 때에는 지급인은 당연히 지급을 거절할 수 있고 어음소지인도 어음금의 수령의무가 없다. 이는 어음소지인의 만기에 이르기까지의 유통이익을 보호하기 위한 것이다. 그러나 어음소지인과 지급인이 지급을 합의한 경우에는 지급인은 자기위험 부담으로 만기 전에 지급할 수 있다. 즉, 지급인이 만기 전에 실질적 권리자에게 지급한 경우에만 면책되는바, 그가 선의·무과실로 무권리자에게 지급을 하더라도 선의면책 되지 않으므로, 만기 전의 지급인은 소지인의 실질적 자격을 조사할 의무가 있다.

제7장 어음의 소구(상환청구)

제1절 의 의

어음의 소구(recourse) 또는 상환청구라 함은 만기에 어음금 지급이 거절된 때 또는 만기 전이라도 인수가 거절되는 등 지급가능성이 현저하게 감소하였을 때, 어음소지인이 자신의 전자인 배서인, 발행인에 대하여 본래의 지급에 갈음하여 어음금과 기타 비용을 청구하는 것을 말한다. 어음법은 어음의 주채무자가 아닌 환어음 발행인, 배서인 등에게 어음금의 지급을 담보할 의무를 부과하는데(어 9조 1항, 15조 1항), 이러한 담보책임에 근거하여 어음행위자 등이 소구의무를 부담하고, 이를 근거로 어음소지인은 소구의무자에 대한 소구권을 갖는다. 소구권은 어음취득자의 권리를 보호함과 동시에 어음의 유통성을 강화시키는 역할을 하고, 주채무자가 어음채무를 이행하지 아니한 때 보충적으로 행사하는 2차적 권리이다.

제2절 소구의 요건

1 만기 전 소구

1. 실질적 요건(소구원인)

(1) 인수거절

어음소지인이 소정기간 내에 인수제시를 하였으나 인수의 전부 또는 일부의 거절이 있으면 만기에 지급받을 가능성이 없기 때문에 소구를 허용한다(어 43조 1호). 인수의 일부거절의 경우에는 그 부분에 대하여 소구할 수 있다. 환어음에 다른 기재사항을 변경하여 인수하였을 때에는 인수를 거절한 것으로 본다(어 26조 2항). 지급인의 소재불명, 지급인의 사망과 그 상속인을 알 수 없는 경우에도 인수거절로 본다. 예비지급인이 있는 경우에는 어음소지인은 예비지급인에게 어음을 제시하였으나 참가인수를 거절하였음을 거절증서에 의하여 증명하지 아니하면, 예비지급인을 기재한 자와 그 후자에 대하여 만기 전 소구를 하지 못한다(어 56조 2항).

수인의 지급인이 기재되어 있는 경우 그 중 한사람이라도 인수거절을 하면 소구할 수 있다는 견해[1]와 모든 지급인이 인수거절을 하여야만 소구할 수 있다는 견해[2]가 대립하는데, 수인의 지급인이 공동으로 인수를 담보한다고 볼 수 있으므로 지급인 중 어느 한사람이라도 인수거절을 하면 소구를 할 수 있다고 본다. 그리고 인수제시금지어음은 인수가 거절되더라도 소구할 수 없다.

(2) 인수인 또는 지급인의 무자력

지급인의 인수여부와 상관없이 인수인 또는 지급인의 파산, 지급정지 또는 그 재산에 대한 강제집행의 주효하지 아니한 경우에는(어 43조 2호) 인수인 및 지급인의 무자력 상태가 확인되었기 때문에 만기 전에 소구할 수 있다.

인수인 또는 지급인에 대하여 회생절차가 개시된 경우에는 파산처럼 지급제시나 거절증서작성 없이, 회생절차개시결정서를 제시하면 충분하다는 견해가 다수설[3]이지만, 이러한 경우에도 거절증서작성이 필요하다는 소수설[4]도 있다. 지급정지에는 적극적 지급불능뿐만 아니라 이를 추측케 하는 행위도 포함된다. 강제집행의 부주효가 누구에 의하여 이루어지든 상관없다. 인수제시금지 환어음은 발행인의 신용으로 유통되기 때문에 발행인이 파산하면 소구원인이 된다(어 43조 3호).

(3) 약속어음 발행인의 파산

약속어음은 인수제도가 없으므로 인수거절로 인한 만기 전의 소구는 없고, 지급거절에 의한 소구만이 인정된다(어 77조 1항 4호). 그런데 만기 전에 약속어음의 발행인이 파산하거나 지급정지 또는 발행인의 재산에 대한 강제집행이 주효하지 아니하는 등 자력에 불확실한 사유가 발생하면 만기 전이라도 소구를 인정할 필요가 있기 때문에, 법률 규정이 없음에도 불구하고 만기 전 소구를 인정하는 것이 타당

---

1) 최기원(어), 517면 ; 정찬형(어), 573면.

2) 서돈각 · 정완용(하), 239면 ; 최준선(어), 388면.

3) 양명조(어), 332면 ; 정동윤(어), 555면 ; 최기원(어), 523면.

4) 이철송(어), 422면.

하다.[5)]

대법원 1992. 5. 26. 선고 92다6471 판결

어음법은 약속어음에 관하여는 지급거절로 인한 소구만을 인정하고(어음법 제77조 제1항 제4호) 만기 전의 소구에 관하여는 규정하고 있지 아니하나, 약속어음에 있어서도 만기 전에 발행인의 파산이나 지급정지 기타 그 자력을 불확실하게 하는 사유로 말미암아 만기에 지급거절이 될 것이 예상되는 경우에는 만기 전이라도 소구할 수 있다고 보아야 한다.(당원 1984. 7. 10. 선고 84다카424 · 425 판결 참조). 그런데 원고가 이 사건 약속어음을 만기 2일 전에 지급제시를 한 것이라면 특별한 사정이 없는 한 만기 전에 소구권을 행사하기 위한 것이라고 볼 수 있는 것이므로, 원심으로서는 원고의 이 사건 약속어음의 지급을 위한 제시가 지급기일에 된 것이 아니라는 이유만으로 막바로 배척할 것이 아니라, 이것이 만기 전의 소구로서의 요건을 충족한 것인지 여부를 심리하여야 할 것이다.

2. 형식적 요건

(1) 거절증서의 작성

1) 환어음 지급인이 인수의 전부 또는 일부의 거절을 한 때에는, 거절증서 작성이 면제된 경우(어 46조)를 제외하고는 어음소지인은 인수거절증서로 인수가 거절된 사실을 증명하여야 한다(어 44조 1항). 인수거절증서는 인수를 위한 제시기간 내, 즉 발행일부터 만기 전일 거래시간 내에 작성시켜야 한다(어 44조 2항). 다만 인수제시기간의 말일에 제시하였는데 지급인이 그 다음날에 두 번째 제시를 할 것을 청구한 경우에는(어 24조 1항), 그 다음날에도 작성시킬 수 있다(어 44조 2항 후단). 어음소지인이 만기까지 인수제시를 하지 않았거나, 인수제시를 하였으나 인수가 거절된 경우에 인수거절증서를 작성하지 않았더라도 어음소지인은 만기에 지급제시를 한 후 지급거절증서를 작성하여 소구를 할 수 있다.

2) 지급인의 인수여부와 상관없이 지급인이 지급정지를 한 경우 또는 그 재

---

5) 최준선(어), 389면 ; 이철송(어), 421면 ; 대법원 1993. 12. 28. 93다35254 ; 대법원 2003. 3. 14. 2002다62555.

산에 대한 강제집행이 주효하지 아니한 경우 소지인은 지급인에 대하여 지급을 받기 위한 지급제시를 하고 거절증서를 작성시킨 후가 아니면 소구권을 행사할 수 없다(어 44조 5항).

3) 거절증서의 작성이 소구의 절대적 요건은 아니므로 소구의무자가 거절증서의 작성비용의 부담을 면하고 지급거절 및 인수거절이 외부에 알려지는 것을 피하기 위하여 거절증서작성을 면제할 수 있다. 발행인이 거절증서작성을 면제하면 모든 소구의무자에게 효력이 있으나, 배서인·보증인이 한 면제는 그 자에게만 효력이 있다(어 46조 3항 1문). 만일 발행인이 거절증서작성의 면제문구를 적었음에도 소지인이 거절증서를 작성시켰으면 그 비용은 소지인이 부담하고, 배서인·보증인이 이 문구를 적은 경우에 거절증서를 작성시켰으면 모든 어음채무자에게 그 비용을 상환하게 할 수 있다(어 46조 3항 2문).

거절증서작성이 면제되더라도 소지인의 법정기간 내에 어음의 제시 및 통지의무는 면제되지 않는다. 다만 법정기간 내에 지급제시가 있는 것으로 추정되므로 법정기간을 준수하지 아니하였음은 소지인에 대하여 이를 원용하는 자가 증명하여야 한다(어 46조 2항).

(2) 파산결정서의 제시

지급인의 인수여부와 상관없이 지급인이 파산선고를 받은 경우 또는 인수를 위한 제시를 금지한 어음의 발행인이 파산선고를 받은 경우에 소지인이 상환청구를 행사할 때에는 파산결정서를 제시하면 된다(어 44조 6항).

(3) 불가항력과 기간 연장

피할 수 없는 장애(국가법령에 의해 금제 그 밖의 불가항력을 포함)로 인하여 어음소지인이 법정기간 내에 환어음을 제시하거나 거절증서를 작성하기 어려운 경우에는 그 기간을 연장한다(어 54조 1항). 불가항력이라 함은 일반적으로 기대되는 최선의 주의를 하더라도 피할 수 없는 것으로서, 지진·전쟁·홍수 등은 물론이고 국내법의 법령에 의한 금제(禁制)도 포함한다. 그러나 소지인이나 소지인으로부터 어음의 제시 또는 거절증서 작성을 위임받은 자의 단순한 인적 사유는 불가항력으로 보지 아니한다(어 54조 6항).

소지인은 불가항력이 발생하면 자기의 배서인에게 지체없이 그 사실을 통지하고 어음 또는 보충지에 통지를 하였다는 내용을 적고, 일자를 부기한 후 기명날인하거나 서명하여야 한다(어 54조 2항). 불가항력이 사라지면 소지인은 지체없이 인수 또는 지급을 위하여 어음을 제시하고 필요한 경우에는 거절증서를 작성시켜야 한다(어 54조 3항). 불가항력이 만기로부터 30일이 지나도 계속되는 경우에는 어음의 제시 또는 거절증서의 작성 없이 상환청구권을 행사할 수 있다(어 54조 4항). 일람출급 또는 일람 후 정기출급의 환어음의 경우 어음법 제54조 제4항에 따른 30일의 기간은 제시기간이 지나기 전이라도 소지인이 배서인에게 불가항력이 발생하였다고 통지한 날부터 진행한다. 일람 후 정기출급의 환어음의 경우 어음법 제54조 제4항에 따른 30일의 기간에는 어음에 적은 일람 후의 기간을 가산한다(어 54조 5항).

2 만기 후 소구

1. 실질적 요건

(1) 지급제시

완성된 어음을 적법기간 내에 지급제시를 하였으나 지급인이 어음금의 전부 또는 일부를 지급하지 않았어야 한다. 이때 법정기재사항의 일부라도 기재되지 않은 어음의 제시는 적법한 지급제시가 아니다. 또 지급제시기간 내에 지급제시를 하여야 하므로, 지급제시기간을 경과한 후의 지급제시는 소구권을 상실한다. 그리고 지급거절증서작성이 면제된 경우에도 지급제시를 하여야 한다(어 46조 2항). 거절증서작성이 면제된 경우에는 소지인이 적법하게 지급제시한 것으로 추정한다. 그러나 인수거절증서가 작성된 경우 또는 불가항력이 만기로부터 30일이 넘어 계속된 경우에는 지급제시가 면제된다. 그렇지만 지급인이 미리 지급거절의 의사표시를 한 경우에도 지급제시를 하여야 한다.

(2) 지급거절

지급의 거절은 적극적으로 지급을 거절한 경우뿐만 아니라 소극적으로 지급이 거절된 경우로써 지급인의 부재 또는 소재불명, 상속인의 불명 등도 포함된다.

2. 형식적 요건(지급거절증서작성)

어음소지인은 지급제시기간 내에 지급의무가 있는 모든 자에게 지급제시를 하고, 지급거절되었음을 지급거절증서에 의하여 증명하여야 한다(어 44조 1항). 다만 인수거절증서가 작성된 경우(어 44조 4항), 지급거절증서작성이 면제된 경우(어 46조) 그리고 불가항력으로 30일 이상 거절증서작성을 할 수 없는 경우(어 54조 4항 · 5항)에는 지급거절증서를 작성하지 않아도 된다.

지급거절증서작성기간은 확정일출급어음, 발행일자후정기출급어음, 일람후 정기출급어음은 '지급을 할 날에 이은 제2거래일 내'이고, 일람출급어음은 어음법 제34조 소정의 지급제시기간 내이다. 수표도 지급제시를 하고 지급거절이 되어야 소구권을 행사할 수 있다. 수표의 지급거절의 증명방법은 지급거절선언 외에도 지급인의 선언, 어음교환소의 선언이 포함된다(수 39조 2호 · 3호).

〈소구요건〉

<table>
<tr><td rowspan="2">어음</td><td>만기 전의 소구
① 실질적 요건 : 인수의 전부 또는 일부의 거절(어 43조 1호), 인수인 또는 지급인의 파산, 그 지급정지의 경우 또는 그 재산에 대한 강제집행이 주효하지 않은 경우(어 43조 2호), 인수제시금지어음의 발행인의 파산의 경우(어 43조 3호)
② 형식적 요건 : 거절증서의 작성(어 21조, 어 44조 5항), 파산결정서의 제출, 불가항력과 기간의 연장(어 54조)</td></tr>
<tr><td>만기 후의 소구
① 실질적 요건 : 지급의 기절(이 43조), 지급제시하여야 함(어 46조 2항)
② 형식적 요건 : 지급제시, 지급거절증서의 작성</td></tr>
<tr><td rowspan="2">수표</td><td>실질적 요건 : 지급제시기간 내에 수표소지인이 적법하게 지급제시 하였으나 지급은행이 지급하지 않았어야 한다(수 39조).</td></tr>
<tr><td>형식적 요건 : 지급이 없었던 뜻을 증명(수 39조), 거절증서작성기간은 제시기간 내에 하여야 함(수 40조)</td></tr>
</table>

제3절 소구의 절차

1. 소구권자

소구권자는 어음의 최후의 정당한 소지인(어 43조)과 소구의무를 이행하고 어음을 환수한 자(어 49조), 보증인(어 32조 3항), 참가지급인(어 63조 1항), 어음채무를 변제한 무권대리인(어 8조) 등이다.

2. 소구의무자

환어음의 경우에는 환어음의 발행인, 배서인, 이들의 보증인이 소구의무자이고, 약속어음의 경우에는 배서인과 그 보증인이 소구의무자이다. 환어음의 인수인과 약속어음의 발행인은 주채무자이기 때문에 소구의무자가 아니며, 무담보배서인, 추심위임배서인, 기한후배서인 등은 담보책임이 없으므로 소구의무자가 아니다. 배서금지배서인은 그의 직접 피배서인에게만 소구의무를 부담한다. 그리고 각 소구의무자는 배서의 순서와 상관없이 합동하여 소구권자인 후자에 대하여 담보책임을 부담한다(어 47조 1항).

3. 소구의 통지

(1) 통지의 의의

소구권을 행사하려면 어음소지인은 배서인과 발행인에게 미리 통지를 하여야 한다(어 45조). 소구통지는 소구의무자에게 소구원인의 발생을 미리 알려주어 소구를 준비하게 하고, 신속하게 상환함으로써 상환금액의 증가를 방지하는 역할을 한다. 인수거절과 지급거절의 모든 경우에 소구통지를 하여야 한다. 지급인의 지급정지나 지급인에 대한 강제집행의 부주효의 경우에도 지급제시를 하고 거절증서작성를 작성하여 소구통지를 하여야 한다.

채무자의 회생절차가 개시된 경우에는 공고를 하기 때문에 통지할 필요가 없다는 것이 다수설[6]의 견해이지만, 이 경우에도 예고할 필요성이 있으므로 통지가 필

6) 최준선(어), 395-396면 ; 정찬형(어), 588면; 정동윤(어), 559면.

요하다는 견해가 있다.[7] 거절증서작성이 면제되더라도 통지면제의 특약이 없는 한, 통지의무가 면제되지 않는다(어 46조 2항).

(2) 통지의 당사자

소구통지의무자는 어음의 최후소지인 및 후자로부터 소구통지를 받은 배서인이다. 어음소지인은 발행인과 자기의 직접 배서인 및 이들의 보증인에게 통지하여야 하고, 후자로부터 통지를 받은 각 배서인은 자기의 직전 배서인에게 통지하여 차례로 발행인에게 미치게 하여야 한다(순차통지주의). 다만 배서인이 처소를 적지 아니하거나 그 기재가 분명하지 아니한 경우에는 그 배서인의 직전의 자에게 통지하면 된다(어 45조 3항).

무담보배서인이 있는 경우에는 그에게 통지할 필요가 없으므로, 그의 직전의 자에게 통지하여야 한다. 자기의 처소를 적지 아니한 배서인 또는 무담보배서인이 통지를 받은 경우에는 자기의 전자에게 통지할 의무를 부담한다.[8] 통지의 상대방은 소구의무자이므로, 발행인 · 배서인 및 이들의 보증인이다(어 45조 1항 · 2항).

(3) 통지의 기간과 방법

어음소지인은 지급거절증서작성일 이후의 제4거래일 내에, 무비용상환문구가 적혀있는 경우(거절증서작성면제)에는 어음제시일 이후의 제4거래일 내에, 자기의 배서인과 발행인에게 인수거절 또는 지급거절이 있었음을 통지하여야 하고, 각 배서인은 그 통지를 받은 날 이후 2거래일 내에 전 통지자 전원의 명칭과 처소를 표시하고 자기가 받은 통지를 자기의 배서인에게 통지하여 차례로 발행인에게 미치게 하여야 한다(어 45조 1항). 다만 기간 중 휴일은 산입하지 아니한다.

통지가 적법한 기간 내에 행하여졌다는 사실은 통지의무자가 입증해야 하지만, 이 기간 내에 통지서면을 우편(내용증명우편)으로 부친 때에는 그 기간을 준수한 것으로 본다(어 45조 5항). 통지방법은 제한이 없으므로 어음을 단순히 반환하는 것으로도 통지할 수 있다(어 45조 4항). 통지의 내용에는 인수 또는 지급거절의 존재사실이 포함되어야 한다. 이 통지는 발신주의를 취한 것으로 보는 것이 타당하다.

---

7) 이철송(어), 423면.

8) 정찬형(어), 589면 ; 최준선(어), 396면.

(4) 통지의무해태의 효과

어음소지인이 적법한 기간 내에 통지를 하지 아니한 자도 소구권을 잃지 아니한다(어 45조 6항 본문). 즉 통지는 소구의무자에 대하여 소구에 응할 준비를 촉구하는 것에 불과하므로 소구권발생요건이 아니다. 그러나 통지를 하지 아니한 과실로 손해가 생긴 경우에는 어음금액 한도 내에서 배상할 책임을 진다(어 45조 6항 단서). 직접 배서인뿐만 아니라 그 이전의 배서인도 손해가 발생하면 의무해태자에게 손해배상을 청구할 수 있다. 통지가 지연됨으로써 손해가 발생한 경우에도 배상책임을 부담한다. 통지를 잘못한 경우에는 수정통지를 함으로써 손해의 확대를 방지할 수 있다.

4. 소구금액

만기 후에 소구하는 경우 소구금액은 인수 또는 지급되지 아니한 금액과 이자의 기재가 있으면 그 이자, 연 6분의 이율에 의한 만기 이후의 이자, 거절증서작성비용, 통지비용 및 그 밖의 비용의 합계액이다(어 48조 1항). 만기 전에 소구하는 경우에는 만기의 상환금액에서 만기에 이르기까지의 중간이자를 할인한 금액이 소구금액이다. 할인이율은 어음소지인의 주소지에서 소구를 하는 날의 공정할인율(은행률)에 의하여 계산한다(어 48조 2항).

5. 소구의 방법

(1) 소구권

소구의무자는 자진하여 상환할 수 있는 권리(상환권)가 있으므로 소구의무자의 권리행사를 소구권자가 거절할 수 없다. 그러므로 어음소지인 또는 상환하여 어음을 환수한 자는 자기의 전자가 소구권을 행사하면 응해야 하며, 불응하면 수령지체가 된다. 그러나 소구의무자가 일부만을 상환하는 경우에는 응할 의무가 없다.[9] 수인의 소구의무자가 상환권을 행사하는 경우에는 가장 다수의 소구의무자의 의무를 면하게 할 수 있는 자(예컨대 발행인)의 상환을 받아야 한다(어 63조 3항 유추적용).

---

9) 강위두 · 임재호(하), 463면 ; 최준선(어), 398면.

(2) 소구의 순서

어음의 발행 · 인수 · 배서 · 보증을 한 자는 소지인에 대하여 합동책임을 부담하므로 어음소지인은 그들의 어음행위의 순서에 상관없이, 전원 또는 일부의 채무자에게 어음금을 청구할 수 있다. 소구의무자가 수인인 경우에 소구권자는 그들 중 누구에게나 선택적 또는 중첩적으로 소구할 수 있다. 특정 소구의무자에게 소구를 하였더라도 다른 소구의무자에게 소구할 수 있고, 이미 청구를 받은 자의 후자에 대하여도 소구할 수 있다.[10)]

(3) 소구의 방법

소구의무자는 소구금액을 지급하거나 대물변제나 상계 또는 역어음의 발행으로 상환할 수 있다. 소구의무자가 상환을 할 때에는 어음, 거절증서 및 계산서의 교부를 청구할 수 있다(어 50조 1항). 그리고 소구의무를 이행하여 어음을 환수한 자는 자기의 배서와 후자의 배서를 말소할 수 있다(어 50조 2항). 일부인수 후에 상환청구권을 행사하는 경우에 인수되지 아니한 어음금액을 지급하는 자는 이를 지급한 사실을 어음에 적을 것과 영수증을 교부할 것을 청구할 수 있다. 소지인은 그 후의 상환청구를 할 수 있게 하기 위하여 어음의 증명등본과 거절증서를 교부하여야 한다(어 51조).

(4) 역어음에 의한 소구

역(逆)어음이란 소구권자가 본래의 어음으로 소구를 하는 대신 소구금액 상당액을 어음금액으로 하고, 소구의무자를 지급인으로 기재하여 발행한 일람출급 환어음이다. 소구권자와 소구의무자가 다른 나라에 있는 경우에 통상의 소구절차에 의하여 소구를 하면 시간이 지연될 뿐 아니라 환시세 변동으로 소구권자가 불이익을 입을 소지가 있으므로 이를 방지하기 위하여 소구권자가 역어음을 발행하여 자기 거래은행에서 할인받는 방식으로 상환과 같은 효과를 거둘 수 있다.

역어음을 발행하기 위한 요건으로 첫째 역어음의 발행이 금지되지 않아야 하고, 둘째 소구의무자를 지급인으로 하여야 하고, 셋째 소구의무자의 주소를 지급지로 하여야 하며, 넷째 일람출급방식이어야 하고, 다섯째 어음금액에는 소구금액 외에 그 역어음의 중개료와 인지세를 포함하여야 하며(어 52조 1항 · 2항), 여섯째 소지인

10) 양명조(어), 350-251면 ; 최기원(어), 555면.

이 역어음을 발행하는 경우에 그 어음금액은 거절된 본어음의 지급지에서 그 전자의 주소지에 대하여 발행하는 일람출급어음의 환시세에 의하여 정하여야 한다. 그리고 배서인이 역어음을 발행하는 경우에는 그 어음금액은 역어음의 발행인이 그 주소지에서 전자의 주소지에 대하여 발행하는 일람출급어음의 환시세에 따라 정한다(어 52조 3항).

제4절 재소구

1 의 의

재소구는 상환을 한 소구의무자가 다시 자기의 전자에게 소구를 하는 것이다. 소구의무를 이행하고 어음을 환수한 자는 자기의 후자에 대하여는 소구의무가 소멸되지만, 자기의 전자에 대하여는 어음소지인으로서 소구권을 행사할 수 있다(어 47조 3항).

2 법적 성질

소구의무자가 증권의 교부와 상관없이 소구금액의 전액을 어음소지인에게 지급함으로써 인수인에 대한 지급청구권과 전자에 대한 소구권 및 어음의 소유권을 취득한다. 그런데 이러한 권리취득의 성질에 대하여 견해가 대립한다.

1. 권리회복설

소구의무를 이행한 자는 종전의 법적 지위를 회복하여 이전의 어음상 권리를 행사할 수 있다고 보는 권리회복설에 의하면 어음을 양도할 때 어음환수를 해제조건으로 소지인의 권리가 이전하므로 소구의무를 이행함으로써 해제조건이 성취되고 권리를 회복한다고 한다. 이 설에 의하면 재소구권자는 자기의 전자로부터 원래의 인적항변사유로 당연히 대항을 받게 되지만, 후자의 인적항변사유는 이전되지 않

으므로 그의 선·악을 불문하고 대항받지 않는다고 한다.[11)]

2. 권리재취득설

소구의무자가 소구의무를 이행하고 어음을 환수하면 법률의 규정에 의하여 어음상의 권리를 재취득한다고 본다. 이 견해에 의하면 배서에 의하여 어음상 권리가 확정적으로 피배서인에게 이전하고, 배서인이 어음을 환수하면 어음채권의 양수에 의하여 어음상 권리를 재취득하므로 인적항변이 절단되어 재소구권자는 자기의 전자로부터 원래의 인적항변사유로써 대항을 받지 않고, 후자의 인적항변사유는 그가 악의이면 대항을 받는다고 해석한다.

하지만 이 설을 취하면서도 권리회복설과 같이 해석하는 견해가 있다. 즉, 인적항변의 속인성 때문에 자기의 전자와 관계에서는 인적항변사유로써 대항을 받고, 후자와 관계에서는 어음을 환수하는 것이 소구의무의 이행에 의한 강제적 취득이므로 후자의 인적항변사유는 승계되지 않는다고 한다.

생각건대 양도인이 배서양도 할 때 장래 어음환수를 기대하고 양도한다고 보기 어렵고, 어음상 권리를 확정적으로 이전한다는 의사로써 양도한다고 해석하는 것이 어음거래 실정에 부합하므로 권리재취득설이 타당하다. 권리재취득설을 취하는 경우에도 재소구권자는 자기의 전자로부터 원래의 인적항변사유로 대항을 받는다고 보는 절충적 견해가 타당하다.[12)]

3 재소구의 요건

소구의무자가 재소구를 하기 위해서는 소구의무를 이행하고 어음을 환수해야 하며, 소구한 어음과 거절증서 그리고 계산서를 재소구의무자에게 교부하여야 한다.

1. 실질적 요건

소구의무자가 재소구권을 행사하기 위해서는 먼저 소구권자에게 소구의무를 이행해야 한다. 따라서 무담보배서인이나 소멸시효 완성으로 소구의무가 없는 자 등

11) 최준선(어), 399-400면; 정찬형(어), 598-599면.
12) 이철송(어), 432-433면 ; 정찬형(어), 598-599면 ; 정동윤(어), 567-569면.

은 어음금을 지급하고 어음을 환수하더라도 재소구권이 없다. 이들은 어음법상 의미의 '전자'가 아닐 뿐만 아니라 어음채무자도 아니어서, 이들의 어음환수는 임의적 어음취득이므로 재소구권을 부여할 이유가 없다. 이들은 민법상 채권양도나 역배서의 의하여 어음상 권리를 취득할 수 있을 뿐이고, 어음을 교부하면 채권양도가 있는 것으로 볼 수 있다. 이 경우 어음채무자는 지명채권을 양도한 전 소지인에 대한 항변으로 현재 소지인에게 대항할 수 있음은 채권양도의 법리상 당연하다.[13)]

2. 형식적 요건

소구의무자는 유효한 어음, 거절증서 및 영수를 증명하는 기재를 한 계산서를 소구권자로부터 교부받아 소지하고, 이 서류들을 자기의 전자에게 교부하여야만 재소구권을 행사할 수 있다. 따라서 소구요건이 갖추지 못하여 소구에 응할 의무가 없음에도 불구하고 어음금을 지급한 소구의무자는 재소구권이 없다. 그러나 약속어음의 발행인(A)이 수취인(B)에게 어음을 발행 · 교부하고, B가 거절증서작성의무를 면제하여 C에게 배서양도하고, 다시 C가 D에게 배서 양도한 사례에서, 어음소지인(D)이 발행인(A)에게 적법기간 내에 지급제시를 하였으나 거절을 당하고 자기의 전자 C에게 소구를 하였을 때, C는 거절증서작성의무를 면제하지 아니하였기 때문에, 거절증서를 작성하지 않고 소구권을 행사한 D의 소구에 응할 의무가 없음에도 불구하고 어음금을 지급하고 어음을 환수한 경우, C는 거절증서작성의무를 면제한 자기의 전자(B)에 대하여 재소구권을 취득한다.

이때 어음을 환수한 C는, D가 B에 대하여 가지고 있는 소구권을 D로부터 양수한 것으로 볼 수도 있고, 또 D가 B에게 직접 소구권을 행사할 경우 B가 거절증서작성을 면제하였기 때문에, 거절증서작성 없이 B에게 소구권을 행사할 수 있으므로 C는 B에 대하여 재소구권을 취득한다.[14)]

대법원 1990. 10. 26. 선고 90다카9435 판결

원심판결 이유에 의하면, 원심은 약속어음의 배서인은 적법하게 자신의 소구의무를 이행하고 소지인으로부터 어음을 환수한 경우에 전 배서인에 대하여 재소구할 수 있는 것이므로 소구의무를 부담하지 않는데도 소지인의 상환요구에 응하여

13) 최준선(어), 401면.
14) 최준선(어), 403면.

어음금을 지급하고 어음을 취득한 경우에는 전 배서인에 대하여 재소구 할 수 없다 할 것인바, 과연 원고가 자신의 소구의무를 이행하고 위 약속어음을 환수하였는가 하는 점에 관하여 보건대, 성립에 다툼이 없는 갑제1호증의 1,2(약속어음표면 및 이면)의 각 기재에 의하면, 위 이종재는 1987. 6. 22. 위 서인수에게 액면 돈 9,800,000원, 지급기일 1987. 10. 10. 발행지 및 지급지 서울, 지급장소 주식회사 제일은행 신림동지점으로 된 약속어음 1장을 발행하고, 서인수는 같은 달 23. 위 이종대에게, 이종대는 같은 달 24. 피고에게, 피고는 같은 달 25. 원고에게 각 지급거절증서작성을 면제하여 이를 배서양도하였는데, 원고는 같은 달 25. 위 소외 회사에게 지급거절증서작성을 면제하지 아니한 채 이를 배서양도한 사실을 인정할 수 있고 반증이 없으므로 원고는 위 어음의 최후소지인인 소외 회사가 지급기일에 위 어음을 지급제시하였다가 지급거절당하고 지급거절증서를 작성하여 그 지급거절당한 사실을 증명한 경우에만 소외 회사에 대하여 소구의무를 부담한다 할 것인데, 소외 회사가 위 어음을 지급제시하였다가 지급거절 당하자 그 지급거절증서를 작성하였음에 관하여 원고의 아무런 주장, 입증이 없는 바이니, 결국 원고는 소외 회사에게 어음금을 지급하고 위 어음을 취득하였다고 하더라도 전배서인인 피고에 대하여 재소구할 수 없다고 판시하여 제1심판결을 취소하고 원고의 청구를 기각하였다.

그러나 원심인정과 같이 피고가 원고에게 지급거절증서 작성의무를 면제하고 배서 양도한 것이라면 피고로서는 어음소지인의 소구에 대하여 거절증서작성이 없다는 이유로 청구를 거절할 수 없을 것이며 위 원심인정의 사실관계에서 원고가 어음의 최후 소지인 삼성물산(주)에 대하여 거절증서 작성유무를 확인하지 아니하고 그 소구청구에 응하였다고 하더라도 거절증서 작성의무를 면제하고 배서한 피고로서는 그 점을 탓할 수 없을 것이다. 만일 그 어음의 최종소지인인 소외 삼성물산(주)이 거절증서를 작성함이 없이 직접 피고에게 소구하여 올 경우 피고는 거절증서 작성의무를 면제한 배서인이므로 거절증서작성이 없다는 이유로 그 소구를 거절할 수 없다고 보아야 할 것이고 어음의 배서인은 어음소지인의 소구에 응하였거나 기타의 사유로 어음을 회수한 경우에 자기의 배서를 말소할 수 있고 그렇게 되면 그 배서는 배서의 연속에 관한한 없는 것으로 보게 되어 있으므로 삼성물산(주)이 적기에 거절증서를 작성하지 아니하였다 하여 피고의 원고에 대한 소구의무에 어떠한 영향이 미친다고 할 수 없다.

4 재소구의 절차

재소구권자는 소구의무를 이행하여 어음을 환수한 배서인(어 47조 3항) 또는 그의 보증인(어 32조 3항)이다. 재소구의무자는 소구의무를 이행한 배서인의 전자인 환어음의 발행인·배서인 및 이들의 보증인이다. 재소구금액은 자기가 상환한 총금액(어 48조)과 그 금액에 대한 연 6퍼센트의 이율로 계산한 지급한 날 이후의 이자와 자기가 지출한 비용의 합계액이다(어 49조). 재소구의 방법은 소구의 방법과 동일하다.

제5절 거절증서

1 의의와 성질

거절증서(protest)는 어음상의 권리의 행사 또는 보전에 필요한 행위를 하였다는 것과 그 결과를 증명하는 공정증서이다. 거절사실을 법에 규정된 거절증서작성에 의하여 입증함으로써 소구권행사를 신속하게 할 수 있고, 어음채무자도 그 입증을 신뢰하고 지급을 할 수 있다. 수표는 지급거절자(은행)의 부도증명 또는 어음교환소의 증명도 거절증서와 동일한 효력이 인정된다(수 39조). 우리 어음법은 통일조약에 의하여 거절증서의 작성을 권리보전의 요건으로 규정하고 있고, 그 작성에 관한 사항은 거절증서령(1970. 4. 15. 대통령령 제4919호)에 규정하고 있다.

거절증서의 성질은 첫째로 어음상 권리의 행사 또는 보전에 필요한 행위를 하였으나 그 결과를 얻지 못했다는 사실을 증명하는 증명증서이다. 이 증서는 공증인이나 집행관이 작성하므로 진정한 공문서로 추정된다(민소 327조). 둘째로 법이 요구하는 일정한 사항을 기재하여야 하는 요식증서이다. 하지만 거절증서의 요식성은 엄격하지 않으므로 본질적인 사항이 아닌 사항은 기재되지 않더라도 상관이 없다. 따라서 일정한 사항에 대하여 명시적인 기재가 없더라도 다른 기재로부터 알 수 있으면 거절증서는 유효하고, 또 어음상 기재에 의하여 보충할 수 있다. 셋째로 거절증서는 어음과는 다른 독립한 증서로서 어음을 보충하는 증서가 아니다.[15)]

15) 최준선(어), 418면.

2 거절증서의 작성

1. 거절증서의 종류

(1) 인수거절증서(어 44조 1항·2항, 51조, 54조 3항)

(2) 지급거절증서(어 44조 1항·3항, 54조 3항)

(3) 인수제시일자 또는 인수일자의 기재거절증서(어 25조 2항)

일자기재거절증서는 증서에 기재된 일자에 의해서 인수제시기간의 준수를 증명하여 소구권을 보전하기 위한 경우에 작성된다. 일자의 기재가 인수요건은 아니지만, 일람후정기출급어음 또는 기간을 정해 인수제시명령을 기재한 어음은 제시기간 내에 인수제시를 하였다는 사실이 소구요건이므로(어 53조) 일자의 기재가 필요하고 인수인이 일자를 기재하지 않은 경우에는 거절증서를 작성하여 제시기간의 준수를 증명하여야 한다.

그리고 일자기재거절증서는 일람후정기출급어음의 만기를 결정하는 기준으로서 필요하다. 즉 일람후정기출급어음의 만기는 인수한 날짜 또는 거절증서의 날짜에 따라 정한다(어 35조). 인수일이 적혀있지 아니하고 거절증서도 작성되지 아니한 경우에는 인수인에 대한 관계에서는 인수제시기간의 말일에 인수한 것으로 본다(어 35조 2항). 이 경우에는 이미 소구권은 상실하게 되므로 소구의무자와 관계에서 만기를 고려할 필요가 없다.[16]

(4) 제2제시청구거절증서(어 24조 1항)

인수청구에 대하여 지급인이 제2의 제시를 청구하였다는 것을 기재한 것이다.

(5) 참가인수거절증서

예비지급인을 기재한 자 및 그 후자에 대하여 만기 전에 소구를 하는 경우에 작성되어야 하는 거절증서이다(어 56조 2항).

---

16) 최기원(어), 525-526면.

(6) 참가지급거절증서(어 60조 1항·2항)

(7) 복본반환거절증서(어 66조 2항), 원본반환거절증서(어 68조 2항)

2. 작성기관

어음 및 수표의 거절증서는 어음소지인 또는 그 대리인의 위탁에 따라 공증인 또는 집행관(거절 2조), 공증인가합동법률사무소, 법무법인 등이 작성하며 이들 기관은 정당한 이유없이 거절증서의 작성위임을 거절하지 못한다(공증 4조, 집행 14조). 그리고 작성기관은 위탁자의 진술만으로 거절증서를 작성할 것이 아니라 거절사실을 자기의 체험으로 확인한 후에 작성하여야 한다.[17] 공증인이나 집행관에게 어음을 교부한 경우에는 어음제시를 위한 대리권을 수여한 것으로 볼 수 있다. 그리고 공증인이나 집달관은 어음을 제시하여 인수와 지급이 거절된 사실 또는 피제시자의 부재 등의 사실을 기재하여 거절증서를 작성한다.

3. 작성장소와 작성기간

거절증서는 청구를 한 장소에서 작성하여야 한다. 다만, 거절자가 승낙하였을 때에는 다른 장소에서 작성할 수 있다(거절 8조 1항). 청구를 할 장소를 알 수 없을 때에는 거절증서를 작성할 공증인 또는 집행관은 그 장소를 관공서에 조회하여야 한다. 다만, 관공서에 조회하여도 그 장소를 알 수 없을 때에는 그 관공서나 자기의 사무소에서 거절증서를 작성할 수 있다(거절 8조 2항).

거절증서의 작성기간은 원칙적으로 인수제시기간 및 지급제시기간과 같다. 기간이 경과한 후에 작성된 거절증서는 무효이지만, 기간 내에 작성이 피할 수 없는 장애(불가항력)로 인하여 방해된 때에는 그 기간만큼 연장된다(어 54조 1항).

4. 작성방법

(1) 기재하는 곳과 방법

거절증서는 어음이나 수표 또는 이에 결합한 보충지에 적어 작성한다. 거절증서

17) 최준선(어), 419면.

는 어음 또는 수표의 뒷면에 적은 사항에 계속하여 작성하고, 보충지에 작성할 경우에는 공증인이나 집행관이 그 이음매에 간인(間印)하여야 한다(거절 4조).

그러나 원본보유자가 원본의 반환을 거절하여 어음법 제68조 2항에 의하여 거절증서를 작성할 때에는 어음의 등본 또는 보충지에 작성하여야 한다(거절 6조 1항). 인수의 일부 거절로 인하여 거절증서를 작성할 때에는 공증인이나 집행관이 어음의 등본을 작성하고 그 등본 또는 보충지에 작성하여야 한다(거절 6조 2항). 따라서 거절증서는 어음 또는 수표의 뒷면에 적은 사항에 계속하여 작성하고, 보충지에 작성할 경우에는 공증인이나 집행관이 그 이음매에 간인하여야 한다(거절 6조 3항). 이는 중간여백을 이용하여 후에 부정한 기입을 하지 못하도록 하기 위한 것이다.

(2) 기재사항

거절증서에는 다음 각 호의 사항을 적고 공증인 또는 집행관이 기명날인하여야 한다.

i) 거절자 및 피거절자의 성명이나 명칭, ii) 거절자에 대하여 청구하였다는 사실 및 거절자가 그 청구에 응하지 않았거나 거절자를 면회할 수 없었다는 사실 또는 청구할 장소를 알 수 없었다는 사실, iii) 청구를 하였거나 청구를 할 수 없었던 장소 및 연월일, iv) 거절증서를 작성한 장소 및 연월일, v) 법정 장소 외의 곳에서 거절증서를 작성할 때에는 거절자가 이를 승낙한 사실(거절 3조 1항), 지급인이 어음법 제24조 제1항 전단에 따라 두 번째 제시를 할 것을 청구하였을 때에는 거절증서에 그 사실을 적어야 한다(거절 3조 2항).

(3) 거절증서의 수

거절증서를 여러 명에게 청구하거나(지급인 예비지급인, 참가인수인 등에게 청구하는 경우)나 동일인에게 여러 차례 청구하는 경우에도 1통만 작성한다(거절 7조).

(4) 거절증서의 등본

공증인 또는 집행관은 거절증서를 작성하였을 때에는 i) 환어음·약속어음 또는 수표의 구별 및 번호가 있을 때에는 그 번호, ii) 금액, iii) 발행인, 지급인 및 지급받을 자 또는 지급받을 자를 지시하는 자의 성명이나 명칭, iv) 발행 연월일 및 발행지, v) 만기 및 지급지, vi) 지급을 위하여 지정된 제3자 및 예비 지급인 또는 참가 인수인이 있을 때에는 그 성명이나 명칭을 적은 등본을 작성하여 그 사무소에 갖추어 두어야 한다(거절 9조 1항).

거절증서가 멸실된 경우에 이해관계인이 청구하면 공증인 또는 집행관은 제1항에 따라 작성한 등본에 따라 거절증서의 등본을 작성하여 이해관계인에게 교부하여야 하며, 이 등본은 원본과 같은 효력이 있다(거절 9조 2항). 등본을 작성하는 이유는 원본이 멸실되는 경우를 대비하기 위한 것이다.

3 거절증서작성의 면제

1. 의 의

거절증서작성은 소구권보전의 요건이지만 어음소지인의 입장에서 보면 매우 번거로운 절차이다. 그리고 거절증서는 소구사유의 발생을 증명하는 것으로서 주로 소구의무자의 이익을 위한 것이기 때문에 소구의무자가 그 이익을 포기하면 어음소지인은 거절증서를 작성하지 않고 소구를 할 수 있다. 이를 '거절증서작성면제' 또는 '무비용상환'이라고 한다.

거절증서작성이 면제되면 어음소지인은 어음의 제시만으로 소구권을 행사할 수 있으므로 권리를 행사하기 쉽고, 어음채무자의 입장에서는 증서작성비용을 절약할 수 있을 뿐만 아니라 지급거절사실이 외부로 알려지는 것을 저지할 수 있는 장점이 있다. 그래서 법은 거절증서의 작성면제를 허용하고 있으며(어 46조, 수 42조), 오늘날 인쇄된 어음용지는 거절증서작성면제문구가 삽입되어 있어 작성면제가 일반화되어 있다.

대법원 1959. 10. 22. 선고 4291민상870 판결

약속어음의 이서란에 지불거절 증서작성 의무면제의 기재가 부동문자로 인쇄되어 있을지라도 그 기재는 단지 예문에 불과한 것이 아니고 그 난의 이서가 성립에 다툼이 없는 이상 반증이 없는 한 전 작성의무 면제의 기재도 진정으로 성립한 것으로서 거절증서 작성의무를 면제하였다고 봄이 타당하므로 원심이 소론과 같이 판시하여 지불거절 증서작성 의무를 면제하였다고 인정한 것은 정당하며 논지는 원심이 적법하게 한 증거자료의 취사해석과 사실인정을 비난함에 불과하므로 채용할 수 없다.

2. 면제권자

거절증서의 작성을 면제할 수 있는 자는 환어음·수표의 발행인·배서인, 약속어음의 배서인 그리고 이들의 보증인 등 소구의무자이다(어 46조 1항). 참가인수인과 참가지급인도 거절증서작성을 면제할 수 있다. 환어음의 인수인은 주채무자이므로 거절증서작성을 면제할 수 없다.

약속어음 발행인도 주채무자이므로 거절증서작성을 면제할 수 없다는 견해[18]와 어음법 제46조가 약속어음에 준용되고 있고(어 77조 1항 4호), 약속어음발행인도 거절증서작성비용에 대한 책임을 지며(어 78조 1항, 28조 2항), 약속어음의 발행인의 거절면제에 의하여 모든 소구의무자에 대하여 면제의 효력이 미치는 등 이점이 있으므로 작성을 면제할 수 있다는 견해[19]가 대립한다. 거절증서제도는 소구의무자의 이익을 위한 제도로서 약속어음의 발행인의 이익과는 무관하므로 약속어음 발행인은 증서작성면제를 할 수 없다고 본다.[20]

3. 면제의 방식

면제권자가 어음에 '무비용상환' 또는 '거절증서불필요' 또는 이와 같은 뜻을 가진 문구를 환어음에 적고 기명날인하거나 또는 서명함으로써 거절증서작성을 면제할 수 있다(어 46조 1항). 작성면제의 기명날인이나 서명을 발행인이나 배서인의 기명날인 또는 서명으로 갈음할 수 있는가에 관하여 거절증서작성면제의 문구가 특정 배서인의 면제로 볼 수 있을 정도로 그 배서인과 위치상 근접하면 별도의 기명날인 또는 서명이 필요하지 않는다고 보며,[21] 환어음의 발행인이 기재한 거절증서작성면제의 문구가 어음 앞면에 있으면 별도의 기명날인이나 서명은 불필요하다고 생각된다.[22]

---

18) 정찬형(어), 585면.
19) 최기원(어), 531면 ; 양명조(어), 343면.
20) 이철송(어), 426면.
21) 대법원 1962.6.14. 62다171.
22) 이철송(어), 426면 ; 최기원(어), 531면.

4. 면제의 효력

거절증서의 작성을 면제한 경우에는 어음소지인은 거절증서를 작성하지 않고 소구권을 행사할 수 있다. 그리고 소지인은 법정기간을 준수하여 지급제시를 한 것으로 추정된다(어 46조 2항). 거절증서작성문구가 기재되더라도 지급제시와 소구통지는 필요하다. 발행인이 거절증서작성면제문구를 기재한 경우에는 모든 소구의무자에게 그 효력이 미치므로, 소지인은 모든 소구의무자에 대하여 거절증서 없이 소구할 수 있고, 배서인 또는 보증인이 이 문구를 적은 경우에는 그 배서인 또는 보증인에 대하여만 효력이 있으므로 소지인이 다른 소구의무자를 상대로 소구할 때에는 거절증서를 작성하여야 한다(어 46조 3항 1문).

발행인이 거절증서면제문구를 기재하였음에도 불구하고 소지인이 거절증서를 작성시킨 때에는 그 비용은 소지인이 부담하고, 배서인이나 보증인이 거절증서작성면제의 문구를 기재하였음에도 거절증서를 작성시킨 때에는 문구를 기재한 배서인을 포함한 모든 어음채무자에게 그 비용을 상환하게 할 수 있다(어 46조 3항 2문).

제8장 어음의 참가

제1절 서 론

1 의 의

참가(intervention for honour)는 어음의 인수나 지급이 거절되어 소구권이 행사단계에 들어간 경우, 인수인이 아닌 제3자가 어음관계에 개입하여 인수나 지급을 함으로써 소구권의 행사를 저지하는 것을 말한다. 참가는 소구의무자의 상환금액이 증가하는 것을 방지하고 어음신용의 회복을 목적으로 하는 제도로서 불명예상태의 어음을 구제하므로 참가인수와 참가지급을 명예인수와 명예지급이라고도 한다.

참가인수는 만기 전의 소구를 저지하기 위하여 제3자가 참가하여 소구의무자의 소구의무를 인수하는 것이고, 참가지급은 지급제시를 받은 채무자가 지급을 거절할 때 제3자가 어음금을 지급하는 것이다. 참가지급은 기명날인이나 서명 없이 어음금을 지급하는 사실행위로서 어음행위가 아니다. 참가제도는 어음실무에서 거의 사용되지 않고 있는데, 그 이유는 예비지급인이 기재되어 있는 어음은 신용불량의 의심을 받을 여지가 크므로 그 취득을 사람들이 꺼리기 때문이다.

법이 참가지급에 관한 규정만을 약속어음에 준용하고(어 77조 1항 5호), 약속어음에 인수제도가 없으므로 참가인수가 허용되는가에 관하여 논란이 있다. 참가인수는 인수거절뿐만 아니라 만기 전의 소구를 할 수 있는 경우에도 허용되므로 약속어음에도 인정된다고 본다. 어음법이 약속어음의 경우에 만기의 지급거절에 의한 소구만을 규정하고 있을 뿐 만기 전 소구에 관한 규정을 두고 있지 않으나 약속어음에서도 발행인의 파산이나 지급정지 기타 그 자력을 불확실케 하는 사유로 말미암아 만기에 지급거절이 예상되는 경우에는 만기 전 소구가 가능하다고 해석하기 때문이다.[1] 다만 약속어음의 발행인은 소구의무자는 아니므로 피참가인의 표시가 없는 때에는 제1배서인을 위한 참가인수로 보아야 할 것이다.[2] 수표에는 참가제도가 없다.

2 참가당사자

1. 참가인

참가인은 참가인수 또는 참가지급을 하는 자로서, 미리 어음에 의하여 참가가 예정된 예비지급인과 참가가 예정되지 아니한 제3자가 참가하는 협의의 참가인이 있다.

(1) 예비지급인

예비지급인이라 함은 환어음의 발행인, 배서인, 이들의 보증인을 위하여 참가지급을 할 자로서 어음에 기재한 자를 말한다(어 55조 1항). 예비지급인의 자격에 제한이 없는바, 제3자, 지급인 또는 소구의무자와 이들의 보증인이 예비지급인이 될 수 있다. 그러나 환어음의 인수인과 약속어음의 발행인 및 이들의 보증인은 예비지급인이 될 수 없다고 보는데, 그 이유는 이들은 주채무자로서 지급을 하여야 함에도 지급을 거절하고, 다시 참가를 하는 것은 의미가 없기 때문이다.

(2) 협의의 참가인

협의의 참가에서 소구 시에 예비지급인으로 기재되어 있지 않은 자는 임의로 참가인이 될 수 있다. 협의의 참가인이 될 수 있는 자는 제3자뿐만 아니라 지급인, 발행인, 배서인과 이들의 보증인이다. 그러나 약속어음의 발행인과 환어음 인수인 및 이들의 보증인은 주채무자로서 성질상 협의의 참가인이 될 수 없다(어 55조 3항, 77조 1항 5호).

2. 피참가인

참가에 의하여 직접 소구를 면하는 이익을 받는 특정의 소구의무자를 피참가인이라고 한다. 피참가인이 될 수 있는 자는 모든 소구의무자로서, 환어음의 발행인, 배서인 및 이들의 보증인이다(어 55조 3항). 그러나 환어음의 인수인 · 지급인, 무담보배서인은 소구의무자가 아니므로 피참가인이 될 수 없으며, 이들을 위한 참가인수는 효력이 없다.

---

1) 대법원 1984. 7. 10. 84다카424 · 425.

2) 정동윤(어), 575면 ; 최준선(어), 405면.

3 참가의 통지

제3자가 참가를 할 경우에 피참가인에 대하여 2거래일 내에 참가하였음을 통지하여야 한다. 참가인이 이 기간을 지키지 않은 경우에 과실로 인하여 손해가 생기면 그 참가인은 어음금액의 한도에서 배상할 책임을 진다(어 55조 4항). 참가인수의 경우에는 피참가인이 참가인수인의 참가를 저지하고 자신이 어음채무를 이행할 기회를 주고, 참가지급의 경우에는 피참가인으로 하여금 참가인의 상환청구에 응할 준비를 하게 하려는 것이다.

제2절 참가인수

1 의 의

참가인수는 만기 전의 소구를 저지하기 위하여 어음금의 지급을 약속하는 어음행위이다. 참가인수를 할 수 있는 자는 제3자, 지급인 또는 이미 어음채무를 부담한 자 등이다. 지급인이 인수를 하지 않고 참가인수를 하면 발행인에 대하여는 책임을 지지 않고, 피참가인의 후자에 대하여만 소구의무를 부담한다.[3]

2 성 질

참가인수의 법적 성질에 대하여 인수의 일종으로 보는 견해가 있었으나, 소구의무의 인수로 보는 것이 타당하다. 참가인은 피참가인과 동일한 의무를 부담하는데(어 58조 1항), 피참가인은 소구의무자로 한정되므로 참가인수인의 의무도 소구의무이다. 따라서 참가인수인의 채무의 소멸시효기간은 피참가인의 채무의 소멸시효기간과 같다. 참가인수인은 이득상환의무자가 아니며(어 79조), 참가인수인의 파산은 만기 전 소구의 원인이 되지 않는다.

3) 정동윤(어), 576면.

3 인수와 참가인수의 비교

첫째, 참가인수인은 피참가인과 동일한 의무를 부담하고(어 58조 1항), 피참가인은 소구의무자로 한정되므로(어 55조 2항) 참가인수인의 의무는 소구의무이지만 인수인은 어음상 주채무자이다. 둘째, 참가인수인의 의무는 피참가인이 지급하지 않을 것을 조건으로 부담하지만, 인수인의 지급의무는 무조건적·확정적 의무이다. 셋째, 참가인수인은 피참가인의 후자에 대하여만 지급의무를 부담하나, 인수인은 모든 어음상의 권리자에 대하여 지급의무를 부담한다.

넷째, 참가인수인은 소구권보전절차의 흠결이 있으면 면책되지만, 인수인은 최종적 채무자이므로 보전절차흠결과 상관없이 지급의무를 진다. 다섯째, 참가인수가 있더라도 어음소지인은 이를 거절하고 피참가인의 전자에게 만기 전 소구를 할 수 있으나(어 56조 3항, 58조 2항), 인수가 있는 경우에는 원칙적으로 만기 전 소구를 할 수 없다(어 43조). 여섯째, 참가인수인이 지급을 한 때에는 피참가인과 그 채무자에 대하여 어음상 권리를 취득하지만, 인수인이 지급을 한 경우에는 어음상 권리를 취득하지 못한다.[4)]

4 참가인수의 요건

참가인수는 인수를 위한 제시를 금지하지 아니한 환어음의 소지인이 만기 전에 소구권을 행사할 수 있는 모든 경우에 할 수 있다(어 56조 1항). 참가인수를 하기 위해서는 실질적으로는 만기 전에 소구원인이 발생하여야 하고, 형식적으로는 거절증서작성이 면제되어 있는 경우를 제외하고는 그 사실이 인수거절증서에 의하여 증명되어야 한다. 소구요건이 구비된 때부터 만기까지 참가인수를 할 수 있고, 만기 후의 소구에는 참가인수가 인정되지 아니한다.

5 참가인수의 방식

참가인수를 할 때에는 환어음에 그 내용을 적고, 참가인이 기명날인하거나 서명하여야 한다. 이 경우 피참가인을 표시하여야 하며, 그 표시가 없을 때에는 발행

---

4) 최준선(어), 407면.

인을 위하여 참가인수를 한 것으로 본다(어 57조). 이는 발행인을 피참가인으로 참가하는 것이 가장 많은 어음채무자의 소구의무를 면제시켜 주기 때문이다. 참가문구는 어음 자체에 기재하는 것이 원칙이지만, 어음의 보전이나 등본에 참가문구를 기재하는 방식으로도 참가인수를 할 수 있다고 본다.[5] 그리고 예비지급인의 참가인수는 그 지정자를 위하여 한 것으로 본다. 어음금액의 일부참가에 대한 인수는 인정되지 않는다(어 59조 2항). 그러나 일부인수가 있는 경우에는 그 잔액에 대한 참가인수는 가능하다. 참가인수를 함에 있어서 제3자방을 기재할 수 없으므로, 참가인수인의 지급장소는 그의 주소이다.[6]

6 참가인수인의 선택

1. 참가인수의 승낙과 거절

어음소지인은 신용이 불확실한 제3자의 참가로 인하여 소구권을 상실할 수 있으므로 참가인수를 거절할 수 있다(어 56조 3항). 그러나 환어음의 지급지에 있는 예비지급인을 기재한 경우에는 그의 참가인수를 거절할 수 없는데 그 이유는 어음소지인이 처음부터 예비지급인이 참가를 할 것을 알면서 어음을 취득하였기 때문이다. 그러므로 어음소지인은 먼저 그에게 어음을 제시하여 참가인수를 청구하여야 하고, 그가 참가인수를 거절할 때 거절증서로 이를 증명하지 않으면 예비지급인을 기재한 자와 그 후자에 대하여 만기 전에 소구권을 행사하지 못한다(어 56조 2항). 예비지급인이 수인인 때에는 그 전원에 대하여 제시하여야 하며 제시기간은 만기일까지이다.

2. 참가인수의 경합

참가인수를 한 자가 수인인 경우에 지급지에 있는 예비지급인이 우선하고, 지급지에 있는 예비지급인이 수인인 경우에는 가장 많은 수의 어음채무자를 면하게 하는 자가 우선한다. 이러한 사정을 알고도 위 규정을 위반하여 참가인수를 한 경우에는 어음소지인은 전 순위 참가인수에 의하여 의무를 면할 수 있었던 자에 대하

5) 이철송(어), 438면 ; 정찬형(어), 718면.
6) 정동윤(어), 579면 ; 정찬형(어), 718면.

여 만기 전의 소구권을 상실한다.

예를 들면 환어음 발행인(A)이 수취인(B)에게 어음을 발행 · 교부하고, 수취인(B)은 C에게, C는 D에게, D는 E에게 배서 양도하여 E가 어음을 소지하고 있는 경우, 발행인(A)을 위하여 P가 참가인수를 하고, 배서인 D를 위하여 K가 참가인수를 한 경우에, 소지인이 발행인(A)의 참가인수인(P)의 참가인수를 승낙한 때에는 그 후의 참가인수인 K의 참가인수를 승낙하지 못한다. 그런데 소지인 E가 K의 참가인수를 승낙하였다면 P가 참가인수를 하였더라면 의무를 면할 수 있었던 자인 B와 C에 대하여 만기 전의 소구권을 상실한다.[7]

지급지 외에 있는 수인의 예비지급인과 제3자의 참가인수가 경합하는 경우에는 소지인은 그 중 누구나 선택할 수 있고, 또 이들 전원의 참가인수를 거절할 수도 있다. 왜냐하면 타지예비지급인의 기재에 대하여 특별한 효과를 법이 부여하고 있지 않기 때문이다(어 56조 2항, 60조 1항).

7 참가인수의 효력

1. 참가인수인의 의무

참가인수인은 어음소지인과 피참가인의 후자에 대하여 피참가인과 같은 의무를 부담한다(어 58조 1항). 이 의무는 지급인이 지급하지 않을 때 부담하는 2차적 의무이므로 소지인은 참가인수를 청구하기 전에 먼저 지급인에게 지급제시를 하고, 지급거절시 지급거절증서작성 등 소구권보전절차를 밟아야 한다. 이러한 절차를 밟지 아니하면 참가인수인에 대한 권리를 상실한다.

그리고 이미 인수거절증서가 작성되었더라도 이는 참가인수에 의하여 실효되기 때문에 어음법 제44조 제4항은 적용되지 않는다. 그러므로 지급지에 주소가 있는 참가인수인에 대하여는 다시 어음법 제60조 제1항 소정의 절차를 밟아야 한다. 따라서 지급지에 주소가 있는 참가인수인에 대하여는 늦어도 지급거절증서를 작성시킬 수 있는 마지막 날의 다음 날까지 그들 모두에게 어음을 제시하고 필요한 때에는 참가지급거절증서를 작성하여야 한다(어 60조 1항). 위 기간 내에 거절증서가 작성되지 아니하면 피참가인과 그 후의 배서인에 대한 권리를 상실한다(어 60조 2항).

---

7) 최준선(어), 408면.

피참가인의 의무가 실질적 이유 때문에 무효인 때에도 어음행위독립의 원칙에 의하여 참가인수인은 소구의무를 부담한다.[8)]

2. 피참가인과 그 후자의 면책

어음소지인이 참가인수를 승낙한 때에는 피참가인과 그 후자에 대하여 만기 전에 행사할 수 있는 소구권을 잃는다(어 56조 3항 2문). 즉, 참가인수로 인하여 피참가인과 그 후자는 소구의무를 면한다.

3. 피참가인과 그 전자의 상환권

참가인수가 있어도 피참가인의 전자는 소구의무를 면할 수 없고, 또 피참가인은 만기 전의 소구의무를 면하지만 후에 참가인수인이 참가지급을 한 때에는 참가인수인에게 상환을 하여야 한다. 그래서 피참가인이나 그 전자는 참가인수에도 불구하고 소지인에 대하여 소구금액의 지급과 상환으로 어음의 교부를 청구할 수 있으며, 이때 거절증서와 수령을 증명하는 계산서가 있는 경우에는 그것을 교부할 것도 청구할 수 있다(어 58조 2항).

4. 참가인수인과 피참가인과의 관계

참가인수인과 피참가인 사이에는 참가인수로 인하여 아무런 어음상 관계가 생기지 않는다. 참가인수인이 피참가인의 위임에 의하여 참가인수를 하였을 경우에는 위임의 관계를, 그렇지 않으면 사무관리의 관계를 인정할 수 있을 뿐이다. 다만 참가인수인이 참가지급을 한 때에는 피참가인 등에 대하여 어음법 제63조 제1항에 의한 어음상 권리를 취득한다.[9)]

---

8) 정동윤(어), 581면.

9) 정동윤(어), 581-582면 ; 정찬형(어), 720-721면.

제3절 참가지급

1 의 의

참가지급(payment by intervention)은 만기 또는 만기 전의 소구를 저지할 목적으로 지급인이 아닌 자가 하는 지급이다. 참가지급은 원래의 지급인이 지급을 하지 않은 경우에 2차적으로 지급하는 것으로서, 단순히 피참가인의 후자의 의무를 소멸시키는데 그치므로 원래의 지급과 다르고, 참가지급인이 기명날인이나 서명을 하지 않으므로 참가지급은 어음행위가 아니다.

2 요 건

참가지급은 소지인이 만기나 만기 전에 상환청구권을 행사할 수 있는 모든 경우에 할 수 있다(어 59조 1항). 참가지급을 하기 위해서는 만기나 만기 전에 소구원인이 발생하여야 하고, 거절증서작성면제와 파산의 경우를 제외하고는 그 사실이 거절증서에 의하여 증명되어야 한다.

3 참가지급인

참가지급인이 될 수 있는 자는 제3자, 인수를 하지 않은 지급인 또는 어음채무를 부담한 자이다. 따라서 예비지급인, 협의의 참가인수인, 환어음의 발행인·배서인 이들의 보증인이 참가지급인이 될 수 있다(어 55조 3항). 다만 환어음의 인수인과 약속어음의 발행인, 그들의 보증인은 참가지급인이 될 수 없다. 지급지에 주소가 있는 자가 참가인수를 한 경우 또는 지급지에 주소가 있는 자가 예비지급인으로 기재된 경우에는 소지인은 늦어도 지급거절증서를 작성시킬 수 있는 마지막 날의 다음 날까지 그들 모두에게 어음을 제시하고 필요한 때에는 참가지급거절증서를 작성시켜야 한다(어 60조). 위 기간 내에 거절증서가 작성되지 아니하면 예비지급인을 기재한 자 또는 피참가인과 그 후자 전원에 대하여 소구권을 상실하게 된다.

그리고 소지인은 참가인수와 달리 제3자가 참가지급을 하려고 할 때에 이를 거절하지 못한다. 거절한 때에는 그 지급으로 인하여 면할 수 있었던 자, 즉 피참가인과 그 후자에 대하여 소구권을 상실한다(어 61조).

4 참가지급의 방법

1. 시 기

참가인수인은 원칙적으로 지급거절증서를 작성시킬 수 있는 마지막 날의 다음날까지 참가지급을 하여야 한다(어 60조 1항). 그런데 어음소지인이 적법기간 내에 참가인수인에게 어음을 지급제시 하였으나 참가지급을 하지 않고, 참가인수인에 대하여 보전절차를 밟은 경우에는, 거절증서를 작성시킬 수 있는 마지막 날의 다음날이 경과하더라도 참가인수인이 지급의무를 면하는 것이 아니므로(어 60조 2항, 58조 1항), 피참가인이 지급하기 전까지는 참가인수인이 참가지급을 할 수 있다고 본다.[10]

2. 금 액

참가지급인은 피참가인이 지급할 전액을 지급하여야 하고(어 59조 2항), 피참가인이 지급할 금액의 일부만의 지급은 허용되지 않으므로 어음소지인은 일부의 참가지급을 거부할 수 있다. 어음소지인이 일부 참가지급을 수령하더라도 소구권을 행사할 수 있다. 그리고 일부 참가지급인은 어음상 권리를 취득하지 못하고 단지 면책된 자에게 민법상 청구권을 행사할 수 있다.[11]

3. 방 식

참가지급이 있었으면 어음에 피참가인을 표시하고 그 영수를 증명하는 문구를 적어야 하며, 그 표시가 없으면 발행인을 위하여 지급한 것으로 본다(어 62조 1항). 또 소지인은 환어음을 참가지급인에게 교부하여야 하며, 거절증서를 작성시킨 경우에는 그 거절증서도 교부하여야 한다(어 62조 2항).

10) 정찬형(어), 723면 ; 정동윤(어), 584면
11) 정찬형(어), 723면.

5 참가지급의 경합

참가지급이 경합하는 경우에는 가장 많은 어음채무자의 의무를 면하게 하는 자가 우선한다(어 63조 3항 1문). 따라서 발행인과 배서인을 피참가인으로 한 참가지급이 경합할 때에는 발행인을 피참가인으로 한 참가지급으로 본다. 그 이유는 발행인을 피참가인으로 하는 참가지급이 가장 많은 소구의무자를 면책시키기 때문이다. 이 원칙에 위반한 참가지급도 유효하지만 자기보다 선순위에 있는 참가지급인의 존재를 알면서 참가지급을 한 자는 선순위의 참가지급인이 참가지급을 하였더라면 의무를 면할 수 있었던 자에 대하여는 소구권을 상실한다(어 63조 3항 2문). 하지만 어음소지인은 누구로부터 참가지급을 수령하여도 상관이 없다.

6 참가지급의 효력

1. 소지인의 권리소멸

참가지급을 하면 소지인의 어음상 권리는 모든 어음채무자에 대하여 소멸한다. 또 참가지급을 하면 피참가인의 후자의 배서인은 소구의무를 면한다(면책적 효력, 어 63조 2항). 그러나 피참가인은 의무를 면하지 못하므로 참가지급인에 대하여 의무를 부담한다.

2. 참가지급인의 권리취득

참가지급인은 피참가인과 그의 어음상 채무자(피참가인의 전자 및 인수인)에 대하여 어음으로부터 생기는 권리를 취득한다(어 63조 1항 본문). 소구권 저지를 목적으로 참가지급을 하므로 참가지급인이 다시 어음에 배서하지 못한다(어 63조 1항 단서). 참가지급인이 취득하는 권리는 소지인의 권리를 승계하거나 대위하는 것이 아니며, 소지인 또는 피참가인에 대한 항변이 부착되지 않은 독립된 권리를 법률의 규정에 의하여 원시적으로 취득하는 것이다.

제9장 어음의 복본과 등본

제1절 어음의 복본

1 의 의

어음의 복본(bill in a set, Wechselduplikate)은 하나의 어음상 권리를 표창하는 여러 통의 증권으로서, 환어음과 수표에만 있는 제도이다. 각각의 복본은 완전어음으로 그 사이에 정부나 주종의 관계는 없으나, 복본이 나타내는 권리는 하나이므로 원칙적으로 1통의 배서로 각 통의 어음상 권리가 이전하고 1통의 인수에 의하여 각 통의 소구권이 소멸하며, 1통에 대한 지급으로 각 통의 효력이 상실한다. 복본이 발행되는 목적은 인수를 위하여 원격지에 환어음을 송부한 경우에 다른 복본의 환어음으로 배서양도를 함으로써 신속하게 환가를 할 수 있도록 하고, 나아가 환어음을 원격지로 송부할 때 도난되거나 분실될 위험을 대비하기 위한 것으로서, 주로 해외거래에서 의미가 있다. 약속어음에는 인수제도가 없기 때문에 복본을 작성할 필요가 없다.

2 복본의 발행

1. 발행인

복본은 각 어음의 정본이므로 발행인만이 어음발행 시 수통의 복본을 발행할 수 있으며, 소지인은 임의로 발행할 수 없는 점이 등본과 다르다(어 64조 1항). 어음이 먼저 한통이 발행된 경우에도 한통만을 발행한다는 내용을 적지 아니한 경우에는 소지인은 자기의 비용으로 복본의 교부를 청구할 수 있다(어 64조 3항 1문). 이 경우 소지인은 자기에게 직접 배서한 배서인에게 그 교부를 청구하고, 그 배서인은 다시 자기의 배서인에게 청구를 함으로써 이에 협력하여 차례로 발행인에게 그 청구가 미치게 한다(어 64조 3항 2문). 복본교부청구권은 어음법상 권리이므로 소지인이 복본의 교부를 청구할 때 원 어음을 제시할 필요가 없다. 그러나 먼저 1통이 발행된 후에는 먼저 발행된 어음에 복본번호를 붙여야 하므로 먼저 발행된 어음의 제시가 필요하다. 따라서 원 어음을 상실하면 복본교부를 청구할 수 없다.

2. 복본의 방식

복본의 각 통의 내용은 원 어음과 같아야 하고(어 64조 1항), 독립된 단일어음으로 오인되지 않도록 복본에는 그 증권의 본문 중에 번호를 붙여야 하며, 번호를 붙이지 아니한 경우에는 그 여러 통의 복본은 별개의 환어음으로 본다(어 64조 2항). 복본 내용의 동일성은 거래통념상 동일성이 인정되는 정도면 족하다.

3 복본의 효력

1. 복본일체의 효력

복본은 각통마다 어음의 효력을 갖지만 그것은 하나의 어음상 권리를 표창하므로 소지인이 수통의 복본을 소지하더라도 취득하는 권리는 하나이다. 따라서 어음의 제시나 상환청구는 한통으로 하면 되고, 또 한통에 대하여 지급이나 상환을 하면 그 효력은 다른 복본에게 미쳐 의무를 면한다(어 65조 1항 본문). 이 효력은 한통에 대하여 지급한 경우에 그 지급이 다른 복본을 무효로 한다는 뜻이 복본에 기재되어 있지 않더라도 동일하다.

2. 예외(각 복본의 독립성)

(1) 인수책임의 독립성

지급인은 복본의 한 통에 대하여만 인수를 하면 충분하지만, 실수로 수통의 복본을 인수한 경우에, 그 각 통이 별도로 유통된 경우에는 각 통에 대하여 책임을 져야 한다. 따라서 복본의 수통을 인수한 인수인이 어음금 지급시 그 수통을 반환받지 못하면, 반환받지 못한 복본에 대하여 책임을 진다(어 65조 1항 단서). 이 규정은 선의의 어음소지인을 보호하기 위한 규정이므로, 수통을 동일인이 소지하고 있거나 어음소지인이 악의인 경우에는 복본 동일체의 원칙이 적용되므로 인수인은 한통에 대하여만 인수책임이 있다. 그리고 지급인이 복본의 한통에 대하여 인수한 때에는 지급은 그 인수한 복본에 대하여 하여야 한다. 만일 인수인이 착오로 인수하지 아니한 다른 복본에 대하여 지급을 한 경우에는, 인수된 복본을 반환받지 아니한 한, 이를 제시하는 선의의 어음소지인에게 지급책임을 부담한다.

(2) 배서책임의 독립성

복본의 각 통은 원칙적으로 동일인으로부터 동일인에게 배서 양도되어야 한다. 그런데 복본소지인이 그의 귀책사유로 각 통을 다른 사람에게 배서양도한 때에는 그 배서인과 그 후의 배서인은 그가 기명날인하거나 또는 서명한 각 통의 복본으로서 반환받지 아니한 것에 대하여 책임을 진다(어 65조 2항). 여기의 반환받지 아니하였다는 의미는 배서인 자신이 반환받지 않았다는 것이 아니라 지급인이 반환받지 아니한 것을 의미한다. 이 경우 어느 한 통에 배서를 한 배서인은 다른 복본에 대하여 인수나 지급이 있더라도, 자신이 배서한 한 통에 대하여 배서인으로서 상환의무를 부담하여야 한다.

예컨대 A가 B에게 제1호와 제2호의 환어음 2통의 복본을 발행 교부하였고, B는 1호 어음을 C에게, 2호 어음을 D에게 배서 양도하였다. 그런데 1호 어음만 인수되고 C의 지급제시에 응하여 인수인이 지급을 하였다면, 발행인 A와 인수인은 모든 어음상 책임을 면하게 되므로, 2호 어음소지인 D가 후에 2호 어음으로 지급을 청구하더라도 발행인 A와 인수인은 지급할 의무가 없다. 그러나 2호 어음소지인 D가 자기에게 배서 양도한 B에게 2호 어음으로 소구를 하면, B는 배서인으로서 D에게 소구책임을 진다. 또 반환받지 못한 2호 어음에 배서를 한 배서인, 예컨대 D가 E에게, E가 F에게 순차로 배서 양도한 경우에, 2호 어음소지인 F는 D, E에게 담보책임을 물을 수 있다.

4 인수를 위한 복본의 송부

인수를 위하여 복본 한통(송부복본)을 송부한 자는 다른 각통의 복본(유통복본)에 그 송부한 복본을 보유하는 자의 명칭을 적어야 한다. 그리고 송부된 복본을 보유하는 자는 다른 복본(유통복본)의 정당한 소지인에게 그 복본을 교부할 의무가 있다(어 66조 1항). 만일 송부복본의 보유자가 복본의 교부를 거절하면, 거절당한 유통복본의 소지인은 첫째로 인수를 위하여 송부한 한 통의 복본이 소지인의 청구에도 불구하고 교부되지 아니하였다는 것, 둘째로 자기가 소지하는 유통복본으로는 인수 또는 지급을 받을 수 없었다는 것을 거절증서로 증명하지 아니하면 소구권을 행사하지 못한다(어 66조 2항). 유통복본에 송부복본의 보유자가 적혀 있지 않은 경우에는 유통복본의 보유자는 유통복본에 의하여 인수나 지급을 청구하여, 거절된 때에는 복본반환거절증서의 작성 없이 소구권보전절차(지급거절증서작성)를 밟아 곧바로 소구할 수 있다. 그리고 송부복본을 송부하는 경우에는 이를 가지고 배서 양도하지 못하도록 배서란에 사선을 그어둘 필요가 있다.[1)]

제2절 어음의 등본

1 의 의

어음의 등본(copy, Wechselabschrift)은 어음원본을 등사한 것을 말한다. 등본은 복본과 달리 그 자체로서는 어음의 효력이 없다. 등본제도는 환어음과 약속어음에 모두 인정되지만 복본은 환어음에만 인정되고, 수표는 등본과 복본이 모두 인정되지 않는다. 등본과 복본은 다음과 같이 다르다.

첫째로 복본은 발행인만이 작성할 수 있으나 등본은 모든 어음소지인이 작성할 수 있다. 둘째로 등본은 배서와 보증만을 위하여 이용될 수 있으나, 복본은 인수에도 이용된다. 셋째로 등본작성 전에 원본에 한 최후의 배서 뒤에 '이후 배서는 등본에 한 것만이 효력이 있다는 문언(차단문언)' 또는 이와 같은 뜻을 가진 문구를 적은 경우에는 원본에 한 그 후의 배서는 무효이므로, 이를 무시하고 원본에 배서를 하더라도 그 배서는 효력이 없다(어 68조 3항). 그러나 복본에는 이러한 제한이 없다. 원본이 아닌 등본에 자유롭게 배서나 보증을 할 수 있으므로 등본제도는 어음유통의 활성화에 기여하고, 어음원본은 안전하게 보관할 수 있으므로 분실 위험을 막을 수 있다.

---

1) 최준선(어), 415면.

2 등본의 발행

환어음 소지인이 그 등본을 작성할 권리가 있다(어 67조 1항). 그리고 등본에는 배서된 사항이나 그 밖에 원본에 적힌 모든 사항을 정확히 다시 적고 끝부분임을 표시하는 기재를 하여야 한다(어 67조 2항). 말미의 표시하는 문언(경계문언)은 그 증서가 등본임을 표시함과 동시에 그 이후에 배서, 보증 등 새로이 행해지는 어음행위와 구별하기 위한 것으로서 통상 '이상 등사함'으로 기재된다. 경계문구 등에 의한 등본의 표시가 없으면 부진정한 기명날인 또는 서명이 있는 독립한 어음으로서 효력이 있다.

등본에는 어음의 원본 보유자를 표시하여야 하고, 그 보유자는 등본의 정당한 소지인에 대하여 그 원본을 교부할 의무가 있다(어 68조 1항). 이는 등본으로 어음상 권리를 취득한 자가 원본을 쉽게 회수할 수 있도록 하기 위한 것이다. 그리고 등본에 원본의 보유자를 기재하지 않더라도 그 등본이 효력을 잃는 것은 아니다.[2)]

3 등본의 효력

1. 등본에 의한 배서와 보증

어음의 등본에 대하여는 원본과 같은 방법에 의하여, 같은 효력으로서 배서 또는 보증을 할 수 있다(어 67조 3항). 등본에 배서를 한 경우에 원본이 부당하게 유통되는 것을 차단하기 위하여 어음소지인이 등본작성 전에 한 최후의 배서의 뒤에 '이후의 배서는 등본에 한 것만이 효력이 있다'는 차단문구를 원본에 기재한 때에는 원본에 배서할 수 없고, 배서를 하더라도 무효이다(어 68조 3항). 이는 등본 작성후 원본의 보유자가 원본을 제3자에게 배서양도하여 선의취득이 되는 경우에 등본소지인이 선의의 3자에게 원본의 반환을 청구할 수 없기 때문에 등본소지인을 보호하기 위한 것이다.

그리고 어음법 제68조 제3항의 취지가 등본에 의하지 아니한 다른 형태의 양도를 금지하는 것으로 풀이되기 때문에 어음에 차단문구가 기재되면 배서 외의 방법으로 하는 양도방법인 단순교부에 의한 양도, 민법상 채권양도는 무효로 본다. 따

2) 정동윤(어), 594면.

라서 이후에는 원본으로 권리를 양도할 수 없고 등본에 의하여 어음상 권리를 배서양수한 자는 원본반환청구권이 있다고 본다.[3] 인수나 지급과 같은 어음상 권리의 행사는 원본을 제시하여야 하며 등본으로는 할 수 없다.

2. 등본소지인의 원본반환청구권과 소구권

등본소지인이 인수를 받기 위하여 원본을 송부한 경우에 등본에 그 원본보유자를 표시하여야 하며, 원본의 보유자는 등본의 정당한 소지인에 대하여 그 원본을 교부할 의무가 있다(어 68조 1항). 원본교부를 거절당한 소지인은 원본의 교부를 청구하였음에도 불구하고 받지 못하였음을 거절증서로 증명하지 아니하면 등본에 배서하거나 보증한 자에 대하여 상환청구권을 행사하지 못한다(어 68조 2항).

그런데 등본에 원본보유자의 기재가 없는 경우에 등본소지인이 등본에 배서 또는 보증을 한 자에게 소구권을 행사할 수 있는가 여부는, 등본소지인은 원본반환청구권이 없고 원본반환거절증서를 작성할 수도 없으므로 등본에 기명날인 또는 서명을 한 배서인이나 보증인은 소구권을 행사할 수 없다는 견해,[4] 원본반환거절증서를 작성하지 않고도 소구권을 행사할 수 있다는 견해, 등본소지인은 원본의 반환청구권을 가지고 있지만, 소구권을 행사하려면 원본반환거절증서의 작성이 필요하다는 견해[5] 등이 있다.

생각건대 등본소지인도 정당한 어음상 권리자이므로 원본반환청구권과 소구권이 있다고 본다. 하지만 실제로는 원본보유자가 불분명하므로 원본반환거절증서를 작성할 수 없으며, 그 결과 소구권도 행사할 수 없다. 따라서 등본소지인이 원본보유자를 탐지하여 거절증서를 작성하여야 소구권을 행사할 수 있을 것이다.

---

3) 정찬형(어), 731면.
4) 최준선(어), 417면.
5) 정동윤(어), 595-596면 ; 정찬형(어), 732면 ; 최기원(어), 627면.

제10장 약속어음

제1절 서 설

약속어음(promissory note)은 발행인이 주채무자로서 수취인 기타 증권의 정당한 소지인에게 일정한 금액을 지급할 것을 약속하는 금전지급약속증권이다. 그 주된 기능이 신용창조기능을 수행한다는 점에서 환어음과 유사하다. 우리 어음법제는 환어음을 중심으로 규제하고(환어음중심주의), 약속어음에 관하여는 약간의 특별규정을 두고 그 나머지 성질이 허용하는 범위 내에서는 환어음에 관한 규정을 준용하고 있다(어 77조).

제2절 환어음과 차이

1 어음당사자

어음당사자로서 약속어음은 지급약속증권으로서 발행인과 수취인이 있으나, 환어음은 지급위탁증권으로서 발행인, 수취인, 지급인의 3당사자가 있다.

2 자 금

환어음에서는 발행인과 지급인 사이에 자금관계가 있지만, 약속어음은 발행인이 주채무자이므로 자금관계가 없다.

3 인 수

약속어음은 발행인이 지급인이므로 지급약속위탁증권이다. 따라서 인수제도가 없다. 약속어음에서는 발행인이 처음부터 어음상 주채무자가 된다. 그러므로 인수거절로 인한 만기 전 소구가 문제되지 않는다. 그러나 발행인의 경제적 자력이 불확실한 경우에는 만기전 소구를 인정할 수 있다고 본다. 한편 약속어음은 인수제도가 없으므로 참가인수도 부정된다는 견해가 있으나, 참가인수는 인수거절만을 원인으로 하는 것이 아니며, 만기 전에 소구를 할 수 있는 모든 경우에 할 수 있으므로 약속어음에서도 참가인수를 인정하는 것이 타당하다. 다만 이 경우 피참가인의 표시가 없는 경우에 발행인을 위하여 참가인수한 것으로 볼 것이 아니라 제1배서인을 위하여 한 것으로 보아야 할 것이다. 그 이유는 약속어음발행인은 소구의무자가 아니기 때문이다.[1]

4 복 본

약속어음은 인수를 위하여 어음을 송부할 필요가 없으므로 환어음의 등본의 규정은 약속어음에 준용되지만(어 77조 1항 6호, 67조, 68조), 복본의 규정은 준용되지 않는다.

5 경제적 작용의 차이

양자가 신용창조기능을 수행하는 점에서는 동일하나, 경제적 기능 면에서 환어음은 국제거래에서 송금과 대금추심의 역할을 하는 반면에 약속어음은 주로 국내거래에서 매매대금지급, 어음할인, 대부어음 등으로 사용되는 점에서 그 기능이 다르다.

1) 손주찬(하), 386면.

제3절 환어음과 공통점

환어음의 준용규정

양자는 금전채권증권이고 신용의 도구인 점에서 같으며, 그 적용범위에서도 공통점이 있다. 그리하여 우리 어음법 제77조는 약속어음에 대하여 약속어음의 성질에 상반되지 아니하는 한도에서 환어음의 규정을 준용한다. 즉 배서, 만기, 지급, 지급거절로 인한 상환청구, 참가지급, 등본, 변조, 시효, 휴일, 기간의 계산과 은혜일이 인정금지에 관한 환어음의 규정을 약속어음에 준용한다(어 77조 1항). 또 제3자방에서 또는 지급인의 주소가 아닌 지에서 지급할 환어음에 관한 제4조 및 제27조, 이자 약정에 관한 제5조, 어음금액의 차이에 관한 제6조, 어음채무를 부담하게 할 수 없는 기명날인 또는 서명에 관한 제7조, 대리권한 없는 자 또는 대리권한을 초과한 자의 기명날인 또는 서명의 효과에 관한 제8조, 백지환어음에 관한 제10조를 준용한다(어 77조 2항). 그리고 약속어음에 관하여는 보증에 관한 제30조부터 제32조까지의 규정을 준용하고, 제31조 4항의 경우에 누구를 위하여 보증한 것임을 표시하지 않았으면 약속어음의 발행인을 위하여 보증한 것으로 본다(어 77조 3항).

그러나 인수, 인수거절의 경우의 소구, 복본에 관한 규정은 환어음과 약속어음의 차이 때문에 준용을 하지 않고 있다.

제4절 약속어음에 관한 특칙

1 어음요건

약속어음에는 다음 각 호의 사항을 적어야 한다. 즉 i) 증권의 본문 중에 그 증권을 작성할 때 사용하는 국어로 약속어음임을 표시하는 글자, ii) 조건 없이 일정한 금액을 지급할 것을 약속하는 뜻, iii) 만기, iv) 지급지, v) 지급받을 자 또는 지급받을 자를 지시할 자의 명칭, vi) 발행일과 발행지, vii) 발행인의 기명날인 또는 서명.

일람후정기출급의 약속어음은 제23조에 따른 기간 내에 발행인이 일람할 수 있도록 제시하여야 한다. 일람 후의 기간은 발행인이 어음에 일람하였다는 내용을 적고 날짜를 부기하여 기명날인하거나 서명한 날부터 진행한다. 발행인이 일람사실과 날짜의 기재를 거절한 경우에는 제25조에 따라 거절증서로써 이를 증명하여야 한다. 그 날짜는 일람 후의 기간의 첫날로 한다(어 78조 2항).

2 약속어음의 발행

약속어음의 발행은 어음증권을 작성하여 수취인에게 교부함으로써 성립하는 어음행위로서 발행인은 이로 인하여 어음의 정당한 소지인에 대하여 만기에 어음금액을 지급할 의무를 부담한다. 약속어음의 발행인의 의무는 환어음의 발행인과 같은 절대적 의무를 부담한다(어 78조 1항). 이러한 의무는 발행인이 지급책임을 부담하지 않는다는 문구를 기재하더라도 면제되지 않는다.

4편

수표법

제1장 총 설

제1절 수표의 의의

수표는 발행인이 지급인(은행)에 대하여 수표의 정당한 소지인에게 일정금액을 지급할 것을 위탁하는 금전지급위탁증권이다. 수표에는 환어음의 인수제도가 존재하지 않는 대신 지급인의 지급보증제도를 두고 있고 주채무자가 없는 점을 감안하여 수표의 신용을 확보하기 위하여 지급인의 자격을 공신력 있는 금융기관으로 제한하였다. 그리고 발행인과 지급인 사이에는 발행인이 지급은행에 있는 발행인의 자금을 수표에 의하여 처분할 수 있는 수표계약이 체결되어야 한다.

1 어음과 차이

수표는 현금의 지급에 갈음하는 지급증권으로서의 기능이 본질이므로 신용증권이 본질인 어음과 다르다. 수표법은 수표의 지급증권성을 강화하고 신용증권화를 방지하기 위하여 여러 제도를 마련하고 있다.

첫째로 수표는 지급기능을 충실하게 수행할 수 있도록, 제시한 때에 발행인이 처분할 수 있는 자금이 있는 은행을 지급인으로 하고, 발행인이 그 자금을 수표에 의하여 처분할 수 있는 명시 또는 묵시의 계약에 따라서만 발행할 수 있다(수 3조). 지급은행이 발행인을 대신하여 지급하는 것이므로 실질적으로는 발행인 자신이 지급하는 것과 다름이 없으며, 이때 수표의 지급인은 발행인의 출납담당자의 역할을 수행한다.[1)]

둘째로 어음은 수취인의 기재가 필수요건이므로(어 1조 6호), 소지인출급식이나 무기명식으로 발행할 수 없으나, 수표는 소지인출급식으로 발행할 수 있고(수 5조 1항 3호), 실제로는 당좌수표나 자기앞수표가 거의 소지인출급식으로 발행된다. 그

1) 최기원(어), 782면.

런데 소지인출급식수표는 교부만으로 양도되므로 도난이나 분실의 위험이 있는바, 이에 대비하여 횡선수표제도를 두고 있다.

셋째로 수표는 현금지급에 갈음하는 지급수단으로 사용되므로 만기의 기재가 허용되지 않고 언제나 일람출급식으로 발행되며, 일람출급식에 위반되는 모든 문구는 기재되지 않은 것으로 본다(수 28조 1항). 국내수표의 지급제시기간은 발행일로부터 10일이다(수 29조 1항). 지급제시기간이 경과하면 발행인과 배서인의 소구의무는 소멸하지만, 제시기간이 경과한 후에도 지급위탁의 취소가 없는 한 지급인은 지급을 할 수 있다(수 32조 2항).

셋째로 수표의 신용증권화를 방지하기 위하여 인수제도가 없으며 지급인의 배서는 무효이다(수 15조 3항). 다만 수표의 지급을 담보하기 위하여 지급인은 수표에 지급보증을 할 수 있다(수 53조). 지급보증을 한 지급인은 지급제시기간이 지나기 전에 수표가 제시된 경우에만 지급할 의무를 부담한다(수 55조).[2)]

2 수표행위

수표행위라 함은 수표상의 채무발생의 원인이 되는 법률행위로서 어음행위와 같다. 다만 수표행위에는 발행, 배서, 보증, 지급보증이 있으며, 인수나 참가인수는 없다. 수표의 성립요건, 특성, 수표행위의 대리, 위조, 변조도 어음행위의 이론과 동일하다. 수표상의 권리취득·행사·소멸에 대하여도 어음상의 권리이론이 거의 동일하게 적용된다.

수표의 소멸시효는 소지인의 전자에 대한 소구권과 재소구권은 6월이고(수 51조), 지급보증을 한 지급인에 대하여는 제시기간이 지난 후 1년(수 58조)으로서 어음시효에 비하여 짧다. 수표의 실질관계는 어음의 실질관계와 대체로 같으나, 수표의 지급기능을 강화하기 위하여 지급위탁의 취소(수 32조), 발행인의 사망, 능력상실의 경우의 수표의 효력(수 33조) 등 특별한 규정을 두고 있다.[3)]

---

2) 양명조(어), 381-382면.
3) 최준선(어), 433-434면.

제2장 수표의 발행

수표의 발행이란 수표용지에 수표요건을 기재하고 발행인이 기명날인 또는 서명을 한 후, 수취인에게 교부함으로써 성립하는 수표행위를 의미한다. 수표의 방식은 발행인이 선택할 수 있으나, 실제 거래에서 거의 소지인출급식으로 발행되므로 내국수표에 대하여 지시수표나 지시금지의 기명수표가 발행되는 경우는 거의 없다.

제1절 필요적 기재사항

수표의 필수적 요건은 수표문구, 일정금액의 지급위탁, 지급인의 명칭, 지급지, 발행일과 발행지, 발행인의 기명날인 또는 서명이다(수 1조 1호 내지 6호). 수표의 일람출급성으로 인하여 만기는 표시하지 않으며, 수표는 소지인출급식이 원칙이므로 수취인의 명칭이 필요하지 않다. 지급인은 은행(법령에 따라 은행과 같은 것으로 보는 사람과 시설포함)으로 한정되지만(수 3조, 59조), 지급인을 은행외의 자로 기재하여 발행하더라도 무효는 아니며 다만 과태료의 제재가 있다(수 67조).

수표에 지급지가 적혀있지 아니한 경우, 지급인의 명칭에 부기한 지(地)를 지급지로 보고, 지급인의 명칭에 여러 개의 지를 부기한 때에는 수표의 맨 앞에 적은 지에서 지급할 것으로 한다(수 2조 1호). 제1호의 기재나 그 밖의 다른 표시가 없는 경우에는 발행지에서 지급할 것으로 한다(수 2조 2호). 발행일은 실제 발행된 날과 일치하지 않아도 상관이 없으며, 수표에 기재된 발행일보다 먼저 발행되어 사용되는 선일자수표도 유효하고, 기재된 발행일이 도래하기 전에 지급을 받기 위하여 제시된 수표는 그 제시된 날에 이를 지급하여야 하며(수 28조 2항), 이때 수표자금이 부족하여 지급거절(부도)되면 그에 따른 제반 불이익은 발행인이 부담한다.

발행일의 기재가 없는 경우라도 자기앞수표 상에 보통 일자인이 찍히는 위치가 아닌 곳에 고딕체로 선명하게 날짜가 기재된 경우에는 유효한 발행일의 기재로 본다는 판례가 있다.[1] 발행지가 적혀 있지 아니한 경우 발행인의 명칭에 부기한 지를 발행지로 본다(수 2조 3호). 판례는 발행지의 기재가 없는 국내수표도 유효한 수표로 인정한다.[2]

제2절 유익적 기재사항

수표의 유익적 기재사항으로는 수취인의 표시(수 5조), 지급인의 명칭에 부기한 지(수 2조 1호), 발행인의 명칭에 부기한 지(수 2조 3호), 제3자방지급기재(수 8조), 배서금지문구(수 5조 1항 2호, 14조 2항), 외국통화환산율지정문구(수 36조 2항), 외국통화현실지급문구(수 36조 3항), 횡선수표(수 37조), 거절증서작성면제문구(수 42조), 복본의 번호(수 48조)등이 있다.

수표는 첫째로 기명식 또는 지시식, 둘째로 기명식으로 "지시금지"라는 글자 또는 이와 같은 뜻이 있는 문구를 적은 것, 셋째로 소지인출급식 중 어느 하나의 방식으로 발행할 수 있다(수 5조 1항). 그리고 기명식 수표에 "또는 소지인에게"라는 글자 또는 이와 같은 뜻이 있는 문구를 적었을 때에는 소지인출급식 수표로 본다(수 5조 2항). 수취인이 적혀 있지 아니한 수표는 소지인출급식 수표로 본다(수 5조 3항). 한편 제3자방지급문구는 발행인만이 기재할 수 있으며, 그 제3자는 은행이어야 한다.[3]

제3절 무익적 기재사항

수표법은 이자약정문구(수 7조), 발행인의 지급무담보문구(수 12조), 일람출급 이

---

1) 대법원 1990. 12. 21. 90다카28023.
2) 대법원 1999. 8. 19. 99다23383.
3) 최준선(어), 437면.

외의 만기의 표시(수 28조 1항), 위탁문구(수 6조 2항)를 무익적 기재사항으로 규정하고 있다. 그 밖에 대가문구, 자금문구, 통지문구, 담보부문구 등은 법률상 규정이 없지만 무익적 기재사항으로 본다.

제4절 유해적 기재사항

수표의 유해적 기재사항에 관하여 수표법에 규정이 없으나, 환어음과 같다.

제5절 수표발행의 성질과 효력

수표발행의 법적성질은 지급위탁이다. 수취인은 발행된 수표를 교부받으면 수표상의 권리를 취득하는데, 지급인에 대하여는 지급을 받을 권한을 취득하고 발행인에 대하여는 상환청구권을 취득한다. 한편 지급인은 수표소지인에 대하여 지급할 권한을 수여받는다. 그리고 지급인은 수표계약의 내용에 따라 발행인의 자금을 인출하여 지급하는 등 지급의 효과를 발행인에게 귀속시킬 수 있다. 발행된 수표는 지급인으로부터 지급받을 권한과 지급거절시 발행인에 대하여 소구권을 행사할 수 있는 권리를 표창한다.

수표의 발행인은 수표가 부도나는 경우 지급담보책임을 부담하며, 발행인이 지급무담보문구를 기재하더라도 그러한 기재는 없는 것으로 본다(수 12조). 수표는 인수제도가 없고 주채무자도 없기 때문에 지급이 불확실하므로 이러한 점을 보충하기 위하여 지급보증을 한 지급인은 제시기간경과 전에 수표가 제시된 경우에 한하여 지급할 의무를 부담한다(수 55조 2항). 수표가 발행된 후에 발행인이 사망하거나 무능력자가 되더라도 수표의 효력에 영향을 미치지 않는다(수 33조).

제6절 수표발행의 제한

수표는 현금과 유사한 지급증권이지만 인수제도가 없으며 주채무자도 없어서 지급의 확실성이 담보되지 않고, 발행인의 신용만으로 유통된다. 그러하기 때문에 수표의 발행 자체를 엄격하게 제한하고 동시에 발행된 수표가 지급거절되는 경우에는 부정수표단속법에 의한 형사책임을 부담시키고 있다.

1 지급인의 자격

수표의 지급인은 은행에 한한다(수 3조). 은행이라 함은 법령에 따라 은행과 같은 것으로 보는 사람 또는 시설을 포함하는데(수 59조), 우체국, 군농업협동조합, 농업협동조합중앙회, 어업협동조합, 수산업협동조합 중앙회 등이 해당된다. 이는 공신력 있는 기관으로 하여금 지급사무를 담당하게 함으로써 지급의 신속과 안전을 확보하려는데 그 목적이 있다.

2 수표자금

수표는 은행을 지급인으로 하되, 그 은행에 지급제시를 한 때에 발행인이 처분할 수 있는 자금이 있어야 한다(수 3조). 수표자금은 수표의 지급제시를 한 때 있으면 되므로 발행시에는 자금이 없어도 상관없다. 수표자금의 공급은 당좌예금계약에 의하여 발행인이 미리 지급인에게 자금을 공급할 수도 있고, 당좌대월계약에 의하여 지급인이 일정 범위 내에서 지급을 하고 난 후 발행인이 지급은행에게 자금을 제공할 수도 있다.

3 수표계약

발행인이 그 자금을 수표에 의하여 처분할 수 있는 명시 또는 묵시의 수표계약이 발행인과 지급인 간에 체결되어야 한다. 수표계약이 체결되지 않더라도 수표발행이 금지되는 것은 아니다. 지급인은 발행인의 지시(위탁)에 의하여 수표금을 지급할 권한을 가질 뿐이고 수표법상 지급의무를 부담하는 것은 아니다.[4] 다만 수표계약이 체결되면 지급인은 발행인이 발행한 수표에 대하여 예치된 수표자금으로 지급할 의무를 발행인에게 부담한다.

제3자의 계산으로 발행되는 위탁수표에서는 자금관계와 수표계약은 지급은행과 제3자 사이에 존재하고 발행인은 수표를 발행하여 그 제3자의 자금을 처분할 수 있으면 된다. 수표계약의 법적성질을 수표의 지급사무를 위탁하는 위임계약으로 보는 견해가 통설이다.[5]

대법원 1970. 11. 24. 선고 70다2046 판결

수표발행인이 은행을 지급인으로 하는 것은 발행인과 은행과의 사이에 당좌예금계약에 따라 예금자의 예금이 있는 한도 또는 대월계약을 하였을 때에는 그 대월의 한도에 있어서 은행은 예금자를 위하여 수표의 지급보증을 하고 또는 그 지급을 할 것을 약정하는 것으로서 당사자간에 있어서만이 효력을 발생함을 원칙으로 하고 특별한 약정이 없는 한 제3자인 수표의 소지인을 위한 취지는 포함되지 아니한다고 보아야 할 것이므로 은행이 지급보증을 하였다든가 제3자인 수표소지인을 위하여 발행인과 은행간에 특약을 하였다는 것이 보이지 아니하는 본건에 있어서 소론이 부정수표단속법의 특수성에 비추어 지급인인 은행은 원고인 수표소지인에 대하여 지급할 의무를 가지는 제3자를 위한 계약이 성립되는 것이라는 논지는 독자적인 견해에 불과하다.

4 수표발행제한위반의 효력

수표법 제3조의 제한을 위반하여 수표를 발행하더라도 수표로서의 효력에 영향을 미치지 아니한다(수 3조 단서). 즉, 은행이 아닌 지급인을 기재하거나, 자금 없이 수표를 발행한 경우 또는 수표계약 없이 수표를 발행하더라도 수표 자체는 유효하다. 그러나 수표의 발행제한 규정을 위반한 경우에는 50만원 이하의 과태료의 제재를 받는다(수 67조). 또 소정의 부정수표를 발행하거나 작성한 자에게는 5년 이하의 징역 또는 수표금액의 10배 이하의 벌금을 처함으로써(부수 2조 1항), 부정수표의 발행을 간접적으로 제한하고 있다.

---

4) 대법원 1970. 11. 24. 70다2046.

5) 최준선(어), 446면; 최기원(어), 805면; 정찬형(어), 378-379면; 정동윤(어), 626면.

제3장 수표의 양도

제1절 수표의 양도방법

수표는 기명식 또는 지시식, 배서금지식, 소지인출급식으로 발행할 수 있다(수 5조). 그 밖의 무기명식, 지명소지인출급식으로 발행될 수 있다. 기명식수표도 지시금지의 문구가 없으면 법률상 당연히 배서에 의하여 양도될 수 있고, 무기명식, 지명소지인출급식은 소지인출급식으로 보므로, 기명식수표와 소지인출급식으로 구별하여 살펴본다.

1 기명식 수표(지시식 수표 포함)의 양도

수표도 법률상 당연한 지시증권이므로 기명식수표나 지시식 수표는 배서에 의하여 양도할 수 있고(수 14조 1항), 환배서도 가능하다. 배서의 방식과 요건은 어음과 동일하다(수 15조, 16조).

1. 배서금지수표

기명식수표에 "지시금지"라는 글자 또는 이와 같은 뜻이 있는 문구를 적은 경우에는 그 수표는 지명채권의 양도방식으로만, 그리고 그 효력으로써만 양도할 수 있다(수 14조 2항). 물론 배서가 금지되지 아니한 수표도 지명채권의 양도방법으로 양도할 수 있다.

2. 지급인의 배서금지

수표의 지급인의 배서는 무효이다(수 15조 3항). 따라서 지급인은 소지인으로부터 지급제시를 받은 경우는 물론이고 다른 거래로 인하여 지급수단으로 수표가 지급인의 수중에 들어오면 수표채무는 소멸하고 더 이상 유통할 수 없다. 만일 지급인에게 제3자에 대하여 배서를 허용하면 지급인이 담보책임을 부담하고, 그 결과 수표는 신용증권이 되기 때문이다.

3. 지급인에 대한 배서의 금지

수표지급인을 피배서인으로 하는 배서는 배서로서 효력이 없고, 단지 영수증의 효력만 있다(수 15조 5항). 그러나 지급인의 영업소가 여러 개인 경우에는 그 수표가 지급될 것으로 된 영업소 외의 영업소에서 한 배서는 통상의 배서로서 효력이 인정된다. 즉 갑은행의 A지점에서 같은 은행의 B지점으로 한 배서는 양도배서로서의 효력이 있으며 그 성질은 양도배서형식에 의한 숨은추심위임배서로 볼 수 있다.[1]

4. 특수한 배서

수표의 기한후배서는 지명채권양도의 효력만 있다(수 24조 1항). 수표의 기한후배서란 첫째로 지급제시기간(발행일부터 10일)이 지난 후에 한 배서를 말한다. 제시기간경과 후에 배서를 하였으나 아직 지급거절증서나 지급거절선언의 작성기간이 지나지 않은 경우, 예컨대 수표를 제시기간 말일에 제시하여 거절증서의 작성기간이 이에 이은 제1거래일로 연장된 경우에도(수 40조 2항), 제시기간이 지난 후의 배서는 기한후배서이다. 그 이유는 기간의 연장은 제시기간 말일에 수표를 제시한 자에게 거절증서의 작성을 가능하게 하려는 것이고 그 날에 수표의 유통을 허용하는 것은 아니기 때문이다.[2]

둘째로, 거절증서나 이와 같은 효력이 있는 선언이 작성된 후의 배서는 기한후배서이다. 여기의 거절증서는 지급거절증서만을 의미하며, 거절증서와 같은 효력이 있는 선언은 어음교환소의 거절선언(부도)을 말한다. 따라서 지급거절증서 작성 후나 지급거절선언이 있은 후에 한 배서는 지급제시기간이 지나기 전에 한 것이라도 기한후배서이다.[3] 어음의 경우에는 만기 후의 배서도 만기 전의 배서와 동일한 효

---

1) 최준선(어), 444면.
2) 최기원(어), 819면.
3) 최기원(어), 820면.

력이 있다고 규정하고 있는데(어 20조 1항), 수표는 만기가 없으므로 이러한 규정이 없다. 그런데 수표에서의 지급제시는 어음의 만기의 도래와 같으므로 지급제시 후에 한 배서라도 제시기간이 지나기 전에 한 것은 지급거절증서의 작성이나 지급거절선언이 없는 한, 기한전배서이다.[4)]

수표는 지급증권이므로 입질배서는 인정되지 않고, 수표에 참가제도가 없으므로 예비지급인을 기재할 수 없으며, 수표의 등본이 없으므로 등본에 의한 배서를 할 수 없다. 수표의 배서인은 담보책임을 부담하지만, 여기의 담보책임은 지급담보책임만을 의미한다(수 18조 1항). 수표에 무담보배서, 배서금지배서를 할 수 있다(수 18조 1항 · 2항).

5. 수표배서의 효력

어음의 배서와 같이 수표배서도 권리이전적 효력, 담보적 효력, 자격수여적 효력이 있다.

2 소지인출급식수표의 양도

1. 양 도

소지인출급식수표의 양도방법에 대하여 수표법이 규정하고 있지 않으므로 민법의 무기명채권양도의 방식에 의하여 당사자간의 양도합의와 교부에 의하여 양도할 수 있다(민 523조). 교부는 증서의 점유를 이전하는 것으로서 권리이전적 효력이 발생한다. 배서의 연속처럼 수표를 교부받아 점유하고 있는 자는 적법한 소지인으로 추정되는 자격수여적 효력이 인정되고, 선의취득을 할 수 있다(수 21조). 다만 수표의 교부는 법률행위가 아니므로 담보적 효력은 인정되지 않는다.[5)] 그러나 소지인출급식수표가 지급거절증서 또는 이와 동일한 선언을 작성된 후 또는 제시기간이 지난 후 인도만으로 양도되는 경우에는 기한후배서와 마찬가지로 지명채권양도의 효력만 있으므로 선의취득과 항변의 절단이 인정되지 않는다.[6)]

4) 최기원(어), 820면.
5) 최기원(어), 812-813면.
6) 대법원 1965. 11. 30. 65다996.

2. 소지인출급식수표의 배서

소지인출급식수표는 교부에 의하여 양도할 수 있으나 양도인이 일부러 배서에 의하여 양도한 경우, 그 배서는 효력이 없다는 견해가 있으나 배서의 담보적 효력을 인정함으로써 더 안전한 유통에 기여하므로 배서의 효력이 있다고 보는 것이 타당하다. 그러므로 소지인출급식수표에 배서한 자에게 담보책임은 인정되지만, 배서의 권리이전적 효력이나 자격수여적 효력은 인정되지 않는다.[7] 또 배서를 하더라도 지시식 수표로 변하지 아니하므로 배서의 의하여 수표를 취득한 자는 교부만으로 수표를 양도할 수 있다. 한편 소구의무를 이행하고 수표를 환수한 자는 자기의 전자에 대하여 재소구권을 행사할 수 있는데, 이때 피청구자가 자기의 전자임을 입증하여야 한다.

제2절 수표의 선의취득

어떤 사유로든 수표의 점유를 잃은 자가 있는 경우에 그 수표의 소지인은 그 수표가 소지인출급식일 때 또는 배서로 양도할 수 있는 수표의 소지인이 19조에 따라 그 권리를 증명할 때에는 그 수표를 반환할 의무가 없다(수 21조). 즉 무권리자로부터 선의 · 무중과실로 수표를 취득한 자는 선의취득이 인정되는데, 소지인출급식수표는 수표의 점유에 의하여 자격수여적 효력이 인정되므로 취득자는 그 점유로서 권리를 증명하면 된다.

자기앞수표를 절취한 자가 수표를 상품대금으로 사용하고, 취득자가 절취수표임을 모르고 취득한 경우에 선의취득이 인정되는지 여부는 취득할 때 취득자의 중과실 유무에 의하여 결정된다. 통상 수표를 취득할 때 취득자는 발행은행에 사고수표여부에 관하여 조회를 하는데 이러한 조회를 하지 않았다면 중과실이 있다고 보므로 선의취득이 인정되지 않는다.[8]

---

7) 이철송(어), 466면.

8) 이철송(어), 468-469면.

대법원 1990. 12. 21. 선고 90다카28023 판결

어음수표를 취득함에 있어서 통상적인 거래기준으로 판단하여 볼 때 양도인이나 그 어음수표 자체에 의하여 양도인의 실질적인 무권리성을 의심하게 할만한 사정이 있는데도 불구하고 이와 같은 의심할 만한 사정에 대하여 상당하다고 인정될 만한 조사를 하지 아니하고 만연히 양수한 경우에는 중대한 과실이 있다고 하여야 할 것인바, 원심인정과 같이 소외인과의 수표거래가 처음인데다 그들간의 거래로 보아서는 큰 액수의 수표이므로 원고로서는 그 수표의 진정여부에 대하여 의심을 하여 보았어야 하고 그 확인방법도 전화확인 등 간단한 방법으로 이를 확인할 수 있었음에도 불구하고 이를 하지 않았으며 더욱 제1심법원의 사실조회 회보내용에 의하면 소외인은 1989. 4. 8. 사업자등록증을 받았으나 사업장을 폐문하고 도주하여 1989. 4. 26. 사업자등록이 직권말소 되었다는 것인 바, 그렇다면 관계세무공무원이 적어도 이 사건 수표양도일인 1989. 4. 25. 이전에 사업현장에 나와 조사를 하여 그 폐업을 확인하고 1989. 4. 26. 직권말소한 것으로 보아야할 것이고 보면 이 사건 수표거래일인 1989. 4. 25. 오후 5 : 00경에는 소외인은 그의 사업장을 폐문하고 도주한 것으로 되는 데 소외인 의 사업장의 형편에 관하여 잘 알지도 못하면서 평소 안면만 있는 동인에게 큰 액수의 자기앞 수표를 받고 물건을 판매한 사정을 아울러 고찰하여 보면, 이 사건 수표를 양수함에 있어서 원고에게 중대한 과실이 있다고 할 것이다.

대법원 1987. 8. 18. 선고 86다카2502 판결

원심은 그 채택증거에 의하여 피고발행의 액면금 백만원인 자기앞수표 4매를 피고보조참가인이 소지하고 있다가 1984. 12. 21. 09 : 30경 안양시 7동사무소에서 분실한 사실, 원고는 서울 영등포 소재 신세계백화점 영등포지점에서 귀금속 씨코너라는 상호로 귀금속상을 경영하고 있었는데 위 같은 날 12 : 20경 그 점포에서 부부로 보이는 50대 남녀에게 행운의 열쇠등 순금제 패물 금 354만원 상당을 팔고 그 대금으로 위 수표 4매를 교부받은 다음 거스름돈 46만원을 현금으로 내어준 사실, 위 수표를 대금으로 교부받고 그 자리에서 수표발행은행인 피고은행 성동지점에 전화를 걸어 그 중 수표 1매에 관하여 사고수표인지의 여부를 조회하여 위 지점의 행원으로부터 아무런 이상이 없는 수표라는 확인을 받은 다음 매입자에게 수표에 배서하여 줄 것을 요구하였더니 동인들은 이미 수표뒷면에 기재된 오계림 명의의 배서가 자기의 것이라고 하므로 그 배서를 믿고 더 이상의 신원확인을 아니한 채 위 수표를 취득한 사실, 그리고 피고보조참가인은 그 다음날인 12.22에야 이 오계림 명의로 피고은행 성동지점에 위 수표 4매에 관한 분실신고를 한 사실을 인정하였다. 원심은 나아가 원고가 위 수표 4매를 취득하면서 동일자에 거의 연결된 번호로 발행된 같은 액면의 수표중 1매를 골라 발행은행에 전화조회를 하여 정당한 수표임을 확인한 이상 수표를 제시하는 자의 주민등록증이나 연락처를 확인하지 아니하는 등 그 신분확인을 다소 소홀히 하였다 하더라도 이를 들어 수표취득과정에 악의 또는 중대한 과실이 있다 할 수 없다고 판단하였다. 위와 같은 사실관계에서 원고가 고객으로부터 상품대금으로 제시받은 자기앞수표에 관하여 그 자리에서 발행은행에 전화를 하여 진정한 수표인 동시에 사고수표가 아니라는 점을 확인한 이상 주민등록증에 의하여 수표소지인의 신분을 더 이상 캐지 아니하였다 해서 수표취득에 있어 중대한 과실이 있는 것이라 할 수 없다.

제4장 수표의 보증

수표보증은 주된 수표행위에 의하여 발생한 채무를 담보할 목적으로 하는 수표행위이다. 수표는 보증에 의하여 그 금액의 전부 또는 일부의 지급을 담보할 수 있다(수 25조 1항). 보증의 방식과 효력은 어음과 동일하다(수 26조, 27조). 다만 수표지급인의 보증을 허용하면 인수를 허용하는 결과가 되기 때문에 지급인은 보증인이 될 수 없다(수 25조 2항). 지급을 만기까지 기다려야 하는 어음과 달리 수표는 일람출급성을 가지므로 보증을 이용할 실익은 크지 않다.

그런데 특정채무를 담보하기 위하여 수표를 발행한 경우 수표 발행인이 수표법상 채무만 부담하는가 아니면 민사채무에 대한 보증채무까지 부담하는가에 관하여는 민사채무에 대한 보증의사의 존재와 보증채무의 범위가 엄격하게 증명되어야만 민사상 보증책임이 인정된다는 것이 판례의 견해이다.

대법원 2007. 9. 7. 선고 2006다17928 판결

타인의 채무에 대한 담보의 목적으로 수표를 발행한 경우 수표의 발행인이 그 채권자에 대하여 수표법상의 채무만을 부담한 것인지 아니면 더 나아가 민사상의 보증채무까지도 부담한 것인지가 문제될 수 있는데, 민사상의 보증계약이라는 것은 수표상의 권리·의무에 관한 수표행위와는 엄연히 구분되는 법률행위이므로 그에 관한 청약과 승낙이 별도로 존재하여야 하고 그 존재 여부의 판단 문제는 근본적으로 당사자 사이의 의사해석의 문제이다. 그리고 보증계약의 성립 요건인 보증의사의 판단방법에 관한 일반 법리, 즉 보증계약의 성립을 인정하려면 당연히 그 전제로서 보증인의 보증의사가 있어야 하고 이러한 보증의사의 존재 여부는 당사자가 거래에 관여하게 된 동기와 경위, 그 관여 형식 및 내용, 당사자가 그 거래행위에 의하여 달성하려는 목적, 거래의 관행 등을 종합적으로 고찰하여 판단하여야 할 당사자의 의사해석 및 사실인정의 문제이지만 보증은 이를 부담할 특별한 사정이 있을 경우 이루어지는 것이므로 보증의사의 존재나 보증범위는 이를 엄격하게 제한하여 인정하여야 한다(대법원 1998. 12. 8. 선고 98다39923 판결 등 참조)는 법리를 감안해 볼 때, 비록 수표의 발행인에게 어느 특정인의 채무를 담보하기 위한 것이라는 수표의 사용 목적에 대한 인식이 있었다거나 수표의 발행인이 채권자의 요구에 따라 그 앞에서 직접 수표를 발행·교부하였다는 사정이 있었다 하더라도 그러한 사실이 수표의 발행인에게 민사상의 보증채무까지 부담할 의사가 있었다고 인정하는 데 있어 적극적인 요소 중의 하나가 될 수 있음은 별론으로 하고, 그러한 사실로부터 바로 수표의 발행인과 채권자 사이에 민사상 보증계약이 성립한다고 추단할 수는 없다. 그보다 더 나아가 채권자의 입장에서 수표 발행시에 원인이 되는 채무에 대한 민사상의 보증채무를 부담할 것까지도 수표의 발행인에게 요구하는 의사가 있었고 수표의 발행인도 채권자의 그러한 의사 및 채무의 내용을 인식하면서 그에 응하여 수표를 발행하였다는 사실, 즉 수표의 발행인이 단순히 수표법상의 상환의무를 부담한다는 형태로 채권자에게 신용을 공여한 것이 아니라 민사상의 보증의 형태로도 신용을 공여한 것이라는 점이 채권자 및 채무자와 수표의 발행인 사이의 관계, 수표의 발행에 이르게 된 동기, 수표의 발행인과 채권자 사이의 교섭 과정 및 방법, 수표의 발행으로 인한 실질적 이익의 귀속 등 수표의 발행을 전후한 제반 사정과 거래계의 실정에 비추어 인정될 수 있을 정도에 이르러야만 수표의 발행인과 채권자 사이의 민사상 보증계약의 성립을 인정할 수 있을 것이고, 그에 미치지 못하는 경우에는 수표의 발행인은 원칙적으로 수표의 채무자로서 수표가 지급거절된 경우 그 소지인에 대하여 상환청구에 응하지 않으면 안 되는 수표법상의 채무만을 부담할 뿐이라 할 것이다(대법원 1988. 3. 8. 선고 87다446 판결; 2003. 4. 22. 선고 2000다63950 판결 등 참조).

제5장 수표의 지급보증

제1절 의 의

제시기간이 지나기 전에 수표가 제시된 경우에만 지급보증을 한 지급인은 수표금액을 지급할 의무를 부담한다(수 55조). 환어음의 인수인은 주채무자이므로 무조건적 책임을 지는데 반하여 수표지급인은 지급보증을 하더라도 지급제시기간 내에 제시된 경우에만 책임을 진다. 실무상으로는 은행이 지급보증을 하는 대신 수표발행인의 당좌계정으로부터 그 금액을 공제하고 자기앞수표를 발행하여 수표소지인에게 교부하기 때문에 수표법에 의한 지급보증은 거의 이루어지지 않고 있다.

제2절 방식과 요건

지급보증은 수표의 앞면에 '지급보증' 또는 그 밖에 지급을 하겠다는 뜻을 적고 날짜를 부기하여 지급인이 기명날인하거나 서명하여야 한다(수 53조 2항). 지급보증의 요건은 지급보증의 문구 · 날짜 · 지급보증인의 기명날인 또는 서명이며, 이 중 어느 하나라도 없으면 지급보증은 효력이 없다. 이 점이 수표보증이 수표 또는 보충지에 이를 하고 날짜를 기재하지 않는 것과 다르다. 또 수표의 뒷면에 한 지급보증은 무효이고,[1] 수표의 보전에 지급보증의 문구를 기재하고 지급인이 기명날인을 하더라도 지급보증의 효력이 없다.

지급보증은 조건없이 하여야 하고(수 54조 1항), 수표의 기재사항을 변경하여 지급보증을 한 경우에 변경한 부분은 이를 변경하지 아니한 것으로 보므로(수 54조 2항), 금액을 변경 기재하여 지급보증을 하더라도 전액에 대한 지급보증이 된다. 수

1) 대법원 1972. 10. 25. 72도1976 ; 대법원 1975. 4. 8. 74다2085.

표의 보증은 피보증인을 표시하여야 하고, 피보증인의 표시가 없으면 발행인을 위한 것으로 보지만, 수표의 지급보증은 피보증인을 표시할 필요가 없다.

제3절 지급보증의 효력

1 지급보증인의 지급의무

지급보증을 한 지급인은 제시기간이 지나기 전에 수표가 제시된 경우에만 지급할 의무를 부담한다(수 55조 1항). 이러한 지급보증인의 지급의무는 제시기간 내에 제시될 것을 정지조건으로 하는 정지조건부의무라는 견해[2]와 제시기간 내에 제시가 없으면 그 채무가 소멸한다는 점에서 해제조건부채무라는 견해[3]가 대립한다. 생각건대 지급보증인은 배서인이나 보증인과 달리 1차적 지급의무를 부담하므로 지급보증 후 제시기간 중에는 지급채무가 존속한다고 보는 것이 타당하기 때문에 해제조건부채무로 보아야 할 것이다.

지급보증인의 의무는 수표금액에 대한 지급의무만을 부담하는 것이 원칙이지만, 지급보증의 원인관계를 알면서 채권자의 요구에 의하여 지급보증을 한 경우에는 지급보증의 원인관계에 의한 민사상 보증채무도 부담하는 것으로 본다.[4]

지급보증인이 지급을 거절한 경우 소멸시효가 지나기 전에는 수표소지인은 지급거절증서 또는 지급거절의 선언의 작성으로 지급거절사실을 증명하여, 지급보증인으로부터 독촉이나 소송의 방법으로 수표금을 지급받을 수 있다. 지급보증인은 원래의 수표금액을 지급하면 족하지만, 지급거절을 하여 소지인이 거절증서작성 등 상환청구절차를 밟은 경우에는 상환의무자가 지급할 금액을 지급하여야 한다(수 55조 3항, 44조, 45조).

2) 최기원(어), 811면 ; 손주찬(하), 419면.

3) 이철송(어), 474면 ; 정찬형(어), 445면.

4) 대법원 1967. 3. 28. 67다108(채무자가 발행한 연수표(선일자수표)를 담보로 하여 금원을 대여하는 사실을 알고 수표의 지급인인 은행이 채권자의 요구에 의하여 그 금원의 지급을 보증한 경우에 은행은 채권자에 대하여 수표법을 떠나서도 민법상 차용금 채무의 이행을 보증한 것이라고도 볼 것이다).

2 소멸시효

지급보증을 한 지급인에 대한 수표상의 청구권은 제시기간이 지난 후 1년간 행사하지 아니하면 소멸시효가 완성된다(수 58조). 이 소멸시효기간은 수표소지인이 지급제시기간 내에 적법한 지급제시를 하였으나 지급이 거절된 경우에만 적용되는데, 그 이유는 제시기간 내에 지급제시가 없으면 지급보증인의 채무가 소멸되기 때문이다.

3 다른 채무자의 채무

지급인이 지급보증을 하더라도 발행인이나 그 밖의 수표상의 채무자는 지급보증으로 인하여 그 책임을 면하지 못한다(수 56조). 따라서 발행인 등 수표채무자들은 소지인에 대하여 합동책임을 부담하게 된다(수 43조 1항).

제6장 수표의 제시와 지급

제1절 지급제시

1 일람출급성

수표는 지급증권이므로 일람출급으로 하여야 한다. 이에 위반되는 모든 문구는 적지 아니한 것으로 본다(수 28조 1항). 따라서 수표는 발행과 동시에 지급제시를 할 수 있고 이로써 만기가 도래한다. 이는 수표의 신용증권화를 방지하고 지급수단의 기능을 강화하기 위한 것이다.

2 수표의 지급제시기간

수표의 지급제시기간은 수표에 적힌 발행일부터 기산한다(수 29조 4항). 세력을 달리하는 두 지(地) 간에 발행한 수표는 발행일을 지급지의 세력의 대응일로 환산한다(수 30조). 수표의 지급제시기간에 관하여, 국내에서 발행하고 지급할 수표는 10일 내에 지급을 받기위한 제시를 하여야 하고(수 29조 1항), 지급지의 국가와 다른 국가에서 발행된 수표는 발행지와 지급지가 동일한 주(洲)에 있는 경우에는 20일 내에, 다른 주에 있는 경우에는 70일 내에 이를 제시하여야 한다(수 29조 2항).

그러나 유럽주의 한 국가에서 발행하여 지중해 연안의 한 국가에서 지급할 수표 또는 지중해 연안의 한 국가에서 발행하여 유럽주의 한 국가에서 지급할 수표는 동일한 주에서 발행하고 지급할 수표로 본다(수 29조 3항). 수표의 지급제시의 장소는 원칙적으로 지급인은 은행의 영업소에서, 제3자방지급수표는 제3자(은행)의 영업소이어야 하나, 어음교환소에서 한 수표의 제시는 지급제시로서 효력이 있다(수 31조 1항).

3 지급제시기간경과 후의 지급

수표소지인이 제시기간 내에 지급제시를 하지 아니하면 전자에 대한 소구권(수 39조)과 지급보증을 한 지급인에 대한 권리(수 55조 1항)를 상실하므로 이때는 이득상환청구권에 의하여 구제받을 수 있다. 수표의 지급위탁의 취소는 제시기간이 지난 후에만 그 효력이 생긴다(수 32조 1항).

하지만 제시기간이 지난 후에도 지급위탁의 취소가 없는 한 지급인은 발행인의 계산으로 지급할 수 있다(수 32조 2항). 이는 지급인이 지급을 하더라도 발행인에 대하여 면책된다는 의미이지 수표소지인에게 지급청구권을 부여한다는 의미는 아니다. 제시기간이 지났음을 사유로 지급거절을 하더라도 발행인은 후에 이득상환청구에 응해야 하므로 지급인의 제시기간 경과 후의 지급을 허용하는 것이다. 따라서 지급제시기간 경과 후의 지급을 저지하려면 미리 발행인이 지급인에 대하여 지급위탁의 취소를 해야 할 것이다.[1)]

제2절 선일자수표

1 서

선일자(先日字)수표라 함은 실제의 발행일보다 후일을 발행일자로 기재한 수표를 말한다. 즉, 수표의 발행일자를 실제 발행일보다 후의 날짜로 기재한 수표이다. 반대로 수표에 기재된 발행일자보다 실제상 후에 발행된 수표는 후일자(後日字)수표이다. 선일자수표는 지급제시기간을 연장하거나 수표발행 당시에는 자금이 없으나 수표에 기재된 발행일자까지는 자금을 마련할 방법이 생길 것으로 예상되는 경우에 미리 지급수단으로 사용하기 위하여 발행된다.

선일자수표는 발행인이 수표에 기재된 발행일자를 발행일로 하겠다는 발행인의 의사에 의하여 작성된다. 이처럼 기재된 발행일자와 실제 발행일자가 다른 수표의

1) 이철송(어), 478면.

발행은 유가증권의 문언성과 추상성의 속성 때문에 인정된다. 즉, 수표에 실제로 발행된 날짜와 다른 발행일이 기재되더라도 수표요건이 구비되면 기재된 대로 효력이 발생하고, 또 발행일자 이후에 수표의 선의취득자를 보호하기 위해서도 선일자수표는 유효하다고 본다.[2)]

수표법 제29조 제4항이 수표의 제시기간 10일을 실제의 발행일로부터 기산하지 않고 수표에 기재된 발행일자로부터 기산한 것은 수표를 신용증권화하고 국민의 재산권을 침해하므로 위헌이라는 헌법소원에 대하여, 동 조항은 수표의 제시기간을 실제발행일이 아닌 수표에 기재된 발행일자부터 10일임을 규정하여 수표의 문언증권성을 확인하여 그 유통성을 확보하고 거래지급수단으로서 수표의 내용을 형성하는 것이기 때문에 위헌이 아니라고 판시하였다.

헌법재판소 2000. 1. 18. 결정 2000헌바29

수표법 제29조 제1항 · 제4항은 1931년 제네바수표법통일조약에 따라 선일자수표의 제시기간을 실제발행일이 아닌 수표에 기재된 발행일자로부터 10일임을 규정함으로써 수표의 문언증권성을 확인하여 그 유통성을 확보하고 경제거래상 지급수단으로서의 수표제도의 한 내용을 형성한 것일 뿐, 가사 이로 인하여 장기간의 결제기간이 허용됨에 따라 청구인이 오랫동안 지급의무를 부담하는 불안에 빠진다고 하더라도, 이는 청구인이 스스로 이러한 결제수단을 선택함으로써 신용을 누림에 따르는 부담을 자초한 것이지, 국가가 청구인의 기본권을 제한한다던가, 또는 사인간의 경제활동에 대하여 국가가 규제 등 간섭하는 것이라 할 수 없다. 또한 이로써 수표가 지급증권임을 벗어나 신용증권화할 우려가 있다고 하더라도, 이는 그 자체가 경제적 효용과 유용성을 가지고 이용되는 것일 뿐, 그 유효성을 인정하는 것이 자유시장경제질서를 기본으로 하여 사회정의와 경제민주화를 추구하는 우리 헌법의 경제질서나 기타 헌법질서에 저촉되는 것이라고 볼 여지는 없다.

---

2) 최준선(어), 450면.

2 효 력

1. 일람출급성

선일자수표에 기재된 발행일자까지 지급제시를 허용하지 않으면, 수표의 일람출급성에 배치되고 수표의 신용증권화를 허용하는 결과가 된다. 따라서 선일자수표에 기재된 발행일자 이전에 지급제시를 할 수 있고, 발행인은 제시된 날에 지급할 의무가 있다고 해석함으로써 수표의 일람출급성을 관철시키고 있다. 이처럼 선일자수표의 소지인은 수표에 기재된 발행일 이전이라도 수표금지급청구권이 있다. 발행일자 도래 전에 지급제시가 있고 발행인의 예금계좌의 자금이 부족하여 지급은행이 지급거절을 하면, 소지인은 발행인을 상대로 소구권을 행사할 수 있다. 자금 없이 수표를 발행한 발행인은 과태료의 제재뿐만 아니라 부정수표단속법의 형사처벌을 받게 된다.

2. 기재된 발행일자의 효력

발행인의 행위능력 유무, 대리권의 유무는 실제로 발행된 날을 기준으로 판단해야 한다. 그러나 지급제시기간은 기재된 발행일자로부터 기산된다. 지급위탁의 취소도 기재된 발행일자를 기준으로 제시기간 경과 후에 효력이 발생한다. 시효의 계산도 수표에 기재된 발행일자를 기산점으로 한다.

3. 수표상 기재된 발행일자 전의 지급제시금지특약의 효력

선일자수표를 발행하는 당사자 사이에 기재된 발행일자 전에 지급제시를 하지 않겠다는 합의를 위반하여 발행일자 전에 지급제시를 하는 경우 그 합의의 효력에 관하여, 수표법 제28조 제2항의 취지상 발행일자 전의 지급제시금지합의는 수표의 신용증권화를 방지하기 위한 수표의 일람출급성에 배치되므로 무효라는 견해와 이러한 합의는 수표법 제28조 제2항의 강행규정을 변경할 목적으로 약정하는 것이 아니라, 발행인의 자금 형편상 발행일까지는 지급제시를 하지 않겠다는 당사자 간의 효력이 있는 합의로써 사회상규에 어긋나지 아니하여 유효하다는 견해가 있다.[3)]

실거래계에서 선일자수표가 널리 이용되고 있으므로 발행일 전의 제시금지의 합의를 인정하더라도 수표의 일람출급성에 배치되지 않으므로 당자사간에 효력이 있다고 본다. 다만 합의를 위반하여 발행일자 전에 제시를 함으로써 발행인에게 손해가 발생한 때에는 위반자는 수표계약상 채무불이행에 의한 손해배상책임을 부담할 수 있을 것이다.

3 선일자수표에 의한 보험료납입

1. 어음 · 수표에 의한 보험료납입

상법 제656조는 보험자의 책임은 당사자 간의 약정이 없으면 최초의 보험료지급을 받은 때부터 개시한다고 규정하고 있다. 그런데 어음이나 수표로 1회 보험료를 지급한 경우에 보험료 지급시점에 관하여 견해가 대립한다.

(1) 어음 · 수표법의 법리에 따르는 학설

이 견해에 의하면, 자기앞수표를 제외한 어음이나 수표의 교부는 기존채무의 지급을 위하여 또는 담보를 위하여 교부된 것으로 추정하여야 하고, 실제로 금액이 결제된 때에 보험료의 지급이 있는 것으로 본다. 따라서 1회 보험료의 지급으로 어음이나 수표가 교부된 경우에는 기존채무와 어음채무가 병존하고 수표의 교부만으로 보험료의 지급이 있다고 볼 수 없으므로, 어음이나 수표가 교부된 후부터 지급결제가 되기 전에 보험사고가 발생하면, 보험자의 보험금 지급책임이 없다고 한다. 이 견해는 보험자가 지급제시를 한 때에 따라서 보험료 지급일자가 변동되고 보험자의 책임개시의 시기도 변동된다는 문제점이 있다.[4)]

(2) 해제조건부 대물변제설

수표가 후에 지급거절되는 것을 해제조건으로 수표를 교부받은 때에 보험료의 대물변제가 있는 것으로 보는 해제조건부 대물변제설이 있다. 이 설에 의하면 수표는 현금지급에 갈음하여 교부된 것이므로 수표를 교부받은 날부터 보험료지급의 효력이 발생하고 그 날부터 보험자의 책임이 개시되지만, 후에 지급거절되면 소급하여 보험료지급의 효력이 상실한다고 한다.[5)]

---

3) 최기원(어), 825면 ; 정동윤(어), 654면 ; 최준선(어), 451면.

4) 박세민, 보험법, 박영사, 2011, 286-287면.

(3) 유예설

이 학설은 보험료지급을 위하여 어음이나 수표가 수수된 경우에는 어음·수표의 부도를 해제조건으로 하여 보험료지급을 유예한다고 본다. 따라서 어음·수표금이 지급된 때에는 어음·수표가 교부된 때 개시된 보험자의 책임이 계속 이어지며, 어음 수표금이 지급되지 아니한 때에는 보험자의 책임은 어음 수표가 교부된 때부터 발생하지 않는다.[6]

(4) 소 결

어음·수표의 일반 법리에 따르면 보험자가 지급제시를 하는 시점에 의하여 보험자의 책임개시시기가 결정되므로 법적 안정성이 확보되지 않고 증권을 제시하여 지급받기 전에 발생한 보험사고에 대하여 보험계약자가 보호를 받을 수 없게 되므로 어음·수표로 최초보험료를 납부할 이유가 없게 된다. 따라서 어음·수표의 교부일부터 보험자의 책임이 개시된다고 보는 해제조건부 대물변제설이나 유예설을 취할 수밖에 없다.

해제조건부 대물변제설과 유예설은 다음과 같은 차이가 있다. 전자는 어음·수표의 교부 시에 보험료지급채무가 대물변제에 의하여 이행된 것으로 보지만, 후자는 보험료지급채무와 어음·수표금지급채무가 병존하므로 어음·수표의 결제 시 또는 부도 시까지 보험료지급채무가 유예된 것으로 본다. 다음으로 양설은 어음·수표를 교부한 후 결제 전에 발생한 보험사고에 대하여 보험자의 지급책임을 모두 인정한다. 그러나 전자에 의하면 보험료채무가 소멸되었기 때문에 상법 제677조에 의하여 지급될 보험금에서 당해 보험료를 공제할 수 없는 반면에 후자에 따르면 보험계약자는 보험사고발생 시까지 보험료지급채무가 유예되었을 뿐이므로 지급될 보험금에서 당해 보험료를 공제할 수 있다.

생각건대 어음·수표가 결제될 때까지 보험료의 지급이 유예되었다고 보고, 보험사고발생 시 지급될 보험금에서 유예된 보험료를 공제할 수 있다는 유예설이 보험실무와 어음·수표이론에 충실한 것으로 여겨진다.[7]

---

5) 강위두·임재호(하), 574면; 손주찬(하), 553-554면.
6) 최준선(어), 453면; 정동윤, 상법(하), 2008, 541면.
7) 장덕조, 보험법, 법문사, 2012, 168-169면; 최준선(어), 453-454면.

2. 선일자수표에 의한 보험료납입

선일자수표로 1회보험료를 납입한 경우 보험자의 책임개시시점에 관하여 살피건대, 선일자수표도 수표에 기재된 발행일자 이전에 지급제시되면 지급인은 지급을 하여야 하는바, 일반 수표와 다를 바가 없으므로 선일자수표가 교부된 때에 보험자의 책임이 개시된다고 보아야 할 것이다.

그런데 대법원 1989. 11. 28. 선고 88다카33367 판결은 선일자수표는 발행된 날에 수표지급의 효과가 발생한다고 볼 수 없고, 당해 발행일자 후 제시기간 내에 제시에 따라 결제되는 것으로 보아야 하므로 선일자수표가 교부한 날을 제1회 보험료의 수령일로 볼 수 없고, 선일자수표 교부 시부터 보험자의 책임이 발생하지 않는다고 판시하고 있다.

이 판례에 따르면 보험자의 책임이 수표금을 지급받은 때부터 시작된다고 하더라도 수표소지인이 발행일부터 10일 내 임의의 시점을 선택하여 지급제시를 하고 지급받을 것이므로, 보험자의 책임개시시기가 유동적이라는 문제가 생긴다.[8] 이와 같은 해석은 보험계약자의 보호에 미흡할 뿐만 아니라, 어음·수표의 효용성을 감소시키는 결과가 되므로 선일자수표의 경우에도 1회 보험료로 수표교부 시에 보험자의 책임이 개시된다고 보아야 할 것이다.

대법원 1989.11. 28. 선고 88다카33367 판결

> 선일자 수표는 그 발행자와 수취인 사이에 특별한 합의가 없었더라도 일반적으로 수취인이 그 수표상의 발행일 이전에는 자기나 양수인이 지급을 위한 제시를 하지 않을 것이라는 약속이 이루어져 발행된 것이라고 의사해석함이 합리적이며 따라서 대부분의 경우 당해 발행일자 이후의 제시기간내의 제시에 따라 결제되는 것이라고 보아야 한다. 물론 선일자수표도 본질적으로 일람불(출급)성을 잃은 것은 아니므로 위에서 본 발행일자 이전에 지급을 위한 제시가 있을 때에는 그날에 지급하여야 되게 되어 있음은 수표법 제28조 제2항에 의하여 분명하고 이것은 동시에 발행자에게 위험(부도, 과료 등)부담을 강요하는 것과 같은 측면이 없지 아니하나 그렇다고 해서 선일자 수표가 발행 교부된 날에 액면금의 지급효과가 발생된다고 볼 수 없다.
>
> 이 사건에 있어서와 같이 보험약관상에 보험자가 제1회 보험료를 받은 후 보험청약에 대한 승낙이 있기 전에 보험사고가 발생한 때에는 제1회 보험료를 받은 때

8) 최준선(어), 453-454면.

> 에 소급하여 그때부터 보험자의 보험금지급 책임이 생긴다고 되어 있는 경우에 이 사건과 같은 생명보험의 모집인이 그의 권유에 응한 청약의 의사표시를 한 보험계약자로부터 제1회 보험료로서 선일자 수표를 발행받고 보험료 가수증을 해준 경우에는 비록 보험모집인이 소속 보험회사와의 고용계약이나 도급적 요소가 가미된 위임계약에 바탕을 둔 소속보험회사의 사용인으로서 보험계약의 체결대리권이나 고지수령권이 없는 중개인에 불과하다 하여도 오늘날의 보험업계의 실정에 비추어 제1회 보험료의 수령권이 있음을 부정할 수는 없으나 그렇더라도 그가 선일자 수표를 받은 날을 보험자의 책임발생 시점이 되는 제1회 보험료의 수령일로 보아서는 안 된다.

제3절 수표의 지급

1 지급인의 조사의무

배서로 양도할 수 있는 수표의 지급인은 배서의 연속의 정부를 조사할 의무는 있으나, 배서인의 기명날인 또는 서명을 조사할 의무는 없다(수 35조 1항). 다만 어음교환소에 대한 지급제시의 경우(수 31조 2항), 지급인은 제1항에 따른 배서의 연속이 제대로 되어 있는지에 대한 조사를 제시은행에 위임할 수 있다(수 35조 2항). 수표지급인의 조사의무는 만기에 지급하는 어음지급인의 조사의무(어 40조 3항)와 동일하다. 수표법 제35조는 어음법 제40조 제3항의 '만기에 지급하는 지급인의 사기 또는 중대한 과실이 없으면 그 책임을 면한다'는 규정을 두고 있지 않으나, 수표의 경우에도 지급인의 사기나 중대한 과실이 있는 경우에만 책임을 묻는 것은 당연하다.

수표는 어음(어 42조)과 달리 수표금액의 공탁 규정이 없고, 일람출급으로 발행되므로 만기전 지급이 없다. 특히 수표는 일람출급증권이고 대부분 소지인출급식으로 발행되므로 무권리자가 지급제시를 하는 경우도 많아서 지급은행은 소지인의 권리유무에 대하여 세심한 주의가 필요한데, 만일 이를 소홀히 하게 되면 조사의무를 게을리한 것으로 볼 수 있다.

대법원 2002. 2. 26. 선고 2000다71494 · 71500 판결

수표법 제35조의 취지에 의하면, 수표지급인인 은행이 수표상 배서인의 기명날인 또는 서명, 혹은 수표소지인이 적법한 원인에 기하여 수표를 취득하였는지 등 실권리관계를 조사할 의무는 없다고 할 것이지만, 수표금 지급사무를 처리하는 은행에게 선량한 관리자로서의 주의를 기울여 그 사무를 처리할 의무가 있다고 할 것인 이상, 통상적인 거래기준이나 경험에 비추어 당해 수표가 분실 혹은 도난 · 횡령되었을 가능성이 예상되거나 또는 수표소지인이 수표를 부정한 방법으로 취득하였다고 의심할 만한 특별한 사정이 존재하는 때에는 그 실질적 자격에 대한 조사의무를 진다고 할 것이다.

그런데 원심판결 이유와 기록에 의하면, 공동피고 2이 공동피고 1로부터 액면 1억 원의 자기앞수표 20장을 건네받아 피고 은행 은행동지점과 대흥동지점에서 이를 현금으로 바꾸어 지급받음에 있어, 피고 은행 위 지점들은 비록 사전에 자기 은행의 퇴직 직원을 통하여 위 공동피고 2이 고액의 수표를 현금으로 인출하려고 하니 이를 준비하여 줄 것을 요청받은 바 있었다고는 하더라도, 위 소외 회사이나 공동피고 2과는 종전에 전혀 거래관계가 없었고 이 사건 수표금 지급으로 처음 거래관계를 맺게 된 것이어서 소외 회사의 사업자등록증을 확인한 외에는 그들의 신용이나 재산상태, 영업현황 등에 관하여 전혀 파악한 바가 없었고, 당초 서울에서 자금이 내려온다고 하던 말과 달리 현금 인출을 위하여 제시된 것은 피고 은행 대전 지역의 지점에서 당일 아침 불과 1시간 전에 발행된 자기앞수표였을 뿐만 아니라, 그 발행지점(역전지점)이 같은 시내(더구나 거리도 멀지 않은 곳)에 있음에도 발행 당일 이에 인접한 은행동지점과 대흥동지점에 액면 1억 원의 자기앞수표 17장과 3장을 일거에 모두 현금(소액인 10만 원권의 자기앞수표도 전혀 포함되지 않기를 희망하였다는 것이다)으로 인출하겠다고 요청한 사실을 알 수 있는바, 이러한 사정과 위 두 지점에 지급요청한 금액의 규모와 현금으로 인출할 때의 엄청난 부피, 용도, 취급에 있어서의 번잡과 위험부담 등을 고려할 때 이와 같은 고액 수표의 전액 현금지급요청은 정상적인 자기앞수표 소지인이라면 매우 이례적인 것이어서 그 수표가 혹시 분실 · 도난 · 횡령된 것이거나 혹은 수표제시자가 그 수표를 부정한 방법으로 취득하였다고 의심할 만한 사유가 있었다고 할 것이므로, 이처럼 초면의 내방객으로부터 고액의 현금 지급을 요청받은 위 두 지점 직원으로서는 마땅히 발행지점에 위 수표의 발행경위와 발행의뢰인 등을 확인하고 다시 그 확인된 발행의뢰인에게 직접 또는 발행지점을 통하여 위 수표를 사용하거나 타에 양도한 경위 등에 관하여 파악하려는 노력을 기울여 보았어야 할 것이라고 판단된다(특히, 위 발행지점과 원고의 충남지부는 같은 건물의 1층과 3층에 각각 위치하고 있다는 것이다). 그럼에도 불구하고, 그러한 확인이나 파악 · 노력을 전혀 기울이지 않은 채 단지 사고수표인지 여부와 실명 여부만을 확인하여 고액의 현금을 지급한 것은 수표금 지급에 있어서의 지급인으로서의 주의의무를 다하였다고 할 수 없다.

2 지급방법

수표의 지급방법은 환어음과 유사하지만 인수제도가 없으며, 지급인의 공탁권(어 42조)이 없고, 만기가 없으므로 지급지의 통화가 아닌 통화로 지급한다는 내용이 기재된 수표는 그 제시기간 내에는 지급하는 날의 가격에 따라 지급지의 통화로 지급할 수 있다. 제시기간내에 제시를 하여도 지급을 하지 아니하는 경우에는 소지인은 그 선택에 따라 제시한 날이나 지급하는 날의 환시세에 따라 지급지의 통화로 수표금액을 지급할 것을 청구할 수 있다(수 36조 1항).

제4절 지급위탁의 취소

1 의 의

지급위탁의 취소는 발행인이 지급인에 대하여 자신이 발행한 특정한 수표의 지급을 중지시키는 뜻의 의사표시이다. 수표가 발행된 후에 그 원인관계로부터 수표금의 지급을 중단할 사유가 발생한 경우에 발행인에게 지급을 중단할 권한을 주는 것이 지급 후에 발생할 혼란과 피해를 미리 막을 수 있다. 수표의 지급위탁의 취소는 제시기간이 지난 후에만 그 효력이 생긴다(수 32조 1항). 그리고 수표가 발행된 후에 법적 하자가 없으면 발행을 취소할 수 없다. 따라서 동 조항의 '취소'는 수표관계를 취소시키는 것이 아니라 그 지급만을 중지시키는 '철회'를 의미한다.

2 성 질

지급위탁의 취소의 성질을 수표관계와는 별도로 발행인이 지급인에게 한 자금관계상 지급사무위탁을 철회하는 지급사무위탁철회설이라는 견해가 있다.[9] 한편 수표발행 자체의 철회라고 보는 지급지시철회설이라는 견해가 있는데, 다시 이 견해는 지급시기철회의 효과가 지급인에 대한 관계에서만 미치고, 소지인에게는 미치지 않는다는 상대적 철회설[10]과 지급위탁의 취소는 발행행위 자체를 실효시키므로 지급인에게는 물론이고 소지인에 대하여도 철회의 효과가 미친다는 절대적 철회설로 나누어진다.

생각건대 지급위탁의 취소의 성질이 지급사무위탁의 철회로 보면 이미 발행된 수표에 대한 지급인의 권한이 완전히 소멸되어버리므로 지급거절이 확산되어 불필요한 상환이 남발될 우려가 있고, 절대적 철회설은 발행인의 일방적 의사만으로 발행행위 자체를 철회시키는 결과가 되므로 불합리하다. 따라서 지급위탁의 취소는 지급인에 대한 관계에서만 지급지시의 철회의 효력이 발생한다고 하는 상대적 철회설이 타당하다.[11]

3 방 법

지급위탁의 취소는 이미 발행된 수표에 관하여 행하여지는 의사표시로서 수표에 취소가 기재되지 아니하므로 수표행위가 아니다. 따라서 취소의 방식에 대하여 제한이 없으며, 단독행위이므로 일방적 의사표시로 취소할 수 있다.

4 지급인에 대한 효력

1. 제시기간경과 전 지급위탁의 취소

수표의 지급위탁의 취소는 제시기간이 지난 후에만 그 효력이 있다(수 32조 1항). 따라서 제시기간 중에 지급위탁이 취소되더라도 지급인은 수표금을 지급할 수 있으며, 그 지급으로 발행인에 대하여 책임을 지지 않는다. 하지만 지급인이 소지인에게 수표금을 지급할 의무를 부담하는 것이 아니므로 제시기간 중에 지급하지 않

9) 최기원(어), 835-836면.
10) 정동윤(어), 646-647면 .
11) 이철송(어), 479면.

더라도 소지인이 지급인에게 지급을 추궁할 수 없다.

수표법 제32조 제1항을 위반하여 제시기간 경과 전에 지급위탁의 취소를 합의한 경우에, 그 합의가 효력에 관하여 수표법 제32조 제1항은 강행규정이므로 무효라는 견해[12]와 수표지급인이 수표소지인에게 지급할 의무를 부담하지 않으므로 제시기간 경과 전에 지급위탁취소를 존중하겠다는 당사자 간의 합의도 유효하다는 견해[13]가 대립한다. 만일 이러한 합의를 허용하면 수표의 신용성이 악화되고, 수표의 지급결제수단의 기능도 약화될 우려가 있으므로 위와 같은 특약은 무효로 보아야 할 것이다.

2. 제시기간경과 후 지급위탁의 취소

제시기간경과 후에 지급위탁이 취소되거나 제시기간 경과 전의 지급위탁의 취소라도 제시기간이 경과하면 지급인은 수표금을 지급할 수 없다. 설사 지급을 하더라도 발행인의 계산으로 돌릴 수 없고, 만일 발행인의 계산으로 돌린 경우에는 손해배상의 의무를 부담한다.

5 지급위탁의 취소가 없는 경우

지급위탁의 취소가 없으면 지급인은 제시기간이 지난 후에도 수표금을 지급할 수 있다(수 32조 2항). 이는 지급인이 지급을 하더라도 면책된다는 의미이지 소지인에게 지급청구권을 부여한다는 의미는 아니다. 제시기간이 지나서 지급거절을 하면 추후에 다시 이득상환청구를 하면 응하여야 하므로 지급을 금지할 필요가 없다. 그러므로 제시기간이 지났더라도 지급위탁의 취소가 없으면 지급인이 수표금을 지급하는 것이 관행이다.

---

12) 정동윤(어), 648-649면 ; 양명조(어), 403면 ; 최준선(어), 459면.

13) 최기원(어), 838면.

제7장 자기앞수표

제1절 의 의

수표는 발행인 자신을 지급인으로 하여 발행할 수 있다(수 6조 3항). 자기앞수표란 발행인이 지급인의 지위를 겸하는 수표를 말한다. 수표의 지급인은 은행 기타 금융기관에 한정되므로(수 3조) 자기앞수표는 수표를 발행하는 은행이 자기를 지급인으로 지정하는 수표이다. 자기앞수표는 발행인이 수취인을 겸하는 자기지시수표와 구별된다. 자기앞수표는 발행점포와 지급점포가 다른 것과 동일한 것이 있다. 수표법은 지급인이 동일은행이면 지급점포가 다르더라도 자기앞수표로 본다.

제2절 자기앞수표의 효용

1 지급보증의 대용

수표소지인이 은행에 대하여 지급보증을 청구하면 은행은 지급보증을 하는 대신 수표발행인의 당좌계정으로부터 그 금액을 공제하고 자기앞수표를 발행하여 교부한다. 은행이 지급보증 시 거래처로부터 받은 자금을 별단계정이나 당좌계정의 지급보증계좌에 확보를 하더라도 거래처가 파산하거나 위 자금이 압류되면 위 자금이 은행으로 귀속되는지 여부가 불투명하는 등 복잡한 법률문제가 발생한다. 따라서 금융기관은 가능한 지급보증을 회피하고, 그 대체수단으로 자기앞수표를 발행하는 것을 선호한다.

2 현금의 대용

현금에 비하여 보관, 휴대 및 계산상 편리하고 안전하므로 자기앞수표가 현금대용으로 쓰인다. 판례는 은행의 자기앞수표의 제공은 지급제시기간 내에는 현금의 제공과 같이 채무의 내용에 좇은 현실의 제공이 된다고 한다. 최근 5만원권의 화폐가 발행 유통되므로 10만원권 자기앞수표는 그 기능을 상당부분 상실하고 있는 실정이다. 그 밖에도 자기앞수표는 송금용도나 납입용도로 사용된다.

제3절 자기앞수표의 법률관계

1 발행의뢰인과 은행의 관계

자기앞수표의 발행의뢰인은 자기가 예금하고 있는 은행에서 예금을 인출할 때 자기앞수표로 받을 수 있다. 즉, 자기앞수표는 고객의 의뢰에 의하여 은행이 발행한다. 그러나 발행의뢰인이 수표법상 당사자는 아니다. 발행은행과 의뢰인간의 법률관계를 일종의 위임계약이라고 보는 견해, 의뢰인의 현금교부에 대하여 은행이 자기앞수표로 대물변제를 한다는 견해 등이 있으나, 발행은행이 의뢰인에게 자기앞수표라는 유가물을 매매한다는 보는 매매설이 간명하고 합리적이다.[1)]

2 소지인과 은행의 관계

자기앞수표를 발행한 은행은 소지인에 대하여 발행인과 지급인의 두 지위를 갖는다.

지급인으로서 은행은 지급제시기간 내 그리고 그 기간이 경과한 후에도 지급위탁의 취소가 없는 한 지급인은 소지인에게 수표금을 지급할 수 있다. 그러나 지급제시기간 경과 후에는 소지인이 은행에 대하여 지급을 청구할 권리가 없는 것은

1) 최준선(어), 461면 ; 정동윤(어), 662면.

다른 수표와 같다. 그리고 지급제시기간 내에 지급거절이 되면 발행인으로서의 은행은 소구의무를 부담한다(수 39조). 따라서 제시기간을 지난 후에는 소구의무를 부담하지 않으므로 소지인에게 수표금을 지급할 의무가 없다. 즉 자기앞수표 소지인도 일반 수표처럼 지급제시기간 내에 발행인에 대하여 수표금지급소구권이 있는 것이다. 다만 자기앞수표는 지급인과 발행인이 동일인이므로 발행인의 지급위탁의 취소가 없고, 수표계약이 필요하지도 않으므로 지급이 확실하다.

제4절 자기앞수표의 이득상환청구권

1 서 설

자기앞수표도 지급제시기간 내에 지급제시를 하지 아니하면 수표소지인은 수표상의 권리를 상실하므로 발행은행에 대하여 수표금의 지급을 청구할 수 없고, 이득상환청구를 할 수 밖에 없다. 지급제시기간이 경과하더라도 지급위탁의 취소가 없는 한 지급인의 지급은 유효하므로, 발행의뢰인으로부터 도난·분실 등의 신고가 없으면 지급제시기간이 지난 후에도 은행이 지급하는 것이 상례이다. 이러한 지급은 은행의 임의적 지급일뿐 수표소지인의 권리행사에 따르는 의무적 지급은 아니다.

2 이득상환청구권의 발생시기

자기앞수표의 제시기간이 지난 후에도 지급위탁의 취소가 없는 한 지급인이 지급할 수 있고 수표소지인은 지급인에게 이득상환청구권을 행사할 수 있는데, 이득상환청구권의 발생시기에 관하여 견해의 대립이 있다. 지급위탁을 취소한 날 또는 지급을 거절할 날의 경과로 그 다음날 청구권이 발생한다는 정지조건설[2]이 있지만, 수표의 지급제시기간의 경과로 수표상의 권리는 확정적으로 소멸하므로 이득상환청구권의 요건을 충족하는 한 이득상환청구권은 제시기간이 지난 그 다음날

2) 양승규, "이득상환청구권", 서울대 법학, 제12권 1호, 1970, 105면.

발생하며, 후에 지급위탁의 취소가 없어 그 후에 지급으로 유효한 변제가 이루어진 때에는 발행인의 이득은 그때 소멸하여 일단 발생한 발행인의 이득상환의무도 소멸한다는 해제조건설[3]이 통설의 입장으로서 타당하다.

이득상환청구권의 양도는 수표상 권리가 소멸할 당시의 정당한 소지인으로부터, 배서가 아닌 지명채권양도의 방식으로 양도하여야 하고, 대항요건을 갖추어야만 유효한 양도가 된다. 그런데 자기앞수표는 소지인이 은행에 지급제시 하는 것이 양도통지한 것이 되어, 대항요건을 갖춘 것으로 본다.[4] 대법원은 제시기간경과 후의 자기앞수표의 양도는 이득상환청구권의 양도와 그 양도통지 권능의 양도를 동반하고 자기앞수표의 양수인이 은행에 자기앞수표를 제시한 때에 양도인을 대위하여 양도의 통지를 하는 것으로 보고 있다.

교부에 의하여 전전 유통되는 자기앞수표의 경우 수표상 권리가 소멸할 당시의 정당한 소지인을 확인하는 것은 사실상 불가능하므로 제시기간이 지난 후에 자기앞수표를 취득하는 자는 손해를 볼 수 있다.[5] 판례가 자기앞수표에만 지명채권양도방법에 대하여 예외를 인정하는 것은 논리적인 일관성은 없지만 거래관행과 현실을 고려한 절충적인 해결방안을 제시한 것으로 이해된다.

대법원 1976. 1. 13. 선고 70다2462 전원합의체 판결

그런데 수표상의 권리가 절차의 흠결로 인해서 또는 소멸시효의 완성으로 말미암아 소멸되었을 때 당시의 동 수표의 정당한 소지인은 이득을 한 수표상의 의무자에 대하여 그가 받은 이익의 한도에서 상환을 구할 수 있으며 한편, 은행 또는 기타 금융기관이 발행한 자기앞수표(이하 단순히 은행의 자기앞수표라고 약칭한다)는 제시기간내에서는 물론이거니와 제시기간 후에도 발행은행에서 또는 그 외의 금융기관에서 쉽게 지급받을 수 있다는 거래상의 확신에 의해서 현금과 같이 널리 유통되고 있을 뿐만 아니라 수표의 양도는 거래의 일반적인 인식으로서는 수표의 표시되어 있는 액면상당의 금원을 발행은행으로부터 지급받을 수 있는 권리를 그것이 수표상의 권리이던 또는 그렇지 않고(어느 의미에 있어서는)등 권리의 변형물이라고도 할 수 있는 동권리의 소멸로 인해서 발생되는 이득상환권이던 간에 구별함이 없이 또 그것을 구별하려고도 하지 않고 양도하고 양도받는 것이 거래의 실정이라고 할 것이므로 이와같은 거래의 실정에 비추어 볼 때 수표소지인이

3) 정찬형(어), 679-680면; 정동윤(어), 268-269면.
4) 최준선(어), 470-471면.
5) 정동윤(어), 664면.

수표법상의 보전절차를 취함이 없이 제시기간을 도과하여 수표상의 권리가 소멸된 수표를 양도하는 행위는 수표금액의 지급수령권한과 아울러 특별한 사정이 없으면은 수표상의 권리의 소멸로 인해서 소지인에게 발생한 이득상환청구권까지도 이를 양도하는 동시에 그에 수반해서 이득을 한 발행인인 은행에 대하여 소지인을 대신해서 그 양도에 관한 통지를 할 수 있는 권능을 부여하는 것이라고 하여야 할 것이고 그렇게 양도받은 수표를 양수인이 다시 제3자에게 양도하는 행위는 이와 같이 양도받은 수표금액의 지급수령권한과 아울러 이득상환청구권을 위 소지인으로부터 수권된 이득을 한 채무자인 발행은행에 대한 통지의 권능이 수반된 상태로 이전하는 행위라 할 것이고, 그렇게 하는 것이 특별한 사정이 없는 한 당사자들의 의사에 합치될 뿐만 아니라 거래의 실정에 적합하고 나아가서는 이와 같은 수표의 양도로 인해서 야기될 수 있는 법률관계를 간결하고 타당하게 해결할 수 있는 것이라고 할 것이므로 이와 같은 수표의 정당한 소지인은 발행은행에 대하여 그가 받는 이익의 한도에서 이득상환청구권을 행사할 수 있고 또 채무자인 발행은행도 동 수표의 소지인에게 변제하므로서 유효하게 동 채무를 면하게 된다고 할 것이다.

대법원 1981. 6. 23. 선고 81다167 판결

본건 수표 중 액면 금 400,000원의 자기앞수표는 그 발행이 1980. 1. 15이므로 원고가 이를 취득한 같은 달 26은 제시기간 경과 후임이 분명한바, 원래 수표금의 이득상환청구권이 있는 수표소지인이라 함은 그 수표상의 권리가 소멸할 당시의 정당한 소지인으로서 그 수표상의 권리를 행사할 수 있었던 자를 가리킨다 할 것이므로 (당원 1978. 6. 13. 선고 78다568 판결 참조) 은행 또는 금융기관의 발행한 자기앞수표 소지인이 수표법상의 보전절차를 취함이 없이 제시기간을 도과하여 수표상의 권리가 소멸된 수표를 양도하는 경우에 특별한 사정이 없으면 수표상의 권리의 소멸로 인해서 소지인에게 발생한 이득상환청구권을 양도함과 동시에 그에 수반해서 이득을 한 발행인인 은행에 대하여 소지인을 대신해서 그 양도에 관한 통지를 할 수 있는 권능을 부여하는 것이라(당원 1976. 1. 13. 선고 70다2462 판결 참조)고 할지라도 이는 정당한 수표소지인이 수표를 양도하는 경우에 한한다 할 것이다. 기록을 살펴보아도 위 수표의 제시기간 경과 당시의 소지인이 위 이원식 또는 그 처라는 여인인지 혹은 다른 사람인지 알 수 없고 그 소지인이라는 위 이원식이나 위 여인 또는 어떤 소지인이 정당한 수표소지인인지를 가려볼 자료가 없는 본건에 있어 원고는 제시기간 경과 후의 본건 액면 금 400,000원의 자기앞수표(수표법 제24조 참조)의 양수에 관하여는 지명채권양도의 방법에 따른 절차를 밟음이 없는 한 이득상환청구권을 양도받았음을 발행인인 피고에게 주장할 수 없음이 분명하니 이런 취지에서 한 원심의 판단은 정당하고 거기에 판례위반의 잘못이 있다고 할 수 없다.

제5절 자기앞수표의 입법적 해결방안

자기앞수표는 우리나라에서 현금의 대용물로 사용되고 있다. 수표의 형태로 발행되는 유가증권이기 때문에 수표이론을 적용하지만 입법론으로 자기앞수표의 발행인에게 약속어음의 발행인과 같은 종류의 채무를 부담시키는 것이 필요하다는 주장이 있다. 미국의 통일상법전(U.C.C) 개정 제3편인 유통증권법이 자기앞수표라 함은 발행인과 지급인이 동일은행이거나 동일지점으로 되어 있는 수표라고 정의하고 있다. 즉, 자기앞수표의 발행은행의 의무를 별도로 정의하여 마치 약속어음 발행인과 같은 의무를 부담하는 일람출급 약속어음으로 다루고 있으며, 개정법의 공식주석도 자기앞수표의 발행은행을 인수인으로 보아서 안 된다고 명시하고 있는 점에 비추어 봐서 우리 수표법 체계상 자기앞수표의 발행인을 주된 채무자로 인정하는 것이 불가하다면 수표발행인으로서의 소구의무를 부과함에 있어 자기앞수표 발행인에게는 지급제시기간 내에 지급제시를 하지 않더라도 소구권을 행사할 수 있도록 수표법 제39조에 단서조항을 신설하거나 특칙을 신설하는 방안이 필요하다는 주장이 있다.[6]

일반 수표나 환어음체계와 현저히 다른 자기앞수표의 경우에 그에 맞게 입법을 하는 것도 고려해 볼 필요가 있다.

---

6) 양명조(어), 419-420면.

제8장 횡선수표

제1절 의 의

횡선(橫線)수표라 함은 수표의 앞면에 두 줄의 평행선을 그은 수표를 말한다(수 37조 2항). 수표는 일람출급이고 또 소지인출급식이 일반적이므로 수표를 도난 분실한 경우에는 악의의 소지인이 지급받을 위험이 크다. 제시기간이 지난 후에 발행인이 지급위탁을 취소하거나 지급수령자격을 제한하는 방법으로 그 위험을 회피할 수 있는데, 지급수령자의 자격을 제한하는 방법이 횡선수표이다. 횡선수표의 지급인은 은행이나 지급인의 거래처에만 지급할 수 있으므로(수 38조 1항), 만일 무권리자가 지급을 받더라도 즉시 지급받은 자의 신원을 알아내 대처할 수 있으므로 상대적으로 안전하다.

제2절 횡선수표의 종류와 방식

1 종 류

일반횡선수표는 수표의 앞면에 두 줄의 평행선(//)을 긋고 두 줄의 횡선 내에 아무런 지정을 하지 않거나 또는 '은행' 또는 이와 같은 뜻이 있는 문구를 적은 수표이다(수 37조 2항 · 3항). 특정횡선수표는 두 줄의 평행선 내에 특정은행의 명칭을 적은 수표이다.

2 방 식

수표에 횡선을 그을 수 있는 자는 발행인 또는 소지인이다(수 37조 1항). 횡선의 변경은 수령자의 자격을 강화하는 방식으로는 가능하지만, 이를 완화하는 방식은 허용되지 않는다. 그래서 일반횡선수표를 특정횡선수표로 변경할 수는 있으나, 특정횡선수표를 일반횡선수표로 변경할 수 없다(수 37조 4항). 횡선수표를 말소할 수 없으므로 일반횡선수표를 일반수표로 변경할 수 없다. 횡선 또는 지정된 은행의 명칭의 말소는 하지 아니한 것으로 보는데(수 37조 5항), 그 이유는 횡선의 말소나 지정된 은행 명칭의 말소는 수령자격을 완화를 하는 것을 의미할 뿐만 아니라 그 말소를 권한있는 자에 의한 것인지를 알 수 없기 때문이다.[1)]

제3절 횡선수표의 효력

1 지급제한의 효력

일반횡선수표의 지급인은 은행 또는 지급인의 거래처에만 지급할 수 있다(수 38조 1항). 여기의 거래처란 지급은행과 거래관계가 있어 그 신원을 파악할 수 있는 거래자를 의미하고, 그 거래범위는 반드시 당좌거래에 한정되는 것은 아니므로 어음거래나 예금거래처럼 어느 정도 계속적으로 거래관계에 있으면 될 것이다.

특정횡선수표의 지급인은 지정된 은행에만 또는 지정된 은행이 지급인인 경우에는 자기의 거래처에만 지급할 수 있다(수 38조 2항 본문). 한편 지정된 은행이 현실로 지급받을 수도 있으나 추심위임배서를 하여 다른 은행으로 하여금 지급받게 할 수도 있다(수 38조 2항 단서). 그리고 여러 개의 특정횡선이 있는 수표의 지급인은 이를 지급하지 못한다(수 38조 4항 본문). 이를 허용하면 부정취득자가 임의로 특정횡선을 부기하여 악용할 수 있을 뿐만 아니라 안전을 고려하여 인정된 특정횡선제도의 취지에도 반하기 때문이다. 그러나 2개의 횡선이 있는 경우에 그 하나가 어

---

1) 최준선(어), 463-464면.

음교환소에 제시하여 추심하게 하기 위한 것일 때에는 지급인은 지급을 할 수 있다(수 38조 4항 단서). 이는 어음교환소에 가입하지 않은 은행이 피지정은행으로 되어있는 수표에 대하여 어음교환소에서의 추심을 가능하게 하려는 것이다.

2 취득의 제한

은행은 자기의 거래처 또는 다른 은행에서만 횡선수표를 취득할 수 있고, 은행은 이 외의 자를 위하여 횡선수표의 추심을 하지 못한다(수 38조 3항). 횡선수표의 부정취득자가 그 수표를 은행에 양도하거나 또는 은행에 추심을 위임하여 쉽게 수표의 지급을 받거나 지급받는 것과 같은 목적을 달성할 수 없도록 이러한 제한을 두고 있다.[2)]

3 제한위반의 효력

지급제한을 위반하여 횡선수표를 지급한 지급인 및 취득제한을 위반하여 횡선수표를 취득한 은행은 이로 인하여 발생한 손해에 대하여 수표금액의 한도 내에서 배상할 책임을 진다(수 38조 5항). 이 책임은 수표법이 인정하는 무과실책임이므로 손해액이 수표금액 이상인 경우에는 민사상 불법행위책임을 청구할 수 있다.

4 횡선배제특약의 효력

발행인과 지급인 사이에 횡선에도 불구하고 수표소지인에게 지급해도 좋다는 특약을 한 경우에는 횡선의 효력은 배제된다. 횡선수표제도나 위반자에 대한 손해배상책임은 진정한 수표권리자의 이익을 보호하기 위한 것이므로, 수표권리자가 이익을 포기하는 특약은 유효하다. 판례는 횡선부분이 절지된 경우에는 지급인의 횡선의 가능성을 의심하여 이를 조사하여야 하는데도 조사하지 않고 횡선수표의 거래처가 아닌 자에게 지급을 하였다면 그로 인한 손해를 배상하여야 한다고 한다.[3)]

2) 최준선(어), 464-465면.
3) 대법원 1977. 8. 23. 77다344.

제9장 소구(상환청구)

제1절 소구요건

수표를 지급제시하여 지급이 거절된 경우에 수표의 소구는 환어음의 소구와 유사하지만, 수표가 일람출급성의 지급증권이란 점에서 약간의 차이가 있다. 수표를 소구하기 위한 요건은 다음과 같다.

첫째로, 지급인이 적법한 제시기간 내에 지급제시를 하였으나 지급받지 못하여야 한다. 그러나 수표는 일람출급식이므로 인수거절이나 지급인의 파산이나 지급의 정지 또는 강제집행 부주효와 같은 환어음의 만기 전 소구원인이 존재하지 않는다.

둘째로, i) 공정증서인 지급거절증서를 작성하는 방법, ii) 수표에 제시된 날을 적고 날짜를 부기한 지급인의 선언, iii) 적법한 시기에 수표를 제시하였으나 지급받지 못하였음을 증명하고 날짜를 부기한 어음교환소의 선언 중 어느 하나의 방법으로 지급거절을 증명하여야 한다(수 39조).

지급인의 부도선언은 수표의 앞면에 기재하여야 하므로 보전에 기재된 선언은 효력이 없으며,[1] 뒷면에 기재된 것은 효력이 있다. 그리고 거절증서 또는 이와 같은 효력이 있는 선언은 제시기간이 지나기 전에 작성시켜야 하는데, 만일 제시기간 말일에 제시한 경우에는 거절증서 또는 이와 같은 효력이 있는 선언은 그 날 이후의 제1거래일에 작성시킬 수 있다(수 40조).

1) 대법원 1982. 6. 8. 81다107.

제2절 불가항력의 존속기간과 소구금액의 계산

환어음은 불가항력이 만기로부터 30일 이상 계속되는 때에는 지급의 제시 또는 지급거절증서의 작성없이 소구권을 행사할 수 있으나 수표에서는 소지인이 불가항력의 통지를 한 날부터 15일 이상 계속되는 때에는, 제시기간이 지나기 전에 그 통지를 한 경우에도 권리보전절차 없이 소구권을 행사할 수 있다(수 47조 항4). 그리고 소지인이나 소지인으로부터 수표의 제시 또는 거절증서나 이와 같은 효력이 있는 선언의 작성을 위임받은 자의 단순한 인적 사유는 불가항력으로 보지 아니한다(수 47조 5항).

수표의 소구금액은 지급되지 아니한 수표의 금액, 연 6%의 이율로 계산한 제시일 이후의 이자, 거절증서 또는 이와 같은 효력이 있는 선언의 작성비용, 통지비용 및 그 밖의 비용이므로(수 44조), 환어음과 달리 약정이자의 계산이 필요하지 않다. 그리고 환어음의 상환방법으로서 어음상 채무자를 피배서인으로 기재하는 역어음을 발행할 수 있으나, 수표는 지급인의 자격이 제한되므로 소구의무자를 지급인으로 하는 수표를 발행할 수 없다.

제 10 장 복 본

어음에는 등본과 복본이 있으나 수표에는 복본만 있다.

수표는 i) 한 국가에서 발행하고 다른 국가나 발행국의 해외영토에서 지급할 수표, ii) 한 국가의 해외영토에서 발행하고 그 본국에서 지급할 수표, iii) 한 국가의 해외영토에서 발행하고 같은 해외영토에서 지급할 수표, iv) 한 국가의 해외영토에서 발행하고 그 국가의 다른 해외영토에서 지급할 수표에 한하여 같은 내용으로 여러 통을 복본으로 발행할 수 있고, 다만 소지인출급식이 아니어야 한다. 복본은 발행인이 발행하지만 소지인에게 복본교부청구권이 없다.

각 복본에는 그 증권의 본문 중에 번호를 붙여야 하며, 번호를 붙이지 아니한 경우에는 그 여러 통의 복본은 별개의 수표로 본다(수 48조). 그리고 복본의 1통에 대한 지급이 있는 때에는 그 지급이 다른 복본을 무효로 하는 뜻의 복본에 적혀있지 아니하여도 의무를 면하게 한다(수 49조 1항). 여럿에게 각각 복본을 양도한 배서인과 그 후의 배서인은 그가 기명날인하거나 서명한 각 통의 복본으로서 반환을 받지 아니한 것에 대하여 책임을 진다(수 49조 2항).

제 11 장 수표의 시효

수표소지인의 배서인, 발행인 그 밖의 채무자에 대한 상환청구권은 제시기간이 지난 후 6개월간 행사하지 아니하면 소멸시효가 완성된다(수 51조 1항). 수표 채무자의 다른 채무자에 대한 상환청구권은 그 채무자가 수표를 환수한 날 또는 그 자가 제소된 날부터 6개월간 행사하지 아니하면 소멸시효가 완성된다(수 51조 2항). 그리고 지급보증을 한 지급인에 대한 수표상의 청구권은 제시기간이 지난 후 1년간 행사하지 아니하면 소멸시효가 완성된다(수 58조).

제 12 장 부정수표단속법 위반

제1절 취 지

이 법은 부정수표 등의 발행을 단속·처벌함으로써 국민의 경제생활의 안전과 유통증권인 수표의 기능을 보장함을 목적으로 한다. 이법의 대상이 되는 수표는 수표요건을 완비한 수표이고, 흠결된 수표는 처벌대상이 아니다. 발행일 백지인 수표는 이 법의 대상이 아니지만[1], 발행지 백지수표는 처벌대상이 된다.[2]

대법원 2004. 6. 11. 선고 2003도6631 판결

> 부정수표단속법이 규정하는 수표의 발행이라 함은 수표용지에 수표의 기본요건을 작성하여 상대방에 교부하는 행위를 일컫는다 할 것이고, 이미 적법하게 발행된 백지수표의 금액이나 발행일을 기입 완성하는 보충행위 또는 적법하게 발행된 수표의 발행일자 등을 수표소지인의 양해 아래 정정하는 사후 정정행위는 부정수표단속법에서 규정하는 수표의 발행으로 볼 수 없으므로(대법원 2000. 9. 5. 선고 2000도2840 판결; 2004. 2. 13. 선고 2002도4464 판결 등 참조), 이 부분 공소사실을 유죄로 인정하기 위하여는 피고인이 이 사건 당좌수표를 실제로 발행한 것이 거래정지처분을 받은 이후임이 인정되어야 할 것인바, 피고인은 수사기관 이래 일관하여 이 사건 당좌수표는 이존익으로부터 차용한 합계 2억 원에 대한 담보 명목으로 1997. 5. 또는 같은 해 6.경 발행일을 백지로 하여 발행·교부하였다가 그 후 이존익의 양해 아래 발행일을 계속 정정하였을 뿐이라고 주장하고 있고, 아래에서 보는 바와 같이 원심이 유죄의 증거로 거시한 이존익의 검찰 진술조서와 각 고발장의 기재만으로는 이 사건 당좌수표의 실제 발행이 거래정지처분 이후에 이루어졌다고 단정하기 어렵다.

---

1) 대법원 2004. 6. 11. 2003도6631 ; 2004. 2. 13. 2002도 4464.

2) 대법원 1983. 9. 13. 83도1093.

제2절 부정수표 발행인의 형사책임

첫째로 가공인물의 명의로 발행한 수표, 둘째로 금융기관(우체국을 포함한다. 이하 같다)과의 수표계약 없이 발행하거나 금융기관으로부터 거래정지처분을 받은 후에 발행한 수표, 셋째로 금융기관에 등록된 것과 다른 서명 또는 기명날인으로 발행한 수표 중 어느 하나에 해당하는 부정수표를 발행하거나 작성한 자는 5년 이하의 징역 또는 수표금액의 10배 이하의 벌금에 처한다(부수 2조 1항). 또한 수표를 발행하거나 작성한 자가 수표를 발행한 후에 예금부족, 거래정지처분이나 수표계약의 해제 또는 해지로 인하여 제시기일에 지급되지 아니하게 한 경우에도 5년 이하의 징역 또는 수표금액의 10배 이하의 벌금에 처한다(부수 2조 2항). 부정수표법 제2조 제2항의 지급거절사유는 제한적으로 열거된 것으로 보아야 하므로 수표가 발행인 또는 작성자의 책임으로 돌릴 수 있는 사유로 인하여 지급거절이 되었더라도 그 지급거절이 위 규정의 '예금부족·거래정지처분 또는 수표계약의 해제·해지' 이외의 사유로 인한 때에는 그 수표의 발행인 또는 작성자에 대하여 부정수표단속법 제2조 제2항 위반죄가 성립하지 않는다. 따라서 당좌수표가 그 발행인의 허위의 사고신고서 제출 및 지급정지 의뢰로 지급되지 않았다면, 그 당좌수표는 같은 법 제2조 제2항의 '예금부족으로 인하여' 지급되지 않았다고 볼 수 없다.[3]

그리고 과실로 부정수표단속법 제2조 제1항과 제2항의 죄를 범한 자는 3년 이하의 금고 또는 수표금액의 5배 이하의 벌금에 처한다(부수 2조 3항). 그러나 부정수표단속법 제2조 제2항과 제3항의 죄는 수표를 발행하거나 작성한 자가 그 수표를 회수한 경우 또는 회수하지 못하였더라도 수표 소지인의 명시적 의사에 반하는 경우 공소를 제기할 수 없다(부수 2조 4항). 그런데 부도수표가 제권판결에 의하여 무효가 됨으로써 수표소지인이 더 이상 발행인 등에게 수표금의 지급을 구할 수 없게 되었더라도, 그러한 사정만으로 수표가 회수되거나 수표소지인이 처벌을 희망하지 아니하는 의사를 명시한 경우라 볼 수 없다고 한다.[4]

3) 대법원 2006. 10. 26. 2006도5147.
4) 대법원 2006. 5. 26. 2006도1711.

대법원 1996. 1. 26. 선고 95도1971 판결

부정수표단속법 제2조 제4항에서 부정수표가 회수된 경우 공소를 제기할 수 없도록 하는 취지는 부정수표가 회수된 경우에는 수표소지인이 부정수표 발행자 또는 작성자의 처벌을 희망하지 아니하는 것과 마찬가지로 보아 같은 조 제2항 및 제3항의 죄를 이른바 반의사불벌죄로 규정한 취지라고 해석함이 상당하므로(당원 1994. 5. 10. 선고 94도475 판결 참조), 이와 같은 관점에서 보면, 이 사건의 경우와 같이 수표가 지급을 위한 제시가 되었으나 지급거절된 후 그 수표가 제권판결에 의하여 무효로 되어 수표소지인이 발행인 등에게 수표금의 지급을 구할 수 없게 되었다는 것만으로는 수표소지인이 부정수표 발행자 또는 작성자에 대한 처벌을 희망하지 아니하는 것으로 보기 어렵다고 할 것이고 따라서 수표가 부도된 후 그 수표에 대한 제권판결이 있었다는 사유는 같은 법 제2조 제4항에 공소를 제기할 수 없는 사유로 규정하고 있는 '수표가 회수된 경우'나 '수표소지인이 처벌을 희망하지 아니하는 의사를 명시한 경우'에 준하여 취급할 수 없다고 할 것이다.

부정수표법 제2조의 경우에 발행인이 법인이나 그 밖의 단체일 때에는 그 수표에 적혀 있는 대표자 또는 작성자를 처벌하며, 그 법인 또는 그 밖의 단체에도 해당 조문의 벌금형을 과(科)한다. 다만, 법인 또는 그 밖의 단체가 그 위반행위를 방지하기 위하여 해당 업무에 관하여 상당한 주의와 감독을 게을리 하지 아니한 경우에는 그러하지 아니하다(부수법 제3조 1항). 그리고 대리인이 수표를 발행한 경우에는 본인을 처벌하는 외에 그 대리인도 처벌한다(부수법 제3조 2항).

제3절 거짓신고자 및 위조·변조자의 형사책임

수표금액의 지급 또는 거래정지처분을 면할 목적으로 금융기관에 거짓 신고를 한 자는 10년 이하의 징역 또는 20만원 이하의 벌금에 처한다(부수 4조). 그리고 수표를 위조하거나 변조한 자는 1년 이상의 유기징역과 수표금액의 10배 이하의 벌금에 처한다(부수 5조).

제4절 금융기관의 고발의무

금융기관에 종사하는 사람이 직무상 부정수표단속법 제2조 제1항(발행인이 법인이나 그 밖의 단체인 경우를 포함한다) 또는 제5조에 규정된 수표를 발견한 때에는 48시간 이내에 수사기관에 고발하여야 하며, 제2조 제2항(발행인이 법인이나 그 밖의 단체인 경우를 포함한다)에 규정된 수표를 발견한 때에는 30일 이내에 수사기관에 고발하여야 한다(부수 7조 1항). 만일 부정수표단속법 제7조 제1항의 고발을 하지 아니하면 100만원 이하의 벌금에 처한다(부수 7조 2항).

5편

전자어음법

전자어음법

제1절 전자어음법의 제정 배경

1 취지와 배경

정보통신의 기술이 발달하고 일상생활에서 전자기술의 이용이 일반화 되면서 상품·용역거래뿐만 아니라 지급거래에서도 전자화폐, 전자자금이체 등 다양한 전자적 수단이 이용되고 있다. 더구나 국제거래에서 전자선하증권이 애용되고, 투자증권도 전자화가 이루어지고 있다. 그런데 기업들이 상거래수단으로서 약속어음을 많이 사용하고 있지만 약속어음의 수수와 추심에 많은 시간과 인력이 낭비되고 있어 이를 간편하고 안전하게 처리해주는 전자적 결제수단으로서 어음의 전자화의 필요성을 체감하고 우리나라도 어음의 전자화에 관한 입법을 추진하기에 이르렀다.

그래서 전자어음의 발행 및 유통에 관한 법률(이하에서는 '전자어음법'이라고 지칭함)이 2004. 3. 22.에 제정 공포되어(법률 제7197호) 2005. 1. 1.부터 시행되기에 이르렀다. 2009. 5. 8. 신설되고, 2013. 4. 5. 개정된 후 다시 2017. 10. 31. 개정되어 주식회사의 외부감사에 관한 법률 제4조에 따른 외부감사대상 주식회사 및 직전 사업연도 말의 자산총액이 대통령령으로 정하는 기준에 해당하는 법인사업자는 약속어음을 발행할 경우 전자어음으로 발행하여야 한다(전어 6조의 2).[1] 이들 회사가 종이어음을 발행할 경우 500만원 이하의 과태료 처분을 받는다(전어 23조 2항 1호).

전자어음법의 제정으로 인하여 수백년간 형성되어 온 어음은 유체물이어야 한다는 고정관념이 깨지고, 유가증권법에 대한 고전적 시각이 변하게 되었다. 유체물을 전제로 하여 어음의 발행, 유통, 권리행사에 관한 법리가 구성되었는데, 비공간

1) 동시행령 제8조의2에서 "직전 사업연도 말의 자산총액 등이 대통령령으로 정하는 기준에 해당하는 법인사업자"란 직전 사업연도 말의 자산총액이 100억원 이상인 법인사업자를 말한다(2014. 1. 7. 신설).

적인 정보가 어음의 효력을 가진 지급수단으로 등장하게 되자 기존의 어음법의 법리에 대한 재검토가 요구되었다. 전자어음 시행으로 상거래의 활성화와 비용절감의 효과를 기대할 수 있게 되었다. 그러므로 전자어음의 법리와 기존의 어음 법리가 조화를 이루도록 그 해석과 적용에 있어 신중함이 요구된다.[2)]

2 전자어음법과 어음법의 차이

전자어음의 발행 및 유통에 관한 법률 제4조는 '전자어음에 관하여 이 법에서 정한 것 외에는 어음법에서 정하는 바에 따른다'고 규정하고 있으므로, 어음법과 전자어음법의 관계는 일반법과 특별법의 관계이다. 그런데 전자어음법에서는 어음상의 권리관계에 관한 실체적인 법리에 관하여 거의 규정하고 있지 않다. 그러므로 전자어음상의 어음행위의 방식 및 권리행사를 위한 서면행위는 전자어음법에 의하여 해석하여야 하지만, 어음행위의 효력 및 어음당사자의 권리관계는 어음법리에 따라서 해석하여야 할 것이다.

제2절 전자어음의 의의

1 개 념

전자어음이라 함은 전자문서로 작성되고 전자어음관리기관에 등록된 약속어음을 말한다(전어 2조 2호). 여기서 전자문서란 전자문서 및 전자거래기본법 제2조 제1호에 따라 정보처리시스템에 의하여 전자적 형태로 작성, 송신·수신 또는 저장된 정보를 말한다(전어 2조 1호). 그리고 전자어음의 배서, 보증 또는 전자어음상의 권리를 행사하는 것은 전자어음법에 따른 전자문서로만 할 수 있다(전어 5조 4항).

1. 전자어음은 약속어음이다. 전자어음법 제1조는 전자적 방식으로 약속어음을 발행·유통하고 어음상의 권리를 행사할 수 있도록 하는 것이 전자어음법의

2) 이철송(어), 492-493면 ; 최준선(어), 475면.

목적이라고 밝히고 있는바, 전자어음이 어음법상 약속어음임을 전제로 하고 있다. 환어음을 전자어음에서 배제한 것은 국내거래에서 환어음이 거의 이용되지 않고, 기업 간 지급거래에서 약속어음이 대부분 이용되므로 약속어음에 한정하여 전자화를 하더라도 문제가 없기 때문이다.

2. 전자어음은 전자문서로 작성된 것이다. 전자문서로 발행되고, 전자문서에 의하여 배서·양도가 행해지며, 어음의 제시, 소구 등의 권리행사가 전자문서로 행해지는 것이다(전어 5조 4항). 이 점이 유체물로 발행되고 배서·양도되는 종이어음과 다르다.
3. 전자어음은 전자어음관리기관에 등록된 것이어야 한다. 그리고 전자어음에 관한 절차적 규정들이 전자어음관리기관과 연결되어 규정하고 있으므로 전자어음관리기관에 등록되지 아니한 어음은 전자어음법이 적용되지 않는다. 그러므로 전자어음관리기관에 등록되지 않은 채 전자문서의 형태로 발행된 어음은 전자어음법상의 전자어음이 아니다. 전자어음의 등록을 강제하는 것은 전자어음의 경우에 종이어음처럼 실물이 존재하지 않으므로 악용될 소지가 크기 때문이다.[3]

2 전자어음의 법적성질

1. 전자어음의 문서성

전자어음은 전자문서로 작성되고 등록된 약속어음으로 정의되는데, 여기의 전자문서가 유가증권에서 권리와 결합되는 증권, 즉 서면으로서의 효력이 있는가가 문제된다. 전자문서가 특별히 논의되는 이유는 전자어음이 전자문서로 작성되는데, 전자문서가 일반 종이문서와는 달라 이를 종이문서와 동일하게 취급하기 어렵기 때문이다.

문서라 함은 문자 또는 그 밖의 기호의 조합에 의하여 사상적 의미를 표현한 유형물을 말한다. 표현의 도구로서 유형물이라 함은 종이에 국한하지 않으며 나무·돌·금속·플라스틱·섬유·가죽 등도 포함되고, 붓·만년필·연필·볼펜 등의 필기용구에 한하지 않으며, 인쇄·조각 등 문자와 기호를 표시할 수 있는 것이면 된

3) 이철송(어), 493-494면.

다. 전자문서라 함은 정보처리시스템에 의하여 전자적 형태로 작성, 송·수신 또는 저장된 정보를 말한다.

문서부정설에 의하면 전자문서는 문서의 개념에 포함되지 않는다는 입장으로서, 전통적 개념에 따르자면 문서는 가독성이 있어야 하므로 음반이나 녹음테이프 등은 문서성을 인정받을 수 없었다. 전자적 기록의 경우에도 그 기록은 전자적 신호로 되어 있을 뿐 눈으로 해독 가능하다고는 할 수 없어 문서로 이해하기 곤란하다.

한편 문서긍정설에 의하면 전자문서도 문서에 해당된다고 보아야 하는 입장으로서, 전자문서 그 자체는 눈으로 보고 읽을 수 없다고 하더라도 사람의 사상, 의사, 관념의 표시를 내용으로 하고 있고, 컴퓨터의 도움을 받아 출력하면 눈으로 보고 읽을 수 있는 문서로 재현되며, 재현된 문서와 전자적 기록물은 일체 불가분의 관련을 가지는 것이므로 문서성이 인정된다는 것이다.

2. 전자어음의 법적성질

유가증권이 전자화한 것을 전자유가증권이라고 하는데, 이는 재산적 가치있는 사권을 전자문서화하여 그 권리의 이전이 전자문서에 의하여 전자적 방법으로 이루어지는 증권이다. 따라서 전자어음은 유가증권이라는 견해가 있다.[4] 한편 전자어음은 유가증권법상의 전형적인 유가증권으로 볼 수 없고, 장부증권이론에서의 장부증권 또는 전자적 권리표창이론에서의 전자적 등록증권 내지는 가치권이라는 견해가 있다.[5] 즉 전자어음이 금전채권을 표창하고 있지만 증권을 작성하지 않고 전자어음관리기관에 의하여 등록관리하며, 전자어음의 배서나 보증 및 권리행사가 전자문서로서만 할 수 있기 때문에 유가증권으로 보기는 어렵다는 것이다.

생각건대 전자문서는 완전한 문서로서 인정받기는 어렵지만 전자매체에 의하여 기록된 자료가 서면에 의하여 재현될 수 있으며 전자적 등록을 새로운 권리표창의 방식으로 인정할 수 있다고 본다. 따라서 전자어음을 종래의 완전한 유가증권과는 그 성질상 구별이 되지만 다른 한편으로는 완전히 다른 새로운 권리로 보기도 곤란하다. 따라서 기존의 유가증권의 개념의 연장선상에서 파악하여 그 성질이 허용하는 범위 내에서 종래의 유가증권의 법리가 적용되어야 할 것이다.[6]

---

4) 정구영, "전자어음제도의 법률적 문제점", 「인터넷법률」 제24호, 2004. 7, 56면.
5) 정찬형(어), 783면 ; 최준선(어), 477면.
6) 정찬형(어), 783면.

3 유가증권의 전자화방식

1. 전자등록방식

전자등록방식이란 유가증권이 표창할 권리의 내용을 소정의 등록기관이 관리하는 전자등록부에 등록해 놓고 이 등록부의 기재에 의하여 권리를 공시하고 그 기재의 변경에 의하여 권리의 양도와 담보설정을 공시하는 방식이다. 이 방식에서는 전자등록부의 기재가 권리의 근원이 되고 별도의 증권에 의하여 표창되는 것이 아니므로 유가증권으로서 성질을 가질 수 없다. 즉, 전자어음은 유가증권이 아니라 등록증권 내지는 가치권으로 이해한다. 마치 부동산 물권의 소재와 변경이 전자화된 등기부에 의하여 관리되는 것과 같은 이치이다.

2. 전자증권방식

전자증권방식은 유가증권 그 자체를 전자문서화 함으로써 재산적 가치를 전자증권에 표창하는 방식을 의미한다. 즉 유가증권이 전자화한 것을 전자유가증권이라고 한다. 이 견해에 따르면 재산적 가치가 있는 사권을 전자문서화하여 그 권리의 이전이 전자문서에 의하여 전자적 방법으로 이루어지는 증권이라는 것이다. 따라서 종이의 형태로 증권이 존재하지 않을 뿐, 유가증권이 표창하는 권리가 소정의 요식적 방식에 따라서 전자적으로 표현되고 양도나 담보설정도 전자적 유가증권의 이전을 수반한다.

그런데 이 방식에 의하면 전자증권이 타인에게 이전되더라도 유체물인 유가증권이 양수인에게 배타적으로 이전되는 것이 아니라 복사기능에 의하여 이전되므로 양도인에게도 동일한 문서가 남게 된다. 따라서 유가증권을 전자증권방식으로 이전 유통시키고자 할 때에는 전자증권의 정본의 존재가 인식되고 단일성이 확보되는 장치가 반드시 존재하여야 한다.[7]

3. 전자어음법의 입장

우리 전자어음법은 전자어음을 발행할 때에 전자어음등록기관에 등록을 하여야

7) 이철송(어), 495면.

만 그 효력이 발생하므로, 설사 어음요건을 갖추었더라도 등록이 되지 아니하면 전자어음으로서의 효력이 없다고 한다. 그런데 전자어음의 발행·배서가 전자어음의 송수신에 의하여 이루어지도록 하고 있다. 그래서 전자어음을 발행할 때에는 전자등록방식을, 전자어음을 이전할 때에는 전자증권방식을 취하는 것으로 이해하는 견해가 있다.[8]

한편 전자어음은 등록되어야만 전자어음으로서 효력을 갖는다는 점을 중시하여 유가증권이 아닌 전자등록방식을 취하고 있다는 견해도 있다.[9] 전자어음의 발행과 유통의 형태를 살펴보면, 발행을 할 때에도 수취인에게 전자어음을 송신하고(전어 6조 1항, 4항), 배서할 때에도 이 전자어음 자체를 피배서인에게 이전하므로(전어 7조 3항), 전자어음이라는 문서로 존재하고 그 모습을 유지하면서 이전되므로 전자증권방식을 취하는 것으로 본다.[10]

4 전자어음관리기관

1. 의 의

전자어음관리기관은 법무부장관의 지정을 받은 자(전어 2조 4호, 3조)로서 전자어음법상 전자어음의 발행, 유통, 결제를 관리하는 기관이다. 그래서 전자어음의 발행, 배서, 지급제시 등이 전자어음관리기관을 통하여 이루어지도록 함으로써 어음의 유통과 권리행사에 관한 모든 정보가 이 기관에 집중시켜서 전자어음의 진실성과 신뢰성을 확보하려고 한다.[11]

전자어음관리기관은 전자어음의 이용자등록(전어 2조 7호), 발행등록(전어 5조 1항), 발행등록의 거부 또는 연간 총 발행금액의 제한(전어 5조 2항), 지급제시의 상대방(전어 9조 1항), 자동 지급제시의 운영(전어 9조 1항), 지급거절통지의 상대방(전어 9조 4항), 지급거절 전자문서 통보의 상대방(전어 12조 2항), 소구의무 이행사실 통보의 상대방(전어 13조 2항), 전자어음 반환통보의 상대방(전어 14조 1항), 전자어음 수령거부 사실 증명문서 발급권자 및 수령거부 사실 통지의 상대방(전어 14조 3

8) 정구영, 앞의 논문, 58면.
9) 최준선(어), 477면.
10) 이철송(어), 496면.
11) 이철송(어), 497-497면.

항)으로서의 기능을 수행한다.

2. 전자어음거래의 안전성 확보 및 이용자 보호

(1) 전자어음관리기관의 안전성확보의무

전자어음관리기관은 전자어음 거래의 안전을 확보하고 지급의 확실성을 보장할 수 있도록 전자어음거래의 전자적 전송·처리를 위한 인력, 시설, 전자적 장치 등에 관하여 대통령령으로 정하는 기준을 준수하여야 한다(전어 15조).

(2) 전자어음거래 기록의 생성 및 보존

전자어음관리기관은 다음 각 호의 업무를 수행하여야 한다. 즉, ⅰ) 전자어음의 발행, 배서, 보증 및 권리행사 등을 할 때에 그 기관의 전자정보처리 조직을 통하여 이루어지도록 하는 조치, ⅱ) 전자어음별로 발행인과 배서인에 관한 기록, 전자어음 소지인의 변동사항 및 그 전자어음의 권리행사에 관한 기록의 보존, ⅲ) 전자어음거래를 추적·검색하고 오류가 발생할 경우 그 오류를 확인·정정할 수 있는 기록의 생성 및 보존을 하여야 한다(전어 16조 1항). 그리고 제1항에 따라 전자어음관리기관이 보존하여야 하는 기록의 종류와 방법 및 보존기간은 대통령령으로 정한다(전어 16조 2항).

(3) 전자어음 거래정보의 제공 등

전자어음관리기관은 이용자가 신청한 경우에는 대통령령으로 정하는 바에 따라 해당 전자어음 관련 발행 상황 및 잔액 등의 결제정보를 제공하여야 한다(전어 17조 1항). 여기의 이용자라 함은 전자어음거래를 위하여 전자어음관리기관에 등록하고 전자어음관리기관의 시스템을 이용하여 전자어음거래를 하는 자를 말한다(전어 2조 7호).

그리고 전자어음거래와 관련하여 업무상 이용자의 신상에 관한 사항과 이용자의 거래계좌 및 전자어음거래의 내용과 실적에 관한 정보 또는 자료를 알게 된 자는 이용자의 동의를 받지 아니하고 타인에게 제공하거나 누설하여서는 아니 된다. 다만, 금융실명거래 및 비밀보장에 관한 법률 제4조 제1항 단서에 따른 경우와 그 밖의 법률에서 정한 경우에는 그러하지 아니하다(전어 17조 2항). 전자어음관리기관은 건전한 전자어음 발행·유통과 선의의 거래자 보호를 위하여 대통령령으로 정하는 경우에는 법무부장관의 사전승인을 받아 제1항과 제2항에 규정된 사항 등을 공개할 수 있다(전어 17조 3항).

(4) 약관의 명시 · 통지

전자어음관리기관은 전자어음을 등록할 때에 이용자에게 전자어음거래에 관한 약관을 구체적으로 밝히고, 이용자가 요청하는 경우에는 대통령령으로 정하는 바에 따라 그 약관을 발급하고 내용을 설명하여야 한다(전어 18조 1항). 전자어음관리기관은 전자어음거래에 관한 약관을 제정하거나 변경하려면 법무부장관의 승인을 받아야 한다. 다만 약관의 변경으로 인하여 이용자의 권익이나 의무에 불리한 영향이 없다고 법무부장관이 정하는 경우에는 변경 후 10일 이내에 법무부장관에게 통보하여야 한다(전어 18조 2항).

(5) 이의제기 및 분쟁처리

전자어음관리기관은 대통령령으로 정하는 바에 따라 전자어음거래와 관련하여 이용자가 제기하는 정당한 의견이나 불만을 반영하고, 이용자가 전자어음거래에서 입은 손해를 배상하기 위한 절차를 마련하여야 한다(전어 19조 1항). 전자어음관리기관은 전자어음 등록시 제1항에 따른 절차를 구체적으로 밝혀야 한다(전어 19조 2항).

3. 전자어음관리업무의 감독

(1) 전자어음관리기관의 감독 및 검사

법무부장관은 전자어음관리기관에 대하여 이 법 또는 이 법에 따른 명령을 준수하는지를 감독한다(전어 20조 1항). 법무부장관은 전자어음법 제20조 제1항에 따른 감독을 위하여 필요하면 전자어음관리기관에 대하여 그 업무에 관한 보고를 하게 하거나 대통령령으로 정하는 바에 따라 전자어음관리기관의 전자어음관리 업무에 관한 시설 · 장비 · 서류, 그 밖의 물건을 검사할 수 있다(전어 20조 2항). 법무부장관은 전자어음제도의 원활한 운영 및 이용자 보호 등을 위하여 필요하면 전자어음관리기관에 이용자의 전자어음거래 정보 등 필요한 자료의 제출을 명할 수 있다(전어 20조 3항).

법무부장관은 전자어음관리기관이 이 법 또는 이 법에 따른 명령을 위반하여 전자어음제도의 건전한 운영을 해치거나 이용자의 권익을 침해할 우려가 있다고 인정되는 경우에는, i) 해당 위반행위에 대한 시정명령, ii) 전자어음관리기관에 대한 주의·경고 또는 그 임직원에 대한 주의·경고 및 문책의 요구, iii) 전자어음관리기관 임원의 해임권고 또는 직무정지의 요구 등의 조치를 할 수 있다(전어 20조 4항). 법무부장관은 전자어음제도의 운영 및 전자어음관리기관의 감독 또는 검사와 관련하여 필요하면 금융위원회에 협의를 요청하거나 대통령령으로 정하는 바에 따라 그 권한의 일부를 위임하거나 위탁할 수 있다(전어 20조 5항).

(2) 전자어음관리기관 지정의 취소

법무부장관은 전자어음관리기관이 i) 거짓이나 그 밖의 부정한 방법으로 제3조에 따른 전자어음관리기관으로 지정받은 경우, ii) 정당한 사유 없이 1년 이상 계속하여 영업을 하지 아니한 경우, iii) 법인의 합병·파산·폐업 등으로 사실상 영업을 종료한 경우에는 전자어음관리기관의 지정을 취소할 수 있다(전어 21조 1항).

전자어음관리기관은 지정이 취소된 경우에도 그 취소처분이 있기 전에 한 전자어음거래의 지급을 위한 업무를 계속하여 할 수 있다(전어 21조 2항). 법무부장관은 제1항에 따라 지정을 취소하려는 경우에는 청문을 하여야 하며 지정을 취소한 경우에는 지체 없이 그 내용을 관보에 공고하고 컴퓨터통신 등을 이용하여 일반인에게 알려야 한다(전어 21조 3항).

5 전자어음의 발행

1. 어음요건

전자어음법 제6조는 전자어음의 어음요건에 관해 규정하고 있다. 기본적으로는 어음법이 규정하는 약속어음의 어음요건에 따라 약속어음문구, 지급계속의 문구, 만기, 수령인, 발행일과 발행지를 기재하여야 한다(전어 6조 1항 1호). 동 규정이 어음법 제75조 제1호·제2호·제3호·제5호 및 제6호에서 정하는 사항만을 기재하여야 한다고 함으로써 어음법 제75조 제1항 제4호(지급지)와 제7호(발행인의 기명날인)를 제외하고, 지급지에 관하여 어음금의 지급을 담당할 금융기관이 있는 지역을 지급지로 본다고 하는바(전어 6조 2항), 이는 금융기관 사이에 계좌이체의 방법으로 전자어음이 지급되므로 지급지가 특별한 의미는 없지만, 어음소송의 특별재판적이 되므로 지급지에 관한 조항을 두고 있다. 그리고 발행인이 전자어음법 제6조 제1

항의 전자어음에 공인전자서명을 한 경우에는 어음법 제75조 제7호에 따른 기명날인 또는 서명을 한 것으로 본다(전어 6조 3항).

2. 전자어음의 특별요건

(1) 전자어음의 지급을 청구할 금융기관

전자어음법 제6조 제1항 제2호는 전자어음의 지급을 청구할 금융기관을 기재할 것을 규정하고 있는데, 이는 전자어음의 지급제시 및 지급을 전자적 방법으로 처리하기 위한 것으로서, 어음법 제77조 제2항 및 제4조에 규정된 제3자방(지급담당자)을 의미한다.

제3자방문구가 어음법에서는 임의적 기재사항이나 전자어음법에서는 필요적 기재사항이므로 이를 기재하지 않은 전자어음은 효력이 없다.[12] 전자어음의 발행·유통이 전자적으로 이루어지는바, 지급제시 및 지급을 정형화된 전자적 방법으로 대행하여 줄 금융기관이 필요하므로 이를 규정한 것이다. 그런데 이 규정은 비은행도어음은 어음거래의 부정형성으로 말미암아 분쟁이 소지가 크므로 전자어음의 방법으로 발행할 수 없도록 하고, 은행과 당좌거래약정 하에서 발행되는 은행도어음만을 전자어음으로 발행될 수 있게 하므로 전자어음법의 적용범위를 제한하는 역할을 한다.[13]

(2) 전자어음의 동일성을 표시하는 정보

전자어음법 제6조 제1항 제3호에서는 전자어음의 동일성을 표시하는 정보를 어음요건으로 규정하고 있다. 전자어음은 복사가 쉽고 사본이 복수로 존재할 수 있어 각 기재사항이 동일한 경우에는 서로 구별하는 것이 불가능하다. 따라서 어음에 일련번호를 기재하여 이용자가 어음의 동일성여부를 구별할 수 있도록 한다.

(3) 사업자 고유정보

전자어음법 제6조 제1항 제4호는 사업자 고유정보를 어음요건으로 규정하고 있는데, 이는 발행인의 상호, 사업자등록번호, 회원번호, 법인등록번호, 주민등록번호 등 사업자를 식별하는 정보를 의미한다(전어 2조 5호). 사업자 고유정보를 전자

12) 최준선(어), 479면.
13) 이철송(어), 498면.

어음요건으로 한 이유는 전자어음이 비대면으로 거래되므로, 발행인의 동일성을 인식할 수 있는 정보를 기재하게 함으로써 어음발행인을 특정하기 위한 것이다. 그런데 발행인의 자격을 법적근거 없이 사업자로 한정하는 것은 부당하다는 비판이 있다.[14]

(4) 전자어음발행의 효력발생시기

전자어음은 발행인이 타인에게 전자거래기본법 제6조 제1항에 따라 전자어음을 송신하고 그 타인이 같은 조 제2항에 따라 수신한 때에 발행한 것으로 본다(전어 6조 4항). 따라서 전자문서는 수신자가 당해 전자문서를 수신할 수 있는 정보처리시스템에 입력한 때에 송신한 것으로 보고, 수신자가 당해 전자문서를 수신할 수 있는 정보처리시스템을 지정한 때에는 그 정보처리시스템에 입력된 때, 지정하지 아니한 때에는 수신자가 관리하는 정보처리시스템에 입력된 때 송신한 것으로 본다.

다만 전자문서가 지정된 정보처리시스템이 아닌 정보처리시스템에 입력된 경우에는 수신자가 이를 출력한 때에 수신된 것으로 본다.[15] 이는 전자어음의 송·수신을 종이어음의 교부에 상당하는 행위로 의제하는 것이다.

전자어음발행의 효력발생시기와 관련하여 전자어음의 발행만으로 효력이 발생한다는 견해[16]가 있으나, 전자어음이 적법한 권리자에게 전달되어 그가 지정한 정보처리시스템에 입력되거나 출력되어야만 하는바, 적법한 권리자에 대하여 전자어음이 교부된 때 효력이 발생한다고 본다.[17] 그리고 전자어음에서는 어음법 제10조 규정에 의한 백지어음을 발행할 수 없다(전어 6조 6항). 이는 백지부분의 보충에 따른 혼란과 분쟁발생의 가능성을 미리 차단하기 위한 것이다.

6 배 서

1. 배서의 방식

어음의 배서는 어음 또는 보충지에 배서의 문구를 기재하고 배서인이 기명날인

14) 이철송(어), 499면.
15) 최준선(어), 480-481면.
16) 정구영, 앞의 논문, 60면.
17) 정완용, "전자어음법에 관한 고찰", 인터넷법률 제24호(2004. 7), 47면 ; 최준선(어), 481면.

하는 것인데(어 13조 1항), 전자어음에 배서를 하는 경우에는 배서의 문구를 기재하고 기명날인은 전자서명으로 대체한다. 따라서 전자어음에 배서의 뜻을 기재한 전자문서(이하 "배서전자문서"라 한다)를 첨부하여야 한다(전어 7조 1항). 여기의 첨부의 개념은 배서와 배서전자문서가 일체성을 가져야 한다는 의미이므로 배서하는 자는 전자어음과 배서전자문서가 동시에 피배서인에게 이전되도록 하여야 한다.[18)]

그리고 배서전자문서에는 전자어음의 동일성을 표시하는 정보를 기재하여야 하고(전어 7조 2항), 배서인이 타인에게 전자거래기본법 제6조 제1항에 따라 전자어음과 배서전자문서를 송신하고 그 타인이 제7조 제2항에 따라 수신한 때에는 어음법 제13조 제1항에 따른 배서 및 교부를 한 것으로 본다(전어 7조 3항).

전자어음의 배서의 경우에는 종이어음처럼 피배서인에게 교부할 수 없으므로 피배서인이 수신한 때에 배서한 것으로 본다. 그리고 피배서인이 다시 배서를 하는 경우에는 이전에 작성된 배서전자문서를 전자어음에 전부 첨부하고 새로 배서전자문서를 작성하여 첨부하여야 한다(전어 7조 4항).

2. 백지식배서의 가능성

전자어음법이 피배서인을 지정하지 않는 백지식배서에 대하여 규정을 두고 있지 않는데, 전자어음법에 규정이 없는 것은 어음법에 의하므로(전어 4조), 어음법 제13조 제2항에 의하여 백지식배서가 가능하다고 볼 수 있다. 이 경우에 백지식 배서된 전자어음은 백지식 배서전자문서를 첨부하여 다시 백지식으로 배서하거나 교부의 방법으로 양도하여야 한다. 그리고 이때 송·수신시에 공인전자서명을 하여야 한다.[19)]

이에 대하여 전자어음의 단순한 교부는 불가능하고 또 전자어음법도 단순한 교부의 절차를 규정하고 있지 않으므로 단순한 교부에 의하여 전자어음을 양도하는 것은 허용되지 않는다고 보아서, 백지식배서를 하더라도 그 피배서인은 자기의 이름을 보충하고 배서하거나 다시 백지로 배서할 수밖에 없어 결국 백지식배서를 허용할 실익이 없다는 견해가 있다.[20)]

생각건대 백지식배서를 허용하는 실익은 피배서인이 다시 배서를 하지 아니하고

18) 이철송(어), 500면 ; 최준선(어), 482면.
19) 최준선(어), 483면.
20) 이철송(어), 501면.

피배서인란을 타인의 이름으로 보충하고 교부하거나, 보충하지 아니하고 단순한 교부에 의해 타인에게 양도함으로써 소구의무를 면하고자 하는데 있다. 그런데 전자어음에서 단순한 교부가 있을 수 없고 또 전자어음법도 단순한 교부에 해당하는 절차를 마련하고 있지도 않으므로, 단순한 교부에 의해 전자어음을 양도하는 것은 허용되지 않는다고 보아야 할 것이다. 그렇다면 백지식배서를 하더라도 그 피배서인은 자기의 이름을 보충하고 배서하거나 다시 백지로 배서할 수밖에 없어 결국 백지식배서를 허용할 실익이 없다.

3. 배서의 효력

전자어음법에 규정이 없는 사항은 어음법에 의하므로 전자어음의 배서도 어음의 배서와 동일하게 권리이전적 효력, 담보적 효력, 자격수여적 효력이 인정된다. 그런데 전자어음법에서는 전자어음의 소지자가 소지한 어음이 유일한 정본이라는 사실을 확인할 수 있는 방법이 마련되어 있지 않아 2중, 3중의 양도가 가능하므로 자격수여적 효력을 인정할 수 없다는 견해가 있다.[21] 하지만 정본여부를 알 수 없다는 기술적 이유만으로 그 효력을 제한할 수 없다고 본다. 정본의 존재를 파악할 수 있는 것을 전제로 법을 해석하여야 할 것이므로, 정본의 진위 파악과 관련하여 미흡한 부분은 보완되어야 할 것이다.

4. 배서의 횟수제한과 만기

전자어음의 총배서 횟수는 20회를 초과할 수 없다고 규정하고 있는데(전어 7조 5항), 이는 전자어음이 단시간에 많은 배서가 이루어질 수 있어 다단계의 유통에 따른 문제가 발생하는 것을 피하기 위한 것이다. 같은 이유로 만기를 1년으로 제한하였다.

7 보 증

전자어음에 어음법상의 보증(어 30조 1항)을 할 경우에 전자적인 방법으로 하여

21) 정구영, 앞의 논문, 72면.

야 하므로 전자어음법 제8조가 그 방식을 규정하고 있다. 전자어음을 보증하는 자는 보증의 뜻을 기재한 전자문서를 그 전자어음에 첨부하여야 한다(전어 8조 1항). 전자어음의 보증에 관하여는 제6조 제3항·제4항 및 제7조 제2항을 준용한다(전어 8조 2항). 따라서 보증인이 보증전자문서에 공인전자서명을 한 경우에는 보증의 기명날인 또는 서명이 있는 것으로 본다. 배서와 마찬가지로 어음과 일체성을 이루는 전자문서로 하여야 하며, 전자서명, 보증의 시기 등은 발행 및 배서와 같다. 그러나 종이어음의 보증이 어음금액의 일부의 지급을 담보할 수 있는 것(어 30조 1항)과 달리, 전자어음은 보증에 의하여 그 금액의 일부의 지급을 담보할 수 없다(전어 8조 3항).

8 지급제시

1. 지급제시의 방법

어음금을 지급받기 위해서는 소지인은 어음채무자에게 어음을 지급제시 함으로써 이행을 청구하여야 하는데, 전자어음에서는 유체물로서의 어음을 제시할 수 없으므로 이에 갈음하는 행위가 필요하다. 그리하여 전자어음법은 전자어음의 소지인이 전자어음 및 전자어음의 배서에 관한 전자문서를 첨부하여 지급청구의 뜻이 기재된 전자문서를 제6조 제1항 제2호의 지급을 청구할 금융기관에 송신하고 그 금융기관이 수신한 때에는 어음법 제38조 제1항에서 규정한 지급을 위한 제시를 한 것으로 본다(전어 9조 1항 본문).

어음의 제시는 어음의 점유를 이전하는 것은 아닌데도 전자어음소지인이 지급담당은행에 전자어음을 송신하도록 규정하고 있어 마치 지급담당은행이 전자어음을 점유하는 것과 같은 형태를 띠고 있다. 이러한 문제를 해결하기 위하여 시행령은 자신의 정보처리조직에서 소지인이 지급담당은행에 전자어음을 송신하더라도 소지인측에서는 전자어음이 소멸하지 않고 지급담당은행 또는 발행인이 이를 전자어음의 정본으로 사용할 수 없도록 처리하는 장치를 관리기관으로 하여금 마련하도록 규정하고 있다.[22]

22) 이철송(어), 503면.

2. 전자어음관리기관에 대한 지급제시

전자어음관리기관에 대한 전자어음의 제시는 지급을 위한 제시와 같은 효력이 있다(전어 9조 1항 단서). 이 규정은 어음교환소의 지급제시(어 38조 2항)에 대응하는 규정이라는 견해가 있다. 그러나 전자어음관리기관은 금융기관이 아니므로 전자어음의 지급담당자가 될 수 없고, 관리기관이 유효한 지급제시를 받을 권한이 없으므로 이 규정은 문제가 있다. 이 규정은 발행인이 관리기관에 대하여 지급제시의 대행을 요청할 것으로 이해하고, 발행인의 의사에 의하여 소지인이 관리기관에게 전자어음을 제시한 때 어음제시의 효력이 발생하는 것으로 보면 될 것이다.

한편 전자어음관리기관이 운영하는 정보처리조직에 의하여 전자어음의 만기일 이전에 자동으로 지급 제시되도록 할 수 있다(전어 9조 1항 단서). 전자어음의 소지인은 만기일 이전에도 전자어음관리기관에 대하여 지급제시의 의사를 표시할 수 있고, 이 경우 전자어음관리기관은 지급제시기간에 자동으로 지급금융기관에 지급제시 되도록 정보처리조직을 운영하여야 함을 규정한 것이다.[23]

9 지 급

1. 지급사실의 통지와 상환의제

지급제시를 받은 금융기관이 어음금을 지급할 때에는 전자어음관리기관에 지급사실을 통지하여야 한다. 이는 이중지급의 위험을 방지하기 위한 것이다. 다만, 전자어음관리기관에서 운영하는 정보처리조직에 의하여 지급이 완료된 경우에는 그러하지 아니하다(전어 9조 4항). 전자어음법 제9조 제4항에 따른 통지가 있거나 전자어음관리기관의 정보처리조직에 의하여 지급이 완료된 경우에는 어음채무자가 해당어음을 환수한 것으로 보므로(전어 10조), 어음관계는 소멸한다.

실물 종이어음은 어음금과 상환으로 어음채무자에게 반환되는데, 전자어음은 상환이 불가능하므로 전자어음에서도 어음의 상환성을 유지하기 위하여 이 규정을 두었다. 따라서 동 규정은 이미 지급된 전자어음이 다시 유통되거나 지급제시 되어서는 안 된다는 것과 동시에 어음채무자가 채무이행의 증거로서 동 전자어음을

23) 최준선(어), 485면.

보관하여야 한다는 의미이다. 그러므로 관리기관은 자신의 정보처리조직에서 실제로 전자어음이 반복하여 유통되지 못하도록 하는 장치를 마련하여야 한다.[24)]

2. 일부지급

전자어음에서는 어음금의 일부지급에 관한 어음법 제39조 제1항부터 제3항까지의 규정을 적용하지 아니한다(전어 11조). 이 규정에 의하여 전자어음에서는 일부지급이 금지된다고 해석하는 견해[25)]와 일부지급이 금지되는 것은 아니고 다만 어음소지인이 일부지급의 수령을 거절할 수 있다는 의미라는 견해[26)]가 대립한다. 후자의 견해에 의하면 어음소지인이 일부변제를 수령하더라도 이익이 되므로 이를 일률적으로 막을 필요가 없다는 것이다.

생각건대 지급인이 일부지급을 하더라도 그 지급한 뜻을 전자어음에 기재하기가 어렵기 때문에 나중에 일부지급사실을 증명하기가 곤란하다. 그러나 어음채무자가 불리함을 감수하고 지급하는 것을 막을 필요가 없으며, 일부지급이 어음소지인에게 불리하지 않으므로 이를 금지할 필요가 없으나, 어음소지인은 복잡한 일부수령을 거절할 권한이 있다고 본다.

10 지급거절

1. 의 의

어음의 주채무자가 지급을 거절할 경우 소지인이 소구권을 행사하기 위해서는 적법한 지급제시사실과 거절사실을 증명하는 거절증서의 작성이 필요하다(어 44조 1항). 전자어음도 마찬가지로 지급제시와 지급거절사실을 증명할 필요가 있으나, 거절증서의 작성을 의무화하면 종이어음처럼 복잡·불편하고, 그렇다고 거절증서 작성을 면제시켜 주면 지급제시여부를 알 수 없게 되므로, 전자어음법이 거절증서 작성에 갈음할 간편한 방법을 규정하고 있다.

24) 이철송(어), 504면.
25) 이철송(어), 504면.
26) 최준선(어), 486면.

2. 거절의 절차

전자어음 소지인으로부터 지급제시를 받은 금융기관이 지급을 거절할 때에는 전자문서(지급거절 전자문서)로 하여야 한다(전어 12조 1항). 어음법상 지급거절증서는 지급할 날에 이은 2거래일 내에 작성되어야 하므로(어 44조 1항) 전자어음에 관하여 거절증서의 효력을 갖는 지급거절의 전자문서도 이 기간을 준수하여야 한다. 그러므로 지급은행과 관리기관은 지급을 거절할 경우 이 기간 내에 거절의 문서를 소지인에게 송신하여야 한다. 그리고 전자어음의 소지인이 금융기관으로부터 수신한 지급거절전자문서를 전자어음관리기관에 통보하고 전자어음관리기관이 이를 확인한 경우에는, 이 지급거절전자문서를 어음법 제44조 제1항의 공정증서(지급거절증서)로 본다(전어 12조 2항).

지급거절 전자문서는 지급제시를 위하여 송신되는 전자어음의 여백에 지급이 거절되었음을 표시하는 문언을 기재하는 방식으로 작성하거나, 전자어음법의 일부가 되는 별도의 문서를 작성하여야 한다(전어 거절시행령 10조 1항).

전자어음관리기관이 전자어음법 제12조 제2항에 따라 지급거절의 통보를 받은 경우에는 소지인이 적법하게 금융기관에 지급제시를 하였는지 확인하여야 하며 지급거절의 사실을 확인한 후 지급제시를 위한 전자어음의 여백에 지급거절을 확인하였음을 표시하는 문언을 기재한 후 동 전자어음을 즉시 소지인에게 송신하여야 한다(전어 시행령 10조 2항).

전자어음 소지인이 지급거절 전자문서를 수신한 날을 공정증서(거절증서)의 작성일로 본다(전어 12조 3항). 지급은행이 거절증서 작성기간 내에 거절증서의 전자문서를 송신하였으나, 소지인이 동 기간 내에 이를 수신하지 못한 경우에는 기간 내에 거절증서를 작성하지 못한 결과가 된다.

11 상환청구

전자어음의 소지인이 상환청구를 할 때에는, 전자어음, 배서전자문서, 지급거절 전자문서를 첨부하여 상환청구의 뜻을 기재한 문서를 상환의무자에게 송신하여야 한다(전어 13조 1항). 상환의무자가 상환금액을 지급한 경우에는 전자어음관리기관에 지급사실을 통지하여야 한다(전어 13조 2항). 이는 이중지급의 위험을 방지하기 위한 것이다. 그리고 지급사실의 통지를 하면 소구의무자가 전자어음을 환수한 것으로 본다(전어 13조 3항). 이는 소구의무자가 소구의무를 이행한 때에는 소구의무자가 자기의 전자에게 재소구를 할 수 있게 하기 위한 것이다.

그러나 소구금액의 지급으로 인하여 전자어음이 환수된 것으로 의제하는 것만으로는 부족하고, 실질적으로 전자어음을 소구의무자에게 이전하는 조치와 소구의무자의 지급사실을 확인할 수 있는 장치가 필요하다. 만일 그러하지 아니하면 소구의무자가 어음금을 지급하지 않고 관리기관에 지급의 통지를 함으로써 어음을 환수하는 불합리한 결과가 발생할 소지가 생긴다.[27]

12 전자어음의 반환과 수령거부

1. 착오발행어음의 반환

전자어음을 발행하거나 배서한 자가 착오 등을 이유로 전자어음을 반환받으려면 그 소지인으로 하여금 전자어음관리기관에 반환의사를 통지하게 하여야 한다(전어 14조 1항). 이 통지를 하면 전자어음을 발행되거나 배서되지 아니한 것으로 보며, 전자어음관리기관은 그 전자어음의 발행 또는 배서에 관한 기록을 말소하여야 한다(전어 14조 2항). 따라서 발행인이 착오로 전자어음을 발행한 경우에 전자어음을 회수하려면 소지인과 어음외의 합의를 하여야 하고, 합의가 이루어지지 않으면 실물어음과 동일한 절차에 따라 어음반환을 받아야 한다.

2. 전자어음의 수령거부

실물어음에서 어음의 수수당사자간에 지급수단에 관하여 분쟁이 발생하여 수취인이 어음수령을 거부할 수 있다. 그러나 전자어음에서는 실물어음과 같은 방법으로 수령거부를 할 수 없으므로 달리 방법을 정한다. 전자어음의 수신자는 전자어음의 수령을 거부하려면 전자어음관리기관에 수령거부의사를 통지하여야 한다.

수령거부의사를 통지한 경우에는 수신자가 전자어음을 수령하지 아니한 것으로 보며, 전자어음관리기관은 수신자가 청구할 경우 그 수신자가 전자어음의 수령을 거부한 사실을 증명하는 문서를 발급하여야 한다(전어 14조 3항). 전자어음의 발

27) 이철송(어), 506면 ; 최준선(어), 487면

행 · 배서는 전자거래법 제6조 제2항에 따라 상대방이 수신한 때에 이루어지는 것으로 보는데, 이는 동 규정의 '수신'이 수신자의 의사와 상관없이 이루어질 수 있으므로 이러한 경우 수신자의 의사에 의하여 수령거부를 할 수 있게 하기 위한 것이다.[28)]

28) 이철송(어), 507면.

어음견양

약속어음
서울 01 191249
삼영사 귀하 자가00231789
KB
금 ₩6,680,000
위의 금액을 귀하 또는 귀하의 지시인에게 이 약속어음과 상환하여 지급하겠습니다.
지급기일 2007년 4월 10일
지급지
지급장소 주식회사 국민은행
발행일 2007년 2월 12일
발행지
주소
발행인
견양
아래의 임뒷면은 전산처리 부분이오니 글씨를 쓰거나 더럽히지 마십시오.
00231789 19 1249 00 0004 06

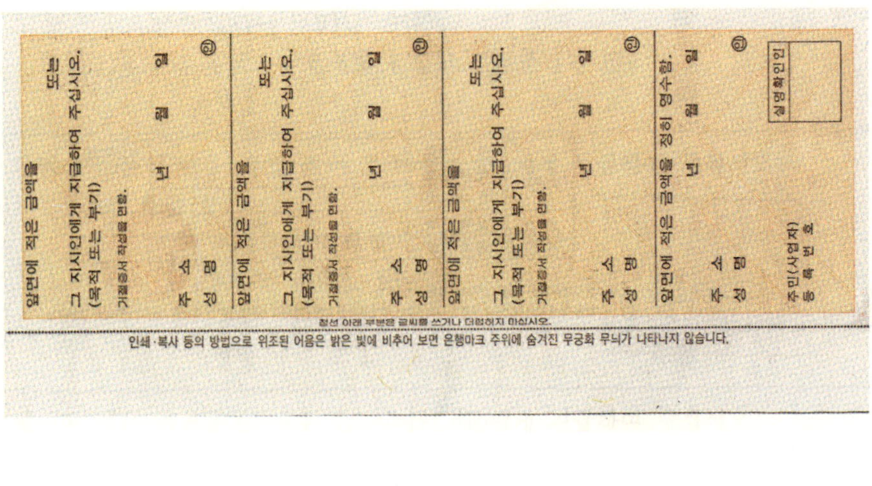
앞면에 적은 금액을 또는
그 지시인에게 지급하여 주십시오.
(목적 또는 부기)
년 월 일
주소
성명 인
앞면에 적은 금액을 정히 영수함.
주민(사업자) 등록번호
실명확인인
절선 아래 부분은 글씨를 쓰거나 더럽히지 마십시오.
인쇄·복사 등의 방법으로 위조된 어음은 밝은 빛에 비추어 보면 은행마크 주위에 숨겨진 무궁화 무늬가 나타나지 않습니다.

자기앞수표

지급지 서울
주식회사 국민은행 독립문지점 앞 라가08733405

서울 01
065333

KB ₩ 1,000,000.(금일백만원정)

이 수표 금액을 소지인에게 지급하여 주십시오.
거절증서 작성을 면제함.

견 양

년 월 일
2007. 02. 06

발행지 서울특별시
주식회사 국민은행 독립문지점 지점장 金容甲

아래의 앞뒷면은 전산처리 부분이오니 글씨를 쓰거나 더럽히지 마십시오.

08733405⑈ 06⑈ 5333⑆00 2172⑈ 16 ⑇0001000000⑇

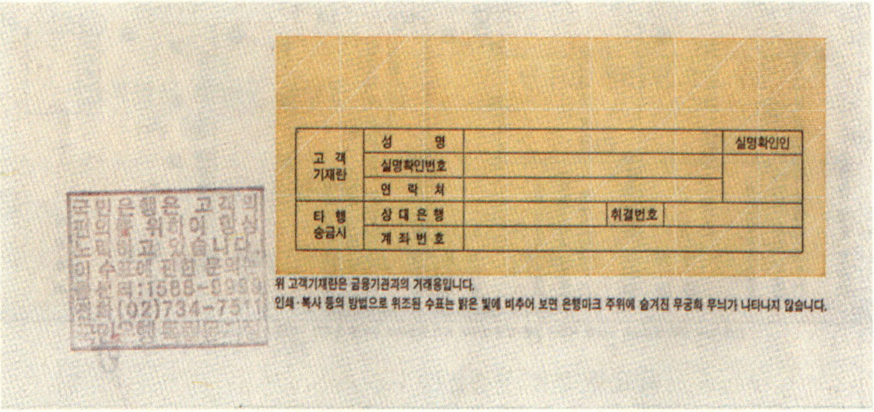

고객 기재란	성 명		실명확인인
	실명확인번호		
	연 락 처		
타행 송금시	상대은행	취결번호	
	계좌번호		

위 고객기재란은 금융기관의 거래용입니다.
인쇄·복사 등의 방법으로 위조된 수표는 밝은 빛에 비추어 보면 은행마크 주위에 숨겨진 무궁화 무늬가 나타나지 않습니다.

국민은행은 고객의 편의를 위하여 항상 노력하고 있습니다.
이 수표에 관한 문의는 콜센터:1588-9999
전화(02)734-7511
국민은행 독립문지점

①당 좌 수 표
④지 급 지
③대한민국은행
가가00000000
금
②이 수표 금액을 소지인에게 지급하여 주십시오.
거절증서 작성을 면제함.
⑤년 월 일
⑤발 행 지
⑥발 행 인
SPECIMEN

판례색인

사항색인

ㅂ

ㅅ

ㅊ

최 정 식

저자약력

- 서울대학교 법과대학 · 대학원(법학석사)
- 연세대학교 대학원 박사과정(법학박사)
- UC Berkeley School of Law, Visiting Scholar
- 변호사 · 변리사

- 중앙병무청 행정심판위원
- 서울지방변호사회 인권위원회 위원
- 대한주택보증보험(주) 법률고문
- 한국주택금융공사 사업자보증심사위원회 자문위원
- 한국상사법학회 · 한국기업법학회 · 한국상사판례학회 · 한국증권법학회 이사
- 서울남부지방검찰청 범죄피해구조심의회 위원
- 서울남부지방검찰청 형사상고심의회 위원장
- 법무부 증권관련집단소송 개정위원회 위원
- 서울 남부지방법원 조정위원
- 법제처 법제자문관
- 법무법인 청솔 대표변호사
- 숭실대학교 법과대학 학장
- 현, 숭실대학교 법학연구소 소장
  숭실대학교 법과대학 교수

저 서

- 증권집단소송의 이해(삼영사, 2009, 문체부 우수학술도서)
- 보험 · 해상법(삼영사, 2014)
- 상법총칙 · 상행위법(삼영사, 2019)